Lyle H. Rossiter

DIE LIBERALE AGENDA

Die psychologischen Ursachen von politischem Wahnsinn

Lyle H. Rossiter

Die liberale Agenda

Die psychologischen Ursachen von politischem Wahnsinn

Aus dem Englischen von Christine Mey und Dr. Baal Müller

J.K.Fischer
Verlag

1. Auflage
Juni 2018

Im Mannsgraben 33
63571 Gelnhausen/Hailer
Tel.: 06051 / 47474 0
Fax: 06051 / 47474 1

Besuchen Sie uns im Internet unter
www.j-k-fischer-verlag.de

Die Folie des Hardcovers sowie die Einschweißfolie sind PE-Folien und biologisch abbaubar.
Dieses Buch wurde auf chlor- und säurefreiem Papier gedruckt.
Satz/Umbruch, Bildbearbeitung:
J-K-Fischer Verlag
Druck & Bindung: Finidr s.r.o.
ISBN 978-3-941956-17-9

Die US Original Ausgabe ist bei Free World Books erschienen unter dem Titel:
The Liberal Mind: The Psychological Causes of Political Madness
Übersetzung von Christine Mey und Dr. Baal Müller
Karikaturen und Umschlaggestaltung von Götz Wiedenroth

Inhalt

Einleitung

Dieses Buch handelt vom menschlichen Wesen und der menschlichen Freiheit sowie von der Verbindung zwischen beiden. Sein Inhalt ist das Ergebnis meines lebenslangen Interesses daran, wie die Psyche funktioniert. Dieses Interesse, das seinen Anfang nahm, als ich etwa zwölf Jahre alt war, führte mich auf meiner Laufbahn schließlich zur klinischen und forensischen Psychiatrie und verschaffte mir jenen speziellen Zugang zur Humanpsychologie, den diese Studienfächer bieten. Persönlichkeitsstörungen haben mich dabei besonders interessiert. Zuerst in der klinischen Praxis und später in forensischen Auswertungen hatte ich die Gelegenheit, das Wesen der Persönlichkeit und die Faktoren, die ihre Entwicklung beeinflussen, zu studieren. Die Praxis der forensischen Psychiatrie gestattete mir eine deutliche Sicht auf die Art und Weise, wie alle Geisteskrankheiten – Persönlichkeitsstörungen eingeschlossen – mit den gesellschaftlichen Regeln interagieren, die vorgeben, welches Verhalten akzeptabel ist. Diese Regeln definieren, sowohl im zivilen als auch im strafrechtlichen Bereich, weitgehend den Geltungsbereich menschlicher Freiheit und die Bedingungen, die der Gesellschaftsordnung zugrunde liegen.

Historisch betrachtet, stammen westliche Vorstellungen von Freiheit und gesellschaftlicher Ordnung freilich aus Bereichen, die von der Psychiatrie ziemlich weit entfernt sind: etwa aus Philosophie, Ethik, Rechtswissenschaft, Geschichte, Theologie, Ökonomie, Anthropologie, Soziologie, Kunst und Literatur, um nur einige zu nennen. Doch die Funktionsweisen des menschlichen Geistes, wie Psychiatrie und Psychologie ihn verstehen, sind für diese Wissensgebiete und die aus ihnen hervorgehenden gesellschaftlichen Institutionen zwangsläufig von Bedeutung. Dieses Buch ist ein Versuch, geistige Mechanismen mit gewissen wirtschaftlichen, gesellschaftlichen und politischen Konditionen, unter welchen Freiheit und Ordnung gedeihen können, zu verknüpfen. Auch wenn ich sehr darauf bedacht war, dem Weg zu folgen, auf den die Vernunft mich lenkte, habe ich dieses Buch nicht aus rein intellektuellem Interesse geschrieben. Meine Absicht dahinter ist, um es mit einem Begriff von Erik Erikson zu sagen, eher „generativ". Im Grunde ist es aus einer großen Sorge um die Zukunft politisch geordneter Freiheit entstanden. Mit ihren Bemühungen, „eine vollkommene

Union zu schaffen“, beabsichtigten die Gründerväter Amerikas, wie die Präambel uns sagt, Gerechtigkeit festzuschreiben, für die Verteidigung der Nation zu sorgen, ihr allgemeines Wohlergehen zu fördern und die Segnungen der Freiheit zu sichern. Doch das ganze zwanzigste und das beginnende einundzwanzigste Jahrhundert haben die unermüdlichen Angriffe des modernen Liberalismus auf all jene Ziele und sämtliche Prinzipien erlebt, auf denen die individuelle Freiheit und eine sinnvolle Gesellschaftsordnung beruhen. Obwohl es ihnen auffällig an politischer Substanz mangelt, nutzen diese Angriffe dennoch erfolgreich die psychische Beschaffenheit des Menschen für sozialistische Zwecke aus. Um der zerstörerischen Wirkung dieser Angriffe entgegenzuwirken, bedarf es eines klaren Verständnisses der Beziehung zwischen der Psychologie des Menschen und gesellschaftlichen Prozessen. Meine Hoffnung ist, dass dieses Buch zumindest einen kleinen Beitrag dazu leistet.

L. H. Rossiter Jr.
im Februar 2006

TEIL I

1
DIE BIPOLARE NATUR DES MENSCHEN

Der einzige Weg, der uns voranbringt, liegt darin, die menschliche Natur als Teil der Naturwissenschaften in dem Bestreben zu studieren, die Naturwissenschaften mit den Sozial- den Geisteswissenschaften zu kombinieren. Ich kann mir keine ideologische oder formalistische Verknüpfung vorstellen. Neurobiologie kann nicht zu Füßen eines Gurus gelernt werden. Die Konsequenzen der genetischen Geschichte können nicht vom Parlament gewählt werden. Vor allem darf – nicht zuletzt zu unserem eigenen körperlichen Wohlergehen – die ethische Philosophie nicht allein den lediglich Weisen überlassen werden. Obgleich sich menschlicher Fortschritt durch Intuition und Willenskraft erreichen lässt, wird uns nur das hart erarbeitete empirische Wissen über unsere biologische Natur eine optimale Auswahl unter den konkurrierenden Kriterien des Fortschritts ermöglichen.

Edward O. Wilson

Überblick

Dieses Buch bietet ein breit angelegtes Konzept von der Natur des Menschen und erforscht die daraus folgenden Konsequenzen für die individuelle Freiheit. Die Untersuchung beginnt mit der bipolaren Natur des Menschen: Ein Mensch ist einerseits eine autonome Handlungsquelle, die aber andererseits durch wirtschaftliche, gesellschaftliche und politische Prozesse fest in Beziehungen zu anderen eingebunden ist. Seine Fähigkeit, eigenständig zu handeln, folgt unweigerlich aus seiner Fähigkeit, seine Umgebung wahrzunehmen und darauf zu reagieren. Seine Beziehungen zu anderen resultieren mit gleicher Unvermeidlichkeit aus seiner Entwicklung als ein von Natur aus geselliges Wesen.

Innerhalb dieses bipolaren Konzepts unterscheide ich zwischen den biologischen, den psychischen und den sozialen Elementen des menschlichen Wesens. Alle drei Elemente führen zu eigenständiger Initiative und zu gemeinschaftlicher Zusammenarbeit.

Die biologische Natur des Menschen erfordert unabhängige und gemeinsame Maßnahmen, um die *materiellen* Bedürfnisse und die Annehmlichkeiten des Lebens hervorzubringen. Seine psychische und seine soziale Natur erfordern eigenständiges und gemeinsames Handeln, um seine *persönlichen* Bedürfnisse und Annehmlichkeiten sowie seine *Beziehungs*bedürfnisse zu befriedigen. Um die physische Sicherheit zu gewährleisten und die gesellschaftliche Ordnung in diesem Bestreben voranzubringen, erschaffen Menschen bestimmte Regeln, um ihr wirtschaftliches, soziales und politisches Verhalten zu steuern. Diese Regeln werden zur Infrastruktur der menschlichen Gesellschaft.

Mein Ziel bei dieser Arbeit ist es, eine biologische, psychologische und soziale Grundlage für eine bestimmte Form der menschlichen Gesellschaft zu schaffen: die der geordneten Freiheit. Ich suche nach einer Theorie der Freiheit, die in der Natur des Menschen und den tatsächlichen Gegebenheiten menschlicher Verfassung gründet. Aus dieser Theorie heraus greife ich das dominierende sozialistische Paradigma, das Sozialstaatsdenken der modernen liberalen Agenda und den moralischen Relativismus als pathologische Verzerrungen normaler gesellschaftlicher Instinkte an. Im Laufe dieses Bestrebens stelle ich fest, dass alle gesunden Entwicklungseinflüsse von der Kindheit bis zur Reife sowohl die individuelle Autonomie als auch die Interaktion mit anderen verstärken. Der Erwerb beruflicher und sozialer Befähigungen als Vorbereitung auf ein Erwachsenenleben in einer freien Gesellschaft ist für diese Entwicklung von zentraler Bedeutung. Die Kompetenz in diesen Bereichen ermöglicht das Erreichen individueller Selbstverantwortung als notwendige Grundlage für eine *freiwillige* wirtschaftliche und gesellschaftliche Zusammenarbeit. Demgegenüber muss ich beobachten, dass die in die Privatsphäre eindringende Sozialpolitik der liberalen

Agenda wirtschaftliche Verantwortungslosigkeit, krankhafte Abhängigkeit und soziale Konflikte fördert. Die Gründe für diese zerstörerischen Auswirkungen werden im gesamten vorliegenden Buch aufgezeigt.

Erste Begriffe

Mit ein paar Grundbegriffen wird der Leser sich besser orientieren können. Die *Natur* des Menschen, so wie der Begriff in diesem Buch verwendet wird, besteht aus den biologischen, psychischen und sozialen Merkmalen, die allen Menschen gemeinsam sind. Die *Freiheit* des Menschen liegt weitgehend in der Fähigkeit, so zu leben, wie er es sich aussucht, freilich unter gewissen Einschränkungen, die erforderlich sind, um Frieden und Ordnung zu bewahren. Zusammengenommen bestimmen die Eigenschaften der menschlichen Natur und die für die gesellschaftliche Ordnung notwendigen Einschränkungen die Substanz der menschlichen Freiheit. Sie sind die Grundlage für die Ansprüche auf Handlungs- und Bewegungsfreiheit, die als Naturrechte bekannt sind.

Wenn Menschen nicht psychisch gestört sind, dann erstreben sie von Natur aus Unabhängigkeit von anderen, die sich in ihr Leben einmischen wollen. Weil manche Personen andere durch kriminelles Verhalten stören oder in gefährlicher Missachtung der Sicherheit ihrer Mitmenschen handeln, bedarf die Freiheit einer Gesellschaftsordnung, die auf der Rechtsstaatlichkeit beruht – einer Ordnung, die die Sicherheit schützt und materielle Absicherung ermöglicht. Freiheit kann in der wahllosen Aggression oder in der herzlosen Gleichgültigkeit der Anarchie nicht überleben.

Die für die Freiheit erforderlichen Rechtsgrundsätze bestehen in Regeln, die die Menschen sich selbst geben. Sie werden verfasst und durchgesetzt von einer Regierung, deren Macht von den Menschen, die sie regiert, autorisiert ist. Aber die Macht, die der Regierung übertragen wird, hat einen Preis: Die Leute geben notwendigerweise einige ihrer Freiheiten auf, um andere sicherzustellen. Der Kompromiss ist unvermeidlich: Irgendeine Form von Regierung mit zumindest einer gewissen Macht über das Volk ist für eine geordnete Freiheit notwendig.

Freiheit und soziale Ordnung setzen einander Grenzen. Ohne Beschränkungen der Freiheit verfällt die Ordnung schnell zu einem Chaos. Wo Gewalt ausreicht, um Ordnung nahezu sicher zu gewährleisten, kann es keine Freiheit geben, nur Unterdrückung. Es ist eine einfache Lebenswirklichkeit, dass das menschliche Bedürfnis nach Freiheit immer mit den menschlichen Bedürfnissen nach Zuverlässigkeit und Sicherheit konkurriert. Um eine vernünftige Gesellschaft zu schaffen, muss ein Gleichgewicht gefunden werden zwischen einer gesetzlosen Freiheit, die alles erlaubt, und einer totalitären Ordnung, die nichts zulässt außer ihrer eigenen Tyrannei.

Der Schlüssel zur Lösung dieses Problems ist, wie Henry Hazlitt dargelegt hat, die gesellschaftliche Kooperation: die freiwilligen, zusammenwirkenden Anstrengungen vieler Menschen bei der Verfolgung gemeinsamer Ziele zum gegenseitigen Nutzen (Hazlitt 1988). Sie ist die wesentliche integrierende Kraft bei der gleichzeitigen Suche der Menschen nach Freiheit und Ordnung. Um erfolgreich zu sein, fordert die gesellschaftliche Zusammenarbeit vom Bürger zwei große Tugenden: Autonomie und Gegenseitigkeit. Autonomie ist die Fähigkeit, durch verantwortliche Selbstausrichtung frei und unabhängig bei der Verfolgung eigener Interessen zu handeln. Gegenseitigkeit ist die Bereitschaft, die Auswirkungen des eigenen Handelns auf andere zu überdenken und freiwillig mit ihnen zusammenzuarbeiten, um gemeinsame Ziele zu verfolgen. Wer sowohl autonom als auch gegenseitig orientiert ist, der hält sich für berechtigt, bei seiner eigennützigen Suche nach persönlicher Erfüllung seine eigenen vernünftigen Ziele zu verfolgen – sein eigenes Leben zu führen. Dieser Glaube befähigt ihn, ein gutes Leben für sich selbst zu gestalten. Ohne diesen Glauben wird er weder den Wert der Freiheit vollständig verstehen noch das zu schätzen wissen, was dafür erforderlich ist. Er wird die Autorität – die persönliche Souveränität – über sein eigenes Leben, das zu Recht ihm gehört, nicht beanspruchen.

Doch das autonome und gegenseitige Individuum muss auch in der Lage sein, sich ohne einen Polizisten am Ärmel unter Kontrolle zu haben. Es muss bereit sein, die Rechte anderer zu respektieren und nach den Grundsätzen des Rechts zu leben. Um das soziale Gefüge zu schaffen, auf das Freiheit und Ordnung angewiesen sind, muss es bereit sein, mit anderen im gegenseitigen Einvernehmen *zusammenzuarbeiten*, um gemeinsame Ziele zu erreichen. Dieses Gefüge ist anfällig. Es kann das Chaos der Anarchie nicht überleben. Es löst sich unter der Unterdrückung des Kollektivismus auf. Die Tugenden der Autonomie und der Gegenseitigkeit sowie die Zusammenarbeit, die aus ihnen erwächst, hängen existenziell vom Schutz durch Gesetze ab. Diese Gesetze müssen in den *Idealen* von individueller Freiheit und gesellschaftlicher Zusammenarbeit begründet sein. Regierungen, die nicht in der Lage sind, Gesetze durchzusetzen, die auf diesen Idealen beruhen, werden sich letztendlich zweier Sünden schuldig machen: sie werden die Autonomie des Einzelnen missachten und damit seine persönliche Souveränität außer Kraft setzen, und sie werden seiner Neigung zur Gegenseitigkeit zuvorkommen und damit die soziale Zusammenarbeit untergraben.

Weiterhin kommt die Frage auf: Unterstützen die Verhaltensregeln einer bestehenden Gesellschaft in menschlichen Angelegenheiten die Mittel und Zwecke einer geordneten Freiheit, oder untergraben sie diese? Die Analysen in diesem Buch beantworten die Frage nach dem vorherrschenden sozialen Paradigma in zeitgenössischen westlichen Gesellschaften. Die moderne liberale Agenda mit ihrer Politik des Sozialstaatsdenkens, des moralischen Relativismus und der in die Privatsphäre eingreifenden Regulierung untergräbt die Grundlagen der Freiheit, der Ordnung und der Kooperation. In ihren Kernwerten im Wesentlichen sozialistisch/kollektivistisch, basiert die Agenda auf grundlegenden Fehlvorstellungen vom menschlichen Wesen und menschlicher Freiheit. Sie fasst die biologische, psychische und soziale Natur des Menschen falsch auf. Sie missdeutet die Entwicklung des Individuums und die Einflüsse, die die Befähigung und die persönliche Souveränität des Erwachsenen fördern. Sie hat eine falsche Auffassung von der wechselseitigen Art und Weise, wie Menschen in wirtschaftlichen, gesellschaftlichen und politischen Bereichen Beziehungen untereinander anknüpfen. Diese Fehlvorstellungen führen zu einer Politik, die Freiheit und Ordnung zerstört. Im Zentrum der Defizite der liberalen Agenda steht eine Philosophie des Kollektivismus, die das Wesen des Menschen als Individuum ignoriert. Dieses Wesen kann nicht ohne schlimme Folgen ignoriert werden. Eine sorgfältige Analyse des menschlichen Wesens und der menschlichen Freiheit zeigt, dass eine Gesellschaft die individuelle Freiheit, die wirtschaftliche Sicherheit und die gesellschaftliche Stabilität nur dann aufrechterhalten kann, wenn ihre vorherrschenden Werte und Institutionen einem rationalen, wenn auch nicht radikalen Individualismus verpflichtet sind, der sich über Selbständigkeit, freiwillige Zusammenarbeit, moralischen Realismus und informierten Altruismus definiert. Diese Forderungen sind Gegenstand dieses Buches.

Grundlegende Inhalte

Zur grundlegenden Einführung in die psychische Natur des Menschen wird ein Appell an die gemeinschaftliche Erfahrung hilfreich sein. Es ist leicht zu überprüfen, dass alle gewöhnlichen Menschen folgendes tun können:

- zwischen Alternativen wählen;
- Dinge verwirklichen;
- absichtlich handeln;
- unabhängig handeln;
- entscheiden, was für sie selbst gut oder schlecht ist;
- ihr eigenes Leben führen.

Folgende Fähigkeiten können benannt werden:

- Menschen, die Dinge verwirklichen können, verfügen über *Initiative.*
- Menschen, die mit einer Absicht handeln können, verfügen über *Handlungsfähigkeit.*
- Menschen, die unabhängig handeln können, verfügen über *Autonomie.*
- Menschen, die *fähig* sind, darüber zu entscheiden, was gut und was schlecht für sie ist, verfügen über persönliche *Souveränität.*

In der amerikanischen Tradition individueller Freiheit wird argumentiert, dass jeder mit diesen Fähigkeiten – Wahlfreiheit, Initiative, Handlungsfähigkeit, Autonomie und Souveränität – berechtigt sein sollte, sein Leben so zu leben, wie er es wünscht. Er sollte in der Lage sein, es im Wesentlichen ohne die Einmischung anderer zu leben, vorausgesetzt, er respektiert die Rechte anderer, dasselbe zu tun. In dieser Tradition wird die Meinung vertreten, dass dem Menschen seine Souveränität – seine Befugnis, sein eigenes Leben zu leben, indem er autonom handelt, solange er dazu in der Lage ist – nicht von irgendjemandem genommen werden sollte: nicht von irgendeiner anderen Autorität und ganz sicher nicht von einer Behörde der *Regierung.* Tatsächlich besteht das Argument für die geordnete Freiheit darauf, dass Regierungen die Souveränität des Einzelnen *schützen* und nicht bedrohen sollten. Diese Verpflichtung ist eine der grundlegendsten Aufgaben der Regierung.

Neben diesem *individuellen* Element der menschlichen Natur ist auch ein *Beziehungs*element gleichermaßen wichtig. Menschen sind von Natur aus gesellige Wesen. Sie sind durch wirtschaftliche, gesellschaftliche und politische Prozesse in Beziehungen zu anderen eingebunden. Ihre Verbundenheit miteinander taucht im Laufe ihrer Entwicklung von der Kindheit zum Erwachsenenalter naturgemäß auf. Ein einzelner Mensch wird mit dem Potential, zu einem vollständigen Menschen zu werden, *geboren*, aber er *erkennt* dieses Potential erst im Prozess seiner Beziehungen zu anderen. Diese Beziehungen finden zuerst mit seinen frühen Betreuungspersonen und später mit anderen Personen in seiner Gemeinschaft statt.

Diese Betrachtungen der individuellen und der relationalen Elemente oder Pole unserer Natur deuten darauf hin, dass die Menschen im Grunde „bipolare" Wesen sind: Sie sind einerseits separate, unabhängige Quellen der Initiative, die in der Lage sind, autonom zu handeln. Aber sie sind auf der anderen Seite auch von Natur aus Beziehungswesen. Freilich ist klar, dass einzelne Menschen nicht in einem normalen Sinn existieren können, ohne sich mit anderen zu verbinden, obwohl sie die Fähigkeit beibehalten, unabhängig von anderen zu handeln.

Die Grundvoraussetzung

Die Fähigkeiten zum unabhängigen Handeln und zur freiwilligen Zusammenarbeit wohnen der menschlichen Natur inne. Sie sind entwickelte Funktionen mit einem adaptiven Wert. Eine genaue Untersuchung, wie diese Fähigkeiten in komplexen wirtschaftlichen, gesellschaftlichen und politischen Bereichen funktionieren, folgt im weiteren Verlauf dieses Buches. Bevor wir dieses Thema angehen, wird es jedoch sinnvoll sein, die viel einfacheren Rahmenbedingungen eines physisch isolierten Individuums zu überprüfen, um seine Beziehung zu sich selbst und seinem materiellen Umfeld hervorzuheben. Ich erinnere hier an die Geschichte von Robinson Crusoe, in der ein einsames Individuum, wie Daniel Defoe es sich vorstellte, nach einem Schiffbruch auf eine Insel gespült wurde, die von anderen Personen unbewohnt war.

Durch die spezifischen Begleitumstände muss Crusoes Handeln nur die elementarsten wirtschaftlichen, gesellschaftlichen und politischen Bedingungen bei der Durchführung seiner Geschäfte berücksichtigen. *Wirtschaftlich* gesehen ist Crusoe der einzige Produzent, Händler und Konsument von Waren und Dienstleistungen. Aus *gesellschaftlicher* Perspektive kann er sich nur auf sich selbst beziehen, da seine Situation irgendeine Art von Beziehung zu anderen weder ermöglicht noch erfordert. Und aus *politischer* Sicht reagiert er nur auf sich selbst als einzige Quelle der Macht und Autorität in seinem Leben. Unter diesen Bedingungen hat Crusoe die absolute Freiheit so zu handeln, wie er es wünscht. Er erhält auch alle Vorteile und übernimmt alle Risiken bei allem, was er tut. Er kann sich, was die materiellen Bedürfnisse seiner Existenz betrifft, ganz auf sich selbst verlassen. Diese einfachen Gegebenheiten definieren Crusoes Lebensbedingungen auf einer einsamen Insel. Die hypothetische Abwesenheit anderer Personen in diesem Szenario der Einsamkeit rückt die materiellen und biologischen Tatsachen seiner Existenz in einen scharfen Fokus. Er muss sich an diese Gegebenheiten anpassen oder sterben.

Ganz abgesehen von den physischen Umständen seiner Situation wird Crusoe aber auch mit psychischen Realitäten konfrontiert, die zu ihm als menschlichem Wesen gehören. Er könnte zum Beispiel das Bedürfnis nach irgendeiner freundschaftlichen Anbindung an Tiere (vorausgesetzt, es gibt welche) verspüren, um der Einsamkeit entgegenzuwirken. Er könnte die Insel erkunden, um seine Neugier zu befriedigen. Er könnte irgendeine Art von Freizeitaktivität entwickeln, ein ästhetisch ansprechendes Objekt schaffen, etwas nur zur Befriedigung des Wissensdranges lernen oder ein paar Anbetungsrituale entwickeln.

Um unter diesen Umständen so gut wie möglich leben zu können, muss er mit einer Welt umgehen, die seine eigenen Bedürfnisse und Wünsche ebenso einschließt wie die Möglichkeiten und Grenzen seiner Umgebung, sie zu befriedigen. Dieses Prinzip erweist sich für den Fall, dass sich Crusoe einer Gruppe von Personen anschließen würde, die ebenfalls mit ihren Bedürfnissen nach Überleben und Komfort beschäftigt sind, als gleichermaßen gültig.

Die Moral des Überlebens

In den meisten Fällen, wenn nicht bei allen seinen Handlungen, wird Crusoe sich ein Urteil darüber bilden müssen, ob etwas, was er in Betracht zieht, die Mühe wert ist. Er wird sorgfältig die Vorteile, den Arbeitsaufwand und die Risiken dessen abwägen, was er tut, weil er weiß, dass er sich nur auf sich selbst verlassen kann. Seine Urteile und Entscheidungen sind schwerwiegender, als wenn er mindestens einen Partner hätte, der ihn vor einem Unfall oder einer eigenen Torheit bewahren könnte. Seine Verantwortung für sich selbst schafft einen Wertmaßstab hinsichtlich aller nicht alltäglichen Handlungen, die er unternimmt.

Dieser Wertmaßstab spiegelt sich in Crusoes Aufbau einer Skala von guten oder vernünftigen Handlungen und schlechten oder unvernünftigen Handlungen wider. Gute Handlungen werden für Crusoe diejenigen sein, die sein Leben und seine Sicherheit schützen und seinen Komfort erhöhen. Schlechte Handlungen werden das Gegenteil bewirken. Für jeden Einzelnen unter ähnlichen Umständen schaffen diese Werteskalen eine Moral des Lebens im Hinblick auf ihn selbst. Wenn sich nicht ein sehr schmerzhafter körperlicher Zustand ausbildet, der das Leben unerträglich macht, oder eine behindernde psychische Störung auftritt, wird sich ein isolierter Mensch mit großer Mühe anstrengen, um zu überleben und sein Los zu verbessern. Er wird diese Anstrengungen als völlig gerechtfertigt ansehen, weil für ihn die Erhaltung und Verbesserung seines Lebens zweifellos eine gute Sache ist. Er wird voraussetzen, dass er ein Recht auf Glück hat. Natürlich wird das, was jeder Einzelne als Glück betrachten mag, von seinen besonderen Interessen und Fähigkeiten abhängen. Doch aufgrund gewisser Konstanten in der menschlichen Natur wird die Vorstellung eines jeden Menschen von einem guten und glücklichen Leben viel mit den Ansichten anderer, ob sie nun in der Isolation oder in der Gemeinschaft leben, gemeinsam haben.

Historisch gesehen sind die Menschen sehr lange Wege gegangen, um die Bedingungen sicherzustellen, die ihnen die größten Möglichkeiten bieten, ihre Bedürfnisse und Wünsche zu befriedigen. Jede länger währende Gleichgültigkeit gegenüber dieser Aufgabe führt bestenfalls zu einem Zustand chronischer Frustration und kann großes Leiden und sogar den Tod herbeiführen. Aus dieser Erkenntnis heraus entwickeln die Menschen naturgemäß eine Moral der materiellen Absicherung und Lebensaufwertung auf der Basis der elementarsten biologischen und psychischen Tatsachen des Lebens: ihrer körperlichen Anforderungen und emotionalen Sehnsüchte, ihrer Anfälligkeiten für Krankheiten und Tod, ihrer Ängste vor Isolation und Verlust, ihres angeborenen Selbsterhaltungstriebes. Auf diesen Grundlagen nehmen die Menschen etwas letztlich als gut oder schlecht für sich selbst wahr, ob sie nun von anderen isoliert leben oder in vielfältige Beziehungen zu anderen eingebunden sind. Die instinktiv wahrgenommene Güte des Lebens und seine Aufwertung sind die rationalen Grundlagen aller moralischen Codices.

Das Leben in einer Gruppe

Als sich eine zweite Person – Freitag – zu Crusoe auf die Insel gesellt und die beiden Männer miteinander interagieren, wird das Szenario für Crusoe wie auch für Freitag viel komplizierter. Crusoe hat keine absolute Freiheit mehr, so zu handeln, wie er will. Er muss die möglichen Auswirkungen bedenken, die sein Handeln auf Freitag hat, vor allem die Möglichkeit negativer Auswirkungen, auf die Freitag mit Vergeltung reagieren könnte. Es sei denn, Crusoe kann einen Weg finden, Freitag zu beherrschen – ein Ziel mit eigenen Problemen; er muss beiderseitig annehmbare Modalitäten für die Zusammenarbeit mit ihm entwickeln.

Die neue Situation erfordert wirtschaftliche, soziale und politische Vereinbarungen für das Verhalten im Umgang zwischen Crusoe und Freitag. Um wirksam zu sein, müssen diese Vereinbarungen den Charakter von Regeln haben; sie müssen normativ sein. Sie müssen moralische und ethische Regeln sein, die bestimmen, wie sich zwei oder mehr Personen verhalten *sollen*, wenn sie miteinander zu tun haben. Um normative *Gewalt* zu haben, müssen sie Regeln darstellen, die von beiden Parteien eingehalten werden und die für Transaktionen zwischen ihnen verbindlich sind. Diese letztere Anforderung ist entscheidend: Beide Parteien müssen von der Angemessenheit der Regeln überzeugt sein und sich ihnen moralisch verpflichten. Nur diese Verpflichtung kann die Basis für eine friedliche Koordination ihrer Handlungen liefern. Andernfalls wird die Einschüchterung, die auf der Androhung von Gewalt beruht, die Moral der Mafia, zum herrschenden politischen Prinzip in ihrer Zwei-Personen-Gesellschaft.

Diese Betrachtungen gelten nicht nur für Zweiergruppen, sondern auch für größere Gruppen von Personen. Da die Transaktionen immer komplexer werden, schaffen die Gemeinschaften vieler Einzelner Regeln, um ihr Verhalten zu regulieren: die Sitten, die Ethik, die Moral und die Gesetze, die ihre Angelegenheiten lenken. Diese Regelungen schreiben vor, was richtig und was falsch an dem ist, was die Menschen tun, wenn sie Verbindungen miteinander eingehen. Sie sind Ausdruck von Werturteilen, an die sich die Personen halten, deren Leben sie anleiten und lenken. Lebensregeln können nicht per definitionem wertlos sein. Sie legen fest, welche Handlungen gut und schlecht, wünschenswert und unerwünscht, zulässig und unzulässig sind. Sie dienen dazu, das wie auch immer definierte antisoziale Verhalten einzugrenzen. Sie müssen auf einem Konzept von Recht und Unrecht beruhen, das sich in mehr oder weniger expliziten ethischen und moralischen Prinzipien ausdrückt.

Die Gefahr der Regierung

Wenn informelle Vereinbarungen das antisoziale Verhalten in der Gemeinschaft aus welchen Gründen auch immer nicht regeln können, dann müssen sich ein formales Gesetzessystem und eine Rechtsprechung irgendwelcher Art entwickeln, um die Regeln für das richtige Verhalten durchzusetzen, zivile Streitigkeiten zwischen den Bürgern zu lösen und das Verlangen der Leute nach der Bestrafung von Missetätern zu befriedigen. Doch ein System durchsetzbarer Gesetze ermächtigt eine bestimmte Untergruppe der Gemeinschaft, das Verhalten ihrer Mitglieder durch Gewalt oder die Androhung von Gewalt zu kontrollieren. Mit diesem Schritt betritt jede Ansammlung von Einzelpersonen ein potentiell gefährliches Terrain gesellschaftlicher Organisation. Die Gefahr liegt in der Tatsache, dass die Macht nun in einer Behörde konzentriert ist, die zur Gewaltanwendung berechtigt ist. Die Wahrscheinlichkeit eines Missbrauchs dieser Macht ist stets hoch.

Wenn nur eine solche Behörde ein Monopol auf den Einsatz von Gewalt hat, um Regeln zu erzwingen, nennt man sie eine Regierung. Die Regierungen verkünden immer, dass ihre Ziele der Schutz der Rechte des Volkes und die Aufrechterhaltung der gesellschaftlichen Ordnung seien. Doch auch mit den besten Absichten verletzen die Regierungen routinemäßig die Rechte von Einzelpersonen und bringen die Ordnung durcheinander, die zu schützen ihnen aufgetragen wurde. Da diese Desorganisation durch ein Gewaltmonopol möglich gemacht wird, können die ausschlaggebenden Probleme der politischen Theorie in den folgenden Fragen ausgedrückt werden: Auf welchem Gebiet des menschlichen Handelns kann die Staatsgewalt eingesetzt werden, und wie kann sie gegen Personen angewendet werden, die gegen die Regeln des Staates verstoßen? Was ist das richtige Gleichgewicht zwischen Freiheit und Freiheitsbeschränkungen? Mit welchen Argumenten sind Bürgerinnen und Bürger in der Lage, unabhängige moralische Überlegungen anzustellen, um überzeugt zu sein, dass der Gewalteinsatz der amtierenden Regierung akzeptabel ist? Antworten auf diese Fragen bestimmen unter anderem, inwieweit die individuelle Freiheit das Leben in einer Gesellschaft kennzeichnet.

Obwohl die Stimme der individuellen Freiheit im modernen Amerika noch einigermaßen hörbar ist, wird doch deutlich, dass heute eine eindeutig kollektivistische Tendenz das gesamte politische Denken des Westens beherrscht. Diese Tendenz zerstört die Ideale der Freiheit, der gesellschaftlichen Ordnung und des Heranwachsens des Individuums zu Reife und Mündigkeit. Anstatt eine rationale Gesellschaft tüchtiger Erwachsener zu fördern, die die Probleme des Lebens durch freiwillige Zusammenarbeit lösen, schafft die moderne liberale Agenda eine irrationale Gesellschaft ewiger Kinder, die davon abhängig sind, dass Regierungen sich um sie kümmern. Durch ihre fortwährenden Bestrebungen, die wirtschaftlichen, sozialen und politischen Prozesse der Gesellschaft zu kollektivieren, schwächt die liberale Agenda gerade die Charakterzüge, die für die individuelle Freiheit, die materielle Sicherheit, die freiwillige Zusammenarbeit und die gesellschaftliche Ordnung von so wesentlicher Bedeutung sind.

2
Regeln und Vernunft

Handle so, dass du die Menschheit, sowohl in deiner Person, als in der Person eines jeden andern, jederzeit zugleich als Zweck, niemals bloß als Mittel brauchest.

Immanuel Kant

Regeln zum Leben

Die Natur des Menschen und die Umstände, in denen er lebt, erfordern, dass bestimmte Verhaltensregeln für Bürger und Regierungen aufgestellt werden, um legitime Freiheiten zu gewährleisten, um die Aussichten auf Zufriedenheit zu maximieren und um die Wahrscheinlichkeit sozialer Unordnung zu minimieren. Unbeschadet der Tendenzen zum moralischen Relativismus in den modernen westlichen Gesellschaften ist es offensichtlich, dass diese Regeln eine rationale Grundlage haben müssen. Sie müssen in der biologischen und psychischen Natur des Menschen und in den wirtschaftlichen, gesellschaftlichen und politischen Realitäten der menschlichen Verfassung vernünftig begründet sein. Sie dürfen nicht willkürlich sein, wenn sie für das Verhalten in menschlichen Angelegenheiten irgendeinen Nutzen haben sollen.

Auf welcher Grundlage können solche Regeln aufgestellt werden? Ein weiterer Blick auf Robinson Crusoes Welt vor der Ankunft Freitags wird helfen, die Frage zu beantworten. Die einzigen für einen Menschen in der Isolation sinnvollen Regeln sind diejenigen, die dazu beitragen, dass sein Leben materiell so sicher und persönlich so befriedigend ist, wie er es durch seine eigene Arbeit schaffen kann. Er kann die absolute Freiheit genießen, alles zu tun, was er will. Er hat es nicht nötig und hat gar keine Gelegenheit, auf irgendjemanden Rücksicht zu nehmen. Da er keine Beziehungen zu anderen Menschen hat, werden seine Bemühungen, das zu produzieren, was er wirtschaftlich benötigt, keinen guten oder schlechten Einfluss auf irgendjemand anderen haben. Aus dem gleichen Grund kann er auch keine guten oder schlechten sozialen Wirkungen auf andere haben. Und da Crusoe die einzige Quelle der Macht und Autorität in seinem Leben ist, braucht er sich in seiner Situation nicht mit irgendwelchen politischen Anordnungen oder Systemen durchsetzbarer Gesetze zu beschäftigen; es gibt keine anderen Personen, durch deren Anwesenheit seine oder deren Gewaltausübung als gut oder schlecht beurteilt werden könnte, noch gibt es irgendeine Polizeimacht, die Gewalt einsetzen könnte.

Sobald Crusoe jedoch mit Freitag interagiert, gestalten sich die Regeln für ihr Leben ganz anders. Bestimmte Dinge, die jeder Mensch tut, können den anderen beeinflussen; folglich ist jede Handlung eine potentielle Konfliktquelle. Weil sie sich eine gemeinsame materielle Umgebung mit begrenzten Ressourcen teilen und weil jeder diese Umgebung nutzen wird, um das zu produzieren, was er braucht, beeinflussen sich ihre Handlungen wirtschaftlich. Auch wenn beide recht zurückhaltend sind, ist es wahrscheinlich, dass sie in irgendeiner Weise miteinander kommunizieren und sich somit auch gesellschaftlich beeinflussen. In dem Maße, in dem Unstimmigkeiten entstehen, müssen sie Mittel und Wege zur Lösung ihrer Differenzen ersinnen. Sie werden sich also politisch beeinflussen. Kurz gesagt: Eine absolute Freiheit existiert für Crusoe wie auch für Freitag nicht mehr. Um den Frieden zu erhalten, muss jeder das, was er tut, zu einem gewissen Grad einschränken. Sie brauchen Regeln für den gegenseitigen Umgang bei Aktivitäten, bei denen Kooperation oder Konflikt die wesentlichen Alternativen sind.

Der einzige vernünftige Sinn solcher Regeln ist es, die soziale Zusammenarbeit zu verbessern und den Konflikt zwischen interagierenden Personen zu reduzieren. Es gibt keinen anderen Grund, die individuelle Freiheit einzuschränken. Natürlich wird bei all dem davon ausgegangen, dass das menschliche Leben im Allgemeinen, und das Leben von Crusoe und Freitag im Besonderen, etwas Gutes ist, von dem wir voraussetzen, dass es wert ist, bewahrt zu werden. Ohne diese Voraussetzung sind alle Diskussionen über Lebensregeln bedeutungslos, ebenso alle Diskussionen über die Moral. Der vorausgesetzte Wert des Lebens, der sich im normalen Wunsch, zu leben und gut zu leben, widerspiegelt, ist eine notwendige Grundlage für jede vernünftige Moral und wohnt zumindest auch allen religiös begründeten moralischen Vorschriften inne.

Das Gute und die Moral

Wechselseitige Unterstützung, Ehrlichkeit, Liebe, Empathie, Verständnis, Freundlichkeit, Toleranz, Geduld, Nächstenliebe, Achtung der Person und des Eigentums anderer und alle weiteren Tugenden sowie materielle Sicherheit und Komfort sind gute, moralische Handlungen bzw. Umstände, die sich nicht in irgendeinem existentiellen Vakuum befinden, sondern einen Bezug zu Wesen und Verfassung des Menschen aufweisen. Ebenso sind schlechte oder unmoralische Handlungen wie Mord, Körperverletzung, Diebstahl, Betrug, Folter, Schwäche, Selbstsucht, Täuschung und alle anderen Übel sowie unnötige Schmerzen und Leiden schlecht oder unmoralisch in Bezug auf Wesen und Verfassung des Menschen. Gute Dinge rufen wegen ihrer Auswirkungen auf die biologische, psychische und soziale Natur und die Verfassung des Menschen verschiedene Arten des Glücks (Freude, Seelenfrieden, Zufriedenheit) hervor. Schlechte Dinge erzeugen aus dem gleichen Grund unnötige Schmerzen und Leiden. Verbrechen gegen die Person wie Mord, Vergewaltigung oder Körperverletzung sind Übel, weil sie wegen der Beschaffenheit des menschlichen Körpers Schmerzen, Leiden und Tod verursachen. Verbrechen gegen das Eigentum, wie Diebstahl oder Betrug, sind Übel, weil sie die durch Wesen und Verfassung des Menschen bedingte Herrschaft über das Eigentum zerstören, der man zur Erhaltung und Verbesserung seines Lebens bedarf. Zivile Verfehlungen – gewisse Formen von Fahrlässigkeit zum Beispiel – sind im Unterschied zu kriminellen Missetaten schlecht, weil sie die vernünftigen Erwartungen an ein gewissenhaftes Verhalten verletzen, das die Menschen an den Tag legen müssen, wenn sie in der Nähe voneinander leben. Im Allgemeinen sind richtige und falsche Handlungen und gute und schlechte Umstände nur dann richtig oder falsch bzw. gut oder schlecht, wenn man sie auf die menschliche Natur und die Gegebenheiten der menschlichen Existenz bezieht.

Die goldene Regel

Crusoe und Freitag können wählen, ob die Kooperation oder ob der Kampf die Form ist, die ihren Umgang miteinander beherrscht. Wenn sie sich dafür entscheiden zu kooperieren, und wenn sie im Voraus bedenken, dass bei ihren zukünftigen Interaktionen Unstimmigkeiten auftreten können, dann werden sie – zumindest stillschweigend – mit einer Reihe von Regeln einverstanden sein, mithilfe derer sie Konflikte lösen, den Kampf vermeiden und friedlich miteinander umgehen können. Unter Anerkennung ihrer physischen Schwachpunkte wird jeder damit einverstanden sein, keine Gewalt gegen den anderen auszuüben. Angesichts der Tatsache, dass ihr Leben, ihre Sicherheit und ihr Wohlbefinden davon abhängen, dass jeder die persönliche Kontrolle über seine materiellen Güter wie Land, Häuser, Kleidung, Lebensmittel, Werkzeuge, persönliche Gegenstände usw. besitzt, werden sie Raub, Grenzübertretungen und vorsätzliche Beschädigung des Eigentums des anderen ausschließen. In Anerkennung der notwendigen Berechenbarkeit beim Austausch relevanter Dinge werden sie sich entscheiden, bestimmte Arten von Vereinbarungen zu akzeptieren, insbesondere solche, die die Übertragung von Eigentum oder die Kontrolle über ein materielles Gut regeln und einen Vertragsbruch ausschließen. Durch den Ausschluss einer nicht hinnehmbaren Maßnahme nach der anderen mittels gemeinsamer Prüfung und Vereinbarungen gelangen Crusoe und Freitag zu einer Reihe von Regeln, die ihre Zusammenarbeit fördern und die – wie vereinbart – für beide Parteien verbindlich sind. Obwohl dieses Regelungsszenario ziemlich phantasievoll anmutet, können wir uns vorstellen, dass historisch etwas diesen Bemühungen Ähnliches unter den in Gemeinschaften lebenden Menschen vorgekommen sein muss und dass die ethischen Prinzipien verschiedener Zivilisationen ein uraltes Destillat aus Experimenten mit Lebensmodellen darstellen. Tatsächlich erscheint das Crusoe-Szenario weniger phantasievoll, wenn wir uns vorstellen, dass ein zweiter Schiffbruch achtundneunzig weitere Überlebende ans Ufer treibt. Mit

Crusoe und Freitag ist die Insel dann von hundert einzelnen möglichen Quellen von Verhaltensinitiativen bevölkert. Durch ihr Zusammenwirken werden diese eine nahezu unendliche Anzahl von Kooperations- und Konfliktmöglichkeiten hervorbringen. Die Modalitäten, die sie als normsetzend wählen, bestimmen, ob aus dieser kleinen Ansammlung von Individuen eine geordnete Gesellschaft wird oder nicht. Wenn sie ihr Glück maximieren und ihr Leid minimieren wollen, müssen die neuen Bürger der Insel Regeln für ihr Handeln aufstellen. Nehmen wir für den Augenblick einmal an, dass alle einhundert praktisch und vernünftig denkende Personen sind, dann werden sie einen Geltungsbereich ethischen und moralischen Verhaltens entwickeln, einen moralischen Wirkungsbereich, der aus den traditionellen und unter zivilisierten Menschen heute üblichen Regeln besteht: sie werden kooperatives Verhalten auf der Grundlage gegenseitigen Respektes anerkennen und Verhaltensweisen wie Mord, Vergewaltigung, tätlichen Angriff, Körperverletzung, Diebstahl, Raub und Betrug aus ihrem moralischen Wirkungsbereich ausschließen. Jede Person wird darin einwilligen, sich zu verpflichten, dass er oder sie keine dieser Handlungen gegen eine andere Person auf der Insel verüben soll und dies auch nicht tun wird. Jedes vorhandene Mitglied der Gruppe wird sich freiwillig und im guten Glauben diesen Einschränkungen unterziehen, dass alle neunundneunzig anderen Mitglieder der Gesellschaft dies ebenso tun werden. Diese Übereinkunft wird wesentlich zu einem Umfeld individueller Freiheit beitragen, in der jedes Mitglied der Gruppe erwarten kann, in relativer physischer Sicherheit vor den anderen zu leben. Darüber hinaus kann die Gruppe auch damit einverstanden sein, dass jedes ihrer Mitglieder anderen Hilfe zuteil werden lässt, die er oder sie freiwillig zu leisten bereit ist, aber niemand dazu *gezwungen* oder bestraft wird, der sie nicht zu leisten wünscht. Diese letzte Regel würde eine Ethik gegenseitiger Anteilnahme ausdrücken, aber sie würde niemanden direkt zum Dienst an einem anderen nötigen.

Als praktisch moralisch handelndes Wesen wird jedes Mitglied einer Gruppe vernunftbegabter Personen wahrscheinlich zu dem Schluss kommen, dass es besser für ihn oder sie ist, sich diesem elementaren Gesellschaftsvertrag anzuschließen. Damit verpflichtet er oder sie sich der so genannten „Goldenen Regel", entweder in ihrer negativen oder in ihrer positiven Variante. Die negative Goldene Regel verlangt, dass du einer anderen Person nichts antust, von dem du nicht willst, dass man es dir antue. Die positive Goldene Regel verlangt, dass du dich gegenüber anderen Personen so verhältst, wie du möchtest, dass sie sich dir gegenüber verhalten, und impliziert anderen gegenüber in der Regel eine Ethik der Hilfe und des Trostes und ist nicht nur ein Nicht-Einmischungspakt.

Die Annahme beider Varianten dieser Regel durch die gesamte Gruppe schafft eine grundlegende soziale Vereinbarung – ein elementares politisches System, das auf moralischen und ethischen Prinzipien gründet –, die zur Vermeidung oder Beilegung von Streitigkeiten beiträgt. Obwohl die Themen der Moral oder der Ethik mit der Goldenen Regel nicht ausgeschöpft sind, ist die Tatsache, dass ihre Versionen viele Jahrtausende und Kulturen auf der ganzen Welt umspannen, kein Zufall. Die Regel spiegelt die natürlichen, entwickelten Neigungen vernunftbegabter Personen wider, in kooperativen gesellschaftlichen Gruppen zu leben, indem sie in gewisse Einschränkungen ihres Verhaltens einwilligen.

Die intersubjektive Perspektive

Bei dieser Betrachtung eines Wüsteninsel-Szenarios sind wir davon ausgegangen, dass Crusoe und seine Mitbewohner praktische, moralische und logische Denker sind: Personen, die bereit und in der Lage sind, zu einem vernünftigen Gesellschaftsvertrag zu gelangen. Bestimmte Umgangsregeln oder -gesetze in einem solchen Vertrag würden auf der Grundlage bereits festgelegter moralischer Prinzipien und der praktischen Konsequenzen bei Befolgung oder Übertretung dieser Regeln definieren, welches Verhalten akzeptabel und welches inakzeptabel ist. Der Wirkungsbereich des akzeptablen (oder „rechtmäßigen") Verhaltens würde alle Verhaltensweisen umfassen, die entweder das menschliche Wohlergehen *fördern* oder neutral sind. Er würde alle Verhaltensweisen als inakzeptabel (oder „rechtswidrig") ausschließen, die sich *zerstörerisch* auf das menschliche Wohlergehen auswirken, vor allem jene Verhaltensweisen, die Person und Eigentum Einzelner verletzen. Unter dieser Voraussetzung sind gesellschaftliche Regelungen Produkte rationalen Denkens: Sie sind logisch von gültigen Beobachtungen menschlichen Zusammenwirkens und der Verletzbarkeit von Menschen abgeleitet. Eine komplementäre Betrachtung menschlichen Aufeinanderbezogenseins, die als *intersubjektive Perspektive* bezeichnet wird, deutet auf einen anderen und fundamentaleren Einfluss in der Entwicklung von Übereinkünften für den Umgang in menschlichen Beziehungen hin, der über rein pragmatische Überlegungen hinausgeht. Dieses verhältnismäßig neue Konzept wurde von Stolorow, Seligman, Benjamin, Atwood und anderen ausgearbeitet und von Eriksons Theorien der biologischen und kulturellen Interaktion in der menschlichen Entwicklung vorweggenommen. Die Perspektive unterstreicht unter anderem die Fähigkeit eines Individuums, die „Subjektivität" oder das tiefe Bewusstsein eines anderen zu „erkennen" oder voll anzuerkennen, d.h. die Fähigkeit, die Dinge durch die Augen eines anderen zu betrachten. Diese Fähigkeit ist reifen Individuen gegeben, die den geistigen und emotionalen Zustand einer anderen Person verstehen und sich damit identifizieren können: mit ihren Hoffnungen und Ängsten, Freuden und Sorgen, Triumphen und Tragödien, Stärken und Schwächen, ihrer offenbaren Handlungskompetenz und ihrer inneren Kindlichkeit.

Die Fähigkeit zu einer solchen, tief gründenden Anerkennung des anderen besteht *nicht* in einer rein intellektuellen Erkenntnis, dass die Menschen solche Befindlichkeiten haben. Anerkennung besteht eher in einem empathischen Verständnis dafür, was es wirklich bedeutet, Gedanken und Gefühle verschiedener Art zu haben. Diese Art von Verständnis ist potentiell eine mächtige Hemmschwelle für Aggressionen gegen andere Personen – zum einen, weil es eine sympathische Verbindung zu ihnen schafft, und zum anderen, weil das Subjekt durch die Identifizierung mit den Aggressionen gegen andere diese wie Aggressionen gegen sich selbst empfindet. Natürlich verwundert es nicht, dass die völlige Abwesenheit einer solchen Anerkennung allgemein beim Soziopathen bekannt ist, dem die emotionale Verfassung des anderen – abgesehen von den Gelegenheiten, wo er diese ausnutzen kann – völlig gleichgültig ist, und der sich nicht mit der Erfahrung des Schmerzes oder der Freude eines anderen Menschen identifizieren oder damit in Verbindung bringen oder sie vollkommen verstehen kann. Eines der herausragenden Merkmale des Soziopathen ist die Tatsache, dass es ihm nicht gelingt, sich durch ein emotionales Verständnis an andere „anzuhängen". Das weitgehende Fehlen eines solchen zusammenhängenden Verständnisses ist es, das es dem Soziopathen ermöglicht, seinen Opfern in einer Weise Gewalt anzutun, die einer empathischen Anerkennung widerstreben würde.

Intersubjektivität und Verpflichtung

Die Fähigkeit zur Anerkennung umfasst durch ihre Natur und insbesondere durch den frühen Entwicklungsprozess, der sie hervorbringt, nicht nur die identifikatorische Empathie für andere Personen, sondern auch die Sympathie für sie. Auf relevante Einzelheiten dieses Prozesses werde ich in Teil II dieses Buches eingehen. Für den Augenblick ist es wichtig anzumerken, dass das Element der Sympathie in der intersubjektiven Perspektive die potentielle Verpflichtung gegenüber einem anderen Menschen schafft, dessen subjektive Erfahrung zu berücksichtigen, bevor man eine Handlung begeht, die ihm Schaden zufügen könnte. Das Problem der Subjektivität der anderen Person ist für unser Wüsteninsel-Szenario relevant. Da jede Verpflichtung, Rücksicht auf Freitag zu nehmen, eine Einmischung in Crusoes Freiheit, so zu handeln wie er möchte, darstellen würde, könnte er darauf kommen, sich zu fragen, warum er Freitag nicht einfach so früh wie möglich töten sollte. Wenn Freitag aus dem Weg geräumt war, könnte Crusoe schließlich sein Leben in absoluter Freiheit, wie er sie vor Freitags Ankunft genossen hatte, weiterführen, vorausgesetzt, dass diese Freiheit einen großen Reiz auf ihn ausübt. Natürlich kann sich Freitag ebenso die Frage stellen, warum er nicht Crusoe ins Jenseits befördern sollte. In jedem Fall könnte jeder der Männer, wenn er dann ganz allein ist, die absolute Freiheit von allen Sorgen genießen, die er sich wegen anderen machen würde. Keine lästigen Verpflichtungen würden ihm in die Quere kommen, und es wäre niemand da, den er in seinem Solipsisten-Utopia fürchten müsste. Auf der anderen Seite können sich sowohl Crusoe als auch Freitag aus praktischen Gründen gegen einen Mord entscheiden. Vorausgesetzt, dass keiner der beiden Männer ein leidenschaftlicher Einsiedler ist, könnten sowohl Crusoe als auch Freitag den Gedanken ablehnen, den jeweils anderen zu töten, weil sie es als befriedigender empfinden, einen Begleiter zu haben, als in absoluter Freiheit zu leben. Weitere potenzielle Vorteile sind das Teilen der Überlebensbelastungen, die Erhöhung der wirtschaftlichen Erträge durch Arbeitsteilung und bessere Verteidigungsmöglichkeiten gegen jegliche Raubtiere, die eventuell auf der Insel leben. Jede dieser Möglichkeiten könnte gegen die Beseitigung eines potentiellen Partners durch seine Tötung sprechen.

Dies sind jedoch nur praktische Erwägungen, und keine davon spricht den Hauptgrund an, weshalb die meisten Menschen in der westlichen Welt einem anderen Menschen nicht das Leben nehmen würden: Dieser Grund besteht natürlich in der moralischen Abscheu, die wir verspüren, wenn wir uns vorstellen, selbst so eine Tat zu begehen. Es stellt sich dann die Frage, warum die meisten von uns in der Tat so starke Abneigungen gegen Gewalt einem anderen Menschen gegenüber empfinden und warum sich ein solches Tabu an erster Stelle zur Grundlage menschlicher Moral entwickelt hat.

Aus biologischer Sicht ist es sicher, dass die Menschen, wie alle anderen überlebenden Organismen, nicht mehr auf dieser Erde wären, wenn diese angeborene Tendenz, einander nicht zu töten, nicht in unserem Gehirn verankert wäre. Das „egoistische Gen", wie es treffend genannt wurde, ist sehr daran interessiert, sich selbst zu verewigen und nicht in einem völkermörderischen Holocaust unterzugehen, sei es bewusst oder fahrlässig. Doch eine andere Begründung als bloß der biologische Vorteil, die wirtschaftliche Praktikabilität oder die religiöse Ächtung wäre, falls sie existiert, sicherlich von Interesse.

Die intersubjektive Perspektive, die an sich schon eine entwickelte Schutzmaßnahme gegen Völkermord darstellen kann, schlägt als möglichen Grund für das Tabu, anderen Menschen Leid anzutun, etwas vor, das über jene Traditionen hinausgeht, auf die man sich in der Regel bezieht. Dieser Grund erinnert an Albert Schweitzers Idee von der Ehrfurcht vor dem Leben, doch er besteht genauer gesagt in der Fähigkeit zur Anerkennung oder Achtung, wenn nicht gar Ehrfurcht vor der „Subjektivität" des anderen. Diese Fähigkeit erkennt ein besonderes Bewusstsein in einem anderen Objekt, das es als einen Menschen und nichts anderes identifiziert. Die Wahrnehmung in diesem Sinne erkennt die Tatsache an, dass eine andere Person ein Subjekt ist, das einem selbst sehr ähnlich ist; ein bewusstes Wesen mit einer riesigen Sammlung von Ideen, Bildern, Emotionen, Gefühlen, Bestrebungen, Erwartungen und Sehnsüchten – aber auch Schwächen –, die allgemein im menschlichen Wesen anzutreffen sind.

Aus diesen Beobachtungen folgt, dass Sie, wenn Sie die Vorstellung verabscheuen, dass Ihnen selbst Schmerzen oder Tod zugefügt werden, aus Gründen der Identifizierung und der Sympathie auch die Vorstellung verabscheuen müssen, Ihrem Mitmenschen Schmerzen oder Tod zuzufügen, da auch er ein subjektives Selbst ist, das sehr ähnlich denkt und fühlt wie Sie. In diesem Licht betrachtet, bekräftigt die intersubjektive Perspektive die moralische Verpflichtung der Goldenen Regel dem anderen gegenüber: Respektiere die andere Person als ein bewusstes, souveränes Wesen, als unabhängiges Subjekt, das ein Recht auf die gleiche positive Betrachtung und den gleichen emotionalen und letztlich institutionellen Schutz vor Schaden hat, den du für dich selbst beanspruchst.

Die Regierung und die intersubjektive Perspektive

In der bisherigen Diskussion wird erstens argumentiert, dass die intersubjektive Perspektive den anderen als ein ganz persönliches, eigenständiges Wesen, als Subjekt, Selbst oder Seele wahrnimmt, und zweitens, dass diese Wahrnehmung durch empathische und mitfühlende Identifizierung – einschließlich des Bewusstseins für seine Fähigkeit, Schmerzen zu erleiden – zu einer Verbindung mit ihm führt. *Doch die intersubjektive Perspektive schließt auch die persönliche Souveränität des Einzelnen, seine Autorität über sich selbst und damit sein Recht auf Freiheit ein. Dieses Konzept steht in scharfem Kontrast zu jeder Sichtweise, die Menschen ihrer Persönlichkeit oder ihres Menschseins beraubt und sie zu bloßen Dingen herabwürdigt, die nur dazu da sind, um manipuliert zu werden.* Die Position, dass Menschen einfach Objekte sind, die möglichst ausgenutzt werden müssen, bezeichnet den Soziopathen in seinen rücksichtslosen Bemühungen, andere Menschen als Mittel für seine Zwecke zu benutzen. Aus jeglicher rationalen Perspektive, intersubjektiv oder anderweitig, stellt es ein moralisches Unrecht dar, einen anderen Menschen wie eine Sache zu gebrauchen. Und wenn dieser Gebrauch – oder Missbrauch – schwerwiegend genug ist, wird auch ein Verbrechen daraus.

In einem viel größeren Maßstab aber berauben auch die Regierungen den Bürger bei der rücksichtslosen Verfolgung ihrer politischen Ziele routinemäßig seiner Persönlichkeit. Die liberale Agenda z. B. depersonalisiert, ja entmenschlicht den Bürger, wenn sie ein abstraktes Wohl „aller" über die Souveränität des Individuums stellt, das dann den kollektiven Zwecken des Staates untergeordnet werden muss. Eigentlich sind Menschen für den Regierungsbeamten, der in kollektive Aufgaben versunken ist, Dinge, die regiert werden müssen; sie sind bloße Mittel zum Zweck. Nur die politischen Absichten sind wirklich wichtig, nicht die bewusste Erfahrung des Individuums, das sie beherrschen. Die grundsätzliche Gleichgültigkeit der liberalen Agenda gegenüber der Subjektivität des Individuums, dessen Souveränität in einem großen Kollektiv begraben wird –

dem „allgemeinen Willen", der „großen Gesellschaft" oder dem „Willen des amerikanischen Volkes" –, gestattet liberalen Regierungen, gewissenlose Manipulationen des Volkes, dem zu dienen sie vorgeben, rational zu begründen. Trotz all ihrer behaupteten guten Absichten sind die politischen Operationen der Agenda im Wesentlichen soziopathisch. Beispiele dafür werden an verschiedenen Stellen dieses Buches aufgezeigt.

Die intersubjektive Perspektive und die Generativität

Wie bereits erwähnt – und abgesehen von ihren Ursprüngen in einem rein moralischen Verbot – leitet die Abscheu, die man dagegen empfindet, andere zu verletzen, ihre größte Kraft von der Bindung ab, die aus empathischer Anerkennung entsteht. Erik Erikson hat diese Haltung in seinem Konzept von der Generativität (Erikson 1950) vorweggenommen. Der Begriff bezeichnet die einfühlsame Sorge um andere, die als ein wesentliches Ergebnis einer gelungenen Persönlichkeitsentwicklung im Erwachsenenalter auftritt. Die Ursprünge liegen im Kind, das geliebt wurde und genug verstanden hat, um eine intersubjektive Perspektive oder etwas sehr Ähnliches anderen gegenüber zu erwerben. Seine wachsende Anerkennung der anderen ist nicht nur ein kognitives Verständnis, dass andere Personen so sind wie es selbst. In ihrer voll entwickelten Form kommt es zu einer tief empfundenen Achtung und moralischen Verpflichtung gegenüber anderen Menschen. Das sind Einstellungen, die auf den Fundamenten der gesellschaftlichen Ordnung beruhen. In der Tat: Wenn diese Art von Achtung und Fürsorge *nicht* integrale Bestandteile der Entwicklungsideale einer Kultur sind, dann können die Massen von jeder politischen Agenda verführt werden, die den Einzelnen auf dem Weg, ihn zu beherrschen oder zu töten, entmenschlicht.

3
Abhängigkeit und Kompetenz im Gemeinschaftsleben

Die einzige Freiheit, die ich meine, ist eine mit Ordnung verbundene Freiheit; eine, die nicht nur neben Ordnung und Tugend existiert, sondern die ohne diese gar nicht existieren kann.

Edmund Burke

Die Auflösung der Hilflosigkeit

Alle Menschen beginnen ihr Leben in einem Zustand völliger Hilflosigkeit und Abhängigkeit. Diese und einige andere Tatsachen über das Wachstum und die Entwicklung des Menschen haben tiefgreifende Auswirkungen auf die Sozialpolitik. Die zentrale Frage in dieser Hinsicht ist, inwieweit und in welcher Weise dieser anfängliche Zustand der Abhängigkeit im Laufe der Entwicklung aufgelöst wird und in welchem Ausmaß er durch eine tüchtige Eigenständigkeit ersetzt wird, die mit den gesellschaftlichen und kulturellen Normen übereinstimmt.

In einer Gesellschaft, die auf kollektivistischen Prinzipien beruht, muss die Entwicklung der Kompetenz des Einzelnen in der Gesamtbevölkerung begrenzt sein, damit eine abhängige und unterwürfige Beziehung des Volkes zur herrschenden Regierung aufrechterhalten bleibt. *In einer freien Gesellschaft, die auf individualistischen Prinzipien beruht, ist das eigentliche Ergebnis der kindlichen Entwicklung hingegen ein erwachsener Mensch, der im Wesentlichen eigenständig ist: Er verfügt wenigstens über eine gewisse Kompetenz, wirtschaftlich, sozial und politisch aufgrund freiwilliger Zusammenarbeit in einer Gemeinschaft von ähnlichen Personen unter einer verfassungsmäßig beschränkten Regierung tätig zu sein.* Eine Bevölkerung, die aus solchen Personen besteht, neigt von Natur aus stark dazu, Lebensregeln aufzustellen, die auf der einen Seite die Freiheiten und Eigentumsrechte des Einzelnen schützen, auf der anderen aber für die materielle Sicherheit, die soziale Zusammengehörigkeit und die Regulierung von Gewalt und Einfluss unter ihren Mitgliedern sorgen.

Die Beschränkungen des Gewissens

Die Verwandlung eines hilflosen und abhängigen Kindes in einen kompetenten Erwachsenen ist eines der Wunder der menschlichen Natur. Der Prozess ist ungemein komplex und nur unvollständig zu erfassen. Klar ist jedoch, dass das Kind Kompetenz erlangt, indem es zu einer ethischen und moralischen Person sowie zu einem sozial und beruflich qualifizierten Menschen wird. Der kompetente Erwachsene erwirbt:

- hohe ethische und moralische Verhaltensnormen
- die selbstregulierenden Fähigkeiten eines starken Gewissens
- maßgebliche Kompetenzen, zu arbeiten und Beziehungen herzustellen
- die Fähigkeit, in einer Gemeinschaft freiwillig zu produzieren und zu kooperieren, weil er dies wünscht und nicht, weil er von staatlichen Behörden dazu gezwungen wird.

Die individuellen Freiheiten, die seit der Aufklärung in der westlichen Zivilisation gefeiert werden, verlangen für ihre Erhaltung gewisse ethische, moralische und gesetzliche Verbote menschlichen Handelns. Damit diese Verbote funktionieren, müssen sie im Laufe der normalen Entwicklung im Gewissen des Einzelnen verankert werden. Diese Forderung ist von entscheidender Bedeutung. Wenn bestimmte Handlungen in der Bevölkerung weit verbreitet sind, führen schwerwiegende Mängel in der Ent-

wicklung des Gewissens und der ethischen Ideale, einschließlich der „Arbeitsethik" wirtschaftlich produktiver Tätigkeiten, immer zu einem Zusammenbruch der gesellschaftlichen Ordnung. Moralisch und ethisch befähigte Personen können dagegen durch Vereinbarungen und gemeinschaftliche Bemühungen sowie durch den Appell an historische Erfahrungen alle ökonomischen, sozialen und politischen Institutionen schaffen, die erforderlich sind, um die soziale Ordnung aufrechtzuerhalten und auf die materiellen sowie die Beziehungsbedürfnisse des Menschen einzugehen.

Zu diesen Institutionen gehören die formalen Systeme der Gesetze und Rechtsvorschriften, die zur Begrenzung antisozialen Verhaltens bei Personen erforderlich sind, deren innere Hemmschwellen fehlen oder dysfunktional sind. Ebenfalls gehören dazu die Gemeinschaftsaufgaben, die für die Pflege und Wiederherstellung von Personen benötigt werden, die nicht in der Lage sind, sich selbst zu versorgen. Diese angeborene Kooperationsfähigkeit kann man im Alltag kompetenter Personen leicht beobachten. Sie bildet die natürliche Grundlage für eine freie Gesellschaft unter einer gesetzlich begrenzten Regierung. Sie widerlegt auch die kollektivistische Behauptung, dass die Menschen von Natur aus umfangreicher staatlicher Eingriffe bei der Durchführung ihrer Angelegenheiten bedürfen.

Das Rüstzeug zum Leben

Die psychischen Grundlagen, die ein kompetentes Individuum befähigen, zu produzieren und zu kooperieren, werden in der frühen Kindheit erworben. Sie bestehen aus erlernten Fähigkeiten und Haltungen zur Befriedigung der normalen Bedürfnisse und Wünsche und aus erworbenen Kapazitäten zur Unterdrückung pathologischer Impulse, vor allem solcher, die sexuelle, aggressive und begierige Triebe, Abhängigkeitssehnsüchte und Antriebe zur Selbstüberhöhung beinhalten. Das Rüstzeug zu wirtschaftlicher Produktion und sozialer Zusammenarbeit sowie die erlernten ethischen und moralischen Hemmungen werden zu Kernelementen der Befähigung des Einzelnen, in der Gemeinschaft zu überleben. Wirtschaftliche und soziale Kompetenzen werden, zusammen mit dem Vermögen, Impulse zu unterdrücken, zurückzuhalten und zu verzögern, in der Gesamtheit zur selbstregulierenden Infrastruktur der geordneten Gemeinschaft.

Dieses Konzept ist wichtig. Sofern nicht die Gestapo eines totalitären Regimes herrscht, ist die gesellschaftliche Ordnung eine Folge von Zusammenarbeit, nicht von Zwang. Darüber hinaus basiert die Fähigkeit einer Gemeinschaft, sich selbst zu regulieren, nicht auf irgendeinem amorphen kollektiven „Willen", sondern auf der Fähigkeit jedes ihrer Mitglieder, sich freiwillig im Einklang mit den akzeptierten Verhaltensnormen zu verhalten. *Es ist eine psychologische Tatsache, dass der Ort der administrativen Verantwortung für das Verhalten jedes Menschen nur in diesem selbst liegen kann, da für jeden Einzelnen gilt, dass sein Gehirn – und nur sein Gehirn – alle seine eigenen Überzeugungen, Einstellungen, Emotionen und Werturteile erschafft, bewahrt und beseitigt und alle seine eigenen Handlungen initiiert, erhält und beendet.* „Die Gesellschaft" führt im Gegensatz zur Vorstellung der liberalen Auffassung von der Gesellschaft als Verursacher nicht dazu, dass eine Person etwas tut. Wenn eine kriminell motivierte Person die ordnungsgemäßen Tätigkeiten von neunundneunzig anderen, kooperativen Personen stört, so tut sie dies auf der Grundlage ihres Glaubens, dass die Chancen, von ihrem Verbrechen zu profitieren und davonzukommen, die Chancen übersteigen, gefangen und bestraft zu werden. Diese innere *persönliche* Einschätzung im Verstand des Kriminellen ist es, die bestimmt, ob das Verbrechen begangen wird, und nicht irgendeine gemeinsame Bewertung durch einen imaginären Gruppenverstand.

Die Ego-Stärke

Die Fähigkeit, unter Stress anpassungsfähig zu handeln, wird manchmal als Ego-Stärke bezeichnet. Das Vermögen, nach einem Verlust der Handlungsfähigkeit aufgrund von starkem Stress die Kompetenz wiederherzustellen, wird Resilienz genannt. Diese Fähigkeiten sind per definitionem adaptiv und haben die Merkmale von Gewohnheiten: Sie sind dauerhafte und anhaltende Tendenzen, als Reaktionen auf bestimmte Arten von Ereignissen in bestimmter nützlicher Weise zu denken, zu fühlen, sich zu verhalten und miteinander umzugehen. Kompetenzen, die zur Ego-Stärke und Resilienz beitragen, umfassen eine normale Fähigkeit, Tatsachen zu beobachten und über sie nachzudenken, vergangene Erfahrungen zu vermitteln, um gegenwärtige Probleme zu lösen, Frustration zu tolerieren, die gegenwärtige oder zeitnahe Befriedigung durch zukünftige

Belohnungen hinauszuzögern und in gegenseitig vorteilhaftem Austausch mit anderen zusammenzuarbeiten. Ego-Stärke ist nicht als Selbstwertgefühl auszulegen, sondern bezeichnet die Fähigkeit, unter schwierigen Bedingungen die Lage zu meistern. Resilienz ist die Fähigkeit, diese Meisterschaft aufrechtzuerhalten und die funktionelle Wirksamkeit nach ernstem oder anhaltendem Unglück oder Verlust wiederherzustellen.

Diese Fähigkeiten tragen zu dem bei, was gemeinhin als Charakter bezeichnet wird: Dieser Begriff umfasst auch Neigungen, sich im gegenseitigen Umgang mit anderen ehrlich, integer, verantwortungsvoll, selbstbestimmt und zuverlässig zu verhalten. Unter anderem halten Menschen mit einem guten Charakter in der Regel Versprechungen und Ehrenverträge ein, respektieren die Souveränität anderer Personen und deren Eigentumsverhältnisse und übernehmen so weit wie möglich Verantwortung für sich selbst, indem sie für ihre eigenen Bedürfnisse und die derjenigen sorgen, für die sie freiwillige Verpflichtungen übernommen haben. Personen mit Charakter stellen keine rechtlich durchsetzbaren Ansprüche an Zeit, Leistung oder materielle Vermögenswerte anderer Menschen. Sie fühlen sich nicht dazu berechtigt, von Personen, zu denen sie zuvor keine persönliche Beziehung oder vertraglichen Pflichten hatten, mit Subventionen unterstützt zu werden.

Das Gewissen des Einzelnen und der Gesellschaft

Eine freie Gesellschaft wird zum größten Teil rational arbeiten, wenn die Neigungen zu Ego-Stärke, Resilienz und gutem Charakter für ihre Mitglieder typisch sind. Ein Bürger mit diesen Veranlagungen wird in der Lage sein, ein gutes Leben zu führen, indem er die Regeln für einen vernünftigen wirtschaftlichen und gesellschaftlichen Umgang befolgt. Um bei dieser Bemühung Erfolg zu haben, muss er nicht auf ganzer Linie über ein hohes Maß an Persönlichkeitsentwicklung verfügen. Um effektiv an einer freien und geordneten Gesellschaft teilzuhaben, bedarf es keiner außergewöhnlichen sozialen Fähigkeiten, keines Liebreizes, keiner besonderen Empfindsamkeiten oder Talente, obwohl solche persönlichen Eigenschaften beim Streben nach Glück nur hilfreich sein können. Was es braucht, ist eine relativ hohe Entwicklung ethischer Ideale und eines Gewissens, welches bei wirtschaftlichen, gesellschaftlichen und politischen Handlungen zu ehrenvollem Verhalten zwingt. In diesem Zusammenhang bedeutet „ehrenvolles Verhalten“, dass der Umgang mit anderen durch Ehrlichkeit, Offenheit und Integrität beim Aushandeln der Bedingungen jeder Tätigkeit sowie mit einem entsprechenden Verhalten beim Abschluss der Handlung gekennzeichnet ist.

Da die Regierungen in die gesellschaftlichen Funktionen integriert sind, gilt dieses Verlangen nach ehrenvollem Verhalten auch für die Informationen, die die Regierung den Bürgern hinsichtlich der geschätzten Kosten und des Nutzen der geplanten Politik sowie der tatsächlichen Kosten und des Nutzen der verwirklichten Politik zukommen lässt. Nach dieser Definition verhalten sich die Regierungen üblicherweise jedoch nicht ehrenhaft, sondern handeln stattdessen betrügerisch, indem sie das Volk über die wirklichen Kosten-Nutzen-Rechnungen der Regierungsprogramme absichtlich täuschen. Trotz gegenteiliger Behauptungen erhalten Regierungen in der Regel nicht das *informierte* Einverständnis des Volkes ausgesprochen, wenn sie sich überhaupt über dessen Zustimmung Gedanken machen.

Besonders zerstörerisch für das Streben nach menschlichem Glück ist es, wenn eine Regierung Betrug oder körperliche Gewalt einsetzt, um Eigentums- und Vertragsrechte und andere gesetzmäßige Freiheiten zu verletzen. Der Inhalt und Umfang dieser Freiheiten und ihre Grundlagen in der Natur des Menschen werden an anderer Stelle in diesem Buch erörtert. Einstweilen lohnt es sich noch einmal zu betonen, dass die destruktive Politik der Regierungen aus zu hoher Machtkonzentration erwächst. Das ist grundsätzlich so, unabhängig davon, ob diese Macht gewaltsam angeeignet wurde und durch Tyrannei aufrechterhalten wird, oder ob sie durch das freiwillige, aber fehlgeleitete Vertrauen von Menschen autorisiert ist, die anderen aus Unwissenheit über die Täuschungen eines ungültigen Gesellschaftsvertrages eine unangemessene Macht übertragen. In jedem Fall neigen die Regierungen zwangsläufig dazu, die Massen auszunutzen. Ungeachtet jeglichen Anspruchs an das Allgemeinwohl handeln Regierungsbeamte üblicherweise in ihrem Eigeninteresse. In den meisten Fällen ignorieren sie das langfristige Wohlergehen des Volkes, dem sie angeblich dienen. Aus diesem Grund muss die Macht der Regierung durch die Institution einer Verfassung sehr streng limitiert werden.

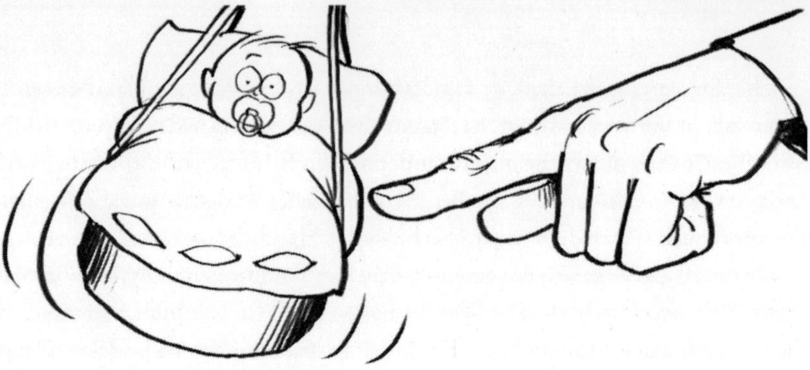

4
Gesellschaftspolitik und Kindheitsentwicklung

Der Mensch lebt in einer Welt, in der jedes Vorkommnis aufgeladen ist mit Echos und Erinnerungen an das, was vergangen ist, wo jedes Ereignis eine Erinnerung an andere Dinge ist.

John Dewey

Das amerikanische Volk wird den Sozialismus niemals wissentlich annehmen, doch unter dem Namen des Liberalismus wird es jeden Teil des sozialistischen Programms übernehmen, bis Amerika eines Tages eine sozialistische Nation sein wird, ohne jemals zu wissen, wie es dazu gekommen ist.

Norman Thomas

Der Sozialismus und die moderne liberale Agenda

Obwohl die Definitionen in einigen Details voneinander abweichen können, wird der Sozialismus typischerweise als ein System wirtschaftlicher, gesellschaftlicher und politischer Prozesse definiert, dessen hervorstechende Merkmale kollektives Eigentum oder die Kontrolle des Kollektivs über Eigentum, Investitionen, Produktionsmittel und Verteilung sind. In der Praxis bezeichnet der Begriff

„Kollektiv" trotz aller idealisierten Darstellungen, die das Gegenteil behaupten, in dieser Definition eine zentralisierte Regierung. Jenseits dieser in erster Linie wirtschaftlichen Definition ist der moderne sozialistische Staat aber auch in seiner Sozialpolitik sehr leitend, vormundschaftlich und paternalistisch. Ein besonderer Ausdruck dieser Tendenz findet sich im Begriff „therapeutischer Staat"; ein Etikett, das die interventionistische Natur von Programmen hervorhebt, deren gutgemeinte Absicht in der Verbesserung liegt. Für Bemühungen dieser Art werden oft Sozialarbeiter eingesetzt, um armen Kindern zu helfen, die einer besonderen Erziehung, Sozialisierung und psychologischer Betreuung bedürfen. In anderen Bereichen werden Bestrebungen, eine gleichmäßigere Verteilung des materiellen Reichtums zu bewirken und echte oder wahrgenommene Ungleichheiten des politischen und sozialen Status auszugleichen, mit dem modernen sozialistischen Staat assoziiert.

Ob diese Kampagnen sich jedoch sozialistisch nennen oder nicht: Die von der modernen liberalen Agenda vertretene Politik ist in ihren Auswirkungen grundsätzlich eine sozialistische. Die Bemühungen, eine staatliche Kontrolle oder ein Management der Eigentumsverhältnisse oder wichtiger wirtschaftlicher und gesellschaftlicher Aufgaben zu etablieren, nehmen auch unter liberalen Prioritäten weiterhin einen hohen Stellenwert ein. Durch Gesetze zur Förderung benachteiligter Gruppen wird mit Beschäftigungsentscheidungen und Hochschulzugangsrichtlinien die Politik der Agenda injiziert. Ein völlig verstaatlichtes Gesundheitssystem bleibt ein wichtiges wirtschaftliches Ziel, und eine Ethik der politischen Korrektheit und des Multikulturalismus versinnbildlicht das Eindringen der Agenda in alle gesellschaftlichen Bereiche. Regeln, die sowohl das wirtschaftliche als auch das soziale Verhalten am Arbeitsplatz betreffen, sind heute üblich. Alle diese Einmischungen wurden im Namen des Allgemeinwohls eingeleitet. Alle diese Interventionen werden von Regierungsstellen kontrolliert. Alle sind letztlich ihrem Wesen und der Art der Kontrolle nach sozialistisch.

Die Bedeutung der Regierung im liberalen Sinn

Diese Verstaatlichung der Aufgaben des alltäglichen Lebens steht in unmittelbarem Gegensatz zur Philosophie der Freiheit des Einzelnen, der Selbstständigkeit und der freiwilligen Zusammenarbeit, die großteils im 19. Jahrhundert und in geringerem Maße noch in den frühen Jahren des 20. Jahrhunderts in Amerika vorherrschte. Der klassische Liberalismus war im Gegensatz zum modernen Liberalismus, der sich für den Kollektivismus einsetzt, dem Individualismus noch sehr verpflichtet. Unter dem Paradigma des modernen Liberalismus haben die Regierungen auf allen Ebenen die Kontrolle über eine zunehmende Zahl wirtschaftlicher, gesellschaftlicher und politischer Funktionen übernommen, die zuvor Gruppen anvertraut waren, die freiwillig auf Gemeinde- oder regionaler Ebene tätig waren. Da die Regierungen aktiver geworden sind, sind die Regierten nun passiver und abhängiger. Die Gründe für diese Tendenz stehen mit der Frage im Zusammenhang, wie Bürger die Regierungen in der Gegenwart auffassen können.

Die Institutionen und Arrangements einer Gesellschaft, ihre Hauptregeln für das Leben, entwickeln sich allmählich aus den Bedeutungen, die ihre Mitglieder wirtschaftlichen, gesellschaftlichen und politischen Prozessen zuschreiben. Diese Prozesse entwickeln sich in Demokratien zum großen Teil durch die Zustimmung der Wähler und die Dringlichkeitspolitik besonderer Interessengruppen. Doch sowohl die Zustimmung der Wähler als auch die Bestrebungen besonderer Interessengruppen drücken aus, was die Regierung ihren Bürgern bedeutet. *Der Aufstieg der liberalen Agenda zur Macht hat sich aus einer besonderen Bedeutung ergeben, die die Regierung für die Menschen in den westlichen Gesellschaften hat, nämlich dass der Staat eine angemessene Quelle ist, aus der die Sehnsucht der Menschen nach verschiedenen Formen elterlicher Fürsorge befriedigt werden kann.* Auf Einladung des liberalen Politikers erbitten die Menschen nun die Intervention der Regierung in allen wichtigen Lebensbereichen – ob es sich nun um Säuglingspflege, Kindertagesstätten, Vorschule und Schule, Sexualerziehung, Arbeitsvorschriften, Arbeitssicherheit, Produktqualität und Haftungsfragen, Ethik am Arbeitsplatz, Geld- und Bankenregulierung, Ernährungs- und Arzneimittelvorschriften, Gesundheitspolitik, Arbeitsplatzsicherheit, Erwerbsunfähigkeitsrenten, die Rentensicherheit oder was immer handelt. Auf Drängen der Menschen sind Regierungsbeamte zu Verwaltern der elterlichen Fürsorge, des Rundum-Schutzes und des Genusses von der Wiege bis zur Bahre geworden. Politiker, die sich mit diesen Sehnsüchten identifizieren und sie in der öffentlichen Gesetzgebung sowie ihrer Wahlkampfpropaganda ausschlachten, konnten sich an der Wahlurne großer Erfolge erfreuen.

Doch der Preis für diese Infantilisierung der Menschen ist eine Verkümmerung ihrer Befähigungen auf breiter Basis. Ein großer Teil der Bevölkerung hat sich in eine kindhafte Abhängigkeit von staatlichen Sozialhilfeprogrammen begeben. Der moderne Staat hat die Rolle eines scheinbar wohlwollenden, großzügigen, allmächtigen und gottähnlichen Elternteils übernommen, der als Vormund, Verwalter, Versorger und Betreuer dient – alles zum Nachteil des Volkes. Im Endeffekt haben wir unsere Regierungen zu Eltern gemacht, in dem Glauben, dass es besser für uns ist, wenn sie sich um uns kümmern, als wenn wir uns selbst um uns kümmern. Wir haben unsere Mutmaßungen über das Menschsein von der ethischen und religiösen Auffassung, dass wir uns ein gutes Leben durch individuelle und kooperative harte Arbeit und Verantwortung verdienen müssen, zu einer weltlichen und kollektivistischen Vorstellung hin verschoben, nach welcher das Leben ein manipulativer Konkurrenzkampf um die Wohltätigkeit des Staates ist. Anstatt zu einer höheren Macht zu beten und um Stärkung und Führung für unsere persönlichen Anstrengungen zu bitten, anderen so zu dienen wie uns selbst, bitten wir unsere Gesetzgeber um einen Platz am öffentlichen Trog und hoffen, dass sie uns wenigstens so großzügig bedenken werden wie andere. Die hohen Regierungseinnahmen sind praktisch zum Einkommen einer sehr großen Familie geworden, deren viele Kinder darum wetteifern, etwas davon abzubekommen, während sie jeden Augenblick dazu bereit sind, im Namen der Gleichheit zu protestieren, wenn es scheint, dass eines der Geschwister mehr bekommt als ein anderes.

Diese Sehnsüchte danach, dass sich jemand um sie kümmert, um sie von der Verantwortung des Erwachsenenlebens zu befreien, haben ihren Ursprung in der Kindheit. Sie werden in der abhängigen Bindung von Kindern an ihre Eltern angemessen befriedigt – nicht jedoch in der abhängigen Bindung von Erwachsenen an den Staat. Vielmehr ist ein entscheidendes Entwicklungsziel der allmähliche Ersatz der Abhängigkeitssehnsucht des Kindes durch die gereiften Fähigkeiten zu kompetenter Eigenständigkeit im Zusammenarbeit mit anderen – im Gegensatz zum Parasitismus am Staat. Ob dieses Ziel erreicht wird oder nicht, hat tiefgreifende Auswirkungen auf Art und Ausmaß der Regierung in einer gegebenen Gesellschaft.

Das Kind wächst in die Kompetenz hinein

Die abhängige Bindung des Erwachsenen an die Regierung hat einen enormen Preis: Parallel zum konstanten Wachstum der Macht des Politikers, seine Wählerschaft zu befriedigen, wächst auch seine Macht, sie zu beherrschen. Leider erfolgt der daraus resultierende Rückgang der bürgerlichen Freiheiten langsam genug, um sie nicht zu beunruhigen. Die Gefälligkeiten der liberalen Agenda verführen die Menschen schrittweise und spielen dabei immer mit ihrer regressiven Sehnsucht, verwöhnt zu werden. Mit jeder Gefälligkeit wird, begleitet vom ständigen Trommelschlag der Berechtigungspropaganda, der ansonsten intelligente Bürger zu einer zunehmend irrigen Vorstellung von der richtigen Rolle der Regierung in einer freien Gesellschaft geführt. Wie ein Kinderschänder pflegt der liberale Politiker seine Wählerschaft so lange, bis sich ihre natürlichen inneren Warnungen davor, sich der Macht im Austausch für Gefälligkeiten zu ergeben, in einem falschen Sicherheitsgefühl auflösen.

Warum lassen Menschen zu, dass sie so übertölpelt werden? Antworten auf diese Frage finden sich in vielen Bereichen: in der Leichtgläubigkeit des Kindes, die beim Erwachsenen anhält, in dem Wunschdenken, das der menschlichen Natur innewohnt, und in den Verzerrungen des Verständnisses, die aus der Dynamik des Denkens erwachsen. Trotz einer grundsätzlichen Neigung zu einer zunehmend realistischen Wahrnehmung der Welt, in der sie aufwachsen, übernehmen Kinder allzu leicht falsche Vorstellungen von der menschlichen Natur und den Gegebenheiten des menschlichen Lebens, vom Wesen der Regierung und von den wirtschaftlichen, sozialen und politischen Prozessen, die moderne Gesellschaften ausmachen.

Einige dieser falschen Vorstellungen können auf einfache Unwissenheit zurückgeführt werden. Aber einige von ihnen entstehen aus neurotischen und anderen irrationalen mentalen Prozessen heraus, nicht aus einem Mangel an Wissen an sich. Diese irrationalen Prozesse bestehen in fehlgeleiteten Denkweisen, Emotionen, Verhaltensweisen und Beziehungen. Manche sind von Neid und Eifersucht gekennzeichnet, andere von Minderwertigkeitsgefühlen und wieder andere vom Streben nach Macht, Herrschaft und Rache. Einige werden von fehlgeleiteten Fürsorgeinstinkten angetrieben. Weitere bestehen in paranoiden Wahrnehmungen von Schikanen oder obsessivem Kontroll- und Regulierungsstreben. Manche sind vom Größenwahn oder von infantilen Ansprüchen auf Berechtigung, Genuss und Entlohnung gekennzeichnet.

Natürlich ist klar, dass jeder dieser potentiell schweren Geisteszustände die Fähigkeit eines Einzelnen, die Herausforderungen des Alltags zu bewältigen, drastisch stören kann. Doch sie können seine Ideen auch auf eine allgemeinere Weise beeinflussen; sie können seine Vorstellungen prägen, wie die Menschen Beziehungen miteinander eingehen und welche Rolle die Regierungen bei der Lenkung menschlicher Angelegenheiten spielen sollten. Auch wenn es sie nicht ernsthaft durcheinanderbringt, kann das irrationale Denken die Vorstellungen des Bürgers davon, wie die Gesellschaft organisiert, was ihre Regeln sein sollen und wie viel Wert auf individuelle Freiheit, Verantwortung und Kooperation gelegt wird, verzerren.

Die frühen Einflüsse auf die Persönlichkeitsbildung sind besonders wichtig für die spätere Fähigkeit eines Menschen, rational über seine Welt und die Art und Weise, wie Menschen miteinander umgehen, zu denken. Diese Einflüsse stammen aus vielen Quellen und beginnen in den prägenden Jahren zu wirken. Ein Kind wird zum Beispiel aus der Beobachtung, wie andere der Routine des Lebens nachgehen, Eindrücke gewinnen. Es wird unmittelbar sehen, wie Individuen untereinander, mit anderen und mit gesellschaftlichen Institutionen Beziehungen pflegen. Es wird beobachten, dass einige autark und kooperativ sind, andere abhängig und manipulativ, einige feindlich und ausbeuterisch, andere zuverlässig und ehrlich. Von seinen Eltern und Lehrern wird es etwas darüber lernen, wie Menschen sich mit ihrer Welt identifizieren. Es wird Beschreibungen und Werturteile darüber hören, wie andere ihr Leben führen. Sie werden ihm sagen, wie man versteht, was die Leute tun, wie sie denken, wie sie sich fühlen und was ihre Motive sind. Sie werden ihm sagen, was an den Gewohnheiten der Menschen gut und was schlecht ist.

Neben diesen Einflüssen werden die eigenen Versuche und Irrtümer des heranwachsenden Kindes, seine eigenen unzähligen Interaktionen mit anderen, dazu beitragen, ob es schließlich zu einem kompetenten Erwachsenen wird – also das Vermögen entwickelt, sich selbst zu versorgen, die Verantwortung für sein Leben und sein Wohlergehen zu übernehmen, mit anderen zusammenzuarbeiten, moralisch integer zu handeln und die Probleme des täglichen Lebens durch freiwillige Zusammenarbeit und ohne den Ruf nach der Regierungsmacht zu lösen. Die Summe aller Entwicklungseinflüsse im Laufe des Wachstums des Kindes wird bestimmen, ob es als Erwachsener eine Fähigkeit zu persönlicher Initiative und

Fleiß erworben und gelernt haben wird, die Eigentumsrechte anderer zu respektieren, ob es kindischen Ansprüche zurückweisen und ob es zu dem Verständnis heranwachsen wird, dass das, was es tut, anderen gefallen muss, wenn es eine Belohnung dafür von ihnen erwartet.

So wurzelt das Welt-Verständnis des erwachsenen Menschen in der Kindheit und beeinflusst sowohl seine grundlegenden Vorstellungen vom Menschsein als auch seine Fähigkeit, als Erwachsener kompetent zu handeln. Dieses Verständnis wird auch letztlich seine Präferenzen für bestimmte wirtschaftliche, soziale und politische Programme beeinflussen. Seine Persönlichkeit, die er durch die Fürsorge seiner Eltern und das Klima der Werte und Überzeugungen in seiner Gemeinschaft erworben hat, wird sich darauf auswirken, ob er als Erwachsener für eine Politik stimmen wird, die seine individuelle Freiheit und die anderer in einer Weise maximiert, die mit der sozialen Zusammenarbeit vereinbar ist, oder für eine Politik, mit der viele dieser Freiheiten zugunsten staatlicher Schutz- oder Subventionsversprechungen verfallen. In seinem Wahlverhalten werden sich seine Wahrnehmungen von der Welt – vor allem die, die sein Verständnis von persönlicher Freiheit, Zusammenarbeit, Verantwortung und Verpflichtung betreffen – widerspiegeln. Seine Wahrnehmungen werden durch sein Verlangen nach staatlichen Dienstleistungen die Sozialpolitik beeinflussen. Wenn er unzureichend dazu ausgerüstet ist, auf dem allgemeinen Markt von Waren, Dienstleistungen und Beziehungen zurechtzukommen, kann er versucht sein, die Regierungsmacht auszunutzen, um seine Mängel auf Kosten anderer zu kompensieren. Er könnte dann hartnäckige Versuche unternehmen, die Macht der Regierung zum Niveau der Tyrannei – einschließlich der (demokratischen) Tyrannei der Mehrheit – zu steigern. Allgemeiner gesagt: In dem Maße, in dem Personen mit solchen Mängeln staatliche Programme – liberale oder auch konservative – unterstützen, verwalten, davon profitieren oder für sie stimmen, wird ihre Psychopathologie die Sozialpolitik bestimmen.

Perspektiven der Entwicklung: Kompetenz

Wenn während des Heranwachsens eines Kindes alles gut genug läuft, wird das Endergebnis ein kompetenter Erwachsener sein. Wie bereits erwähnt, soll sich das Wort „kompetent“ auf Personen beziehen, bei welchen gewisse instrumentelle und soziale Fähigkeiten zusammen mit bestimmten Kapazitäten zur Steuerung von Impulsen, Emotionen und Verhaltensweisen in der Psyche fest verankert sind und mit der Fähigkeit einhergehen, mit anderen zu konstruktiven Zwecken zu kooperieren. Diese Fähigkeiten verschaffen ein relativ hohes Maß an Erfolg bei der Erfüllung der eigenen biologischen, psychischen und sozialen Bedürfnisse. In diesem Sinne spiegelt Kompetenz die Fähigkeit wider, die Probleme zu lösen, die ein gewöhnliches Menschenleben kennzeichnen. Der kompetente Erwachsene verlässt sich auf seine eigene Fähigkeit, seine Umgebung zu beobachten, deren Bedeutung zu beurteilen und logisch im Lichte der rationalen Ziele, die er im Auge hat, zu berücksichtigen, wobei ihn die angemessenen Verbote des Gewissens und die Beschränkungen des Anstands mäßigen. Er kann die Führung von anderen leicht akzeptieren, und er kann es genießen, wenn jemand sich für relativ kurze Zeit um ihn kümmert – zum Beispiel im Urlaub oder in Notsituationen.

Doch bei der Vorsorge für sein eigenes materielles und zwischenmenschliches Wohlbefinden und das Wohlergehen derer, für die er Verantwortung übernommen hat, benötigt der erwachsene Mensch keine elterlichen Dienste. Während er stets menschlich fehlbar und verwundbar und ständig den Gefahren von Scheitern und Verlust ausgesetzt ist, sind seine Bemühungen, sein Leben aus eigener Initiative zu führen, gewöhnlich ausreichend und für sich gesehen persönlich befriedigend. Insbesondere hat er keinen Bedarf daran oder keine Lust darauf, dass die Regierung Aufgaben übernimmt, die er mit oder ohne Hilfe von anderen selbst ausführen kann. Über bestimmte, sehr begrenzte, aber entscheidende Regierungsfunktionen wie den Schutz von Eigentum und Vertragsrechten, die militärische Verteidigung gegen andere Nationen und die Koordination dieser relativ wenigen Angelegenheiten hinaus, die zum Wohl der Allgemeinheit am besten staatlich geregelt sind, wünscht sich der befähigte Mensch nur, von der Regierung in Ruhe gelassen werden, damit er sein Leben nach seiner Wahl weiterleben kann – während er die Rechte anderer achtet, dasselbe zu tun.

5
Der Altruismus und das kompetente Selbst

Am Ende wollten sie die Sicherheit mehr, als sie die Freiheit wollten. Als die Athener schließlich nicht mehr der Gesellschaft etwas geben wollten, sondern erwarteten, dass die Gesellschaft ihnen etwas gebe, und als die Freiheit, die sie sich wünschten, die Freiheit von Verantwortung war, hörte Athen auf, frei zu sein.

Edward Gibbon

Kompetenz und Altruismus

Kompetente Personen haben die Befähigung zu Autonomie, Gegenseitigkeit und Zusammenarbeit erlangt. Sie haben auch die Fähigkeit erreicht, mit anderen mitzufühlen, andere in intersubjektiver Hinsicht zu *erkennen,* und *altruistisch* zu reagieren, wenn andere in Not sind oder Schmerzen haben. Reagierende Empathie dieser Art stammt zum Teil aus der bewussten Identifikation mit anderen Personen: einem Gefühl, im Grunde so zu sein wie andere Menschen, in einer Weise, die nicht nur jedem Gedanken widerspricht, ihnen Leid anzutun, sondern auch das Mitgefühl für Personen fördert, die bereits leiden.

Die Möglichkeit, diese Fähigkeit zu erwerben und dann anzuwenden, hängt von bestimmten gesellschaftlichen Werten ab, darunter ein echter Altruismus als moralisches Ideal. In dieser Hinsicht könnte man annehmen, dass der Altruismus in der Philosophie des Kollektivismus eine wichtige Rolle spielt – was in der Theorie auch der Fall ist. Doch in der Welt der Realpolitik untergräbt die liberale Agenda, trotz der ständigen Propaganda, wie wichtig die Umverteilung an die Armen ist, die Entwicklung eines echten Altruismus auf individueller und gemeinschaftlicher Ebene, indem sie erstens die Fürsorgetätigkeiten durch zentral gesteuerte Sozialhilfeprogramme an sich reißt, und zweitens, indem sie zwischen den Zeilen eine Botschaft vermittelt, die letztlich von individuellem und gemeinschaftlichem Altruismus abhält. Die Botschaft lautet etwa folgendermaßen:

Sie – als Einzelperson – und Ihre Nachbarn müssen sich nicht um die hungrigen, bedürftigen, kranken, behinderten oder obdachlosen Menschen in Ihrer Gemeinde kümmern, denn wir – Ihre gewählte Regierung – planen und verwalten die dafür benötigten Programme von unseren zentralen Ämtern aus. Diese von Intellektuellen entworfenen Programme, die von Bürokraten geleitet und von Ihren Steuergeldern finanziert werden, werden die Probleme in Ihrer Gegend lösen. Die Programme sind bereits im Gange. Wenn wir weiterhin die Wohlfahrtsaufgaben übernehmen, die Sie und Ihre Nachbarn durch Ihre Kirchen, Bürgerorganisationen und Nachbarschaftsgruppen sonst selbst wahrzunehmen pflegten, sollten Sie einige Warnungen beachten. Zuallererst: Glauben Sie den Kritikern nicht, die sagen, dass Wohlfahrtsprogramme vor Ort geplant werden sollten, um effektiv zu sein, und dass nur lokal ausgeführte Programme die Anreize, Belohnungen, Verbindungen und Überwachungsmöglichkeiten bieten können, die für den Erfolg nötig sind. Deutlicher gesagt: Glauben Sie nicht, dass Sie sich zu diesen Zwecken in lokalen Gruppen organisieren sollten, dass Sie Ihre Bemühungen mit lokalem Personal und lokalen Mitteln koordinieren müssten oder dass Sie Ihre eigenen, auf die besonderen Probleme in Ihrer Gemeinde zugeschnittenen Programme erstellen könnten. Nichts davon ist nötig. Mit unseren Plänen und Programmen und unserem Engagement für das Wohl der Gemeinde werden wir von der Regierung uns von unseren Zentral- und Zweigstellen aus um alle Ihre Probleme kümmern!

Zweitens: Sie müssen nicht versuchen, Personen in Ihrer Gemeinde zu resozialisieren, die nicht in der Lage sind, sich selbst zu versorgen. Wir werden deren Arbeitsunfähigkeit auf unbestimmte Zeit subventionieren. Und da wir gerade von diesem Problem sprechen: Glauben Sie Kritikern nicht, die behaupten, dass unsere Regierungsprogramme die Hungrigen nur ernähren, aber ihnen nicht zur Eigenständigkeit verhelfen, damit sie sich selbst ernähren können.

Drittens: Machen Sie sich keine Sorgen, dass unsere Sozialhilfeprogramme Sie der Gelegenheiten berauben werden, sich gut zu fühlen, wenn Sie anderen helfen, oder dass sie das gesteigerte Gemeinschaftsgefühl untergraben, das Sie und Ihre Nachbarn empfinden, wenn sie anderen gemeinsam helfen. Sorgen Sie sich nicht, dass es in Ihrer Gemeinschaft ohne die gemeinnützigen Aktivitäten, die die Bindungen sozialer Zusammenarbeit stärken, weniger Zusammenhalt geben wird. Glauben Sie vor allem den Kritikern nicht, die behaupten, dass wir Ihre Gemeinschaft und die Sozialhilfeempfänger in Wirklichkeit von Hilfen der Regierung abhängig halten wollen, um unsere Macht zu erhalten. Diese Behauptung ist äußerst ungerecht. Solche Motive haben wir niemals. Wir sind Ihre Regierungsbeamten, und wir wollen Ihnen nur helfen, indem wir uns um all jene Probleme kümmern, um die Sie sich nicht selbst kümmern können.

Die Einmischungen der staatlichen Wohlfahrt

Diese impliziten Botschaften an die Gesamtbevölkerung untergraben in Verbindung mit der unverhohlenen Einmischung des Staates in die örtlichen Fürsorgeaufgaben die Auffassung der Gesellschaft vom Altruismus als moralischem Ideal, das durch individuelles und kooperatives Handeln verwirklicht werden kann, und als entwicklungspolitischer Leistung mit wichtigen Auswirkungen auf die persönliche Identität und die gesellschaftliche Harmonie. Die Tatsache, dass jedes vom Staat bereits eingeleitete und betriebene Sozialhilfeprogramm nicht von Einzelpersonen in ihren Gemeinden initiiert und betrieben werden kann, untergräbt lokale Analysen, lokale Auswahl und lokale Verpflichtungen. Initiativen, die zur Lösung von Sozialhilfeproblemen dort benötigt werden, wo sie existieren – das Bewusstsein für lokale Bedürfnisse, die Analyse der benötigten Arten von Dienstleistungen, die Pläne für Abhilfeprogramme, die Neuerungen, die auf besondere Probleme eingehen, die lokale Koordination von Zeit, Aufwand und Mitteln – all diese Initiativen sowie die unermüdliche Arbeit der Bürgerinnen und Bürger vor Ort, die erforderlich ist, um ihre Programme über lange Zeit aufrechtzuerhalten, werden durch die zentralen Sozialhilfe-Agenden beeinträchtigt.

Durch die Verfolgung dieser Agenden untergräbt der Staat die Entwicklung altruistischer Aktivitäten an der Basis und unterhöhlt eine wichtige Form gesellschaftlicher Zusammenarbeit, die für den Zusammenhalt der Gemeinschaft von zentraler Bedeutung ist. Doch eigentlich sind diese Auswirkungen typisch für die Einmischung der Regierung in alle Angelegenheiten des Volkes, nicht nur in seine Wohlfahrtsprogramme. Abgesehen von ihrer zerstörerischen Wirkung auf den Altruismus selbst beeinträchtigen staatliche Initiativen immer die Freiheit der Individuen, gemeinsam an der Lösung gesellschaftlicher Probleme zu arbeiten. Anders ausgedrückt: Alle Entscheidungen des Staates, ob sie nun Wohlfahrtsprogramme oder etwas anderes betreffen, sind Entscheidungen, die der Einzelne und seine Gemeinschaft nicht für sich selbst treffen können, wodurch seine Handlungsfähigkeit, seine Selbstbestimmung und seine Initiative beschnitten werden. Selbst wenn man die unausweichliche Ineffizienz, die übermäßigen Kosten fast aller Regierungsmaßnahmen und die nachteiligen Auswirkungen auf deren Empfänger beiseite lässt, mindert schon ihr bloßes Vorhandensein im Leben der Menschen die individuelle Freiheit, indem sie die Wahlfreiheit auf individueller wie auf gemeinschaftlicher Ebene beschränken. Die Regeln, Vorschriften und Steuern des Staates drängen sich immer wieder in die Lebenszeit, die Anstrengungen, die Ziele, die Entscheidungen, den Seelenfrieden und den materiellen Reichtum der Bürger hinein, die versuchen, ihr eigenes Leben zu führen und freiwillig miteinander zusammenzuarbeiten.

Das befähigte Selbst

Unglücklicherweise ist der Altruismus nur *ein* Opfer des kollektivistischen Staates, und es ist nicht das gravierendste. Das brutale Eindringen der liberalen Agenda in das Leben der Bürger beeinträchtigt die grundlegendste Entwicklung des Selbst in seinen zentralen Funktionen: Handlungsfähigkeit, Initiative, Autonomie, Souveränität, Selbstbestimmung und Identität. Im kollektivistischen Staat kann sich das Streben des Einzelnen nach Kompetenz, geschweige denn nach einer vollständigen Entwicklung seiner einzigartigen Gaben in freier Wahl, nicht zur Gänze entfalten, weil die Entscheidungen des Staates über denen des Einzelnen stehen und der Staat in seinem Bestreben, die Abhängigkeit der Bevölkerung zu erhöhen, immer an einer Einschränkung von deren Kompetenz interessiert ist. Im gleichen Maße, in dem die Entscheidungen des Staates vorherrschen, wird das individuelle Selbst entmachtet, versklavt und ausgelöscht. Der natürliche Drang des jungen Menschen nach Individualisierung wird, selbst auf dem Niveau minimaler Befähigung, in einer solchen Umgebung durch den Kollektivismus konterkariert. Unter der liberalen Agenda marginalisiert der Kollektivismus den Individualismus, und derjenige, der nicht zur herrschenden Regierungselite gehört, wird zu einem austauschbaren Teil des Ganzen und bleibt dies auch.

Ohne diese Unterdrückung, und eine angemessene Liebe und Führung in den prägenden Jahren vorausgesetzt, ist der natürliche Verlauf der menschlichen Entwicklung die Blüte des bipolaren Selbst: der Erwerb koexistenter Fähigkeiten zum autonomen Handeln im Dienste der Selbstverwirklichung auf der einen, und kooperatives sowie altruistisches Verhalten im Dienste der gesellschaftlichen Ordnung auf der anderen Seite. Die Entstehung einer reifen Kompetenz erlaubt in diesen glücklichen Fällen die individuelle Verfolgung von Zielen eigener Wahl, aber auch gemeinschaftliches Engagement und altruistisches Verhalten in der Sorge um das Leben anderer. Das Streben nach Selbstverwirklichung durch Arbeit führt in einer freien Gesellschaft fast immer zu einem Nutzen für andere, da die Bemühungen des Einzelnen, sich selbst persönlich und finanziell zufriedenzustellen, zur Produktion von Gütern und Dienstleistungen führen, die auch seine Kunden zufriedenstellen. Wo der Staat grundsätzlich die individuelle Freiheit und insbesondere die freien Märkte schützt, sind Eigeninteressen und allgemeine Interessen vereint.

Zwischen diesen beiden Polen gibt es unendlich viele Variationen in Wesen und Zweck der Beziehungen zu sich selbst und zu anderen. Die Anteile von Eigeninteressen und sonstigen Interessen variieren von Zeitpunkt zu Zeitpunkt. Ein kompetenter Einzelner bleibt mit den angeborenen Fähigkeiten des Bewusstseins, der Wahl- und Initiativmöglichkeiten, die ihm bei seinem Streben nach Selbstverwirklichung dienlich sind, immer ein einzigartiger und lebenslanger Verursacher seiner eigenen Erfahrung. Dieser Pol seiner menschlichen Natur rechtfertigt ein Leben, das in Freiheit gelebt wird, eines, das seine Behauptung persönlicher Souveränität widerspiegelt. Je nach seiner Reife wird er sich aber auch freiwillig dem Wohlergehen anderer verpflichten und diese Verpflichtung als lohnend empfinden. Wenn er nicht durch die Qualen und Dysfunktionen einer psychischen Störung behindert oder durch den Druck der Regierung entmutigt wird, empfindet ein reifer Erwachsener den wohltätigen Dienst an anderen in der Regel als erfreulich, ja sogar als erfüllend und nicht als belastend. Dieser altruistische Pol der menschlichen Natur, der rationale Ausdruck eines biologisch bedingten Fürsorgeinstinkts, ist eine Säule der gesellschaftlichen Ordnung.

Die vollständige Entwicklung zu einem bipolaren Selbst mit seinem einzigartigen Gefühl für Identität, Selbstbestimmung und wohlwollende Beziehungen zu anderen kann sich bei einem Einzelnen nur dann vollziehen, wenn sich die angemessene Fürsorge von Eltern und Familie mit kulturellen und gemeinschaftlichen Faktoren verbindet, die die im Menschen angelegte Neigung, für sich selbst und für andere zu sorgen, fördern. In einer freien Gesellschaft, die dem angeborenen Potential gestattet, zur Befähigung heranzuwachsen, ist das natürliche Ergebnis der kindlichen Entwicklung der selbstständige/mit anderen verbundene Erwachsene, der in der Lage ist, entweder durch eigene Anstrengungen oder in freiwilliger Zusammenarbeit mit anderen alle wesentlichen biologischen, psychischen und sozialen Bedürfnisse des Menschseins zu bedienen, einschließlich der Aufgabe, Kinder zu einem ähnlichen Maß an Befähigung zu erziehen. Dies ist das natürliche Ergebnis des menschlichen Lebenszyklus, wenn er sich unter ausreichend guten Bedingungen im Elternhaus, in der Gemeinschaft und bezüglich der kulturellen Unterstützung entfalten darf. Der *kompetente* Mensch, der aus diesem Prozess hervorgeht, kann seine Interessen bestimmen und sein Leben entsprechend lenken, während er mit anderen zusammenarbeitet und ihnen Nutzen bringt – ob er es beabsichtigt oder nicht. Seine *altruistischen* Impulse treiben ihn über das Niveau des unbeabsichtigten Nutzens hinaus und lassen ihn mitfühlend auf diejenigen reagieren, die benachteiligt sind.

Die Stärke der Gemeinschaft

Wichtig ist hier zu betonen, dass der Prozess des Wachstums zur Kompetenz keinen einsamen Erwachsenen hervorbringt, dem seine Mitmenschen gleichgültig sind. Definitionsgemäß beinhaltet Kompetenz die Fähigkeit nicht nur zur

Selbstbestimmung, sondern auch zum Mitgefühl. Besonders wichtig und bei all solchen Personen zu finden ist die Neigung, mit denen zu sympathisieren, die benachteiligt sind, und ihnen mindestens gelegentlich freiwillig eine Art von Hilfe zu leisten. Eine ausführlichere Erörterung der Ursprünge des Altruismus folgt in einem anderen Teil dieses Buches, wo diese Tugend als Ergebnis einer frühkindlichen Erfahrung empathischer Zärtlichkeit von Betreuungspersonen und Ausdruck eines angeborenen Instinkts zu gegenseitiger Fürsorge dargestellt wird.

Vorerst lohnt es sich zu beachten, dass *die Kombination von individueller Selbstständigkeit, Kooperation und karitativem Dienst an anderen bei kompetenten Personen die Stärke der Gemeinschaft ausmacht, die letztendlich die Quelle der Sicherheit für die benachteiligte Bevölkerung ist. Es ist unter anderem diese Stärke, die durch die Usurpation der gemeinschaftlichen Wohlfahrtsdienste durch liberale Regierungen unterdrückt wird.* Entlastet von dem zerstörerischen Zwang und dem bürokratischen Müll, der alle großen Regierungsbemühungen, die Probleme der Benachteiligten zu lösen, kennzeichnet, wird die Gemeinschaft kompetenter Personen, ob reich oder arm, nicht nur für ihre benachteiligten Mitglieder sorgen, sondern – was auf lange Sicht wichtiger ist – die Möglichkeiten für die Wiederherstellung ihrer Selbstständigkeit maximieren. Sie werden diesen Nutzen durch individualisierte, vor Ort bereitgestellte Rehabilitationsprogramme erreichen, die aus Evaluation, Behandlung, Unterweisung und Unterstützung bestehen – Aufgaben, die völlig über die Bürokratie der Regierungen hinausgehen. Das Wichtigste ist, dass diese Gemeinschaft von Personen unter einer begrenzten Regierung dazu neigen wird, ähnlich reife Kinder zu erziehen, deren Heranreifen zu Eigenständigkeit und gegenseitiger Fürsorge nicht durch die ständigen Einladungen der liberalen Agenda in die Abhängigkeit scheitern wird.

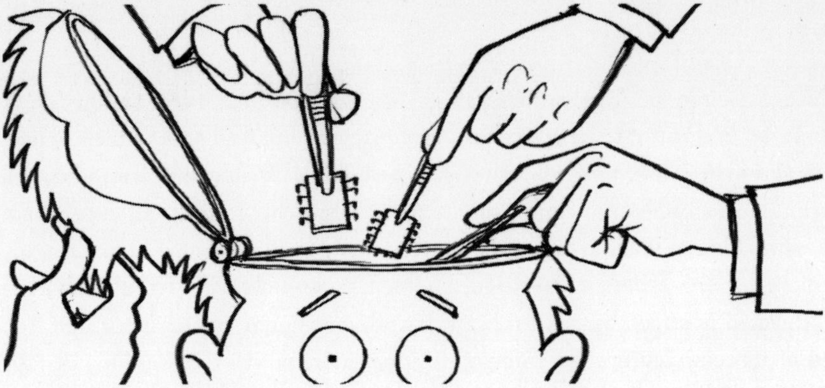

6
Das angeborene Wesen der Wahl

Die Ursache des Handelns – seine Antriebsursache, nicht seine Zweckursache – ist die Wahl, und die der Wahl ist der Wunsch und der Gedanke mit Aussicht auf ein Ziel.

Aristoteles

Der Konflikt zwischen der Theorie einer vorherbestimmten Zukunft und der einer freien Zukunft ist endlos. Das ist so, weil beide Theorien zu wörtlich, zu starr, zu materiell sind, und weil das eine das andere ausschließt. Diese Gegensätze sind beide gleichermaßen falsch, weil die Wahrheit in der Vereinigung dieser beiden entgegengesetzten Auffassungen zu einem Ganzen liegt. Zu jedem gegebenen Zeitpunkt ist die ganze Zukunft vorherbestimmt und existiert schon – vorausgesetzt, es kommt kein neuer Faktor hinzu. Und ein neuer Faktor kann nur von der Seite des Bewusstseins und des daraus resultierenden Willens kommen.

P. D. Ouspensky

Freiheit und Wahl

Die Fähigkeit zu wählen ist der menschlichen Psyche angeboren; sie erscheint spontan und früh im Verhalten des Kindes als natürliche Reaktion auf seine Umgebung. In jedem Augenblick des erwachenden Lebens und in dem Maße, wie es dazu in der Lage ist, beschäftigt sich das Kind interessiert und neugierig mit der Welt, um sie zu erforschen, zu verstehen und in ihr zu handeln. Diese Reaktionen erfolgen natürlich in seinem Gehirn als Ergebnisse der Verarbeitung von Informationen aus seiner Umgebung. Es hat sie entwickelt, um zu überleben.

Der Akt der Wahl in diesem Prozess ist bei physisch normalen Menschen, die nicht von Obsessionen, Zwängen, Phobien, paranoiden Ängsten und anderen schweren geistigen Störungen belastet sind, angeboren, automatisch und frei, d.h. unbeeinträchtigt. Von frühester Kindheit an tastet der Geist automatisch die Welt der körperlichen und zwischenmenschlichen Gegebenheiten ab, verarbeitet die Information durch Wahrnehmung und Assoziation, formuliert Antworten und initiiert die angemessenen Handlungen zu Zwecken, die im Sinn bereits erfasst sind. Ob bewusst oder unbewusst, vorsätzlich oder spontan – die Wahl ist mit jedem Schritt wirksam, einschließlich der Entscheidung, die Realität der unmittelbar gegebenen und gegenwärtigen Umstände zu ignorieren oder jegliches Element des Prozesses auszublenden, das zu störend oder zu trivial ist, um dem Bewusstsein gemeldet zu werden.[1]

Die Wahl berücksichtigt immer eine Art von Informationen, die wahr oder falsch, relevant oder irrelevant, angemessen oder unzureichend für die betreffende Aufgabe sein können. Eine besondere Entscheidung für eine Alternative gegenüber einer anderen wird durch mehrere Faktoren bestimmt: von der Stufe des geistigen Bewusstseins und der Absichten im jeweiligen Moment, von der Fähigkeit, sich neue Rahmenbedingungen und Ereignisse vorstellen zu können, vom Einfluss vergangener Erfahrungen, von den Gegebenheiten der Umgebung und von den Zielen, die vor Augen liegen. Die Fähigkeit des Verstandes, Informationen zu verarbeiten, unterliegt normalen Zweifeln und der Ungewissheit, der Mehrdeutigkeit realer oder imaginärer Situationen, Faktoren der Ermüdung

1 Meine Verwendung des Wortes „Wahl“ als Äquivalent zu selektiver Reaktion ist absichtlich breit angelegt. Der Fahrer eines Autos trifft ständig Entscheidungen, die weitgehend, wenn nicht sogar ganz automatisch ablaufen, und er ist sich dessen, dass er dies tut, nahezu völlig unbewusst. Der gleiche Fahrer ist auch zu sehr bewussten und reflektierenden Entscheidungen fähig, die aus sorgfältiger und bewusster Überlegung heraus entstehen. So sind unsere intuitiven Vorstellungen von der Wahl selbst sehr breit gefächert. Manchmal könnten wir versuchen, das Ausmaß, in dem eine Wahl bewusst getroffen wird, zu spezifizieren, obwohl dies in der Regel sehr schwierig und oft unmöglich ist. Doch bei einer sozialphilosophischen Diskussion gibt es keinen Grund, den Begriff der Wahl im Hinblick auf den Grad der Bewusstheit oder der Absicht, mit der Entscheidungen typischerweise getroffen werden, einzuengen.

und der Erregung sowie Fragen der Sorgfalt und Voraussicht. *Genau die Fähigkeit zur Bewertung von Informationen, die zu einem biologischen, psychischen oder sozialen Zwecke relevant sind, sowie zur Formulierung einer selektiven Antwort auf diese Informationen ist es, die der Verstand entwickelt hat.* Die Fähigkeit zu wählen gibt es in einem Paket, ohne zusätzliche Kosten.

Determinismus – strikt und anderweitig

Die Wahl ist also in dem Sinne vorausbestimmt, wie sie durch Faktoren, die auf sie einwirken und die vom Bewusstseinsgrad des Wählenden abhängen und seinen Zwecken unterliegen, *begrenzt* und *bedingt* ist. Doch spricht sorgfältige Beobachtung – nicht zu erwähnen die alltägliche Erfahrung – gegen die Vorstellung, dass die Wahl *exakt* vorausbestimmt sei. In der Tat witzeln die Forscher, dass „Versuchstiere unter sorgfältig kontrollierten Laborbedingungen genau das tun werden, was ihnen verdammt noch mal gefällt." Diese Maxime gilt in unendlich stärkerem Maße für Menschen, die – freiwillig – allen Vorhersagen zum Trotz oft einfach tun, was ihnen gefällt.

Für den sorgfältigen Beobachter scheint es so, dass die Wahl routinemäßig höchst *unvorhersagbaren* Einflüssen wie Vorstellungskraft und Phantasie, neuartigen Ideen und neuen Erkenntnissen, dem Drang von Emotionen und Stimmungen und der Auslösung unbewusster Impulse unterliegt. Bis heute kann keine strikt deterministische Theorie die originären Erkenntnisse des Wissenschaftlers, die neuartigen Schöpfungen des Künstlers, die Tagträume des gewöhnlichen Menschen oder die Einbildungen des Kindes erklären. Zu behaupten, diese Schöpfungen seien exakt vorausbestimmte Folgen vergangener Ereignisse, erfordert eine sehr bemühte Argumentation.

Phantasie, Erfindung und Kreativität gehören in der Tat im menschlichen Denken zum Alltag, doch weder ihr Inhalt noch Zeit und Ort ihres Auftretens können vorhergesagt werden. Ob es banale oder anspruchsvolle neue Ideen, Bilder und Phantasien sind, die immer wieder in den Gedanken des Erwachsenen aufkommen, oder spontane Gedanken, die im kindlichen Geist auftreten: sie geschehen „aus dem Blauen heraus", gewissermaßen im freien Spiel des Geistes mit oder ohne bewusste Absicht und oft unaufgefordert. Diese Charakteristika –

Spontaneität, Kreativität und Originalität in der geistigen Aktivität des Menschen zu jeder Zeit – befreien das menschliche Denken von den Fesseln des strikten Determinismus, wenn auch nicht vom partiellen Determinismus, und machen seine wesentliche Freiheit aus. In der Tat steuert die Fähigkeit des menschlichen Verstandes, seine Darstellungen der Welt und seiner selbst auf neue Weise zu kombinieren, dem Universum von Ursache und Wirkung eine veränderliche und unvorhersagbare Kraft bei.

Praktischer Determinismus, Moral und Freiheit

Einige Überlegungen, ob und inwieweit die menschliche Wahl frei oder vorausbestimmt ist oder beides, sind keine bloße akademische Übung. Ein Erfassen dieser Angelegenheiten kann zum Verständnis beitragen, in welcher Beziehung die Dynamik des menschlichen Verhaltens zu den Lebensregeln der Gesellschaft steht. Es kann zu verstehen helfen, wie viel Freiheit eine Gesellschaft ihren Bürgern einräumt, so zu leben, wie sie wollen, und in welchem Ausmaß die Regeln der Gesellschaft ihr Leben bestimmen. Es wird im gewöhnlichen Gespräch beispielsweise vorausgesetzt, dass Prinzipien des praktischen Determinismus gelten, wenn man versucht zu erklären, warum eine Person bei einer bestimmten Gelegenheit auf eine bestimmte Weise handelt. Es wird davon ausgegangen, dass eine bestimmte Handlung durch ein Zusammenspiel psychischer Kräfte bestimmt wird: durch diejenigen, die zum Handeln antreiben – zum Beispiel Wünsche oder Begehrlichkeiten – und solche, die das Handeln blockieren, wie die Angst vor Schande, Schuld oder Strafe. Bei allen Bemühungen, das Verhalten zu erklären, wird – neben anderen mentalen Prozessen – routinemäßig die Sprache der Ziele, Motive und Emotionen verwendet. All diese Bemühungen gehen von der Logik des praktischen Determinismus aus. Ein Beispiel für diese Art von Erklärung können wir in der Analyse der Schuldfähigkeit finden, bei der allgemein angenommen wird, dass ein Mensch ein Delikt begeht, weil:

- er zwar ein Gewissen hat, aber zum Zeitpunkt des Vergehens die Befehle seines Gewissens ignoriert und absichtlich entscheidet, eine Straftat zu begehen, um sich kriminell zu bereichern;

- er ein Gewissen hat, jedoch durch eine Geisteskrankheit oder sonstige Störung beeinträchtigt und dadurch unfähig ist, das Unrecht seines Handelns einzusehen oder sich von unrechtmäßigem Verhalten fernzuhalten oder beides;
- er kein Gewissen hat und kein inneres Widerstreben gegen kriminelle Handlungen empfindet.

Diese Erklärungen implizieren, dass kriminelles Handeln von einer Art mentaler Mechanismen – einschließlich des Mechanismus der Wahl oder der beeinträchtigten Wahl – bestimmt wird und dass das Vorhandensein oder Nichtvorhandensein eines Gewissens eine der entscheidenden Ursachen ist.

Beim verurteilten Verbrecher wird davon ausgegangen, dass er, auch wenn er im besonderen Fall seines Verbrechens absichtlich eine kriminelle Handlung begangen hat, geistig in der Lage ist, die rechtliche Verantwortung zu übernehmen. Von einem Täter, der wegen Unzurechnungsfähigkeit für nicht schuldig befunden wurde, heißt es hingegen, er hat ein Vergehen begangen, weil sein Geisteszustand ihn daran hinderte, sich gegen eine unrechtmäßige Handlung zu entscheiden. Und vom Soziopathen wird angenommen, dass er ein Verbrechen begeht, weil er nie ein Gewissen entwickelt hat, das sich seinen kriminellen Impulsen zunächst widersetzt. Alle diese Aussagen beinhalten einen praktischen Determinismus. Sie erklären kriminelles Verhalten auf der Grundlage vernünftiger Auffassungen von psychischen Ursachen und Wirkungen.

Diese Beobachtungen schließen ein, dass die Fähigkeit eines Menschen zu ethischem und moralischem Verhalten vom Vorhandensein ethischer und moralischer Ideale in seiner Psyche und von den Grenzen abhängig ist, die ihm sein Gewissen setzt, d.h. von der Wirkung dauerhafter, zuverlässiger Hemmungen vor falschem Handeln, vor allem vor solchen kriminellen Handlungen, die aus sexuellen, aggressiven und habgierigen Impulsen folgen. Es wird deutlich, dass die Erfahrungen des Kindes in seinen prägenden Jahren festlegen, ob es später ein angemessenes Verständnis von Recht und Unrecht erwirbt oder nicht, und ob es den Willen entwickelt, sich entsprechend den Gesetzen und moralischen Gepflogenheiten zu verhalten oder nicht.

Natürlich ist das nicht die ganze Geschichte. Es ist auch allgemein bekannt, dass die überwiegende Mehrheit der sich ordentlich verhaltenden Personen, von denen angenommen werden kann, dass sie über intakte Ideale und ein funktionelles Gewissen verfügen, gelegentlich dennoch der Versuchung nachgibt und wissentlich etwas Falsches tut. Vielleicht deutet diese Tatsache darauf hin, dass die Funktionen des Gewissens selbst nach einigen Jahren des Erwachsenseins nicht immer – oder sogar üblicherweise nicht – voll verankert sind. Doch noch wahrscheinlicher weist sie darauf hin, dass der ethischen und moralischen Natur des Menschen etwas innewohnt, das in sich unvollkommen ist, egal wie angemessen seine Erziehung ist. Tatsächlich liegt angesichts der offensichtlichen Anfälligkeit aller Menschen, unrechte Handlungen zu begehen, wenn die Versuchung durch eigene Sehnsüchte und durch das Drängen, die Verführungen und Aufforderungen anderer nur stark genug ist, die Schlussfolgerung nahe, dass die Funktionen des Gewissens durch viele Faktoren beeinträchtigt werden können: von den Botschaften des Augenblicks, den Launen und der Propaganda der Zeit, durch den ständigen Beschuss mit Reizen, die uns dazu verleiten, das zu tun, was wir nicht tun sollten. Offensichtlich gehört es zur menschlichen Natur, dass etwa die Impulse für Egoismus, Feindseligkeit, Sexualität, Habgier und Machtstreben stets nach Schwächen suchen. Es scheint also, dass der Wettbewerb zwischen Kräften, die zu unmoralischen Entscheidungen *drängen,* und Kräften, die unmoralische Entscheidungen *hemmen*, nicht nur durch Ideale und innerliche Verbote, sondern auch durch die in einer Gemeinschaft vorherrschenden Werte und Erwartungen beeinflusst wird. Die Autonomie des Gewissens hat ihre Grenzen. Die Werte und Erwartungen des Einzelnen und seiner Gemeinschaft stehen in einer Art gegenseitigem Verhältnis zueinander: Jede Seite kann die andere inspirieren und verstärken oder verderben und untergraben. So beeinflussen die Erwartungen und Wertvorstellungen einer Gesellschaft von dem, was richtig oder rechtmäßig ist, zu jeder Zeit die moralischen Entscheidungen der Bürger in wirtschaftlichen, gesellschaftlichen und politischen Bereichen. *Wenn die Gesellschaft die Prinzipien des rationalen Individualismus anerkennt, werden die Entscheidungen der Bürgerinnen und Bürger von den Idealen der individuellen Freiheit, der Selbstständigkeit, der Eigenverantwortung, der freiwilligen Zusammenarbeit, der moralischen Vernunft und der Achtung der Rechte und Souveränität anderer beeinflusst. Wenn die Gesellschaft andererseits die Grundsätze des Zwangskollektivismus der liberalen Agenda anerkennt, dann werden die Bürgerinnen und Bürger von den Prinzipien der Anspruchshaltung, der Sozialhilfeabhängigkeit, der staatlichen Regulierung, des moralischen Relativismus und der Verstaatlichung der zentralen Kategorien mensch-*

lichen Handelns beeinflusst. Diese beiden Sichtweisen unterscheiden sich drastisch in der Frage, ob eine Gesellschaft ihren Bürgern erlauben sollte, weitgehend so zu leben, wie sie sich aus eigener Initiative und im gegenseitigen Einvernehmen entscheiden, oder ob die Regeln des Staates bestimmen sollten, wie sie zu leben haben und mit wem sie Beziehungen eingehen dürfen. Es handelt sich um miteinander im Wettstreit stehende Visionen von der individuellen Freiheit, zu wählen und zu kooperieren. Sie sind miteinander konkurrierende Vorstellungen davon, welche Werte die alltäglichen Entscheidungen bestimmen sollen und wessen Wille – der des Einzelnen oder der des Staates – in der realen Welt des Alltags vorherrschen soll.

Innerpsychische Bedrohungen der individuellen Freiheit

Darüber, ob der menschliche Wille frei ist und in welchem Maße Entscheidungen vorausbestimmt sind, haben Intellektuelle lange diskutiert. Die Auswirkungen dieser Debatte haben zusätzliche Diskussionen darüber entfacht, ob Menschen im politischen Sinne frei sein können oder sollten. B. F. Skinner unterstützte das radikal-behavioristische Argument, dass angemessene gesellschaftliche „Verstärkungen", d.h. von der Regierung eingesetzte Belohnungen und Bestrafungen, eine harmonische Gesellschaftsordnung vorherbestimmen können. Er schlug vor, dass wir über illusorische Ideen von menschlicher Freiheit und Menschenwürde, die auf der Souveränität des Einzelnen basieren, hinausgehen sollten. Menschliches Verhalten könne und solle durch die passenden Anregungen, die die Umgebung bereitstellt, „geprägt" werden.

Doch dieser Gedankengang verkennt die menschliche Natur und das Menschsein unter jeder nur denkbaren psychologischen Perspektive. Und es liegt mittlerweile sicher auf der Hand, dass Skinners Auffassung aus einem politischen Blickwinkel betrachtet bizarr, wenn nicht gar ungeheuerlich ist, da sie auf eine totalitäre Herrschaft eines Regimes von Psychologen und Sozialingenieuren hinausläuft. Tatsache ist, dass Menschen die Realität ihrer Freiheit und die Würde ihres eigenen Lebens direkt wahrnehmen können – und dies für gewöhnlich auch tun –, wenn diese Instinkte nicht durch eine autoritäre Herrschaft unterdrückt werden. Die Geschichte dokumentiert die heldenhaften Anstrengungen des Menschen, die Bedingungen sicherzustellen, die er benötigt, um diese beiden Realitäten als Naturrechte zu genießen. Freiheit wird von der Souveränität des Einzelnen abgeleitet. Würde entsteht aus der Wahrnehmung des Wertes heraus, der dem eigenen Leben innewohnt. Normale, rational denkende Menschen werden ihre Freiheit oder Würde nicht aufgeben – und können es ihrem Wesen nach eigentlich auch nicht –; schon gar nicht für irgendein eingebildetes behavioristisches Utopia.

Doch die wirklichen Hindernisse für die menschliche Freiheit sind nicht etwa die Zweifel, ob Wahl und Wille frei oder vorausbestimmt sind. Die realen Bedrohungen der Freiheit sind leicht zu identifizieren: jene, die in Form geistiger Beeinträchtigungen aus dem Inneren der Psyche folgen, und solche, die in Form politischer Unterdrückung und gewöhnlicher Verbrechen im Außen wurzeln. In späteren Abschnitten wird noch mehr über die Gefahren für die Wahlfreiheit und die Freiheit des Einzelnen gesagt werden, die innerhalb des Verstandes selbst entstehen. Jene Bedrohungen rühren nicht von einem strikten Determinismus her, der die gesunde Fähigkeit des Verstandes zu Kreativität und Erfindung überrollt, sondern von pathologischen Prozessen, die irrationale Ängste und Zweifel, zwanghafte Gedanken und entsprechendes Verhalten, ernsthafte Beeinträchtigungen der emotionalen Kontrolle, paranoide Glaubenssätze und andere geistige Störungen erzeugen, die das Vermögen des Verstandes zerstören, die reale Welt der Personen und Dinge zu beobachten, sie zu begreifen und unter vernünftigen, an die jeweiligen Zwecke angepassten Alternativen auszuwählen. Wenn der Verstand so behaftet ist, verringert sich seine Freiheit in jedem aussagefähigen Sinn drastisch, oder sie verschwindet, und mit ihr übrigens auch die Wahrscheinlichkeit, seine Entscheidungen vorauszusagen oder irgendwelche Faktoren festzulegen, die diese Entscheidungen bestimmen. Der Verstand, der mit ernsthaften Störungen behaftet ist, übt keine freie Wahl und keinen freien Willen in jedem gebräuchlichen Sinn dieser Begriffe aus.

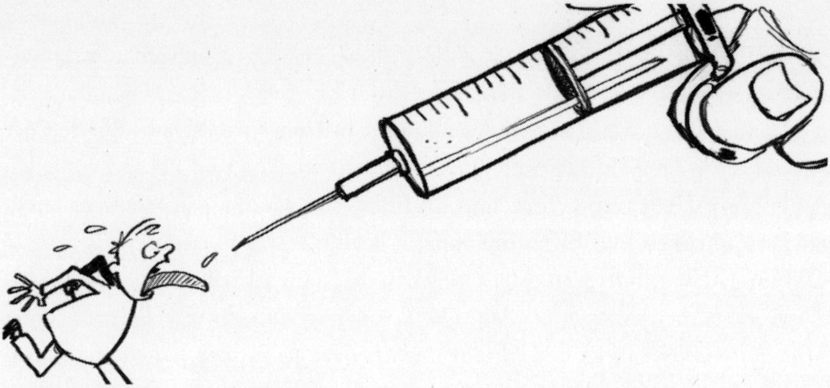

7
Kompetenz und Kollektivismus

Die Menschheit ist in ihrer besten Form, wenn sie am freiesten ist. Das wird einleuchten, wenn wir das Prinzip der Freiheit begreifen. Wir müssen erkennen, dass das Grundprinzip unserer Freiheit die Freiheit zu wählen ist, die viele auf ihren Lippen, doch nur wenige in ihren Köpfen tragen.

Dante Alighieri

Mit Freiheit können wir also nur die Macht meinen, nach der Bestimmung unseres Willens zu handeln oder nicht zu handeln: das heißt, wenn wir uns entscheiden, im Ruhezustand zu bleiben, dann können wir das; wenn wir uns bewegen wollen, dann können wir das auch. Nun wird dieser hypothetischen Freiheit durchgängig gestattet, jedem zu gehören, der kein Gefangener und nicht in Ketten ist. Hier gibt es daher nichts zu diskutieren.

David Hume

Autonomie und Kooperation als Ideale

Das Ideal der *persönlichen Autonomie*, wie es durch die Fähigkeit durch verantwortungsvolle Selbstbestimmung eigenständig zu handeln belegt wird, und das Ideal der *gesellschaftlichen Kooperation*, wie es sich in der Fähigkeit, mit anderen bei der Verfolgung gemeinsamer Ziele zum gegenseitigen Nutzen zusammenzuarbeiten zeigt, sind Schwellenerfolge in der Entwicklung des Kindes während seines Heranwachsens zur Kompetenz. In einer Gesellschaft, die sich der individuellen Freiheit, der individuellen Verantwortung und der individuellen Risikobereitschaft verpflichtet, und im Interesse, Handlungen zu minimieren, die Persönlichkeit und Eigentum anderer beeinträchtigen, erfordert die soziale Ordnung, dass Kinder wenigstens in gewissem Maße zu Selbstbestimmung und Zusammenarbeit erzogen werden. *Die Erwartung, dass der reife Bürger sich um sich selbst kümmern und nicht andere dazu nötigen wird, steht mit einem Grundprinzip der Freiheit im Einklang: dass in einer freien Gesellschaft niemand mit einer gesetzlich durchsetzbaren Verpflichtung zur Welt kommt, für andere Personen als seine eigenen Kinder zu sorgen, und sogar für Leute, denen er niemals begegnet ist. Die Staatsbürgerschaft in einer freien Gesellschaft sollte keine gesetzliche Pflicht mit sich bringen, für Fremde zu sorgen: das heißt, ein gesetzliches Mandat, dass Sie für eine oder mehrere Personen, die von Regierungsbeamten als dazu berechtigt angesehen werden, aufkommen müssen.*

Doch diese Kernideale der Freiheit stehen im Widerspruch zu den Grundprinzipien der liberalen Agenda. Staatsbürgerschaft im modernen liberalen Amerika bedeutet unter anderem, dass Sie, sobald Sie wirtschaftlich produktiv geworden sind, unter Androhung von Freiheitsstrafen für mehrere Monate des Jahres für andere arbeiten müssen. Zu diesen anderen, die Sie nicht kennen und zu denen Sie keine freiwillige Beziehung pflegen, gehören kranke, ältere, behinderte und arbeitslose Personen ebenso wie Gewohnheitsverbrecher und Personen mit anderen Charakterstörungen, deren ungünstige Lebensumstände Sie nicht verschuldet haben. Doch Ihre Unschuld an deren Unglück ist in den Augen des liberalen Geistes irrelevant. Die liberale Agenda verpflichtet Sie gesetzlich dazu, dass Sie diese Personen auf Kosten Ihrer Zeit, Anstrengungen, Vermögenswerte und Fähigkeiten unterstützen – das heißt, auf Kosten Ihrer Freiheit, Ihr Leben so zu leben, wie Sie es wünschen.

Diese Tatsachen haben entscheidende Auswirkungen auf die Erziehung von Kindern und die allgemeine Richtung der Entwicklung des heranwachsenden Kindes zum Erwachsenen. Eine freie, aber dem Gesetz entsprechende und moralisch verantwortliche Gesellschaft, die die Souveränität jedes Bürgers achtet, indem sie jedermann verbietet, seine Zeit, seine Anstrengung, seine Fähigkeiten und seine Vermögenswerte vertraglich an andere zu binden, belohnt Eltern, die ihre Kinder zur Kompetenz erziehen. Eine Gesellschaft, die sich Freiheit und Ordnung gewidmet hat, legt hohen Wert auf das Erlernen verantwortungsvoller Entscheidungsfähigkeit. Die kollektivistische Sozialpolitik hingegen verhindert die individuelle Wahl mit unzähligen Regulierungen und Verboten und belohnt dann die Inkompetenz durch die ständige Einladung zur Abhängigkeit von einer nachsichtigen und übertrieben fürsorglichen paternalistischen Regierung. Der Kollektivismus reduziert drastisch die Anreize und Chancen des heranwachsenden Kindes, sich für Eigenverantwortung und Produktivität als Grundprinzipien der Entwicklung zu entscheiden. Eigentlich impliziert die kollektivistische Moral, dass Sie, die Durchschnittsbürger, keine rationalen Entscheidungen treffen müssen, um Ihren Lebensunterhalt oder Ihre Sicherheit zu schützen, dass Sie Ihren Zugang zur Gesundheitsversorgung nicht durch eine Krankenversicherung absichern müssen, und dass Sie nicht für die Ausbildung Ihrer Kinder sorgen oder Rücklagen für Ihre Altersvorsorge bilden müssen, weil die Regierung dies alles für Sie auf Kosten anderer tun wird. Der Kollektivismus verkündet, dass diese und zahlreiche andere Aspekte Ihres Wohlergehens nicht durch Ihre eigene freie Wahl, sondern durch die gemeinsame Verantwortung unzähliger Personen abgedeckt werden, die Sie nicht kennen und die gar keinen Grund haben, sich um Sie zu kümmern.

Die Kernprinzipien des Individualismus hingegen schützen Ihre Freiheit, so zu leben, wie Sie es wünschen, übertragen Ihnen aber eine unausweichliche moralische Verantwortung: die Verantwortung, für Ihr eigenes materielles Wohlergehen zu sorgen, es sei denn, Sie sind arbeitsunfähig. Die minimalistische Sozialpolitik des rationalen Individualismus wird Sie nicht *gesetzlich* damit belasten, für andere Personen außer Ihre eigenen Kinder sorgen zu müssen, aber wenn Sie anderen aus selbstloser Fürsorglichkeit helfen möchten, dann können Sie dies (mit deren Zustimmung) nach Herzenslust und ohne gesetzliche Einmischung tun. Wie bereits erwähnt, ist die Fähigkeit zum Altruismus, die sich in karitativen Handlungen gegenüber anderen ausdrückt, eine Errungenschaft der Entwicklung, die unter den Förderungen der gesellschaftlichen Zusammenarbeit einen hohen Rang einnimmt. In dieser Hinsicht ist altruistisches Verhalten, wenn auch keine rechtlich durchsetzbare Forderung, nichtsdestotrotz ein *moralisches Ideal*, das auf andere ausgerichtet ist. Es erkennt an, dass es für den Bürger eine moralische Notwendigkeit ist, sich um sich selbst zu kümmern.

Wahl und Befähigung

Sofern er nicht durch eine Krankheit des Geistes oder Gehirns dazu unfähig wird, gehen wir davon aus, dass ein Erwachsener nicht nur über den Verstand, sondern auch über die Autorität verfügt, sein Leben so zu leben, wie er es für angebracht hält, um zu entscheiden, welche unter unzähligen Alternativen für sein Leben die beste ist. Seine Entscheidungen umfassen solche Angelegenheiten wie die Fragen, was er isst und trinkt, wann er zu Bett geht, welche Spritzen er sich beim Arzt geben lässt, ob er ein Haus kaufen soll oder nicht, ob er ein Gedicht schreiben, ein Spiel spielen oder einen Scheck unterschreiben möchte. Jede Suche nach individueller Freiheit in der Geschichte und sämtliche Revolutionen gegen Unterdrückungen aller Art sind aus der zunehmenden Wertschätzung der Tatsache hervorgegangen, dass der Mensch, einzeln und von Natur aus, nicht nur Entscheidungsträger, sondern auch die einzig richtige Quelle ist, Entscheidungen über sein eigenes Leben zu treffen.

Tatsächlich machen Vormundschaftsstatuten dieses Verständnis zur Formsache. Bis etwas anderes bewiesen ist, wird vernünftigerweise davon ausgegangen, dass ein vom Lebensalter her Erwachsener die einzige Person ist, die sich selbst am besten kennt und die einzige Person, die die legitime Autorität besitzt, ihr eigenes Leben zu verwalten. Für einen bestimmten Menschen wird diese Autorität als gesetzlich gültig vorausgesetzt, es sei denn, eine Art von Unfähigkeit zerstört seine Kompetenz, seine eigenen Angelegenheiten zu besorgen oder macht ihn unmittelbar zu einer Gefahr für andere. Dann – und nur dann – kann eine andere Partei, der Staat, legitimerweise von der Möglichkeit Gebrauch machen, seine Souveränität aufzuheben, indem er ihn einsperrt oder dazu zwingt, sich einem Betreuer seiner Person oder seines Eigentums unterzuordnen. Erst dann kann durch ein ordnungsgemäßes Verfahren seine Entscheidungsgewalt über sich selbst legitimerweise in Frage gestellt und soweit aufgehoben werden, dass ihm die Kontrolle über seinen Körper und seine materiellen Vermögenswerte entzogen und einem treuhänderischen Verwalter übertragen wird.

Doch unter der liberalen Agenda wird die Bevölkerung als Ganzes so nicht respektiert. Unter der Behauptung eines treuhänderischen Engagements zum Wohle der Allgemeinheit maßt sich die liberale Regierung konsequent den

Status eines Vormunds über fähige und souveräne Staatsbürger an, die sie dann durch ihre Vorschriften und Steuern beherrscht und trotz der Tatsache ausnutzt, dass diese Menschen nicht für unmündig erklärt worden sind. Die ewigen Einmischungen der Regierung unter dieser betrügerischen Herrschaft beschränken stets die Souveränität des kompetenten Individuums, beeinträchtigen immerzu mit obsessiven Regulierungen seine Freiheit und stehlen seine Zeit, seine Energie, sein Talent und seine Leistung durch steuerrechtliche Beschlagnahmungen. All dies geschieht unter Androhung von Gefängnis, und wenn Widerstand geleistet wird, führt dieser zu zusätzlichen Bedrohungen bis hin zu Körperverletzung und Tod. Alle modernen liberalen Regierungen versklaven also mehr oder weniger die Menschen, denen sie scheinbar dienen. Und alle Formen der Versklavung, sei es durch Einzelpersonen oder Regierungen, sind bösartig, gerade weil sie die Kompetenz des Einzelnen verneinen, seine Handlungsfähigkeit außer Kraft setzen und den natürlichen Ausdruck seiner Freiheit, souverän und legitim zu entscheiden, wie er sein eigenes Leben führen möchte, ersticken.

Die Souveränität des Einzelnen und die Regierung

Die Wahlmöglichkeiten im täglichen Leben hängen von unzähligen persönlichen und ökologischen Faktoren ab: von Fähigkeiten und Behinderungen, materiellen und sozialen Umständen, wirtschaftlichen und politischen Bedingungen, vorherrschenden religiösen und kulturellen Verboten usw.. Was auch immer die Gegebenheiten, besonderen Vermögenswerte und Verbindlichkeiten sind, durch die man jederzeit ermächtigt oder behindert wird: Ein Mensch kann nur dann unter den verfügbaren Alternativen wählen, wenn er *psychisch* das Gefühl hat, dies tun zu dürfen, und es ihm auch *tatsächlich* freisteht, das zu tun, weil gesellschaftliche Vereinbarungen die Wahl *zulassen*. Das *Gefühl* von Freiheit ist eine innere Angelegenheit, eine Funktion der persönlichen Psychodynamik eines Menschen und vorzugsweise nicht durch pathologische Ängste und Hemmungen eingeschränkt. Doch die *tatsächliche* Freiheit eines Menschen, unter den realen Möglichkeiten in entscheidenden Bereichen des Erwachsenenlebens zu wählen, hängt stark von den herrschenden Werten und

Institutionen lokaler Gemeinschaften, der Gesellschaft insgesamt und insbesondere von der Regierungspolitik in wirtschaftlicher, gesellschaftlicher und politischer Hinsicht ab. Eine freie Gesellschaft, die richtigerweise auf einer leistungs- und verdienstorientierten Philosophie gründet, fördert je nachdem, wie gut ein Einzelner relevante Aufgaben ausführt und wie zuverlässig er freiwillige Verbindungen eingeht, die Selbstverwirklichung. Wenn seine Bemühungen nicht von der Regierungspolitik erstickt werden, sondern ihm stattdessen erlaubt wird, sich durch persönliche Entscheidungen unter realen Wahlmöglichkeiten weitestgehend zu entfalten, wird das Leben des Individuums zu einer einzigartigen Geschichte, die geschrieben wird, während sie gelebt wird, und die kreativ umgeschrieben wird, wenn Glück und Schicksal es verlangen. Hochbegabte Personen werden, wenn man ihnen solche Möglichkeiten zur Selbstverwirklichung lässt, wie Erikson erkannte, die schöpferischen Genies der Geschichte. Bei allen Menschen bestimmen die Lebensregeln der Gesellschaft die Freiheit, mit der ein Individuum seine genetische Begabung und das Erbe seiner Kindheit mit zufälligen Lebensereignissen kombinieren kann. Wenn diese Regeln ihm die Freiheit geben, seine Träume durch eigene Anstrengung zu erkennen, zu verfolgen und zu verwirklichen, ist das Leben, das er hervorbringt, seine einzigartige Leistung. Die Identität, die er ausbildet, ist seine eigene, die er sich durch freiwillige Interaktionen mit anderen erarbeitet hat. Die Worte des Liedes „I did it my way" haben in diesem Sinne ihre Bedeutung. Sie können unter dem Diktat des modernen Liberalismus nicht die gleiche Bedeutung haben. Förderprogramme gehen beispielsweise davon aus, dass der Angehörige einer bestimmten Rasse oder einer anderen Minderheit zu sehr benachteiligt oder gar unfähig ist, sich selbst ein gutes Leben zu schaffen. Er muss es stattdessen dem Staat überlassen, dies für ihn zu tun. Doch die Abtretung dieses Mandats hat einen hohen Preis. Jedes Förderprogramm trennt den Bürger von den Möglichkeiten und Mitteln seiner Gemeinde, setzt ihn in eine passiv-abhängige Beziehung zu Regierungsbeamten, untergräbt seine Bemühungen, eine eigene Identität zu konstruieren und zwingt Arbeitgeber und Schulen, sich dem Willen des Staates zu unterwerfen. „I did it the government's way" lauten die Worte dieses Liedes dann. Mittlerweile sollen diejenigen, die zugunsten der Empfänger der Sozialprogramme von deren Verwaltern abgelehnt worden sind, damit zufrieden sein, sich der Macht des Staates zu unterwerfen.

Der administrative Staat

Der moderne Liberalismus lehnt die Kompetenz und Souveränität des gewöhnlichen Menschen gewissermaßen ab und unterwirft ihn dem Willen von Regierungen, die von liberalen Eliten geführt werden. Die Kapitulation der westlichen Welt des 20. Jahrhunderts vor dieser Philosophie ist offensichtlich – und die Auswirkungen auf die Freiheit verhängnisvoll. Doch die Weltgeschichte dokumentiert auch die heldenhaften Kämpfe, die Menschen ausgefochten haben, um allen Arten von Tyrannei zu entkommen, ob sie mit roher Gewalt und explizit diktatorisch durchgesetzt oder mit falschen ökonomischen, religiösen oder politischen Spitzfindigkeiten gerechtfertigt wurden. Die Utopie einer marxistischen Wirtschaftsentwicklung, die grandiose Phantasie von einer Neuen Weltordnung, die utopischen Träume der Great Society, der Mythos vom göttlichen Kaiser – in ihnen allen stehen Versuche irrationaler Menschen im Mittelpunkt, die Kontrolle durch die Regierung zu legitimieren und die individuelle Freiheit zu leugnen. Die Gegebenheiten des Menschseins, vor allem die angeborene Souveränität der Individuen und ihre unvermeidlichen Unterschiede bei Wahl und Präferenz, führen alle kollektivistischen Lehren *ad absurdum*. Ein vernünftiger Biologe wird keine Bergziege in die Prärie verfrachten und dann ein Spiel zwischen Organismus und Umwelt verkünden. Ein vernünftiger sozialpolitischer Theoretiker wird für das menschliche Handeln kein Umfeld von Regeln schaffen, das individuelle Unterschiede negiert, die entscheidende Rolle der freien Wahl, der Moral und der Zusammenarbeit ignoriert und das Wesen des Menschen anderweitig verzerrt oder verletzt und dann bekanntgeben, dass Utopia ins Arbeiterparadies eingekehrt sei. Natürlich bleibt der moderne westliche Kollektivismus ein Stück hinter den psychotischen Wahnvorstellungen des vollständig umgesetzten Kommunismus zurück. Aber die liberale Agenda leugnet immer noch, dass der Einzelne wirklich im Besitz seiner selbst ist; sie leugnet seine souveräne Kontrolle über sich selbst und sein Eigentum und erklärt, dass ein sehr großer Anteil seiner Zeit, seiner Anstrengungen und seiner Vermögenswerte verfügbares Eigentum des Staates wäre, das im Ermessen der Regierungsbeamten umverteilt werden könne. Unter dieser Voraussetzung beansprucht die liberale Agenda das Recht, die Bürgerschaft zu besteuern und zu reglementieren, leugnet jedoch, dass dies Diebstahl und Tyrannei ist. Ähnliche Kritik gilt für die Einmischung der liberalen

Agenda in vertragliche Vereinbarungen und gesellschaftliche Beziehungen. Das ganze liberale Unterfangen wird für wohltätig erklärt, während die Menschen, die Amerikas ursprüngliche Vision von individueller Freiheit und der Eigenverantwortung aus den Augen verloren haben, bei Wahlen auf die als Staatsmänner mit edlen Absichten maskierten Manipulierer hereinfallen.

Das Eindringen der Regierung in alle Bereiche

Die wirtschaftlichen, sozialen und politischen Regelungen einer Gesellschaft spiegeln wider, in welchem Maße die Regierung in die Märkte der Waren und Dienstleistungen, in Beziehungen und in die Freiheit eindringt, mit der die Bürger Verantwortung für ihr Leben übernehmen könnten. Die Regierung auf allen Ebenen ist es, die die Freiheit, so zu arbeiten und Beziehungen einzugehen, wie man es wünscht, entweder behindert oder schützt. Die Politik der Regierung ist es, die wegen ihres Einflusses auf die Kosten einer Geschäftstätigkeit oder andere Beziehungen zu oft über Erfolg oder Misserfolg eines Projekts, sei es ein wirtschaftliches oder ein soziales, entscheidet. Die Möglichkeiten zu individuellen Entscheidungen und zur Produktion von Wohlstand für die Gemeinschaft sind in einem wirtschaftlichen Umfeld stark eingeschränkt, das mit staatlich vorgeschriebenen Zulassungsanforderungen, Lohn- und Arbeitszeitvorschriften, Arbeitsschutz- und Gesundheitsverordnungen, Antidiskriminierungspolitik, Renten- und Versicherungspflichten, Umweltverträglichkeitsverordnungen, Elternzeitregelungen, Sozialversicherungen, Gesundheitsvorsorgepflicht, politischer Bevorzugung und Gewerkschaftsgewalt, Kirchturmpolitik und Monopoly-Effekten, Manipulation von Krediten und des Geldumlaufs, von Dienstleistungen und Tarifen im Handel, sowie mit Steuern auf Verkäufe, Einkommen und Besitzübertragungen belastet ist.

Gesellschaftliche Drangsalierungen und politische Verbote privater Vereine und Organisationen, die auf geschlechtlicher oder ethnischer Exklusivität beruhen, Vorschriften zu politisch korrekter Rede und zu Mitgliederquoten aufgrund rassischer oder ethnischer Proportionen an der Gesamtbevölkerung behindern alle freiwilligen und kompetenten Beziehungen und Vereinigungen, die auf persönlichen Präferenzen, Verdiensten oder gemeinsamen Interessen gründen.

Unter diesen Bedingungen leidet der Einzelne, der sich verpflichtet hat, sein Leben so zu führen, wie er es für passend hält, indem er die Ausrichtung seiner wirtschaftlichen und gesellschaftlichen Bestrebungen wählt und dieselben Entscheidungsrechte bei anderen respektiert, unter unnötigen Einschränkungen seiner persönlichen Freiheit.

8
Erziehung und Kultur

Das Kind ist der Vater des Mannes.
Wordsworth

Der Einzelne in der Gesellschaft

Familieneinflüsse, vor allem solche, die sich aus Persönlichkeitsmerkmalen der Eltern ergeben, sind offensichtlich für Wachstum und Entwicklung eines Kindes verantwortlich. Ingesamt werden sie die verbreiteten kulturellen Ideale, Werte und Verbote der Gesellschaft widerspiegeln. Umgekehrt werden sich in den Institutionen einer gegebenen Gesellschaft die Praktiken der Kindererziehung und der jeweiligen Betonungen von Autonomie oder Abhängigkeit, Kooperation oder Opposition, Moral oder Unmoral widerspiegeln. Es ist von besonderem Interesse, inwieweit all diese Einflüsse eine Ethik des Selbstvertrauens und der Eigenverantwortung schaffen oder beim Bürger die Erwartung wecken, dass er zum Schutzbefohlenen des Staates wird. Es geht nicht nur um die Regelungen, die die individuelle Autonomie gegenüber der Abhängigkeit von der Regierung betreffen, sondern auch um die Möglichkeiten, die ein Einzelner hat, die Geschichte seines eigenen Lebens zu schreiben. Vor einigen Jahren schaltete die

US-Armee eine Fernsehwerbung, die Jugendliche einlud, sich dem Militärdienst anzuschließen und dort „alles, was Du sein kannst", zu sein.

Auch wenn die Werbung von einer straff organisierten Regierungsbehörde geschaltet wurde, appellierte sie an eine große amerikanische Tradition, die sich zu einer anderen Zeit in anderen Medien in der Aufforderung „Geh' nach Westen, junger Mann, geh' nach Westen!" ausgedrückt haben könnte. Die Philosophie hinter diesem Drängen ist in beiden Fällen natürlich der Glaube an Selbstverwirklichung, an die Verfolgung und Realisierung seiner persönlichen Träume. Ob nun das militärische Leben oder die Westgrenze der Ort ist, einen besonderen Traum zu verwirklichen, bleibt dahingestellt und ist natürlich nicht die Kernfrage dieser Bemerkungen. Nur wenige Menschen dürften das durchstrukturierte, autoritäre Militärleben als das beste Umfeld dafür empfinden, ihre Träume zu verwirklichen und die Geschichte ihres Lebens zu schreiben oder neu zu schreiben. Aber ich erwähne die Aussage „Werde alles, was Du werden kannst", um zu betonen, dass es eine solche Selbstverwirklichung für die überwiegende Mehrheit der Menschen nur in einer freien Gesellschaft geben kann, also nur in einem Umfeld, das der freien Wahl ein Maximum an Möglichkeiten gestattet.

Die irrationale Ich-Sucht des Narzissten

Um einen Einwand gegen das Ideal der Selbstverwirklichung vorwegzunehmen, lohnt es sich, kurz abzuschweifen und zwischen vernünftigen eigennützigen Bemühungen bei der Verfolgung seiner Ziele auf der Suche nach Glück einerseits und dem Verhalten von Personen mit gewissen Ausprägungen von pathologischem Narzissmus andererseits zu unterscheiden. Der narzisstische oder pathologisch selbstzentrierte Mensch veranschaulicht eine bestimmte Art von Persönlichkeitsstörung, bei welcher mehrere Funktionen in der Beziehung zu sich selbst und in Beziehungen zu anderen gestört sind. Seine Störung muss aber seine Fähigkeit, auf dem Wirtschaftsmarkt seine Rolle auszufüllen, nicht beeinträchtigen. In der Tat sind viele hochproduktive Personen höchst narzisstisch im pathologischen Sinne veranlagt und leisten dennoch einen gewaltigen Beitrag zum Reichtum der Welt als Künstler, Erfinder, Wissenschaftler, Unternehmer, Entertainer und dergleichen. Die Vorstellung, dass das Individuum aus eigener

Kraft souverän, bedeutend und berechtigt ist, durch seine eigenen Anstrengungen zu dem zu werden, was es kann, ist eine ganz andere Sache und hat nichts mit der Pathologie der Ichbezogenheit zu tun.

Der Anspruch der Freiheit im Interesse der Souveränität des Einzelnen erkennt einfach dessen unleugbare Existenz als Träger der Wahl und Initiative und macht weiterhin geltend, dass niemand, auch keine Regierung, das Recht hat, jemanden zu versklaven. *Das Streben eines jeden Bürgers nach Verfolgung seines persönlichen Traums, unter Wahrung der Rechte anderer, dasselbe zu tun, ist kein Narzissmus, kein Egoismus und keine Gier, sondern Ausdruck eines vernünftigen Eigennutzes, der mit dem Wesen des Menschen im Einklang steht. In einer freien Gesellschaft rät der vernünftige Eigennutz in der Tat stark zur Rücksichtnahme auf andere, da es im eigenen Interesse jedes Einzelnen liegt, anderen zu gefallen und ihnen gute Dienste zu leisten.* Der Unternehmer, der seinen eigennützigen Traum von einem Geschäftsimperium verwirklicht, tut dies, indem er sowohl seine Kunden mit Produkten zufriedenstellt als auch seinen Mitarbeitern als Arbeitgeber gefällt. Ebenso versucht der Einzelne im Streben nach erfreulichen Beziehungen, anderen so zu gefallen, wie er sich selbst gefällt. Die langfristige Übereinstimmung von vernünftigem Eigennutz und gemeinschaftlichem Interesse wohnt dem Menschsein inne, wie Hazlitt es kraftvoll ausgedrückt hat.

So verbindet sich der Antrieb zur Selbstverwirklichung mit der Verpflichtung zur Gegenseitigkeit, um die bipolare Natur des Menschen zu befriedigen. Sowohl die individuelle Souveränität als auch die Gemeinschaft in Beziehungen zu anderen ist Teil der Jagd nach dem eigenen Glück, das auch anderen zugute kommt. Vor langer Zeit betonte Alfred Adler die Entwicklung sozialer Interessen beim Kind als Gegenmittel zum Machtstreben derer, die Beziehungen als Mittel zu Herrschaft, Ausbeutung und persönlicher Überhöhung missverstanden haben. Wenn wir uns der Bedeutung der Kompetenz erinnern, ist es offensichtlich, dass ein wichtiges Ziel der Kindererziehung die Entwicklung eines vernünftigen Eigennutzes ist, der Gegenseitigkeit und Zusammenarbeit als wesentliche Elemente umfasst. Mit diesen Idealen, die jene der individuellen Freiheit und Selbstverantwortung ergänzen, erkennen die Selbstverwirklichungsversuche Erwachsener sowohl die Individualität als auch die soziale Verbundenheit der menschlichen Natur an. Das Heranwachsen des Kindes zu einer reifen Kompetenz, die eigene Interessen unter Wahrung der Rechte anderer verfolgt und die Ausbeutung anderer durch wirtschaftliche und soziale Berechtigungsansprüche ablehnt, ist ein starkes Gegenmittel gegen die Pathologie des Narzissmus.

Frühe Beziehungsdarstellungen

Die Reise zum kompetenten Erwachsenen beginnt mit der Hilflosigkeit des Neugeborenen, dessen Gehirn so unreif ist, dass es gerade mal die Aufnahme der Nahrung, deren Ausscheidung und das Weinen bewältigen kann. Innerhalb einiger Stunden nach der Geburt kann das neugeborene Gehirn undeutlich Gesicht und Stimme der Mutter registrieren, aber in den nächsten paar Monaten wird es noch nicht viel von dem entwickeln, was einem Verstand ähnelt. Sobald dieser Prozess jedoch in Gang kommt, beginnt die bemerkenswerteste Transformation in der gesamten Biologie: die Entstehung einer Persönlichkeit.

Natürlich ist es nicht möglich, die subjektive Erfahrung des Kindes in den ersten Monaten seiner Existenz zu kennen. Die geistigen Darstellungen seiner Welt sind zweifellos vage, vielleicht surreal und sicherlich ungenau. Doch es ist möglich, aus seinem späteren Verhalten und seinen Bildern im Spiel und in Zeichnungen, aus seinen Berichten über Phantasien und Träume und aus der Art seiner gewohnheitsmäßigen Interaktionen mit anderen abzuleiten, dass das Kind im späten Säuglings- und frühen Kleinkindalter beginnt, in einer kohärenten Weise sowohl die Tatsache als auch das Wesen seiner Existenz zu registrieren. Insbesondere muss es als Teil der Strukturierung seiner Psyche sichere Darstellungen von sich selbst und wichtigen anderen Personen in seinem Leben herausbilden. Es wird auch seine Erfahrungen bei wiederkehrendem Zusammenwirken mit diesen Personen darstellen. Durch diese Prozesse erwirbt es eine mehr oder weniger stimmige mentale Kartierung seiner Welt, vor allem jener Ereignisse, die die Beziehungen zu seinen Betreuungspersonen betreffen. Dies sind typischerweise keine emotional neutralen Darstellungen, sondern sie verfügen über intensive Gefühlsinhalte, die ein Kontinuum von extremer Angst bis zu größter Freude umfassen. Wenn sie sich in sehr frühen Zeiten strukturieren, beinhalten sie auch eine mächtige intuitive Komponente; jede Reaktivierung dieser Beziehungsdarstellungen zu einem späteren Zeitpunkt im Leben stimuliert nicht nur emotionale, sondern auch starke körperliche Erlebnisse. Diese Beobachtungen der frühen Darstellungsfunktionen der Psyche haben wichtige Auswirkungen auf die spätere Teilhabe an der Gemeinschaft. Im Grunde können alle Phasen der Persönlichkeitsentwicklung danebengehen – und das tun sie auch häufig. Die daraus resultierenden Verzerrungen und Defizite können bei Menschen, die darunter leiden, zu Fehlanpassungen bei der Teilnahme an wirtschaftlichen, gesellschaftlichen und politischen Prozessen führen. In großer Zahl können solche Personen gravierenden Einfluss auf die Sozialpolitik haben, nicht allein durch ihr persönliches Verhalten, sondern auch durch ihr Verhalten in den Wahlkabinen und bei Meinungsumfragen, bei der Erziehung oder Unterrichtung von Kindern und während ihrer Laufbahn in öffentlichen Ämtern. Diese Auswirkungen können wiederum nicht nur die Rationalität der Gesellschaft als Ganzes verändern, sondern auch künftige Generationen von Individuen und deren Vorstellung von gesellschaftlichen Prozessen prägen. Was wir als Einzelpersonen tun, ist für das Ganze von Bedeutung. Was wir im Ganzen tun, definiert unsere Lebensregeln und das Vermächtnis der Werte unserer Gesellschaft.

Die ursprüngliche Erfahrung

Die Fürsorge einer Mutter für ihr Kind ist dessen erste und ursprünglichste soziale Begegnung; ein Zusammenwirken, das den Grundstein für seine späteren Beziehungen zu anderen legen wird. Seine ersten Erfahrungen in dieser Verbindung beeinflussen sehr stark, welche der vielen möglichen Dispositionen – gut oder schlecht angepasst – es in sein Leben als Erwachsener mitbringen wird. Dazu gehören zum Beispiel:

- Ein heiterer und robuster Optimismus, dass das Leben gut verlaufen und seine Bemühungen belohnen wird – oder ein furchtsamer Pessimismus, dass die Umstände es schließlich besiegen werden;
- Autonomie, vernünftige Entscheidungen und ein unerschütterliches Gefühl, dass es ein guter Mensch ist, der es verdient, sein eigenes Leben zu führen – oder Gehemmtheit aufgrund lähmender Selbstzweifel oder einer Überzeugung, dass es unausweichlich von starken, rücksichtslosen und bösartigen Mächten kontrolliert wird;

- Zuversichtliche Eigenständigkeit, verbunden mit adäquaten sozialen Fähigkeiten zum Zusammenschluss und zur Zusammenarbeit mit anderen – oder immer wiederkehrende Muster von Hilflosigkeit, pathologischer Abhängigkeit und Bedürftigkeit als grundlegende Lebensweise;
- Aufrichtige Sorge um andere Menschen, die auf Empathie, Identifizierung, Gegenseitigkeit und Mitgefühl für alle Menschen, vor allem für Benachteiligte, beruht – oder eine demonstrative Sorge um das Wohlergehen anderer, die im Grunde nur eine Tarnung für das rücksichtslose Streben danach ist, sie zu manipulieren, zu dominieren und auszunutzen.

Diese Beispiele veranschaulichen nur wenige der unzähligen Kombinationen von Einstellungen und Dispositionen, die das heranwachsende Individuum bei seiner Begegnung mit der Welt mitbringt. Eingetaucht in eine Flut kognitiver, affektiver und verhaltensbezogener Erfahrungen im Laufe seiner Entwicklung, wird das Kind mit den zwischenmenschlichen Angelegenheiten des Lebens konfrontiert und versucht, daraus schlau zu werden.

Die Mutter-Kind-Beziehung als gesellschaftlicher Prozess

Die erste Erfahrung des Kindes mit der Welt in Gegenwart seiner Mutter ist in ihren wesentlichsten Punkten wirtschaftlich, sozial und politisch. Das neugeborene Baby protestiert gegen seinen unsanften Aufenthaltswechsel, verfolgt aber sofort instinktiv seine materiellen Bedürfnisse: Es schreit, atmet, sucht nach der Brustwarze, saugt daran, um seinen Lebensdrang zu befriedigen. Was auch immer seine genetische Mitgift ist, wie begabt oder beeinträchtigt es auch sein mag: um zu überleben, muss es wenigstens diese primitiven Dinge tun. Sie sind seine ersten ökonomischen Handlungen auf der Suche nach den grundlegendsten Wirtschaftsgütern. Natürlich ist das nur ein Anfang. Unter der Fürsorge seiner Mutter weitet es seine Wünsche schnell auf andere Güter aus, mit denen es sich nicht selbst versorgen kann, besonders ihre Berührung, ihren Blick, ihre Stimme, ihre Person. Behutsam erweitert die Mutter seine Welt um andere Personen und Dinge. Ihre Zufriedenheit dabei, es wachsen und gedeihen zu sehen, und die Erfahrung seiner sich vertiefenden Liebe zu ihr, sind ihre Entschädigung und ihr Lohn dafür, dass sie seine wichtigsten Bedürfnisse erfüllt.

Doch während ihr Kind wächst, fordert eine kluge Mutter zunehmend auch von ihm, *ihre* Bedürfnisse und Wünsche zu bedenken und nicht nur seine eigenen, wenn es zu bekommen versucht, was es möchte. Indem sie gewisse Handlungen von ihm als Gegenleistung für ihre Dienste verlangt, löst sie allmählich seine Ichbezogenheit auf und verlangt, mit ihr zu verhandeln und nicht nur von ihr zu nehmen. Sie macht es auf ihre Persönlichkeit aufmerksam und unterweist es in den Umgangsformen des gegenseitigen Austausches. Etwa gegen Ende der ersten achtzehn Monate ist sein Umgang mit ihr zu einer wechselseitigen Angelegenheit geworden, kein einseitiges Geben mehr – oder sollte es zumindest sein. Wenn Mutter bzw. Eltern und Kind zum größten Teil auf wechselseitiger Basis miteinander umgehen und dies beibehalten, wird das Kind schließlich lernen, seine Bedürfnisse und Wünsche durch Zusammenarbeit zu erfüllen, zunächst mit seiner Mutter, später dann mit anderen auf dem allgemeinen Markt von Waren, Dienstleistungen und Beziehungen. Die Mutter-Kind-Beziehung ist aber nicht nur von wirtschaftlicher Art. Sie ist auch höchst politisch, eine Tatsache, die in den Versuchen beider Parteien, sich gegenseitig in irgendeiner gewünschten Richtung durch Überzeugung, Manipulation, Kompromisse und Machtspiele zu beeinflussen, offensichtlich wird. Was dem Kleinkind an Kräften und körperlichen Fähigkeiten fehlt, macht es mit Stimmgewalt und Mimik wett. Es macht sich die primär mütterliche Beschäftigung seiner Mutter mit ihm zunutze, ihre liebevolle Zärtlichkeit und ihr nahezu schrankenloses moralisches Gebot, dafür zu arbeiten, dass es um jeden Preis gedeiht. Sie dagegen verlangt von ihm – oder sollte dies tun –, dass es saugt, lächelt, sich ankuschelt, redet, ihren Blick erwidert und sich so gut wie möglich anpasst, wenn es für sie notwendig wird, seine Lage zu verändern, sein Stillen zu verzögern, sein Fieber zu kühlen, es schlafen zu legen, und dass es ihr ermöglicht, ihren eigenen Bedürfnissen nachzukommen. Innerhalb der Zweiergruppe Mutter-Kind verschmelzen Politik und Wirtschaft miteinander zu unendlichen Möglichkeiten der Kooperation und des Konflikts. Jenseits dieser Zweiergruppe erweitern sich die Möglichkeiten schnell, wenn die Welt des Säuglings seinen Vater, die Geschwister, die erweiterte Familie und andere mit einschließt, an die er sich wenden kann, um das zu bekommen, was er will, mit allen Mitteln, die die Familienregeln hergeben, von Bitten bis hin zu Machtspielen.

Wenn diese früheste Erfahrung wirtschaftlich und politisch ist, so ist sie sicher auch im tiefgreifendsten Sinne sozial. Natürlich beginnt die Zwei-Personen-Gesellschaft von Mutter und Kind mit jenen Prozessen, die erforderlich sind, die biologischen Bedürfnisse des menschlichen Lebens zu erfüllen. Doch Säuglinge, die in einer physisch geschützten Umgebung nur gut gefüttert werden, können ohne ein Minimum an mütterlicher Fürsorge nicht gedeihen. Das Gefühl, gehalten zu werden, die visuelle Bildsprache eines menschlichen Gesichts, der Geruch der Mutter und der Klang ihrer Stimme vermitteln die Freisetzung und Abstimmung einiger unbekannter, aber wesentlicher Körpersäfte, ohne die die Reise des Kleinkindes zum Erwachsensein – oder einfach sein Überleben – scheitert. Es gibt etwas in der Natur des Menschen, das soziale Beziehungen von Anfang an zwingend macht.

Ebenso wichtig ist die Tatsache, dass die Qualität dieser frühen mütterlichen Erfahrung den Grundstein für das spätere Verhalten des Kindes innerhalb der größeren sozialen Ordnung legt. Ein wesentlicher Aspekt dieser Erfahrung besteht darin, dass die Mutter allmählich zunehmend darauf besteht, dass das Kind sie als Subjekt, nicht nur als bloßes Objekt erkennt, sie als eine eigenständige Person achtet und nicht nur als eine Erweiterung seines Willens oder Dienerin seiner Wünsche ansieht. Es ist schwierig, die Bedeutung ihrer Bemühungen in dieser Hinsicht einzuschätzen, weil ihr Erfolg oder Misserfolg seine spätere Fähigkeit beeinflussen wird, *gegenseitig* auf einer persönlichen Ebene – zum Beispiel in einer Ehe – und *kooperativ* mit der Gesellschaft insgesamt Beziehungen einzugehen. Diese Beobachtungen werden in den mit einem pathologischen Narzissmus verbundenen Problemen veranschaulicht. Narzissten behandeln andere wie Objekte, die man manipulieren kann, nicht wie unabhängige Subjekte, die respektiert werden wollen; und diese Art von Beziehung kann eine erfolgreiche Zusammenarbeit auf allen Ebenen menschlichen Bestrebens zum Scheitern bringen. Dieses unglückliche Ergebnis wird jedoch vermieden, wenn ein Kind mit einem Verständnis dafür aufgewachsen ist, dass seine Eltern ihre eigenen Bedürfnisse und Wünsche haben, die es respektieren und denen es entgegenkommen muss. Im Zuge dieses Entgegenkommens lernt es zuerst mit Familienmitgliedern und später mit anderen, dass das Aushandeln gegenseitiger Vorteile und nicht etwa Täuschung oder Drohung der richtige Weg ist, miteinander umzugehen.

Aus diesen Beobachtungen ergibt sich ein zusätzlicher Bonus: Die Fähigkeit zur Anerkennung der anderen Person als souveränes Subjekt kann als Voraussetzung für die politische und moralische Gleichstellung dienen. Mit einem solchen Verständnis wird die andere Person niemals zu ihrem Nachteil, nicht zur persönlichen Bereicherung und nicht für eine politische Agenda ausgenutzt. Sie muss stattdessen als legitime Quelle eigener Handlungsfähigkeit geachtet werden; sie muss als eigenständiges Ganzes erkannt werden.

So impliziert die Mutter-Kind-Beziehung – hier als wirtschaftlicher, sozialer und politischer Prozess verstanden – Fragen, die für die Lebensregeln in einer vernünftigen Gesellschaft von entscheidender Bedeutung sind. Ob das Kind Tugenden der Selbstständigkeit, der Gegenseitigkeit und der Anerkennung entwickelt oder nicht – und zwar erst mit seinen Betreuungspersonen und später mit Gleichaltrigen – hat alles mit seiner grundsätzlichen Fähigkeit zu tun, Beziehungen zu anderen auf der Basis freiwilliger Zustimmung einzugehen statt durch Regierungszwang. Diese Tugenden fehlen der liberalen Agenda und dem liberalen Geist, der sie hervorbringt. Ihr Fehlen ermöglicht der Agenda, die Bedeutung der Angehörigen des Einzelnen gegenüber dem Staat herabzuwürdigen und die entscheidende Rolle der sozialen Zusammenarbeit zu untergraben.

9
Ideale und Notwendigkeiten der Entwicklung

Freiheit bedeutet Verantwortung. Darum fürchten die meisten Menschen sie.

George Bernard Shaw

Es ist nur der Anfänger in der politischen Ökonomie, der denkt, dass es die Pflicht der Regierung sei, ihre Bürger glücklich zu machen. Die Regierung hat kein solches Amt. Die Schwachen und die Minderheit vor den Zumutungen der Starken und der Mehrheit zu schützen, zu verhindern, dass irgendjemand explizit daran arbeitet, die Menschen unglücklich zu machen (wenn man es so ausdrücken kann), nicht die Arbeit eines offiziellen Vermittlers in menschlichen Angelegenheiten zu verrichten, sondern die eines umsichtigen Wächters, der vor Ausschreitungen bewahrt – dies sind die echten Pflichten einer Regierung. Unter dem fadenscheinigen Vorwand, „das Glück der ganzen Gemeinschaft" herbeizuführen, wurden fast alle Missstände und Eingriffe der Regierung durchgesetzt. Die Gesetzgebung kann und sollte, wenn solche Dinge ihren Weg kreuzen, ihr potentielles Gewicht auf Tugend und Glück legen, doch Gesetze direkt im Interesse dieser Dinge zu erlassen, ist niemals umsetzbar und bewirkt nur selten einen auch nur vorübergehenden Nutzen.

Walt Whitman

Freiheit und die Ursprünge der Psyche

Die biologische Notwendigkeit zu überleben und die psychosoziale Notwendigkeit, Beziehungen zu anderen einzugehen, treffen zum ersten Mal in der Mutter-Kind-Beziehung zusammen. Die eine Notwendigkeit erleichtert jeweils die andere. Ein Individuum überlebt, reift – nur im Kontext einer zunächst primitiven und später zunehmend komplexen Eltern-Kind-Beziehung betrachtet – biologisch heran und wird psychisch zu einem ganzen Selbst. Das Ergebnis dieses Prozesses wird durch die physischen und persönlichen Eigenschaften von Mutter und Kind bestimmt und von den realen Bedingungen des Umfeldes beeinflusst, in welchem sie existieren. Ohne auszuklammern, dass ererbten Persönlichkeitsmerkmalen heute ein wichtiger Beitrag zugemessen wird, ist offensichtlich, dass praktisch jeder Aspekt des Erwachsenenlebens eines Individuums – Beruf, Gesellschaft, Sexualität, Ehe, Elternschaft, Politik, Freizeit und Spiritualität – von Kindheitserfahrungen beeinflusst wird, vor allem von den wiederholten Interaktionen mit Eltern, Geschwistern und anderen bedeutenden Personen während der prägenden Jahre. Der Kern der Kinderpsyche, der sich im unreifen Gehirn des Kindes herausgebildet hat, wird durch den Umgang mit den Hauptpersonen, die es fördern oder vernachlässigen, schützen oder traumatisieren, gestärkt oder ausgelaugt. Vor allem seine Fähigkeiten zu Liebe und Hass, Zuneigung und Gleichgültigkeit, Kooperation und Opposition – all diese Qualitäten, die sein Menschsein definieren und ihn befähigen, an der menschlichen Gemeinschaft teilzunehmen – entstehen mit seinen frühen zwischenmenschlichen Erfahrungen, zuerst mit seiner Mutter und später mit anderen. Sie bereiten es darauf vor, in Freiheit und Harmonie mit anderen zu leben, oder sie versagen dabei, es darauf vorzubereiten.

Die Vorbereitung auf das Leben in einer Gesellschaft geordneter Freiheit verlangt von Eltern und Kind eine Menge. Im Idealfall lehren ihre gemeinsamen Anstrengungen, wenn sie über die ersten zwanzig Lebensjahre aufrechterhalten werden, das Kind:

- den Wert des individuellen Lebens anzuerkennen;
- die Souveränität, die Handlungsfähigkeit, die Autonomie und die Freiheit anderer Personen zu respektieren;

- bestimmte Werte zu achten, die für die gesellschaftliche Zusammenarbeit unerlässlich sind;
- das Recht, in Ruhe gelassen zu werden, als grundlegend für die individuelle Freiheit zu erkennen;
- seinen Lebensunterhalt mit Selbstvertrauen und durch freiwilligen Austausch mit anderen zu verdienen;
- die Verpflichtung von Versprechungen, Verträgen und Eigentumsrechten zu beachten;
- rechtschaffen mit anderen Personen umzugehen, die ebenso handeln können;
- andere mit Rücksicht, Anstand und Höflichkeit zu behandeln;
- liebevoll und sympathisch auf andere zuzugehen, wo es angemessen ist;
- für Kinder und chronisch Kranke oder Benachteiligte zu sorgen.

Diese Lektionen formulieren die Prinzipien des rationalen Individualismus: Selbstvertrauen, freiwillige Zusammenarbeit, moralischer Realismus und informierter Altruismus. Dies sind die Eckpfeiler einer Gesellschaft, die in der Lage ist, individuelle Freiheit, wirtschaftliche Sicherheit und soziale Stabilität aufrechtzuerhalten.

Die Entwicklung und das Annehmen von Freiheit

Über unsere frühesten prägenden Erlebnisse hinaus erwerben wir unsere Vorstellungen von der sozialen Welt allmählich durch komplexe Sozialisierungsprozesse, die unsere Neigungen als Erwachsene formen. Unzählige Interaktionen mit anderen verankern bleibende Vorstellungen von der Welt als freundlich, neutral oder grausam, interessiert oder gleichgültig, empfänglich oder ablehnend, gemeinschaftlich oder oppositionell, bestärkend oder entkräftend, lenkbar konkurrierend oder gefährlich bekämpfend im Gedächtnis des Kindes. Diese und andere Vorstellungen, die im Kleinkindalter beginnen und sich durch die prägenden Jahre der Kindheit und Jugend fortsetzen, bestimmen letztendlich die Fähigkeit des Einzelnen, mit anderen als Erwachsener zusammenzuarbeiten. Unzählige kulturelle Botschaften – ethnische Traditionen, gesellschaftliche Konventionen, Druck von Gleichrangigen, moralische Zwänge, politische Propaganda, die Auswirkungen der Werbung, die Normen und Ideale der Religion – beeinflussen alle die Fähigkeit des heranwachsenden Individuums, in seinem Leben erfolgreich nach Glück zu streben, und dies kooperativ innerhalb der Regeln, die einer freien Gesellschaft Struktur geben, zu tun.

In den politischen Foren des heutigen Amerika kann der erwachsene Bürger zwischen konkurrierenden politischen Ordnungen wählen: auf der einen Seite stehen jene, die sich durch eine streng begrenzte Regierung, einen rigorosen Schutz von Eigentums- und Vertragsrechten, eine maximale Freiheit der wirtschaftlichen und sozialen Entscheidungen und eine größtmögliche individuelle Verantwortung auszeichnen; und auf der anderen solche, die auf großer Zwingherrschaft beruhen, sich stark in das Leben der Bürger einmischen und grundlegende ökonomische und soziale Prozesse regulieren und manipulieren. Die erste Ordnung lässt die breiteste Palette von Möglichkeiten zu persönlicher Erfüllung und effektiver Zusammenarbeit zu; die zweite reduziert das Spektrum der wirtschaftlichen und sozialen Zusammenarbeit und die Möglichkeiten persönlicher Erfüllung deutlich.

Die Entscheidung für die maximale Freiheit respektiert die Souveränität der einzelnen Menschen und ihre angeborenen Neigungen zu gegenseitiger Zusammenarbeit. Durch grundlegenden Eigentumsschutz befähigt diese Wahl, eine natürliche und einander ergänzende Harmonie individueller und gesellschaftlicher Interessen zu erkennen, die sich durch die ökonomischen Auswirkungen von Adam Smiths „unsichtbarer Hand" und die sozialen Auswirkungen von spontaner Empathie, Mitgefühl und Altruismus gegenseitig verstärken. Für jemanden, der ein System mit einer großen und zwingenden Zentralregierung wählt, stellt diese Ordnung andererseits eine grausame und illusorische Fiktion dar, die die Ausbeutung der Massen durch „die Reichen" oder unheimliche „kapitalistische Mächte" angeblich ausgleicht. Diese Mächte, so wird argumentiert, kontrollieren die großen Dynamiken der Gesellschaft. Sie müssen von einer interventionistischen Regierung überwunden werden, denn nur dadurch können die Massen vor einer Welt geschützt werden, die für sie grundsätzlich unsicher ist. Die Entscheidung für maximale Freiheit geht davon aus, dass unter der Herrschaft bestimmter Gesetze die Welt sicher genug gemacht werden und dass man Einzelpersonen vertrauen kann, ein für sich selbst erfüllendes und sozial harmonisches Leben durch freiwillige Zusammenarbeit mit anderen zu führen. Die Mission einer Regierung unter diesen Voraussetzungen besteht darin, allen Bürgern gleichberechtigte und identische wirtschaftliche und politische Freiheiten zu garantieren, indem sie ihre Person und ihr Eigentum vor Straftaten jeglicher Art schützt und – unabhängig von der Absicht – die zwangsweise Abtretung von Zeit, Arbeitskraft und Vermögenswerten eines jeden Bürgers für Zwecke des Staates ausdrücklich untersagt. Die Entscheidung für die interventionistische Regierung hingegen schränkt die Freiheiten des Einzelnen, vor allem die wirtschaftlichen Freiheiten, infolge des staatlichen Engagements für die Umverteilung materieller Vermögenswerte von Personen, die Leistung erbringen, an Personen, die dies nicht tun, und einer ungleichen und unverhältnismäßigen Vergabe politischer und gesetzlicher Gefälligkeiten an Personen, die für benachteiligt befunden werden, drastisch ein.

Mündel des Staates

Die kumulativen Auswirkungen dieser Entscheidungen sind in einer Demokratie entscheidend für Art und Ausmaß ihrer Regierung. Mehrheitsstimmen werden zerstörerisch, wenn die Abhängigkeitssehnsüchte der Menschen die Oberhand über ihren Einsatz für die individuelle Freiheit gewinnen, wenn sie die Regierung eher als einen elterlichen Betreuer und weniger als einen Bewahrer von Freiheiten missverstehen, und wenn die Restriktionen einer Verfassung, die dazu bestimmt ist, Exzesse der Regierung zu verhindern, von Richtern und Gesetzgebern aufgeweicht werden, die nicht in der Lage sind, sie aufrechtzuerhalten. Die regressiven Entscheidungen der Wählerschaft zugunsten des Staates als *parens patriae* verstärken zusammen mit den Verlockungen von Position, Macht und Reichtum in den großen Regierungsämtern wechselseitig den Abstieg einer freien individualistischen Gesellschaft in eine regulierte sozialistische Gesellschaft – das utopische Ideal des liberalen Denkens.

Genauer gesagt, verändert die Usurpation der grundlegenden ökonomischen, sozialen und politischen Funktionen durch den kollektivistischen Staat das Klima der individuellen Entwicklung in der Gesellschaft, vereitelt das Erreichen reifer Kompetenz und führt dazu, dass eine zunehmende Zahl von Bürgern sich für eine pathologische Abhängigkeit vom Staat und eine kindhafte Unterwerfung unter seine

Autorität entscheidet und in ihrer Charakterentwicklung verkümmert. Unter der modernen liberalen Agenda entwickeln die Menschen keine normale Befähigung zu erwachsener Autonomie, Eigenständigkeit und lokaler Gemeinschaftsverantwortung, die die notwendigen Grundlagen sowohl für das individuelle Glück als auch für die soziale Ordnung sind. Die Wählerschaft, die sich für eine „elterliche" Regierung entscheidet, übersieht die Rechnung, die dafür gezahlt werden muss: Die liberale Agenda untergräbt schließlich die Integrität der wirtschaftlichen und gesellschaftlichen Prozesse, stört die Identität, den Zusammenhalt und die Unterstützung der Gemeinschaft, bringt Struktur und Aufgaben der Familie durcheinander und bewirkt, dass große Teile der Bürgerschaft zu Mündeln des Staates werden. Letztendlich führen die Weichenstellungen zugunsten einer interventionistischen Regierung, wie Hayek bemerkte, die Gesellschaft auf den Weg in die Leibeigenschaft.

Die Werkzeuge zum Überleben

Alle vernünftigen Personen erkennen unmittelbar, dass eine reale, materielle Welt existiert, dass sie von anderen Personen bevölkert wird, dass sie verständlich und zum größten Teil überschaubar ist. Eine intakte Fähigkeit, die Bedeutung eines fahrenden Lastwagens oder die Haltung einer anderen Person wahrzunehmen und zu interpretieren, ist lebenswichtig und eine normale Funktion, um die Realität zu prüfen. Zu den gewöhnlichen geistigen Funktionen, die zur Beurteilung der Realität erforderlich sind, gehören folgende:

- Aufmerksamkeit, Konzentration, Wahrnehmung und Registrierung der Umwelt sowie der Ereignisse, die darin auftreten;
- Assoziation mit vorherigen Kategorien von Ereignissen und Kontexten zur Ermittlung und Bewertung der gegenwärtigen Umgebung und der Bedeutung relevanter Ereignisse für mögliches Handeln;
- Erinnerung, Schlussfolgerung und Beurteilung in diesen Prozessen;
- Formulierung von Zielen und Plänen, diese umzusetzen;
- Handeln zur Erreichung dieser Ziele, Überwachung der Ergebnisse, Neubewertung, Änderungen von Plänen und Zielen usw.

Diese und zahlreiche weitere Funktionen sind die Werkzeuge, mit denen kompetente Personen versuchen, das Leben zu erhalten und seine Qualität zu verbessern. Sie tun dies in dem Verständnis, dass die Welten materieller Gegenstände und sozialer Interaktionen real, kausal geordnet und erkennbar sind. Kompetente Menschen verstehen, dass sie Tatsachen anerkennen und logisch über Menschen und Dinge denken müssen. Sie verstehen, dass Handlungen Konsequenzen haben, dass bestimmte Handlungen ihr Leben besser oder schlechter machen und dass das Verhalten von Menschen bestimmter Regeln bedarf, um individuelle Freiheiten und den Erhalt der sozialen Ordnung zu ermöglichen.

In seinem Bestreben, erfolgreich zu sein, beurteilt der befähigte Erwachsene eine gesellschaftliche Realität, die mit anderen Personen bevölkert ist als ihm selbst. Er nimmt seinen eigenen Körper und sein psychisches Selbst und, durch Beobachtung und Empathie, das psychische Selbst von anderen wahr. Er kann die Art und die Bedeutung seiner Beziehungen zu anderen gut genug wahrnehmen, um in der Gemeinschaft zu funktionieren, und er kann dies gewöhnlich in einer Weise tun, die seinen eigenen Bedürfnissen und den Bedürfnissen anderer entspricht, ohne die soziale Ordnung zu stören. Im Verlauf seines Umgangs mit anderen stellen sein eigener Körper, sein psychisches Selbst und die Körper und das psychische Selbst anderer verschiedene Forderungen an ihn. Diese sind in erster Linie biologische Forderungen nach Nahrung und Obdach und in zweiter Linie – gewöhnlich weniger dringlich – psychische und zwischenmenschliche Wünsche. Befähigte Personen sind in der Lage, diese Forderungen unter der Voraussetzung eines Kontextes vernünftiger wirtschaftlicher, sozialer und politischer Regelungen angemessen zu erfüllen.

Vernünftige Regelungen

An jedem Punkt dieser Bemühungen erkennen kompetente Personen, dass die Freiheit, nach Fakten zu suchen und Möglichkeiten zu erforschen, mit alternativen Lösungen zu experimentieren, durch Versuch und Irrtum zu lernen und Abhilfe zu schaffen, der Schlüssel zum letztendlichen Erfolg im Streben nach Glück ist. Die Möglichkeiten dieses Erfolgs werden durch ökonomische, gesellschaftliche und politische Regelungen hervorgebracht, die bestimmte Beschaffenheiten der menschlichen Verfassung berücksichtigen. Wenn diese Regeln aus den Erfahrungen der Geschichte abgeleitet werden und sich in entsprechenden Gesetzen, Bräuchen, Idealen und Moralvorstellungen ausdrücken, setzen sie den Entscheidungen, die Menschen vernünftigerweise treffen, und den entsprechenden Ergebnissen, die sie vernünftigerweise erwarten können, angemessene Grenzen. Wenn die Regeln ihre Entscheidungen oder die Bandbreite der Ergebnisse zu sehr einschränken oder andererseits so viel Spielraum zulassen, dass die soziale Ordnung verlorengeht, dann reduziert dies auch die Wahrscheinlichkeit des Glücklichseins. Wenn die Regeln mit dem Wesen des Menschen und den materiellen Bedingungen des menschlichen Daseins vereinbar sind, dann kann der vernünftig tätige Einzelne seine Fähigkeiten in seinem Streben nach Glück seinen Anlagen gemäß effektiv nutzen. Er kann Entscheidungen treffen, die eine gute Aussicht auf Erfolg haben, indem er realistische Ziele wählt und die Logik von Ursache und Wirkung anerkennt.

Wirtschaftliche, soziale und politische Vereinbarungen bilden somit Ermöglichungskontext, einen existentiellen Äther, in den Menschen eingebettet sind. Aber diese Umgebung muss erfunden werden, denn kein System ist uns vorab gegeben. Eigentlich ist die Geschichte der Menschheit eine Reihe von Experimenten mit solchen Übereinkünften, die durch Versuch und Irrtum entwickelt wurden und aus unzähligen Variationen von Lebensregeln auf allen Ebenen menschlichen Handelns bestehen. Nicht immer haben diese Regelungen die biologische und psychische Natur des Menschen oder die grundlegenden Bedingungen der menschlichen Existenz berücksichtigt. Nicht immer haben diese Vereinbarungen den Menschen gestattet, zu kompetenten Erwachsenen zu werden und so zu leben, wie ihre menschliche Natur ihnen zu leben erlaubt. In den meisten Epochen der Geschichte standen solche Anordnungen der Sicherheit und Zufriedenheit der unter ihrer Herrschaft lebenden Menschen entgegen. Die Modalitäten, aus denen die Vereinigten Staaten hervorgegangen sind, waren eine Ausnahme.

Die Einladung zum Rückschritt

Während mehr als einem Jahrhundert nach der Gründung dieser Nation bestand die bemerkenswerte Anziehungskraft des „American Way of Life" in der historisch beispiellosen Freiheit jedes Einzelnen, sein Leben unbehelligt von Königen,

Kaisern, politisch gebundenen Priestern und anderen Tyrannen jedes Schlages zu führen. Diejenigen, die nach Amerika eingewandert waren, übernahmen bereitwillig die volle Verantwortung für ihr eigenes Leben und das ihrer Familien; und sie nahmen gern alle Lebensrisiken als Preis für die individuelle Freiheit in Kauf. Mit dem Aufkommen der liberalen Agenda in den letzten hundert Jahren hat Amerika jedoch einen erheblichen Rückzug von seinen Idealen von individueller Freiheit, individueller Verantwortung und individueller Übernahme von Risiken erlebt. Mit seinen kollektivistischen Werten hat der liberale Wandel bei den Menschen in unserer Nation einen Entwicklungsrückfall in einen kindlichen Zustand der Abhängigkeit von einer elterlichen Regierung und eine kindhafte Unterwerfung unter ihre Autorität ausgelöst.

Die enorme Ausweitung der Betreuungs- und Führungsaufgaben in der modernen Regierung hat zu einer endlosen Reihe repressiver Gesetze und einer massiven Aufgabe persönlicher Freiheiten geführt. Die Regierung als *parens patriae* hat den Charakter der Menschen ausgehöhlt, indem sie sie von der Verantwortung für sich selbst und von freiwilligen Verpflichtungen gegenüber anderen entbindet. Die liberale Regierung bietet eine ständige Einladung, die realistische Einschätzung von Risiken und die Konsequenzen irrationaler Entscheidungen außer Acht zu lassen: Die Menschen leben weiterhin in einem Überschwemmungsgebiet, tätigen törichte Investitionen, versäumen es, finanziell für das Alter oder den Krankheitsfall vorzusorgen, in der begründeten Überzeugung, dass die Regierung ihnen aus der Patsche hilft. Die liberalen Gesetzgeber schreiben Gesetze, die die Leute dazu ermutigen, einander selbst wegen belangloser Beleidigungen zu verklagen und sich für jedes erdenkliche Unglück gegenseitig rechtlich verantwortlich zu machen. Nachsichtige Richter weisen vertragliche Verpflichtungen zurück, während Bundeskonkursgesetze finanzielle Verantwortungslosigkeit billigen. Die liberale Agenda gedeiht durch die Abhängigkeit der Menschen und ermutigt sie, kindlich zu bleiben, ohne die unheilvollen Auswirkungen dieses gesellschaftlichen Wahnsinns zu beachten.

Amerikas Kulturverfall

Es ist kein Zufall, dass die moderne amerikanische Gesellschaft zunehmend irrational geworden ist, da die liberale Agenda ihren Einfluss auf die Sozialpolitik und die Einstellung der Bürger vergrößert hat. Gemessen an vernünftigen Maßstäben befindet sich das Land mindestens seit einigen Jahrzehnten in einem Prozess des kulturellen Niedergangs. In ökonomischen, sozialen und politischen Bereichen sind erhebliche Teile der Bevölkerung zunehmend funktionsgestört, obwohl die Reserven der Bürger unseres Landes an Talent, Erfindungsreichtum und Entschlossenheit sowie die Zugänge zu Informationen und materiellen Mitteln die jedes anderen Landes auf der Welt übersteigen. Diesen Niedergang zu verstehen, bedeutet, die Dynamik des Umsturzes der individualistischen/libertären Tradition, die die Gründerväter Amerikas geleitet hatte, durch die liberale Agenda zu verstehen.

In der Tat haben die Vereinigten Staaten zunächst mit guten Gründen die notwendigen moralischen Traditionen und auf der Verfassung gründenden gesetzlichen Normen geschaffen, die für eine gesunde Gesellschaft erforderlich sind, sie dann aber im Geiste und in der Praxis weitgehend aufgegeben. Als diese Traditionen und Strukturen funktionierten – was im 19. Jahrhundert noch weitgehend der Fall war –, waren die Möglichkeiten für eine Person, ihren Lebensstandard in diesem Land zu verbessern, einzigartig in der Geschichte der Menschheit. Die Regelungen, die für die individuelle Freiheit notwendig waren, wurden von keiner Regierungspolitik, die gegen die Grundsätze einer vernünftigen gesellschaftlichen Organisation verstieß, blockiert. Die maximale Wahlfreiheit gestattete Gemeinden im ganzen Land, von den natürlichen Neigungen der Menschen zu Produktion und Austausch zu profitieren. Natürlich bleibt die Versklavung der Schwarzen in diesem ansonsten wohltätigen Umfeld die größte Tragödie der amerikanischen Geschichte. Doch diese Tragödie veranschaulicht nur die Art des Bösen, das unweigerlich entsteht, wenn Menschen von den Vorteilen einer freien Gesellschaft ausgeschlossen sind, oder wenn sie, wie im Falle von Sklavenbesitzern, von den Regeln, die eine freie Gesellschaft bewahren, ausgenommen sind. In den Anfängen der Vereinigten Staaten entstanden die philosophischen und pragmatischen Grundlagen für die natürliche Zusammenarbeit zwischen Individuum und Gemeinschaft aus einem intuitiven und expliziten Verständnis dessen heraus, was es braucht, um in Frieden und Sicherheit als Mensch unter anderen Menschen zu leben. Die Gründer der Nation verstanden deutlich, dass die angeborene Kompatibilität zwischen dem Einzelnen und seiner Gemeinde auf den zwei Säulen der individuellen Souveränität und der freiwilligen Zusammenarbeit ruhte. Doch die Entstehung dieser Kompatibilität erforderte ein Umfeld moralischer Rechtschaffenheit, das die gesellschaftliche Ordnung und die gesetzlichen Vorschriften, die die Eigentumsrechte bewahrten, schützte. Dadurch wurde die Macht der Regierung, in das Leben der Menschen einzudringen, deutlich eingeschränkt. Für den souveränen und selbstverantwortlichen Menschen, der unter diesen Schutzmaßnahmen stand, bildete die Gemeinde dann einen wirtschaftlichen und zwischenmenschlichen Bereich, in dem er sein Auskommen haben und Beziehungen zu anderen eingehen konnte, die er und die anderen sich frei auswählten. In diesem Umfeld bestand die Verantwortung, die er gegenüber der Gemeinde hatte, darin, die Regeln zu beachten, die für die Ordnung und die Zusammenarbeit notwendig waren: Er musste die Verbote des Übergriffs auf Person oder Eigentum anderer respektieren, und er musste alle vertraglichen Vereinbarungen, zu denen er sich verpflichtete, einhalten. In dem Maße, wie er und andere Bürger diese und andere Grundregeln des wirtschaftlichen und sozialen Umgangs befolgten – einschließlich jener, die zur karitativen Fürsorge für wirklich Bedürftige auffordern – konnte die Gemeinschaft ihre gleichermaßen grundlegende Aufgabe erfüllen, einen allgemeinen Markt für Waren, Dienstleistungen und Beziehungen zu schaffen, die für das Streben nach dem Glücklichsein benötigt werden. Aus Respekt vor der individuellen Souveränität und Verantwortung stärkten in der frühen amerikanischen Gesellschaft die Verbote gegen die Einmischung der Regierung das Volk gegen die Tyrannei des Kollektivismus. Dieses Umfeld hat den Angriff des modernen Liberalismus nicht überstanden.

Auswirkungen der liberalen Agenda

Alle Formen der liberalen Agenda beeinträchtigen die rationale Beziehung zwischen menschlichem Handeln und den Lebensbedingungen, indem sie die Ergebnisse vom Verhalten abtrennen. Regierungshilfsprogramme aller Art trennen die Entgegennahme materieller Vorteile von produktivem Verhalten, freiwilligem Austausch und den normalen Entwicklungsprozessen ab, die zu erwachsener Kompetenz führen. Soziale Sicherheit, staatliche Krankenversicherung, Gesundheitsdienst und alle anderen Wohlfahrtsprogramme des Staates und des Bundes lösen die materielle Sicherheit und das emotionale Wohlbefinden des Einzelnen aus den wirtschaftlichen und sozialen Verbindungen zu seiner Gemeinde heraus und ersetzen sie durch eine Bindung an Regierungsbeamte. Insbesondere die Sozialhilfeprogramme schneiden die Sicherheit und das Wohlergehen des Einzelnen von seinen zwei zuverlässigsten Ressourcen ab: von seiner eigenen Initiative, etwas zu produzieren und mit anderen auszutauschen, und von seinen sozialen Bindungen an Mitglieder seiner Familie, seiner Kirche, seiner Nachbarschaft oder seines Dorfes. Die Übernahme unzähliger individueller und gemeinschaftlicher Aufgaben von der frühen Erziehung bis zur Pflege älterer Menschen durch die liberale Agenda hat die Entfremdung des Menschen von seiner Gemeinschaft bewirkt und beide Seiten ihrer so wichtigen Gegenseitigkeit beraubt.

Vor allem im wirtschaftlichen Bereich sind die Regeln der liberalen Agenda auffallend irrational. Unzählige Vorschriften diktieren, was der gewöhnliche Geschäftsmann und Fachmann in Bezug auf Einstellungsverfahren, Verkauf und Einkauf, Krankenversicherungs- und Rentenpläne, Sicherheitsvorkehrungen, Transportpolitik, Quoten nach Rasse und Ethnie, Einwanderungsfragen, Haftungsregeln und Bestimmungen für Behinderte zu tun oder zu lassen hat. Zur an sich schon beinahe erdrückenden Belastung einer beschlagnahmenden Besteuerung kommt noch ein endloser Papierkrieg hinzu. Auflagen der Lizenzvergabe hindern Arbeitnehmer unnötig daran, neue Felder zu betreten, auf denen sie bereit wären, hart zu arbeiten und viel zu riskieren, um das Leben für sich und ihre Familien zu verbessern. Unsinnige und ungerechte Einschränkungen der Freiheit von Einzelpersonen, ihr Wirtschaftsleben selbstbestimmt zu führen, sind die Markenzeichen der liberalen Agenda.

Doch die soziale Pathologie des Kollektivismus reicht weit über den ökonomischen Bereich hinaus. Während Kinder in der Abhängigkeit von ihren Eltern glücklich sind, können Erwachsene, die von staatlichen Wohlfahrtsprogrammen abhängig sind, nicht in einem reifen Sinne glücklich sein, egal wie gut die Programme gemeint sind oder verwaltet werden. Die Gründe dafür werden weiter unten gründlicher beleuchtet und nehmen einen großen Teil dieses Buches ein. Kurz gesagt, ist eine große Abhängigkeit des erwachsenen Bürgers von der Regierung immer pathologisch und zutiefst schädlich für seine Entwicklung zur Reife. Die volle Ausbildung beruflicher und sozialer Kompetenzen, die es einem Individuum ermöglichen, die materielle Sicherheit zu schaffen und das zwischenmenschliche Leben zu führen, die es für sein Glück als Erwachsener braucht, scheitert an der bevormundenden Wirkung der liberalen Sozialpolitik.

Zusätzlich und über ihre regressiven Folgen hinaus beeinflusst diese Politik die gesellschaftliche Ordnung ungünstig, indem sie, neben anderen negativen Bedingungen, verschiedene Grade des Klassenkonflikts zwischen den Empfängern von Sozialhilfeleistungen und den produktiven Personen erzeugt, deren Vermögenswerte beschlagnahmt werden, um erstere zu unterstützen. Zu den Beispielen für diese Art von Konflikten gehören ständige Streitigkeiten über die Finanzierung von Sozialhilfe-, Kranken- und Sozialversicherungsprogrammen. Die liberale Regierungspolitik spielt die Produktiven gegen die Nichtproduktiven, die Gesunden gegen die Kranken, die Jungen gegen die Alten und die Rassen gegeneinander aus, während die Bundesprogramme der liberalen Agenda die Autorität der Gemeinschaft usurpieren und verhindern, dass diese ihre eigenen armen, kranken und älteren Bürger durch freiwillige Bemühungen aus eigenen Mitteln wohltätig unterstützt. Was in diesen Programmen als „mitfühlend" bezeichnet wird, muss in Wirklichkeit als trennend und zerstörerisch betrachtet werden, da die Politiker mit ihrer Opferrollen-Propaganda Konflikte schüren, während sie die Bürger von den Ressourcen ihrer eigenen Gemeinschaft entfremden und von einer freiwilligen Zusammenarbeit abhalten.

10
Die Zeichen des Niedergangs

Eine große Zivilisation wird von außen nicht besiegt, bis sie sich selbst von innen zerstört hat. Die wesentlichen Ursachen für den Untergang Roms lagen in seinem Volk, seiner Moral, seinem Klassenkampf, seinem nachlassenden Handel, seinem bürokratischen Despotismus, seinen erdrückenden Steuern und seinen aufzehrenden Kriegen.

Will Durant

Beim Untergang und der Plünderung großer Städte ist ein Historiker dazu verdammt, eine Geschichte gleich bleibenden Unglücks zu wiederholen: dieselben Auswirkungen müssen durch dieselben Leidenschaften hervorgebracht werden; und wenn diesen Leidenschaften ohne Kontrolle nachgegeben werden kann, ach! So klein ist der Unterschied zwischen dem zivilisierten und dem wilden Menschen.

Edward Gibbon

Symptome einer gesellschaftlichen Störung

Besondere Anhaltspunkte für den allgemeinen Wahnsinn in Amerika sind leicht in Form offener Anzeichen und Symptome einer fortschreitenden gesellschaftlichen Auflösung zu beobachten, die heute stark entwickelt ist und der dringend abgeholfen werden muss. In seinem Buch" *When nations die*" beschreibt J. N.

Black die allgemeinen Hinweise, die anzeigen, dass sich Kulturen im Niedergang befinden. Dann beobachtet er an wirtschaftlichen, politischen und gesellschaftlichen Institutionen Amerikas die besonderen Anzeichen des Zerfalls, die in der Geschichte dem Niedergang großer Nationen vorausgegangen sind:

- Anstieg der Gesetzlosigkeit;
- Verlust der wirtschaftlichen Disziplin und Selbstbeschränkung;
- Ausweitung von Besteuerung, Regierungsbürokratie und Regulierung;
- Rückgang der Bildung;
- Schwächung der kulturellen Grundlagen und Verlust des Respekts für die Tradition;
- zunehmender Materialismus und Unmoral;
- Abwertung des menschlichen Lebens.

Alle miteinander kombiniert untergraben sie die Infrastruktur der gesellschaftlichen Zusammenarbeit und lösen sie auf. Black zitiert die Forscher Joad und Parkinson, die u.a. folgende Faktoren als Schlüsseldeterminanten für den Niedergang bisher erfolgreicher Gesellschaften genannt haben:

- eine übertrieben zentralisierte Regierung;
- unangemessenes Anwachsen der Steuern;
- ein kopflastiges Verwaltungssystem;
- den Drang, zu viel auszugeben;
- die Auswirkungen von Aberglauben und Beschäftigung mit sich selbst;
- den zunehmenden Einfluss populärer Standpunkte auf die Sozialpolitik gegenüber solchen, die auf einem gesunden moralischen und gesellschaftlichen Urteil begründet sind.

Black, der die klaren Hinweise auf eine Verschlechterung in all diesen Kategorien wirtschaftlicher, sozialer und politischer Funktionen in den Vereinigten Staaten beobachtet hat, sieht uns konfrontiert mit „einem Ausmaß an gesellschaftlichem Zerfall, der alles überschreitet, was wir je zuvor in dieser Nation erlebt haben." Er zitiert Bennetts *Index of Leading Cultural Indicators*:

„Der Index zeigt, dass die Vereinigten Staaten bei den Zahlen von Abtreibungen, Scheidungen und Geburten lediger Mütter tatsächlich oder beinahe an der Spitze aller Industrienationen stehen. Wir sind in der industrialisierten Welt führend bei Mord, Vergewaltigung und Gewaltverbrechen. In der Grund- und Sekundarschulbildung liegen unsere Erfolgsquoten am unteren Ende."

Bennett selbst stellt fest, dass die jährlichen Ausgaben für Sozialhilfe (gemessen am Dollar von 1990) seit 1960 von knapp 144 Mrd. $ auf fast 800 Mrd. $ angestiegen sind, und dass heute mehr als eines von acht Kindern in Amerika einen Sozialhilfescheck erhält. Er stellt fest, dass seit 1960

- uneheliche Geburten um 400% angestiegen sind;
- die Zahl der Kinder, die in Singlehaushalten leben, sich verdreifacht hat;
- die Selbstmorde Jugendlicher sich verdreifacht haben;
- die Gewaltkriminalität um 500% angestiegen ist.

Die Folgen des Sozialstaatsdenkens in den USA waren beachtlich. Wie Bennett bemerkt hat, ist die Sozialhilfe nicht nur in ökonomischer Hinsicht gescheitert, sondern hat das Wesen der Nation auch mit einer familienfeindlichen Sozialpolitik ausgehöhlt, im Zuge welcher eine alleinstehende Mutter bis Mitte der 1990er Jahre zwei Bedingungen erfüllen musste, um einen Sozialhilfescheck zu bekommen: 1. sie durfte nicht arbeiten, und 2. sie durfte keinen Mann heiraten, der angestellt ist. Diese Regelung, ein klassisches Beispiel für die zerstörerischen Auswirkungen der liberalen Agenda, bezahlte eine Frau dafür, Kinder außerhalb der ehelichen Gemeinschaft aufzuziehen, und hielt sie davon ab, eine Kernfamilie mit zwei Eltern zu gründen und zu erhalten. Die daraus resultierende Zunahme der Geburten von Kindern, die keine Väter haben und die psychische und soziale Außenseiter sind, ist eine wichtige Ursache für das sich schnell entwickelnde amerikanische Unterschicht-Phänomen, das aus gutem Grund gefürchtet ist und sich als unheilvoll für die Zukunft der Nation erweisen wird.

Die Anzeichen und Symptome der sozialen Störung Amerikas werden jeden Tag in den Medien veröffentlicht und ausgestrahlt und können in fast jeder Gemeinde des Landes beobachtet werden. Der *Kiplinger Letter*, der wirtschaftliche, soziale und politische Trends im ganzen Land verfolgt, beobachtet einen

Rückgang des gesellschaftlichen Wohlbefindens bei der amerikanischen Jugend (und in der Gesellschaft insgesamt) als Teil eines Trends, der sich davon entfernt, Verantwortung für Handlungen zu übernehmen, und dahin geht, eine Opferrolle anzunehmen und die Schuld an Problemen immer nur bei jemand anders oder an äußeren Umständen zu suchen. Die Kiplinger-Redakteure schreiben von einem „Zusammenbruch in Familien, Schulen und Gemeinden, der alle betrifft, auch Geschäftsleute, die ehrliche, verantwortliche Arbeiter brauchen und die verstehen, dass die Zukunft dieses Landes in seiner Jugend liegt." (Kiplinger 1995)

Die Kiplinger-Redakteure nennen Betrug, Gewalt und Diebstahl in Schulen, zusammen mit jugendlichen Selbstmorden und Tötungsdelikten, als Zeichen des gesellschaftlichen Zusammenbruchs. Sie bemerken, dass die außerehelichen Geburten heute etwa 30% aller Neugeborenen ausmachen, mehr als zwei Drittel der Geburten bei Schwarzen und fast ein Viertel der Geburten bei Weißen. Unter weißen Teenagern der Mittelschicht steigen uneheliche Geburten schneller an, was die Befürchtungen des Soziologen Charles Murray bestätigt, dass die wachsende weiße Unterschicht eine weitere bedrohliche gesellschaftliche Entwicklung in diesem Land darstellt (Murray 1984). Doch um die Tatsache des sozialen Verfalls in den USA zu beweisen, ist keine formale Studie nötig. Der Geschäftsmann James R. Cook stellt es formlos fest. Er bringt auf den Punkt, wie es ist:

„Man kann die Blaupause für Amerikas Zukunft in den vermüllten Innenstädten sehen, an den kahlen, leblosen Reservaten, den mit Gerümpel übersäten ländlichen Hütten und an den glänzenden Türmen der Sozialfürsorgebürokratien und Regierungsbehörden … (an einer Nation), wo Sich-gehen-lassen, exzentrisches Verhalten, maßloser Verbrauch, Glücksspiel, Stimulanzien, Betäubungsmittel, geistlose Unterhaltung, geringe Integrität und Verbrechen zum Alltag gehören. Überall, wo man in Amerika hinschaut, gibt es Abhängigkeit, finanziellen Überschuss, Verschwendung, Unmäßigkeit, Grobheit, Trägheit, schlechte Manieren, Arroganz und Unhöflichkeit." (Cook 1995a)

Cook weist auf eine Sozialpolitik hin, die die Opferrolle fördert, da sie sich das Sozialstaatsdenken, die Umverteilung, die Bevormundung durch die Regierung, die politische Korrektheit, die sozialistische Ökonomie zu eigen macht und Verdienste geringschätzt. In Bezug auf die ökonomischen Konsequenzen der liberalen Agenda nennt er „die erschreckenden strukturellen Veränderungen an den Grundlagen der US-Wirtschaft, ihre niedrigen Ersparnisse, der Überverbrauch, die Schwäche des Dollars, die katastrophale Liquiditätsentwicklung, die Handelsdefizite, die hohe Spekulation und die astronomischen öffentlichen und privaten Schulden." Er schreibt:

„Dies ist das Zeitalter der Exzesse: eine Nation von übergewichtigen Bürgern in einem außer Kontrolle geratenen Konsumrausch; ein scheiterndes Bildungssystem; die Verdummung der Jugend; bizarre Zombies an öffentlichen Plätzen mit orangefarbenen Haaren und Ringen in ihren Zungen; Ein gigantischer Boom an Spaß, Nachlässigkeit und Unterhaltung; endlose Beispiele für schlechten Geschmack und Vulgarität; und schamlose Bürger, die erniedrigende persönliche Enthüllungen im Fernsehen zum Besten geben." (Cook 1995b)

Er fährt fort:

„Neben diesen Extremen plagen uns außer Kontrolle geratene Verbrechen. In heutigen Städten schaffen es Morde kaum noch in die Nachrichten. Eigentumsdelikte wie Ladendiebstahl und Autodiebstahl werden kaum mehr bestraft als falsches Parken. Drogendelikte sind die Erkältung eines kranken Gerichtssystems, und für zehn oder fünfzehn Anklagen wegen betrunkenem Fahren kann man ein Jahr Gefängnis bekommen, von denen neun Monate ausgesetzt werden." (Koch 1995b)

„Die reichste Nation der Welt", sagt Cook, „ist zur am meisten gestörten geworden." Damit der Leser nicht denkt, diese Art von Beobachtungen seien nur voreingenommene Jammertiraden reaktionärer Konservativer: Daniel Patrick Moynihan, ein US-Senator und spätere liberale Lichtgestalt, schrieb vor mehr als vierzig Jahren, dass die steigende Zahl zerrütteter Familien und die Unehelichkeit in schwarzen Familien die Gemeinschaft unterhöhlte. Während er für das Arbeitsministerium arbeitete, veröffentlichte er einen Bericht, in dem stand:

„Von den wilden irischen Slums des neunzehnten Jahrhunderts an der Ostküste bis zu den von Unruhen gebeutelten Vororten von Los Angeles gibt es eine unmissverständliche Lektion in der amerikanischen Geschichte: eine Gemeinschaft, die es gestattet, dass eine große Anzahl junger Männer in zerrütteten Familien aufwachsen, von Frauen dominiert werden, niemals eine stabile Beziehung zur männlichen Autorität aufbauen und niemals lernen, eine Reihe vernünftiger Erwartungen an die Zukunft zu stellen – eine solche Gemeinschaft verlangt nach Chaos und bekommt es auch. Verbrechen, Gewalt, Unruhe, Unordnung – besonders die wütende Geißelung der ganzen sozialen Struktur – dies ist nicht nur zu erwarten, es ist nahezu unabwendbar." (Moynihan 1965)

Der gesellschaftliche Verfall und die Familie

Es ist seit vielen Jahren klar, dass sich der Zusammenbruch der Familienstabilität im allgemeinem Charakter einer Bevölkerung widerspiegelt, in ihrer Fähigkeit, die Kinder zur Kompetenz zu erziehen, und in der Art und den Problemen ihrer sozialen Pathologie. Eine Reihe von Autoren (z.B. Keyes 1995, Sowell 1995, Murray 1984 und Wilson 2002) haben den Verfall der Familie in Amerika analysiert. Ihre Erkenntnisse sind interessant, vor allem, wenn man sie im Kontext des modernen Liberalismus betrachtet, der in den vergangenen hundert Jahren zunehmend an Einfluss gewonnen hat. Keyes beobachtete, dass schwarze Familien im späten neunzehnten und im zwanzigsten Jahrhundert trotz des Erbes der Sklaverei, trotz fortdauernder wirtschaftlicher, gesellschaftlicher und politischer Vorurteile, trotz der sozialen Verlagerungen im Zuge von Migration in die Großstädte und trotz des wachsenden Säkularismus und Sozialstaatsdenkens in den folgenden Jahrzehnten weitgehend intakt geblieben waren. Sowell (1995) stellt fest, dass zwischen 1890 und 1950 unter Schwarzen wie Weißen der Anteil verheirateter Männer und Frauen sogar *gewachsen* ist. Zwischen 1920 und 1960, so schreibt er, „waren mindestens 60% aller schwarzen Männer ab 15 Jahren verheiratet", und „der Unterschied zwischen schwarzen und weißen Männern in dieser Hinsicht betrug während dieser gesamten Zeitspanne nie mehr als 5 Prozentpunkte." Keyes schreibt dieses Phänomen den starken religiösen und moralischen Traditionen der Schwarzen zu, die später durch moderne liberale politische Bewegungen unterhöhlt wurden.

In den Jahrzehnten seit 1960, und einhergehend mit dem beschleunigten Einfluss des modernen Liberalismus, ist es den Institutionen der Ehe und

Familie, sowohl bei Schwarzen als auch bei Weißen, nicht gut ergangen. Sowell beobachtet, dass um 1980 weniger als die Hälfte aller schwarzen Männer in den Altersgruppen über 15 Jahren verheiratet waren und dass sich die Kluft zwischen schwarzen und weißen Männern bis 1992 weiter verbreiterte. Vorhersehbar stieg auch die Zahl unehelicher Geburten bei Schwarzen in diesem Zeitraum rapide an. Mit den unehelichen Geburten bei Weißen war es ebenso. Um 1965 war die Rate unehelicher Geburten bei Schwarzen um das Sechsfache des Wertes von 1930 auf 25% angestiegen. Um 1993 war die Zahl der unehelichen Geburten bei Weißen landesweit auf 22% angewachsen, und um 1997 betrug die Gesamtquote etwa 30%. Bei den Schwarzen hat sich die Rate in den letzten Jahren den 65% angenähert. Entsprechend ist die Zahl der vaterlosen Kinder gestiegen. In seinem Buch *Fatherless America* berichtete Blankenhorn (1995), dass 40% der Kinder in den USA ohne einen Vater im Hause leben und dass erwartet werden kann, dass mehr als die Hälfte der amerikanischen Kinder einen Großteil ihrer Kindheit ohne Vater verbringen. In der Tat ist die Abwesenheit der Eltern im Hause ein Sinnbild unserer Sozialhilfekultur. Journalisten in den großen amerikanischen Städten haben wiederholt ein typisches Szenario in Sozialhilfehaushalten dokumentiert: Während die Eltern weitgehend abwesend oder unaufmerksam sind, tun die Kinder alles, was sie wollen oder sitzen stumpfsinnig vor einem Fernsehapparat und schauen sich Sendungen über Sex, Verbrechen und Gewalt an. Ebenso offensichtlich ist die Tatsache, dass der Zusammenbruch der Familie von der Armut begleitet wird. Nun ist es ein Klischee, dass eine frühe Single-Elternschaft der sicherste Weg zu finanziellen Schwierigkeiten ist. Diese und andere Beobachtungen stützen die Tatsache, dass der moderne Liberalismus, der seit den 1960er Jahren zunehmend an Bedeutung gewann, das Wesen der amerikanischen Kultur – sowohl der schwarzen als auch der weißen – ausgehöhlt hat. Dieser Effekt ist zielgerichtet; er verläuft nicht zufällig. Die Grundwerte des Liberalismus – die persönliche Nachgiebigkeit und das institutionelle Wohlfahrtsdenken – haben das Ideal der individuellen Freiheit zu einer Ethik des Sich-gehen-Lassens verzerrt, die Selbstständigkeit durch eine Ethik der Regierungsabhängigkeit ersetzt und statt der traditionellen Verpflichtungen von Kirche und Familie die Selbstbefriedigung gefördert. Alle diese Einflüsse haben die Familie als gesellschaftliche Institution untergraben.

Der Wahnsinn der amerikanischen Regierung

Der Wahnsinn der amerikanischen Gesellschaft spiegelt sich im Wahnsinn seiner liberalen Regierungspolitik wider. Ob im wirtschaftlichen, im sozialen oder im politischen Bereich, die Irrationalität der kollektivistischen Agenda ist schmerzhaft offensichtlich. Ihre *wirtschaftlichen* Handlungen sind auffallend irrational, da sie routinemäßig die elementarsten Grundsätze der Geschäfts- und Finanzverwaltung ignorieren. Die Regierungen geben ausnahmslos mehr für soziale Programme aus, als sie an Einnahmen zusammenbekommen, dann finanzieren sie den Fehlbetrag durch übermäßige Kreditaufnahme, Besteuerung oder Erhöhung des Geldumlaufs. Die Staatsanleihen auf den Kreditmärkten steigern die Nachfrage nach Geld, treiben die Zinsen nach oben, erhöhen die Kapitalkosten und konkurrieren mit Privatpersonen und Unternehmen, die Mittel benötigen, um neue Produkte, Dienstleistungen und Arbeitsplätze zu schaffen. Die Steuergesetze der Regierung verletzen die Eigentumsrechte aller Bürger, verringern ihre Renditen auf Produktion und Investitionen, schmälern die Einkommen von Einzelpersonen und Familien und erhöhen die Kosten von Waren und Dienstleistungen für die Verbraucher. Die Kontrolle der Zentralbanken durch die Regierung erweitert den Kredit und wertet das im Umlauf befindliche Geld ab, mindert den Wert der Währung, erhöht die Preise für Waren und Dienstleistungen und leitet das Investitionskapital durch seine Kreditprogramme fehl. Die staatlichen Subventionen für die Industrie führen zu vergleichbaren Verzerrungen auf allen Märkten.

In den späten neunziger Jahren, als die Steuereinnahmen in Amerika dank der enormen Produktivität der Informationsrevolution erstmals seit mehreren Jahrzehnten die Ausgaben überstiegen haben, machte die US-Regierung oberflächliche Gesten in Richtung einer Abzahlung der Staatsschulden, doch die Ausgaben stiegen wie gewöhnlich weiter an. Um die Wende zum einundzwanzigsten Jahrhundert hat es unter demokratischen wie auch republikanischen Regierungen noch größere Erweiterungen der Bundesprogramme gegeben, die mit großspurigen Ansprüchen einhergingen, um die langfristige Finanzierung der staatlichen Krankenversicherung (Medicare), des Gesundheitsprogramms für Bedürftige (Medicaid) und der Sozialversicherung abzusichern. Doch diese Programme steuern innerhalb der nächsten Generation geradewegs auf die Pleite zu. Im Jahre 2001 warf Washington den Massen ein paar Krümel in Gestalt winziger Steuererstattungen und minimaler Senkungen der Steuersätze hin.

Die Akte im Bereich der Regierungs*verordnungen* sieht nicht besser aus. Hier ist es vor allem der Wille von Politikern, der massiv in das Leben der Menschen vordringt und auf die Grundfreiheiten übergreift. Fast alle derartigen Eingriffe beeinträchtigen die Rechte von Personen, Vereinbarungen zu treffen, die auf gegenseitiger Zustimmung beruhen, und deren Vorteile zu genießen. Vorschriften behindern die Gründung neuer Unternehmen, erhöhen die Risiken und Kosten für den Ausbau bestehender Unternehmen und belasten Produktion und Arbeitsplätze mit enormem bürokratischen Aufwand. Insbesondere im behördlichen Bereich ist die Regierung dafür berüchtigt, Verschwendung und Ineffizienz anzuordnen, politische Bevorzugung auszuüben und gegenüber besonderen Interessen wie Arbeitsbeschaffungsmaßnahmen, Klientelprojekten und undurchsichtigen Vereinbarungen zu kapitulieren, während sie den Normalbürger mit ihrer bürokratischen Arroganz und Hartnäckigkeit, ihren Bestechungen, ihrer Korruption und ihrer Maßlosigkeit traktiert. Durch diese und viele andere Verletzungen der Rechte der Menschen, von unnötigen Einmischungen in ihr Leben verschont zu bleiben und das, was sie produzieren und rechtmäßig erwerben, zu behalten oder damit zu handeln, behindert die Regierung immer wieder massiv das Leben der Menschen, hält damit unvermeidlich ihre oberste Verpflichtung, die Rechte der Bürger zu schützen nicht ein, behindert ihre Bemühungen, friedlich zusammenzuarbeiten, und schmälert letztlich ihre Fähigkeit, ihren materiellen Wohlstand zu erhöhen. Kein vernünftiger Mensch, keine Familie oder Firma versucht, seine oder ihre wirtschaftlichen Angelegenheiten so zu verwalten, wie Regierungen dies tun.

Die *Sozial*politik der Regierung war nur in geringem Maße weniger expansiv und kriminell, aber auch nicht viel vernünftiger als ihre Wirtschafts- und Regulierungspolitik. Die Programme der Great Society in den 1960er Jahren unter der Johnson-Regierung, der Versuch unter der Clinton-Regierung, das US-Gesundheitssystem zu verstaatlichen, und der „Krieg den Drogen“ unter verschiedenen Regierungen – sie alle veranschaulichen die außerordentliche Arroganz, Inkompetenz und Großspurigkeit der sozialen Manipulationen der Regierung. Diese Programme zeigen den Wahnsinn des Egalitarismus, des Protektionismus und des Sozialstaatsdenkens, da die Sozialingenieure Gesetze verabschieden, die die Souveränität jedes Einzelnen ignorieren, seine Wahlfreiheit einschränken, seine Verantwortung für sich selbst entwerten, seine Moral verderben und durch eine Steuerpolitik der Umverteilung auf seine materiellen Vermögenswerte zugreifen, während sie die ganze Zeit über gewaltige Bürokratien erschaffen und die katastrophalen wirtschaftlichen und sozialen Folgen des Drogenhandels und der Sozialhilfeabhängigkeit erzeugen.

Diese Politik veranschaulicht schmerzhaft das grundlegende Missverständnis der liberalen Agenda dessen, was Wesen und Verfassung des Menschen tatsächlich von einer Sozialpolitik verlangen, um das Streben nach dem Glücklichsein zu erleichtern. Die primären Missverständnisse der Agenda konzentrieren sich darauf, ein kindliches Bedürfnis nach elterlicher Fürsorge auf die allgemeine Bevölkerung zu projizieren, auf ihre Wahnvorstellungen, die Menschen bräuchten Anweisungen und Unterstützung statt des Schutzes ihrer Person und ihres Eigentums, und ihr Bestreiten der Befähigung des Durchschnittsbürgers, seine Angelegenheiten durch freiwillige Leistungen mit anderen zu regeln. All dies repräsentiert die falsche liberale Auffassung davon, welche Rolle für die Politik im menschlichen Unternehmen die angemessene ist. Die angemessene Rolle ist die Bewahrung eines sicheren Raumes, in dem das menschliche Drama von allen Menschen frei und verantwortungsvoll ausgetragen werden kann, und nicht die Schaffung eines großartigen Theaters, in dem die Regierung Bühnenautor, Regisseur und Hauptdarsteller ist und die Menschen Statisten oder eingesperrtes und zahlendes Publikum sind.

Die Tatsache, dass viele Menschen Regierungsdienste nutzen oder sie zumindest bejahen, ist kein Beweis dafür, dass sie notwendig oder wünschenswert sind. Regierungsgesetze verhindern oft die Nutzung konkurrierender Dienste. In nahezu allen Regierungsprogrammen sind ökonomische Kosten in Form gestörter Produktion und höherer Preise, soziale Kosten durch die Zunahme von Konflikten und niedrigere moralische Normen und politische Kosten infolge verminderter Freiheit und wuchernder Bürokratie falsch dargestellt. Risiken eines Kursrückgangs werden ignoriert oder geleugnet, und nachteilige Konsequenzen werden verschleiert. Insbesondere die Kosten der Regierung im Hinblick auf das Heranwachsen des Bürgers zu individueller Kompetenz sind wegen der ständigen Verführung der Menschen zu kindlicher Abhängigkeit inakzeptabel hoch.

Natürlich fügt die Politik der Regierung, ihr eigener Gebrauch und Missbrauch von Einfluss, Macht und Zwang, der langen Liste der Gründe für den Zynismus, mit dem vernünftige Menschen ihre Arbeit betrachten, immer wieder neue Fortsetzungen hinzu. Die Nachrichtenmedien berichten jeden Tag vom laufenden Betrug, der Bestechung, der Unterschlagung, den geheimen Absprachen und der Gewalt der Regierungsbeamten auf allen Ebenen. Luxuriöse Bürogebäude und aufgeblasene Angestellte spiegeln den Narzissmus der Politiker, die endlose Extravaganz des eigenen habgierigen Materialismus der Regierung, die Rechtfertigung ihrer Gehälter als „Maklergebühren" für Dienstleistungen zugunsten „Bedürftiger", ihre Predigten von Selbstaufopferung an die Steuerzahler und ihre Vorwürfe gegen sie, wenn sie nicht mehr „geben" wollen. Doch unsere Regierungsbeamten mit ihren „Sonderzulagen" und ihren üppigen Büros sind nur die modernen Entsprechungen der historischen Monarchen mit ihren Lakaien und Schlössern. Moderne Intellektuelle dienen ihnen und rechtfertigen die Regierungspolitik mit den ideologischen Spitzfindigkeiten des Kollektivismus ebenso, wie es die Priester in der Vergangenheit getan haben.

Die politische Ungleichheit der liberalen Agenda

Mit all dem veranschaulicht Amerika deutlich den Zusammenbruch der Prinzipien und Ideale, die die Ordnung in jeder vernünftigen Gesellschaft gewährleisten. Angesichts der historischen Rolle der Religion als letztgültige Rechtfertigung und ständige Erinnerung an die Tugendregeln in den Beziehungen des Menschen zu sich selbst und seiner Mitwelt ist es wahrscheinlich kein Zufall, dass dieser gesellschaftliche Zusammenbruch mit einem Rückgang der traditionellen religiösen Werte einhergegangen ist. Aber religiöse Rechtfertigung, so wichtig sie für die moralischen Grundsätze einer Gesellschaft ist, kann nicht die alleinige Grundlage für eine Gesellschaftsordnung sein. Ein Argument dafür, dass rationale Gesetze das menschliche Leben und seine kommunale Organisation lenken, ist durch die Vernunft nachvollziehbar. In der Tat: Sobald die Geschichte der Tyrannei begriffen wird, und sobald die Ideale von individueller Souveränität und politischer Gleichstellung anerkannt werden, d.h. das Gebot, dass kein Individuum gegen seinen Willen zum Vorteil eines anderen benutzt werden darf, folgen daraus logisch die Gesetze, die die Person, das Eigentum und die Verträge schützen. Die moderne liberale Agenda verletzt jedoch ungeniert die Ideale von Souveränität und politischer Gleichstellung. Wenn ich zum Beispiel zu einem staatlich berechtigten Sozialhilfeempfänger werde und Sie ein Steuerzahler sind, dann sind wir politisch nicht mehr gleichgestellt. Die liberalen Politiker, die ich gewählt habe, haben Gesetze verabschiedet, die Ihr natürliches Recht, in Ruhe gelassen zu werden, außer Kraft setzen. Unter solchen Gesetzen haben Sie kein Recht mehr, mir meine Forderung nach Ihrem Geld zu verweigern. Der Staat kann Sie jetzt zwingen, die Last meiner Sozialhilfe zu übernehmen, weil ich jetzt vom Gesetz her ein Anrecht auf einen Teil von dem habe, was Ihnen sonst allein gehört hat. Durch das „Mitgefühl" der liberalen Agenda für meine Bedürfnisse und Wünsche ermächtigt, bin ich Ihnen politisch überlegen: Ich kann dafür sorgen, dass Sie tun, was ich wünsche und nicht, was Sie wünschen, ungeachtet Ihrer Verpflichtungen gegenüber anderen oder sich selbst, und ungeachtet der Meinung, die Sie gegebenenfalls von mir haben. Soweit es die Regierung zulässt, bin ich Ihr Gebieter. Das Gesetz erlaubt mir jetzt, wie indirekt und abwegig auch immer, Sie zu benutzen, Sie auszubeuten und meinen Zwecken zu unterwerfen. Ihre Proteste werden mich nicht daran hindern, das, was ich brauche, von Ihnen zu nehmen, weil die liberale Agenda mich dazu berechtigt hat. Mit der Macht der Sozialhilfe- und Regulierungsgesetze hinter mir kann ich gewaltsam in Ihr Leben eindringen und Ihre souveränen Rechte auf ein Leben in Freiheit und darauf, nichts mit mir zu tun haben zu müssen, wenn Sie dies nicht wollen, übertreten. Wenn Sie nicht auf meine Forderungen eingehen, wird die Regierung, die sich um mich kümmert, Sie mit Freiheits- oder Geldstrafen oder beidem bestrafen. Wenn Sie der Bestrafung widersprechen, wird die Regierung Sie dazu zwingen, dass Sie sich fügen. Wenn Sie sich ihrer Gewalt widersetzen, könnten Sie – als eine Lehre für andere – verletzt oder getötet werden.

Der Betrug der Regierung

Bei denen, die sich nicht von den Spitzfindigkeiten der liberalen Agenda haben verführen lassen, haben ihre Täuschungen, Misserfolge und Betrügereien zu einem zunehmenden Misstrauen gegenüber der Regierung auf allen Ebenen und zu der korrekten Annahme geführt, dass die Prinzipien von Freiheit und Verantwortung, auf welchen Amerika und seine Verfassung aufgebaut wurde, beschmutzt worden sind. Indem sich die liberale Regierung über Gesetz und moralische Rechenschaftspflicht stellt, stiehlt sie durch Besteuerung und Korruption die Zeit, die Arbeitskraft, das Vermögen und das Leben der Menschen. Nachdem sie sich von den marktwirtschaftlichen Prinzipien von Gewinn und Verlust ausgenommen und eine gigantische Staatsverschuldung angesammelt hat, die gegenwärtig mehr als sechs Billionen Dollar beträgt, argumentiert die liberale Regierung, dass sie das Geld der Bürger klüger ausgeben kann, als diese es selbst können – und fährt dann mit der Verschwendung fort.

Nachdem sie jahrzehntelang gezeigt hat, dass sie ihre eigenen Ämter nicht verwalten kann – man denke an die massiven Ausfälle des Computersystems beim IRS [US-Bundessteuerbehörde, d. Übers.], die haarsträubenden Kosten für militärische Verteidigungsprogramme, das wirtschaftliche Debakel von AMTRAK [US-Eisenbahnunternehmen, d. Übers.], die Ineffizienz und Inkompetenz der US-Post, den bevorstehenden Bankrott und den zügellosen Betrug bei Sozialversicherung, Krankenversicherung und Sozialhilfeprogrammen –, mischt sich die liberale Regierung wie besessen in das Leben der Menschen ein, sie schreibt uns vor und regelt, welche der Lebensmittel wir essen, auf welchen Stühlen wir sitzen, mit welchem Spielzeug wir spielen und welche Autos wir fahren sollen. Die liberale Regierung maßt sich an, uns vorzugeben, was wir zu anderen, die wir einstellen oder feuern können, sagen oder sie fragen dürfen, wie wir unsere Büros und Gebäude einrichten müssen, welche Medikamente wir nehmen sollen und aus welchem fremden Land wir zu welchem Preis etwas kaufen können. Mit einem beispiellosen Rekord an fehlerhaften Analysen, falschen Lösungen und zerstörerischen Konsequenzen behauptet die liberale Regierung großspurig, sie sei unentbehrlich und nimmt sich heraus, unser Leben von der Geschäftsstelle bis zum Schlafzimmer zu regulieren und zu organisieren. Das allen Menschen innewohnende Potential zum Wahnsinn – unsere Neigung zu Großspurigkeit, Selbstüberschätzung und Extravaganz; unser getrübtes Urteil, die Verzerrung der Tatsachen, das Missverstehen von Ursache und Wirkung und der Widerstand dagegen, aus Erfahrungen zu lernen; unser Mangel an Perspektive und unsere Versessenheit auf irrelevante Details; unsere törichten Ziele, paranoiden Ängste und irrationalen Gegenangriffe; unser Machtstreben und die Kriminalität – all dies kommt im Wahnsinn der liberalen Regierung stark zum Ausdruck. Ihre Politik und ihr Tun sind eine Veranschaulichung der Psychopathologie und der Soziopathologie der menschlichen Natur.

11
Zusammenfassung des ersten Teils

In den ersten zehn Kapiteln dieses Werkes bin ich auf eine Reihe von Fragen eingegangen, die mit der menschlichen Natur, der individuellen Freiheit und der liberalen Agenda verbunden sind. Im Vertrauen darauf, dass der Leser die relevanten Ideen intuitiv erfasst, habe ich mich zu einer Anzahl weitgehender Auswirkungen der biologischen und psychischen Natur des Menschen, wie sie sich im ökonomischen, im sozialen und im politischen Bereich des menschlichen Handelns manifestiert, geäußert.

Hier eine kurze Wiederholung einiger Grundideen:

1. Dank ihrer Fähigkeit, eigenständig zu entscheiden und zu handeln, liegt es in der Natur kompetenter Menschen, ihr eigenes Leben zu führen und durch verantwortungsvolle Selbstverwaltung ihre Selbstverwirklichung anzustreben. Mit dieser Fähigkeit besitzt das kompetente Individuum die Eigenschaft der Autonomie. Im freiwilligen Umgang mit anderen, innerhalb der Grenzen des erwachsenen Gewissens, verfügt die kompetente Person über die Tugend der Gegenseitigkeit. Die vernünftigen Eigeninteressen des kompetenten Einzelnen, der sein Leben so lebt, wie er es sich aussucht, und die vernünftigen sozialen Interessen einer Gesellschaft, die sich der geordneten Freiheit verpflichtet hat, werden durch gesellschaftliche Zusammenarbeit, d.h. die kombinierten freiwil-

ligen Bemühungen vieler Menschen, die gemeinsame Ziele zum gegenseitigen Nutzen verfolgen, wieder zusammengeführt. Ungeachtet dessen nutzt die liberale Agenda die Regierungsmacht aus, um Freiheit und Tugenden zu untergraben, die Souveränität des Einzelnen zu verletzen und die natürlichen Neigungen der Menschen zur Zusammenarbeit zu behindern.

2. Als soziale Wesen sind die Menschen in verschiedene Beziehungen zu anderen eingebunden und gegenseitig voneinander abhängig. Diese sozialen Kontakte bedienen die Bedürfnisse nach Bindung und Beziehungen, wobei sie die ökonomische Produktion und den gegenseitigen Austausch erleichtern. Die wirtschaftlichen, gesellschaftlichen und politischen Vereinbarungen einer Gesellschaft bilden die schützende Umgebung für das menschliche Handeln.

3. Eine auf einer einsamen Insel isolierte Person hat die völlige Freiheit zu handeln, wie sie will. Haben ihre Handlungen jedoch Auswirkungen auf Person oder Eigentum anderer, dann hat sie keine vollständige Freiheit mehr, so zu handeln, wie sie will. Um ihre Ziele zu erreichen, stellt das Zusammenspiel mit anderen Personen im ökonomischen, gesellschaftlichen und politischen Bereich sie ständig vor die Wahl, entweder im gegenseitigen Einvernehmen miteinander zu kooperieren oder durch Gewalt und Betrug zu herrschen. Allerdings gibt es kein gültiges Argument, das die Herrschaft eines Menschen über einen anderen rechtfertigt. Dieses Prinzip erlegt allen Personen eine rationale Moral auf, die ihre Handlungen gewissermaßen einschränkt. Diese Einschränkungen können vernünftigerweise nicht bestimmte Personen gegenüber anderen begünstigen, sondern müssen stattdessen allgemeingültig sein: sie müssen für alle Personen gleichermaßen gelten.

4. Die Fähigkeit zu wählen wohnt der menschlichen Psyche inne; sie erscheint spontan und früh im Verhalten des Kindes als natürliche Reaktion auf seine Umgebung. In jedem Augenblick seines wachen Lebens und soweit es dazu fähig ist, begegnet das Kind der Welt mit Interesse und der Neugier, sie zu erforschen, zu verstehen und mit ihr umzugehen. Diese Reaktionen erfolgen natürlich in seinem Gehirn als Ergebnisse der Verarbeitung von Informationen aus seiner Umgebung. Es hat sich dazu entwickelt, um zu überleben. Der Akt des Wählens in diesem Prozess ist bei physisch normalen Personen, die nicht unter

Obsessionen, Zwängen, Phobien, paranoiden Ängsten und anderen schweren Erkrankungen des Geistes leiden, angeboren; er erfolgt automatisch und frei, d.h. unbeeinträchtigt.

5. Die Botschaften einer Gesellschaft an ihre Mitglieder hinsichtlich dessen, worauf es ankommt, ihre Haltungen und Gefühle zu dem, was auf jeder Ebene der sozialen Interaktion richtig oder gerecht ist, beeinflussen jederzeit die moralischen Entscheidungen der Bürger im wirtschaftlichen, sozialen und politischen Bereich. Wenn diese Botschaften die Prinzipien eines vernünftigen Individualismus anerkennen, werden die moralischen Entscheidungen der Bürger von den Idealen individueller Freiheit, Selbstständigkeit, Eigenverantwortung, freiwilliger Zusammenarbeit, des moralischen Realismus und der Achtung der Rechte und Souveränität anderer beeinflusst. Erkennen die Botschaften der Gesellschaft hingegen die Prinzipien der liberalen Agenda von einem Zwangskollektivismus an, dann werden die moralischen Entscheidungen der Bürgerinnen und Bürger von den Idealen der Gruppenansprüche, der Sozialhilfeabhängigkeit, der staatlichen Regulierung, des moralischen Relativismus und der Verstaatlichung der Hauptkategorien menschlichen Handelns beeinflusst.

6. Als praktisch moralische Akteure stimmen die Menschen einem (moralischen) gesellschaftlichen Grundsatzvertrag zu, der unter anderem besagt: Was du nicht willst, das man dir tu, das füg' auch keinem anderen zu. Dieses moralische Prinzip gründet sachgemäß auf der biologischen und psychischen Natur des Menschen und den natürlichen Umständen der menschlichen Existenz. Das Wesen des Menschen schließt seine Anfälligkeit für Leiden und Tod sowie seine Fähigkeit zu Entscheidungen und moralischer Verantwortung mit ein. Die Umstände seiner Existenz beinhalten die materiellen Bedingungen auf der Erde sowie die Tatsache, dass er, um über ein minimales Existenzniveau hinauszukommen, in Produktion und Austausch mit anderen zusammenarbeiten muss. Diese Überlegungen führen logischerweise zu gewissen moralischen und rechtlichen Einschränkungen seines Handelns.

7. Aus einem Zustand völliger Hilflosigkeit nach der Geburt herauswachsend, ist das Ziel aller menschlichen Entwicklung das Erreichen erwachsener Kompetenz.

Dies impliziert zumindest die Fähigkeit, sich freiwillig am allgemeinen Markt zu beteiligen, seine materiellen Angelegenheiten zu verwalten und den gewöhnlichen Bedürfnissen nach Beziehungen nachzukommen. Eine kompetente Person übernimmt die volle Verantwortung für sich selbst, respektiert die Eigentumsrechte anderer und vermeidet es, unnötig in das Leben anderer einzugreifen. Sie reagiert auch mit Empathie und Mitgefühl auf andere, die benachteiligt sind, und bringt sich dort, wo es angezeigt ist, altruistisch ein.

8. Moralisch und ethisch kompetente Personen können durch Vereinbarungen, gemeinschaftliche Anstrengung und unter Berufung auf die geschichtliche Erfahrung alle wirtschaftlichen, gesellschaftlichen und politischen Regeln aufstellen, die für die materiellen Erfordernisse, die Beziehungsbedürfnisse und die Aufrechterhaltung der gesellschaftlichen Ordnung nötig sind. Diese Regelungen umfassen formale Rechts- und Justizsysteme, die zur Begrenzung und Bestrafung antisozialen Verhaltens von Personen erforderlich sind, deren innere Hemmschwellen fehlen oder gestört sind. Ebenfalls dazu gehören die Gemeinschaftsaufgaben der Betreuung und Wiederherstellung behinderter Menschen, soweit möglich. Die psychischen Grundlagen für diese gesellschaftlichen Regelungen, einschließlich der Motivationen, sie zu etablieren, liegen in Verhaltensmustern, die in der frühen Kindheit erworben wurden. Dies führt zu der erlernten Fähigkeit, Impulse und Wünsche – vor allem solche, die Selbstverherrlichung, Abhängigkeitssehnsucht und sexuelle, aggressive und habgierige Antriebe betreffen – angemessen zu befriedigen, zu verzögern und zu unterbinden, wie auch zu einer erlernten Fähigkeit zu mitfühlendem Handeln zum Wohle anderer. Diese Kernelemente – das Gewissen, die ethischen Ideale und das soziale Reaktionsvermögen – bilden die regelnde Infrastruktur für die Gesellschaftsordnung.

9. Entwicklungseinflüsse in der Kindheit beeinflussen das Verhalten der erwachsenen Bürger, die die wirtschaftlichen, sozialen und politischen Institutionen der Gesellschaft schaffen und verwirklichen. Umgekehrt wirken sich die so entstandenen dauerhaften Institutionen auf die Entwicklung des Kindes aus. Im Laufe dieser Entwicklung nimmt das Kind mehrere Arten von Beziehungen in der Welt der Menschen und Dinge wahr. Seine Erfahrung wirkt sich stark auf seine letztendliche Fähigkeit aus, sich selbst zu versorgen, die Verantwortung für

sein Leben und sein Wohlergehen zu übernehmen, mit anderen zusammenzuarbeiten und die Probleme des Lebens zu lösen, ohne Regierungsbehörden um Hilfe zu bitten.

10. Die frühen Vorstellungen des Kindes von menschlichen Beziehungen bestimmen seine spätere Bereitschaft, unter bestimmten wirtschaftlichen, gesellschaftlichen und politischen Regeln zu leben. Den Erwachsenen leiten diese Vorstellungen an, zwischen konkurrierenden wirtschaftlichen, gesellschaftlichen und politischen Systemen zu wählen: solchen, die sich durch stark eingegrenzte Regierungen, strikten Schutz von Eigentums- und Vertragsrechten und maximale Wahlfreiheit im wirtschaftlichen und sozialen Bereich auszeichnen – oder solchen mit starken, auf Zwang fixierten Regierungen, die tief in das Leben der Bürger eingreifen und die wirtschaftlichen und gesellschaftlichen Prozesse stark regulieren. Die Entscheidung für die maximale Freiheit erkennt die Souveränität der Menschen und ihre angeborene Neigung zur gegenseitigen Zusammenarbeit an. Die Entscheidung für die interventionistische Regierung betrachtet die Massen als hilflos gegenüber der Ausbeutung durch mächtige „kapitalistische" Kräfte, die die großen Dynamiken der Gesellschaft kontrollieren. Diese Entscheidung besteht darauf, dass eine strikte Regierung zum Schutz der Menschen in einer für sie grundsätzlich unsicheren Welt unverzichtbar ist.

11. Der Egalitarismus und das Sozialstaatsdenken der modernen liberalen Regierung sind mit den Gegebenheiten der menschlichen Natur und des Menschseins unvereinbar. Doch der Aufstieg der liberalen Agenda zur Macht hat sich aus der Tatsache ergeben, dass die Menschen westlicher Gesellschaften irrational gefordert haben, dass Regierungen sich um sie kümmern und ihr Leben verwalten sollen, anstatt ihre Eigentumsrechte zu schützen. Diese Fehlvorstellung führt zu massiven Verletzungen dieser Rechte, wobei sie den Regierungsbeamten erlaubt, ihre eigenen psychischen Störungen und die ihres Wahlvolks auszuleben. Die liberale Agenda befriedigt verschiedene Arten krankhafter Abhängigkeit, steigert primitive Neid- und Minderwertigkeitsgefühle, verstärkt eine paranoide Wahrnehmung von Diskriminierung, implementiert manische Wahnvorstellungen; sie nutzt die Regierungsgewalt für

Macht, Herrschaft und Rache aus und befriedigt infantile Anspruchshaltungen, Genussforderungen und Entschädigungswünsche.

12. Unter der liberalen Agenda haben die Regierungen auf allen Ebenen die Kontrolle über wirtschaftliche, gesellschaftliche und politische Aufgaben übernommen, die zuvor Personen oder Gruppen auf Gemeindeebene anvertraut waren. Die Verstaatlichung dieser Aufgaben durch den modernen Liberalismus hat die Atmosphäre des persönlichen Wachstums und der Entwicklung in unserer Gesellschaft verändert. Dies hat zu einer wachsenden Zahl von Bürgern geführt, die in ihrer kindlichen Unterwerfung unter die Behörden permanent krankhaft abhängig vom Staat werden und in ihrer charakterlichen Entwicklung verkümmern. Die Verbreitung kollektivistischer Werte hat intakte wirtschaftliche und gesellschaftliche Prozesse ausgehöhlt, die Identität, den Zusammenhalt und die Unterstützung in der Gemeinschaft zerstört, Struktur und Aufgaben der Familie durcheinandergebracht und die staatlichen Eingriffe in das Leben der Bürger erheblich erhöht.

13. Die liberale Regierung maßt sich immer wieder den Status eines Vormunds über kompetente und souveräne Bürger an, beherrscht sie und beutet sie dann durch ihre Vorschriften und Steuern aus, obwohl diese Menschen nicht entmündigt worden sind. Die liberale Regierung mischt sich in die Freiheit der Menschen zur Zusammenarbeit ein, während sie die Handlungsfähigkeit und Autonomie des Einzelnen leugnet. Niemand in einer wirklich freien Gesellschaft wird mit einer gesetzlich durchsetzbaren Verpflichtung geboren, sich um andere Menschen zu kümmern, schon gar nicht um Menschen, denen er niemals begegnet ist. Eine solche Verpflichtung ist die Antithese zur Freiheit. Die wahrhaft freie und moralisch verantwortliche libertäre Gesellschaft achtet die Souveränität jedes Bürgers, indem sie jedermann ermöglicht, seine Zeit, Arbeitskraft, Vermögenswerte und Fähigkeiten vertraglich zu binden. Dieser Schutz gehört zu den fundamentalsten Ausdrucksformen des Eigentumsrechts; er ist die notwendige Grundlage für die individuelle Freiheit.

14. Alle Formen der liberalen Agenda stören die rationale Beziehung zwischen menschlichem Handeln und den Lebensbedingungen, indem sie die Ergebnisse

vom Verhalten abtrennen. Alle Sozialhilfeprogramme trennen die materielle Sicherheit und das emotionale Wohlbefinden eines Individuums von seinen wirtschaftlichen und sozialen Verbindungen zu seinem Umfeld und ersetzen sie durch eine „Ehe“ mit Regierungsbeamten. Das Ergebnis der Übernahme unzähliger individueller und gemeinschaftlicher Aufgaben, von der Erziehung der Kinder bis zur Betreuung älterer Menschen, ist die Entfremdung des Menschen von seiner Gemeinschaft und die Beraubung beider Seiten von ihrer wesentlichen Gegenseitigkeit. Diese Grundgedanken bilden den Tenor der ersten zehn Kapitel dieses Buches. In den Teilen II und III werden sie, neben manchen anderen Gedanken, weiterentwickelt.

Teil II

Einleitung zu Teil II

Teil II dieses Buches befasst sich näher mit dem Verhältnis zwischen der Persönlichkeit und den Regeln, die den gesellschaftlichen Prozess bestimmen. Weil psychologische Konzepte in dieser Analyse eine wichtige Rolle spielen, wird ihre Wissenschaftlichkeit anhand einiger Einzelheiten überprüft. Aus dieser Übersicht ergeben sich zwei Schlussfolgerungen: erstens die, dass die Erörterung in den psychologischen Wissenschaften eine systematische Erweiterung der gewöhnlichen geistigen Fähigkeiten zu Beobachtung und Schlussfolgerung im Alltag ist, und zweitens, dass die durch diesen Prozess erzielten Schlussfolgerungen ein legitimes Wissen darstellen können; vorausgesetzt, sie werden durch Methoden verifiziert, die ein wahres Verständnis von bloßem Alltagswissen unterscheiden.

Dann wendet sich die Darstellung der frühkindlichen Entwicklung zu, mit dem Schwerpunkt auf der Rolle psychobiologischer Antriebskräfte wie Sexualität, Aggression, Erwerbstrieb und Narzissmus als Gegebenheiten der menschlichen Natur, sowie der Auswirkung früher Bindungen des Kindes auf sein späteres Verhalten. Der Bedeutung pathologischer Abhängigkeit widme ich eine besondere Aufmerksamkeit. Die nachfolgenden Kapitel enthalten eine explizite Erörterung bestimmter Dichotomien in der Entwicklung, die sich stark auf die Ideen von Erik Erikson stützt und näher auf deren Bedeutung für den gesellschaftlichen Prozess eingeht. Dann kehrt die Analyse zu früheren Vorstellungen von Reife zurück und stellt einen Bezug zu einem besonderen Beispiel der modernen Persönlichkeitstheorie her: dem von Cloninger und Svrakic. Dieser Analyse liegt die Annahme zugrunde, dass eine psychologische Erklärung nur so gut ist wie die sachlichen und logischen Grundlagen, auf denen sie beruht.

Das Ziel dieser Bemühungen ist die Bekräftigung des Arguments, dass die menschliche Persönlichkeitsentwicklung mit den gesellschaftlichen Institutionen wechselseitig in einer Weise zusammenhängt, die individuelle Freiheit und soziale Ordnung tiefgreifend beeinflusst. Wieder einmal wird offenbar, dass sich unter angemessenen Bedingungen der Kindererziehung im Zuge einer normalen menschlichen Entwicklung gewisse angeborene Verhaltensdispositionen zeigen, die die individuelle Freiheit und eine auf Freiwilligkeit basierende Gesellschaftsordnung unterstützen. Ebenso wird deutlich, dass die moderne liberale Agenda diese Dispositionen systematisch untergräbt.

12
Die Wissenschaftlichkeit von Verhaltensbeschreibungen

Die gesamte Wissenschaft ist nicht mehr als eine Verfeinerung des alltäglichen Denkens.
Albert Einstein

Harte und weiche Wissenschaften

Psychologische Theorien werden mit der Begründung, sie seien „nicht objektiv", oft als „weiche Wissenschaft" kritisiert. Stattdessen seien sie „subjektiv", weil sie in gravierendem Maße auf introspektive Berichte über bewusste Geisteszustände angewiesen sind. Im Vergleich mit den „harten Wissenschaften" wie Physik und Chemie, die im Gegensatz dazu exakter und quantitativer sind, wird die Psychologie oft ungünstig dargestellt. Obwohl dies nicht der Ort für eine ausgiebige Debatte über die Frage der verhältnismäßigen Exaktheit unter den Wissenschaften ist, seien mir einige Bemerkungen zum Wahrheitsgehalt psychologischer Theorien gestattet, bevor ich meine Theorie der Psychologie und der gesellschaftlichen Prozesse weiter ausformuliere.

Zunächst einmal ist die Psychologie insoweit eine Wissenschaft, als sie versucht, bestimmte Arten von beobachtbaren Phänomenen zu verstehen, und dabei selbstkritisch vorgeht. Zu „verstehen" bedeutet in diesem Fall, zu bestimmten

Schlussfolgerungen bezüglich Wesen und Ursachen psychischer Ereignisse zu gelangen. Schlussfolgerungen dieser Art müssen mit feststellbaren Tatsachen logisch verknüpft sein; sie müssen durch Beobachtungen begründet sein, die von der wissenschaftlichen Gemeinschaft verifiziert werden können, und sie müssen grundsätzlich durch logische oder empirische Mittel widerlegbar sein.

Zweitens kommt es regelmäßig vor, dass Menschen nützliche Beobachtungen und Schlussfolgerungen zu psychischen Phänomenen im Alltag machen. Wir bemerken, *was* die Leute sagen und tun, und wir ziehen zumindest vorläufige Schlüsse hinsichtlich der Bedeutung ihrer Worte und Taten. Wir bemerken auch, *wie* – oder auf welche Weise – Leute etwas sagen und Dinge tun; und wieder einmal schreiben wir diesen Beobachtungen zumindest eine vorläufige Bedeutung zu. Wenn wir die Möglichkeit haben, einen bestimmten Menschen über einen längeren Zeitraum zu beobachten, stellen wir fest, dass er bestimmte Verhaltensweisen in verschiedenen Situationen wiederholt. Auf der Grundlage dieser Beobachtungen können wir einige Schlüsse über sein „Wesen" oder seinen „Charakter" ziehen. Das Wissen um bestimmte Einflüsse während seiner „prägenden Jahre" kann uns ermöglichen, uns selbst – und vielleicht auch ihm – einige Gründe dafür anzugeben, warum er so denkt und sich so benimmt, wie er es tut. Nicht nur, dass Menschen sich gewöhnlich mit dieser Art von Denken über bestimmte Individuen beschäftigen; wir machen auch ähnliche Beobachtungen und ziehen ähnliche Schlüsse über große Gruppen von Personen.

Drittens ist es wichtig zu beachten, dass es Verfeinerungen in der Logik, der Methode und der Quantifizierung sind, die den Fachwissenschaftler bei diesen Bestrebungen vom Laien unterscheiden, und nicht irgendein geistiger Mechanismus, der einzig bei Wissenschaftlern vorkommt. Der disziplinierte Forscher benutzt den gleichen kognitiven Apparat wie der Mann auf der Straße. Die Unterschiede in der Anwendung dieses Apparates liegen darin, dass die Beobachtungs- und Analysemethoden des Wissenschaftlers viel systematischer sind als die des Laien, und dass sie stärker darauf bedacht sind, Fehler zu eliminieren. Der Wissenschaftler sorgt sich besonders darum, ob seine Eindrücke vernünftig und folgerichtig sind und ob andere Personen ähnliche Beobachtungen gemacht haben und zu ähnlichen Erkenntnissen gelangt sind. Hier ist noch einmal bemerkenswert, dass unsere eigene Neigung, unsere Eindrücke im Zuge informeller Erkundungen mit denen anderer zu vergleichen, und der Auftrag des Wissenschaftlers, dies in formalen Forschungsprozessen zu leisten, darauf hindeuten, dass es letztlich ein kooperativer Prozess ist, das Wissen über unsere Welt aus zuverlässiger Quelle herauszufinden.

Die vorliegende Arbeit beabsichtigt, in ähnlicher Weise vorzugehen: das heißt, die Verbindung zwischen menschlicher Psyche und gesellschaftlichen Prozessen zu verstehen, indem man nahe am erkennbaren menschlichen Verhalten bleibt, sodann aus dem, was Menschen über ihre subjektive Erfahrung erzählen, vernünftige Schlüsse zieht und die Ergebnisse schließlich formalen und informellen Prüfungen unterzieht. Es ist offensichtlich, dass die quantitativen Methoden der Physik bei diesem Unterfangen nicht gelten. Doch dieser Umstand verbannt solche Bestrebungen nicht aus dem Reich der wissenschaftlichen Forschung und schließt den Erwerb von realem Wissen nicht aus, auf dem sich in gutem Glauben eine Wissenschaft vom Menschen konstruieren lässt. Obwohl sich die Wissenschaften in ihren Forschungsgebieten und Methoden unterscheiden, verbindet sie ihre systematische, selbstkritische Suche nach überprüfbarer Wahrheit.

Ein abschließender Kommentar über die Zusammengehörigkeit der wissenschaftlichen Untersuchung mit anderen Wissensformen hält fest, dass die systematische Suche nach der Wahrheit für die Wissenschaften charakteristisch, aber nicht auf sie beschränkt ist. Entscheidungen z.B. in der Geschäftswelt beruhen typischerweise auf nachprüfbaren Tatsachen, was Angebot, Nachfrage, Preisniveau, Zinssätze, Marketing-Demographie, Lieferkosten, Marktanteil und dergleichen betrifft. Ähnlich ist die Entscheidungsfindung in der juristischen Praxis stark davon abhängig, ob bestimmte Tatsachen überprüft werden können und ob sie im Gerichtssaal als Beweise zählen werden. Beobachtungen und Schlussfolgerungen sind natürliche Aktivitäten des Menschen. Darüber hinaus eignen sich diese Tätigkeiten zur Erkundung des menschlichen Verhaltens in all seinen Formen.

Schlussfolgerungen im menschlichen Verhalten

Die Psychologie und die ihr verwandten Disziplinen der Sozialpsychologie, Anthropologie, Ökonomie und Politikwissenschaft versuchen zu verstehen, wie Menschen agieren, und allgemeine Sätze über Wesen und Handeln des Menschen mit relevanten Fakten zu untermauern. Von besonderem Interesse ist die Tatsache, dass diese „Verhaltenswissenschaften" sich wie alle anderen von unwissenschaftlichen Glaubenssystemen abgrenzen, indem sie zu beweisen versuchen, dass ihre eigenen Behauptungen falsch sind. Diese Verpflichtung zur Selbstkorrektur, die oberste Tugend der Wissenschaft, hat ihre Ursprünge in der westlichen Philosophie – in der buchstäblichen Liebe zur Weisheit. In der Tat ist es nur die selbstkritische Suche nach der Wahrheit um ihrer selbst willen, die – im Gegensatz zur Manipulation des Glaubens aus anderen, vor allem politischen, Gründen – als authentische Wissenschaft zählt. Ziel dieser Bemerkungen ist es, die Kritik vorwegzunehmen, dass die in diesem Buch über die menschliche Natur, das Menschsein und den modernen Liberalismus dargelegten Sätze ungültig seien, weil sie auf bloßen Spekulationen beruhten und nicht den Charakter sachlicher Aussagen über reale Phänomene hätten. Die Liberalen haben zum Beispiel argumentiert, dass es so etwas wie eine menschliche Natur nicht gäbe und daher keine gültigen Schlüsse über sie gezogen werden könnten; dass die menschliche Natur, falls sie denn existierte, beinahe unendlich verformbar wäre und unter einer liberalen Sozialpolitik gedeihen könnte, und dass es – jedenfalls auf der Grundlage psychologischer Theorien oder Tatsachen – keine gültigen Einwände gegen die liberale Agenda geben könne, insbesondere nicht solche, die sich auf die Beteiligung des Einzelnen am gesellschaftlichen Prozess beziehen. Diese Aussagen beruhen auf der Behauptung, die Wissenschaft der Psychologie könne nicht dazu verwendet werden, die liberale Agenda zu kritisieren.

Natürlich lehnt der moderne Liberale alle Argumente, die seinem primären politischen Ziel, der größtmöglichen Verstaatlichung der Hauptaufgaben der Gesellschaft, widersprechen könnten, aus irgendwelchen Gründen ab. Sicherlich ist zu erwarten, dass er psychologische Tatsachen, die diesem Ziel widersprechen, ignoriert. Insbesondere seine Behauptung, dass es keine sachliche Begründung in der menschlichen Natur oder der menschlichen Verfassung geben könne, um seiner Agenda zu widersprechen, befreit ihn von jeglichen rationalen Einschränkungen, die seinen Programmen zur Regulierung der Massen durch staatliche Zwangsmaßnahmen entgegenstehen könnten. Da er bestimmte Realitäten verleugnet, kann er mit politischen Absichten inbrünstig anpreisen, was aus sachlichen Gründen nicht funktionieren wird und aus moralischen Gründen nicht versucht werden sollte. Und dann wird er bestreiten, dass daraus irgendwelche nachteiligen Konsequenzen folgen werden.

Wenn aber der moderne Liberale die Aussagen dieses Buches aus methodischen Gründen ablehnt, so muss er auch dieselben Methoden, durch die sowohl wir als auch er wahre Erkenntnisse über alles andere gewinnen – die sorgfältige Beobachtung und die logische Analyse – geringschätzen. Wenn er das tut, endet er als Prediger eines erkenntnistheoretischen Nihilismus. In der Tat ist der Widerstand des Liberalen gegen eine gültige Wissenschaft vom menschlichen Verhalten und dessen Wirkung auf gesellschaftliche Prozesse eine Erklärung für sein heftiges Beharren auf Relativismus und Dekonstruktivismus. Beide Philosophien verwischen die Unterscheidungen zwischen beliebiger Phantasie und verifizierbarer Realität, indem sie behaupten, dass alles funktionieren würde und nichts objektiv oder moralisch gewiss wäre. Am wichtigsten ist, dass der liberale Geist weiterhin die Tatsache ignoriert, dass unsere in der Humanpsychologie angesammelten Erkenntnisse seiner perversen Überschätzung des sozialistischen Staates und seiner Weigerung, die individuelle Freiheit als einzig gültiges *primäres* politisches Ideal anzuerkennen, das mit den Gegebenheiten des menschlichen Daseins im Einklang steht, gründlich widersprechen. Mit dieser Verweigerungshaltung setzt die liberale Agenda die Freiheit des Menschen sowie die gesellschaftliche Ordnung einer ständigen Gefahr aus.

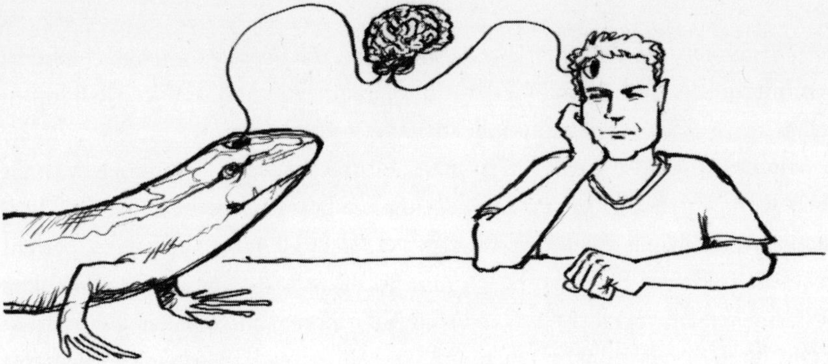

13
Herausforderungen der Entwicklung

Wenn die wesenhaften Eigenschaften der Persönlichkeit zum Gegenstand der Untersuchung werden, dann werden auch das Bewusstsein und die Freiheit, ihre unterschiedlichen Modalitäten, ihre Rolle in der Gesamtfunktion und ihre Bedeutung für den Einzelnen zutage treten.

Alberto Blasi

Persönlichkeit und Gesellschaft

Die folgenden Kapitel beschreiben bestimmte Störungen in der Entwicklung des Kindes bis zum Erwachsenenalter und die Auswirkungen, die sie auf seinen Erwerb von Kompetenzen haben. Unter günstigeren Umständen bewirken solche Störungen nur geringfügige Schäden an der Persönlichkeit, doch in vielen Fällen sind die Schädigungen schwer und in einigen Fällen sogar katastrophal. Wenn solche Entwicklungsstörungen auftreten, können sie oft auf Mutterverlust, Vernachlässigung oder Missbrauch in verschiedenen Phasen der Kindheit zurückgeführt werden. Ernsthafte Depressionen, Verlust des Selbstwertgefühls, ständige Fehleinschätzungen, eingeschränkte Autonomie oder die Ausbildung von Verfolgungswahn können leidvolle Folgen dieser Versäumnisse sein. In der Psychopathologie des alltäglichen Lebens kann der Hass die Liebe überwältigen, der Narzissmus die Gegenseitigkeit auslöschen, die Gier den Charakter verderben, forderndes Verhalten die Zustimmung aufheben und die Verzweiflung zu gefährlichen Risiken reizen, um die Qual zu lindern.

Von derartigen Verzerrungen ist menschliches Handeln sowohl in gewöhnlichen als auch in bedeutsamen Angelegenheiten betroffen. Jenseits der individuellen und familiären Tragödien, die sich bei solchen Dramen abspielen, besteht in einem größeren gesellschaftlichen Kontext die zentrale Frage, ob die Praktiken der Kindererziehung einer *Gesellschaft* das Aufkommen übermäßiger Destruktivität bei ihren Bürgern einschränken und sie gleichzeitig dazu bringen können, die Freiheit des Einzelnen als höchstes politisches Gut zu schätzen. Diese Aufgaben erfordern vom Bürger, dass er die Verantwortungen und Risiken, von denen die Freiheit abhängt, annimmt und die moralische Tugend als primäre Schutzmaßnahme vor den Gefahren, die von primitiven Impulsen ausgehen, anerkennt.

Bei der Komplexität der menschlichen Entwicklung dreht sich alles um die Transformationen, die zwischen dem hilflosen anfänglichen Zustand des Kindes und seiner letztendlichen Fähigkeit, mit dem Erwachsenenleben zurechtzukommen, auftreten. Auf seinem Weg zum Erwachsenenalter liefern Veränderungen der funktionalen (kognitiven, emotionalen, verhaltens- und beziehungsbezogenen) Fähigkeiten des Kindes in mehreren Bereichen (wirtschaftlich, gesellschaftlich und politisch) unzählige Gelegenheiten zu Koordination oder Konflikt, Erfolg oder Misserfolg. Es ist möglich, bestimmte Elemente dieses Prozesses zu analysieren und ihre Auswirkungen auf das Erreichen der erwachsenen Kompetenz zu erforschen. Die gerade dargelegte zentrale Frage kann noch detaillierter dargestellt werden:

- Welche Entwicklungsaufgaben werden in den wirtschaftlichen, gesellschaftlichen und politischen Regelungen einer Gesellschaft institutionalisiert? Welche Gesetze, Regeln, Bräuche und welche Sozialpolitik haben sich als Reaktion auf die vielfältigen Wünsche und Bedürfnisse, die die menschliche Natur kennzeichnen, herausgebildet? Wie können diese Vereinbarungen den menschlichen Bedürfnissen nach Nahrung, Kleidung, Obdach, Gesundheitsversorgung, Bildung, Transport, Polizei und Justizdiensten, Schutz- und Verteidigungsaufgaben, Umweltmanagement usw. entsprechen, und wie sind sie den unzähligen Ritualen sozialer, religiöser und familiärer Interaktionen angepasst, die das Gemeinschaftsleben ausmachen?

Was sind die Auswirkungen der Institutionen, die die liberale Agenda kennzeichnen, auf die Reifung des Kindes zur Kompetenz im Gegensatz zu den Institutionen, die eine legitime und rechtschaffene libertäre Gesellschaft prägen? Geben die Regeln der Gesellschaft den Menschen die Möglichkeit, die Herausforderungen des Erwachsenenlebens zu bewältigen, oder stören sie im Gegenteil dieses Bestreben und machen den Erfolg sogar unmöglich?

Die Aufgabe, diese Fragen zu beantworten, beginnt zunächst mit der Betrachtung einiger grundlegender Aspekte der menschlichen Natur und der menschlichen Verfassung.

Antriebe, Instinkte und die Aufgaben des Lebens

Die menschliche Natur und die menschlichen Lebensbedingungen fordern von einem Menschen, innerhalb gewisser Grenzen Beziehungen zu sich selbst, zu anderen Personen und zu seiner physischen Welt aufzubauen. Er muss eine Beziehung mit seiner eigenen biologischen Natur eingehen, indem er die materiellen Mittel zum physischen Überleben bereitstellt. Er muss eine Beziehung zu seinem eigenen psychischen Wesen aufbauen, indem er die Bedingungen für geistiges und emotionales Wohlergehen erfüllt. Er muss Beziehungen zu anderen zulassen, indem er sich auch an ihre biologische und psychische Natur anpasst. Er muss eine Beziehung zu seiner materiellen Welt eingehen, indem er sich den physikalischen Gesetzen anpasst, die die Verwendung von Land, Luft, Wasser und den unzähligen von Menschen erfundenen Gegenständen regeln. Gelingt es ihm nicht, diese Realitäten zu berücksichtigen, dann kann das Konsequenzen haben, deren Spannbreite von belanglos bis katastrophal reicht. Die biologische und psychische Natur des Menschen setzt gewisse Grenzen, die abstecken, was er vernünftigerweise tun kann. Diese Grenzen legen die Rahmenbedingungen für Verhaltensweisen fest, die eine Kooperation ermöglichen, während sie individuelle Freiheit zulassen.

Die Integration von Trieben und Bedürfnissen

Im Laufe seiner Entwicklung erwirbt das Kind Vorstellungen von seiner Welt, die bestimmen, wie es als Erwachsener den Aufgaben des Lebens gegenübertritt. Auf einer elementaren Ebene bestimmen diese Ideen, ob es versucht, eine Welt, die es als bedrohlich ansieht, zu beherrschen oder in einer Welt, die es für gutartig hält, mit anderen zusammenzuarbeiten, um nur zwei der unzähligen Möglichkeiten zu nennen. Unsere Formen der Bewältigung werden in den frühesten Entwicklungsjahren festgelegt. Dabei müssen bestimmte angeborene Bedürfnisse und Antriebe in grundlegende Verhaltensmuster integriert werden. Die bekanntesten sind die Instinkte zu Selbsterhaltung, sexueller Befriedigung und Aggression. Doch auch Abhängigkeit und Beziehungsbedürfnisse, fürsorgliche Impulse, Erwerbstrieb und narzisstische Wünsche beeinflussen die Motivation des Menschen mit ähnlicher Stärke und können auch alle anderen Faktoren bei der Festlegung bestimmter Vorgänge im menschlichen Verhalten beherrschen. Das Wesen dieser Kräfte und ihre gewöhnlichen Ausdrucksformen im Laufe der Entwicklung werden nachfolgend ausführlich beschrieben. Die Art und Weise, wie sie in das Verhaltensrepertoire eines Individuums integriert sind, legt fest, ob seine Handlungen für sich und die Menschheit akzeptabel oder destruktiv sind.

Die Macht dieser Kräfte, menschliches Verhalten zu guten oder bösen Zwecken zu motivieren, kann gar nicht hoch genug eingeschätzt werden. Durch persönliche Erfahrung sind wir alle bereits in der Jugend mit intensiven sexuellen Impulsen vertraut, und wir alle kennen auch die Wut als Reaktion auf Ungerechtigkeit. Die Tiefenpsychologie versteht in der Regel die Selbsterhaltung, den Sexualtrieb und die Aggression als primitive Triebinstinkte im elementarsten Sinne des Begriffs. Die außerordentliche Stärke dieser Triebe hängt mit ihren ursprünglichen biologischen Aufgaben der Reproduktion und der Verteidigung gegen Rivalen und Raubtiere zusammen. Je nachdem, wie sie gelenkt werden, können sie jeweils als Naturkräfte wirken und Handlungen hervorrufen, die von edlen Heldentaten bis zu unvorstellbaren Grausamkeiten reichen. Doch die Abhängigkeit, die fürsorglichen, Beziehungs-, Erwerbs- und narzisstischen Bedürfnisse sind gleichermaßen primitiv und können gleichermaßen überzeugend sein – zum Besseren oder zum Schlechteren. Um einen klareren Einblick in diese Angelegenheit zu bekommen, wenden wir uns nun einer Untersuchung der Funktionen zu, die von den primitivsten Teilen unseres Gehirns übermittelt werden.

Das Eidechsengehirn

Die Evolution hat beim Menschen ein Gehirn von viel größerer Komplexität hervorgebracht, als das bei niederen Tieren der Fall ist. Dieses Gehirn stellt uns ein nahezu unbegrenztes Spektrum an höheren Funktionen zur Verfügung, doch es bewahrt auch noch immer primitive Impulse, die mit Fütterung, Verteidigung, Reproduktion und Fürsorge verbunden sind. Diese letzteren Funktionen sind erstmals im Reptiliengehirn in Erscheinung getreten, und es ist kein Zufall, das die Neurowissenschaftler bestimmte Teile des menschlichen Gehirns als reptilienhaft bezeichnen, um eine Reihe von strukturellen und funktionalen Ähnlichkeiten zwischen uns und unseren eidechsenartigen Vorfahren zu betonen. Es dürfte nicht überraschen, dass sich die Handlungen von Menschen und Reptilien, zumindest auf einer sehr elementaren Ebene, bemerkenswert ähneln.

Stellen Sie sich eine Eidechse vor, die einem anderen Objekt begegnet. Das Objekt kann eine andere Eidechse sein, ein Insekt, ein größeres Tier, das Eidechsen frisst, etc. – die Möglichkeiten sind natürlich zahlreich und vielfältig. Wie reagiert die Eidechse auf das, was ihr begegnet? Ihr Gehirn bietet ihr gewisse, für Eidechsen grundlegende Verhaltensmöglichkeiten. Je nachdem, was für ein Objekt vor ihr steht, kann die Eidechse es angreifen, fressen, davor fliehen, es beschützen, Nahrung für das Objekt beschaffen, sich mit ihm zusammentun oder es ignorieren. Ihre primitiven Triebe, darunter sexuelle, aggressive, fürsorgliche, territoriale und andere Impulse, aktivieren ihr Verhalten in verschiedenen Situationen. Ihre Reaktionen sind im Wesentlichen selbsterhaltend und reproduktiv, und sie sind fest in ihrem Reptilienhirn verankert.

Doch vergleichbar primitive Reaktionen sind auch in menschlichen Gehirnen verwurzelt. Wenn ein Mensch auf ein anderes Objekt trifft, hat auch er, wie die Eidechse, die primitiven Möglichkeiten, es anzugreifen, zu essen, zu fliehen, es zu beschützen, Nahrung zu beschaffen, sich mit ihm zusammenzutun oder es zu ignorieren. Diese Reaktionen bleiben in den Menschen wirksam: Sie sind die ursprünglichen, von den Reptilien stammenden sexuellen, aggressiven, fürsorglichen, territorialen, schützenden und defensiven Verhaltensweisen, die elementaren Lebensfunktionen dienen. Wenn sie gut geregelt und gut integriert sind, aktivieren sie das menschliche Verhalten auf adaptive Weise: Primitive Fürsorge- und Schutzimpulse aktivieren zum Beispiel das Fortpflanzungs- und Kindererziehungsverhalten; primitive aggressive, defensive und territoriale Impulse aktivieren den Widerstand gegen Feinde; primitive Bindungs- und Abhängigkeitsimpulse aktivieren kooperatives Handeln auf allen Ebenen.

Wenn die primitiven Impulse jedoch *nicht* gut geregelt oder in adaptive Verhaltensweisen integriert sind, können sie tiefgreifende zerstörerische Effekte haben. Die offensichtlichsten Beispiele treten bei jenen Handlungen zutage, die durch unverhohlene kriminelle Absichten motiviert sind: Pathologische Kombinationen von aggressiven und sexuellen Trieben führen zum Beispiel, wenn sie mit Gewissensdefekten verkoppelt sind, zu Verbrechen wie Vergewaltigung und Lustmord. Krankhafte Kombinationen von Aggressions- und Erwerbstrieb führen zusammen mit Gewissensdefekten zu Verbrechen wie Diebstahl, Raub, Unterschlagung und Betrug. Pathologische Abhängigkeit bringt in Verbindung mit hemmungslosen Erwerbsimpulsen den Betrüger hervor, der öffentliche Programme ausnutzt, um an unverdiente Ersatzleistungen, freie medizinische Versorgung, subventionierte Wohnungen und dergleichen zu gelangen.

Aber es ist nicht nötig, solche Extrembeispiele zu betrachten, um die dauerhaften Auswirkungen des Eidechsenhirns zu sehen. Primitive Veranlagungen und die daraus abgeleiteten Verhaltensweisen können alle menschlichen Aktivitäten, darunter sämtliche wirtschaftliche, gesellschaftliche und politische Prozesse, leicht beeinflussen, indem sie individuelle Beweggründe in komplexen Situationen drastisch verändern. Tatsächlich weitet sich im menschlichen Gehirn die Reihe primitiver Veranlagungen von elementaren sexuellen, aggressiven, abhängigen, fürsorglichen und auf Erwerb ausgerichteten Impulsen auf intensive Macht-, Herrschafts- und Wettbewerbstriebe sowie das Ego verstärkende Ziele aus, die den Alltag beeinflussen. In wirtschaftlichen und gesellschaftlichen Situationen z.B. zwingen neurotische und sogar psychotische Antriebe zu dominieren, zu besiegen, sich von anderen abhängig zu machen und diese auszubeuten, gestörte Persönlichkeiten oft zu destruktivem Handeln. In politischen Bereichen glauben neurotische Individuen fälschlicherweise, dass sie Opfer sind, streben für ihre eigene materielle Sicherheit nach der Kontrolle über andere, nutzen Untergebene zu sexuellen Gefälligkeiten aus oder erstreben ein Amt, um sich selbst zu feiern. In der internationalen Politik bringen der pathologische Narzissmus, die Aggression und die Habgier in verschiedenen Kombinationen Diktatoren hervor, die um ihres persönlichen Gewinnes willen ganze Länder ausbeuten.

In welchem Bereich auch immer: Die Auswirkungen primitiver Prozesse, einschließlich Emotionen wie Angst, Hass, Eifersucht, Neid und Demütigung, sind allen Personen, die gegen sich selbst und gegen andere zerstörerisch handeln, auf der bewussten wie der unbewussten Ebene gemeinsam. Die gesammelten Wirkungen dieser Prozesse hängen davon ab, wie sie in die Verhaltensmuster der jeweiligen Einzelpersonen integriert sind, und wie sehr die Institutionen einer jeweiligen Gesellschaft bestimmte Verhaltensweisen einschränken. Die Auswirkungen sind nicht belanglos. Die destruktivsten Männer der Geschichte, die Hitlers, Stalins, Husseins und Pol Pots dieser Welt, wurden sowohl von primitiven als auch von abartigen Motiven getrieben: von sexuellen, aggressiven, abhängigen, selbsterhaltenden, habgierigen und narzisstischen Impulsen, die nicht durch die normalen Verbote des Gewissens eingeschränkt waren und die sie in Gesellschaften auslebten, deren Institutionen unzureichend waren, um ihre Verbrechen zu verhindern. Die Macht dieser Prozesse beruht zum Teil auf der Tatsache, dass sie sich ursprünglich entwickelt haben, um das Leben vor den tödlichsten Gefahren zu bewahren, und zum Teil darauf, dass sie sich typischerweise miteinander verbinden, um einander zu verstärken. In Kombination mit anderen Trieben wird die Macht einer primitiven Veranlagung in der Handlungsmotivation des Menschen weit über das hinausgehen, was sonst zu erwarten wäre. Aus diesen Gründen ist es entscheidend, dass der menschliche Entwicklungsprozess in der Persönlichkeit des Kindes wohlwollende Kräfte hervorbringt: jene positiven Einstellungen, Gefühle, Hemmungen und Tugenden, die dem Ausleben destruktiver Tendenzen entgegenstehen. Nur dann kann das Böse in die Schranken gewiesen werden.

14
Die Dichotomien der Entwicklung

Wir behaupten vielmehr, dass die genauen Eigenschaften von Vorstellungen dadurch geschaffen werden, wie Gehirn und Körper strukturiert sind und wie sie in zwischenmenschlichen Beziehungen und in der physischen Welt funktionieren.

George Lakoff und Mark Johnson

Die Ziele der Erziehung

An dieser Stelle wird es sinnvoll sein, bestimmte funktionale Kapazitäten zu überprüfen, die vom Kind in Vorbereitung auf das Erwachsenenalter erworben werden müssen. Die Fähigkeiten zu wirtschaftlicher Produktion, sozialer Kooperation, persönlicher Intimität und moralischem Verhalten, um einige zu nennen, werden in unterschiedlichem Maße von nahezu allen Menschen erworben. Neben anderen Idealen möchten vernünftige Eltern in westlichen Kulturen, dass aus ihren Kindern wirtschaftlich eigenständige Erwachsene mit markttauglichen beruflichen Fertigkeiten werden und keine Empfänger privater Wohlfahrtsleistungen oder staatlicher Unterstützung. Vernünftige Eltern wollen auch, dass aus ihren Kindern sozial kompetente Erwachsene werden, die zu konstruktiven Beziehungen fähig und zu der Intimität und Kooperation in der Lage sind, die für die Ehe und die Erziehung von Kindern nötig sind. Sie wollen nicht, dass aus ihren Kindern einsiedlerische, antisoziale oder sonstige randständige Erwachsene werden, denen es an positiven Verbindungen zu anderen Menschen fehlt.

Die individualistischen Ideale der westlichen Gesellschaften stimmen mit diesen elterlichen Zielen überein. Sie schätzen Initiative statt Zurückhaltung, Autonomie statt Abhängigkeit, Fleiß statt Passivität, Ehrlichkeit statt Unehrlichkeit, Produktivität statt Parasitismus, Aufrichtigkeit statt Betrug, gegenseitige Zustimmung statt Zwang, Altruismus statt Ausbeutung. Diese und andere Ideale spiegeln ein intuitiv korrektes Verständnis dessen wider, was Einzelpersonen und Gesellschaften brauchen, um zu gedeihen. Eine sorgfältige Untersuchung zeigt, dass die liberale Agenda diese und andere Ideale der normalen Entwicklung aushöhlt, durch fehlgeleitete Ideale der Abhängigkeit und Manipulation ersetzt, zum Klassenkampf aufstachelt, kompetente Erwachsene dazu auffordert, sich unter die Fittiche des Staates zu begeben, und durch Anwendung von Zwang den Zusammenhalt der Gesellschaft bedroht. All dieses tut sie durch eine fortwährende Propagandakampagne, die die menschliche Natur und die Bedingungen existenzieller menschlicher Beziehungen falsch darstellt. Veranschaulichungen dieser Auswirkungen sind überall in diesem Buch zu finden.

Funktionelle Dynamiken und Dispositionen

Im Laufe der Entwicklung des Individuums werden seine unzähligen Erfahrungen in Beziehungen zu anderen in komplexen Denk-, Gefühls-, Verhaltens- und Beziehungsmustern organisiert. Diese Muster dienen der Befriedigung, wehren schmerzhafte emotionale Zustände ab, definieren die persönliche Identität und helfen dabei, die Herausforderungen des Erwachsenenlebens zu meistern. Diese angepassten – oder nicht passenden – Muster sind als funktionelle *Tendenzen, Dispositionen oder Dynamiken* bekannt. Der letztere Begriff unterstreicht nach Sullivan ihr organisches und zielgerichtetes Wesen: Sie sind dauerhafte Muster der Bewältigung und des Schutzes, die im Handeln von Einzelpersonen im Laufe der Zeit leicht zu beobachten sind. Die größte dieser dynamischen Kräfte ist die Persönlichkeit selbst: eine übergreifende Ansammlung von Prozessen, die versucht, alle Eigenschaften des Individuums und seine Erfahrungen zum Zwecke der Anpassung zu integrieren. Alle Dynamisierungen entwickeln sich im Verlauf der Kindheit und neigen dann in späteren Jahren dazu, sich zu verfestigen. Wenn sie in der frühen Kindheit wurzeln, werden sie späteren Veränderungen wahrscheinlich widerstehen; sie neigen dazu, sich zu dauerhaften Persönlichkeitsmerkmalen zu entwickeln. Einige Beispiele für solche Dispositionen wurden, gemeinsam mit ihren dysfunktionalen Gegenparts, im ersten Teil genannt. Sie werden jetzt wiederholt, um einige relevante Ideen aufzufrischen und den Leser allgemein auf das einzustimmen, was vor uns liegt. Das heranwachsende Kind erwirbt zum Beispiel:

- Eine Veranlagung zum aktiven Optimismus – zu einer tatkräftigen Initiative, die auf Erwartungen beruht, dass das Leben gut verlaufen wird, wenn man sich ständig dafür einsetzt und darum bemüht; im Gegensatz zu einer gehemmten Initiative, die auf Befürchtungen basiert, dass einem eine Minderwertigkeit anhaftet, die zum Versagen führen wird, oder dass Erfolg mit Vergeltung bestraft wird;
- Eine Veranlagung zur autonomen Selbstverwaltung: ein gefestigtes Gefühl für den eigenen Wert und die Freiheit, sein eigenes Leben zu lenken; im Gegensatz zu einer behüteten Unterwürfigkeit, die auf der furchtsamen Überzeugung beruht, dass das Leben unausweichlich von mächtigen Ausbeutern kontrolliert wird;
- Eine Veranlagung zu einer selbstbewussten Selbstständigkeit und Eigenverantwortung, gepaart mit entsprechenden sozialen Kompetenzen zur wirtschaftlichen und gesellschaftlichen Zusammenarbeit mit anderen; im Gegensatz zu einem dauerhaften Muster von Hilflosigkeit, Bedürftigkeit und krankhafter Abhängigkeit als grundsätzlicher Lebensweise;
- Eine Veranlagung zu reifer Gegenseitigkeit: die aufrichtige Sorge für andere Personen, die auf Empathie, Identifikation und Mitgefühl für alle Menschen – insbesondere Benachteiligte – beruht; im Gegensatz zu einer demonstrativen, aber unehrlichen Sorge um andere, die im Grunde räuberische Bestrebungen kaschiert, andere zu manipulieren, zu dominieren und auszubeuten.

Dies sind nur vier Beispiele aus einer fast unendlichen Vielfalt funktionaler Dispositionen, die sich in einem Einzelmenschen entwickeln können, bis er das

Erwachsenenalter erreicht hat. Sie werden hier als grobe Dichotomien dargestellt, um den Kontrast zwischen gut angepassten und fehlgeleiteten Verhaltensmustern hervorzuheben. Diese Auffassung vom menschlichen Verhalten wurde erstmals von Erik Erikson in verschiedenen Schriften ausgearbeitet, beginnend mit *Kindheit und Gesellschaft* im Jahr 1950 [Erscheinungsjahr der englischsprachigen Originalausgabe, d. Übers.]. In dieser Arbeit beschrieb er acht Phasen der Entwicklung während der menschlichen Lebensspanne. In den ursprünglichen Dichotomien sind dies:

1. Grundsätzliches Vertrauen gegenüber prinzipiellem Misstrauen
2. Selbstständigkeit gegenüber Scham und Zweifel
3. Tatkraft gegenüber Schuld
4. Fleiß gegenüber Minderwertigkeit
5. Identität gegenüber Identitätszerstreuung
6. Intimität gegenüber Isolation
7. Weiterentwicklung gegenüber Stagnation
8. Integrität gegenüber Verzweiflung

Der erste Begriff jeder Dichotomie stellt eine Entwicklungsaufgabe dar: eine funktionale Fähigkeit, die in der Vorbereitung auf das Erwachsenenleben erworben werden soll. Der zweite Begriff stellt einen Entwicklungsfehler dar: ein dysfunktionales Ergebnis mit potenziell schwerwiegenden Konsequenzen für die Lebensqualität. Nachfolgend werden, beginnend mit dem Grundvertrauen, die funktionalen und dysfunktionalen Auswirkungen jedes Pols dieser und einiger anderer Gegensätze in der Entwicklung untersucht. Dann wird ihr Verhältnis zu den wirtschaftlichen, sozialen und politischen Institutionen der Gesellschaft eingehend überprüft. Zuvor werden wir jedoch noch mit einigen einleitenden Bemerkungen auf die allgemeine Relevanz dieser Konzepte hinweisen.

Dichotomien und Entwicklung

Eriksons Dichotomien der Entwicklung – Vertrauen gegenüber Misstrauen, Selbstständigkeit gegenüber Scham und Zweifel usw. – enthalten grundlegende

Einstellungen gegenüber sich selbst und gegenüber anderen. Das Entwicklungsergebnis einer bestimmten Dichotomie ist niemals der reine Ausdruck eines der beiden Pole, sondern stattdessen eine Tendenz, die sich aus ihrem Zusammenspiel ergibt. Das heißt, zwischen den Polen jeder Dichotomie gibt es ununterbrochene Folgen, die darstellen, wie ein bestimmtes Individuum sich zur einen Disposition oder zur anderen hinneigt: zu Vertrauen oder Misstrauen, zu selbstständigem Handeln oder schamvoller Selbstverleugnung, zu konstruktivem Tatendrang oder schuldiger Gehemmtheit, zu fleißigem Bemühen oder lähmenden Minderwertigkeitsgefühlen usw.. Darüber hinaus lassen sich Eriksons Dichotomien mit vielen anderen kombinieren und erzeugen so die komplexe Struktur von Einstellungen, Veranlagungen und Dynamiken, die die erwachsene Persönlichkeit ausmachen. Diese Dispositionen haben einen starken Einfluss darauf, wie die Personen an den wirtschaftlichen, sozialen und politischen Gliederungen der Gesellschaft teilnehmen.

Meine Anleihen bei Eriksons Konzepten werden für den Leser, der mit seiner Arbeit vertraut ist, offensichtlich sein. Sein Einfluss wird besonders deutlich bei meinen Erörterungen, in welcher Beziehung die Dichotomien der Entwicklung zu den Institutionen der Gesellschaft stehen. Selbstverständlich aber ist die Verwendung von Dichotomien zum Verständnis der menschlichen Natur nicht sakrosankt: Eriksons Liste und die in diesem Buch ergänzten Punkte werden hier angeführt, weil sie nützliche konzeptionelle Werkzeuge sind und nicht etwa, weil menschliches Verhalten nur aus Paaren polarer Gegensätze existiere. Die Materie ist natürlich viel komplexer! Das Erreichen der Selbstständigkeit, um nur ein Beispiel zu nennen, kann zugunsten nicht nur eines, sondern auch mehrerer dysfunktionaler Ergebnisse abgebrochen werden, die vor Scham und Zweifel schützen. Statt gesunder Selbstständigkeit kann ein Kind auf dem Weg ins Erwachsenenalter vorwiegend rebellische und trotzige oder passiv-aggressive oder obsessiv-zwanghafte Züge entwickeln, oder es kann eine Kombination dieser und anderer Dispositionen auftreten. Wie weiter unten deutlich wird, ist jede Entwicklungsaufgabe – Vertrauen, Selbstständigkeit, Initiative, Fleiß usw. – mit vielen anderen Prozessen verbunden, die die Persönlichkeit für das Erwachsenenleben prägen. Die Komplexität der menschlichen Natur kann weder geleugnet werden, noch kann sie in einem einzigen konzeptionellen Rahmen zusammengefasst werden.

Zur weiteren Verteidigung der Dichotomien

An dieser Stelle ist es bemerkenswert, dass die Verwendung von Dichotomien im wissenschaftlichen und philosophischen Diskurs von gewissen postmodernen Gelehrten als beliebig und irreführend kritisiert worden ist, vor allem von solchen, die mit Dekonstruktivismus und feministischer Kritik am westlichen Denken in Verbindung gebracht werden. Kritiker zitieren elementare polare Gegensätze – Liebe und Hass, Leben und Tod, Gut und Böse usw. – als Beispiele für „binäres" Denken. Sie halten fest, dass solche eng konzipierten Kategorien unsachgemäße Argumente zugunsten dessen gestatten, was einfach nur auf der Grundlage von Vorurteilen und kulturell bedingten Annahmen erwünscht ist. Sie behaupten darüber hinaus, dass die der Verwendung solcher Gegensätzlichkeiten wie „gut und böse" oder „richtig und falsch" zugrundeliegenden Ziele in Wirklichkeit keine Bestrebungen sind, im guten Glauben nach der Wahrheit zu suchen, sondern nur verzweifelte Versuche, wirtschaftliche, gesellschaftliche und politische Macht zu erlangen und eine Männerherrschaft zu etablieren. Darüber hinaus sagen die Kritiker, die ganze Vorstellung von einer „objektiven Wahrheit" sei an sich schon in hohem Grade verdächtig. Das Beste, was wir wirklich mit unseren Bemühungen, etwas über die Welt zu lernen, erreichen können, sei – so behaupten sie – eine gesellschaftliche „Solidarität" dahingehend, wie wir denken, dass die Dinge sein könnten, bzw. eine Art gemeinschaftlichen Konsens oder das Teilen nützlicher Mythen, jedoch keine legitime Angleichung an das, was sich der erkenntnistheoretischen Gewissheit nähert.

Dies ist nicht das Forum, in dem die Angelegenheit ausführlich diskutiert werden kann, doch ein paar Worte aus Sicht der Biologie und der Kognitionswissenschaft können zu einer Hinterfragung dieser Kritik führen. Lakoff und Johnson haben in jüngster Zeit – und andere vor ihnen – ein elegantes Argument dafür vorgebracht, dass die menschliche Erkenntnis ein entwickelter Mechanismus für die Verarbeitung bestimmter Arten von Informationen ist, die für das Überleben der Spezies grundlegend sind. Unser physisch verkörperter Verstand muss in erster Linie den wirklichen dreidimensionalen Raum und das eindimensionale Zeitkontinuum verstehen, in dem wir als biologische Organismen leben. Zu diesem Zweck müssen wir uns auf solche grundlegenden räumlichen Kategorien wie oben und unten, links und rechts, vor und zurück, innen und außen und dergleichen beziehen, wie auch auf grundlegende Zeitdimensionen wie Vergangenheit und Gegenwart, früher und später, vorher und nachher. Gehirne, die sich ursprünglich entwickelt haben, um diese Art von Informationen über die unbelebte physische Welt zu verarbeiten, neigen später dazu, andere Arten von Informationen über die Welt der Lebewesen zu verarbeiten. Höhere Tiere haben zwischen nahrhaften und giftigen Dingen, toten oder lebenden, schützenden oder bedrohlichen Dingen sowie Wesen der eigenen oder einer anderen Art zu unterscheiden gelernt.

So entwickelte das Säugetierhirn Mechanismen, über die Welt in dichotomen Begriffen zu denken, weil sich ein Großteil der Welt, die es begreifen musste, in solchen Kontrasten präsentierte. Unsere menschlichen Gehirne haben diese Mechanismen noch weiter angepasst, um die Aspekte der Welt zu begründen, die nicht so konkret sind wie oben und unten, links und rechts oder jetzt und später, die aber dennoch polare Eigenschaften haben. Aufgrund der kognitiven Fähigkeiten unserer Vorfahren haben wir gelernt, abstraktere Fragen durch Metaphern zu begründen, die auf elementaren Vorstellungen von Raum, Zeit, materiellen Realitäten und körperlichen Prozessen aufbauen. Durch unsere komplexeren Gehirne haben die primitiven Mechanismen, mit denen wir diese Realitäten begreifen, zu metaphorischen Vorstellungen geführt, die uns helfen, abstraktere Ideen zu verstehen. So sprechen wir von Idealen, die hoch oder niedrig sind, von Zielen, die erhaben oder niederträchtig sind. Wir sprechen davon, in der Welt nach oben zu kommen oder in schlechten Zeiten davon, dass wir fallen. Wir begreifen Konzepte mit unserem Intellekt anstatt mit unseren Händen, wir nähren oder vergiften unseren Geist mit Ideen anstatt mit Speisen, wir pflegen oder verwerfen unsere Freundschaften, heben oder senken unsere Moral, verdauen Informationen, verschlingen Tatsachen, schließen Missetäter aus der Gemeinschaft aus, gebären neue Gemeinschaften, durchdringen Mysterien, vernichten unsere Gegner, verinnerlichen Prinzipien und so weiter. Grobe Dichotomien über Raum, Zeit und materielle Gegebenheiten werden zur Grundlage für Metaphern für weniger greifbare Prozesse. Schließlich erfand der menschliche Geist Denkweisen über psychische Ereignisse und über wirtschaftliche, gesellschaftliche und politische Prozesse.

Mit diesen Beobachtungen im Sinn ist es kein sehr großer Sprung nach oben auf der Skala der Abstraktionen vom Gespräch über unbelebte räumlich-zeitliche

Dimensionen, wie „auf" und „ab" oder Vergangenheit und Gegenwart, zu biologischen Gesprächen über Geburt und Tod oder Krankheit und Gesundheit. Von diesen physischen Vorstellungen aus ist es nur noch ein kleiner Schritt zu den Vorstellungen darüber, wie die Menschen naturgemäß Beziehungen zueinander knüpfen. Mit ein paar weiteren Schritten in der Evolution des Denkens tauchen im Bereich menschlicher Ideen rein psychische Konstrukte wie Vertrauen und Misstrauen oder Abhängigkeit und Unabhängigkeit auf. So können die physischen Welten unserer Sinne und unseres Körpers, die psychosozialen Welten unserer persönlichen Erfahrung und die unzähligen Entwicklungsprozesse von der Kindheit bis zum Erwachsenenalter sinnvoll beschrieben werden, was Metaphern, Polaritäten und Kontinua betrifft. In solchen Begriffen zu denken, ist eine wichtige kognitive Methode zur Verarbeitung von Informationen über unsere Welt und uns selbst. Unsere Köpfe funktionieren so, weil sich unser Gehirn so entwickelt hat.

Dementsprechend entspricht meine Verwendung von Dichotomien in diesem Buch dem ernsthaften Bemühen, die Verfassung des Menschen zu verstehen, und dient keiner Manipulation der Sprache zu unredlichen Zwecken. Mithilfe von Dichotomien über die menschliche Natur und ihre Entwicklung nachzudenken, ist in der Tat eine elementare Anwendung angeborener Schlussfolgerungen auf geistige und physische Phänomene, die in Bezug auf Polarität und Kontinuum verständlich sind. Natürlich werden einige Kritiker, vor allem die Dekonstruktivisten, argumentieren, dass *jede* begründete Verteidigung der modernen philosophischen und wissenschaftlichen Methoden der Wahrheitssuche nur ein weiteres Beispiel für Wortmanipulation sei. Doch mit diesem Argument endet jeder vernünftige Diskurs. In der Tat: Wenn der Dekonstruktivismus auf sich selbst angewandt wird, wird die letztendliche Leere seiner Dogmen deutlich. Personen anspruchsvolleren Geistes können dann zu einer wichtigeren Aufgabe zurückkehren – den Sinn der Welt zu ergründen – wohin das auch immer führen mag.

Die Relevanz der Dichotomien

Als Schlussbemerkung zur Frage der Entwicklungsdichotomien kann für die profane Realität solcher Dispositionen wie Grundvertrauen, Autonomie, Initiative, Fleiß, Identität, Intimität, Entwicklungsfähigkeit und Integrität ein recht elementares Argument vorgebracht werden. Es hängt von der einfachen Tatsache ab, dass wir uns im alltäglichen Leben bei der Beschreibung von Personen sinnvollerweise auf Veranlagungen, Dynamiken und Dichotomien beziehen. Wir beobachten zum Beispiel, dass manche Menschen in Beziehungen vorhersehbar *vertrauen*; andere sind argwöhnisch und misstrauisch. Manche Menschen handeln durchweg *eigenständig*, während andere viel Ermutigung, Unterstützung oder Anleitung brauchen. Manche Menschen zeigen leicht *Initiative*, während andere passiv bleiben. Manche arbeiten normalerweise *fleißig*, während andere untätig bleiben.

Hinsichtlich der Dynamik der *Identität* kann man Personen beobachten, die eine konkrete Wahrnehmung von sich selbst aufrechtzuerhalten scheinen: Sie haben klare Vorstellungen davon, wer sie sind, was ihnen lieb ist, was sie aus ihrem Leben machen wollen und wie sie bequem leben können. Andere hingegen haben nur eine oberflächliche, vage Beziehung zu sich selbst und ihren Mitmenschen. Sie erscheinen flach, und es fehlt ihnen jenseits der Launen des Augenblicks an Werten. Sie neigen dazu, passiv und ohne viel Sinnerfahrung durch das Leben zu treiben. Eine definierbare Identität ist bei solchen Personen schwer zu erkennen.

Noch einmal: Mit ausreichenden Informationen über das Erwachsenenleben einer bestimmten Einzelperson ist es meist möglich zu bestimmen, ob sie eine Fähigkeit zu emotionaler und physischer *Intimität* mit anderen entwickelt hat oder isoliert und entfremdet ist. Im mittleren Alter kann man in der Regel auch feststellen, ob ein Mensch in seiner Entwicklung das Stadium der *Generativität* erreicht hat – eine Fähigkeit, entweder buchstäblich seinen eigenen Nachwuchs oder im übertragenen Sinne einen Teil seiner Gemeinschaft zu versorgen und zu erziehen – oder ob er stattdessen pathologisch egozentrisch in seiner eigenen Welt stagniert und der ganzen Welt gegenüber Gleichgültigkeit zeigt. Haben sich diese Muster beim Erwachsenen erst einmal verfestigt, halten sie Veränderungsversuchen zäh stand. Sie neigen dazu, über lange Zeiträume für die bestimmte Person typisch zu bleiben. Sie werden oft als *charakterologische* Reaktionen bezeichnet, um ihre verankerte Natur und ihre Tendenz, in verschiedenen Situationen immer wieder aufzutreten, hervorzuheben. Auch wenn sie immer wieder Probleme verursachen, bleibt ihr Auftreten im Alltag besonders hartnäckig.

Schließlich ist es bei ausreichender Untersuchung möglich, bei älteren Personen festzustellen, ob ein bestimmter Einzelmensch in seinem Leben ein Gefühl von *Integrität* erreicht hat: eine beständige Überzeugung, dass er sein Leben gut genug gelebt hat, wenn man berücksichtigt, was ihm mitgegeben wurde, oder ob er zu dem Glauben gelangt ist, dass sein Leben tragisch gescheitert sei, dass er sich selbst oder andere enttäuscht habe oder dass andere ihn grundsätzlich im Stich gelassen haben.

Mit Konzepten dieser Art ist es möglich, die psychosozialen Dimensionen der menschlichen Natur manchmal in gewöhnlicher Sprache und manchmal im Fachjargon des Sozialwissenschaftlers zu beschreiben. Diese Charakterisierungen basieren auf Tatsachen, die von anderen kompetenten Beobachtern überprüft werden können. Wenn sie systematisch entwickelt sind, stellen sie eine seriöse wissenschaftliche Erkenntnis menschlichen Verhaltens sowie der Dispositionen dar, die es definieren. Darüber hinaus können diese Charakterisierungen sinnvoll mit den wirtschaftlichen, sozialen und politischen Arrangements, die unser Leben steuern, verknüpft werden.

15
Die Entwicklung des Kindes und der gesellschaftliche Prozess

Meine Meinung ist, dass das künftige gute oder schlechte Benehmen eines Kindes ganz von der Mutter abhängt.

Napoleon I.

Menschliche Natur und Freiheit

Kapitel 12 dieses Buches begann mit Anmerkungen zur Wissenschaftlichkeit von Verhaltensschilderungen, beleuchtete dann bestimmte biologische Merkmale der menschlichen Natur, die berücksichtigt werden müssen, wenn man versucht, die Persönlichkeit und ihre Beziehung zu gesellschaftlichen Institutionen zu verstehen. Der Selbsterhaltungsinstinkt und die sexuellen und aggressiven Triebe wurden als elementar für jede Vorstellung vom Wesen des Menschen erkannt, doch auch die Wirkkraft anderer Dispositionen, vor allem was Bindung, Fürsorglichkeit, Narzissmus, Erwerbstrieb und Abhängigkeit betrifft, wurde erkannt. Das vorangegangene Kapitel deutet darauf hin, dass die Welt der Beziehungen und Entwicklungen menschlicher Erfahrung in Bezug auf Metaphern, Polaritäten und Kontinua verstanden werden kann. Die Entwicklungsdichotomien Eriksons sind besondere Beispiele für diese Art des Denkens: Seine Vorstellungen von Grundvertrauen, Selbstständigkeit, Initiative, Fleiß, Identität, Intimität, Generativität und Integrität sind offensichtlich polare Kontinua. Schließlich hat die bisherige Betrachtung allgemein festgestellt, dass die frühen Beziehungen des Kindes zu seinen Betreuungspersonen vorgeben, wie seine biologischen Triebe in psychische Veranlagungen integriert werden, d.h. in Denk-, Gefühls-, Verhaltens- und Beziehungsmuster, die seine besondere Entwicklung und das einzigartige Selbst charakterisieren, das daraus hervorgeht.

Mit diesen Vorstellungen im Kopf wendet sich der Fokus nun einer Überprüfung der frühen Beziehungen und wesentlichen Interaktionen des Kindes mit Bezugspersonen zu. Diese Interaktionen betreffen sein sich entwickelndes Selbst, die wichtigen anderen Menschen, die häufig Beziehungen zu ihm aufbauen (in den frühesten Jahren ist das vor allem seine Mutter) und die weitere Welt, zu der es durch schnell wachsende Fähigkeiten zunehmend Zugang hat. Ziel ist es hier, bestimmte Prozesse in der Entwicklung des Kindes zu beschreiben und sie mit seiner letztendlichen Fähigkeit, die Herausforderungen des Erwachsenenlebens zu meistern, in Bezug zu setzen.

Von besonderem Interesse ist die Frage, auf welche Art und Weise Verhaltensmuster, die während der Kindheit erworben wurden, die spätere Begegnung eines Individuums mit den Lebensregeln der Gesellschaft beeinflussen. Die allgemeine Erfahrung deutet darauf hin, dass das natürliche Ergebnis ausreichender Fürsorge in der Kindheit – bei normaler intellektueller Begabung – eine erwachsene Person ist, die wirtschaftliche, soziale und politische Freiheit zur Selbstverwirklichung sucht und freiwillig mit anderen zusammenarbeitet, um gesellschaftliche Harmonie zu bewahren. Dieses Ergebnis ergibt sich aus dem positiven Einfluss angemessener Fürsorge auf die im Menschen verankerten sozialen Instinkte. Die Evolution hat das menschliche Gehirn so programmiert, dass soziale Beziehungen für Überlebens- und Fortpflanzungszwecke erleichtert werden. Diese Programmierung umfasst angeborene Neigungen zu Bindung, Vertrauen, Zugehörigkeit, Empathie, Sympathie, Mitgefühl, Altruismus und anderen Formen der sozialen Zusammenarbeit, die spontan entstehen, wenn Einzelpersonen in der Gemeinschaft leben. *Allgemeine Erfahrungen deuten des Weiteren darauf hin, dass ein Erwachsener, der nach staatlicher Kontrolle über seine eigenen wirtschaftlichen, gesellschaftlichen und politischen Aktivitäten oder nach einer Regierung verlangt, die seiner Fähigkeit, freiwillige, auf Informationen beruhende und gegenseitig einver-*

nehmliche Vereinbarungen mit anderen zu treffen, Grenzen setzt, kein natürliches Ergebnis ausreichender Fürsorge ist. Auch ein staatseigener Steuerzahler, der die Beschlagnahmung seines Vermögens und dessen anonyme Übertragung an die nach Ermessen der Regierung Begünstigten zulässt, ist, auch wenn dies durch irreführende Etiketten von „Mitgefühl" und „Altruismus" rationalisiert wird, kein natürliches Ergebnis angemessener Fürsorge.

Auf jeden Fall kann es keinen berechtigten Zweifel daran geben, dass Menschen tatsächlich bestimmte Anlagen zu Vertrauen oder Misstrauen, Autonomie oder Scham und Zweifel, Initiative oder Schuld, Fleiß oder Minderwertigkeit, Intimität oder Isolation usw. erwerben, wie sie Erik Erikson in *Kindheit und Gesellschaft* geschildert hat. Ebenso kann kein Zweifel daran bestehen, dass Menschen mit allgemeinen Etiketten wie hoffnungsvoll, feindselig, eigensinnig, oppositionell, treu, kompetent, abhängig, habgierig, abweichend, liebevoll, großspurig und fürsorglich, um einige zu nennen, beschrieben werden können. Alle diese Begriffe beschreiben mehr oder weniger dauerhafte Verhaltenstendenzen, die den Menschen angeboren sind. All diese Tendenzen werden routinemäßig im alltäglichen sozialen Umgang in unterschiedlichem Ausmaß beobachtet. Die Frage ist, wie diese und zahlreiche andere Dispositionen, die in der Kindheit erworben wurden, auch mit den breiteren Regeln der Gesellschaft zusammenwirken. Um diese Frage genauer zu beantworten, muss sich die Betrachtung noch einmal der Mutter-Kind-Beziehung zuwenden.

Die Mutter-Kind-Beziehung

Die Mutter-Kind-Bindung ist der Schmelztiegel, in dem die Grundlagen der Psyche ausgebildet werden, egal, welche genetischen und angeborenen Einflüsse auch immer relevant sind. Das neugeborene Kind betritt die Welt in einem völlig hilflosen Zustand. Alle seine Wahrnehmungsfunktionen – Sehen, Hören, Berühren, Riechen, Schmecken – laufen nur rudimentär ab und sind noch nicht in der Lage, irgendwelche nützlichen Informationen an ein Gehirn zu übermitteln, das wiederum nicht in der Lage ist, sie zu verarbeiten. Das Kind ist unfähig, sich auf die elementarste Weise zu orientieren: Es weiß nicht, wo es ist (hat keine Vorstellung von einem Ort), weiß nicht, wie spät es ist (hat keine Vorstellung von der Abfolge der Ereignisse oder von der Kontinuität der Existenz), weiß nicht, wer es ist (hat keinen Begriff von sich selbst), und es weiß nicht, in welcher Situation es sich befindet (es hat keine Vorstellung von seiner Interaktion mit der physischen Welt oder anderen Personen). Es kann sich nicht selbst füttern, kleiden oder sich schützen, und es kann keine persönliche Hygiene aufrechterhalten, seine Körpertemperatur nicht regulieren und seine Ausscheidungsfunktionen nicht kontrollieren. Das neugeborene Kind hat keinen Willen und keine Fähigkeit zu wählen, im gewöhnlichen Sinne dieses Begriffs. Es befindet sich in einem weitgehend vegetativen Zustand, und sein Überleben ist völlig von anderen abhängig. Von diesem bescheidenen Anfang an besteht die richtige Aufgabe seiner Bezugspersonen darin, es an eine erwachsene Kompetenz heranzuführen. Jedes Ergebnis unterhalb dieser allgemeinen Kompetenz zeugt von einem Scheitern auf der einen oder anderen Stufe des Entwicklungsprozesses.

Die wichtigste Betreuungsperson in der Welt des Kindes ist seine Mutter. Ihre Aufgabe ist es, ihm die geistigen und emotionalen Grundlagen zu geben, auf denen es zu einem selbstständigen, wirtschaftlich produktiven, eigenverantwortlichen und sozial kooperativen Erwachsenen wird, der nach den Regeln spielt und die Rechte anderer respektiert. Dies ist offenkundig der Endpunkt ihrer Bemühungen. *Ebenso offensichtlich ist im anderen Extrem das gescheiterte Ergebnis: ein wirtschaftlich und sozial abhängiges erwachsenes Kind, das behauptet, immer schikaniert zu werden, das anderen die Schuld an seinen eigenen Misserfolgen gibt, das nach Elternersatz sucht, das versucht, das politische System zu manipulieren und sich berechtigt fühlt, Waren und Dienstleistungen von anderen zu erzwingen, während es ihre Rechte, ihm seine Forderungen zu verweigern, ignoriert.* Zwischen diesen Extremen liegen unendlich viele Kombinationen sozial angepasster und desintegrierter Neigungen, die sich auf gesellschaftliche Prozesse auswirken.

Die Mutter wendet sich ihrer Aufgabe zu, indem sie ihrem Kind außergewöhnliche Dienste anbietet, einschließlich solcher, die in den ersten zwölf oder mehr Jahren seiner Existenz über Leben oder Tod entscheiden können. In späteren Jahren werden die Auswirkungen ihrer Fürsorge in Verhaltensmustern sichtbar, die sich, je nachdem, als angepasst oder fehlgeleitet erweisen. In glücklichen Fällen lernt das Kind, das früh durch die Liebe, Führung und Ermutigung seiner Mutter bestärkt wurde, sich dem Leben mit Geschick, Mut und Entschlossenheit zu nähern. In weniger glücklichen Fällen werden die Grundlagen der Persönlichkeit durch Defizite in der Mutter-Kind-Bindung und andere nachteilige Einflüsse so geschwächt, dass sich massive zerstörerische Neigungen einstellen: selbstzerstörerische Neigungen, die das Individuum zu einem tragischen persönlichen Ende treiben können, andere destruktive Tendenzen, die sich verheerend auf die Gesellschaft auswirken – oder beides. Noch einmal: Zwischen diesen Extremfällen kann sich eine unendliche Anzahl von Kombinationen aus angepassten und fehlgeleiteten Dispositionen entwickeln.

Was auch immer letztlich das Ergebnis ihrer Bemühungen ist: die Beschreibung der Aufgaben der Mutter ist erstaunlich komplex und schwierig, zum Teil, weil durch die körperliche Verletzlichkeit ihres Kindes dessen Leben auf dem Spiel steht, zum Teil, weil durch die emotionale Verwundbarkeit seine Vernunft auf dem Spiel steht und zum Teil, weil die Aufgaben, die sie bewältigen muss, um seine Hilflosigkeit zu kompensieren, außergewöhnliche Energie, Einfühlungsvermögen und Geduld erfordern. Diese entscheidenden mütterlichen Funktionen fehlen natürlich dort oder sind ernsthaft beeinträchtigt, wo das Kind Opfer von Vernachlässigung, Verlust der oder Missbrauch welcher Art auch immer wurde. Durch solche frühen Traumata bedingte Wunden hinterlassen lebenslange Narben, die sich auf spätere Bemühungen, in einer freien und ordnungsgemäßen Gesellschaft zu leben, auswirken können. Doch auch ohne offensichtliche Traumata können subtilere, aber dennoch ernsthafte Schwierigkeiten in der Mutter-Kind-Beziehung und im Umgang des Kindes mit anderen die späteren Fähigkeiten zu Selbstständigkeit und Kooperationsbereitschaft beeinflussen.

Varianten paranoider Störungen können zum Beispiel die Einbildung ungerechter Behandlung in politischen und sozialen Bereichen erzeugen, und soziopathische Tendenzen können zur Ausbeutung anderer in politischen und geschäftlichen Bereichen führen. Besonders problematisch für eine auf Freiheit gründende Gesellschaft ist der pathologisch abhängige und manipulative Erwachsene, der mit scheinbarer Berechtigung versucht, andere mit Hilfe des politischen Prozesses zu zwingen, ihm das zu geben, womit er sich nicht selbst versorgen kann oder will. Natürlich würden die meisten anderen Menschen solche Forderungen unverzüglich zurückweisen, wenn er sie eins zu eins persönlich stellt. Sie würden ihn mit der Begründung abweisen, dass sie ihn nicht kennen und weder eine moralische noch eine gesetzliche Verpflichtung haben, zu tun, was er verlangt. Bemüht sich jedoch eine Gruppe von Individuen mit ähnlichen Ansprüchen und bekommt dabei die

Rückendeckung der liberalen Sozialpolitik, kann eine große Anzahl pathologisch abhängiger Personen Regierungsbeamte finden, die bereit sind, ihren gemeinsamen zwingenden Interessen zu dienen. Wenn ihre Zahl groß genug ist, kann es ihnen gelingen, durch ihr Wahlverfahren eine Tyrannei von Sonderinteressen zu installieren, die schlimme Folgen für die Freiheit aller hat.

Die allgemeinen fürsorglichen Aufgaben der Mutterschaft

Was braucht eine Mutter, um ihr Kind zu einem kompetenten Erwachsenen zu erziehen? Schnell kommen einem da bestimmte Fürsorgefähigkeiten in den Sinn, die am ehesten vor schweren Defiziten in der Entwicklung schützen und höchstwahrscheinlich die Grundlagen einer Reifung zur Kompetenz sichern:

- Mütterliche Liebe: eine intensive, liebevolle Verehrung des Kindes;
- Mütterliche Zärtlichkeit: eine tiefe Wertschätzung und sympathierende Reaktion auf die emotionale und physische Verwundbarkeit des Kindes;
- Eine heftige Entschlossenheit, das Kind vor unnötigem Leid zu schützen;
- Eine Fähigkeit, seinen Verstand, seine Stimmung und seinen Geist zu beschäftigen;
- Eine Fähigkeit zu verstehen, was es wahrnimmt, dies zu identifizieren, zu überprüfen und zu korrigieren;
- Eine Fähigkeit, das Kind zu einer vernünftigen Beziehung zu sich selbst und zu anderen zu veranlassen;
- Fähigkeiten, es in der Moral menschlicher Beziehungen zu unterweisen, seine zunehmende wirkliche Herrschaft über sich selbst und seine Welt anzuerkennen, seinen persönlichen Wert mit realistischen Begründungen zu bestätigen und auf seiner Achtung vor der individuellen Souveränität anderer Personen zu bestehen.

Diese fürsorglichen Fähigkeiten sind es, die die Grundlage für die spätere Entwicklung bilden. Wenn sie angemessen sind, verankern sie die emotionale Infrastruktur für eine letztendliche Verwirklichung von Grundvertrauen, Selbstständigkeit, Initiative, Fleiß, Identität, Intimität, Wandlungsfähigkeit und Integrität.

16
Zuneigung, Abstand und Vertrauen

Wo die Liebe herrscht, da gibt es keinen Machtwillen, und wo die Macht den Vorrang hat, da fehlt die Liebe. Das eine ist der Schatten des anderen.

Carl Gustav Jung

Mutter und Kind

Die Mutter-Kind-Bindung ist die schützende Umgebung, in der – je nachdem, welche genetischen und angeborenen Einflüsse vorliegen – die Grundlagen der Psyche herausgebildet werden. Diese Bindung entwickelt sich natürlich und instinktiv, wenn Mutter und Kind normal begabt sind, doch sie verwirklicht sich bei einem bestimmten Kind-Mutter-Paar nicht automatisch. Das autistische Kind mit beeinträchtigtem Gehirn sucht oder erlaubt keine Zuneigung. Die Mutter, die sich in eine Welt paranoider Wahnvorstellungen oder depressiven Grübelns zurückgezogen hat, ist nicht in der Lage, anfangs eine Bindung zu ihrem Kind aufzubauen oder später eine gesunde Beschäftigung mit ihm aufrechtzuerhalten. Zwischen einer gesunden Bindung an dem einen Ende eines Kontinuums und einer im Grunde nicht vorhandenen Bindung am anderen Ende liegen unzählige Variationen in Wesen und Qualität der Mutter-Kind-Beziehung. Innerhalb dieser komplexen Wechselwirkung entwickeln sich grundlegende lebenserhaltende Prozesse, um das Kind zu schützen. Zeitgleich entwickeln sich seine ersten Erfahrungen mit Zusammenarbeit und Konflikten. Nun, da die Grundlagen seiner Persönlichkeit ihren Platz gefunden haben, beginnt es sich vom passiven Säugling zum aktiven Impulsgeber menschlicher Ereignisse zu wandeln.

Frühe Interaktionen mit der Mutter führen zur ersten und primitivsten Erfahrung des Kindes mit dem eigenen Selbst und anderen bzw. dem eigenen Selbst und der Welt. Innerhalb der ersten zwei Lebensjahre werden grundlegende Darstellungsformen aller Arten von Erfahrungen in der Psyche des Kindes installiert. Sie können angepasst, fehlgeleitet oder beides sein. Auf der Grundlage seiner Erfahrungen in den ersten zwanzig Lebensjahren, und je nach seinen genetischen Prädispositionen, wird das Kind mit einem grundsätzlich entweder vertrauensvollen oder misstrauischen Gefühl aufwachsen, es wird entweder für die Welt empfänglich oder vorsichtig sein, emotional entweder verbunden oder getrennt, entweder seiner selbst fest bewusst oder an sich selbst zweifelnd, und es wird entweder von einer erkennbaren, es umgebenden Wirklichkeit überzeugt oder skeptisch sein, ob nicht Dinge, die andere als offensichtlich wahrnehmen, bloße Illusionen sind. Je nach Art und Qualität seiner frühesten Erfahrung wird es dazu neigen, sich sicher oder unsicher, zufrieden oder ängstlich, ruhig oder aufgeregt, als geschlossenes Ganzes oder zersplittert, voll oder leer, befriedigt oder unterprivilegiert, leistungsfähig oder hilflos, eingebunden oder entfremdet zu fühlen. Sein frühestes Gefühl von Verbundenheit und Verwandtschaft zu anderen, sein Gefühl von Vorhersagbarkeit, Ordnung, Wirklichkeit und Sicherheit in der Welt und sein Glaube und Optimismus im Hinblick auf die Zukunft erwachsen aus der frühesten Bindung des Kindes an seine Mutter oder ihre Stellvertreter.

Die frühesten Erfahrungen des Kindes in all diesen Modi tragen zu späteren mentalen Darstellungen von sich selbst und der Welt der Personen und Dinge bei. Sie begründen seine Haltungen sich selbst und anderen gegenüber. Erikson beobachtete in dieser Zeit die Vorläufer späterer Tendenzen zu forderndem Verhalten oder Kooperation, Großzügigkeit oder Gier, Empfänglichkeit oder Ablehnung, Ruhe oder Angespanntheit, zuversichtlichem Optimismus oder ängstlicher Sorge. Die Auffassung von sich selbst als grundsätzlich gut oder schlecht, wertvoll oder wertlos, bedeutsam oder unbedeutend bildet sich mit den ersten Begegnungen des Kindes mit dem Leben. Und seine spätere Fähigkeit zu spiritueller Erfahrung folgt sicherlich aus seiner frühesten Erfahrung einer „kommunionsartigen" Beziehung zu seiner Mutter, die ihm als erster allmächtiger Schöpfer seiner Welt erscheint. Spätere Wahrnehmungen der Welt als vorhersehbar, stabil, verständlich, freundlich, zuvorkommend, annehmend und erfreulich und nicht unvorhersehbar, chaotisch, verwirrend, gleichgültig, kalt, beleidigend und schmerzhaft haben ihren Ursprung im Kleinkindalter.

Den Beitrag dieser urtümlichen Erfahrungen kann man nicht ignorieren, wenn man die menschliche Verfassung verstehen will. Ungeachtet der Auswirkungen genetischer Einflüsse und der erschwerenden oder mildernden Umstände des späteren Lebens muss jede Analyse des Verhaltens von Erwachsenen und des gesellschaftlichen Prozesses bei der frühen Entwicklung ansetzen. *Die frühesten Erfahrungen des Kindes von Mangel oder Sattheit, Zufriedenheit oder Furcht, liebevollen Reaktionen oder schwerer Vernachlässigung und anderer Seelenzustände werden seine spätere Einschätzung dessen beeinflussen, wie viel materiellen Reichtum es braucht, um sich sicher zu fühlen, wie viel Verantwortung es für sich selbst übernehmen sollte und wie viel Fürsorge es von anderen durch den Einsatz von Gewalt, einschließlich der Macht der Regierung, bekommen kann.* Seine erste Erfahrung von sich selbst als Objekt häufiger zärtlicher Umarmungen seiner Mutter oder kalter Gleichgültigkeit, ihrer Bereitschaft, es anzunehmen oder zurückzuweisen, wird sich später auf seine Erwartungen auswirken, dass andere entweder mit ihm zusammenarbeiten oder es ablehnen werden. *Die frühesten Erfahrungen des Kindes mit den Bezugspersonen bei der Versorgung oder im Konflikt bestimmen zum Teil, ob es als Erwachsener wählen wird, mit anderen politisch gleichberechtigt in einer freien Gesellschaft zu kooperieren oder sie zu pflichtgetreuen Dienern in einer Zwangsgesellschaft zu machen.* All diese Alternativen hängen davon ab, wie die grundlegenden Antriebe zu Selbsterhaltung, Abhängigkeit, Erwerb, Narzissmus, Aggressivität, Sexualität, Ernährung und Beziehung in die Psyche integriert sind. Diese Integration beginnt mit den ersten Bindungen des Kindes an seine Mutter. Sie leitet seine Entwicklung zu einem wirtschaftlichen, sozialen und politischen Wesen ein, das sich entscheidet zu handeln oder zu nehmen, zu erzwingen oder zu kooperieren, teilzuhaben oder sich zu entziehen.

Soziale Institutionen und Bindung

Was legt eine Gesellschaft in ihren Regeln für ein Leben auf der Grundlage dieser elementaren Aspekte unserer menschlichen Natur institutionell fest, und um welchen Preis? Wie bereits bemerkt, haben die modernen westlichen Gesellschaften in erster Linie mütterliche Betreuungsaufgaben institutionalisiert. Die Begriffe „Nanny-Staat" und „Fürsorge von der Wiege bis zum Grabe" verweisen auf diese Entwicklung während des größten Teils des 20. Jahrhunderts. Tatsächlich haben wir in unseren politischen Ritualen sogar die liebevolle und fürsorgliche Haltung der Mütter institutionalisiert. Der liberale Politiker unterstreicht seine persönliche Hingabe an seine Wähler und versichert ihnen, dass er ihr leidvolles Ringen und ihr Bedürfnis nach Rettung spürt. Er sagt ihnen, dass sie nicht allein sind, dass er sich um sie kümmert, dass er ihnen ergeben ist und dass er nicht ruhen wird, bis er sie durch Gaben, die weit über das hinausreichen, was sie für sich selbst erreichen können, von ihrer Bürde entlasten kann. Wahlkampfrhetorik ist immer leidenschaftlich, was Garantien für Sicherheit und Absicherung betrifft. Die Aufgabe, alle Ungewissheiten des Lebens zu bedienen, von der pränatalen und frühen Kinderbetreuung über Bildung und Wohnraum bis hin zur medizinischen Versorgung und Rentensicherheit, gilt heute als Pflicht der Regierung. Die Regierung ist zur „unentbehrlichen Mutter" der ersten und letzten Zuflucht geworden. Die Menschen sind zu ständigen Mündeln des Staates degeneriert!

Indem die moderne liberale Regierung aber alle Dinge für alle Menschen bereitstellt, versucht sie auch, sie in einem Ausmaß zu kontrollieren, das weit über das hinausgeht, was für individuelle Freiheit, soziale Sicherheit und gesellschaftliche Harmonie nötig ist. Die liberale Agenda drängt den Bürger dazu, sein grundlegendes Vertrauen in die Regierung zu setzen, in ihr die Mutter aller Versorger zu sehen und denen zu misstrauen, mit denen er freiwillig verhandeln müsste, um zu bekommen, was er haben will. Dabei versucht der Politiker, das Vertrauen, das den Einzelnen ermutigen könnte und sollte, durch freiwillige Zusammenarbeit mit anderen sein eigenes Leben zu führen, zu den Regierungsbehörden umzuleiten. Regierungsprogramme appellieren an die Passivität des Bürgers, indem sie implizieren, dass er nicht selbst für seine eigene Gesundheit, seinen Wohnraum oder seinen Ruhestand sorgen muss, und dass er für diese Zwecke auch nicht mit seinen Gefährten zusammenzuarbeiten braucht. Stattdessen wird ihm gesagt, er müsse nur darauf vertrauen, dass die Regierung ihm alles zugänglich macht, was er benötigt, und dieses Vertrauen umsetzen, indem er ihren Beamten die Befugnis gibt, die Leute zu besteuern und ihr Leben zu seinem Vorteil zu regulieren. Kurzum, die Regierung lädt den Bürger ein, für den Kandidaten zu stimmen, der das verspricht, was ein Elternteil seinem Kind gibt. Sie lädt ihn ein, die abhängige Rolle des Kindes anzunehmen, seine persönliche Souveränität dem Staat zu überlassen, seine existenzielle Verpflichtung, die volle Verantwortung für sein materielles und soziales Wohlergehen zu übernehmen, zu ignorieren und Regierungsbeamte zu ermächtigen, seine Betreuer zu sein.

Politik und pathologische Abhängigkeit

Mit ihrer weitverbreiteten Verstaatlichung der grundlegendsten menschlichen Bedürfnisse auf Kosten der individuellen Freiheit, der individuellen Verantwortung und der individuellen Risikobereitschaft ist die gesamte liberale Agenda eine Verordnung pathologischer Abhängigkeit. Weil alle Erwachsenen das Leben als hilflose Kinder beginnen, wird die Anziehungskraft dieser Verordnung weltweit erkannt und ausgenutzt. Unsere frühe Geschichte der totalen Abhängigkeit hat in uns Reste eines infantilen Verlangens nach Rückkehr zu einer leistungslosen Befriedigung in der Obhut eines allmächtigen Wohltäters hinterlassen. Aus der Perspektive des Kleinkindes ist die Mutter genau diese Art von Wohltäter (oder sollte es sein): ein allmächtiger Dienstleister, der die Macht hat, ihm zu geben, was nötig ist, wann immer es gebraucht wird, und es vor aller Gefahr zu schützen. Es nimmt zu Recht an, dass ihre Absichten gutmütig und liebevoll sind, und es gibt sich ihr bereitwillig hin – und weil es keine andere Wahl hat. Die Kosten, einschließlich all ihrer außerordentlichen Zeit und Mühen um seinetwillen, sind aus der Sicht eines Kleinkindes kein Thema.

Wenn nicht Ideale von prinzipieller Eigenständigkeit dagegensprechen, wird die primitive Abhängigkeit des gewöhnlichen Bürgers leicht zu einer „berechtigten" Forderung nach der Großzügigkeit der Regierung anwachsen. Die Angebote des liberalen Politikers schwingen stark mit der Sehnsucht des Volkes mit, für nichts etwas zu bekommen, um von der Arbeit anderer zu leben. Der unachtsame Bürger, der sich aus irgendeinem Grund bedürftig fühlt, der von den ökonomischen Auswirkungen des Wohlfahrtsstaates nichts weiß und eine kindliche Missachtung der Eigentumsrechte anderer bewahrt hat, frisst den politischen Köder genauso selbstverständlich, wie ein Kleinkind die Fütterung von seiner Mutter annimmt. Natürlich ist diese Art von Reaktion für ein Kind angemessen. Aber sie ist für einen Erwachsenen in einer freien Gesellschaft nicht mehr angemessen. Die totale Abhängigkeit des Kindes von seiner Mutter ist eine unumgängliche und notwendige Voraussetzung für sein Überleben. Seine Bereitschaft, ganz darauf zu vertrauen, dass sie es in jeder Hinsicht umsorgt, ist für sein Wachstum bis zum Erwachsenenalter entscheidend. Doch der Vertrag des Bürgers mit einer elterlichen Regierung ist eine Entscheidung, die er in einer Wahlkabine treffen kann. Allzu oft hat er keine Ahnung von den Auswirkungen dieser Wahl und erliegt den Verführungen der liberalen Agenda.

Der historische Aufstieg der liberalen Agenda in der westlichen Welt wurde stark durch die latenten Sehnsüchte der Massen angeheizt, wieder die garantierte Sicherheit einer idealisierten elterlichen Fürsorge zu erleben. Diese Sehnsüchte sind weitgehend unbewusst. Wenn die abhängige Person mit ihnen konfrontiert wird, wird sie ihre wahre Signifikanz und sogar ihre Existenz leugnen. Als Reaktion auf diese Sehnsüchte versprechen die Wohlfahrtsprogramme der kollektiven Regierung für das zu sorgen, was das kleine Kind in den ersten Lebensjahren genossen hat oder genossen haben sollte: die liebevolle Großzügigkeit und den Schutz einer allmächtigen Mutter. Der liberale Politiker nutzt die Entwicklungsdefizite aus diesen Jahren aus, indem er verspricht, unsere elementarsten Ängste zu lindern; wir brauchen ihm nur genug Macht und Geld dafür zu geben. Auf diesem Wege wurden die Politiker der Nanny-Staaten Europas und Amerikas von den Wünschen des Volkes, adoptiert zu werden, bevollmächtigt. Ohne Ausnahme haben die großen Völker der westlichen Welt die Regierungen eingeladen, die grundlegendsten Fürsorgeaufgaben der Kernfamilie zu übernehmen. Dabei haben sie den Regierungen aber auch die Macht übertragen, die Eltern über Kinder haben.

Institutionen und Werte

Was in jedem demokratischen Staat tatsächlich institutionalisiert wurde, ist ein Ausdruck dessen, was seine Menschen am meisten wertschätzen, sei es klug oder töricht. Allgemeiner gesagt hängt das, was in den Lebensordnungen einer demokratischen Gesellschaft institutionalisiert wird, von den Ängsten und Sehnsüchten ab, von denen die Wähler glauben, dass sie vom Staat angesprochen werden sollten. Wenn die Ideale der Wähler individuelle Freiheit, Selbstverantwortung, Selbstverwirklichung und freiwillige Zusammenarbeit sind, und wenn die vorherrschenden Ängste mit Übergriffen auf Person und Eigentum oder der Verletzung verbindlicher Verträge zusammenhängen, dann werden die Regeln der Gesellschaft die Rechte auf privates Eigentum und die Erfüllung vollstreckbarer Vereinbarungen schützen. Wenn sich die Menschen andererseits nach den Illusionen des Egalitarismus, materiellen Sicherheitsgarantien und groß angelegten Regulierungen sehnen, wenn es sie nach Genuss verlangt und sie die Ungewissheit sowie ihren eigenen Neid und ihre Unzulänglichkeiten besonders fürchten, dann werden sie das Ideal der Freiheit ablehnen. Sie werden stattdessen den modernen Verwaltungsstaat schaffen und ihn ermächtigen, unter dem Vorwand sozialer Gerechtigkeit zu regulieren, zu kompensieren, zu besteuern und umzuverteilen.

Eine freiheitsliebende Gesellschaft hingegen wird keine staatlichen Programme institutionalisieren, die versuchen, Erziehungsaufgaben, die für die Kindheit angemessen sind, im Leben des erwachsenen Bürgers umzusetzen. Die Regeln, die die Freiheit schützen, dürfen nicht zulassen, dass Personen, die eigentlich die Möglichkeit haben, sich durch Erwerbstätigkeit selbst zu versorgen – und sei es nur auf existenzieller Ebene –, mit Appellen an soziale oder wirtschaftliche Gleichheit bei ihren Mitbürgern schmarotzen, sei es aus Neid auf bessere Lebensumstände, aus einem großspurigen Berechtigungsgefühl heraus, aufgrund des Wunsches, „adoptiert" zu werden, aus der entrüsteten Weigerung, untergeordnete Arbeit zu tun, oder einfach nur aus Faulheit.

Für jene Personen, die tatsächlich nicht in der Lage sind, sich selbst zu versorgen, können – und müssen, um die Freiheit der Gesellschaft zu bewahren – die gemeinnützigen Organisationen der Gemeinschaft freiwillig die notwendigen Ressourcen zur Abhilfe ihres Mangels liefern oder sie anderweitig entschädigen, wenn sie unheilbar krank sind. Dazu ist wichtig zu bemerken, dass für die Erhaltung der individuellen Freiheit als endgültiges politisches Ideal die freiwillige Bereitstellung von gemeinnützigen Diensten durch örtliche Gemeinschaften die einzige Möglichkeit ist, die Eingriffe in die Freiheit zu verhindern, die unvermeidlich dann auftreten, wenn Regierungen die Verantwortung für die Benachteiligten übernehmen. Dank eines angeborenen Mitleids für ernsthaft benachteiligte Personen ist die Bevölkerung insgesamt nicht lange imstande, deren Notlage zu ignorieren, und wird darauf bestehen, dass jemand etwas für sie tut. Die Frage ist immer, ob dies freiwillig und damit freigebig durch kompetente Personen in der Gemeinde geschehen oder von der Regierung angeordnet wird und bloß eine weitere Gelegenheit ist, die Freiheit durch Zwänge zu untergraben. *Jede Regierung, die die Macht hat, ihre Bürger zu bemuttern, hat auch die Macht, sie zu beherrschen und zu bestehlen; sie mit Steuern zu überfordern, ihr Eigentum zu beschlagnahmen und ihre verbindlichen Vereinbarungen außer Kraft zu setzen.* Aus diesem Grund müssen die rechtlich durchsetzbaren Institutionen der Gesellschaft enge Grenzen haben, damit die Regierung, die das Volk vor Tyrannei und Diebstahl schützt, nicht selbst zum gefährlichsten Tyrannen und Dieb wird.

17
Vertrauen, Misstrauen und gesellschaftlicher Prozess

Hoffnung hilft dem Menschen, sich einem Maß der Verwurzelung anzunähern, wie es die Tierwelt besitzt, in welcher sich, angefangen mit der Pflege durch die Mutter, Ausstattung durch Instinkte und Umwelt gegenseitig bestätigen, es sei denn, das Individuum oder die Spezies werden von einer Katastrophe heimgesucht.

Erik Erikson

Die elementare Wichtigkeit des Vertrauens

In den letzten Kapiteln sind wir den Auswirkungen nachgegangen, die ein früher Verlust der Mutter oder frühkindlicher Missbrauch auf das spätere Zusammenleben in einer freien Gesellschaft haben, und wir haben auf die Auswirkungen eines solchen Traumas auf das grundlegende Urvertrauen hingewiesen. Das vorliegende Kapitel bietet einige zusätzliche Sichtweisen auf das Vertrauen und seine Relevanz für gesellschaftliche Arrangements, beginnend mit der Beobachtung, dass das Urvertrauen einfach eine Voraussetzung für den Umgang mit der Welt ist. Aufgrund seines Vertrauens, dass er sich auf seinen eigenen Geist und Körper verlassen kann, seines Glaubens, dass die Welt wohlwollend genug ist, und seiner Überzeugung, dass er erfolgreiche Beziehungen zu anderen knüpfen kann, engagiert sich der gesunde Erwachsene in einer intakten Gesellschaft in der Erwartung, dass er und andere zugunsten aller interagieren können, indem sie das tun, was sie zu tun vereinbart haben, und sich dabei an gemeinschaftlich akzeptierte Regeln halten.

Jeder Vereinbarung, etwas gemeinsam zu tun, wohnt eine Vertrauenserwartung im gewöhnlichen Wortsinn inne. Die meisten Geschäfte beginnen unter der Annahme, dass sich die teilnehmenden Parteien angemessen verhalten werden: Sie respektieren gegenseitig Person und Eigentum, achten die Bedingungen einer Vereinbarung und halten alle Versprechen ein, die in gutem Glauben abgegeben wurden. Vertrauen erlaubt es den Menschen, Vereinbarungen zu treffen, ohne Zwang Beziehungen einzugehen und Einzel- wie auch Gruppenziele zu erreichen, die das Streben nach dem Glück erleichtern. Die Freiheit in einer geordneten Gesellschaft ist stark abhängig vom Vertrauen und seinem Gegenstück, der Vertrauenswürdigkeit. Letztere ist eine dauerhafte Bereitschaft zu einem aufrichtig guten Willen, zu Ehrlichkeit, Fairness, gegenseitiger Rücksichtnahme und Zuverlässigkeit im persönlichen und finanziellen Austausch. Die Fähigkeit zu einem grundlegenden Vertrauen steht im Mittelpunkt aller Beziehungen, die auf gegenseitigem Einverständnis und nicht auf Zwang beruhen.

Mit besonderer Betonung sei hier festgehalten, dass das Ziel der normalen Entwicklung in einer freien Gesellschaft nicht darin besteht, dem Kind ein „Vertrauen" darauf zu vermitteln, dass die Regierung sich um alles kümmern wird, wenn es erwachsen ist. Eriksons Konzept vom Urvertrauen billigt nicht die Erwartung eines Bürgers, dass ein bedeutender Teil seines Lebens vom Staat oder von irgendjemand anderem subventioniert wird. Leider ist es genau das, was der liberale Politiker seinen Wählern stets verspricht: dass sie ihr Vertrauen in ein Regierungsprogramm setzen können und sollen, das ihr materielles Wohlergehen garantiert. Da eine solche Erwartungshaltung eindeutig eine nur in der Kindheit angemessene Abhängigkeit mit sich bringt, beeinträchtigt ihr Fortbestehen im Erwachsenenalter zwangsläufig das Wachsen zur Reife. Noch entscheidender ist für ein rationales Vertrauenskonzept jedoch die Tatsache, dass jede Beziehung, in der die Regierung ihre Bürger adoptiert, kein wirkliches Vertrauensverhältnis ist. Es ist stattdessen ein faustischer Handel, der auf der pathologischen Abhängigkeit der Bürger einerseits und der Bereitschaft des Politikers, sie auszunutzen andererseits basiert. Ein „Vertrauen" darauf, dass die Regierung einem den Lebensunterhalt finanzieren wird, hatte Erikson oder irgendein anderer Psychologe selbstverständlich nicht als Entwicklungserfolg im Sinn, noch kann eine solche Berechtigungshaltung das sein, was jeder politische Denker, der sich der Freiheit verschrieben hat, mit der gesellschaftlichen Vorstellung von Vertrauen meint. Allein ökonomische Erwägungen widersprechen jeglicher Verknüpfung von Vertrauen und staatlicher Subvention: Die Verwirklichung individueller Freiheit ist mit erzwungenen Vermögensübertragungen unvereinbar. In echten freien Gesellschaften wird Wohlstand nur durch freiwilligen Austausch unter jenen, die auf freien Märkten kaufen oder verkaufen, oder durch Vererbung oder gemeinnützige Spenden an vom Spender ausgewählte Empfänger übertragen.

Natürlich ist der wirtschaftliche Austausch nur eine Kategorie von unzähligen frei gewählten Interaktionen, die das Wesen des gesellschaftlichen Prozesses in einer freien Gesellschaft bestimmen. Bei diesen Interaktionen kann das Vertrauen seine entscheidende Rolle als ermutigende Kraft für die freiwillige Zusammenarbeit nur dann spielen, wenn es von der Einmischung der Regierung durch Zwänge, die über das hinausgehen, was zum Schutz der Grundfreiheitsrechte nötig ist, unbehelligt bleibt. Vertrauen erfordert, dass die Bedingungen verbindlicher Vereinbarungen, ob wirtschaftlich oder sozial, tatsächlich durchgesetzt werden. Selbst bei solchen Transaktionen beruht das Vertrauen in erster Linie auf der vorausgesetzten Ehrlichkeit und Integrität aller Parteien. Das Urvertrauen im Sinne Eriksons in einen a-priori-Optimismus dem Leben gegenüber liegt im Zentrum des gesellschaftlichen Prozesses in einer freien und geordneten Gesellschaft. In jedem übergreifenden Konzept von individueller Freiheit ist das Erreichen des Grundvertrauens in der Entwicklung eine unentbehrliche Vorbereitung auf die Erwachsenenwelt des freiwilligen Austauschs.

Das liberale Misstrauen und seine Folgen

In dem Maße, in dem der liberale Politiker mit seinen störenden Regulierungen und erzwungenen Vermögensübertragungen Erfolg hat, untergräbt er die Anreize für das Volk und behindert dessen Möglichkeiten, seine gesellschaftlichen Probleme durch freiwillige Zusammenarbeit zu lösen. Dies ist genau genommen eine zentrale Strategie der liberalen Agenda: Zweifel und Angst in den Köpfen der Massen zu nähren, um sie auf die zusätzliche staatliche Einmischung in ihr

Leben vorzubereiten. Die liberale Agenda versucht regelmäßig, das Misstrauen der Menschen zu fördern, indem sie sie überzeugt, dass lokale Lösungen für Probleme unzureichend sind und dass lokale Lösungsversuche durch eine Regierungsbürokratie geregelt werden müssen, ansonsten werde der Versuch fehlschlagen. Die Bemühungen der Regierung scheitern jedoch ebenso regelmäßig, woraufhin der Bürokrat noch mehr staatliche Eingriffe vorschlägt. Trotz seiner langen Liste politischer Misserfolge versichert der liberale Politiker und seine Kollegen allen, die sie wählen werden, dass die Menschen dank ihrer Programme darauf „vertrauen" dürfen, dass ihnen Bildung, Wohnraum, Gesundheitsversorgung, soziale Sicherheit und unzählige andere „notwendige" Leistungen *ohne nachteilige Folgen* zur Verfügung gestellt werden können und werden. Tatsächlich aber strotzt die Realität solcher Programme vor nachteiligen Folgen.

Eine der schlimmsten ist der verderbliche Einfluss auf die Charakterstärke des Volkes. Beachten Sie zum Beispiel, dass der Durchschnittsbürger, auch wenn er verführt wurde zu glauben, die staatliche Subvention sei eine legitime öffentliche Politik, nicht einmal daran denken würde, eine vergleichbare Unterstützung von einem Nachbarn von nebenan oder von jemand anderem in seiner eigenen Stadt oder von irgendeiner bestimmten Person in irgendeiner anderen Stadt zu fordern. Es würde Smith zum Beispiel nicht einfallen, seinem Nachbarn Jones zu sagen, dass er Jones ausgewählt hat, eine seiner Ausgaben zu finanzieren – und ob Jones bitte einen Scheck auf die angegebene Summe ausstellen würde. Abgesehen von der Tatsache, dass Smith sich aus moralischen Gründen viel zu sehr schämen würde, eine solche Forderung zu stellen, weiß er auch mit großer Gewissheit, dass Jones einer solchen Forderung mit Verachtung begegnen und sie rundweg ablehnen würde. Versuchte Smith dann, einen „Beitrag" von Jones zu erzwingen, würde sein Verhalten von diesem Zeitpunkt an nicht nur beschämend, sondern auch kriminell werden. In diesem Szenario würde Jones berechtigterweise die Polizei rufen, um Smiths Versuch, ihn zu erpressen, zur Anzeige zu bringen.

Beachten Sie, dass sich an der moralischen Situation nichts ändern würde, wenn sich mehrere andere Personen in der Gemeinde Smith anschließen würden, um an Jones eine Gruppenforderung für die gleiche Subvention zu richten, die Smith als Einzelner gefordert hatte. Stellen Sie sich zum Beispiel vor, dass Smith und ein Dutzend anderer Personen vor Jones' Tür auftauchen und als Gruppe verlangen, was Smith für sich selbst verlangt hat. Jones wäre ob der Gruppenforderung natürlich immer noch zu Recht angewidert, wenn nicht noch mehr, als er es war, als Smith die Forderung allein stellte. Und wenn die Gruppe versuchte, Jones' Einwilligung zu erzwingen, dann würde beschämendes Verhalten wieder zu kriminellem Verhalten eskalieren. Doch bedenken Sie, dass sich an der Argumentation auch dann nichts ändert, wenn die Gruppe, die von Jones Geld verlangt, die Regierung ist. Wenn es die Bundessteuerbehörde ist, die an Jones' Tür klopft, ist Jones immer noch zu Recht empört über die Forderung, dass er jemanden subventionieren soll, den er nicht kennt oder der ihn nicht kümmert. Diebstahl ist Diebstahl, Erpressung ist Erpressung; unabhängig davon, wer die Handlung begangen hat. Die Unmoral und die Kriminalität solcher Handlungen, ob sie von Einzelpersonen oder von Regierungen verübt werden, ob sie Raub oder Besteuerung genannt werden, sind jedem vernünftigen Menschen klar. Doch die Wohlfahrtspropaganda der liberalen Agenda hat es geschafft, den Sinn des Durchschnittsmenschen für Recht und Unrecht zu trüben, wenn es die Regierung ist, die das Verbrechen begeht.

Der von der liberalen Wohlfahrtspolitik verführte Möchtegern-Forderer wendet sich nicht an seinen Nachbarn, der seine Forderung zurückweisen würde, sondern an seinen Kongressabgeordneten, der ihm versichert, dass ihm eine durch die Regierung erzwungene Übertragung von etwas zusteht, was ihm sonst niemand freiwillig geben würde. Der Kongressabgeordnete nutzt die Tatsache aus, dass bei dieser Übertragung, die eigentlich ein vermittelter Diebstahl ist, weder Empfänger noch Steuerzahler einander kennen. Dieses Manöver umgeht das Potenzial zu moralischer Empörung und entrüsteter Ablehnung, das im üblichen Verhältnis zwischen Nachbarn angelegt ist. Die Anonymität des Diebstahls umschifft die soziale Missbilligung durch den Nachbarn und schützt den Empfänger vor öffentlicher Schande. Diejenigen, die diesem Komplott beipflichten, sind korrupt. Diejenigen, die es nicht tun, sind demoralisiert. In beiden Fällen sind die Grundlagen des Urvertrauens in die freiwillige Zusammenarbeit geschwächt.

Zusätzliche Implikationen des Urvertrauens

Ungeachtet der liberalen Bemühungen, die Rolle des Vertrauens in freiwillige Transaktionen zu untergraben, hat die Idee des Urvertrauens über die unmittelbaren persönlichen Beziehungen hinaus gesehen mit sozialen Fragen auf allen Ebenen zu tun. Vertrauen entwickelt sich in allen Formen des gesellschaftlichen Umgangs dort, wo Einzelpersonen übereinstimmend einen prinzipiellen Respekt vor Person und Eigentum anderer hegen und die Bedingungen von Vereinbarungen in gutem Glauben achten. Solcher Respekt umgeht die heftigen und oft gefährlichen emotionalen Reaktionen, die sich entwickeln, wenn Vertrauen verraten wird. Vertragsverletzung, Eigentumsverletzung, Zivilrechtsverstöße, Schuldenverzug, Beschmutzung gesellschaftlicher Konventionen, Entweihung religiöser Rituale und Zuwiderhandlungen gegen politische Verträge werden üblicherweise als Vertrauensverletzungen wahrgenommen und bewirken meist Emotionen und Handlungen, die die soziale Harmonie stören. Solche Vertrauensbrüche erzeugen in begrenztem Umfang intensive persönliche und gesellschaftliche Konflikte und können in größerem Ausmaß zu Kriegen führen. Im überschaubaren Bereich einer ehelichen Beziehung zum Beispiel kann die emotionale Verletzung, die üblicherweise bei sexueller Untreue auftritt, sowohl den ehelichen Bund als auch zumindest zeitweilig die Harmonie der Partner zerrütten und letztlich völlig zerstören. Eine tiefe soziale Zerrüttung in viel größerem Ausmaß ist typischerweise bei Nationen und ethnischen Gruppen zu beobachten, wenn territoriale Vereinbarungen oder religiöse Rituale verletzt werden. In jedem Fall des Vertrauensbruches oder des Gefühls eines Vertrauensbruches, ob zwischenmenschlich oder international, ist die Bedrohung durch Vergeltung und gesellschaftliche Unruhen niemals weit entfernt. Individual- und Gruppengefühle, die in diesen Situationen aktiviert werden – Angst, Wut, Eifersucht, Schmerz und Verzweiflung, gepaart mit reaktiven Verhaltensweisen, die von ihnen ausgehen –, ähneln sich von einem Fall zum anderen bemerkenswert.

Die Wichtigkeit des Vertrauens wird noch deutlicher, wenn sein Gegenteil, das Misstrauen, bei einem Geschäft die Erwartungen kennzeichnet. Im Extremfall stehen sich zwei paranoide Individuen so misstrauisch gegenüber, dass die Verhandlungen nie beginnen oder sich schnell verschlechtern und es gar nicht zu dem Geschäft kommt. Das entgegengesetzte Extrem, ein blinder Glaube, dass andere immer die besten Absichten im Sinn haben, kann Leben, Gesundheit und Eigentum aufs Spiel setzen. Natürlich ist Misstrauen in den Fällen, in denen es tatsächlich zu Betrug, Schuld, Vertragsverletzung oder andere Übertretungen kommt, völlig angemessen und sollte zu einer sofortigen Beendigung der

Beziehung führen. Das Misstrauen in diesen Fällen ist eindeutig nicht irrational und stellt kein Entwicklungsversagen dar. Bei legitimen Geschäften hingegen halten sich vertrauensvolle, aber verantwortliche Personen an die Bedingungen von Vereinbarungen. Solche Personen erwarten voneinander Zusammenarbeit, treffen jedoch geeignete Vereinbarungen, um sicherzustellen, dass jede Partei die geltenden Regeln befolgt. Der kompetente Einzelne, der auf realistischen, jedoch durch Vorsicht gedämpften Erwartungen an vertrauenswürdiges Verhalten aufbaut, nimmt weder eine Position kindlicher Naivität noch paranoider Vermeidung ein.

Hat man diese Beobachtungen im Gedächtnis, kann die Bedeutung des Vertrauens im Leben von Einzelpersonen und lokalen Gemeinschaften schwerlich überbewertet werden. Da die individuelle Verfolgung persönlicher Ziele in einer freien Gesellschaft unweigerlich eine Zusammenarbeit mit anderen erfordert, sind Geschäfte, die auf wirklich vertrauenswürdigem Verhalten beruhen, entscheidend für die Selbstverwirklichung. Doch wird angesichts der schlimmen Folgen verratenen Vertrauens auf allen Ebenen der Gruppeninteraktion ebenso klar, dass das allgemeine Streben einer rationalen Gesellschaft nach wirtschaftlicher, sozialer und politischer Ordnung entscheidend von einem ethischen Umfeld abhängt, das die Ermöglichung eines Grundvertrauens bei ihren Bürgern unterstützt. Aus diesen Gründen ist die Verpflichtung einer Gesellschaft zur Vertrauenswürdigkeit auf allen Ebenen entscheidend für ihre Charakterstärke. Vertrauen ist im Leben des Menschen grundlegend.

18
Die Autonomie und der gesellschaftliche Prozess

Die Schöpfer unserer Verfassung verpflichteten sich, die Bedingungen zu sichern, die für das Streben nach dem Glück von Vorteil waren. Sie erkannten die Bedeutung der geistigen Natur des Menschen, seiner Gefühle und seines Intellekts. Sie wussten, dass in materiellen Dingen nur ein Teil des Schmerzes, der Freude und der Zufriedenheit des Lebens zu finden ist. Sie waren bemüht, die Amerikaner mit ihren Überzeugungen, ihren Gedanken, ihren Gefühlen und ihren Empfindungen zu schützen. Sie erteilten, gegen die Regierung, das Recht, in Ruhe gelassen zu werden – das Umfassendste aller Rechte und das Recht, das von zivilisierten Menschen am höchsten geschätzt wird.

Justice Louis Brandeis

Persönlichkeit entwickelt sich durch den Erwerb aufeinander folgender Freiheiten.

Jane Loevenger

Individuation und Autonomie

Um die zweite von Eriksons Entwicklungsaufgaben anzusprechen, wollen wir nun einen Blick auf die frühen Grundlagen der Autonomie bei Erwachsenen werfen. Wie bereits erwähnt, bedeutet der Begriff „Autonomie" wörtlich „Eigengesetzlichkeit“ oder „Selbstregierung“. Sie legt eine eigene Kontrolle über bestimmte Aufgaben fest, die für das rationale Leben von wesentlicher Bedeutung sind. Die Fundamente, auf denen die normale Autonomie Erwachsener schließlich zu ruhen kommt, werden in den ersten Jahren des Lebens gelegt. Sie bestehen aus massiven Umwandlungen im geistigen, emotionalen und körperlichen Aufbau des Kindes. Der Gesamtprozess, während dessen diese Veränderungen auftreten, wird gewöhnlich als Individuation bezeichnet: Es ist der Prozess der Differenzierung und Integration der eigenen Person in ein eigenständiges, einheitliches und souveränes Selbst. Die Individuation ist für jede Gesellschaft, die auf den Prinzipien der individuellen Freiheit gegründet ist, von grundlegender Bedeutung.

Autonomie als Entwicklungserfolg

Die Erlangung von Autonomie ist für das Funktionieren als Erwachsener von entscheidender Bedeutung. Vorausgesetzt, das Kind hat ein gewisses Maß an Grundvertrauen erworben, beginnt der Individuationsprozess des Kindes im Kleinkindalter mit der zunehmenden Fähigkeit, die Welt wahrzunehmen, sein motorisches Verhalten und seine Toilettenfunktionen zu kontrollieren, zu bestimmen, was es will, und dies im Gegensatz zu rein impulsgetriebenen Entscheidungen mehr oder weniger absichtlich zu tun. Sobald das Kleinkind aus der Hilflosigkeit der frühesten Kindheit heraustritt, fängt es an, durch Ausübung seines aufkommenden Willens ein Selbst und ein zunehmendes Bewusstsein seiner selbst als eine Person zu konstruieren, die sich von anderen unterscheidet. Der Prozess setzt sich über den Rest der Kindheit und eigentlich durch den gesamten Lebenszyklus fort, wenn alles gut genug verläuft. Das erhoffte Ergebnis der Individuation ist ein eigenständiger, aber kooperativer Erwachsener mit der stabilen Überzeugung, dass er berechtigt ist, sein eigenes Leben zu führen, und freiwillig Beziehungen zu anderen zu knüpfen. Leider kann dieser Prozess auch unerwünschte Ergebnisse haben, von denen einige unten aufgeführt sind. Zu ihnen gehören jene Muster, in denen die Freiheit, selbstständig zu handeln, durch tief sitzende Scham oder Zweifel, durch paranoide Furcht vor Kontrolle, durch die Überzeugung, dass das eigene Leben von den Eltern oder ihren Stellvertretern gelenkt werden muss, oder durch das Bedürfnis nach einer eigenwillig ertrotzten Pseudo-Unabhängigkeit beeinträchtigt wird.

Der autonome individuierte Erwachsene setzt zu Recht voraus, ein Recht auf Leben, Freiheit und das Streben nach Glück zu haben. Er geht von diesem Recht als moralische Überzeugung aus: Er hat ein angemessenes Gefühl, sein eigenes Leben so leben zu dürfen, wie er es für passend hält und nicht, wie jemand anderes es lenkt. Doch reife Autonomie besteht nicht in dem Glauben, dass man in der Lage sein sollte, alles zu tun oder zu haben, was man will, ohne Rücksicht auf andere zu nehmen und ohne es verdient zu haben. Sie impliziert kein Anrecht darauf, Waren oder Dienstleistungen von anderen zu bekommen, nur weil man danach verlangt oder sie braucht. Das ist die Haltung eines abhängigen Kindes. Doch die reife Unabhängigkeit, die die Autonomie des Erwachsenen kennzeichnet, ist auch nicht die falsche Unabhängigkeit des Narzissten. Sie ist nicht die gefühllose Verachtung anderer, die stets bei pathologischem Narzissmus auftritt, aber oft durch oberflächlichen Charme verdeckt wird. Reife Autonomie führt nicht zur Überzeugung, dass andere die Pflicht haben, die eigene Person zu bewundern, ihre Wünsche zu erfüllen oder sich ihrem Willen zu unterwerfen.

Die wahrhaft autonome Person lernt im Gegensatz zum Narzissten, dass jeder andere auch ein eigenständiger Akteur ist und kein bloßer Gegenstand, den man ausnutzen kann. Von besonderer Bedeutung ist die Tatsache, dass die normale Entwicklung der Selbstständigkeit auch die normale Entwicklung der Gegenseitigkeit erfordert. Die wirklich autonome Person erkennt leicht an, dass die Würde, mit der sie ihr eigenes Leben bekränzt, ebenso zum Leben aller anderen gehört. In intersubjektiven Begriffen ausgedrückt, erkennt sie im anderen ein Subjekt und nicht nur ein Objekt. Mit dieser Anerkennung achtet die wirklich autonome Person die Souveränität anderer kompetenter Persönlichkeiten und respektiert deren Recht, ihr eigenes Leben zu führen. Diese Erkenntnisse sind für die Partizipation an einer freien Gesellschaft von entscheidender Bedeutung. Sie begründen unsere Vorstellungen von individueller Freiheit, führen zu Verboten gegen Übergriffe auf Person und Eigentum anderer und bilden die gefühlsmäßige Grundlage für die Gleichheit vor dem Gesetz.

Die Individuation

Die Individuation wurde eine zweite Geburt genannt, eine Art psychischen Hervortretens analog zur physischen Geburt aus dem Mutterleib. Ihr frühester Ausdruck wird im Alter von etwa fünfzehn Monaten offenbar und geht in den darauffolgenden zwei Jahren besonders rasch voran. Der Prozess ist stark mit großen Fortschritten in der kognitiven Entwicklung und der körperlichen Mobilität verbunden. Er wird durch angeborene Antriebe, die Welt zu erforschen und sie beherrschen zu lernen, angeregt. Das Kind ist so programmiert, dass es über seine Umgebung so schnell wie möglich von der räumlich-zeitlichen Welt der Masse, Bewegung, Kraft und Energie und der zwischenmenschlichen Welt der Beziehungen erfährt. Das langfristige Entwicklungsziel dieses Prozesses ist ein kompetenter, eigenverantwortlicher, selbstbestimmter, sich selbst verwirklichender Erwachsener, der die Persönlichkeit anderer respektiert und mit ihnen in freiwilliger Zusammenarbeit und nicht durch Zwang interagiert.

Sofern andere diesen frühen Experimenten mit autonomem Handeln und Gegenseitigkeit nicht mit irgendeiner Art von Vergeltung begegnen, sucht das Kind im Laufe seines Lebens nach Bedingungen von Freiheit und Kooperation, in deren Rahmen es seine Ziele verfolgen kann. Seine zunehmende Kompetenz wird sein Selbstbild vom unabhängigen Akteur, der in seinem eigenen Namen wirkungsvoll handeln kann, bestätigen. Doch seine wachsende Wahrnehmung der Souveränität anderer und die zunehmende Achtung vor deren Rechten wird ihn dazu nötigen, nur innerhalb bestimmter moralischer und ethischer Grenzen zu handeln. Er wird aus Erfahrung um die Befriedigung wissen, frei zu handeln, um nach persönlicher Erfüllung zu streben – vorbehaltlich der Regeln der Zusammenarbeit, die erforderlich sind, um die gleichen Möglichkeiten auch für andere sicherzustellen.

Die frühesten Erfahrungen des Kindes mit seinen Bezugspersonen werden nachhaltig bestimmen, ob aus ihm ein freier, erfolgreicher, gerechter, kooperativer und gegenseitiger Akteur wird oder nicht. Zu den bedeutenderen Veränderungen, die die frühen Grundlagen der Autonomie kennzeichnen, gehört das Folgende:

- Verbesserte Fähigkeiten der Aufmerksamkeit, Konzentration, Wahrnehmung, Erkenntnis, des logischen Denkens und des Gedächtnisses;
- Erweiterung und Ausarbeitung bewusster Erfahrungen mit zunehmender Differenzierung von emotionalem Gefühl und Ausdruck;
- Erwerb von Sprach- und nonverbalen Kommunikationsfähigkeiten;
- Verstärkte Kontrolle der Ess- und Ausscheidungsfunktionen;

- Wesentliche Steigerung der Kraft, Körperkontrolle, Neugier und des Erkundungsverhaltens;
- Hervortretende Fähigkeiten des Auswählens, des Wollens und Handelns;
- Zunehmend vereinheitlichte und stabile Selbstdarstellungen mit sich entwickelnden Funktionen von Identität, Handlungs- und Beziehungsfähigkeit;
- Zunehmend stabile und einheitliche Vorstellungen von der Mutter als sowohl erfreulichem als auch frustrierendem Wesen;
- Erhöhte Wertschätzung der Mutter als eigenständiges und souveränes Selbst;
- Wachsende Neigung zur zeitweiligen physischen Trennung von der Mutter;
- Intensivierte liebevolle Bindung an die Mutter und ihre Stellvertreter;
- Zunehmend genaue Wahrnehmungen und Darstellungen von anderen als eigenständigen und souveränen Identitäten.

Individuation ist also ein komplexer Prozess, der große Fortschritte bei der körperlichen und intellektuellen Reifung des Kindes mit sich bringt. Dieser Prozess ist stark vom Verhalten seiner Bezugspersonen beeinflusst und hängt wesentlich davon ab, ob es in den ersten zwölf bis fünfzehn Lebensmonaten die Grundlagen des Urvertrauens erworben hat. Die gesellschaftliche Unterstützung der Individuation ist entscheidend für die Verwirklichung der wirtschaftlichen, sozialen und politischen Freiheit. Die autonome Person, die in der Lage ist, ihre eigenen sinnvollen Ziele zu definieren, zu setzen und zu verfolgen, sucht natürlich die Freiheit, sie zu erreichen, während sie die Rechte anderer respektiert, dasselbe zu tun. In der Tat: Je mehr der Einzelne in der Lage ist, sich selbst zu regieren, desto weniger muss er von anderen regiert werden. Je mehr staatliche Regulierung ihm auferlegt wird, desto weniger Freiheit hat er, sich selbst zu regieren, und umso weniger Anreize und Chancen hat er, zur Selbstregierung zu gelangen. Er wird dann nur darauf setzen, dass die Regierung seine Defizite ausgleicht.

19
Biologie und Autonomie

Die Akzeptanz einer Ontologie gleicht, wie ich glaube, im Prinzip der Akzeptanz einer wissenschaftlichen Theorie, sagen wir eines Systems der Physik; wir nehmen, zumindest insofern wir vernünftig sind, das einfachste Begriffsschema an, in dem die ungeordneten Bruchstücke der Roherfahrung eingebaut und angeordnet werden können.

Willard V.O. Quine

Die biologischen Grundlagen der Autonomie

Die Grundlagen der Autonomie liegen in den biologischen Gegebenheiten, die die menschliche Natur und das Wesen menschlicher Beziehungen bestimmen. Zu diesen Gegebenheiten gehört die einfache Tatsache, dass jeder Einzelne ein Organismus mit einem Körper ist, der von allen anderen Körpern getrennt ist, dessen Inhalt von einer Hülle aus Haut umschlossen ist und dessen Handlungen von einem inneren Selbst geleitet werden. Die entscheidende Gegebenheit ist hier die Tatsache, dass jeder Mensch bei seiner Geburt eine separate und eigenständige Einheit ist. Jeder Mensch ist – bei der Geburt und für immer danach – objektiv ein reales physisches Ding, das anders ist als alle anderen physischen Dinge im Universum. Im Laufe der Entwicklung wird jeder Körper für seinen Besitzer zur materiellen Bezugsgröße für ein einzigartiges objektives „Ich". Er ist auch die einzige Wohnstatt eines einzigartigen subjektiven „Ichs". So lange er lebt, sind der Körper und das Gehirn/der Geist darin (das objektive Ich) vom Rest der Welt getrennt. So lange es lebt, ist das Gehirn/der Geist und der Geist/das Selbst darin (das subjektive Ich), ebenfalls vom Rest der Welt getrennt.

So wie ein einzelner Mensch ein objektiv von allem anderen in der Welt unterschiedenes *Wesen* ist, so stimmt es auch, dass sich seine subjektive *Selbsterfahrung* von seiner subjektiven Erfahrung alles anderen unterscheidet. Beachten Sie, dass jeder von uns das, was man als „subjektives Selbst" oder „erzählendes Selbst" bezeichnet, durch einfache Selbstbeobachtung identifizieren kann. Von diesem Selbst spreche ich, wenn ich sage, *„ich fühle das"*, *„ich denke das"*, *„ich will das"* oder *„ich habe das getan."* Eindeutig ist mein Bewusstsein für dieses „Ich" etwas ganz anderes als mein Bewusstsein für alles Andere. Denken Sie auch daran, dass jeder von uns durch einfache Innenschau und Beobachtung ein „objektives Selbst" oder ein „empirisch beobachtetes Selbst" erkennen kann. Dieses „Ich" ist mein Körper und mein Bewusstseinsstrom. Es ist alles, was ich als „mich" erkenne, die verschiedenen Teile meines Körpers, ihre Funktionen und ihr Aussehen, ihre Verbindung zum Rest von mir, ihr Werdegang mit mir im Laufe der Zeit. Zusammengefasst bilden mein subjektives Selbst und mein objektives Selbst den einzigartigen Kern meiner *Selbst-Erfahrung*. Beachten Sie weiter, dass die Einzigartigkeit dieser Erfahrung als Ergebnis meiner *Trennung* von allem anderen entsteht. Tatsächlich verankert das einzigartige Wesen dieser Erfahrung in mir den ontologischen Kern oder das „Sein" meiner menschlichen Natur als ein Individuum, das sich von allen anderen Individuen und allen anderen Dingen unterscheidet. Darüber hinaus beginnt die Individuation meines Selbst – der Prozess, durch den ich zu einem vollständig kompetenten Menschen werde – in dieser existenziellen Wirklichkeit und hängt kontinuierlich von ihr ab.

Die Tatsache, dass ich von allen anderen getrennt bin, erlegt allen Ideen, die ich darüber erwägen könnte, mit anderen Personen oder Dingen in irgendeiner kollektivistischen Weltanschauung zu verschmelzen, zusammenzuhängen, oder auf irgendeine andere Weise zu fusionieren, grundlegende Einschränkungen auf. Die biologische Basis für die Autonomie besteht in einer einfachen Gegebenheit: Der Körper und das Selbst jeder Person bleiben für immer getrennt von den Körpern und vom Selbst aller anderen Personen und von der Substanz aller anderen Dinge. Diese Gegebenheit bleibt wahr – unabhängig davon, wie sehr wir uns nach der magischen Verschmelzung mit anderen sehnen und wie entschlossen wir sind, diese Verschmelzung durch religiöse, mystische, sexuelle oder politische Rituale zu erreichen. Die Leugnung dieser Beschränkungen, sei es zu politischen Zwecken oder zu Zwecken der psychischen Verteidigung, war die Ursache vielen Wunschdenkens und tiefgreifender politischer Schäden unter liberalen Intellektuellen während der letzten zwei Jahrhunderte. Genauer gesagt, kann die liberale Agenda mit ihrer Verleugnung der Getrenntheit, der Handlungsmacht, der Autonomie und der Souveränität des Einzelnen auch leugnen, dass das Individuum – und nur das Individuum, keine beliebige Gruppe und kein Kollektiv – als die endgültige wirtschaftliche, soziale und politische Einheit betrachtet werden muss. Die Bedeutung dieses Punktes kann nicht überbewertet werden. Nur durch solches Leugnen wurden Freiheit und Leben von Millionen Individuen auf Altären des Kollektivismus geopfert. *Die Souveränität des Einzelnen, die auf der endgültigen Getrenntheit des Individuums gründet, ist es, die von der Philosophie des Individualismus am höchsten geachtet wird. Genau diese Souveränität des Individuums ist es, die das liberale Glaubensbekenntnis des Kollektivismus geringschätzt. Indem er die physische, biologische und psychische Natur des Menschen verleugnet, leugnet der liberale Geist die Grundlage menschlicher Freiheit.*

Der getrennte und verwundbare Körper

Die Geburt des Fötus aus dem Mutterleib ist natürlich die Geburt des Menschen als separates physisches Wesen. Dieses Ereignis führt in dem Augenblick, in dem es geschieht, und von da an für immer zu Veränderungen der Existenzbedingungen, die sicher in jeder Hinsicht tiefgreifend sind. Die wichtigste dieser Veränderungen ist die Tatsache, dass das Durchschneiden der Nabelschnur die osmotische Verbindung zwischen dem Blutkreislauf des Kindes und dem seiner Mutter trennt: seine Aufnahme von Nährstoffen und die Ausscheidung von Abfällen werden nicht mehr automatisch durch ihre zusammenhängenden Körper bewerkstelligt. *Mit der Beendigung des Parasitismus des Kindes im Mutterleib durch die Geburt werden alle Garantien materieller Sicherheit für den Rest seines Lebens dauerhaft beseitigt. Die Tatsache, dass das Kind jetzt ein separates und äußerst verwundbares Wesen ist, das von der begrenzten, aber sicheren Umgebung der Gebärmutter in die unbegrenzte und ungewisse Umgebung der Außenwelt befördert wurde, hat tiefgreifende politische Folgen. Diese elementarste existentielle Bedingung, die lebenslang für alle besteht, erzeugt einen Großteil moderner politischer Konflikte.*

Die Begrenzung des Kindes durch die Haut und ihre verschiedenen Öffnungen ist nicht nur wegen ihrer Struktur bemerkenswert. Sie zieht nicht nur eine Trennungslinie zwischen seiner Existenz als Organismus und seiner Umgebung. Seine körperliche Unversehrtheit befähigt es – mit Unterstützung durch die Regulierung der Körpertemperatur, die Aufnahme von Nährstoffen und die Ausscheidung von Abfällen – zum Leben. Das Gefäß des Körpers ist seine primäre Schutzbarriere. Wenn zu viel von seiner Haut Schaden nimmt, dann tun dies auch die Prozesse, die das Leben aufrechterhalten. Die Grenze des Körpers grenzt das Lebewesen ein, umschließt es, hält es von der Verschmelzung mit anderen lebendigen und unbelebten Dingen fern, schützt den Stoffwechsel, der es am Leben hält und liefert die physische und biologische Grundlage für jeglichen Grad an Individualität, den es erreichen kann.

Doch parallel zum Bedürfnis des Individuums, sich von seiner Umgebung *abzutrennen,* gibt es, wie bei allen Lebewesen, auch ein Bedürfnis, sich auf bestimmte Weise mit ihr zu *verbinden.* Bei Menschen und den meisten anderen Tieren muss diese Verbindung sowohl eine psychische als auch eine physische sein. Nachdem wir bemerkt haben, dass die Hautgrenze des Körpers uns von der Umgebung *trennt,* bemerken wir mit gleichem Nachdruck, dass unsere speziellen Organe der Nahrungsaufnahme, der Verdauung, des Stoffwechsels und der Ausscheidung uns physisch mit unserer Umgebung *verbinden,* um das Überleben zu gewährleisten (Wiggins & Schwartz 1999).

Ähnlich begründet im Hinblick auf unsere psychische Existenz die Hautgrenze des Körpers das Erleben eines jeden von uns als *getrenntes* Wesen, aber unsere kognitiven, emotionalen und kommunikativen Systeme *verbinden* uns mit der Welt, so dass wir befähigt sind, Beziehungen zu unserer Umwelt und zu anderen Akteuren aufzubauen. Diese und andere Gegebenheiten der menschlichen Existenz definieren zusammen mit gewissen Beschränkungen, die uns durch frühzeitige Konditionierung auferlegt werden, die Grenzen der menschlichen Freiheit. Wir können uns zum Beispiel weder von den Grenzen unseres Körpers noch von unseren lebenserhaltenden Verbindungen zur Umgebung befreien. In dieser und anderer Hinsicht ist Freiheit immer begrenzt, niemals absolut.

Über solche Begrenzungen hinaus können jedoch bei jedem, der dem Umstand der Getrenntheit gegenüber nicht gut gewappnet ist, gewisse Ängste auftreten. Tatsächlich ist die Lehre vom Kollektivismus selbst, wie wir später sehen werden, unter anderem ein massiver und irrationaler Abwehrkampf gegen die Trennungsängste, die dem Menschsein innewohnen: die Angst vor Isolation, Einsamkeit, Zurückweisung, Verlassenheit, Gefühle der Bedeutungslosigkeit und die Existenzangst, die das Nichts der spirituellen Leere füllt. In diesem Zustand können die Menschen nicht nur die Bindung an andere Personen und Dinge suchen, sondern auch an politische Lehren, die versprechen, ihnen die Angst vor der Getrenntheit zu nehmen.

20
Die Autonomie und das Selbst

Es wird niemals einen wirklich freien und erleuchteten Staat geben, als bis der Staat den Einzelnen als eine höhere und unabhängige Macht anerkennt, von der all seine eigene Macht und Autorität abgeleitet ist, und ihn entsprechend behandelt.

Henry David Thoreau

Das Selbst und seine Handlungsfähigkeit

Die physische Getrenntheit unseres Körpers ist so offensichtlich wie unabänderlich. Das individuelle Denken wurzelt notwendigerweise in dieser Tatsache, doch es gründet von Geburt an auch in seinen Beziehungen zu anderen. Diese Gegebenheiten begrenzen und befähigen gleichermaßen zu allem menschlichen Handeln. Der Mensch kann getrennt von anderen, aber auch mit, für und gegen andere tätig sein. Der Einzelne ist sowohl ein autonom Handelnder als auch ein Beteiligter, der mit dem zwischenmenschlichen Geflecht seiner Welt verwoben ist. Sein Selbst und das Selbst anderer bleiben stets voneinander getrennt und sind doch in unterschiedlichem Maße durch die unzähligen Beziehungen des Menschseins miteinander verknüpft. Tatsächlich muss ein Erwachsener, um in einer freien Gesellschaft geistig und körperlich gesund zu bleiben, ein souveränes Selbst mit einem klaren Sinn für seine eigene Identität bewahren und gleichzeitig eine dynamische Verbindung zu anderen aufrechterhalten. Diese Beziehung zwischen dem Selbst und der Gesellschaft ist wechselseitig: Während es einerseits wahr ist, dass es keine Gesellschaft ohne die Individuen gibt, die sie bilden, ist es ebenso wahr, dass es keine Personen gibt, die vollkommen ohne eine Gesellschaft leben können, zu der sie einen Bezug haben.

Das Wesen des Selbst

Was die Psychologen „das Selbst" nennen, ist das bewusste, unbewusste und selbstbewusste Organ des Geistes. Es ist auch das funktionale, integrative und ausführende Organ des Geistes. Das Selbst ist funktional, insofern es die Umwelt wahrnimmt, die relevanten Bedingungen beurteilt, Ziele setzt und Handlungen plant. Das Selbst ist dadurch integrativ, dass es verschiedene mentale Prozesse unter der Kontrolle einer einheitlichen Persönlichkeit und eines weitgehend einheitlichen Bewusstseins organisiert und koordiniert. Das Selbst ist ausführend, indem es willentliche Handlungen initiiert, unterstützt und beendet, während es ihre Erfolge überwacht und für weitere Handlungen die Richtung ändert.

Als psychobiologisches, durch das Gehirn erzeugtes Phänomen kontrolliert das Selbst sich und den Körper, in dem es mittels der neurophysiologischen und neurohumoralen Verbindungen des Gehirns zu sich selbst und zu anderen Körperteilen lebt. Vor allem ist es ein Umstand meiner Existenz, dass alles, was ich denke, fühle oder mache, von keinem anderen Gehirn erzeugt oder kontrolliert wird als von jenem, das in meinem Körper wohnt. Diese sehr einfache, aber grundlegende Beobachtung hat dazu geführt, dass kognitive Psychologen seit Magda Arnold und Albert Ellis in den 1950er Jahren die biologisch fundierte Tatsache betonen, dass jeder Einzelne von uns die individuelle Verantwortung für seine eigenen Gedanken, Emotionen und Handlungen übernehmen muss. Der kognitive Psychiater Maxie Maultsby brachte die Sache kurz und knapp auf den Punkt, als er schrieb: „Mein Gehirn, und nur mein Gehirn allein, schafft, behält und eliminiert alle meine Gedanken, meine Emotionen und mein Verhalten." (Maultsby 1984)

Dieser Einblick in die menschliche Natur impliziert, dass Bemühungen, die Ursachen eines vorgegebenen Denk-, Emotions- oder Verhaltensbeispiels zu verstehen, berücksichtigen müssen, wie das biologische Gehirn des Einzelnen und sein psychisches Selbst Informationen verarbeiten. Die verarbeiteten Informationen können praktisch aus allem bestehen, was die Psyche registriert hat: einer Wetteränderung, einer beiläufigen Bemerkung, einem zufälligen Ereignis, Komplimente oder Beleidigungen von jemandem, eigenem Scheitern oder Erfolgen, eigenen Gedanken oder körperlichen Empfindungen, dem finanziellen Gewinn oder Verlust eines anderen, dem Tod eines geliebten Menschen, *ad infinitum*. Jeder Mensch muss, um sein Leben zu bewältigen, die Bedeutung berücksichtigen, die sein eigener Geist/sein Gehirn den jeweiligen Informationen zuschreibt, die er von seiner Umgebung erhält, da er gerade auf der Grundlage dieser zugeschriebenen Bedeutung alle seine Gefühle, Gedanken und Handlungen erschaffen, bewahren und eliminieren wird. In der endgültigen Analyse jeder seiner Reaktionen, seien es Handlungen, Emotionen oder Gedanken, sind es seine eigene Wahrnehmung der Ereignisse, die Werturteile, die er über sie abgibt, die persönliche Bedeutung, die er ihnen zumisst – kurz, die Bedeutung, die sie für ihn haben –, die all diese Handlungen, Emotionen oder Gedanken erzeugen. So ist der letztliche Ort der Kontrolle über alles, was ich tue, in mir selbst, in meinem eigenen Geist/Gehirn, da es alle Informationen, die ihm begegnen, verarbeitet und mit dem Verhalten reagiert, das es selbst erzeugt.

Diese Tatsache allein hat klare Auswirkungen auf die Frage der Autonomie und den Wettbewerb zwischen Individualismus und Kollektivismus: Letztlich ist es nur das Gehirn/der Geist – das Selbst, das in meinem eigenen Körper wohnt und nicht im Körper eines anderen, das mein Handeln hervorbringt. Welchen Beitrag auch immer äußere Reize, äußere Ereignisse oder Umweltbedingungen dazu leisten – seien sie physisch, ökonomisch, sozial, politisch, rassisch, ethnisch oder was auch immer –; die nächstliegende aller Ursachen bei der Entstehung meines Verhaltens liegt in mir selbst.

Das Ideal der Individuation

Bei jeder Handlung stellt sich natürlich immer die Frage, ob ich das wissentliche, willentliche, gewollte oder rationale *Kommando* über die Ursachen in mir – jene Bedürfnisse, Antriebe, Impulse, Emotionen, Einstellungen, Gelüste, Motive,

Ziele und Sehnsüchte, die an der Erzeugung meines Verhaltens arbeiten – habe oder nicht. In welchem Maße ich wissentlich oder rational oder „nach meinem eigenen freien Willen" handle, wird je nach Handlung, Situation und dem Ausmaß variieren, in dem ich mir der Faktoren, die mein Verhalten beeinflussen, bewusst bin. Auf jeden Fall gilt jedoch: Wenn ich handle, dann, weil ich mich dazu entschieden habe, sei es rational oder irrational, oder weil ich impulsiv oder zwanghaft oder einfach durch einen Reflex auf einen Reiz reagiert habe. In jedem Fall, in dem ich derjenige bin, der handelt, ist es immer mein Gehirn und *nur* mein Gehirn, das – entweder frei oder durch einen Impuls, einen Trieb oder eine Übertragung – unter den wahrgenommenen Alternativen wählt; und es ist immer mein Gehirn, das meine Handlungen initiiert, unterstützt und beendet. In dieser Hinsicht bin ich immer die Person, die *als Hauptursache* für meine Handlungen verantwortlich ist, da alle anderen Faktoren, vor allem jene außerhalb meiner, zuerst durch die Mechanismen meines Gehirns gefiltert werden, unabhängig davon, wie überzeugend sie den Anschein erwecken, von mir unabhängig zu sein. Das Prinzip der Eigenverantwortung, das eine Grundlage der geordneten Freiheit ist, beruht auf dieser Gegebenheit der menschlichen Natur.

Ob ein bestimmter Mensch tatsächlich autonom auf seine Mitwelt reagiert, war auf dem Gebiet der Psychotherapie schon immer ein bedeutsames Thema. Es ist kein Zufall, dass Maultsbys Maxime die Grundlage für die modernsten, am weitesten verbreiteten und am höchsten bewerteten Psychotherapien ist, die sogenannten kognitiven Verhaltenstherapien, die alle versuchen, rationales Denken, emotionale Kontrolle und funktionale Wirksamkeit bei gestörten Personen zu installieren oder wiederherzustellen. In der Tat ist das primäre Ziel aller Psychotherapien – nicht nur der kognitiven Verhaltenstherapie – die Eigenständigkeit des Patienten zu maximieren: seine Fähigkeit zur einer vernünftigen, willentlichen Kontrolle über Denken, Fühlen, Verhalten und Beziehungen. Doch das gleiche Ziel steht auch im Mittelpunkt einer jeden rationalen Vorstellung von Kindererziehung: Alle vernünftigen Eltern hoffen darauf, dass aus ihren Kindern authentische, selbstverwaltete, selbstständige und sich selbst verwirklichende Erwachsene werden, die gleichzeitig in der Lage sind, mit anderen zusammenzuarbeiten. So haben die Ziele der Psychotherapie und die Ziele der Kindererziehung das westliche Ideal des individuierten Menschen gemeinsam: des autonomen, selbstbestimmten und frei wählenden, aber dennoch ethischen und moralischen Individuums; des souverän und sozial Handelnden, der im wechselseitigen Einvernehmen, nicht durch Zwang, in einer Gesellschaft, die von Gesetzen geregelt ist, mit anderen zusammenarbeitet. Hierin liegt, der Sprache nach mehr verhaltensbezogen als philosophisch, das psychobiologisch begründete Ideal des Individualismus. Die entscheidende Frage ist also, ob und inwieweit die Lebensregeln in einer vorgegebenen Gesellschaft mit diesem Ideal in Einklang stehen. Genauer gesagt, fragen wir, ob und inwieweit die *liberale Agenda* mit diesem Ideal übereinstimmt.

Die Initiative, das Selbst und die Verbindung

Die menschlichen Bedürfnisse nach Interaktion mit der Umwelt und mit anderen Personen werden nicht passiv erfüllt; sie erfordern vorsätzliche Handlungen, die von Einzelpersonen, die allein oder gemeinsam handeln, initiiert werden. In einem späteren Abschnitt werde ich das Konzept von der Initiative als Entwicklungserfolg ausführlicher erörtern. Vorerst wollen wir das Wesen der Initiative und ihre Entstehung beim sehr jungen Kind kurz erkunden.

Das bloße physische Überleben erfordert, dass alle höheren Organismen bestimmte Arten von Wirkungen auf die Umwelt ausüben. Zu diesem Zweck ist das Potential zur Initiative im menschlichen Gehirn – wie auch im Gehirn aller Tiere – verankert. Wie bereits erwähnt, erscheinen Andeutungen von Initiativfähigkeit sehr früh in der Reaktion des Kindes auf eine Umgebung, mit der es sich genüsslich beschäftigt. Ist sie erst einmal aktiviert, wird seine zunehmende Fähigkeit zum absichtlichen Handeln durch Umwelteinflüsse modifiziert, von denen die wichtigsten von seinen Bezugspersonen ausgehen. Sind diese Einflüsse günstig, wird seine Fähigkeit zu solchem Handeln allmählich unter die Kontrolle vernünftiger Entscheidungen gebracht. Das hilflose, völlig abhängige Kind wird dann über einen Zeitraum von etwa zwanzig Jahren zu einer erwachsenen Quelle unabhängiger – und hoffentlich umsichtiger – Initiative umgewandelt. Diese Umwandlung ist für die Eigenständigkeit als Erwachsener offenbar von wesentlicher Bedeutung. Mit ihrem Beitrag zur erwachsenen Kompetenz hilft sie letztlich, das politische Ideal persönlicher Souveränität zu rechtfertigen.

Gewöhnlich wird die Quelle der Initiative in dem allgemein verstandenen Begriff „Selbst“ lokalisiert; eine Vorstellung, die schon recht ausführlich beleuchtet wurde. Das Selbst kann als eine Umhüllung oder Begrenzung gedacht werden, die die psychische Existenz in ähnlicher Weise bewahrt, wie physische Hülle des Körpers die biologische Existenz stützt. Die Hülle des Körpers ist einerseits offenkundig physisch und chemisch; sie besteht aus der Haut, den Haaren und den Nägeln, die ihn umschließen. Die psychische Hülle des Selbst hingegen ist, abgesehen von ihrem Urgrund in den physischen Prozessen des Gehirns, nicht körperlich. Stattdessen ist diese Hülle eine Funktion der geistigen Fähigkeit, die Wirklichkeit durch mentale Darstellungen wahrzunehmen, besonders durch jene, die die realen Unterschiede oder Grenzen zwischen Selbst und Nicht-Selbst erkennen. Genauer gesagt, besteht die Hülle des Selbst erstens aus Vorstellungen vom Selbst als einer einzigartigen physischen und psychischen Einheit; zweitens aus Vorstellungen vom Selbst *in Beziehung zu* anderen Personen und Dingen; und drittens aus Vorstellungen von der *Getrenntheit* des Selbst von anderen Personen und Dingen, die alle im Laufe einer angemessenen Entwicklung erworben wurden.

Alle Vorstellungen dienen der Einordnung der eigenen Erfahrungen in die Gedächtnisspeicher des Geistes. Alle werden durch assoziative Prozesse routinemäßig abgerufen, um sich in angepasster Weise mit Ereignissen in der realen Welt zu identifizieren und sie zu bewältigen. Von besonderem Interesse sind zwischenmenschliche Ereignisse. Realistische Vorstellungen erleichtern Unterscheidungen zwischen dem eigenen Selbst und dem Selbst anderer in wirtschaftlichen, sozialen und politischen Prozessen und sogar in so banalen Angelegenheiten wie dem Gebrauch der Pronomen *ich* und *wir*, *du* und *sie*, *er* und *sie*, und der Worte *mein* und *dein*, *sein* und *ihr*, *unseres* und *ihres* beim Anzeigen von Besitz. Diese Zuordnungen zwischenmenschlicher Erfahrungen funktionieren sowohl in bewussten als auch in unbewussten Regionen des Geistes. Wie gut sie als Grenzen dienen, hängt davon ab, wie klar die Vorstellungen vom Selbst von den Repräsentationen anderer unterschieden werden und inwieweit die Vorstellungen sowohl von der Getrenntheit als auch der Verbindung der Neigung des Verstandes, unterschiedliche Bilder jeder Art durcheinanderzubringen, geeignete Grenzen setzen.

Von besonderer Bedeutung ist, wie diese Zuordnungen dem Einzelnen erfolgreich helfen, die Realitäten der zwischenmenschlichen Welt zu beurteilen. Zu diesen Realitäten gehören wirtschaftliche, soziale und politische Prozesse, die von Einzelpersonen und Gruppen initiiert werden. Dazu gehören auch die Weltanschauungen der Kultur, in der das Individuum als eigenständiges Wesen lebt, das auch in kollektives Handeln eingebunden ist. Die Fähigkeit eines Einzelnen, die Plausibilität dieser Prozesse und Weltanschauungen zu beurteilen, hängt zum Teil davon ab, wie und inwieweit er sowohl seine Abgeschiedenheit als auch seine Beziehungen zu anderen Personen interpretiert. Mentale Repräsentationen, die die Grenzen zwischen dem Selbst und anderen verwischen, fördern die Illusionen des Kollektivismus und die Verleugnung der Handlungsfähigkeit, Autonomie und Souveränität des Einzelnen. Mentale Vorstellungen, die die Getrenntheit und vor allem die Autonomie der Individuen erkennen, unterstützen die Prinzipien des Individualismus.

Das Körper-Selbst, die Handlungsfähigkeit und die Autonomie

Die bipolare Struktur des Selbst hat ihre Ursachen in der frühen Entwicklung. Gabbard hat Stearns Untersuchung der fünf Bereiche der Selbsterfahrung bei Säuglingen und Kleinkindern zusammengefasst (Gabbard 2000). Das erste Selbst-Verständnis des Säuglings ist das seines *werdenden* oder *Körper-Selbst,* das sich vor allem mit den physischen Bedürfnissen beschäftigt. Es entsteht während der ersten zwei Lebensmonate. Ein zweites Gespür für das Selbst, das *Kern-Selbst,* entwickelt sich im Alter zwischen zwei und sechs Monaten. Es ist ein primitives Selbst-mit-anderen, das aus der tiefen Bindung des Kindes an seine Mutter entsteht. Ein dritter Sinn, das *subjektive Selbst*, erscheint zwischen sieben und neun Monaten. Dieses Selbst zeichnet sich durch eine zunehmende Fähigkeit zu emotionaler Resonanz oder Angleichung an Gefühlszustände mit der Mutter aus. Der vierte Sinn, das *verbale oder kategorische Selbst,* „taucht zwischen fünfzehn und achtzehn Monaten auf und ist mit der wachsenden Fähigkeit des Kindes verbunden, symbolisch zu denken und verbal zu kommunizieren." Ein fünftes Selbst-Gefühl entsteht zwischen drei und fünf Jahren und wird das *erzählende Selbst* genannt. Mit dieser Errungenschaft beginnt beim Kind das, was zu einer lebenslangen historischen Sicht auf sich selbst werden soll, da sein Gedächtnis es befähigt, die Kontinuität seiner Existenz zu erkennen, und seine dauerhaften

Selbst-Repräsentationen ihm ermöglichen, sich als Protagonist seiner eigenen Geschichte zu sehen.

Von besonderem Interesse für gegenwärtige Zwecke ist die Tatsache, dass die als Handlungsfähigkeit bekannte Funktion eines von vier wesentlichen Merkmalen darstellt, die Stearn mit dem aufkommenden Selbst-Gefühl des Kindes identifiziert; die anderen drei sind Stimmigkeit, Affektivität und Kontinuität. Handlungsfähigkeit bezieht sich, wie bereits erwähnt, auf die aufkommende Wahrnehmung des Kindes seiner selbst als Anstifter von Ereignissen, d.h. als Wesen mit ursächlicher Wirksamkeit. Das zusätzliche Merkmal der *Stimmigkeit* in diesem Schema der Selbstentwicklung bezieht sich auf die Tatsache, dass das Kind beginnt, sich als ein beständiges Wesen mit Begrenzungen zu sehen, die es von anderen trennen. Natürlich vertieft es, während sein Selbst aus den Beziehungen, die es formen, hervortritt, auch seine Bindungen an andere – wie es seiner bipolaren Natur entspricht. Die Gemütsbewegungen, die diese Bindungen anregen und vertiefen, definieren den emotionalen Kern des Selbst. So wird das menschliche Selbst in eine Beziehung zur Mutter hineingeboren, entwickelt in dieser Beziehung seinen emotionalen Kern, differenziert sich von ihr als sowohl mit ihr stimmiges als auch von ihr unterscheidbares Wesen und erreicht Handlungsfähigkeit und Kontinuität, während die Individuation voranschreitet. Diese Progression – oder ihr Scheitern – bereitet das Kind zum Teil auf spätere Beziehungen in der Welt vor, oder sie versagt dabei.

21
Autonomie, Individuation und Individualismus

Was die Forschung zur Mutter-Kind-Interaktion über die frühe Wechselseitigkeit und den gegenseitigen Einfluss aufgedeckt hat, ist am besten in den Begriff der Entwicklung der Fähigkeit zur gegenseitigen Anerkennung gefasst.

Jessica Benjamin

Einzelpersonen haben Rechte, und es gibt Dinge, die keine Person oder Gruppe ihnen antun darf (ohne ihre Rechte zu verletzen). So stark und weitreichend sind diese Rechte, dass sie die Frage aufwerfen, was, wenn überhaupt, der Staat und seine Beamten tun dürfen.

Robert Nozick

Die Elemente des Individualismus

Der Gedanke, dass ein Mensch sein eigenes Leben lenken kann, ergibt sich aus der Philosophie des Individualismus, einer mehr oder weniger stimmigen Reihe von Überzeugungen, Einstellungen und Werturteilen, die empfiehlt, wie sich die Menschen am besten mit sich selbst, mit anderen und mit den Institutionen der Gesellschaft verbinden. Diese Philosophie behauptet, dass das Individuum die primäre ökonomische, soziale und politische Einheit der Gesellschaft sei – im Gegensatz zum Kollektivismus, der diese Unterscheidung der einen oder anderen Gruppe von Personen, einem „Kollektiv"[2] zuspricht. Darüber hinaus hält der Individualismus daran fest, dass die *Ursachen* des menschlichen Verhaltens auf jeder Ebene vor allem in den Motiven, Werten und Handlungen einzelner Personen zu finden sind und nicht in kollektiven Kräften wie einem „nationalen Willen".

Diese Thesen sind für die Dynamik der menschlichen Freiheit von besonderer Bedeutung. Der Individualismus besteht darauf, dass die Freiheit des Einzelnen, so zu leben, wie er es sich aussucht, nicht kollektiven Regeln unterworfen werden darf, die über die Maßnahmen hinausgehen, die für die Sicherstellung der gesellschaftlichen Ordnung und der für alle Individuen gleichen Freiheit notwendig sind. Er besteht ferner darauf, dass die offiziellen politischen Entscheidungen, um Handlungsfähigkeit, Autonomie und Souveränität des Einzelnen zu wahren, diesem – und nicht einer Gruppe und vor allem keiner Regierung – oberste Priorität zumessen müssen. Die einzige legitime Funktion einer Regierung ist es, das Leben der Bürger zu fördern, indem sie ihre Rechte *als Einzelpersonen* schützt, nicht als Mitglieder einer Klasse oder Gruppe; keiner kollektiven Entität sollte erlaubt werden, diese Rechte außer Kraft zu setzen. Der Individualismus steht jeder Konzeption vom Staat oder einem anderen Kollektiv als vorrangig gegenüber dem Einzelnen entgegen. Insbesondere widerspricht er der Vorstellung, dass das Individuum zum Wohle des Staates existiert.

Diese Prinzipien stehen im Einklang mit der bipolaren Natur des Menschen, mit seiner angeborenen Fähigkeit zur Autonomie im Sinne von Selbstverwaltung und seiner angeborenen Fähigkeit zur Gegenseitigkeit im Sinne von Respekt für

---

2 Die folgende Definition des Kollektivismus aus dem *Modernen Wörterbuch der Soziologie* von Theodorson und Theodorson ist sehr charakteristisch: Der Kollektivismus ist „die Lehre, dass die Wirtschaftstätigkeit durch kollektives Handeln gesteuert werden sollte und nicht den unregulierten Handlungen der Einzelnen bei der Verfolgung ihrer Eigeninteressen überlassen wird. Er ist das Gegenteil der Philosophie des *Laissez-faire*. Der Begriff ist in der Regel in einem weit gefassten Sinn definiert, um sowohl Systeme des kollektiven Eigentums an den Produktions- und Vertriebsmitteln als auch Systeme des Privatbesitzes unter einer starken staatlichen oder anderen kollektiven Regulierung einzuschließen. Der Begriff wird jedoch manchmal gleichbedeutend mit dem Sozialismus oder dem Kommunismus verwendet."

die Rechte und Gefühle anderer Menschen. Kein rationaler Individualismus würde die Idee unterstützen, dass man ohne Rücksicht auf andere in der Lage sein sollte, zu tun oder zu haben, was man will, oder behaupten, dass andere die Pflicht haben, die eigene Person zu bewundern, die eigenen Wünsche zu zu bedienen oder sich dem eigenen Willen zu unterwerfen. Wie vom Individualismus betrachtet, geht das wahrhaft autonome Individuum davon aus, dass jede andere Person auch ein eigenständig Handelnder und kein bloßer Gegenstand ist, den man ausnutzen kann. In intersubjektiven Begriffen ausgedrückt, erkennt er den anderen als ein Subjekt, nicht als bloßes Objekt; als einen Menschen, nicht als ein Ding.

Regeln und Rechte im Individualismus

Eine besonders wichtige Konsequenz dieser Auffassung liegt darin, dass das Individuum und nicht eine Gruppe oder ein Kollektiv als die letzte *politische* Einheit betrachtet werden muss. Das heißt: Da jede Regierungsregel vorschreibt, was *Individuen* zu tun haben und was nicht, und da jede Regel dieser Art zwangsläufig bestimmt, wie das Leben der *Individuen* begünstigt oder geschädigt wird, ist es das *Individuum*, das primäres Subjekt und Objekt politischer Entscheidungen im wirtschaftlichen, sozialen oder politischen Bereich sein muss. Ohne diese Gewichtung kann dem Individuum sein grundsätzliches Recht auf Leben, Freiheit, Eigentum und das Streben nach Glück verweigert werden. Ohne diese Rechte kann es, wie ein Schriftsteller es ausdrückte, „von der sozialen Masse aufgesogen werden."

Um sich vor diesem Ergebnis zu schützen, hält der Individualismus daran fest, dass bestimmte Rechte gesetzlich garantiert werden müssen. Diese Rechte sind Regeln für das menschliche Verhalten, die dazu bestimmt sind, alle Individuen gleichermaßen zu schützen, was ihre Person, ihr Eigentum, ihre Verträge und ihre Freiheit betrifft, ihr Leben so zu leben, wie sie es wünschen. Insbesondere sind solche Rechte erforderlich, um Personen vor anderen Personen zu schützen, die allein oder in Gruppen handeln, und vor allem vor Schäden, die aus dem Handeln der Regierungen folgen. Die Freiheitsrechte haben sich im Einklang mit der Natur des Menschen und seinen

Lebensbedingungen als Ansprüche an Einzelpersonen und nicht an Klassen oder Gruppen entwickelt. Sie haben sich als wesentlich für Frieden, Ordnung, Sicherheit und Glück erwiesen. Ein entscheidendes Merkmal dieser Rechte ist, dass sie relativ erfreulich für alle sind, wenn man sich daran hält, aber schmerzhaft, zumindest für einige, wenn sie verletzt werden. Das Recht zum Beispiel, nicht versklavt zu werden, ist für jeden verhältnismäßig erfreulich, während die Sklaverei sehr erfreulich für die Sklavenhalter sein kann, aber sehr leidvoll für die Sklaven.

Zum Schutz der Einzelpersonen gegen alle kollektiven Eingriffe ist es notwendig, dass die Rechte *nur Personen* und nicht Gruppen zugeschrieben werden. Ist dies nicht der Fall, dann kann ein Recht einer *Gruppe* von Personen Freiheitsrechte von Einzelpersonen verletzen, ob diese Mitglieder der Gruppe sind oder nicht. Um sich das vorstellen zu können, nehmen Sie an, eine bestimmte Gruppe hat ein gesetzliches Recht dazu, eines ihrer Mitglieder zu zwingen, eine beruhigende Droge in seinen Körper injizieren zu lassen. Gehen Sie auch auch davon aus, dass das Mitglied der Injektion nicht zustimmen wird. Wenn das gesetzliche Recht der Gruppe, dem Mitglied die Droge zu verabreichen, dessen Einwand außer Kraft setzt, dann hat es nicht mehr die Kontrolle über das, was mit seinem Körper getan wird. Infolgedessen hat es das Grundeigentum an seinem Körper, das für sein Leben und seine Sicherheit notwendig ist, verloren; seine Freiheit, sein Leben so zu leben, wie es möchte, wurde drastisch kompromittiert. Als weiteres Beispiel nehmen wir an, dass eine bestimmte Gruppe von Personen ein gesetzliches Recht auf freies Wohnen erhalten wird, das durch eine zehnprozentige Steuer auf das jährliche Einkommen aller Einzelpersonen finanziert wird, die mehr als 100.000 Dollar pro Jahr verdienen. Ob diese Personen der Steuer widersprechen oder nicht, sie werden ihr Grundrecht auf Eigentum an ihren materiellen Vermögenswerten verlieren. Ihre Freiheit, diese Vermögenswerte so zu nutzen, wie sie es möchten, wurde drastisch eingeschränkt.

Diese Argumente können nach Bedarf auf jedes andere Paar von Einzel- und Gruppenrechten angewandt werden. Sie beweisen, dass jedes Rechtssystem, das kollektive Rechte vor individuelle Rechte stellt, für Personen, die die individuelle Freiheit als primäres politisches Ideal schätzen, nicht akzeptabel sein kann. Aus diesem Grund können kollektive Rechte, ungeachtet ihrer oberflächlichen

Wirkung, keine Grundlage für eine vernünftige Sozialpolitik sein. Dementsprechend gibt es keine legitimen Gruppenrechte über die schlichte Gesamtheit der einzelnen Bürgerrechte hinaus.[3]

Die biopsychologischen Grundlagen des Individualismus

Ein Großteil der vorangegangenen Darstellung beschäftigte sich damit, in welcher Beziehung der Individualismus zum wirtschaftlichen, sozialen und politischen Leben der Menschen und zu bestimmten Regeln und Rechten steht, die zur Gewährleistung der geordneten Freiheit erforderlich sind. Aus Gründen der Stimmigkeit als politische Philosophie ist es jedoch klar, dass die Prinzipien des Individualismus mit jenen biologischen, psychischen und sozialen Merkmalen übereinstimmen müssen, die für die menschliche Natur grundlegend sind. Um diese Stimmigkeit zu demonstrieren, wird es sinnvoll sein, noch einmal einige Eigenschaften aufzuzählen, die diese Natur definieren. Alle Menschen sind gekennzeichnet durch:

- das Bedürfnis des Körpers nach einem begrenzen Gefäß, das ihn von seiner Umgebung trennt (Wiggins und Schwartz);
- die Anfälligkeit des Körpers für den biologischen Tod im Falle eines Zusammenbruchs der Grenze;
- die Notwendigkeit, den Körper mit der Umwelt zu verbinden, um die normale Temperatur aufrechtzuerhalten, Nährstoffe aufzunehmen und zu verstoffwechseln und Abfälle auszustoßen;

3 Betrachten Sie den Fall, dass ein einsamer Mann dem Hungertod nahe ist und einer anderen Person, die genug besitzt, Essen stiehlt. Strenggenommen hat ersterer die Eigentumsrechte von letzterem verletzt, wenn auch eine Ethik des Mitgefühls die Unmoral des Vergehens in den Schatten stellen kann. Darüber hinaus wird diese Art von Diebstahl in der Regel mit der Lehre von Privilegien im Notfall entschuldigt. Angenommen aber, der Diebstahl wird von einer großen Gruppe verhungernder Männer an einer anderen großen Gruppe von Männern begangen, die viel besitzen: Wir können dann fragen, ob die Zahlen wichtig sind, und wenn ja, wie viele verhungernde Männer andere bestehlen dürfen, die viel haben, bevor dies zu einer inakzeptablen Verletzung von Eigentumsrechten wird. Diese Beispiele veranschaulichen die unweigerliche Unklarheit der Regeln für ein menschliches Verhalten, bei dem das Gesetz von „Härtefällen" spricht.

- das Vorhandensein eines Gehirns und der damit verbundenen neurologischen Mechanismen, die das Selbst des Individuums und seine bewussten, unbewussten und selbstbewussten Fähigkeiten erzeugen;
- ein Selbst, das sich nur in Beziehung zu anderen entwickelt, und das zur Erhaltung seiner strukturellen und funktionalen Integrität eine fortlaufende Verbindung zu anderen benötigt;
- das Bedürfnis des Selbst nach intakten Grenzen, um die funktionale Stimmigkeit und das emotionale Gleichgewicht zu bewahren, in Analogie zum Bedürfnis des Körpers nach einem intakten Gefäß;
- die Bedürfnisse des Selbst nach Trennung, aber auch zwischenmenschlicher Verbindung mit der Welt anderer, in Analogie zu den Bedürfnissen des Körpers nach Trennung von und Verbindung mit der physischen Welt;
- Fähigkeiten zur Wahrnehmung, Kognition, affektiven Reaktion und motorischen Kontrolle, die dem Selbst die Kraft der willentlichen Wahl, der ursächlichen Wirksamkeit und der Selbstbestimmung verleihen;
- Anfälligkeit für den Zusammenbruch der funktionalen Grenzen zwischen dem Selbst, dem Selbst anderer und der physischen Welt unter den Auswirkungen von Krankheit, Verletzung, Isolation, übermäßigen Reizen usw., was zu einem Verlust des emotionalen Gleichgewichts, der funktionalen Stimmigkeit, der Willenskontrolle und der adaptiven Wirkungskraft führt;
- einen angeborenen Entwicklungsschub zu Selbstverwirklichung, Kooperation und Selbsttranszendenz (Cloninger und Svrakac 2000);
- Ein angeborenes Potenzial für die Erreichung der Intersubjektivität (Stolorow u.a., 1994, Benjamin 1995): d.h. die Wahrnehmung des anderen und der Respekt vor ihm als autonomem Selbst mit Bedürfnissen, Werten, Handlungsfähigkeit und eigenen Zwecken.

Diese prägenden Merkmale des Menschen liefern die physischen und geistigen Grundlagen, auf denen der Prozess der Individuation allmählich zu einer kompetenten Person führt, die zu autonomem Handeln und freiwilliger Zusammenarbeit in der Lage ist. Im Laufe dieses Prozesses entwickelt das Individuum ein Selbstgefühl, das über die bloße Wahrnehmung der Tatsache seiner physischen Trennung von allen anderen Personen und Dingen hinausgeht: er entwickelt auch ein beständiges Gefühl für seine eigene *Wichtigkeit.* Dieser Sinn für die

Wichtigkeit des eigenen Selbst ist für das Wesen des Menschen, für die Würde des Einzelnen und für das Handeln in menschlichen Angelegenheiten von zentraler Bedeutung. Es ist die normale narzisstische *Investition des Individuums in sich selbst;* ein Wert, mit dem es sich selbst im Gegensatz zu anderen belegt und der aus mehreren Quellen – biologischen, psychischen und sozialen – entsteht. Der Investitionsprozess beginnt in der frühesten Kindheit. Er ist ein integraler Bestandteil des größeren Individuationsprozesses. Zu den Einflüssen, die das Selbstverständnis des Individuums hervorbringen, gehören folgende:

- der biologische Instinkt zur Selbsterhaltung;
- die frühen liebenden Investitionen der Mutter und anderer;
- Zufriedenheit bei der Ausübung des Willens und dem Einsatz für die eigenen Ziele;
- ein zunehmendes Gefühl der Kontrolle über die Gedanken, Ziele, Wünsche, Motive, Gefühle und Handlungen;
- aufkommende Gefühle des Stolzes auf die eigenen Erfolge;
- die laufende Bestätigung des eigenen Wertes, die sich aus der Fürsorge und Bewunderung anderer ergibt;
- der einzigartige Wert, den es in den Augen anderer wegen seiner förderlichen Bedeutung für sie erlangt;
- der Wert, den es wegen der Zuneigung des anderen hat;
- der Wert, der aus gemeinsamen Gefühlen, Einfühlungsvermögen und Identifizierung in einer Beziehung erwächst;
- die Tatsache, dass es bei jedem Einzelnen nur sein Gehirn und dieses allein ist, das alle seine Gedanken und Emotionen schafft, bewahrt und eliminiert; und dass es sein Gehirn und dieses allein ist, das alle seine Handlungen initiiert, aufrechterhält und beendet.

In seinen frühesten Jahren leitet sich ist das Gefühl des Kindes dafür, wer es ist und was es wert ist, vor allem von der Wahrnehmung seiner Mutter als ganz besonderem Wesen, das zu ihr gehört, ab. In späteren Jahren wird sein Sinn für seinen einzigartigen persönlichen Wert durch die Wertschätzung seiner besonderen Identität, seiner spezifischen persönlichen Charakterzüge durch andere, sowie durch die Bedeutung unterstützt, die es in den Köpfen derer wachruft, die es mögen.

Die Beziehungsgrundlage des Individualismus

Ironischerweise zeigen diese Beobachtungen eine wichtige Beziehungsgrundlage für die Philosophie des Individualismus. Diese Basis entsteht aus der Natur des Menschen, seinen Lebensbedingungen und der Art und Weise, wie Menschen miteinander umgehen. Ein besonderer Ausdruck dieses Phänomens ist die Tendenz, sich stärker an Einzelpersonen zu binden als an Gruppen. Obwohl es für uns üblich ist, sich um bestimmte Gruppen von Personen zu kümmern, gibt es bei Menschen dennoch eine allgemeine Tendenz, sich eher an bestimmte Einzelpersonen zu binden und sich um sie zu kümmern als allgemein um eine Art von Personen. Diese Art der Fürsorge verleiht einer bestimmten Person einen Wert nicht deshalb, weil sie Mitglied irgendeines Kollektivs ist, sondern weil sie bestimmte Eigenschaften besitzt, die eigens zu ihr gehören, und weil sie für diejenigen, die sie wertschätzen, eine gewisse Bedeutung hat. Diese Art der Fürsorge gehört zu den bestimmenden Merkmalen der menschlichen Spezies. Die Erfahrung, wegen seiner besonderen Charakterzüge umsorgt zu werden, ist in Kulturen, in denen der Individualismus nicht unterdrückt wird, normalerweise von Geburt an vorhanden.

Der Individualismus steht auch im Einklang mit dem willensmäßigen Wesen des Menschen. Die Quelle des menschlichen Handelns beginnt immer im Kopf eines bestimmten Einzelnen, auch wenn dieser mit anderen in Übereinstimmung zusammenarbeitet. Gelegentliche Beobachtungen verifizieren leicht die Tatsache, dass es der Geist eines Einzelnen ist, der menschliche Ereignisse verursacht, und kein illusorischer Gruppengeist. Es ist die Person, die Pläne schmiedet, entscheidet und zwischen Alternativen wählt; die Absichten und Handlungen, welche Auswirkungen auf andere haben, initiiert, aufrechterhält und beendet. Und es ist ein anderer individueller Geist, der – ob er alleine oder in einer Gruppe handelt – auf solche Handlungen mit seiner eigenen Auswahl, seinen Plänen, Entscheidungen, Absichten und Handlungen antwortet, die denjenigen, die auf ihn wirken, entweder entgegenstehen oder sie bestärken. Menschliche Ereignisse beginnen auf beiden Seiten solcher Transaktionen in den Köpfen von Einzelpersonen. Sie können jederzeit zu Konsequenzen führen, deren Bandbreite von trivial bis tragisch reicht: große Wohltaten, große Katastrophen, große Freude und große

Schmerzen sind aus den Handlungen von Einzelnen entstanden. Der Erste Weltkrieg wurde durch die Handlung eines Einzelnen herbeigeführt. Das Atomzeitalter begann mit den Handlungen einer anderen Einzelperson. Diese Beobachtungen führen zu allgemeineren Verordnungen für menschliche Verbindungen, zu Regeln, die sich im Laufe der Geschichte bewährt haben. Wenn man die Rechte anderer respektiert und diese fair behandelt, und wenn man Versprechen einhält, sich an Verpflichtungen hält und dafür Sorge trägt, dass man andere nicht fahrlässig verletzt, dann werden diese eher geneigt sein, die Gefälligkeiten zurückzugeben, wie es die Goldene Regel vorschreibt. Das ist das Prinzip des wechselseitigen Altruismus. Wenn man andererseits gegen die Rechte eines anderen verstößt, ihn ungerecht behandelt, beleidigt oder demütigt, Versprechen ihm gegenüber nicht einhält oder ihn durch Fahrlässigkeit verletzt, dann geht man ein großes Risiko ein, dass der Geschädigte Vergeltung übt. All dies mag dem Leser höchst offenkundig erscheinen, und das ist es auch. Doch schlichte Beispiele verdeutlichen den Punkt: Die Rechte und die stark gefühlten Empfindlichkeiten der Individuen dürfen auf keiner Ebene menschlichen Handelns ignoriert werden. Wenn sie ignoriert werden, folgt darauf die eine oder andere Form sozialer Unordnung: häusliche Gewalt, Bandenkriege, Rassenunruhen, Massaker in Postämtern, um nur ein paar zu nennen. Das strittige Prinzip erträgt es, noch einmal wiederholt zu werden: Es ist immer der Einzelne, nicht das Kollektiv, der Freude empfindet, Schmerzen erleidet, Ideen erzeugt, Glück anstrebt, Handlungen initiiert, Rache sucht, einer Kooperation zustimmt. Es ist letztlich das Individuum, das menschliches Handeln beeinflusst und davon betroffen ist, und es ist daher das Individuum, dessen Handlungen von der Sozialpolitik erlaubt oder eingeschränkt werden müssen. Dementsprechend ist es das Individuum, das Subjekt und Objekt eines vernünftigen Regelwerks sein muss. Das sollte nicht überraschen. Die Erkenntnis, dass Einzelpersonen letztlich wichtig sind für die Ereignisse, die sie beeinflussen, hat sich im Einklang mit dem Wesen des Menschen und dem Wesen seiner Beziehungen zu anderen Menschen sowie im Einklang mit den Bedingungen der menschlichen Existenz entwickelt. Die stets intensive und oft fragile Bezogenheit der Menschen aufeinander definiert das Menschsein. Aus diesem Grund halten die Illusionen des Kollektivismus der Prüfung durch die Erfahrung niemals stand.

Ethik und Individualismus

Der *ethische* Kern des Individualismus geht sowohl vom Recht als auch von der Pflicht des Einzelnen aus, sich selbst und sein Streben nach Glück zur obersten Priorität in seinem Leben zu machen, vorbehaltlich jeglicher Verpflichtungen liebender, wohltätiger oder anderweitiger Art, die er freiwillig anderen Personen gegenüber eingehen kann. Doch wenn er eine ethische eigenständige Person ist, wird sein Streben nach Glück, wie Adam Smith beobachtet hat, fast immer auch anderen zugutekommen, auch wenn er sich um des eigenen Gewinns willen bemüht. Der leidenschaftliche Wunsch der Wright-Brüder, fliegen zu können, war sicherlich von ihrem persönlichen Streben nach Glück und nicht von einer Hingabe an andere motiviert. Doch die Vorteile, die ihre Passion der Welt gebracht hat, sind längst unermesslich. In einer rationalen Gesellschaft vernunftorientierter Personen produziert die individuelle Verfolgung der eigenen Befriedigung regelmäßig Waren, Dienstleistungen und Beziehungen, die für viele andere von Vorteil sind. Die angeborene Kompatibilität langfristiger individueller Interessen und langfristiger gesellschaftlicher Interessen zeigt sich im Alltag. Sie beruht auf den zusammenhängenden Idealen von persönlicher Freiheit und gesellschaftlicher Zusammenarbeit, die beide in die Ethik des Individualismus integriert sind.

Individualismus und Geschichte

Historisch gesehen war es natürlich die Möglichkeit, diese Ideale zu verwirklichen, die Millionen von Einwanderern nach Amerika geführt hat und sie noch immer dorthin führt. Ihr Streben ist ein Beweis für die Tatsache, dass jeder gesunde Mensch, wenn er kann, vor jeglicher Regierungspolitik flieht, die den Einzelnen und seine Rechte unter irgendeinem gewaltig aufgetürmten, aber stets irrationalen Gemeinwohl begräbt. Tatsächlich haben Menschen, die nach Amerika entkommen sind, immer mit der elementarsten der individualistischen Lehren zu leben gesucht: dass das Individuum souverän ist unter einem System von Gesetzen, die sein Recht schützen, Beziehungen zu sich selbst und zu anderen durch eigene Entscheidung, nicht durch Zwang einzugehen.[4] Mit seinem Beharren auf dem Primat des Individuums über die Gruppe stellt der Individualismus ein Ideal dar, das die Arten gesellschaftlicher Arrangements benennt, in denen Menschen am besten gedeihen können. Er bestätigt die wesentliche Rolle der Freiheit im Leben des Menschen, da er die wesentliche Rolle der Zusammenarbeit im Leben des Menschen hervorhebt. Es gibt keinen vernünftigen Kompromiss zwischen den Tugenden des Individualismus und der Zerstörung, die allen Formen des Kollektivismus innewohnt: dem Sozialismus, dem Kommunismus und dem Faschismus, dem Wahnsinn aller Kulte und der Verfolgung von Ungläubigen durch radikale Religionen.

4 Als rechtliche Angelegenheit hindert der Individualismus eine Person sogar daran, die Zustimmung zu geben, von jemand anderem beherrscht oder versklavt zu werden, da eine solche Zustimmung als offensichtlich irrational betrachtet wird und daher ungültig ist. Dies ist die Grundlage der Behauptung, dass das Recht auf Freiheit ein unveräußerliches Recht ist.

22
Ursache, Wirkung und Wille

Wo du bist, da bist du. Wo du hingehst, liegt an dir.

Charles Givens

Wenn es ein Wort gibt, das unsere Gesellschaftsform in Amerika beschreibt, dann ist es das Wort – freiwillig.

Lyndon Baines Johnson

Absicht und Wille

Während das heranwachsende Kind ein zunehmendes Bewusstsein dafür entwickelt, dass sein eigenes Selbst und sein Körper von allen anderen Dingen getrennt sind, lernt es, zunächst auf einen Impuls hin und dann mit Absicht zu handeln. Indem es zuerst etwas will und es dann tut, findet es heraus, dass es ganz allein und völlig unabhängig von irgendjemand anderem Dinge geschehen lassen kann. An erster Stelle dieser Entdeckungen stehen die absichtlichen Bewegungen, die es mit seinem eigenen Körper macht. Sein wiederholtes Erleben der gewollten Kontrolle über seinen Körper verschafft ihm ein unmittelbares Verständnis von Ursache und Wirkung in der Welt der entscheidenden Handlungen. Darüber hinaus lernt es, indem es mit Worten, dem Klang der Stimme, dem Gesichtsausdruck,

Gesten und Haltung mit anderen kommuniziert, sowie dadurch, wie andere es durch ähnliche Kommunikation beeinflussen, noch eine andere Kategorie von Ursache und Wirkung kennen: jene Handlungen, die Verbundenheit mit anderen vermitteln. Die Erfahrung des Handelns durch unabhängige Initiative und das Erlebnis der Wirkung des Handelns anderer auf das Kind sind die Grundlage seines Gefühls für die Handlungsfähigkeit bei sich selbst und bei ihnen.

Der Begriff des Willens ist für Wesen und Bedeutung von menschlicher Entscheidung, Autonomie, Handlungsfähigkeit und Handeln von offenkundiger Wichtigkeit und hat besondere Auswirkungen auf die Psychologie der Freiheit. Als *Substantiv* bezeichnet das Wort „Wille" typischerweise einen gewissen Willensprozess: eine Absicht, Neigung, Verpflichtung oder Disposition, etwas zu tun, wie zum Beispiel „er sagte, er sollte zum Arzt gehen, aber ihm fehlt der Wille, es zu tun", oder einen Befehl, wie in Bezug auf den Willen Gottes. Der Wille kann die Stärke des Zwecks betonen („wo ein Wille ist, da ist auch ein Weg"), Energie oder Begeisterung anzeigen („er hat den Willen zum Erfolg") oder eine Bitte, einen Wunsch oder ein Begehren bezeichnen („es ist ihr Wille, dass du nach Hause kommst"). Wenn wir sagen, dass eine Person einen starken Willen hat, betonen wir die Macht der Selbstbestimmung oder Selbstbeherrschung, und wenn wir von der Freiheit des Willens sprechen, unterstreichen wir die Macht der bewussten und absichtlichen Entscheidung. Wenn wir ein Testament machen [engl. „to make a will", d. Übers.], geht es darum, den eigenen Wunsch nach der Anordnung bestimmter Dinge zu formalisieren.

Das *Verb* „wollen" hat offensichtlich verwandte Bedeutungen: Etwas zu wollen, heißt, eine deutliche Willensbekundung zu formulieren, etwas zu tun, d.h. etwas zu wählen, zu bevorzugen, auszusuchen, anzuordnen, zu bestimmen, etwas zu lenken, zu ordnen, eine bestimmte Wahl zu treffen oder einen Befehl zu übermitteln oder auszudrücken. An dieser Stelle ist es auch relevant, die Definition des Begriffs *Absicht* [engl.: *intention*, d. Übers.] als eine eng verwandte Idee zu beachten. Eine landläufige Bedeutung von „Absicht" bezieht sich auf eine Geisteshaltung oder geistige Disposition oder Entschlossenheit, eine bestimmte Sache zu tun, in einer bestimmten Weise zu handeln oder sich an eine Handlungsabfolge mit einem fest vorgegebenen Ziel zu halten. Etwas zu beabsichtigen, heißt, einen Entschluss oder Vorsatz gefasst zu haben, es zu tun. In einer weniger gängigen Bedeutung bezeichnet der Begriff *Intentionalität* die Fähigkeit des Verstandes, auf etwas Bezug zu nehmen oder an etwas zu denken.

Die Ausbildung des Willens beim Kleinkind umfasst praktisch alle diese Bedeutungen von Wille und Absicht bzw. lässt sie vorausahnen. Wie bereits erwähnt, entsteht die Ausübung der Wahl auf natürliche Weise als elementarste Kapazität des Gehirns – als die Fähigkeit, selektiv auf Eingaben aus der Umwelt zu reagieren. Wenn diese Kapazität reift und stärker in die sich entwickelnde Persönlichkeit integriert wird, werden sowohl Wahrnehmung als auch Reaktion durch zunehmend komplexe Gehirnprozesse beeinflusst („moduliert"). Mehrfache zusammenhängende Bedeutungen können dann den einfachsten Wahrnehmungen zugeschrieben werden. Neu erworbene, aufwändigere Reaktionen erweitern ständig das Repertoire möglicher Handlungen in jeder Situation. Der Verstand wird immer komplizierter, während das Kind heranwächst.

Die Entstehung menschlichen Handelns

Während das Kind Beziehungen zu sich selbst und zu anderen herstellt, wünscht es, bevorzugt, wählt aus, initiiert also Handlungen und wird dadurch – ganz in sich selbst – zu einer Quelle gewollten Handelns. Diese Entstehung der menschlichen Handlungsmacht führt – sofern sie nicht durch ein Trauma in der Entwicklung unterdrückt wird – beim Erwachsenen unweigerlich zu der Überzeugung, dass man in einer Welt der Freiheit einfach durch die ungehinderte Ausübung des eigenen Willens leben kann. Allein schon in dieser Hinsicht betrachtet, hat der Begriff der Handlungsmacht weitreichende soziale und politische Auswirkungen. Einige zusätzliche Beobachtungen über die Ursprünge des gewollten Handelns in einer freien Gesellschaft können an dieser Stelle nützlich sein:

- In dem Maße, in dem das Kind seinen Willen in einer seinen Fähigkeiten angemessenen Weise ausüben darf, entwickelt es ein richtiges Gefühl von sich selbst als *erfolgreich* Handelndem. Es erwirbt ein frühes Vertrauen in seinen eigenen Erfolg;
- In dem Maße, in dem es lernt, sein gewolltes Handeln innerhalb der moralischen und ethischen Grenzen seiner unmittelbaren Familie zu beschränken, entwickelt es ein richtiges Gefühl von sich selbst als *legitim* Handelndem. In

einer Atmosphäre von „Recht und Ordnung“ in der Familie erlernt es die frühen Grundlagen gewissenhaften Handelns, die spätere Basis für Zusammenarbeit;
- In dem Maße, in dem ihm erlaubt wird, auf eine Vielzahl von Wünschen zu reagieren und sie zu befriedigen, wie es möchte, genießt es eine Einführung in die individuelle Freiheit. Es entwickelt ein richtiges Gefühl von sich selbst als *frei* Handelndem, wann und wo immer diese Freiheit legitim ist;
- In dem Maße, in dem auf seine gewollten Handlungen in einer kooperativen Weise reagiert wird – im Gegensatz zu Ausbeutung, Ablehnung oder Missbrauch – entwickelt das Kind ein richtiges Gefühl von sich selbst als *kooperativ* Handelndem, als bereitwilligem Teilnehmer an gemeinschaftlichen Bemühungen;
- In dem Maße, in dem der Umgang des Kindes mit seinen Bezugspersonen von ihm verlangt, dass es sie als eigenständige Personen mit eigenen Rechten anerkennt und respektiert, wird das Kind zum *wechselseitig* Handelnden. Es achtet andere als souveräne Akteure mit unabhängigen Zielen, nicht als Objekte ohne Persönlichkeit, die dazu da sind, von ihm für seine eigenen Zwecke ausgenutzt zu werden.

Menschliches Handeln ist gesund, wenn es beim Streben nach Glück *erfolgreich* ist, *legitim* durch Beachtung der Rechtsstaatlichkeit, *frei*, weil Zwang verboten ist, *kooperativ*, wenn die Zustimmung freiwillig ist und Belohnungen verdient oder freiwillig gegeben werden, und *wechselseitig* durch die Achtung der Allgemeingültigkeit der Rechte auf Freiheit und ehrlich erworbenes Eigentum. Die ökonomischen, sozialen und politischen Regelungen, die allen kollektivistischen Gesellschaften eigen sind, machen das individuelle Handeln ausnahmslos weniger wirksam, weil es vom Staat entmachtet wird; sie machen es illegitim, weil es vom Staat verurteilt wird; unfrei, weil es vom Staat unterdrückt wird; weniger kooperativ, weil es vom Staat erzwungen wird, und weniger wechselseitig, weil es vom Staat entmenschlicht wird.

Erikson über das Wesen des Willens

In seinem Buch *Einsicht und Verantwortung* von 1964 setzte Erikson die Entwicklung seiner Gedanken über das frühe Wachstum des Kindes zur Autonomie fort. Es empfiehlt sich nun, einige seiner Vorstellungen über die Entstehung des Willens als einen inhärenten Ausdruck dieses Wachstums zu untersuchen und ihre Relevanz für die individuelle Freiheit zu betrachten. Erikson begriff den Willen als eine der fundamentalen Charakterstärken der menschlichen Psyche und damit als eine Tugend. Er ist ein offensichtlicher Ausdruck der angeborenen Willenskraft, die spontan in der Entwicklung des Kindes auftritt, wenn die kognitive Reifung angemessen ist, wenn die Grundlagen des Urvertrauens erworben worden sind und wenn das Selbst in seiner frühen Verwundbarkeit nicht von Angst, Furcht oder Scham überwältigt wird. *Eriksons Definition des Willens ist wichtig für eine Philosophie der Freiheit: Der Wille, so sagte er, „ist die ungebrochene Entschlossenheit, trotz der unvermeidlichen Erfahrung von Scham und Zweifel im Kleinkindalter die freie Wahl und Selbstbeschränkung auszuüben." Diese Idee kann noch ein wenig erweitert werden: Wenn die unvermeidlichen Konflikte des Kindes mit dem Willen seiner Eltern und anderer nicht seine eigene aufkommende Fähigkeit, nach eigener Entscheidung auf die Welt zu reagieren, ersticken, dann wird es eine gesunde Position einnehmen; vorausgesetzt, andere Umstände sind geeignet, es zu einem autonomen Erwachsenen heranwachsen zu lassen; einer Einzelperson, die befugt ist, ihr eigenes Leben zu führen, während sie anderen hilft, das ihre zu lenken.*

Wenn die Dinge in den ersten fünfzehn Lebensjahren gut verlaufen, erscheint die Fähigkeit des Kindes zur willentlichen Auswahl spontan. Dann, wenn das Grundvertrauen vorhanden ist, bestätigt seine wiederholte Erfahrung damit, auszuwählen, einen Zweck zu beabsichtigen und Dinge durch einen Willensakt geschehen zu machen, seine Rolle als ursächlich Handelnder in der Welt der Ereignisse. Seine Willensausübung wird zur am stärksten wahrnehmbaren Manifestation seiner wachsenden Autonomie und zum primären Ausdruck seines sich entwickelnden Selbst.

Leider ist kein Teil dieses Prozesses unabdingbar. Erikson wusste, dass die Entwicklung einer authentischen Autonomie und eines tugendhaften Willens zu oft aus dem Ruder läuft, wenn das Selbst exzessiv zu tiefsitzenden Selbstzweifeln getrieben wird, wenn das Grundrecht des Kindes, einen eigenen Verstand zu entwickeln, durch Androhungen von Zurückweisung, Verlassen, Verletzung oder Verachtung herausgefordert wird. Unter diesen Umständen werden die Grundlagen der Selbstbestimmung, Selbstverantwortung und Kooperation untergraben. Nicht selten ist der Schaden irreparabel.

Der Wille als Tugend

Nach Eriksons Verständnis meint der Gedanke der *Tugend* die „grundlegenden menschlichen Stärken, die sich mit der langwierigen Kindheit des Menschen und mit seinen Institutionen und Traditionen entwickelt haben." Er verwendete den Begriff im wesentlichen in zwei gewöhnlichen Bedeutungen. Erstens: soweit die Tugend störendes Verhalten in der Gesamtbevölkerung begrenzt, bezeichnet sie das *freiwillige* Üben von Zurückhaltung im Interesse der sozialen Harmonie. In dieser Hinsicht verbindet die Tugend die Selbstbeherrschung auf der individuellen Ebene mit dem gesellschaftlichen Prozess insgesamt. In einer zweiten Bedeutung, die spezifischer das Streben des Einzelnen nach dem Glück meint, wird der Begriff der Tugend als ein „Prinzip der menschlichen Interaktion [verstanden], das es ermöglicht, ein vollkommenes menschliches Leben zu leben". Hier erkennt Erikson die Tugend als einen unentbehrlichen Bestandteil des Charakters, der bei der Suche des Einzelnen nach persönlicher Erfüllung eine entscheidende Rolle spielt. In dieser persönlicheren Bedeutung ist die Tugend des Willens als „Willenskraft" die Entschlossenheit, auch angesichts von Schwierigkeiten zu beharren und das anzuregen, was wir gemeinhin Mut nennen. Sie ist ein Element der Widerstandsfähigkeit und der Fähigkeit, Frustration zu erdulden. Wille und Willenskraft sind Aspekte der moralischen Dimension des Menschen, wie z.B. der Wille, einer Versuchung zu widerstehen, und eine Belohnung zugunsten höherer moralischer Werte zu verschieben oder zurückzuweisen. *Erikson sprach sehr eindeutig über die moralische Dimension der Tugend und bemerkte, dass sie solche menschlichen Bestrebungen widerspiegelt, die „irgendwie richtig" sind. Die Bedeutung dieser Dimension kann nicht hoch genug eingeschätzt werden. Es geht nämlich um die Frage, was notwendigerweise richtig oder tugendhaft ist, damit der Mensch angesichts der Besonderheiten seines Wesens und der Bedingungen der menschlichen Existenz frei sein kann.*

In Übereinstimmung mit den üblichen Unterscheidungen schrieb Erikson, dass etwas „zu wollen nicht bedeutet, eigensinnig zu sein, sondern vielmehr allmählich die Macht des erhöhten Urteils- und Entscheidungsvermögens beim Einsatz des Antriebs zu gewinnen." In diesem Zusammenhang bezieht sich der Einsatz von Willenskraft sowohl auf eine dauerhafte Ablehnung, Impulsen, Trieben, Gelüsten oder Versuchungen für unpassende Ziele nachzugeben, als auch auf die Fähigkeit zu willentlicher Beharrlichkeit bei der Verfolgung vernünftiger Ziele, die Tugend der Entschlossenheit. Seine Definition weist ausdrücklich die Verdrehung des Willens zu einer kindlichen Forderungs- oder Oppositionshaltung zurück. Es stellt auch fest, wie wichtig es ist, den Realismus bei den Bemühungen des Kindes, seine Welt zu beurteilen und darauf zu reagieren, zu fördern. Erikson bekräftigt die Funktion des Willens im Interesse von Zielen, die das menschliche Gedeihen schützen und verbessern, jene „Einsätze des Antriebs", die die menschliche Meisterschaft im Dienste des Wohlbefindens voranbringen. Diese Lektion ist entscheidend in den frühen Jahren des Kindes, wenn sein aufkommender Wille den Gegebenheiten seiner körperlichen und zwischenmenschlichen Welt nachgeben muss, damit es nicht das Wohlbefinden den Illusionen von Allmacht oder die Bezogenheit der Ichbezogenheit opfert. Mit Eriksons Worten: „Der Mensch muss lernen, das zu wollen, was sein kann, aufgeben zu wollen, was nicht sein kann, und zu glauben, dass er gewollt hat, was unvermeidlich ist." Das Gebet um Gelassenheit erinnert an dieses Prinzip.

Der Wille und die Grundlagen des Gesetzes

Die Gesellschaft verlangt, dass jeder Einzelne sich in Willenskraft übt, die Verhaltensweisen einzuschränken, die auf Person und Eigentum anderer übergreifen könnten. Sie schafft formale und informelle Regeln, die die Grenzen akzeptablen und inakzeptablen Verhaltens in unserem Umgang miteinander definieren. Das Gesetz geht davon aus, dass wir in diesen Situationen richtig oder falsch entscheiden können. Erikson war der Auffassung, dass die Regeln, die geschaffen wurden, um menschliches Verhalten zu steuern, im Begriff des Wollens und in der frühen Erfahrung des Kindes logisch begründet sind. Mit seinen Worten gesagt: „Der Wille ist die Grundlage für die Annahme von Recht und Notwendigkeit, und er wurzelt in der Urteilsfähigkeit der Eltern, die vom Geist des Gesetzes geleitet werden." Mit Urteilsfähigkeit ist hier die Zuverlässigkeit des Urteils gemeint, das vom gesetzmäßigen Geist richtiger Lebensführung geprägt wird. Die Schulung des kindlichen Willens unter dieser Anleitung muss früh in seiner Entwicklung beginnen, um sicherzustellen, dass seine Macht zur Selbstbestimmung sich nicht zerstörerisch gegen es selbst und die Gesellschaft wendet. Oder wie Erikson es ausdrückte:

„Der Wille wiederum reift zur Bereitschaft des Ego zur Stärke des kontrollierten Antriebs heran. Solche Willenskraft wird sich jedoch dem Willen anderer so anschließen müssen, dass der Antrieb mächtig und erfinderisch bleibt, auch wenn er durch freiwillige Selbstverleugnung und bereitwilligen Gehorsam zurückgehalten wird. Die Institution, die solcher Urteilsfähigkeit eine ‚ewige' Form gibt, ist das Gesetz. Die Urteilsfähigkeit, die den Eigenwillen des kleinen Individuums in seinen kindlichen Anfängen regelt, wird also vom Individuum (durch sein persönliches Verhalten) weitergeführt und als soziale Forderung in Institutionen hineingetragen, die das Traditionelle bewahren und ein Gleichgewicht von Führerschaft und Anhängerschaft, von Privileg und Verpflichtung, von freiwilligem Handeln und Zwang unterstützen. Für seine Würde gibt der organisierte Mensch die Verfügungsmacht über die Reste von Eigensinn in sich selbst und in anderen preis, halb hoffend und halb fürchtend, dass er selbst gelegentlich mit kleinen Übertretungen davonkommen kann, auch wenn er seine Nachbarn mit zwingender Rechtschaffenheit beobachtet." (Erikson, 1964)

Das Gesetz geht davon aus, dass das Individuum über die Fähigkeit oder den „bereitwilligen Gehorsam" verfügt, sein Verhalten durch eine gewollte Ablehnung falschen Handelns an die Anforderungen des richtigen Handelns anzupassen. Dies ist die prinzipielle „Selbstverleugnung" des Bürgers, der sowohl frei als auch gesetzestreu ist. Das Gesetz formalisiert in seinen Paragraphen, was die Vernunft uns zu tun heißt, wenn wir uns dem Willen anderer anschließen, um in Harmonie zu leben oder einfach nur überhaupt zu leben. Um vor falschen Handlungen abzuschrecken, unsere Grundsätze richtigen Handelns zu bestätigen und unseren Wunsch zu befriedigen, den Übeltäter zu bestrafen, verabschieden wir Gesetze mit Strafen für diejenigen, die dagegen verstoßen. Und dies tun wir in der Annahme, dass jeder von uns individuell für seine Missetaten verantwortlich ist; bei einer bestimmten Gelegenheit könnte jeder von uns gewollt haben, anders zu handeln, als wir es taten.

Diesem Prinzip des Gesetzes liegt, wie wir schon früher betrachtet haben, die westliche individualistische Tradition zugrunde, die die Souveränität des Individuums und sein natürliches Recht, sein eigenes Leben zu lenken, beinhaltet. Doch zu dieser Tradition gehören ebenso die individuelle Verantwortung und individuelle Risikoübernahme. Ohne diese Verpflichtungen haben wir nur einen scheinbaren Erwachsenen, der sich eigentlich wie ein Kind verhält, das erpicht darauf ist, sein eigenes Handeln zu bestimmen, aber nicht bereit oder unfähig, die Rechte und Privilegien anderer zu respektieren und unwillig oder unfähig, die ungünstigen Konsequenzen zu tragen, die er sich selbst beibringt. Wenn ein Erwachsener sein eigenes Leben lenkt, dann ist es doch er und nur er allein, der die Verantwortung für sein Tun übernehmen muss; denn wer kann solch eine Verantwortung übernehmen, ohne ihn zu bevormunden? Wenn ein Erwachsener sein eigenes Leben lenkt, dann ist er es und nur er allein, der die nachteiligen Wirkungen – und nicht nur die Vorteile – von allem, was er tut, im Voraus bedenken und akzeptieren muss, denn wer kann das für ihn tun, ohne ihn zu bevormunden? All dies wird unter dem Rechtsbegriff der Vormundschaft verstanden, wo genau diese Fähigkeiten zu Selbstbestimmung, Verantwortung und Übernahme des Risikos bei einer bestimmten Person tatsächlich für unzureichend befunden werden können. Dann – und nur dann – kann eine andere Person, die wirklich kompetent ist, gesetzlich dazu ermächtigt werden, das Leben der unfähigen Person anzuleiten, die Verantwortung für sie zu übernehmen und ihre Risiken in ihrem Namen zu tragen.

23
Die Regeln und das Kind

Mit dem Gerechten meinen wir das, was rechtmäßig ist und was recht und billig ist.
Aristoteles

Zusätzliche Bedeutungen des Willens

Die Möglichkeit des Kindes, in einer gesetzlich geordneten Gesellschaft zu leben, hängt stark davon ab, wie es Familienmitglieder wahrnimmt, die bei der Durchführung ihrer Angelegenheiten bestimmten Regeln gehorchen oder nicht. Erikson beobachtete, dass Kinder zu Hause durch Regeln, die von den Eltern und anderen übermittelt wurden, zu „Recht und Ordnung" erzogen werden. Er stellte fest, dass ein gewisses Gleichgewicht die Urteilsfähigkeit prägen muss, die die Erziehung der Nachkommen regelt. Die gewöhnliche Erfahrung zeigt, dass Kinder, deren Eltern eine übermäßig nachgiebige Haltung gegenüber den Regeln in ihrem Zuhause einnehmen, eher egozentrisch, anmaßend und hemmungslos werden. Sind Eltern andererseits zu restriktiv, werden ihre Kinder eher zwanghaft, unterdrücken und kontrollieren sich in übertriebenem Maße selbst. So muss die Erziehung des Kindes zum Willen eine Selbstbestimmung fördern, die durch eine angemessene Selbstbeschränkung begrenzt ist.

In dieser Hinsicht ist es offensichtlich, dass Eltern als Vorbilder umsichtigen Handelns für die Entwicklung des Kindes von wesentlicher Bedeutung sind. Sicherlich lernen Kinder durch Versuch und Irrtum und durch Empfindungen und Verhaltensmaßregeln, aber sie lernen auch viel durch Nachahmung und Identifikation. Sie werden das gesunde Urteil – oder dessen Fehlen – in den Handlungen ihrer Eltern und anderer beobachten und es nachahmen, bis es zur Gewohnheit wird. *Die frühe Erfahrung des Kindes mit den Gesetzen und der Ordnung zu Hause sowie mit der ökonomischen, sozialen und politischen Logik, die Beziehungen beherrscht, wird zur Grundlage für sein späteres Verständnis der Privilegien, Verpflichtungen und Verbote, die das Handeln von Menschen in der Gesellschaft insgesamt ordnen.*

Erikson bemerkte, dass das soziale Problem des Willens in den Worten „guter Wille" enthalten ist, einem Konzept, das komplexer ist, als es zuerst erscheinen mag. Wie bereits erwähnt, trägt der gute, in höflichem Verhalten ausgedrückte Wille zur sozialen Ordnung bei, indem er unnötige Beleidigung vermeidet. *Eine noch wichtigere Auffassung vom guten Willen verkörpert eine gegenseitige Beschränkung des Wollens aller, die jedem Einzelnen verbietet, seine Forderungen anderen mit Gewalt aufzuzwingen.* Um diese grundlegendste Voraussetzung für die Gegenseitigkeit zu erreichen, die für die gesellschaftliche Ordnung maßgeblich ist, muss man dem Willen des Kindes im Laufe seiner Entwicklung eine gewisse Begrenzung auferlegen. Anderenfalls wird seine angeborene Neigung zur Herrschsucht seine Fähigkeit, die Souveränität anderer zu respektieren, außer Kraft setzen. Natürlich erfordert seine offensichtliche körperliche und geistige Fragilität im Alter von zwei oder drei Jahren schon an sich, dass es sich dem Willen anderer unterordnet, die weit mächtiger sind als es selbst, auch wenn sich sein eigener Wille sehr energisch zeigt. Diese Tatsache allein setzt dem, was es wirklich tun kann, Grenzen, wenn auch nicht dem, was zu tun er sich vorstellen kann. Doch letztlich sind wir daran interessiert, dass das Kind eine vernünftige Selbstbeschränkung entwickelt, und nicht daran, dass es sich einem Zwang unterwirft. Daher ist es unerlässlich, dass sein Wille frühzeitig unter Berücksichtigung der Bedürfnisse anderer Menschen ausgebildet wird.

In einer Hausgemeinschaft, in der das Wollen der Mitglieder miteinander in Widerstreit steht, wird ein vernünftiger Elternteil, so behauptet Erikson, „allmählich zu einem Maßstab der Selbstbeherrschung für das Kind, das lernt, seinen

Eigensinn zu kontrollieren, Bereitschaft anzubieten und Entgegenkommen auszutauschen." Die frühkindliche Entwicklung des Willens ist also idealerweise ein bedingender Prozess, der sowohl von der Einstellung als auch vom Verhalten des Kindes die Anfänge von Gegenseitigkeit einfordert, indem es seinen Eigensinn aufgibt, und sie setzt seinen frühen Illusionen von Allmacht und angeborener Großartigkeit Grenzen. Sie verlangt, dass es im Rahmen seiner Fähigkeiten zur Zusammenarbeit bereit ist. Und sie verlangt, dass es guten Willen und kein Übelwollen anderen gegenüber zeigt, da es darauf angewiesen ist, andere zu respektieren. All dies steht im Einklang mit unseren früheren Beobachtungen zur Entstehung von Intersubjektivität. In ihren Bemühungen, ihr Kind zu schulen, verlangt die gute Mutter, dass es sie als eigenständiges Subjekt anerkennt, als eine Person mit eigenen Zielen, die verstanden und respektiert werden will. Zu seinem Besten und in ihren Augen als eine Frage des richtigen Verhaltens, wird sie ihm, wenn seine früheste Kindheit vorüber ist, nicht erlauben, sie nur als Objekt zu behandeln, eine bloße Ressource, die vorsätzlich für jede Befriedigung ausgenutzt wird, die es momentan aus ihr herausholen kann.

Gegenseitigkeit und Macht

Dem Willen des Kindes Grenzen zu setzen, bringt ihm sowohl echte Vorteile als auch vermeintliche Verluste ein. Erikson erkannte die Enttäuschung, die das Kind bei der Aufgabe seiner eigensinnigen fordernden Haltung, seiner eingebildeten Großartigkeit und Illusion kindlicher Omnipotenz fühlt. Bei glücklichen Kindern unterstützen elterliche Liebe und Einfühlungsvermögen die zunehmende Selbstkontrolle und Gegenseitigkeit und minimieren so die Qual dieses Übergangs. In diesen Fällen lösen elterliche Zuneigung und vernünftige Begrenzung schließlich den Eigensinn des Kleinkindes zu einer realistischen Selbstbestimmung und Bereitschaft zur Zusammenarbeit mit anderen auf. *Für weniger glückliche Kinder dagegen ist dieser Wendepunkt in der Autonomiephase der Entwicklung eine Krise, die niemals gelöst, sondern nur durch einen unaufhaltsamen Antrieb, die eingebildete Allmacht der Kindheit im Erwachsenenleben zu verwirklichen, verteidigt wird. In diesen Fällen führen frühes Versagen in der Zuneigung, Empathie und Grenzsetzung auf Seiten der Eltern zu Kindern, die mit dem Gefühl aufwachsen, der Liebe beraubt zu sein, in Selbstbestimmung und Selbstbeschränkung beeinträchtigt sind, zur Gegenseitigkeit unfähig und entschlossen zu dominieren. Als Erwachsene streben sie nach Macht über andere, um mit Gewalt das zu bekommen, was ihnen in der Kindheit nicht gegeben wurde.* Wie an anderer Stelle in diesem Buch erwähnt, sucht der Machttrieb in solchen Personen die primitive Angst und Wut, die mit der frühen Entbehrung und der Schande der Hilflosigkeit verbunden ist, zu beruhigen. Das Ursprungstrauma hinterlässt bei solchen Kindern eine lebenslange Ambivalenz gegenüber den Betreuungspersonen, die ihre Wünsche abwechselnd befriedigten, sie ihrer Zuneigung beraubten und dominierten. Diese ursprüngliche Ambivalenz wird im späteren Leben leicht auf andere übertragen, was Beziehungen mit Schwankungen zwischen Liebe und Hass, Dominanz und Unterwerfung verkompliziert. Weniger bekannt ist die Ambivalenz des Kindes sich selbst gegenüber. Es hält sich leicht für groß und mächtig, wenn es zufrieden ist, aber für nicht liebenswert, minderwertig und schwach, wenn es frustriert ist. Wie Erikson bemerkte: „Am Ende wird sich erweisen, dass das Selbstbild des Kindes in der Art und Weise gespalten ist, wie der Mensch dazu geneigt ist, für den Rest seines Lebens gespalten zu bleiben. Von hier an werden die Fähigen und die Ohnmächtigen, die Liebenden und die Wütenden, die geeinten und die in sich selbst widersprüchlichen Egos ein Teil der Ausrüstung des Menschen sein: wahrhaft ein psychisches In-Ungnade-Fallen."

Die gerechte Gesellschaftsordnung

Gleichzeitig erkannte Erikson die Möglichkeiten, den Zorn des Kindes, die Enttäuschung und die Demütigung zu heilen, indem es erkennt, dass es ihm nicht zusteht, die Welt zu befehligen. Diese Möglichkeiten liegen im Allgemeinen in den Werten der Kultur und im Besonderen in der Fähigkeit der Eltern, das Kind zu überzeugen, dass das Aufgeben seiner unreifen Vorstellungen von Großartigkeit und Allmacht keine Entbehrung, Ungerechtigkeit oder Demütigung ist, sondern stattdessen eine große Leistung auf dem Weg zur Reife; etwas, worauf es stolz und worüber es erfreut sein kann, und nichts, dessen es sich schämen müsste. Wenn diese Bemühung erfolgreich ist, ersetzen allmählich Stolz auf das Selbstvertrauen und Freude an der Gegenseitigkeit das Beharren des kleinen

Kindes darauf, dass es das Universum lenken müsste. Die Fähigkeit der Eltern, diese Botschaft des Trostes zu vermitteln, hängt, so verstand es Erikson, davon ab, wie sehr sie selbst in „einer vernünftigen, gerechten bürgerlichen und weltlichen Ordnung verwurzelt sind, die einen heilenden Gerechtigkeitssinn bietet." In den westlichen Kulturen muss die vernünftige, gerechte Gesellschaftsordnung, von der er spricht, auf jenen Prinzipien gründen, die die bipolare Natur des Menschen widerspiegeln:

- Die gerechte Gesellschaftsordnung muss die Souveränität des Individuums achten, indem sie sein Recht, sein eigenes Leben zu lenken, dadurch akzeptiert, dass sie die Bezogenheit aller Individuen in der Gemeinschaft aufeinander durch eine Ethik der freiwilligen Zusammenarbeit anerkennt;
- Die gerechte Gesellschaftsordnung respektiert die Freiheit des Einzelnen, indem sie ihn dazu verpflichtet, die Verantwortung für sich selbst zu übernehmen und die Risiken seines Handelns zu tragen; sie greift nicht in seine naturgegebenen Freiheiten ein und versucht nicht, ihn vor sich selbst zu beschützen und ihn für seine Fehler zu entschädigen, indem sie ihm etwas gibt, das sie anderen wegnimmt;
- Die gerechte Gesellschaftsordnung respektiert das Eigentum an rechtmäßig erworbenem Besitz und die Richtigkeit von Verträgen, die unter gerechten Bedingungen geschlossen wurden; sie verletzt keine Eigentumsrechte und setzt ordnungsgemäße verbindliche Vereinbarungen nicht außer Kraft;
- Die gerechte Gesellschaftsordnung respektiert den Grundsatz der Gleichheit nach dem Gesetz als Hindernis für politische Manipulation; sie befreit nicht einige von den Anforderungen des Gesetzes und gewährt anderen keine politischen Gefälligkeiten;
- Die gerechte Gesellschaftsordnung erfordert auf allen Regierungsebenen verfassungsrechtliche Grenzen, die verhindern, dass die natürlichen Rechte des Menschen verletzt werden; sie entzieht einem Individuum nicht die Verfügung über sein Leben, seine Freiheit oder sein Eigentum durch eine Politik des Zwanges.

Unnötig zu sagen, dass solche abstrakten Angelegenheiten dem Kind von seinen Eltern oder anderen nicht explizit beigebracht werden können, zumindest nicht im frühen Kindesalter. Doch dem Kind kann vermittelt werden, wie man in einer gerechten gesellschaftlichen Ordnung lebt, indem es das Handeln kompetenter Eltern und anderer Erwachsener im Alltag beobachtet. Um im Prinzip zu solchen Lehren bevollmächtigt zu sein, müssen Eltern in jenen moralischen und ethischen Traditionen verwurzelt sein, die ihnen sagen, was fair, gerecht und moralisch richtig ist. Um sich gegen die Erosion dieser Werte zu schützen, müssen Eltern auch erkennen, dass eine gerechte soziale Ordnung nicht bestehen kann, wenn die Grundfreiheiten durch Organisationen verletzt werden, die anderen Zwänge auferlegen, insbesondere solche Organisationen, die wir Regierungen nennen. In einem Vakuum sozialer Werte, in dem Elternkompetenz nicht vorkommt, kann das Kind nicht heranwachsen.

24
Und noch einmal: Bindung

Angst ist das Schwindelgefühl der Freiheit
Sören Kierkegaard

Bindung und ihre Schwachstellen

Eine Erweiterung des Bedürfnisses des Kindes nach grundlegendem Vertrauen ist das urtümlichste, überlebenswichtige Bedürfnis des Kleinkindes: eine sichere Bindung an diejenigen, die sich um das Kind kümmern – üblicherweise ist das seine Mutter oder eine Stellvertreterin. Diese Bindung ist von Natur aus anfällig für Störungen von beiden Seiten. Die Wahrnehmung des Kleinkindes von einer Getrenntheit oder einer Störung in dieser Bindung kann real oder eingebildet sein. Wenn die Störung real ist, z.B. wenn das Verhalten der Mutter von einer symptomatischen Erkrankung oder Persönlichkeitsstörung beherrscht wird, ist die Erfahrung des Kindes immer eine intensive Angst, die sich auch zu einer planlosen Panik oder Wut, einer sogenannten „katastrophalen Reaktion", auswachsen kann. Seine Furcht kann unter diesen Umständen so intensiv sein, dass sie einen Wutanfall gegen seine Bezugsperson oder gegen einen unbelebten Gegenstand oder sogar gegen sich selbst auslöst. Wenn sich diese Erfahrungen oft wiederholen, wird die Reifung des Kindes beeinträchtigt, weil es dann gezwungen ist, Abwehrmechanismen zu bilden, um den Schmerz der überwältigenden Dysphorie zu reduzieren.

Darüber hinaus hat die Evolution das Kind für Trennungen von seinen Bezugspersonen so sensibilisiert, dass es sich, vor allem, was seine Mutter betrifft, Bedrohungen der Bindung zu ihr *einbilden* oder sie missverstehen und glauben kann, dass sie es vernachlässigt, auch wenn sie dies in Wirklichkeit nicht tut. Üblicherweise wird diesen Empfindungen durch die Erfahrung einer wirklich sicheren Bindung entgegengewirkt; mit der glücklichen Konsequenz, dass sich langfristig keine nachteiligen Auswirkungen entwickeln. Dennoch bekräftigt diese tiefgreifende Überempfindlichkeit in der Beziehungserfahrung des Kleinkindes die wesentliche Rolle der Bindung in der menschlichen Entwicklung. Eine anhaltende Störung im Verhältnis von Mutter und Kind hat vorhersehbar schlimme Folgen für sein Heranwachsen zu einem kompetenten Erwachsenen. Besonders bemerkenswert ist die Tatsache, dass die wiederholte Erfahrung wirklicher Bedrohungen sicherer Bindungen im Kleinkind- und fortgeschrittenem Kindesalter im späteren Leben die Erwartung des Individuums, dass es durch freiwillige Zusammenarbeit ein dauerhaftes Sicherheitsgefühl erreichen kann, untergräbt.

Verunsicherung und Tyrannei

Eine ständige Wahrnehmung von Unsicherheit erzeugt beim Kind typischerweise den kompensatorischen Drang, andere mit unterschiedlichen Mitteln zu kontrollieren. Die Bindungspsychologie hat dazu beigetragen, die Dynamik von Personen zu verstehen, die Macht für solche Zwecke nutzen, vor allem von Tyrannen, die ihre Regierungsmacht benutzen. Die moderne Bindungstheorie bestätigt, was intuitiv längst verstanden worden ist: dass jede ernsthafte Bedrohung der frühesten Bindung des Kindes an die Mutter, wenn sie sich oft genug wiederholt, eine Lust auf Macht über andere hervorbringt, die später in dem einen oder anderen Lebensbereich ausgeübt wird. Im politischen Bereich leitet sich, wie auch im wirtschaftlichen, sozialen und persönlichen, das Motiv des Tyrannen primär weder von seinem Instinkt für Aggression an sich ab, noch von einem echten oder imaginären Bedürfnis nach sexueller

Befriedigung. Auch ist sein Vortäuschen von Großartigkeit oder Göttlichkeit oder seine Besessenheit von materiellem Reichtum nicht primär als Ausdruck sexueller, aggressiver oder habsüchtiger Instinkte zu verstehen. Stattdessen werden diese Perversionen menschlicher Beziehungen besser als Konsequenzen einer traumatischen frühen Bindung und der damit verbundenen Verzerrungen in der Entwicklung des Selbst begriffen. Natürlich wird kein Kind mit solchen Perversionen geboren. Vielmehr wurzelt der Antrieb des Erwachsenen zur allmächtigen Kontrolle über andere, in welchem Bereich auch immer, in Ängsten vor Trennung, Verlassensein, Verlust oder Missbrauch – den Überbleibseln der Auswirkungen einer frühen Bindung, die schiefgelaufen ist. Die Notwendigkeit, andere zu beherrschen, ergibt sich aus dem Bedürfnis der Tyrannen nach absoluter Sicherheit, damit sich der katastrophale Verlust des Abhängigkeitsverhältnisses oder der Schmerz des Missbrauchs, der seinen frühesten Jahren so verheerend erlebt wurde, nicht wiederholt. In seiner Entschlossenheit, die Welt zu kontrollieren, verteidigt er sich ständig gegen das, was Karen Horney treffend als die elementarsten menschlichen Ängste beschreibt: allein und hilflos zu sein in einer gefährlichen, gleichgültigen Welt – der Alptraum des verlassenen, verängstigten Kindes. Personen, die von solchen Ängsten geplagt sind, kommen leicht zu dem Schluss, dass es in ihrem größten Interesse ist, andere zu beherrschen oder sich vorzustellen, dass sie es schaffen können, dieses Ziel durch die Manipulation der Regierungsgewalt zu erreichen.

Wenn die Bindung während der meisten frühen Kindheitsjahre hingegen sicher ist, wird ein Fundament für die Entwicklung gesunder geistiger Vorstellungen vom Selbst, von anderen sowie für Beziehungen gelegt, die in Kooperation und nicht unter Zwang aufgebaut werden. Unter diesen Umständen – und dort, wo elterliche und kulturelle Werte das Heranreifen des Kindes in der Tradition des westlichen Individualismus unterstützen – schreitet das Erreichen zunehmender Autonomiegrade voran. In dieser Tradition definiert sich das Kind zunehmend als ein einzigartiges, souveränes Individuum, das sich durch die Zusammenarbeit mit anderen zu verwirklichen sucht, indem es grundsätzlich jede Möglichkeit, sie zu beherrschen, von sich weist.

Die Persönlichkeitsstruktur, das Selbst und die Anderen

Es wurde bereits angemerkt, dass die Entwicklung des sehr jungen Kindes durch gewisse ererbte Charakterzüge geprägt ist, die sowohl seine allgemeine Neigung betreffen, auf allem, was es tut, zu beharren, als auch seine spezifischeren Reaktionen auf Schaden, Neuheit und Belohnung. Mit dieser primären Ordnung des Temperaments verinnerlicht das Kind die Vorstellungen von sich selbst und anderen, während es Muster für das Verhalten sich selbst und anderen gegenüber erwirbt. Diese Muster führen zur „Strukturierung" der Psyche. Wir sagen, dass die Psyche oder Persönlichkeit eines bestimmten Individuums strukturiert ist und dass bestimmte Denk-, Emotions-, Verhaltens- und Beziehungsmuster mit der Zeit fest verankert und charakteristisch für seine Persönlichkeit sind. Diese Strukturen bilden – mit einer typischen Metapher unserer Zeit gesprochen – ein personalisiertes Betriebssystem sowie eine Datenbank, in der die Ereignisse der laufenden Existenz verarbeitet und routinemäßige Reaktionen erzeugt werden. Im Zuge des Wachstums führen diese Strukturen zu den exekutiven Funktionen des Selbst und festigen seine Kompetenz, die Herausforderungen des Lebens zu bewältigen.

Die wichtigsten unter den beständigen Dispositionen des Kindes sind diejenigen, die seine Standpunkte und sein Verhalten sich selbst und anderen gegenüber betreffen. Intuitiv verstehen wir, dass das Kind, das in einer Atmosphäre von Liebe, Zuneigung, Schutz, Empathie, Stabilität und Grenzsetzung aufgezogen wird, sein Leben wahrscheinlich als weitgehend befriedigend erlebt. Unter diesen Bedingungen wird es sich nicht oft in dauerhafter Form negativ über sich selbst oder über die Personen erregen, mit denen es in Beziehungen steht. Stattdessen werden die Emotionen, die es mit sich selbst, seinen Bezugspersonen und seinen Beziehungen zu diesen verbindet, zum größten Teil positiv sein; es fühlt sich allgemein gut mit sich selbst, mit ihnen, und mit der Beziehung zu ihnen und zu anderen. Wenn es in den ersten drei oder vier Jahren seines Lebens angemessen zufriedengestellt, ihm aber nicht über Gebühr nachgegeben wird, stellt es wahrscheinlich fest, dass ihm das Aufgeben seiner infantilen Forderungshaltung und die Verringerung seiner Ichbezogenheit aus dem Kleinkindalter keinen großen Schmerz bereitet. Es kann diese Ära bereitwillig hinter sich lassen, während es sich daran erfreut, über sie hinauszuwachsen.

In der Tat ist die wirkliche Atmosphäre der Liebe, der Zuneigung, des Schutzes und der Empathie, die für die Kindererziehung so wünschenswert ist, ein wechselseitiger Prozess, in dem das Kind Liebe und Zuneigung *gibt*, während es sie erhält. In dieser frühesten Erfahrung gegenseitiger Fürsorge lernt das Kind, sich der geistigen und emotionalen Zustände seiner Bezugsperson bewusst zu sein, sich damit zu identifizieren und sich ihnen und nicht nur sich selbst zu widmen – und all das lernt es freudig und mit Stolz zu tun. Wiederholte Erfahrungen *gegenseitiger* Fürsorge ermutigen und stärken die Fähigkeit des Kindes zur Gegenseitigkeit im Rahmen seiner Fähigkeiten. Sie legen auch die Grundlagen für das Selbstwertgefühl, das in erheblichem Maße auf seiner Fähigkeit beruht, zu kooperieren und sich in die innere Welt des anderen einzufühlen. Auf dieser Grundlage verzichtet das Kind im Vorschulalter gerne freiwillig auf sein infantiles Bedürfnis, andere durch Zwangsmittel zu kontrollieren. Seine Annahme der Ideale der freiwilligen Zusammenarbeit und seine wachsende Fähigkeit, sich am Glück der anderen zu erfreuen, treten natürlich hervor, sobald es die Tyrannei des infantilen Narzissmus hinter sich lässt.

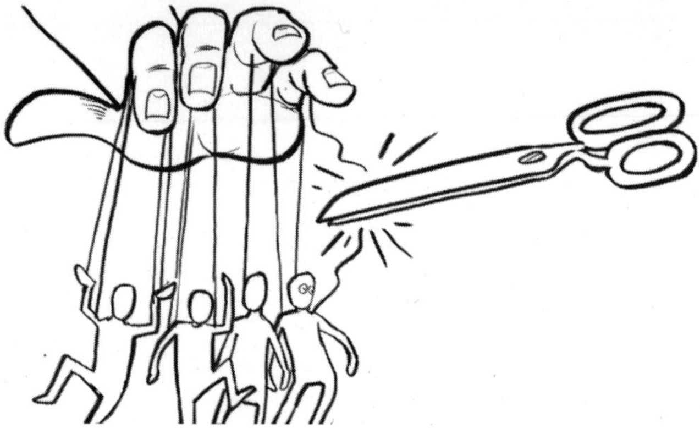

25
Ein Überblick über die frühe Entwicklung

Empathie und Mitgefühl lernen wir nicht durch das, was uns erzählt wird, sondern dadurch, wie wir behandelt werden.

Stanley Greenspan

Die Komplexität der Entwicklung

Diese Arbeit hat bisher zu weiten Teilen frühe Entwicklungseinflüsse beschrieben, die sich auf die Fähigkeit des Einzelnen auswirken, die zu erwartenden Herausforderungen des Erwachsenenlebens zu bewältigen. Der Schwerpunkt liegt auf den Bindungen des Kindes an seine Mutter und an andere, die es in den ersten Jahren seines Lebens betreuen und seine Entwicklung damit entscheidend prägen. Allgemeine Beobachtungen bestätigen die Behauptung, dass das Kind, das in einer angemessen stabilen Atmosphäre der Sicherheit, Zuneigung und Liebe aufgewachsen ist, in seinen späteren Bemühungen befähigt wird, die Herausforderungen des Erwachsenenlebens erfolgreich zu bewältigen. Darüber hinaus wurden bestimmte Entwicklungsprozesse beschrieben, die für den Aufbau der Persönlichkeit des Kindes von zentraler Bedeutung sind. Der wichtigste davon ist der Prozess der Individuation, der auf der Erlangung des Grundvertrauens im ersten Lebensjahr aufbaut und sich im zweiten und dritten Jahr mit raschen

Fortschritten in kognitiven Fähigkeiten und instrumentellen Fertigkeiten fortsetzt. Die Individuation vollzieht sich weiter mit dem Aufkommen der Handlungsfähigkeit, dem Erwerb stabiler geistiger Vorstellungen von sich und anderen sowie den Anfängen früher Beziehungsmuster, die die späteren Fähigkeiten zu Gegenseitigkeit und Zusammenarbeit stark beeinflussen.

Eine erste Begegnung mit dieser Reihe von Prozessen kann auf den Uneingeweihten leicht verwirrend wirken. Um diese Verwirrung zu minimieren, kann es an dieser Stelle hilfreich sein, bestimmte Entwicklungsphänomene zu untersuchen, die dem menschlichen Wachstum innewohnen und die Fähigkeit eines Individuums, das Erwachsenenleben in einer freien Gesellschaft zu bewältigen, positiv beeinflussen. Die folgenden gehören zu den wichtigeren physischen, kognitiven, instrumentellen und relationalen Veränderungen, die die ersten drei Lebensjahre kennzeichnen. Wo es relevant ist, werden Auswirkungen auf die spätere Entwicklung genannt.

Biologische und frühe psychische Grundlagen

1. Ein Mensch ist eine physisch von der Außenwelt getrennte Einheit, deren Integrität als biologischer Organismus von einem intakten, begrenzten Gefäß zu ihrem Schutze abhängt. Trotz seiner Getrenntheit, und auch wegen ihr, muss der Körper gewisse Verbindungen zu seiner Umgebung aufrechterhalten. Die Kombination aus Trennung und Verbindung in Bezug zur physischen Umgebung schützt die für den Lebenserhalt notwendigen Prozesse. Die physische Getrenntheit der Menschen ist die biologische Grundlage des Individualismus.

2. Ein normal ausgestatteter Mensch hat ein Gehirn und verfügt über damit verbundene neurologische Mechanismen, die alle seine mentalen Prozesse erzeugen, einschließlich sein Ich-System und seine bewussten, unbewussten und selbstbewussten Fähigkeiten. Das Selbst entwickelt sich nur in Beziehung zum Selbst anderer und sucht dauerhafte Verbindungen zu anderen. In Analogie zum Bedürfnis des Körpers nach einem intakten Gefäß braucht das Selbst intakte Grenzen, um die funktionale Stimmigkeit und das emotionale Gleichgewicht zu bewahren. In Analogie zu den Bedürfnissen des Körpers nach Trennung und

Verbindung bezüglich der physischen Welt braucht das Selbst die Trennung / Verbindung von bzw. zur zwischenmenschlichen Welt anderer. Der Abbau der geistigen Grenzen zwischen dem eigenen Selbst und dem Selbst anderer stört die Fähigkeit, rational zu funktionieren, Impulse zu kontrollieren, Emotionen zu regulieren und erfolgreich zu bewältigen. Die Getrenntheit des Selbst von anderen Menschen ist die psychische Grundlage für autonomes Handeln. Die Verbundenheit des Selbst mit anderen Menschen ist die psychische Grundlage für kooperatives Handeln.

3. Die physische Reifung in den ersten drei Lebensjahren führt zu einer deutlichen Zunahme an physischer Stärke und Koordination sowie einer steigenden Kontrolle über Ess- und Ausscheidungsfunktionen. Diese Fortschritte werden durch schnell wachsende kognitive und kommunikative Fähigkeiten ergänzt. Emotionale Zustände und deren Ausdruck werden in dieser Zeit in erhöhtem Maße differenziert und ausgearbeitet, und sie werden zunehmend durch kognitive Prozesse reguliert. Das Kind entwickelt eine größere Toleranz für die physische Trennung von der Mutter, parallel dazu wächst sein Interesse an seiner Umgebung.

4. Die reifenden Fähigkeiten der Wahrnehmung, des Erkennens, der emotionalen Reaktion und der motorischen Kontrolle verleihen dem Selbst die Handlungsfähigkeit: die Macht, Dinge durch einen Willensakt geschehen zu lassen. In Verbindung mit den zunehmenden Fähigkeiten zu Entscheidung, Präferenz, Selbstbehauptung und Opposition im Kontext mit der Erweiterung der instrumentellen Fähigkeiten erlaubt die Handlungsfähigkeit einem zunehmend komplexen Selbst, seine Absichten durch gewolltes Handeln auszudrücken. Mit dieser Entwicklung wird das Kind zu einer Ursache in der Welt menschlicher Ereignisse.

5. Eine ausreichende Bindung zur Mutter und weitgehend befriedigende Erfahrungen mit ihr sowie ihren Stellvertretern während der ersten fünfzehn Lebensmonate legen den Grundstein für das Urvertrauen, eine Art vorsprachlichen intuitiven Optimismus gegenüber der Existenz. In einer beständigen Atmosphäre positiver Emotionen verinnerlicht, verfestigt und differenziert das Kind frühere gütige Vorstellungen von sich selbst und anderen.

6. Die rasche Entwicklung kognitiver Fähigkeiten, die Erweiterung der instrumentellen Fähigkeiten und die verstärkte Kontrolle von Emotionen und Körperfunktionen ermöglichen eine stärkere Interaktion mit der physischen und zwischenmenschlichen Welt. Diese Erlebnisse bereichern die Vorstellungen des Kleinkindes von sich selbst und anderen; sie verstärken sein realistisches Gefühl für Kontrolle, Autonomie, Willen und Handlungsfähigkeit, da sein Umgang mit anderen aufwändiger wird. Parallel zu den zunehmend stabilen Vorstellungen von sich selbst und anderen im zweiten und dritten Jahr wächst die Kontrolle des Kindes über Stimmungen und emotionale Reaktionen. Diese integrativen Entwicklungen tragen zu dem bei, was man „Selbst-Zusammenhalt", „Selbsttreue" und „Zieltreue" nennt. Diese Begriffe beziehen sich auf die verstärkte geistige, emotionale, verhaltensbezogene und relationale Stabilität, die die Selbsterfahrung des Kindes und sein Erleben anderer auch dann noch kennzeichnet, wenn diese Erfahrung komplexer wird.

7. Unter ausreichender elterlicher Betreuung setzt sich die Strukturierung des Selbst fort, indem sie seine angeborenen Fähigkeiten zur Wahrnehmung, zum Denken, Fühlen, Wählen, Handeln und zur Selbst-Einordnung in adaptive Verhaltensmuster integriert. Mit einer ausreichend guten Erziehung beinhalten diese Muster Eriksons Tugenden der Hoffnung, des Willens, der Absicht und der Kompetenz sowie Cloningers Charakterzüge der Selbstausrichtung, Kooperation und Gewissenhaftigkeit zusammen mit bestimmten zusätzlichen Fähigkeiten, die unten angegeben sind. Die Fähigkeit des Kindes, diese Entwicklungsaufgaben zu erfüllen, hängt von der fortwährenden elterlichen Fürsorge ab, die sein Wachstum auf den in den ersten drei Lebensjahren gelegten Grundlagen unterstützen muss. Im Folgenden werden bestimmte Entwicklungserfolge aufgeführt, die in diesen Jahren ihren Ursprung haben und das letztendliche Heranwachsen des Kindes zur Reife beeinflussen:

- Zunehmende Tiefe und Komplexität der Bindungen zu anderen;
- Erweiterte kognitive, kommunikative und ausführende Funktionen;
- Differenzierung, Ausgestaltung und Kontrolle von Stimmungen und Emotionen;
- Regulierung aggressiver, sexueller, unselbständiger und habsüchtiger Impulse;

- Erdulden von Frustrationen, Verzögerungen, Enttäuschungen und Verlusten;
- Grenzziehung, Kompromisse und Ersatzbefriedigung;
- Persönliche und zwischenmenschliche Abgrenzung;
- Verständnis von Ursache und Wirkung in der physischen Welt;
- Wahl, Wille, Präferenz, Absicht und Handlungsfähigkeit;
- Verringerung der kindlichen Abhängigkeit, frühe Wechselseitigkeit;
- Zuneigung, Intimität und liebevolle Gefühle;
- Identifizierung mit anderen; Empathie und Anerkennung für sie;
- Gegenseitigkeit, Großzügigkeit und Übereinkunft mit anderen;
- Trennungen und Ersetzen von Bezugspersonen; Wiederverbindungen mit ihnen;
- Selbstwertgefühl und Wertschätzung anderer, idealisiertes Selbst und idealisierte andere;
- Persönliche Identität, persönlicher Raum und Rahmenbedingungen von Beziehungen;
- Erwerb, Besitz und Eigentum;
- Verständnis von Ursache und Wirkung bei zwischenmenschlichen Transaktionen;
- Wirksamkeit, Legitimität, Freiheit, Kooperation und Gegenseitigkeit im Handeln;
- Verständnis von Bestätigung, Missbilligung, Annahme und Ablehnung;
- Werturteile und Regeln für Verbindlichkeiten mit anderen;
- Minderung der infantilen Allmacht, des Dominanz- und Unterwerfungsstrebens;
- Gegenseitigkeit, richtiges Verhalten und Beschränkungen bei der Gewissensbildung;
- Einfache Vorstellungen von Rechten, Fairness, Verdienst, Belohnung und Bestrafung;
- Realismus, Vernunft und Rationalität als leitende Ideale;
- Grundlegende Verhandlungen, Kompromisse und Entgegenkommen bei Konflikten.

8. Diese massiven Veränderungen der kognitiven, gefühlsbedingten, verhaltensbezogenen und relationalen Fähigkeiten des Kindes, die im zweiten und dritten

Lebensjahr auftreten, ermöglichen es ihm, immer mehr Funktionen zu übernehmen, für die es im ersten Jahr völlig auf seine Mutter und deren Stellvertreter angewiesen war. Während des Kleinkindalters zeigt es Fähigkeiten, in einer Weise zu denken, die seine spätere intellektuelle Kompetenz vorausbestimmt; es lernt die Ansätze von Ursache und Wirkung, die Grundlagen der Sprache in Grammatik, Syntax und Vokabular; es lernt, sich mit seinem Körper zu identifizieren und dessen verschiedene Zustände wie Hunger, Durst und Unwohlsein mitzuteilen; es reagiert in zunehmend komplexer Weise emotional auf seine Umgebung; es entwickelt die Entscheidungskraft, den Willen und die Fähigkeit, ein Ziel zu verfolgen; es befördert sich selbst von einem Ort zum anderen; und seine schnell wachsenden Fähigkeiten zu denken, zu fühlen, sich etwas vorzustellen und zu spielen, bereichern sein Leben und strukturieren sein Selbst. Es ist, kurz gesagt, in der Lage, in seinem eigenen Namen zu handeln, so primitiv, unvorsichtig und töricht es oft sein mag. Diese frühe Fähigkeit zum selbstbestimmten Handeln ist die Grundlage für spätere Eigenständigkeit.

9. Die rasche Erweiterung der instrumentellen Fähigkeiten des Kleinkindes, seine aufkeimende Kraft auszuwählen, seine wachsende Kommunikationsfähigkeit und seine unersättliche Lust, die Welt zu erforschen, befeuern allesamt seine Individuation. Diese Zeitspanne markiert die frühe Blüte des Selbst, das erste Element im Konzept der Selbstverwaltung. Die Erfahrungen des Kindes mit der physischen Welt, wie auch mit seiner zwischenmenschlichen Umwelt, legen den Grundstein für seine Persönlichkeit. Endlose faszinierende Wahrnehmungen verführen es jeden Tag und bewegen es, sie bis zur Erschöpfung zu erkunden. Eifrig taucht es in diese Welt ein, spielt mit ihr, setzt sich mit ihr auseinander und schwelgt freudig in ihr, während es ein Universum jenseits seiner Mutter entdeckt. In nicht geringem Maße ist es diese leidenschaftliche Romanze mit neuen Dingen und Ereignissen, die dem Kleinkind hilft, sich von seinen Bezugspersonen zu trennen, die jetzt nicht mehr seine *einzige* Welt sind, so wichtig sie ihm auch bleiben. Selbstverständlich schreiten, wenn zwischen Mutter und Kind alles in Ordnung ist, seine tiefe Bindung zu ihr und seine sich anbahnenden Bindungen zu anderen Menschen rasch weiter voran. Doch nährt sein zunehmendes Eintauchen in die Welt in den ersten drei Lebensjahren sein aufblühendes Selbst, indem es seine Erfahrung mit jeder neuen Facette des Lebens, die ihm präsentiert wird, erweitert und vertieft.

Die zunehmende Selbstbeherrschung des kleinen Kindes in diesen Jahren führt zu den Anfängen jener späteren Eigenkompetenz, aus der die Kernbedeutung von Autonomie ihre Substanz bezieht. Um das Ausmaß der Umwandlung während dieser Zeitspanne zu würdigen, muss man bloß daran erinnern, dass das Kind nur zwei Jahre zuvor, im ersten Lebensjahr, von seiner Mutter völlig abhängig war. Zu dieser Zeit war es nicht viel mehr als ein Bündel physischer Funktionen, unfähig, sich selbst zu füttern, seine Kleider anzuziehen, auf die Toilette zu gehen, sich irgendwohin zu befördern oder seine Wünsche in irgendeiner anderen außer einer ganz rudimentären Weise zu kommunizieren. Darüber hinaus, und trotz seiner besonderen angeborenen Begabung sowie der Projektionen der Eltern von Besonderheiten in sein primitives Verhalten, gibt es nicht viel in der Darstellung des Kindes, was man als „Persönlichkeit" bezeichnen kann. Doch dieses Bild ändert sich bald dramatisch. Mit weiteren zwei Lebensjahren seiner Entwicklung hat das weitgehend physisch bestimmte Kind die Konturen eines zukünftigen Selbst ausgeprägt. Es ist jetzt eine kleine, aber dynamische Quelle menschlichen Handelns, mit einer aufkommenden, ihm ganz eigenen Identität.

Die Entstehung von Wechselseitigkeit

Die bisherige Diskussion hat das Konzept der Autonomie in eher konventionellen Begriffen behandelt und betont die anfängliche Individuation des Kindes als einen Prozess, der sein werdendes Selbst und seine zunehmende Übernahme von Funktionen beinhaltet, die früher unter der Kontrolle seiner Eltern standen. Es wurde beobachtet, dass seine geistigen Prozesse zwar im zweiten und dritten Jahr noch sehr begrenzt sind, es aber trotzdem in der Lage ist, sich selbst in einer Weise wahrzunehmen und zu denken, wie es dies als Säugling nicht konnte. Es kann seine Stimmung und seine Gefühle besser regulieren. Es kann sich auf komplexere und sogar symbolische Weise verhalten, wenn es Beziehungen zu sich selbst und anderen aufbaut. Es kann sich an einer aufwändigeren Kommunikation mit anderen beteiligen. Wenn alles gutgeht, führt die Freude des Kindes an seiner zunehmenden Kompetenz, ermutigt durch seine wachsenden Fähigkeiten im emotionalen Schutz seiner Familie, schließlich zu einem beständigen Selbstbewusstsein und Kern des Selbstwertgefühls.

Doch die Legung des Grundsteins zur wahren Autonomie in den ersten drei Lebensjahren sollte nicht nur eine größere Unabhängigkeit des Handelns und ein dauerhaftes Gefühl von Leistungsfähigkeit hervorbringen. In diesen Jahren sollten auch feste Vorstellungen vom fürsorgenden Anderen – nicht nur von sich selbst – als gut, liebenswert und berücksichtigenswert verankert werden. Unter adäquater Fürsorge entwickelt sich im Kind, gleichzeitig mit einer sich ausbildenden Wertschätzung seiner selbst, ein Kern liebenswerter Wertschätzung für die Mutter. Natürlich erzeugen schon ihre zärtlichen Aufmerksamkeiten ihm gegenüber liebevolle Gefühle im Zentrum seiner Bindung an sie. Doch ihr Bewusstsein für seine wachsende kognitive und emotionale Kompetenz wird sie auch auf seine wachsende Beziehungskompetenz hinweisen und sie dazu bringen, als Bedingung für ihre Anerkennung mehr von ihm zu verlangen. Zu diesem Zweck wird sie ihm öfter ihre Wünsche näherbringen, während sie seine tatsächlichen Beschränkungen dabei stets berücksichtigt. Das Niveau ihrer eigenen Müdigkeit, Frustration, Angst und Wut beeinflusst ihr Einfühlungsvermögen in die Bedürfnisse des Kindes und ihre Einschätzung, was es für sie – und nicht nur für sich selbst – tun kann. Es gewähren zu lassen oder einzuschränken, ihm etwas zu erlauben oder zu verbieten, mag für eine Mutter oft keine leichte Entscheidung sein. Die Projektionen ihrer eigenen unbewussten Gedanken und Emotionen, ihre eigenen ungelösten Bedürfnisse und Sehnsüchte stellen insgesamt potentielle Verzerrungen für ihre Einschätzung dessen dar, was für sein Wachstum, und für sie selbst, zu welchem Zeitpunkt das Beste ist, und können leicht zu – oft negativen – Reaktionen auf das Kind führen.

Doch wenn ihre Fürsorge gut genug ist, und wenn sie ihr Kind lehrt, ihr gegenüber so rücksichtsvoll zu sein, wie es seine begrenzten Fähigkeiten erlauben, legt sie den Grundstein für die Gegenseitigkeit in seiner Zukunft. Sie lehrt es, wie man zusammenarbeitet. Sie setzt jeder verbleibenden Neigung, die es haben könnte, andere in einer Art von Beziehungsaufnahme zu manipulieren, feste Grenzen. Sie verhindert die Entwicklung eines pathologischen Narzissmus und schützt es vor der Bösartigkeit der Soziopathie. *Eine Mutter, die so von ihrem Kind verlangen kann, dass es sie in zunehmendem Maße als souveränes Individuum anstelle eines bloßen Werkzeugs für seine Zwecke behandelt, ist nicht nur für das Wachstum des Kindes, sondern auch für die breitere Gesellschaftsordnung von tiefer Bedeutung. In einer Familie, die sein Wachstum zur Kompetenz und nicht zur Charakterstörung fördert, verpflichtet ein Rahmen familiärer „Gesetze und Ordnungen" das Kind, die liebevolle Zuwendung, von der es konsequent profitiert, zu erwidern. Unter anderem verlangt dieser Rahmen vom Kind, dass es nach den Regeln spielt: dass es Person, Eigentum und Befindlichkeiten anderer respektiert und seine Versprechen auch hält. Die Familie äußert und verstärkt diese Verpflichtung sowohl als Ausdruck ihrer Liebe als auch als eine Bedingung dafür.*

Der Entzug von Gefälligkeiten

Wie schon jetzt offensichtlich sein sollte, wird jedes dauerhafte Übermaß an Nachgiebigkeit dem Kind die Grundlagen des Gewissens entziehen und eine volle Individuation verhindern. Dem „verwöhnten" Kind, das bei übertrieben nachsichtigen Eltern aufwächst, werden die Tugenden der Selbstständigkeit und Selbstbeherrschung und die Eigenschaften entzogen, die für die Zusammenarbeit mit anderen erforderlich sind. Obwohl es nach außen eine Fassade der Selbstständigkeit präsentieren kann, bleibt es pathologisch abhängig von Personen, die ihm unkritisch zustimmen, und entwickelt daher keine Fähigkeit zur Selbstregulierung, die für die Individuation wesentlich ist. Und weil ihm nicht beigebracht wurde, Rücksicht auf andere zu nehmen, wird dem verwöhnten Kind auch die Fähigkeit zum Nachdenken über andere entzogen, die wesentlich für die Gegenseitigkeit ist. Der individuierte Mensch hingegen ist in der Lage, sich in einer Welt der freien Wahl selbst verantwortungsvoll zu regulieren und in einer Welt gemeinsamer Ziele freiwillig mit anderen zusammenzuarbeiten. Insbesondere seine Autonomie immunisiert ihn gegen diesen schädlichsten Rückstand einer gescheiterten Entwicklung – die Notwendigkeit, andere zu manipulieren. Anders als das zügellose erwachsene Kind lehnt der individuierte Mensch jede Möglichkeit, andere zu beherrschen, zu zwingen, zu manipulieren oder zu betrügen, aktiv als moralischen Imperativ ab. Er lehnt eine solche Gelegenheit ab, weil seine Maßstäbe der Gerechtigkeit es streng verbieten und weil derartige Manöver sofort eine Charakterschwäche bedeuten würden, derer er sich zutiefst schämen würde.

26
Initiative

Bei jedem Kind gibt es in jedem Stadium ein neues Wunder kraftvoller Entfaltung, das eine neue Hoffnung und eine neue Verantwortung für alle begründet. Dies ist der Sinn und die durchschlagende Eigenschaft der Initiative.

Erik Erikson

Der Begriff der Initiative

Wenn die Entwicklung eines Kindes in den ersten vier Lebensjahren ausreichend gut verlaufen ist, dann wird es höchstwahrscheinlich ein Gefühl des Grundvertrauens erlangt haben, das ihm erlaubt, sich ohne unnötige Angst mit der Welt zu beschäftigen. Außerdem wird es, wenn es nicht zu sehr traumatisiert worden ist, die Fähigkeiten, zu wünschen, zu wählen und zu wollen, als grundlegende Charakteranlagen erworben haben, die für alles wichtig sind, was einem normalen Leben entspricht. Während die körperliche Reifung in diesen frühen Jahren rasch voranschreitet, erlangt das Kind noch eine weitere fundamentale Sinnesart: die Fähigkeit, zielgerichtete Handlungen zu beginnen, um ein imaginiertes Ziel zu erreichen, so kindlich das Ziel in seinem zarten Alter auch sein mag. Die Fähigkeit, Handlungen in Gang zu setzen, entwickelt sich auf natürliche Weise mit seiner ständig wachsenden körperlichen Geschicklichkeit, seiner intensiven Neugier auf eine Welt, die zu erforschen es sich gedrängt sieht, und seiner wachsenden Fähigkeit, das, was ihm begegnet, zu verstehen. Mit grenzenloser Energie gesegnet, tut es andauernd etwas, auch wenn das Ausmaß seiner Initiative durch die Wirkungen gewisser mentalitätsbedingter Faktoren, vor allem der Suche nach Neuem, der Schadensvermeidung und der Belohnungsabhängigkeit begrenzt sein kann (Cloninger). Was auch immer diese Grenzen bei einem bestimmten Kind sein mögen – es ist von Natur aus dazu veranlagt, sich beharrlich in der Welt zu betätigen, und unterliegt nur den Verboten seiner Eltern und dem, was später die Schranken seines Gewissens ausmacht.

In dieser Hinsicht ist der Begriff der Initiative recht intuitiv: zu initiieren heißt zu beginnen, anzufangen, einen ersten Schritt zu tun oder etwas in Bewegung zu setzen, zu handeln oder zu denken, ohne dazu gedrängt zu werden. In der realen Welt lasse ich etwas geschehen, wenn ich mir etwas vorstellen kann, mich entschließe, es zu tun, seine Ausführung plane, seine Verwirklichung beabsichtige und es schließlich initiiere. Initiative ist vor allem ein in allen normalen Gehirnen biologisch verankertes Potenzial. Sie hat primitive Wurzeln in Überlebens- und Fortpflanzungsfunktionen, für die sie insgesamt wesentlich ist. Zu leben heißt im Grunde genommen, etwas zu initiieren – irgendetwas – es sei denn, man ist aus irgendeinem Grunde ernsthaft eingeschränkt. Die Frage im Falle des Kindes ist nicht, ob es handeln und während seines Heranwachsens zum Jugendlichen weiter handeln wird. Handeln – und „ausagieren" – ist das, was Kinder und Jugendliche bis zur Ermüdung jeden Tag tun. Die entwicklungspolitische Frage ist, ob die angeborene Fähigkeit des Kindes, etwas geschehen zu machen, zur erwachsenen Kompetenz hinführen wird, die von den Regeln des richtigen Verhaltens und der guten Absicht geleitet und durch ein gutes Gewissen eingegrenzt wird. Mit anderen Worten: Die Frage ist, ob die alltägliche Fähigkeit eines Kindes, etwas – auch mit Schwierigkeiten – zu beginnen, in die Befähigung eines Erwachsenen transformiert werden kann, Ziele zu verfolgen, die der persönlichen Selbstverwirklichung dienen, aber auch gesellschaftlich von Nutzen sind und die Rechte anderer respektieren.

Absicht und Initiative

Der Begriff der Absicht als Entwicklungserfolg im Sinne Eriksons unterscheidet sich deutlich von der üblichen Bedeutung des Wortes „Absicht", das oft als

Synonym für ein Motiv oder ein Ziel verwendet wird. Der Unterschied wird besonders dort deutlich, wo die Entwicklung der reifen Initiative gescheitert ist. Defizite beim Erlangen einer Auffassung von Absicht als einer Tugend, die die Initiative von Erwachsenen lenkt, führen beim Individuum zu buchstäblich kindischen Absichten: Motiven oder Zielen, die weder der Selbstverwirklichung dienen noch gesellschaftlich von Nutzen sind. Die kindischen Absichten des unreifen Erwachsenen können recht harmlos sein, besonders wenn sie seine Interaktionen mit der Welt eng begrenzen, damit er sich nicht überwältigt fühlt. Doch ist es nicht ungewöhnlich, dass solche Absichten bei Erwachsenen alles andere als harmlos sind und stattdessen von einer Art Aggression gegen andere begleitet sein können: Versuche beispielsweise, andere durch Manipulation oder Einschüchterung zu kontrollieren oder zu beherrschen, was mit Arroganz, Streitlust oder Dünkel einhergeht, resultieren in der Regel aus Verzerrungen in der frühen Entwicklung. Auch im sexuellen Bereich können Personen, die nicht von guten Absichten gelenkt werden, dazu neigen, andere zwanghaft zu verführen und mit habgierigen, rachsüchtigen, Abhängigkeit fördernden und das eigene Ego erhöhenden Absichten zu manipulieren.

In diesen Modi der perversen Initiative sind die Akteure profitgierig und korrupt. Ihre Absichten tragen nicht zur Selbstbestimmung bei, weisen nicht über das Selbst hinaus und sind nicht den reifen Idealen oder der Gegenseitigkeit und dem Respekt für andere untergeordnet. Ihre Absichten sind nicht durch die Einschränkungen des reifen Gewissens begrenzt, sondern dienen der Befriedigung primitiver Triebe. Übermäßig egogesteuerte Bemühungen solcher Personen sind auf ausbeuterische Ziele und nicht auf hilfreiche, gesellschaftlich nutzbringende Zwecke ausgerichtet. Sie sind weder auf die Freude des Lernens gerichtet, noch auf eine Verfolgung um ihrer selbst willen, noch auf den Wunsch, einen Beitrag zu einer Gemeinschaft zu leisten, mit der man sich identifiziert, noch auf die Freude an einer Zusammenarbeit zum gegenseitigen Nutzen. Vergleichen Sie z.B. den Konzertkünstler, der aus seinem Erfolg bei der Verwirklichung musikalischer Ideale, seinem Respekt vor den Zielen eines Komponisten und seinem Wunsch, dem Publikum zu gefallen, Erfüllung schöpft, mit dem egoistischen Künstler, dem musikalische Ideale gleichgültig sind und der stattdessen versucht, sein Publikum mit einer exhibitionistischen Darstellung seiner Virtuosität zu überwältigen. Betrachten wir als weiteres Beispiel den Staatsmann, der sich verpflichtet hat, das

Leben der Menschen zu verbessern, indem er Ideale der individuellen Freiheit, der Rechtsstaatlichkeit, der Gleichheit vor dem Gesetz, der Religionsfreiheit, der Eigentumsrechte und der Unverletzlichkeit von Verträgen verwirklicht. Vergleichen Sie diese Person mit dem politischen Räuber, der darauf aus ist, in ein Amt gewählt zu werden, um seine persönliche Macht, seinen Reichtum und seine Berühmtheit zu mehren, und der nach Möglichkeiten sucht, andere zu manipulieren und zu beherrschen, anstatt mit ihnen zusammenzuarbeiten.

Aus entwicklungspolitischer Sicht ist es ganz klar, dass konstruktive Ideale und gute Absichten zunächst von den idealisierten Wahrnehmungen abgeleitet werden, die ein Kind von seinen Eltern hat, wie es sie nachahmt, sich mit ihnen identifiziert und sich ihre Werte einverleibt. Ohne angemessene Werte, die von den Eltern, um Eriksons Begriff zu benutzen, „urteilsfähig" übertragen werden, wird die unreife Initiative des Kindes allzu oft zu unangemessenen, destruktiven Zwecken benutzt: Seine angeborene Fähigkeit, Dinge zu bewirken, wird zur Befriedigung von Trieben und zur Verteidigung gegen jegliche Verletzungen eingesetzt, die es in seinen prägenden Jahren erlitten hat.

Normale und pathologische Schuldgefühle

Auf einer ausreichend guten Entwicklung in den ersten zwei oder drei Lebensjahren aufbauend, entsteht im dritten oder vierten Jahr die Fähigkeit, sich schuldig zu fühlen und sein Verhalten zu mäßigen, um Schuld zu vermeiden. Neben Verboten – etwa von ungebührlicher Hemmungslosigkeit – dient das frühzeitige Aufkommen von Schuldgefühlen dazu, die primitiven erotischen und aggressiven Phantasien des Kindes gegenüber seinen Eltern zu unterdrücken. Wenn in den folgenden Jahren alles gut genug verläuft, erweitert sich diese Kapazität schließlich zu einem wirklich funktionierenden erwachsenen Gewissen mit breit angelegten Normen für richtiges Verhalten. Den affektiven oder emotionalen Bestandteil des gut entwickelten erwachsenen Gewissens kann man als „normales Schuldgefühl" bezeichnen in dem Sinne, dass es in angepasster Weise handelt, wenn es schlechtes Handeln in der Regel verbietet oder den Akteur in geeigneter Weise bestraft, wenn er der Versuchung nachgibt. Im Laufe einer gesunden Entwicklung ist das normale Schuldgefühl ein wesentlicher Bestandteil der reifen

Psyche, der in das normale Gewissen integriert ist, d.h. seine primäre Aufgabe ist es, das Handeln des Einzelnen den Regeln des richtigen Verhaltens anzupassen.

Das *pathologische* Schuldgefühl, das der Initiative in Eriksons Entwicklungsschema gegenübersteht, ist ein verwandtes, aber qualitativ und quantitativ unterschiedliches Konzept. In seiner Vorstellung vom Schuldgefühl als Hindernis für eine gesunde Initiative hatte Erikson die lähmenden Effekte des pathologischen Schuldgefühls im Auge, nicht die auf angemessene Weise einschränkende Wirkung des normalen Schuldgefühls. Er fasste pathologische Schuldgefühle als eine irrationale, selbstverurteilende Kraft auf, die die normale Initiative beim Erwachsenen stark hemmen kann, seine Fähigkeit zur Selbstbehauptung lähmt und seine konstruktive Beschäftigung mit der Welt untergräbt. Derartige Schuldgefühle können auch als eine Erweiterung des pathologischen Schamgefühls verstanden werden, das in der früheren Entwicklung erworben wurde. Gemeinsam führen diese höchst fehlangepassten Emotionen in allen Dimensionen des Erwachsenenlebens, vor allem bei der Intimität mit anderen, zu ernsthaften Beeinträchtigungen.

Die Biologie der Initiative

Wie bereits zuvor beobachtet, stoßen die Gehirne von Eidechsen, wie die Gehirne von Tieren, die mehr oder weniger ähnlich primitiv wie Eidechsen sind, gewohnheitsmäßig die grundlegenden Handlungen an, die für das Überleben und die Reproduktion notwendig sind. Tiere bewegen sich, um sich Umwelteinflüssen zu nähern oder sich von ihnen zu entfernen, um einen instinktiven Impuls zu befriedigen oder einem schädlichen Ereignis zu entgehen. Besondere Bereiche der tierischen Gehirne haben sich entwickelt, um Maßnahmen einzuleiten, die zuerst von einem Plan und dann von einer Handlungsabsicht herrühren. Es ist auch bekannt, dass diese Regionen neurologisch intakt sein müssen, um Handlungen zu ermöglichen. Das griechische Wort für das Handeln oder Tun ist „Praxis"; mit dem Begriff „Apraxie" bezeichnen Neurologen eine auf einer Verletzung der neuronalen Schaltungen, die das Handeln vermitteln, beruhende Unfähigkeit des Gehirns, eine Handlung zu veranlassen.

Während die grundlegenden biologischen Fähigkeiten zur Initiative nur ein gesundes Gehirn benötigen, erfordert die psychische Befähigung zur Initiative einen minimal gesunden Geist, der nicht durch pathologische Scham-, Schuld- oder Angstgefühle von bestimmten Arten von Handlungen abgehalten wird. Parallel zu diesen Beobachtungen unterscheidet der Neuropsychiater zwischen zwei Arten von beeinträchtigter Initiative: zwischen solchen aufgrund einer neurologischen Störung – zum Beispiel eines Schlaganfalls –, die die biologischen Mechanismen zur Einleitung von Handlungen behindert, und solchen aufgrund eines emotionalen Konflikts – zum Beispiel eines Angst- oder Schuldsyndroms –, der das Individuum daran hindert, Handlungen zu initiieren.

Bei Problemen des ersten Typs kann eine Verletzung des Gehirns aufgrund eines Schlaganfalls verhindern, dass ein Patient zu sprechen anfängt oder seine Hand bewegt; die Ursache des Problems liegt in einer Krankheit der physischen und chemischen Maschinerie des Gehirns. Bei Problemen des zweiten Typs, die manchmal als „neurotische" oder „funktionelle" Störungen bezeichnet werden, kann ein emotionaler Konflikt, der sich von einer Erkrankung des Hirngewebes unterscheidet, zu einer Hemmung oder sogar zu einer „Lähmung" führen, die den Patienten ebenfalls daran hindert, zu sprechen oder seine Hand zu bewegen, aber nicht aus dem gleichen Grund. In derartigen Fällen wird die Beeinträchtigung der Initiative durch unbewusste psychische Mechanismen verursacht, nicht durch physische oder chemische Verletzungen im Gehirn. Mechanismen dieser Art sind fast immer mit zugrundeliegenden Persönlichkeitsdefekten verbunden, die ihren Ursprung in der frühen Kindheit haben. Beeinträchtigungen der Initiative haben unweigerlich tiefgreifende Auswirkungen auf das eigene Leben. Sie können die Fähigkeit, sich „ein Leben zu verschaffen" – die fortwährende Leistung, sich um gute Lebensbedingungen zu bemühen –, im weitesten Sinne beeinträchtigen. Tiefsitzende Gefühle von Schuld, Demütigung, Misserfolg oder Ängste vor Vergeltung oder Verlust verhindern bei solchen Personen das Streben nach Beziehungen, Arbeit und Freizeitinteressen. Für diejenigen, die davon betroffen sind, ist es ein unannehmbares Risiko, aus eigennützigen Gründen Handlungen zu beginnen. In Fällen dieser Art ist zwar das Gehirn gesund, aber der Geist ist es nicht, und weder Leben noch Freiheit können voll genossen oder geschätzt werden. Kreativität und Einfallsreichtum werden erstickt, und die Lebensfreude ist kurz, wenn sie denn überhaupt spürbar wird, da die Energien in Aktivitäten zerstreut werden, die vor befürchteten Bedrohungen schützen.

27
Wenn Initiative scheitert

Nichts ist dem Menschen so unerträglich, als wenn er sich in vollkommener Ruhe befindet, ohne Leidenschaft, ohne Beschäftigungen, ohne Zerstreuung, ohne Betriebsamkeit. Dann fühlt er seine Nichtigkeit, seine Verlassenheit, seine Unzulänglichkeit, seine Abhängigkeit, seine Ohnmacht, seine Leere. Sogleich werden vom Grunde seiner Seele die Langeweile, der Trübsinn, die Traurigkeit, der Kummer, der Verdruss und die Verzweiflung aufsteigen.

Blaise Pascal

Initiative, Fleiß und Tugend

Obwohl Erikson die tiefen biologischen Wurzeln der Initiative in der menschlichen Psyche sicher erkannt hat, dachte er eher an die Initiative als Entwicklungsziel im psychosozialen Sinne, nicht primär als biologische Funktion. Die grundsätzliche Herausforderung in dieser Entwicklungsphase dreht sich darum, ob die Fähigkeit des Kindes zur Initiative sich frei in einer Weise entfalten kann, die es zivilisiert, aber nicht behindert, und ob es ein normales Gewissen ausbilden kann, das seine Impulse angemessen beschränkt, ohne seine Denk- und Handlungsfähigkeit zu zerstören. Die Extreme eines Scheiterns in dieser Phase sind aus dem gerichtlichen wie dem klinischen Umfeld gut bekannt: Auf der einen Seite des Spektrums finden sich Personen, die kein Gewissen haben; auf der anderen Seite solche mit einem zu restriktiven. Im ersten Fall, wo man der Initiative des Kindes in seinen prägenden Jahren freien Lauf gelassen hat, wird ein Kind als Erwachsener höchstwahrscheinlich zu einem Narzissten werden, der andere leicht ausnutzt. Im schlimmsten Fall wird aus ihm ein Verbrecher, der ohne Schuldgefühle abscheuliche Verbrechen begeht. Im zweiten Fall, in welchem dem Kind Schuldgefühle beigebracht werden, nur weil es existiert, und es gefährliche Rache fürchtet, wenn es eigene Ziele äußert, ist das Ergebnis ein Erwachsener, dessen Hemmungen ihn unfähig machen, sein eigenes Leben zu leben.

Es ist eine Binsenwahrheit, dass wenig Gutes im Leben eines Menschen passiert, wenn er nicht selbst damit beginnt. Und es ist ebenso wahr, dass die Initiative von guter Absicht geleitet werden muss, indem sie Ziele verfolgt, die mit den Grundsätzen des menschlichen Glücks übereinstimmen und die das Individuum nicht in Konflikt mit seiner Gemeinschaft bringen. Offensichtlich beeinflusst das Vorhandensein oder Nichtvorhandensein guter Absichten stark, ob das, was jemand in einem bestimmten Fall beginnt, zum Nutzen oder Schaden seiner selbst und anderer ist. Bei den meisten guten Absichten wird die Initiative mit dem Fleiß verkoppelt sein: der nachhaltigen, kompetenten Anwendung des Wissens zur Erreichung guter Ziele. Durch das Hinzutreten der Innovation als drittem Element führen Initiative und Fleiß zu neuen Möglichkeiten, das Leben des Menschen zu verbessern. Erfindungen in der modernen Technik sind offensichtliche Beispiele dafür.

Die gemeinsamen Vorteile von Initiative und Fleiß sind vor allem im wirtschaftlichen Bereich zu erkennen, wo persönliche Ziele weitgehend durch die Bereitstellung von Waren und Dienstleistungen erreicht werden, die anderen gefallen. In diesem Bereich kommuniziert der Markt von Waren und Dienstleistungen die eigenen Wünsche durch den Kauf oder die Ablehnung des Angebots eines anderen, so dass es darum geht, dass die Initiative, der Fleiß und die Innovation eines Einzelnen der Gemeinschaft zugutekommen. Diese außerordentliche Dynamik, die bekannte „unsichtbare Hand" von Adam Smith, ist der Mechanismus, durch den die Initiative des Einzelnen, die er durch die Verfolgung seiner eigenen Interessen ausdrückt, die Grundlage für die materielle Sicherheit der Gemeinschaft bildet. Die Evolution hat die Potenziale für diese Veranlagungen im menschlichen Gehirn fest miteinander verkoppelt. Sie definieren unsere Natur als soziale Wesen, die, wenn sie zivilisiert sind, die Zusammenarbeit untereinander zum wirtschaftlichen, sozialen und politischen Wohle aller einsetzen und aufrechterhalten.

Die Initiative und das Wohl

Hier hängt viel vom Begriff „zivilisiert" ab. Natürlich kann die Initiative auch für destruktive, ja sogar barbarische Ziele eingesetzt werden. Das Konzept von der Initiative, die als Entwicklungserfolg zählt, sieht jedoch Ziele vor, die für das Individuum konstruktiv sind und mit den guten Werten seiner Gemeinschaft in Einklang stehen. Eine normale Fähigkeit zur Initiative ist offensichtlich von wesentlicher Bedeutung für die Produktion von Wirtschaftsgütern und Dienstleistungen, aber auch gesellschaftliche und politische Prozesse, die für das ordnungsgemäße Gemeinschaftsleben unerlässlich sind, hängen von der richtigen Initiative ab. Die gesetzliche Durchsetzung rechtmäßigen Verhaltens und die Schutzaufgaben des Militärs erfordern zum Beispiel die Initiative von Einzelpersonen, die alleine oder im Einvernehmen handeln.

Bei diesen Beobachtungen stellt sich die Frage, welche Einflüsse es sind, die die menschliche Initiative am wahrscheinlichsten in eine zivilisierte Richtung bewegen: diejenigen, die das menschliche Wohlergehen und nicht das menschliche Leiden fördern. Welche Kräfte halten die menschliche Initiative von Handlungen ab, die, oft mit zerstörerischen Konsequenzen, nur Spannungen entladen oder Triebimpulse befriedigen? Welche Kräfte lenken die Initiative zu Handlungen hin, die das Leben, die Freiheit und das Streben nach Glück verbessern? Erikson beantwortete diese Fragen mit seiner Definition von Absicht als Tugend. Seine Vorstellung ist eine explizit moralische, die im Einklang mit der Tatsache steht, dass die Entwicklungsphase, in der sich die Initiative ausbildet (Freuds ödipale Phase), beim Kind auch eine Phase der aufkommenden Moral ist. Erikson schrieb:

„Absicht ist also der Mut, ungehemmt durch die Unterdrückung infantiler Phantasien aufgrund von Schuldgefühlen und Angst vor Strafe die angestrebten Ziele ins Auge zu fassen und zu verfolgen."

Die Definition sagt mit wenigen Worten viel aus. Sie stellt fest, dass die Entwicklung der Initiative die potenziell lähmenden Ängste und Phantasien der frühesten Lebensjahre überwinden muss. Das ist keine durchschnittliche Entwicklungsaufgabe, da die Ängste der ersten Jahre sich leicht auf die Entwicklung des Kindes traumatisch auswirken können – bis hin zur Behinderung seiner Fähigkeit zur Initiative. Die klinische Erfahrung zeigt, dass Ängste, die in der frühen Kindheit entstehen, dazu führen, dass viele Menschen aus Gründen einer eingebildeten Sicherheit vor den Herausforderungen des Erwachsenenlebens zurückweichen, anstatt um ihrer Selbstverwirklichung willen „geschätzte Ziele mit Mut zu verfolgen". Die Vermeidung einer solchen Beeinträchtigung ist von entscheidender Wichtigkeit. Die Erlangung einer normalen Initiative und guter Absicht in den prägenden Kindheitsjahren befähigt einen Menschen, nicht nur ohne unnötige Angst, sondern effektiv zu handeln und dies im Einklang mit anderen zu tun. Besonders ist hier zu erwähnen, dass der Begriff der „angestrebten Ziele" – d.h. der guten Absichten – eine moralische Norm mit der Idee der Tugend in Einklang bringt. Für Erikson impliziert ein guter Zweck eine Initiative, die sowohl individuell als auch kooperativ im Dienste konstruktiver Bemühungen unternommen wird: also solcher, die das menschliche Befinden in einer Weise beeinflussen, die mit den Werten der eigenen Kultur übereinstimmt und das Gemeinschaftsleben verstärkt. Eriksons Vorstellung von der guten Absicht steht auch im Einklang mit seiner eng verwandten Vorstellung von individueller Reife: der Fähigkeit und der Bereitschaft, Verantwortung für sich selbst zu übernehmen und andere nicht unbegründet für die Schwierigkeiten des Lebens verantwortlich zu machen.

Weitere Gedanken zur Initiative

Die vorliegende Untersuchung der biopsychologischen Grundlagen der Freiheit beschäftigte sich damit, ob ein bestimmter Mensch sich in seinen eigenen Denkprozessen frei genug fühlt zu wissen, was er im Leben will, und auf der Grundlage seiner eigenen Wünsche sein Streben nach Selbstverwirklichung zu initiieren. Da alle rationalen Vorstellungen von Freiheit auch die *Handlungs*freiheit implizieren, kommt dem Begriff der Initiative besondere Bedeutung zu. In seiner elementarsten Form bezeichnet der Begriff „Initiative" die Fähigkeit des menschlichen Geistes, innere Befehle durch Handeln umzusetzen, den Körper bei der Durchführung entscheidender Handlungen zu bewegen und zu kontrollieren. Initiative ist das, was erstmals dem Kind und später dem erwachsenen Menschen ermöglicht, in seiner physischen und zwischenmenschlichen Umgebung mit nicht-trivialen Absichten zu agieren. Das vier- und fünfjährige Kind, das ernsthaft in sein geistiges Theater eingetaucht ist, übt Initiative aus, während es stundenlang seine spielerischen Ziele verfolgt. Es nimmt dieses Spiel ernst und ist ganz von einer buchstäblich phantastischen Verfolgung vereinnahmt. In seiner Phantasiewelt ist es Schauspieler, Produzent und Regisseur zugleich; es ist Initiator von allem, was passiert. Doch ein paar Jahrzehnte später wird das Kind, das einst in seinen zarten Jahren mit solcher Intensität gespielt hat, ein Geschäftsdilemma oder ein logistisches familiäres Problem lösen oder eine neue Theorie darüber kreieren, wie das Universum funktioniert. Die Initiative des fünfjährigen Kindes, das ganz im Spiel aufgegangen ist, wird beim Erwachsenen zur Initiative bei der täglichen Arbeit oder dem Streben nach einem Lebenstraum.

Als Sozialwissenschaftler erkannte Erikson die Initiative als ein artenspezifisches Entwicklungsziel, das alle Kulturen umspannt, und er beschäftigte sich mit jenen frühen Einflüssen, die die Entstehung der Initiative als eine wesentliche menschliche Veranlagung beeinträchtigen können. Als Psychoanalytiker erkannte er bei seinen Patienten Hemmungen, und zwar vor allem solche, die sich aus übermäßigen Schuldgefühlen ergeben, die in den frühen Jahren der Kindheit erworben wurden. Als Analytiker in der Tradition Freuds verstand er die besondere Kraft des ödipalen Dramas und seine Ursprünge in den zunehmend intensiveren, erotisch gefärbten und besitzergreifenden Bindungen des kleinen Kindes an seine Eltern. Heute ist allgemein bekannt, dass die sich im dritten und vierten Lebensjahr immer mehr vertiefende Anhänglichkeit des Kindes an seine Eltern ganz natürlich dazu führt, sich selbst als Freund oder Freundin oder Ehemann oder Ehefrau oder Liebhaber beider Elternteile nacheinander zu imaginieren und sich vorzustellen, dass dieses romantische Melodrama real wird und andauert. Manchmal mit dem bewussten Wunsch, mit dem einen oder anderen Teil seiner Eltern etwas Sinnliches zu tun, und manchmal solcher Gedanken weniger bewusst, stellt sich das vierjährige Kind eine Phantasie-Romanze mit seiner Kernfamilie vor, die voll ist von erotischer Erregung, wütenden Konkurrenzkämpfen, eifersüchtigen Rivalitäten, furchtbarer Vergeltung und Verletzung, erniedrigender

Ablehnung, schuldiger Besessenheit und Scham über eigene Unzulänglichkeit. Dieses bemerkenswerte und buchstäblich phantastische Drama, das vielen als Ödipuskomplex aus dem antiken griechischen Theater, der englischen Literatur, der französischen Philosophie und der Freudschen Psychologie bekannt ist, entwickelt sich unschuldig und natürlich aus der elementaren Bindung des Kindes an seine Bezugspersonen. Der Verlauf, den dieses Drama auf lange Sicht nimmt, hat schicksalhafte Auswirkungen auf das zukünftige Leben des Kindes sowie auf seine Fähigkeit zur Initiative.

Initiative, Tugend und Freiheit

Wie alle Psychoanalytiker verstand Erikson, dass ein Kind, um zu einem Mitglied der Gesellschaft zu werden und nicht für immer das Kind seiner Eltern zu bleiben, früher oder später das Drama seiner Familie hinter sich lassen und seine Energien in die Chancen, Beziehungen und Regeln der Welt außerhalb seines Zuhauses investieren muss. Es muss sich ausreichend von seinen frühen Bindungen befreit fühlen, um sein eigenes Leben zu gestalten und sein eigenes Drama außerhalb seiner Herkunftsfamilie zu schaffen. Ein Teil dieser Aufgabe ist die Ausübung von Initiative, angetrieben von Energien, die sonst auf das Elternhaus beschränkt geblieben wären. Tatsächlich hat das Kind am Ende des fünften oder sechsten Lebensjahres in der Regel seine ödipalen Phantasien aufgegeben und sie vor sich selbst und anderen in den dunkleren Tiefen seines Unbewussten versteckt. Von da an können verbleibende Elemente dieses Dramas in Träumen erscheinen oder später indirekt in Konflikten mit Ehegatten und Mitarbeitern auftauchen und vielleicht in einer Therapie erforscht werden. Doch sein ursprüngliches Ausmaß und seine erstaunliche Macht werden gewöhnlich nicht wieder in das Bewusstsein hineingelassen, wenn sie nicht durch eine außerordentliche Entwicklung – eine aufkommende Neurose vielleicht oder die Turbulenzen eines psychotischen Zusammenbruchs – hervorgerufen werden.

Diese Ausführungen über die frühkindliche Entwicklung zeigen, dass sich im Laufe des normalen menschlichen Heranwachsens neue Fähigkeiten zu Vertrauen, Hoffnung, Autonomie, Willen, Initiative und Absicht zusammen mit den ihnen verwandten Charakteranlagen ergeben. Geordnete Freiheit gedeiht, wenn Einzelpersonen in der Lage sind, einander zu vertrauen, durch informiertes Einvernehmen zusammenzuarbeiten, aus Alternativen eine Auswahl zu treffen, Maßnahmen zu ihrem eigenen Nutzen einzuleiten und in Übereinstimmung mit den richtigen Verhaltensnormen in gegenseitigen Beziehungen mit anderen zu handeln. Diese Fähigkeiten bilden die psychobiologische Grundlage der menschlichen Freiheit. Wenn sie sich richtig zu ihren reifen Ausprägungen entwickelt haben, stehen sie im Zentrum aller theoretischen Rechtfertigungen der individuellen Freiheit im Streben nach Glück sowie der Freiheit, im gegenseitigen Einvernehmen mit anderen Menschen Beziehungen herzustellen.

Zusatzbemerkungen zur Pathologie der Initiative

Offensichtlich hängt die Art und Weise, wie die Initiative beim sehr jungen Kind auftritt, stark von seiner genetischen Begabung sowie von den Erlebnissen seines noch kurzen Lebens ab. Die ersten vier oder fünf Jahre haben bereits massive Veränderungen in seiner aufblühenden Psyche veranlasst – Transformationen, die durch elterliche Liebe, Zuneigung, Empathie, Engagement in positiver Richtung und durch das, was Erikson die vernünftige Führung elterlicher Fürsorge nannte, sehr erleichtert werden. Allerdings sind diese Transformationen sehr anfällig für die Auswirkungen von Mangel, Vernachlässigung, Missbrauch und Nachgiebigkeit, da unter diesen Einflüssen höchstwahrscheinlich ernsthafte Verzerrungen in der Persönlichkeitsentwicklung auftreten werden. Die folgenden Muster pathologischen Verhaltens sind stark mit Entwicklungsverzerrungen verbunden, die sich in den ersten vier Lebensjahren ergeben. Sie sind der Einfachheit halber in zwei Kategorien aufgeteilt: solche, die *Überzeichnungen* normaler Veranlagungen darstellen, die in diesen Jahren erworben wurden, und solche, die man eher als *Hemmungen* normaler Veranlagungen verstehen kann. Der Leser wird leicht Personen erkennen, die den einen oder den anderen dieser Typen verkörpern.

In der ersten Kategorie sind die Veranlagungen beim Einsatz von Initiative durch übermäßige Aggression oder Manipulation gekennzeichnet. Das Verhalten, das sich aus Dispositionen dieser Art ergibt, wird typischerweise als neurotisch oder charakterlich gestört betrachtet, kann aber in einigen Fällen Teil eines psychotischen Prozesses sein. Personen, die auf diese Weise handeln, werden oft als arrogant, hochmütig, feindselig, unverschämt, unhöflich, fordernd, aufdringlich, kontrollierend, anmaßend, herrisch, herablassend, verächtlich, aufgeblasen, einschüchternd, „kastrierend", rachsüchtig oder sadistisch angesehen. Weitere Beispiele umfassen die Initiativhandlungen zugunsten von Gehässigkeit, Trotz, Opposition, Vorenthaltung, Sturheit, Beschmutzung und Plünderung. In vielen Fällen ist ein derartiges Verhalten kriminell ausbeuterisch und destruktiv. Solche Personen werden oft als geldgierig oder korrupt beschrieben und sind nicht selten damit beschäftigt, andere um des materiellen Gewinnes wegen zu betrügen und zu bedrängen. Eine übermäßige Initiative aus einer krankhaften Gier heraus ist besonders häufig.

Eine zweite Kategorie besteht in jenen Dispositionen, in denen die Initiative ernsthaft gehemmt ist. Hemmungen dieser Art führen zu Verhaltensweisen, die ängstlich, zögerlich, verklemmt, übermäßig verhalten, „kastriert", schuldbeladen, verschämt, konformistisch, unterwürfig, übertrieben sanftmütig, abhängig, notorisch unterlegen, passiv, selbstlos und bescheiden sind. Solchen Personen fehlt es in der Regel an Selbstbestimmung, Willen und Absicht, sie können leicht manipuliert und gedemütigt werden. Sie sind auch geneigt, kindliche Beziehungen zu anderen zu suchen, indem sie ihr Recht auf Selbstbestimmung als Gegenleistung für wirklichen oder vermeintlichen Schutz vor den verantwortlichen Pflichten des Erwachsenenlebens preisgeben. Personen mit solchen Charakterzügen werden oft eine kindliche Rolle gegenüber der Regierung einnehmen und eher für eine Politik stimmen, die ihnen materielle Sicherheit durch kollektive Verpflichtungen verspricht, als für eine solche, die dem Schutz der individuellen Freiheit verpflichtet ist. Für diese Menschen beinhaltet die Freiheit ein Maß an Eigenverantwortung – zu der auch der Einsatz von Initiative gehört –, das sie als unerträglich belastend oder zu bedrohlich empfinden.

In manchen Fällen können diese Tendenzen bei einer bestimmten Person von einer übertriebenen Initiative bei einigen Gelegenheiten zu einer gehemmten Initiative bei anderen wechseln. Hinter diesen pathologischen Dispositionen steht eine abnorme Persönlichkeitsstruktur, die das Individuum anfällig für intensive Angst, Depressionen, Wut und Leere macht. Anomalien, die bei diesen Persönlichkeiten typischerweise vorkommen, umfassen Defekte in grundlegenden Selbst- und Objektbildern, übermäßige Abhängigkeit und pathologische Ichbezogenheit. Wie bereits erwähnt, sind diese und andere fehlangepasste Merkmale dauerhafte Auswirkungen eines frühen Traumas der einen oder anderen Art. Schwere Defekte in der Intersubjektivität, der Fähigkeit zur Gegenseitigkeit und bei der Anerkennung der persönlichen Parität anderer ragen unter den Defiziten dieser Persönlichkeitstypen eindeutig heraus. Damit verbundene Beeinträchtigungen der Selbstbeschränkung, der Frustrationstoleranz und der Gewissensfunktionen sind für den geschulten Kliniker offensichtlich.

Die psychoanalytische Psychologie des Selbst hat auch den klassischen Narzissten beschrieben, dessen Fähigkeit zur Initiative typischerweise ausbeuterischen Motiven dient. Durch Verhaltensweisen, die oft aggressiv und aufdringlich sind, und mit charakteristischen Verhaltensmustern von Anspruch, Großspurigkeit und Hemmungslosigkeit setzen Personen mit dieser Art von Pathologie ihre Fähigkeit zur Initiative ein, um andere zu kontrollieren und sie persönlich zu manipulieren. Narzissten fühlen sich typischerweise von den Einschränkungen, die andere begrenzen, ausgenommen. Sie nehmen für sich in Anspruch, Regeln zu brechen – einschließlich formaler Gesetze –, die dazu da sind, die Unbedarften zu schützen. Mit einer durch großartige Erwartungen gesteigerten Initiative erklimmen viele Narzissten Führungsrollen in Großkonzernen oder streben nach öffentlichen Ämtern, um ihren persönlichen Drang nach Bewunderung, Reichtum und Macht zu befriedigen, während sie den mit ihrem Amt verbundenen Verpflichtungen anderen gegenüber gleichgültig bleiben. Die hinter liegende Pathologie schließt bei diesen Personen ein gestörtes Selbst ein, das nicht in der Lage ist, seinen eigenen emotionalen Zustand zu regulieren, ohne andere zu manipulieren, und zudem unfähig oder nicht bereit ist, die Handlungsfähigkeit des anderen, seine Grundrechte, seine persönliche Parität oder seine Gleichheit nach dem Gesetz zu respektieren. Wie bei der Verleugnung dieser Muster üblich, sieht der Narzisst andere als bloße Gegenstände, die er für egoistische Zwecke und nicht in guter Absicht benutzen kann, und sicher nicht als andere Persönlichkeiten, die im Sinne der Goldenen Regel zu respektieren sind. Mit diesen Neigungen und seiner Überzeugung, dass er von Zwängen befreit ist, die andere zu respektieren haben, stellt der Narzisst potentiell ein ernsthaftes Problem für die Gemeinschaft dar, die sich der individuellen Freiheit, der Gegenseitigkeit und der Rechtsstaatlichkeit verschrieben hat.

28
Die Grundlagen des Fleißes

Wir können ferner erkennen, dass der Charakterzug des Fleißes einerseits von der Gefahr des gewohnheitsmäßigen zwingenden Strebens, sich im Wettkampf zu überbieten und andererseits von defätistischen Tendenzen umgeben ist, die wir in einem Unwillen sehen, sinnvolle Herausforderungen anzunehmen und ihnen gegenüberzutreten.

Theodore Lidz

Das Schulalter

Wenn das schulpflichtige Kind in seinen ersten fünf oder sechs Lebensjahren die Grundlagen des Vertrauens, der Autonomie und der Initiative erworben hat und die Ansätze der mit diesen verbundenen Tugenden der Hoffnung, des Willens und der Absicht verankert sind, ist es jetzt bereit, den nächsten Schritt auf dem Weg zu seiner letztendlichen Identität als Erwachsener zu machen. Erikson bezeichnete diesen Schritt mit einer weiteren Dichotomie: Fleiß gegen Unterlegenheit. In diesem Stadium, der Jugend, lernt das Kind viel über die Lebensbedingungen der Gesellschaft; vor allem über solche, die die materielle Sicherheit fördern und soziale Beziehungen sowie politische Prozesse bestimmen.

Freud beschrieb die Lebensphase des Schulkindes, etwa die Jahre von sechs bis zwölf, als eine Periode der Latenz, in der infantile sexuelle Impulse in die verborgenen Winkel der Psyche eindringen, dort weitgehend ruhen, bis die Pubertät sie wieder erweckt. Trotz einer Verringerung des offenen sexuellen Interesses in dieser Zeit ist das Kind jedoch mit anderen Dingen sehr beschäftigt: Seine geistigen Fähigkeiten kommen rasch voran, indem es neue instrumentelle Fähigkeiten und neue soziale Kompetenzen zur weiteren Vorbereitung auf das Erwachsenenalter erwirbt. Sein Sprachgebrauch wird elaborierter, deutlich kommunikativer und als Werkzeug des begrifflichen Verständnisses nützlicher. Seine emotionalen Zustände und die damit verbundenen Denkprozesse werden ausgefeilter, differenzierter und ausdrucksvoller, und sein Gefühl der Geschlechteridentifikation und seiner Rolle gleichen sich stärker aneinander an. In der Fleißphase lernt das Kind, Dinge herzustellen oder Dinge zu tun und komplexere Beziehungen zu Personen außerhalb seiner Kernfamilie aufzubauen.

Die Errungenschaften und Misserfolge in dieser Phase haben wichtige Auswirkungen auf die letztendliche Teilnahme an einer freien Gesellschaft. In Vorbereitung auf das spätere Erwachsenenleben werden die Beziehungen des Kindes in ihrer wirtschaftlichen, sozialen und politischen Dimension komplizierter. In dieser Zeit beobachten Kinder, wie andere Menschen

- Waren und Dienstleistungen kaufen, verkaufen und tauschen;
- Arbeit bei gemeinsamen Bemühungen austauschen und aufteilen;
- Vereinbarungen einhalten und verletzen;
- Eigentum erwerben, veräußern, leihen und zurückgeben;
- Schulden bezahlen und in Verzug geraten;
- materielle Belohnungen erwirtschaften und verdienen;
- für die Vorteile eines Kaufs argumentieren;
- Kosten, Risiken und Nutzen beabsichtigter Maßnahmen abschätzen.

Früher oder später lernt das Kind, auf dem Spielplatz Dinge zu tauschen, arbeitet in gelegentlichen Jobs, verdient ein Entgelt oder eine Vergütung, spart Geld oder gibt es aus, entscheidet darüber, was es sich leisten kann, bedenkt konkurrierende Alternativen und lernt, dass A zu wählen in den meisten Fällen heißt, auf B zu verzichten. Die Fleißphase ist eine Zeit der elementaren Wirtschaftserziehung.

In dieser Zeit sehen Kinder auch, wie andere

- im Alltag zwischenmenschlich aktiv sind;
- gesellig sind, zusammenarbeiten, füreinander sorgen, andere betreuen, ihnen widersprechen, sie ausbremsen, ihnen Schuld zuweisen, vergeben, sich entschuldigen und versöhnen;
- neidisch sind, eifersüchtig sind und miteinander konkurrieren;
- sich mit anderen Menschen gemeinsame Ziele setzen und ändern;
- sich an Versprechen gegenüber anderen halten oder sie brechen;
- Freundschaften schließen, brechen, wiederherstellen und zurückweisen;
- höflich sind, um Sicherheit und den Komfort in der Beziehung zu erhöhen.

Früher oder später lernt das Kind, freundlich zu sein oder nicht, zu kooperieren und einzuwilligen oder nicht, zu vergeben und zu vergessen oder nicht, andere mit Respekt oder Respektlosigkeit zu behandeln, sich um andere zu kümmern oder sie zu ignorieren, Spaß zu haben und andere zu erfreuen oder Aufruhr zu schaffen und andere zu frustrieren. Indem es all dies tut, beginnt das Kind eine lange Reihe von Experimenten mit Rollen, Stilen, Images und Eigentümlichkeiten auf der Suche nach einer Identität für das Leben und beim Aufbau derselben. Die Phase des Fleißes ist auch eine Phase der Sozialisierung; das Kind entdeckt die Welt in sich selbst, während es die Welt außerhalb seiner selbst entdeckt.

In dieser Zeit beobachten Kinder auch, wie andere

- sich in der Politik, in der Nachbarschaft und in der Stadt engagieren;
- führen, folgen, verhandeln, überzeugen, beeinflussen, manipulieren;
- überreden, bedrängen, Koalitionen bilden und Meinungen manipulieren.

Früher oder später begegnet das Kind der Politik des Schulhofs und des Spielplatzes, der Dynamik von Clubs, Cliquen und Banden, der Bevorzugung und der Suche nach Gunst, den Hierarchien und taktischen Manövern, der Übertragung von Vollmachten und Wegen zu führen, zu folgen, zuzugestehen, zu kompromittieren, zu dominieren, zu kontrollieren, nachzugeben und sich zu fügen. Die Phase des Fleißes ist eine Phase elementarer Politik, in der das Kind die Dynamik des Einflusses kennenlernt. In der Fleißphase verstärkt das Kind seine Übungen für das zukünftige Leben.

Die Techniken des Alltagslebens

Die Fähigkeit zu nachhaltiger, vernünftiger und zielgerichteter Anstrengung ist für die Identität des Erwachsenen natürlich von grundlegender Bedeutung. Die Fähigkeit, ein nützliches Ziel zu verfolgen und dabei auch Schwierigkeiten zu überstehen, ist nicht nur wesentlich, um sein Auskommen zu haben, sondern sie ist auch erforderlich, um alles andere zu erreichen, das sich im Erwachsenenleben lohnt. In der Fleißphase lernt das Kind, wie man sich Ziele setzt – vor allem im Schulunterricht, aber auch bei Hausarbeiten oder kirchlichen Projekten – und wie man seine Bemühungen bei der Verfolgung von Zielen aufrechterhält. Bei unzähligen täglichen Begegnungen wird die aufkeimende Fähigkeit des Kindes zu nützlichen Anstrengungen von Eltern, Lehrern und Nachbarn mehr oder weniger belohnt.

Das Kind, das lernt, fleißig zu sein, leistet aus mindestens zwei Gründen einen entscheidenden Beitrag zu seiner Zukunft. Erstens beinhaltet das, was es in dieser Phase lernt, verschiedene Arten instrumenteller Fähigkeiten, die es schließlich für die materielle Sicherheit benötigen wird. Die Schulzeit führt das Kind in das Geschäft des Lebens ein, in jene Aktivitäten, die die Bedürfnisse des Körpers nach Nahrung, Kleidung, Obdach, medizinischer Versorgung, Mobilität und anderen Waren und Dienstleistungen ansprechen, die unser Leben aufrechterhalten. Eine zweite große Errungenschaft in dieser Phase ist die „Technik" der Beziehungen: die unzähligen zwischenmenschlichen Fähigkeiten, die für die Verfolgung gemeinsamer Bemühungen zu jedem Zweck erforderlich sind. Idealerweise erlernt das Kind in dieser Phase seiner Entwicklung die Regeln, Konventionen und sozialen Fähigkeiten seiner Kultur im Umgang mit anderen – vor allem solche, die für eine Zusammenarbeit an mehreren Orten benötigt werden.

Das normale Schulkind ist eifrig bestrebt, etwas über die Welt zu lernen; eine rational orientierte Gesellschaft muss bereit sein, es aufzunehmen. In der Schule setzt es die Vorbereitung auf das Erwachsenenleben, die es zu Hause begonnen hat, in einer anders strukturierten Umgebung fort. Wenn in diesen Jahren alles gut verläuft, lernt es viel über die Produktionsmittel, die in seiner Kultur für die Erwirtschaftung der im Alltag benötigten Waren und Dienstleistungen verwendet werden. Von seiner angeborenen Neugier angetrieben, lernt das in die Welt eingeführte Kind, Dinge herzustellen, zu tun, für sinnvolle Zwecke zu nutzen und manches auch nur zum Vergnügen zu tun. Es lernt bei diesen Bestrebungen insbesondere die Bedeutung der freiwilligen Wahl kennen. Während es Erwachsene bei den zahllosen Geschäften des Alltags beobachtet, lernt es die alltäglichen freiwilligen Kauf-, Verkaufs- und sonstigen Handelsabwicklungen zu verstehen, die eine wirtschaftlich freie und gesellschaftlich wohlgeordnete Gesellschaft definiert.

In der typischen Abfolge der Entwicklung bilden sich die Grundlagen des Fleißes, die in den Grundschuljahren des Kindes, bald nach Erlangung der Initiativfähigkeit im Kleinkindalter, angelegt werden. Die zunehmende Fähigkeit des Kindes zu nachhaltigen gezielten Anstrengungen lenkt seine Energien und gibt seiner Initiative Richtung. Mit seinen wachsenden Interessen an einigen bestimmten – und keinen anderen – Schulfächern, an einigen Sportarten und Hobbys – und keinen anderen – und an bestimmten – und keinen anderen – Menschen trifft es unzählige Entscheidungen im lebenslang andauernden Prozess, sich als ein einzigartiges Individuum zu definieren und zu differenzieren. In diesem Individuationsprozess ist das wachsende Selbstbewusstsein, das sich durch die Beherrschung der instrumentellen Fähigkeiten im Laufe der Zeit entwickelt, von großer Bedeutung. Unter idealen Umständen verstärkt dieses in der Jugend gewonnene Meisterschaftsgefühl einen bereits gesunden Kern des Selbstwertgefühls, der in früheren Erfahrungen elterlicher Liebe gründet.

Ebenso wichtig ist der Ausbau der sozialen Fähigkeiten über die in der Kernfamilie erworbenen hinaus. Im Schulalter werden Fähigkeiten, die erstmals in der Vorschulphase erlernt wurden, auf Verbindungen zu Personen und Gruppen außerhalb der Familie erweitert. Neue Beziehungen zu Gleichaltrigen in der Schule, der Kirche oder Synagoge bestätigen das Zugehörigkeitsgefühl des Kindes und fördern sein Begreifen eines zwischenmenschlichen Universums, das es eines Tages als Erwachsener bewohnen wird.

Die Schulzeit: Spiel, Magie und Mysterium

Selma Fraiberg schrieb von den magischen Jahren der Kindheit, vor allem des Kleinkindes, das mehr in einer Phantasiewelt lebt als in der realen Welt und dessen Denkprozesse nicht an Tatsachen und Logik gebunden sind. Wie jeder Kliniker jedoch weiß, bleibt die Fähigkeit zu magischem Denken lebenslang erhalten und ist sicherlich in den Grundschuljahren herausragend – oder sollte es zumindest sein. Das Kind, das übermäßig ernst ist, dem die Fähigkeit zu dem fehlt, was man als gutartige Impulsivität bezeichnen kann, vermisst nicht nur die Freude am Spiel, sondern vernachlässigt auch die Entwicklung seiner angeborenen Fähigkeiten zum kreativen Denken und seiner Kraft, die ihm hilft, die Probleme des Lebens zu lösen. „Um die Ecke" zu denken, sollte für ein Kind ein Kinderspiel sein. Für eine ordnungsgemäße Entwicklung sollte solches Denken eine alltägliche Erfahrung sein, nicht nur eine gelegentliche Ablenkung von einer sonst nüchternen Sachlichkeit. In der Tat deutet die klinische Erfahrung in dieser Hinsicht darauf hin, dass das verfrüht vernünftige Kind höchstwahrscheinlich depressiv ist.

Die Bekanntschaft mit Dingen, die geheimnisvoll, magisch oder unbeschreiblich sind, ist natürlich nicht auf das Spiel oder auf künstlerische Betätigungen beschränkt, sondern vielmehr ein integraler Bestandteil der menschlichen Erfahrung, wenn sie nicht aktiv unterdrückt wird. Die Fähigkeit zur religiösen Erfahrung beispielsweise scheint sich im menschlichen Gehirn entwickelt und durchaus einen Überlebenswert zu haben. Eine Gemeinschaft, deren Mitglieder durch einen gemeinsamen religiösen Glauben vereint sind, kann – unabhängig von ihrem Wesen – eher einer Bedrohung ihrer Existenz standhalten als eine andere. Religiöser Glaube unterstützt das menschliche Durchhaltevermögen im Angesicht der Katastrophe, sei es infolge von Krieg, Hungersnot, Krankheit oder eines Naturereignisses. Die Rituale der Anbetung zählen zu den Qualitäten, die diesem Glauben erleichtern, den Mut in Zeiten der Not zu stärken und die Verbundenheit in feierlichen Zeremonien zu verfestigen.

Beeinträchtigungen in der Fleißphase

Die Beobachtung, dass sich während des Schulalters oft ein gestörtes Verhalten offenbart, steht im Einklang mit der Tatsache, dass die Entwicklungsaufgabe des

Kindes in dieser Zeit beängstigend ist. Ein Erfolg ist keineswegs garantiert, obwohl der Prozess in einigen Fällen sehr gut verlaufen kann. Wenn das, was in dieser Phase gelernt wird, weitgehend unter akzeptierte Verhaltenskodizes fällt, hilft die zunehmende Bekanntschaft des Kindes mit den Möglichkeiten seiner Kultur, seine Interessen auf Bestrebungen zu lenken, die die Zusammenarbeit verbessern. Wenn die Dinge nicht gut genug verlaufen, kann es zu Verhaltensstörungen, Drogenmissbrauch oder Kriminalität sowie zu einer ziellosen, unkooperativen Entladung von Spannungen neigen. Besonders unheilvoll sind jene Bestrebungen, die die Befriedigung primitiver Impulse durch antisoziale, rücksichtslose oder selbstzerstörerische Handlungen verfolgen. Der Zwölfjährige, der in einer Subkultur von Sex, Drogen, Kriminalität und Aggression versunken ist, um die innere Qual zu lindern, ist ein allzu häufiges Opfer von Entwicklungsdefiziten, die sich im Schulalter und in den vorangegangenen Jahren angesammelt haben. Hinter Fassaden luftiger Unbekümmertheit werden Kinder mit diesen Problemen typischerweise von Angst, Scham, Depression, Neid und Wut geplagt. Ihr dahinterstehendes Minderwertigkeitsgefühl, das vielleicht nur schwach wahrnehmbar ist, wird von tatsächlichen Defiziten in der Bildung, der sozialen Kompetenz und der konstruktiven Identifikation begleitet, die insgesamt die Entwicklung erwachsener Kompetenz ausschließen können. Abgesehen von ihren offensichtlichen emotionalen Schmerzen sind Kinder, die versuchen, mit solchen Defiziten erwachsen zu werden, nicht in der Lage, eine Nische in der Gemeinschaft produktiver und kooperativer Bürger zu finden. Anstatt zur Gemeinschaft etwas beizutragen, werden sie diese sowohl sozial als auch wirtschaftlich belasten. Entwicklungsergebnisse dieser Art haben wichtige Auswirkungen auf die Sozialpolitik und bilden eine tiefer liegende Dynamik in der liberalen Agenda. Auf diesen Punkt wird in einem späteren Abschnitt noch näher eingegangen.

Ausfälle im Grundschul- und im frühen Jugendalter treten in der Regel nicht ohne vorherige Entwicklungsbeeinträchtigung auf. Zu oft untergraben Defizite in früheren Phasen die Erlangung von Grundvertrauen, Autonomie und Initiative und erzeugen Störungen, die ausreichen, um die spätere Entwicklung aus dem Ruder laufen zu lassen. Kinder, die eine solche frühe Beeinträchtigung erfahren mussten, haben weder ein grundlegendes Vertrauen, dass sie selbst „gut sind" und dass das Leben etwas Gutes ist, noch die Grundlagen der Autonomie oder das Initiativvermögen, das für nützliche Leistungen benötigt wird, erworben. In diesen

Fällen stören verbleibende Angst, Furcht, Depression, Leere, Wut, Schuldgefühl, Scham und Selbstzweifel die Fähigkeit des Kindes, von späteren Phasen normal zu profitieren. Haltungen, die sich in Verbindung mit diesen pathologischen Emotionen ergeben, können zu passiv-abhängigem Verhalten als Abwehr von Ängsten vor Verlassenheit, Schande oder Vergeltung oder zu oppositionellen, trotzigen oder antisozialen Verhaltensweisen als Abwehrreaktionen gegenüber Wut und Missstimmungen führen. Für Kinder, die bereits in ernsthaften Konflikten mit ihren Eltern stehen, können die Subkulturen der Banden, der Kriminalität und der Drogen alternative Zugehörigkeiten bieten, die Fleiß und Kompetenz weiter untergraben. Allzu oft werden unter diesen Einflüssen die sozialen Fähigkeiten krimineller Subkulturen und die Techniken des Verbrechens erlernt. Der Erwerb von nützlichem Wissen über eine Welt voller guter Absichten und die konstruktive Sozialisierung einer normalen Fleißphase geht diesen Kindern, die dann in der Adoleszenz eine zusätzliche Beeinträchtigung erleiden, verloren.

In den Fällen, in denen eine Kombination von elterlicher Entbehrung und Nachgiebigkeit zu einem „Verwöhntes-Kind"-Syndrom führt, entsteht als potenziell lähmende Folge des Schulalters eine Persönlichkeitsstruktur, die sich durch anspruchsvolle Ichbezogenheit, geringe Frustrationstoleranz, tiefer liegende Depressionen, Selbstmitleid und chronische Verstimmungen auszeichnet. All diese Merkmale beeinträchtigen die Fähigkeit, die Herausforderungen des Lebens zu erfüllen. Der Erwachsene, der sie erworben hat, beschwert sich in der Regel übermäßig, während er von anderen Sympathie und Nachgiebigkeit erwartet. Hinter einer oft weinerlichen Fassade steht ein bedürftiges inneres Kind, das wütend ist, weil es nicht bekommt, was es für eine ihm zustehende Entschädigung für vergangene und gegenwärtige Entbehrungen hält. Diese Anspruchshaltung ist bei solchen Personen, wenn sie das Erwachsenenalter erreichen, vorherrschend. Beispiele kann man in der politischen Werbung sehen, die gerne ältere Personen oder andere scheinbar benachteiligte Gruppen zeigt. In einer typischen Art von Werbung ist eine ältere Person empört, dass jemand – in der Regel die Regierung – etwas, was sie braucht, nicht bietet: irgendeine Form von Gesundheitsversorgung zum Beispiel oder vielleicht Wohnraum oder Verkehrsmittel. Hervorstechend ist das Selbstmitleid, aber auch der Neid. Die Ursprünge dieser Einstellung liegen in den prägenden Kindheitsjahren, nicht in den Härten der Gegenwart.

Heilung im Schulalter

Für Kinder, die in ihrer früheren Entwicklung nicht zu stark entgleist sind, bietet die Fleißphase jedoch Möglichkeiten der Anpassung, die zwar nicht optimal wirken, aber dennoch eine gewisse Eingliederung in das Erwachsenenleben ermöglichen. Erikson spielte auf den Typus des Kindes an, das allzu fleißig wird, indem es sich völlig in instrumentale Aufgaben als „guter kleiner Helfer" oder „guter kleiner Arbeiter" vertieft. Kinder dieser Art werden sich später in erster Linie über das definieren, was sie tun können, und nicht darüber, wie sie sich selbst begreifen, welche Träume sie verfolgen oder wie sie sich emotional mit anderen verbinden. Es ist wahrscheinlich, dass sie vorrangig in der Arbeitswelt existieren. In diesem Bereich können sie durchaus zuverlässig und produktiv, oft auch zwanghaft agieren, aber wahrscheinlich nur oberflächliche Beziehungen zu anderen aufbauen.

Für einige Kinder wird die Fleißphase zu einer Gelegenheit für intensives Konkurrenzstreben, um Minderwertigkeitsgefühle zu überwinden und aggressive Impulse zu entladen. Diese Kinder erschaffen eine zwischenmenschliche Welt, in der triumphierende Siege, demütigende Niederlagen und verhasste Konkurrenten ein tägliches Drama bilden. Hitzige Wettkämpfe werden zum Grund des Seins; das Leben besteht aus einer Reihe wettbewerbsorientierter Herausforderungen, nicht selten begleitet von Wutgeheul und Einschüchterungen. Die Schauplätze dieses Dramas sind überall zu finden: in der Nachbarschaft, auf dem Spiel- oder Sportplatz, im Klassenzimmer, beim Schönheits- oder Talentwettbewerb oder in der Schulpolitik. Später verschiebt sich das Drama hin zu Kämpfen in der geschäftlichen, beruflichen oder politischen Welt oder dorthin, wo immer es gilt, einen – realen oder eingebildeten – Konkurrenten zu besiegen. Als Erwachsene beschreiben diese Personen ein „Feuer im Bauch", das sie zu der Leistung antreibt, die sie für ihren inneren Frieden benötigen. Doch der Friede ist in der Regel von kurzer Dauer, und bald geht es wieder in den Kampf.

Eine ähnliche Verteidigungshaltung – gegen Gefühle der Unzulänglichkeit, Zweifel an Liebenswürdigkeit und Ängste vor Ablehnung – erstrebt, neben anderen Manövern, einen Ausgleich durch Elitegebaren, Arroganz, Vorspiegelungen, einen Anspruch auf besondere Vorrechte und das Protzen mit materiellem Reichtum. Diese Einstellungen werden oft in der Jugend deutlich. In der Welt erwachsenen Strebens entwickeln sich verschiedene Kombinationen solcher Zustände und ihrer Abwehrmechanismen zu Neurosen des Alltags. Sie sind im wirtschaftlichen, gesellschaftlichen und politischen Bereich auf allen Ebenen leicht zu beobachten. Besonders wichtig sind sie in den Hallen der politischen Macht, wo die Kontrolle von Personen und Politik zu einer süchtig machenden Droge gegen innere Qualen werden kann. Ein Regierungsamt innezuhaben, bietet die Möglichkeit, eine eigene Agenda zu betreiben, die als prinzipielle Kampagne für einen edlen Zweck getarnt ist. Doch allzu oft verliert sich die edle Sache, wenn es sie je gab, in den auf persönlichen Gewinn ausgerichteten Selbstbedienungspraktiken des Amtsinhabers.

29
Errungenschaften im Schulalter

Der moralisch verantwortungsvolle Mensch, den die Konservativen bewundern, kann nur aus der liebevollen und sicheren Familie heraus erwachsen, die die Liberalen fordern.

Stanley Greenspan

Der gut entwickelte Jugendliche

Wenn sich das Schulkind auf gesunde Weise mit Personen und Zielen außerhalb seiner Kernfamilie beschäftigt, fördert die Erweiterung seiner Welt seine Individuation zu einer immer einzigartigeren Persönlichkeit, die nun entscheidend von ihren Interessen und Fähigkeiten bestimmt wird. Es lernt allmählich, sich selbst zu definieren, indem es verschiedene Rollen ausprobiert und an Aktivitäten teilnimmt, die es als lohnend oder frustrierend empfindet. Wenn es die Möglichkeiten, die ihm offen stehen, in einer vernünftigen und sicheren Weise erkunden kann, und wenn seine Entscheidungen von fähigen Eltern beaufsichtigt werden, lernt das Schulkind eine wichtige Tatsache über die individuelle Freiheit: Sein Streben nach persönlicher Erfüllung, indem es tut, was es tun *möchte*, verträgt sich, wann und wo es angebracht ist, mit dem, was es tun *muss*, um mit anderen zusammenzuarbeiten.

Angenommen, ein junger Mensch mit durchschnittlicher genetischer Ausstattung und ohne signifikante Entwicklungsdefizite hat das Alter von zwölf Jahren erreicht: Wie könnte er dann aussehen? Eine andere Frage lautet, worauf ein vernünftiger Elternteil bei seinem Kind in diesem Alter hoffen würde – vorausgesetzt, seine Anlagen sind gut genug, und es wird ausreichend für das Kind gesorgt. Das folgende Profil eines gut entwickelten Zwölfjährigen, egal welchen Geschlechts, veranschaulicht einen gesunden Wachstumspfad, der wahrscheinlich die meisten Eltern zufriedenstellt.

Erstens würden vernünftige Eltern wahrscheinlich hoffen, dass ihr Kind im konventionellen Sinne des Wortes glücklich ist: frei von Depressionen, übermäßiger Reizbarkeit oder belastenden Ängsten, im Allgemeinen vom Leben begeistert, meist fröhlich, aktiv mit der Welt beschäftigt und mit der für das Alter typischen Energie gesegnet. Echte Lebensfreude ist bei einem gesunden Zwölfjährigen wirklich keine zu hohe Erwartung. Zweitens würden vernünftige Eltern wahrscheinlich hoffen, dass ihr Kind zumindest genügend Intelligenz hat, um die üblichen Schullektionen zu lernen und durch Intuition und Unterweisung das Minimum an sozialen Fähigkeiten zu erwerben, das benötigt wird, um mit den meisten anderen Personen, seien es Erwachsene oder Kinder, zurechtzukommen. Eine Bereitschaft, über seinen Fortschritt in der Schule und über mögliche wichtige Probleme im sozialen Umgang zu sprechen, wäre bei einem Zwölfjährigen sicherlich von Nutzen. Was dies betrifft, würden die meisten vernünftigen Eltern aus den üblichen Gründen hoffen, dass ihr Kind in diesem Alter bereit und in der Lage sein wird, über alles mit ihnen zu sprechen.

Drittens würden die meisten Eltern auf Spontaneität bei ihrem Kind hoffen, da die Verspieltheit zum Wesen der Kinder gehört und für ihr Wachstum wichtig ist. Jemand hat einmal bemerkt, dass das Spiel die Arbeit des Kindes ist. Johan Huizingas Schriften deuten darauf hin, dass das Spiel der früheste Ausdruck menschlicher Freiheit ist (Huizinga, 1955). Natürlich ist es so, dass eine altersgerechte Fähigkeit zu ernsthaftem Engagement bei einigen Aufgaben wünschenswert ist, was Schabernack, Phantasie oder Vorstellungskraft aber nicht ausschließen muss. Interessen an Fiktionen, Geschichten vom Übernatürlichen und Geheimnisvollen, am Zeichnen und Schauspielern sowie am Spiel mit Modellen von Dingen regen allesamt die Fähigkeit des Kindes an, sich die Welt anders vorzustellen, als sie ist. Kreativität aller Art hat, wie die Freiheit selbst, ihre

Wurzeln in den Gefühlen und Phantasien der Kindheit. Durch Vorstellungskraft entstehen nicht nur künstlerische Arbeiten, sondern die Fähigkeit, Probleme in jeder Dimension des Lebens zu lösen. In dieser Hinsicht ist die Kreativität ein integraler Bestandteil unserer adaptiven Natur. Bei Menschen, in denen sie nicht erstickt wurde, bleibt die Kreativität bis ins hohe Alter aktiv.

Viertens wäre es wünschenswert, wenn unser hypothetischer Zwölfjähriger die meisten Regeln gelernt hätte, die nicht nur für Fairness im Spiel, sondern auch für Fairness in menschlichen Beziehungen sorgen. Die vernünftigen Eltern würden hoffen, dass ihr Kind zumindest annähernd weiß, dass das Menschsein ein Gleichgewicht von legitimen Rechten, zulässigen Handlungen und damit verbundenen Verpflichtungen erfordert, die die Ordnung in der Gemeinschaft fördern. Sie würden darauf achten, dass ihr Zwölfjähriger einen gesunden Respekt vor Recht und Ordnung erwirbt.

Fünftens würde man hoffen, dass ein Zwölfjähriger den meisten Menschen als „gutes“ oder „nettes Kind“ bekannt ist, dass er oder sie höflich, vernünftig, freundlich und kooperativ ist. Die meisten vernünftigen Eltern würden nicht wollen, dass sich ihr Kind mürrisch, anmaßend, rebellisch, feindselig, gehässig, trotzig, aufsässig, unverschämt, aggressiv, destruktiv oder arrogant verhält. Es wäre auch hilfreich, wenn dieses gute Kind die Eigentumsrechte respektieren und verstehen würde, wie wichtig es ist, ein Versprechen einzuhalten. Es wäre wünschenswert, wenn es die Befindlichkeiten anderer berücksichtigen kann, um unnötige Ärgernisse zu vermeiden. Wir würden uns freuen, wenn es nur selten in lauter, übermäßig störender oder sonst irgendwie anstößiger Weise aufträte. Idealerweise würde der gut entwickelte Zwölfjährige eine solche Kontrolle aufgrund seines Verständnisses ausüben, dass ein vernünftiges Zusammenleben mit anderen Personen seinem eigenen Verhalten einige Einschränkungen auferlegt. Während die Eltern die Neigung des durchschnittlichen Jugendlichen, ab und zu ein paar Regeln zu brechen, einbeziehen, sollte das Kind, das die meisten vernünftigen Eltern gerne hätten, nur selten in der Öffentlichkeit lästern und sich vor anderen nicht sexuell anzüglich verhalten.

Zusätzlich zu diesen Merkmalen würden vernünftige Eltern wahrscheinlich wünschen, dass ihr Kind versteht, dass man sich dauerhaften Respekt, Loyalität und die Anerkennung anderer verdienen muss und diese Annehmlichkeiten nicht allein deshalb gegeben sind, weil man lebt. Genauer gesagt, würden vernünftige Eltern hoffen, dass ihr Kind im Alter von zwölf Jahren eine erhebliche Befähigung zu persönlicher Verantwortung, Zuverlässigkeit, Verpflichtung und Rechenschaftspflicht erworben hat. Stolz auf das zu sein, was man tun soll oder worin man eingewilligt hat, sollte Teil der aufkommenden Verhaltensnormen eines Zwölfjährigen sein. Die Zusammenhänge zwischen Handeln und Konsequenzen und die Logik von Belohnung und Bestrafung sollten in diesem Alter klar verstanden werden. Die meisten von uns werden sich kein Kind wünschen, das sich berechtigt fühlt, alles zu bekommen, was es sich wünscht. Wir hoffen nicht auf ein Kind, das versucht, sich aus den Problemen, die es verursacht hat, herauszureden, anderen die Schuld an seinen Schwierigkeiten gibt, oder handelt, als sei es ausgenommen von den Regeln, die für alle gelten. In dieser Hinsicht zählt das frühe soziopathische Syndrom, wie das Syndrom des verwöhnten Kindes, zu den schlimmsten der potenziell schlechten Ergebnisse der Jugendzeit. Bei diesen sehr schwierigen Kindern fehlen fast alle erhofften Tugenden oder sind schlecht entwickelt, und in einem späteren Alter sind sie bekanntlich nur noch schwer zu verankern.

Schließlich würden die meisten Eltern es vorziehen, wenn ein hypothetischer Zwölfjähriger die Bedeutung von Altruismus und die Befriedigung kennengelernt hat, die der Dienst an anderen bringen kann. Wenn er das Glück hat, mit guten Eltern gesegnet zu sein, wird er unmittelbar wissen, was es bedeutet, in einer Zeit voller Schwierigkeiten Hilfe zu bekommen: verstanden, unterstützt und zu ermutigt zu werden, wenn man überfordert ist, gepflegt zu werden, wenn man krank ist, oder aus einem Zustand der Hilflosigkeit gerettet zu werden. Der jugendliche Babysitter lernt für jemanden zu sorgen, der viel kleiner, schwächer und abhängiger ist als er selbst. Das Kind im Schulalter, das sich um seine jüngeren Geschwister kümmert, erlernt eine Haltung, die für Eriksons „generativen Erwachsenen" wesentlich ist, für das reife Individuum, das in der Lage ist, seine eigenen Kinder zu erziehen und – breiter gefasst – einen guten Zweck für seine Gemeinschaft zu fördern.

Die Tugend der Kompetenz

Unter guten Umständen hat das zwölfjährige Kind in den letzten sechs Jahren viel gelernt. Vor allem ist seine Denkfähigkeit weit über Piagets sensomotorisches und präoperationales Stadium der ersten sechs Jahre hinausgekommen. Am Ende der Jugendzeit kann das Kind effektiv in konkreten operativen Begriffen denken und hat begonnen, abstrakt zu denken. Bemerkenswerterweise hat es ein Großteil der praktischen Denkfähigkeit erworben, die es für das tägliche Leben in der Welt der Erwachsenen benötigen wird. Ein Theoretiker fasste die sich entwickelnden kognitiven Fähigkeiten des Kindes folgendermaßen zusammen:

„Wenn sich ein Kind kognitiv entwickelt, kann sie oder er über das Beobachtete hinaus zur Schlussfolgerung kommen, über die Wahrnehmung hinaus zur Vorstellung, über das Konkrete zum Abstrakten und über das intuitive Wissen hinaus zu einer bewussten Reflexion. Sie oder er wird sich bewusst, dass Ereignisse über ihre äußere und wörtliche Bedeutung hinaus auch interne und symbolische Bedeutung haben können. Während das Kind Ereignissen Bedeutung verleiht, kann sie oder er über den Inhalt hinausgehen, um formale Ähnlichkeiten, Muster und Prozesse abzuschätzen. Da das Kind über Muster und Prozesse nachdenkt, kann er oder sie über Systeme nachdenken, einschließlich gesellschaftlicher Systeme. Ältere Kinder können über ihre eigenen Muster und Prozesse nachdenken und über ihre Beziehungen zu den Mustern und Prozessen anderer und der weiteren sozialen Welt“ (Yates 2002).

Mit einer deutlich erhöhten Intelligenz im Vergleich zu nur wenigen Jahren zuvor und mit mehreren Jahren Grundschule hinter sich hat das normale zwölfjährige Kind viel über die physische Welt und die meisten Regeln der gesellschaftlichen Welt gelernt. Es weiß, wie man Dinge herstellt, Dinge tut und Dinge benutzt. Es ist mit dem physikalischen Gesetz von Ursache und Wirkung gut vertraut, und es versteht die Grundlagen psychischer Ursache und Wirkung. Es weiß sehr viel darüber, was richtig und was falsch ist. Es versteht die elementare Ökonomie des Alltags. Es hat genug soziale Fähigkeiten, um weiterzukommen. Es hat zumindest ein grobes Verständnis von der Politik des Schulhofs und der Nachbarschaft. Wenn es das Glück gehabt hat, mit authentischer elterlicher Liebe und Empathie aufzuwachsen und vernünftige Vorstellungen von gutem Verhalten mit den altersgerechten Gewissensschranken erworben zu haben, dann ist es auf die kommenden Herausforderungen der Adoleszenz bestens vorbereitet. Es hat die Grundlagen der Kompetenz erreicht.

Kompetenz und Heilung

Die Ereignisse der ersten sechs Lebensjahre bestimmen die grundlegendsten Strukturen der Persönlichkeit und sind daher die am tiefsten prägenden im Laufe der menschlichen Entwicklung. Nichtsdestotrotz ist klar, dass die Jugendzeit an sich einen großen Einfluss hat und dabei komplexe Prozesse einbezieht, durch die das Kind weiter definiert wird und aktiv beginnt, sich selbst zu definieren. Das Schulalter ist im wörtlichen Sinne multimodal. Jede Überprüfung der Veränderungen in diesen Jahren fördert wichtige Errungenschaften in allen Bereichen der Entwicklung zutage: im intellektuellen, physischen, emotionalen sowie im Verhaltens- und Beziehungsbereich. Diese Errungenschaften scheinen im Vergleich zu anderen am leichtesten in dieser Phase aufzutreten, als gebe es eine biologische Bereitschaft dafür, sobald die Psyche in den ersten sechs Jahren ihre anfängliche Strukturierung erworben hat. Die Beiträge des Jugendalters bauen auf diesen früheren Errungenschaften auf. Sie alle können die spätere Fähigkeit des Kindes, auf den wirtschaftlichen, sozialen und politischen Schauplätzen des Erwachsenenlebens zu bestehen, tief beeinflussen.

Die für die Fleißphase spezifischen Errungenschaften sind nicht die einzigen Vorteile, die das Kind in dieser Zeit seines Wachstums genießen kann. Von besonderem Interesse ist die Tatsache, dass diese Zeitspanne oft dazu dient, die Auswirkungen früherer Traumata zu beheben oder zumindest zu mildern. Wenn die Erfahrungen eines Kindes mit Vernachlässigung, Entbehrung oder Missbrauch nicht allzu schwerwiegend sind, kann die Fleißphase seiner Entwicklung Möglichkeiten bieten, frühe Wunden zu heilen, vor allem durch Mentor-Beziehungen, aber auch durch die Entwicklung von Interessen, um die es eine Identität aufbauen, Selbstwertgefühl gewinnen, Initiative ergreifen und Beharrlichkeit lernen kann. Lehrer, Trainer und andere Ratgeber, oder vielleicht auch ein Onkel oder die Großeltern, können dem Kind eine Art von Unterricht, Führung, Ermutigung, Empathie, Zuneigung und Formung der erwachsenen Kompetenz anbieten, die er oder sie braucht, um Defizite im Grundvertrauen, in der Autonomie oder bei der Initiative zu überwinden. Die Wiederherstellung der Hoffnung und des Vertrauens auf sich selbst, die ihm von einem unterstützenden Erwachsenen zufließt, kann das Kind dazu inspirieren, bei Bemühungen erfolgreich zu sein, auf die es sich sonst nicht einlassen würde. In der Tat sind die Gründe für ein solches Wachstum auch in späteren Lebensphasen gewichtig. Es gibt viele Berichte von Menschen, die durch Mentoren zu innerer Kraft gefunden haben, und das Potenzial für ein solches Wachstum scheint bei den meisten von uns während des gesamten Lebens aktiv zu bleiben. Aus diesem und anderen Gründen muss die Sozialpolitik an die latenten Stärken jener Personen appellieren, die noch Kompetenz erlangen können, und keine Belohnung für eine Unfähigkeit bieten, die diese Leistung verhindern würde.

30
Die Moral im Jugendalter

Die Menschen für ihre Handlungen zur Verantwortung zu ziehen und Kinder aufzuziehen, die zur Verantwortung fähig sind, ist die zentrale Aufgabe sowohl der Eltern als auch der Gesellschaft.

Stanley Greenspan

In der liebenden Umgebung der Familie erfolgt die Sozialisierung des Kleinkindes durch bestimmte Regeln, indem diese seinen Impulsen, etwas zu tun oder zu haben, wann immer es gerade möchte, Grenzen setzen. In früheren Betrachtungen wurde schon festgestellt, dass die liebende Bindung des Kindes an seine Bezugspersonen als Mittel eingesetzt wird, um seinen Narzissmus einzudämmen, seine Fähigkeit zur Gegenseitigkeit zu erhöhen und es zu belohnen, wenn es andere als Personen anerkennt, die Respekt verdienen, und in ihnen nicht nur Diener sieht, die ihm zur Verfügung stehen. Die Fleißphase fördert sodann diese Entwicklungen durch Bindungen an Personen, Dinge und Institutionen jenseits des Elternhauses. Die Gegenseitigkeit wird in kooperativen Bemühungen verstärkt, während das Kind die Gesellschaft anderer bei gemeinsamen Aufgaben genießt. Andauernde Impulse in Richtung Abhängigkeit, Aggression, Erwerb, Rivalität und Selbstverherrlichung werden unter anderem durch Entladung in zugelassenen Aktivitäten wie Spielen, Sport und „Lektionen“ nach der Schule abgedämpft. Die täglichen Begegnungen des Kindes mit den moralischen Normen sowie den Konventionen und Traditionen akzeptablen Benehmens vertiefen sein Verständnis für die Verhaltensanforderungen des zivilisierten Lebens. Seine Bezugspersonen beurteilen sein gutes oder schlechtes Verhalten, genau wie seine Lehrer seine Hausaufgaben bewerten.

Was das Kind im Schulalter tut, wird wahrscheinlich von jemandem genau übergeprüft. Die Zustimmung zu dem, was es tut, ist immer bedingt und sollte dies auch sein. Es ist zu hoffen, dass es etwas über die negativen Konsequenzen von Lüge und Betrug lernt. Es lernt die Elemente der Integrität und die Dynamik von Schuldzuweisung, Entschuldigung und Disziplinierung kennen. Es erlernt die Moral gesellschaftlicher Wertvorstellung: die Tugend der Demut und Bescheidenheit gegenüber der Langeweile von Prahlerei und Vortäuschung. Im Schulalter lernt das Kind etwas über die Arten von Verbrechen und die Ausmaße von Strafen, über Fairness und Gerechtigkeit und über die Rolle der Religion bei der Erziehung zu einem moralischen Leben.

Kinder lernen in dieser Zeit außerdem, was es bedeutet, gut oder schlecht, „nett" oder „gemein" zu sein, und Gutes und Schlechtes zu tun. Idealerweise wird das Kind auch in Methoden der Versöhnung eingeführt. Wenn sein früherer Narzissmus durch wachsende Gegenseitigkeit gemäßigt worden ist, wird es lernen, wie man zerbrochene Beziehungen repariert oder dies versucht. Der Prozess ist einfach und intuitiv. Er beginnt mit einem persönlichen Bekenntnis zu der unrechtmäßigen Handlung, die zu dem fraglichen Problem geführt hat; anschließend folgt eine Mitteilung des Verständnisses für die Art der Verletzung, die dem anderen zugefügt wurde. Schließlich bringt eine aufrichtige Entschuldigung Reue für die schlechte Tat und ein Bedauern der Verletzung zum Ausdruck. Gegebenenfalls wird durch ein Angebot der Wiedergutmachung versucht, die geschädigte Partei zu entschädigen und den Täter, der seine moralische Lektion zu lernen gelobt hat, zu rehabilitieren.

Ein schlichtes Beispiel genügt, um den Prozess zu illustrieren. Ein kleiner Junge nimmt einem kleinen Mädchen das Spielzeug weg und zerbricht es versehentlich. Seine Mutter entdeckt, was geschehen ist, und führt ihren Sohn durch die moralische Lektion. Zuerst erzählt sie ihm, was er wahrscheinlich schon weiß: dass er unrecht gehandelt hat, indem er etwas nahm, das ihm nicht gehörte. Gegebenenfalls kann sie ihm auch sagen, dass er das Spielzeug durch

Unachtsamkeit zerbrach. Sie fordert ihn dann auf, vor dem kleinen Mädchen und wenigstens einem Teil ihrer Eltern zu bekennen, dass er das Spielzeug genommen und zerbrochen hat. Wenn nötig, kann seine Mutter ihn anweisen, dem Mädchen etwas in der folgenden Art zu sagen: „Ich weiß, dass ich dich verletzt habe, indem ich dir dein Spielzeug weggenommen habe, und es tut mir leid. Es war unrecht, das zu tun, und ich hätte es nicht tun sollen. Ich werde es nicht wieder tun." Um die Angelegenheit wiedergutzumachen, lassen der Junge und seine Mutter das Spielzeug reparieren oder kaufen einen Ersatz. All dies wird von den Erwachsenen in einem emotionalen Ton durchgeführt, der die Ernsthaftigkeit der Sache vermittelt. Eine Übertreibung des Unrechts ist nicht nötig, aber die Sache darf von den Eltern nicht einfach als unwichtig abgewiesen werden, wenn sie sich der moralischen Erziehung ihrer Kinder bei diesem elementaren ethischen Spiel verpflichtet fühlen. Eine Form der Bestrafung kann angezeigt sein oder nicht. Oft genügt die Verlegenheit im Zuge des Wiedergutmachungsprozesses.

Warum spreche ich all diese Schwierigkeiten an? Weil die Segnungen der Freiheit nur in einer moralischen Gesellschaft gesichert werden können, deren Mitglieder ihren guten Willen immer wieder durch Handlungen, nicht nur mit Worten, bekräftigen. Diejenigen, die frei sein wollen, müssen bereit sein, für ihre gegenseitigen Verpflichtungen zur Rechenschaft gezogen zu werden, sei es stillschweigend oder vertraglich geregelt. Freilich wird ein Vertrauensbruch zwischen Kindern wegen eines gestohlenen Spielzeugs die Gemeinschaft nicht erschüttern, geschweige denn die Welt. Doch in der Erwachsenenwelt müssen auf einen Bruch des Vertrauens schnell redliche Bemühungen folgen, um das Vertrauen wiederherzustellen. Initiativhandlungen dieser Art sind als Schutz vor den ernsthaften und manchmal katastrophalen Konsequenzen notwendig, die ein Vertrauensbruch nach sich zieht. In den letzten Jahren haben – um ein bekanntes Beispiel zu nennen – hochrangige Führungskräfte das Vertrauen von Aktionären und Rentnern mit katastrophalen finanziellen und sonstigen Konsequenzen missbraucht. Das Kind, das lernt, seine unrechten Handlungen zuzugeben, zu dem Schaden, den es verursacht hat, zu stehen, sich ernsthaft zu entschuldigen und die Verletzung wiedergutzumachen, wenn dies möglich ist, kann später zu einem Erwachsenen werden, der einen ähnlichen Prozess einleitet, um den Zweifel, die Angst und die Wut derer, die durch ihn – wenn vielleicht auch nur durch Unachtsamkeit und nicht aus Bosheit – verraten wurden, zu mildern.

Die Fähigkeit, das Vertrauen durch demütige Entschuldigung und Wiedergutmachung wiederherzustellen, dient der Festigung von Beziehungen, die durch Vertrauen und nicht durch Verdächtigungen gekennzeichnet sind. Tatsächlich veranschaulicht das eben genannte Beispiel eine wenig bekannte, aber entscheidende Einsicht in das Menschsein: dass fast alle zwischenmenschlichen Handlungen in irgendeiner Hinsicht entweder unmittelbar von ethischer oder moralischer Natur sind oder signifikante ethische oder moralische Auswirkungen haben. Eine logisch daraus folgende Einsicht ist, dass keine Gesellschaft lange funktionieren kann, wenn ihre Mitglieder kein Vertrauen aufrechterhalten oder es nicht wiederherstellen können, wenn eine unabwendbare Verletzung auftritt. Diese Fähigkeit ist für alle vernunftorientierten Gesellschaften von wesentlicher Bedeutung und spiegelt sich in ihren Gesetzen und Gerichtsverfahren wider. Der Schutz des Vertrauens durch Integrität und die Wiederherstellung des Vertrauens durch Demut gehören zu den wichtigsten Lehren, die das Kind auf dem Weg zum Erwachsenenalter zu lernen hat.

Altruismus im Schulalter

Wird ein Kind in einer freien und dem Gesetz entsprechenden Gesellschaft von reifen Erwachsenen aufgezogen, dann wird es im Schulalter wohltätige Handlungen gegenüber anderen beobachten können und verstehen, dass solches Verhalten von moralischem Nutzen ist. Idealerweise wird es einen großen Teil der Wohltätigkeiten bei sich zuhause kennengelernt haben, doch werden sie auch in den Aufgaben religiöser und bürgerlicher Organisationen offenbar. Außer für radikale Libertäre sollte es für niemanden neuartig sein, dass die Fürsorge für Personen in Not für die soziale Ordnung grundlegend ist. Darüber lässt sich in der Regel nicht streiten. Strittig sind die Motive und Funktionsweisen von Wohlfahrtseinrichtungen sowie die Auswahl derer, die sie verwalten und fördern. Moderne Liberale befürworten ein Wohlfahrtssystem, das von einem großen, durch Zwangsbesteuerung finanzierten Regierungsapparat geführt wird. Die Erlöse aus diesem im Grunde beschlagnahmenden Prozess werden dann an Personen verteilt, die von der Regierung und nicht von den Steuerpflichtigen ausgewählt wurden.

Es stellt sich die Frage, was ein zwölfjähriges Kind über diese Regelung denken würde, wenn es darauf aufmerksam wird. Es kann sicherlich verstehen, dass eine echte karitative Handlung freiwillig ist und aus einem Geist des Mitgefühls für den Empfänger vollzogen wird. Wenn es solche Handlungen unter anderem bei seinen Eltern sieht, wird es wahrscheinlich daraus schließen, dass es eine moralisch gute Sache ist, anderen – vor allem in der Not – großzügig zu geben. Auf der anderen Seite beobachtet ein Jugendlicher, der sieht, wie seine Eltern Steuern an den Wohlfahrtsstaat zahlen, bestenfalls eine gesetzestreue Handlung und schlimmstenfalls eine Kapitulation vor dem Zwang der Regierung. Die Zahlung, die er seine Eltern tätigen sieht, um zu vermeiden, wegen Steuerhinterziehung belangt zu werden, ist in ihrem Wesen etwas ganz anderes als ein Beitrag, den er sie freiwillig für einen wohltätigen Zweck ihrer Wahl leisten sieht. Früher oder später, wenn auch vielleicht nicht als Jugendlicher, wird ein Kind bemerken, dass es als Verbrechen bezeichnet wird, jemandem mit Gewalt Geld wegzunehmen – es sei denn, eine Regierung tut dies; in diesem Fall wird es „eine Pflicht" genannt und unter Strafandrohung als obligatorisch begriffen. Irgendwann kann ein nachdenklicher Jugendlicher sich durch dieses Paradoxon verwirrt fühlen. Wenn er darüber hinaus noch beobachtet, dass seine Eltern illegal Steuern hinterziehen, lernt er noch eine ganz andere Lektion, die ihm wahrscheinlich nicht im Detail erklärt werden wird. Aufgrund der Tatsache, dass das Kind im Schulalter in das menschliche Gemeinschaftsleben eingeführt wird, und angesichts der herausragenden Rolle, die Wohlfahrtsprogramme im modernen Leben spielen, scheint es vernünftig, dass das Wohlfahrtskonzept und seine Auswirkungen bei der Erziehung des Kindes behandelt werden sollen, sobald das Kind diese Dinge verstehen kann. Die Unterschiede zwischen echtem Altruismus und einer diebischen Regierung müssen Teil dieses Verständnisses sein.

31 Adoleszenz und Identität

Obwohl die Adoleszenz die Zeit der Individuation und des Autonomiestrebens par excellence ist, ist es unmöglich, die jugendliche Entwicklung ohne ihre spezifischen biologischen, familiären, gemeinschaftlichen, kulturellen und historischen Zusammenhänge vollständig zu verstehen.

Robert King

Einführung

Wenn irgendeine Phase im Kreislauf des Lebens den angeborenen menschlichen Drang, frei zu sein verkörpert, dann ist das sicherlich die Adoleszenz. In dieser Phase wird der im zweiten Lebensjahr begonnene Individuationsprozess durch große Fortschritte in der Selbstausrichtung und Selbstständigkeit, angeregt und neu gestaltet durch die hormonellen Veränderungen der Pubertät (Pfeffer 2000), stark beschleunigt. Das gesunde Wachstum der Adoleszenz ist geprägt durch zunehmende körperliche Kraft und Koordination, rasche Erweiterung der intellektuellen und instrumentellen Kompetenzen und fortlaufenden Zugewinn an Selbständigkeit. Sofern nicht frühere Defizite dies ausschließen, wecken diese Wandlungen im Kind die wachsende Erkenntnis, dass ein späteres Leben in der Freiheit sowohl wünschenswert als auch möglich ist. Die zunehmende Emanzipation von der Familie und die stärkere Identifikation mit der Gesellschaft insgesamt schreiten rasch voran. Das erwartete Ergebnis dieser Veränderungen ist am Ende des Zeitabschnittes ein kompetenter Erwachsener, der sich innerhalb weniger Jahre als ein wirtschaftlich produktives, selbstverantwortliches, kooperatives und generatives Mitglied der menschlichen Gemeinschaft etablieren wird. Im Mittelpunkt dieses komplexen Prozesses steht die Erlangung eines stimmigen Identitätsgefühls. In Anerkennung dieser Entwicklung und der Kämpfe, die sie begleiten, nannte Erikson diese Lebensphase das Alter der Identität gegen die Identitätsverwirrung (Erikson 1950).

Die Adoleszenz: Konzeption und Verlauf

Nach den üblichen Lehrbuchdefinitionen (Pfeffer 2000, Cotton 2000) kann die Adoleszenz sowohl als Zeitspanne als auch als Prozess betrachtet werden. Sie ist zunächst eine verlängerte Entwicklungszeit zwischen der frühen Jugend und der Anfangsphase des Erwachsenenalters. Sie ist eine Phase des Wachstums, in der die bisherigen Dynamiken des grundlegenden Vertrauens, der Autonomie, der Initiative und des Fleißes kontinuierlich neu überdacht und neu organisiert werden, während immer wieder neue bedeutende Verwandlungen hinzukommen. Diese neuen Transformationen umfassen physische, kognitive, emotionale und relationale Veränderungen. Sie sind nicht nur von familiären und gemeinschaftlichen Einflüssen geprägt, sondern auch von kulturellen, sozioökonomischen und geschichtlichen Kräften wie auch von rassischen, ethnischen, nationalen und religiösen Faktoren.

Die *kognitiven* Veränderungen der Adoleszenz an sich sind bemerkenswert. Verglichen mit dem Kind im jugendlichen Alter gehören dazu (modifiziert nach Pfeffer):

- Erweiterte Sprach- und Handlungskompetenzen;
- Die erhöhte Fähigkeit zu abstraktem Denken, eine bessere Informationsverarbeitung und größere Wissensbasis;
- Eine gesteigerte Befähigung zu realistischen, adaptiven Schlussfolgerungen aus konkreten und sozialen Erlebnissen;

- Die gewachsene Fähigkeit zu hypothetischem Denken (Idealfälle, „Was-wäre-wenn"-Szenarien usw.);
- Differenzierteres, mehrschichtiges und multidimensionales Denken;
- Ein höheres Maß an ethischer und moralischer Bewertung;
- Gesteigerte Fähigkeiten zu Wahl, Willen, Präferenz, Absicht und Handeln;
- Betrachtungen des eigenen Selbst, anderer Menschen sowie der Gesellschaft, die subtilere, komplexere und zunehmend kontextbezogene ethische und moralische Sichtweisen mit einschließen;
- Erhöhte Fähigkeit zu Einfühlungsvermögen und Gegenseitigkeit;
- Gesteigerter Umfang und zunehmende Komplexität der persönlichen/gesellschaftlichen Rollen.

Gleichzeitige *emotionale* Veränderungen in der Adoleszenz führen zu intensiveren, vielfältigen Emotionen als Reaktion auf eine größere Bandbreite aktivierender Ereignisse, als ein Kind im Schulalter sie erleben oder mitteilen kann. Der Heranwachsende ist in der Lage, Stimmungen und Emotionen stärker zu differenzieren, auszugestalten und zu kontrollieren. Der Heranwachsende erlebt:

- Eine intensivere erotische Erregung;
- Stärkere aggressive Impulse;
- Eine verbesserte Kontrolle über aggressive Impulse sowie über solche, die auf Abhängigkeit oder Erwerb ausgerichtet sind;
- Stärkere Gefühle von Zuneigung, Zärtlichkeit und Liebe;
- Stärkere Traurigkeit, Betrübnis und Kummer;
- Heftigere Gefühle von Neid, Eifersucht, Schmerz und Wut;
- Erhöhte Toleranz für Frustrationen, Verzögerungen, Enttäuschungen und Verluste.

Zwischenmenschliche/relationale Veränderungen in der Adoleszenz führen zu einer großen Umorganisation des gesellschaftlichen Wirkens. Der Heranwachsende hat Anteil an:

- Wachsender Tiefe und Komplexität von Bindungen;
- Zunehmenden Konfliktpotenzialen mit den Eltern;

- Erhöhter Selbstreflexion und Selbstwahrnehmung;
- Steigendem Bedürfnis nach Anerkennung durch Gleichrangige;
- Zunehmendem Ausprobieren der sozialen Kompetenzen;
- Wachsenden Fähigkeiten zu Gegenseitigkeit, Einvernehmen und Kompromissen;
- Größerem Einfühlungsvermögen im Hinblick auf die Anerkennung und Identifikation mit anderen;
- Verstärktem Mitgefühl und Altruismus;
- Fortgesetztem Bedürfnis nach Anleitung durch Eltern, Gleichgesinnte und Lehrer;
- Starkem Drang nach Unabhängigkeit im Wechsel mit erhöhter Abhängigkeit;
- Gesteigerter Rivalität und Konkurrenz;
- Der Politik der Cliquen, Kulte und Intrigen;
- Der Beschäftigung mit zukünftigen Möglichkeiten und Plänen;
- Erhöhter Aufwertung von Erwerb, Besitz und Eigentum;
- Verringerter Abhängigkeit von den Eltern in der mittleren und späten Adoleszenz.

Die Risiken der Adoleszenz

Die integrative Aufgabe in dieser geistigen und physischen Umstrukturierung des Selbst ist eindeutig substanziell. Das Identitätsgefühl des Heranwachsenden verändert sich, da er auf dem Weg zum Aufbau eines neuen Selbst mehrere, oft widersprüchliche Seiten seiner Persönlichkeit erforscht. Er muss neuen Herausforderungen der bereits etablierten Gleichgewichte zwischen Vertrauen und Misstrauen, Autonomie und Scham, Initiative und Schuldgefühl, Fleiß und Unzulänglichkeit begegnen. Er muss sich mit einem sich schnell verändernden Körper und neuen Impulsen auseinandersetzen und sie seinem bereits vertrauten Selbstgefühl angleichen. Eine Zunahme des Selbstbewusstseins, begleitet von Bedenken darüber, wie man anderen erscheint und wie ein imaginäres Publikum reagiert, ist in dieser Phase üblich. Alles zusammengenommen, erprobt das Kind in dieser Phase:

- Optimismus, Frustrationstoleranz und Stimmungsstabilität;
- Fähigkeiten zu rationaler Entscheidung gegenüber impulsiver Entladung;
- Die körperliche und gesellschaftliche Annehmbarkeit von Gefühlen;
- Fähigkeiten zu nachhaltiger nützlicher Anstrengung trotz Hindernissen;
- Das Vermögen, sich tiefer mit anderen zu verbinden, Fähigkeiten einzusetzen und Rollen einzunehmen, die in früheren Phasen erworben wurden.

Im Laufe all dessen muss sich der Jugendliche neu erfinden, während er einen neuen Körper, neue Antriebe, neue Kräfte und neue Erwartungen erwirbt. Diese Aufgabe ist kein Spaziergang. Der erblühende Heranwachsende riskiert neue Erlebnisse der Scham und des Zweifels, während er versucht, autonom zu werden. Er riskiert verstärkte Schuldgefühle, da er neue Arten von Beziehungen ausprobiert und sich mit sexuellen, aggressiven und begierigen Impulsen auseinandersetzt. Er riskiert wiederholtes Scheitern, Niederlagen im Wettbewerb und Minderwertigkeitsgefühle, während er versucht, neue Stufen der Kompetenz zu erreichen. Von größtem Interesse für die gegenwärtige Arbeit ist das Risiko, das er im Vertrauen auf die Institutionen seiner Gesellschaft auf sich nimmt. Obwohl er sich dessen nicht bewusst ist, verlangt der Heranwachsende eine Weltanschauung, an die er glauben kann und die mehr umfasst als die Konventionen seiner Familie und seiner Nachbarschaft. Irgendwie muss er sich an der Lebensordnung seiner Kultur orientieren. In seinem alltäglichen Handeln und in Handlungen, die den Regeln manchmal widersprechen, stellt er Substanz, Stimmigkeit und Integrität der Werte der Gesellschaft auf die Probe. Eine detailliertere Ausführung zu diesem Prozess wird weiter unten beschrieben.

Jede dieser Entwicklungsanstrengungen kann gewissermaßen zu emotionaler Not führen. Phasen der Verwirrung, Angst oder Launenhaftigkeit sind nicht ungewöhnlich. In einigen Fällen kann die integrative Aufgabe überfordernd sein und eine symptomatische Erkrankung auslösen. Die physischen Veränderungen, die das sexuelle Verhalten und die emotionalen Antriebe erzwingen, die nach Intimität streben, können zum Beispiel im verletzlichen Teenager alte Dynamiken reaktivieren, die seine Haltung zur Realität kompromittieren. Die Bedrängnis kann bei diesen Kindern einen Zustand intensiver Dysphorie und sogar eine akute Auflösung der Psyche hervorrufen. In schweren Fällen scheitert die Integration ganz und ein psychotischer Zustand entsteht. Manchmal erfordert die Wiedereingliederung eine Behandlung im Krankenhaus.

Wenn der Wiederaufbauprozess des Selbst in der Adoleszenz jedoch gut verläuft, werden die in früheren Entwicklungsphasen erworbenen Persönlichkeitsanlagen ohne unnötiges Leid effektiv neu organisiert. Ein neues Maß an Integration wird zusammen mit einer stark erhöhten Fähigkeit zur Selbstbeobachtung erreicht. Der ältere Jugendliche ist in der Lage, seine erweiterte und komplexere Persönlichkeit mit einem neuen Bewusstsein für seinen psychischen Aufbau zu beschreiben: als eine Zusammensetzung aus Glauben, Emotionen, Motiven, Wünschen, Werten und Einstellungen und nicht nur als rein physische Beschreibung von sich selbst oder als Liste oberflächlicher Persönlichkeitsmerkmale (Cotton). Sein zunehmendes Bewusstsein, wer er ist, erleichtert die Integration seines vergangenen und gegenwärtigen Selbst mit seiner Vorstellung eines zukünftigen Selbst und ebnet den Weg für weitere Fortschritte in Richtung Erwachsenenkompetenz.

Der Übergang zum Erwachsensein

Auf seiner Reise durch die Teenagerjahre muss der Jugendliche die unzähligen Einflüsse, die unter anderem aus Familie, Kultur, Rasse, Ethnizität und sozioökonomischen Quellen auf ihn einwirken, mit Rollen und Anlagen versöhnen, die er in früheren Jahren erworben hat. Sind seine Bemühungen erfolgreich, kommt es gegen Ende der Lebensphase zu großen Fortschritten in der Entwicklung bis hin zu einer gesunden Balance von Autonomie und Beziehungen zu anderen (Cotton). Diese Fortschritte umfassen erweiterte instrumentelle und soziale Kompetenzen, erhöhte Selbstständigkeit und Zuverlässigkeit, eine verbesserte Fähigkeit zur Zusammenarbeit mit anderen, ein tieferes Verständnis von persönlichen Vermögenswerten und Einschränkungen, ein genaueres Gefühl für die eigene Identität an sich und ein größeres Vertrauen in die eigene Geschlechtsidentität. Im Ganzen und ohne große psychische Störungen erzeugt die massive Neuorganisation in der Adoleszenz eine komplexere und differenzierte Persönlichkeit, die aber auch besser integriert ist. Unter günstigen Umständen entlässt die Adoleszenz an ihrem Ende das Individuum darauf vorbereitet und in der

Lage, die Herausforderungen des Erwachsenenlebens zu erfüllen, in seine zwanziger Jahre. Diese Herausforderungen beinhalten die Möglichkeit, in einer freien Gesellschaft so zu leben, wie man es sich aussucht, während man gleichzeitig die mit der Freiheit verbundene Verantwortung, die Konsequenzen der freien Wahl und die Notwendigkeit akzeptiert, mit anderen zusammenzuarbeiten, anstatt sie zu manipulieren.

32
Die Adoleszenz und die Freiheit

Wo eine große Anzahl von Menschen in der Kindheit darauf vorbereitet worden ist, vom Leben ein hohes Maß an persönlicher Autonomie, Stolz und Chancen zu erwarten, um sich dann später im Leben von übermenschlichen Organisationen und einer Maschinerie beherrscht wiederzufinden, die zu kompliziert ist, um verstanden zu werden, dort kann das Ergebnis eine tiefe chronische Enttäuschung sein, die gesunden Persönlichkeiten, die bereit sind, sich gegenseitig ein gewisses Maß an Autonomie zu gewähren, nicht zuträglich ist.

Erik Erikson

Die Adoleszenz und die Grundlagen der Freiheit

Unsere Betrachtung der ersten zwanzig Lebensjahre hat bisher verschiedene Dispositionen bestimmt, die das Kind schließlich auf ein Leben in Freiheit vorbereiten. Nach Eriksons Vorstellungen war die Fähigkeit des erwachsenen Menschen, sich mit Hoffnung und Optimismus in der Welt zu engagieren, mit der Entstehung des Grundvertrauens im Kleinkindalter verbunden. Die Grundlagen der Autonomie, die im zweiten und dritten Lebensjahr entstehen, fördern dann die frühen Bewegungen des Kindes aus der totalen Abhängigkeit heraus. Die Entwicklung des Willens zur Initiative in den späten Vorschuljahren ermöglicht dem Kind, seine Welt mit guter Absicht anstelle eigensinniger Opposition zu erweitern, während es gleichzeitig die Grundlagen der Zusammenarbeit lernt. In den Grundschuljahren sind diese frühen Errungenschaften an Vertrauen, Autonomie und Initiative zusammen mit den mit ihnen verbundenen Tugenden der Hoffnung, des Willens und der Absicht die Grundlagen des Fleißes und die ersten Ansätze zur Kompetenz. Am Ende der Kindheit mit etwa zwölf Jahren verfügt das Kind über größere instrumentale und soziale Kapazitäten und eine zunehmende Fähigkeit, sein eigenes Handeln zu lenken, während es mit anderen zusammenarbeitet.

Während die ersten zwölf Lebensjahre allmählich die Grundlagen für ein Leben in Freiheit schaffen, beschleunigen die Transformationen der Adoleszenz diesen Prozess dramatisch. Biologische, psychische und gesellschaftliche Kräfte zwingen zu einer umfassenden Überholung des Selbst und seiner Formen, sich mit der Welt zu verbinden. Die zunehmende Selbstbestimmung ist in diesem Prozess von wesentlicher Bedeutung: Die wachsenden Bemühungen des Jugendlichen, seine eigenen Handlungen zu lenken, spiegeln den Drang nach Freiheit wider, der der menschlichen Seele angeboren ist. So wie die Individuationsphase des zweiten und dritten Lebensjahres eine zweite Geburt darstellt, ist die Neudefinition des Selbst durch die Transformationen der Adoleszenz eine zweite Individuation (Blos 1967), die nunmehr durch zunehmend autonome Handlungen und erweiterte Fähigkeiten zu Verantwortung und Haftung gekennzeichnet ist. Unter unzähligen anderen Auswirkungen fährt der Individuationsprozess damit fort, das Individuum von seiner Ursprungsfamilie zu emanzipieren, es für die Herausforderungen des Erwachsenenlebens zu stärken, seine Bemühungen, zur eigenen souveränen Person zu werden, zu fördern und dafür zu sorgen, dass es nicht das abhängige Kind seiner Eltern bleibt oder zu einem Adoptivkind des Staates wird. Am Ende der Adoleszenz hat das Individuum neue Haltungen sich selbst gegenüber als einer einzigartigen, bedeutenden und freien Person erworben, die in der Lage ist, ihr eigenes Leben zu führen. Wie Jane Loevenger es so prägnant formuliert hat, „entwickelt sich die Persönlichkeit durch den Erwerb aufeinander folgender Freiheiten."

Die Individuation und die Verfestigung der Identität

Der Individuationsprozess der Adoleszenz legt den Grundstein für eine zentrale Identitätsfunktion, die für den westlichen Individualismus grundlegend ist: die wachsende Wahrnehmung des jungen Menschen als Eigentümer seines Geistes und Körpers und die damit verbundene Überzeugung, dass er Anspruch auf ein eigenes Leben hat. Er versteht, dass dieses Leben im freiwilligen Zusammenwirken mit anderen seiner Wahl gelebt werden soll, nicht in einer von Regierungsstellen angeordneten Knechtschaft gegenüber unbekannten Massen. Zum großen Teil wächst diese Wahrnehmung aus der Erprobung der freien Wahl auf stetig wachsenden Gebieten durch den Heranwachsenden, der tatkräftig unter Personen, Dingen und Werten das auswählt, was er wünscht. Er erkennt, dass er zunehmend eigenständig ist, ein Akteur, der bereit und fähig ist, unabhängig von anderen zu handeln. In immer größerem Ausmaß bildet er seine eigene Weltsicht, erzeugt seine eigenen Ziele, schafft seine eigenen Pläne und setzt diese um. Der Heranwachsende hat ein zunehmendes Gefühl für seine eigene Bedeutung und dafür, Herr seiner geistigen Taten zu sein. Er erkennt mehr denn je, dass er die Dinge gut oder schlecht auf eine Weise und in einem Ausmaß tun kann, die er sich als jüngeres Kind nicht vorstellen konnte. Und weil die wachsende Stärke des Willens und des Körpers ihn zu einer kraftvollen Persönlichkeit macht, die berücksichtigt werden muss, kann er nicht straflos beiseite geschoben werden.

Auf einer mehr persönlichen Ebene ist sich der heranwachsende Jugendliche seiner eigenen Emotionen, Impulse, Sehnsüchte und Wünsche sehr bewusst. Er identifiziert sich zunehmend mit ihnen als Ausdrücken dessen, der er ist. Ähnlich identifiziert er sich mit seinen persönlichsten Überzeugungen, Phantasien, Perspektiven und Werturteilen. Sie gehören ihm allein, wenn er es wünscht, sie so zu behalten, und viele von ihnen bleiben ein Leben lang sein Geheimnis. Dieses intensive Gefühl für wortwörtlichen Selbst-Besitz ist eine erste Einführung in das politische Ideal der Selbst-Eigentümerschaft. Es ist die Grundlage für die Überzeugung des Heranwachsenden, dass er für die Dauer seines Lebens ein elementares Eigentumsrecht an sich selbst hat.

Das erweiterte und das persönliche Selbst

Im Einklang mit diesem gesteigerten Selbstbewusstsein kommt in der Adoleszenz eine zunehmende Sorge um die Privatsphäre auf, vor allem durch die physischen Veränderungen der Pubertät, insbesondere der Genitalien und der sekundären

Geschlechtsmerkmale, und auch durch Veränderungen der Inhalte des Denkens sowie der Art und Intensität von Emotionen, die vielleicht schwer mit anderen zu teilen sind. Der Heranwachsende ist in der Regel verlegener – sowohl aufgrund seiner privaten Innenschau als auch wegen Bedenken darüber, wie er in den Augen anderer, einschließlich solcher Personen, die er sich bloß vorstellt, wahrgenommen wird. Er ist sich überaus bewusst, dass er von Gleichrangigen beurteilt wird, und er kann eine Bestätigung durch Konformität, Stereotypen und Gruppenideale suchen, darunter auch solche, die den vorherrschenden Kulturnormen entgegenstehen. In dieser Zeit erforscht er mehrere, oft widersprüchliche Rollen und experimentiert mit ihnen – ein Prozess, der der letztendlichen Integration des Selbst der Vergangenheit, Gegenwart und Zukunft vorgreift. All diese Entwicklungen erzeugen ein erhöhtes Potenzial für Scham, Demütigung und Verlegenheit in der frühen und vor allem der mittleren Adoleszenz. Sie aktivieren in der Regel ein erhöhtes Bedürfnis nach Privatsphäre: vor allem einen größeren Drang danach, alleine gelassen zu werden, wenn die Einsamkeit aus irgendeinem Grund gewünscht ist. Dieses angeborene Bedürfnis, andere aus bestimmten Bereichen auszuschließen, regt ein gesteigertes Bedürfnis nach persönlicher Souveränität an. Es spiegelt sich in Justice Brandeis' oft zitierter Bemerkung: „Das grundlegendste und von zivilisierten Menschen am höchsten geschätzte aller Rechte ist das Recht, in Ruhe gelassen zu werden." Die Transformationen der Adoleszenz betonen die biopsychologischen Ursprünge dieses natürlichsten Menschenrechts.

Stark von physischen Veränderungen angetrieben und durch die Möglichkeiten angeregt, die ihm zunehmend zur Verfügung stehen, weitet der Heranwachsende seine Welt auf vielfältigere und intensiver erlebte Bereiche der Erotik, Aggressionen, Begierden und Beziehungen aus. Er sucht die Kameradschaft gleich- und andersgeschlechtlicher Freunde und wendet sich anderen aus Verliebtheit und mit dem Wunsch nach sexuellen Experimenten zu. Er erforscht die Möglichkeiten der Selbstverwirklichung durch neue intellektuelle Aktivitäten und Freizeitinteressen. Insgesamt definieren diese erweiterten Erlebnismöglichkeiten die wachsende Einzigartigkeit des Heranwachsenden neu; seine deutliche, von allen anderen Menschen unterschiedene und in einem bedeutenden Ausmaß von allen anderen Gegebenheiten wie Geburtsort, Nationalität, ethnischer Herkunft, Rasse, Hautfarbe und Religion bestimmte Identität. Ebenso entwickelt sich ein wachsendes Bewusstsein seiner persönlichen Grenzen, mit dem ein Gefühl größerer Macht über seine persönlichen Angelegenheiten und der Wunsch einhergehen, dass andere nicht ohne Erlaubnis in seine Privatsphäre eindringen. Diese Transformationen der späten Kindheit erweitern das Selbst, während sie es verfestigen; sie differenzieren das Selbst eindeutiger, indem sie es in eine organisierte, zusammenhängende Identität integrieren, die in der Lage ist, ihren eigenen Kurs zu verfolgen. Wenn der Prozess gut verlaufen ist, fühlt sich diese neu verfestigte Identität für den jungen Erwachsenen wie das „echte Ich" an, obwohl auch dieses Selbst sich im Erwachsenenalter noch stärker verändern wird. Es ist zu hoffen, dass das, was aus der späten Adoleszenz hervorgeht, das ist, was Cotton als „klares, integriertes, realistisches, verinnerlichtes Gefühl eines akzeptablen Selbst" bezeichnet hat, ein Gefühl für die eigene Person, das jetzt angenehm genug geworden ist, um ins Erwachsenenalter mitgenommen zu werden.

Ein eigenes Denken

Während die ultimative biologische Grundlage des Verstandes in ihrer allgemeinen Bedeutung geheimnisvoll bleibt, können wir doch den Verstand jedes Einzelnen als eine komplexe Synthese einer Natur, die genetisch vorgegeben, und einer Erziehung, die durch ihre Umgebung bedingt ist, auffassen. Wenn der ältere Jugendliche gesund ist, hat sein Verstand weitgehend seine angeborenen biologischen und psychologischen Antriebe – diejenigen, die mit dem Geschlecht, mit Aggression, Abhängigkeit, Narzissmus, Fürsorge, Erwerbsfähigkeit und Beziehungen zu tun haben – in eine Persönlichkeit integriert, die zumindest funktional vernünftig und für andere mehr oder weniger akzeptabel ist. *Spätestens im zwanzigsten Lebensjahr hat diese Synthese einen Menschen hervorgebracht, der mit seinen eigenen Wünschen vertraut und sich klar seiner Freiheit bewusst ist, in einer Welt von Ursache und Wirkung zu agieren. Er fühlt sich zunehmend berechtigt, absichtliche Entscheidungen zu treffen, um bestimmte Ziele zu erreichen. Bei diesen Bemühungen setzt er sein Recht auf Leben, Freiheit und das Streben nach Glück in der Regel fraglos voraus – und er ist mit dieser Annahme nicht allein. Andere bewerten seine aufstrebende Rolle als aktiv Handelnder in seinem eigenen Leben. Nachdem sie beobachten konnten, wie er seinen eigenen Kopf entwickelt hat, erwarten sie von ihm, dass er ein eigenes Leben aufbaut und dass er dies innerhalb weniger Jahre tut. Während sie seine bipolare Natur reflektieren, erwarten sie, dass er nach persönlicher Erfüllung sucht und zugleich für andere in einer von ihm und mit ihnen vereinbarten und ausgewählten Weise nützlich wird. Kein vernünftiger Mensch erwartet von ihm, dass er sich einer anderen Person oder einer Institution unterwirft, es sei denn, er entscheidet sich freiwillig dazu. Niemand wird vernünftigerweise argumentieren, dass er sein Recht auf Freiheit preisgeben kann. Seine Freiheit ist sowohl angeboren als auch unveräußerlich.*

Diesen Perspektiven entsprechend ist es nun möglich zu beobachten, dass die Entwicklungsleistungen der späten Adoleszenz zum ersten Mal im Lebenszyklus sowohl die existenziellen als auch die ontologischen Grundlagen für die individuelle Freiheit in einer geordneten Gesellschaft (im Gegensatz z.B. zur individuellen Freiheit in einem gesetzlosen Ghetto) etablieren. Der gut entwickelte ältere Jugendliche hat genug Grundvertrauen, Autonomie, Initiative, Fleiß, Kompetenz und Verständnis von dem, was er ist und was er tun kann, um ein Leben für sich selbst zu gestalten. Er hat die Fähigkeit zu leben, wie er möchte, während er freiwillig mit anderen zusammenarbeitet, um die biologischen, psychologischen und sozialen Absichten zu verfolgen, die dem menschlichen Leben innewohnen.

Kurze Rückschritte in der Adoleszenz

Ob dieses positive Ergebnis von Fall zu Fall realisiert wird, ist natürlich ungewiss. Es stellt sich dann die Frage, was im Laufe der jugendlichen Entwicklung schiefgehen kann, und ob insbesondere die eine oder andere Form der Psychopathologie einen Heranwachsenden in seiner Entwicklung von einem Leben voller Selbstverwirklichung, Selbstverantwortung und Kooperation abhalten und ihn dazu nötigen kann, sich einem Leben unter kollektivistischer Kontrolle zuzuwenden. Bevor man diese Frage beantwortet, lohnt es sich, noch einmal einen Blick auf den Verlauf der Adoleszenz zu werfen; diesmal um die Ideale des individuellen Handelns zu beleuchten, die am sinnvollsten zur Verwirklichung des Selbst in einer freien Gesellschaft beitragen.

Zuerst ist zu bemerken, dass der Entwicklungsweg in der Adoleszenz nicht einfach oder linear ist; dies ist eine Beobachtung, die für alle Phasen des menschlichen Wachstums gilt, vor allem aber für diese. Sogar die beiläufige Beobachtung zeigt wiederholte Wechsel zwischen reiferen und weniger reifen Verhaltensweisen und Beziehungen, während die allgemeine Tendenz eines normalen Wachstumspfades in Richtung der erwachsenen Kompetenz fortschreitet. Ein Autor beobachtete die Verschiebungen des jugendlichen Verhaltens „zwischen Kontinuität und Metamorphose, vorwärts zur Reife und rückwärts zu Vertrautheit und Erdung" (Cotton). Solche Rückschritte zu früheren, kindlicheren Formen der Beziehung zur Welt sind im Verlauf der Adoleszenz typischerweise kurz. Sie dienen auf längere Sicht dem Wachstum und bieten gelegentliche Pausen von der harten Arbeit des Erwachsenwerdens. Doch sie können auch noch weiteren Schutzzwecken dienen, indem sie ein noch verwundbares Selbst gegen psychotische Desintegration oder suizidale Depression stärken. Rückfälle in kindlichere Zustände können dazu beitragen, eine vorübergehend gebrochene Psyche zu heilen, die unter den Herausforderungen der Entwicklung zersplittert ist.

Entgegen populären Mythen ist die Adoleszenz in der Regel aber trotz der großen Neuausrichtungen, die sie kennzeichnen, keine Zeit großen emotionalen Aufruhrs. Doch ist sie sicher auch nicht frei von Spannungen. Sogar in der normalen Adoleszenz umfasst der Prozess der Selbst-Entdeckung einiges an Unzufriedenheit, Verwirrung und Angst, während das Selbst große Neuorganisationen durchläuft. Diese Entwicklung führt schließlich zur Entstehung eines neuen Körpers, neuer intellektueller Kräfte, neuer sexueller und aggressionsgeladener Impulse, neuer Rollen und neuer Formen von Beziehungen. Die Annahme und Ablehnung unterschiedlicher Aspekte des Selbst, die Versöhnung widersprüchlicher Selbstbilder und die Erforschung beruflicher, religiöser, politischer und geschlechtsspezifischer Rollen sind Teil des Reorganisationsprozesses. Diese Beobachtung erinnert an Eriksons ursprüngliche Beschreibung der Identitätskonsolidierung durch Auswahl, Ablehnung und Auflösung von verschiedenen Elementen des Selbst, die in früheren Phasen erworben wurden. Das ist keine Durchschnittsaufgabe; es ist ein wichtiges, arbeitsintensives Aufbau- und Wiederaufbauprojekt, das in Jahren gemessen werden muss.

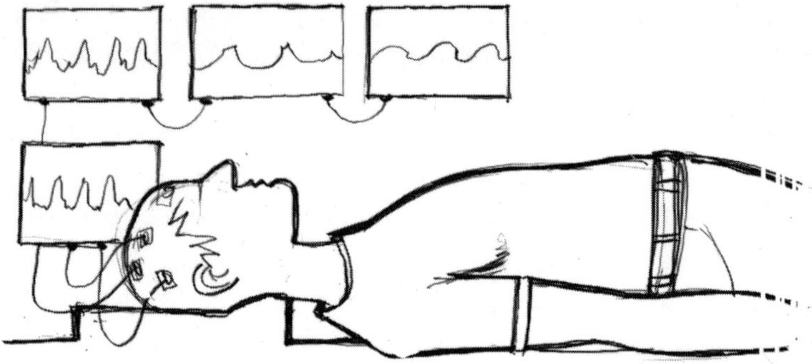

33
Die gesunde und die ungesunde Adoleszenz

Die nun in Form der Ego-Identität stattfindende Integration ist mehr als die Summe der Identifikationen der Kindheit. Sie ist das innere Kapital, das aus all jenen Erlebnissen jedes aufeinanderfolgenden Stadiums entstanden ist, wenn erfolgreiche Identifikation zu einer erfolgreichen Ausrichtung der elementaren Antriebe des Einzelnen mit seiner Begabung und seinen Möglichkeiten geführt hat.

Erik Erikson

Erneut betrachtet: Gesundes Handeln

Angesichts der beschleunigten Neuorganisation des Selbst in der Adoleszenz stellt sich natürlich die Frage, wie ein gesundes Ergebnis dieser Verwandlungen aussehen könnte. Eine Antwort auf diese Frage beginnt mit der erneuten Betrachtung einer bereits vertrauten Perspektive, die erstmals in der Kleinkind-Phase wahrgenommen wurde. In Kapitel 22 wurde festgestellt, dass die Entwicklung des kleinen Kindes auf einem gesunden Weg gewesen ist, wenn es – bestimmte Anpassungen an sein sehr junges Alter vorausgesetzt – sein Handeln als wirksam, legitim, frei, kooperativ und gegenseitig erleben konnte. Mit einigen geringen Änderungen können die gleichen Kriterien jetzt bei der Beurteilung behilflich sein, ob ein Heranwachsender auf einem vernünftigen, guten Entwicklungsweg ist oder nicht.

Erstens: In dem Maße, in dem der Heranwachsende seinen Willen in einer Weise ausüben darf, die seinen Fähigkeiten entspricht, wird er wahrscheinlich ein sicheres Gefühl für sich selbst als *wirkungsvollem* Akteur erwerben. Mit adäquater Belehrung und Betreuung kann er in der Tat gute Dinge geschehen lassen und katastrophale Fehler größtenteils vermeiden. Wenn ihm Aufgaben gegeben werden, die seinen Fähigkeiten angemessen sind, kann er zunehmendes Vertrauen in seine Fähigkeit gewinnen, effektiv zu handeln und eine Aufgabe zum Abschluss zu führen, sowie sein Gespür für die entscheidenden Kompetenzen erweitern. Wiederholte Erfahrungen dieser Art stärken sein Selbstwertgefühl und helfen ihm, sich unter Gleichrangigen als kompetent zu definieren.

Zweitens: In dem Maße, in dem er lernt, seine Handlungen mit den moralischen und ethischen Konventionen der Gesellschaft in Einklang zu bringen, entwickelt er die Überzeugung, dass er ein *rechtmäßig* Handelnder ist. In einer Umgebung von Recht und Ordnung in der Gemeinschaft und in einer Gesellschaft, die individuelle Verantwortung und Verantwortlichkeit schätzt, erlernt er die Prinzipien des gewissenhaften Handelns, die Grundlage der geordneten Freiheit. Bei der Bewertung seiner Handlungen bezieht die Zustimmung anderer auch seine Person mit ein, bekräftigt seine Identität als jemand vom „richtigen Schlag" und hilft ihm, alte Selbstzweifel zu beruhigen.

Drittens: In dem Maße, in dem er seine eigenen Wünsche verfolgen und sie so befriedigen kann, wie er will, genießt er eine Einführung in die individuelle Freiheit. Er entwickelt ein richtiges Gefühl von sich selbst als *freiem* Akteur, wann und wo auch immer diese Freiheit legitim ist und nicht in die Freiheit anderer eingreift. Wenn seine Chancen so zu handeln, wie er es sich aussucht, größer werden, identifiziert er sich mit der in der westlichen Welt hochgehaltenen Tradition der individuellen Freiheit und macht diese zu einem Teil seiner selbst.

Viertens: In dem Maße, wie er bei gemeinsamen Bemühungen mit anderen angemessen belohnt oder bestraft und mit seinen Beiträgen zu gemeinsamen Angelegenheiten weder erniedrigt noch überschätzt wird, entwickelt der Heranwachsende ein richtiges Gefühl für sich selbst als *kooperativ* Handelnder, der auf der Basis gemeinsamen Einverständnisses mit anderen zusammenarbeitet und für seinen Beitrag zur Verantwortung gezogen werden kann.

Schließlich wird der Heranwachsende in dem Maße, in dem seine Interaktionen mit anderen erfordern, dass er sie als eigenständige Personen mit eigenen Rechten anerkennt und respektiert, ein *gegenseitig* Handelnder. Er lernt, dass die befriedigendsten Handlungen diejenigen sind, von denen alle Parteien profitieren. Er lernt gegenüber anderen rücksichtsvoll zu sein, sie als souverän Handelnde mit unabhängigen Zielen zu achten und zu vermeiden, sie wie unpersönliche Objekte zu behandeln, die nur dazu dienen, von ihm für seine eigenen Zwecke ausgenutzt zu werden.

Die Fähigkeit zu einem derart gesunden Handeln in der Adoleszenz kann erreicht werden, wenn die Gesamtentwicklung des Kindes von seinen Eltern ausreichend unterstützt wurde und die herrschenden Werte der Gesellschaft Lebensformen bieten, die mit individueller Freiheit und freiwilliger Zusammenarbeit vereinbar sind. Natürlich ist solch ein glückliches Ergebnis nicht sicher. Die Fähigkeit zu gesundem Handeln kann von innen durch körperliche Behinderung oder persönliche psychische Störungen oder von außen durch die gesellschaftlichen Pathologien der Kultur, vor allem durch die Tyrannei des Kollektivismus, untergraben werden. Diesen Bedenken wenden wir uns nun in der folgenden Betrachtung zu.

Die persönlichen Pathologien adoleszenter Kompetenz

Als erster Ansatz zu dieser Betrachtung wird es sinnvoll sein, die persönliche Pathologie der Adoleszenz, vor allem in der Spätphase, noch einmal zu bedenken: jene Arten von körperlicher und geistiger Erkrankung, die das Entstehen erwachsener Kompetenz untergraben und den Übergang des Heranwachsenden zu einem freien Leben als Erwachsener scheitern lassen können. Verschiedene gesellschaftliche Pathologien, die die gleiche Wirkung haben, können im Anschluss untersucht werden.

Im Falle körperlicher Behinderung ist natürlich klar, dass bestimmte Erkrankungen – Lähmungen zum Beispiel – einen jungen Menschen sowohl beruflich als auch gesellschaftlich ernsthaft beeinträchtigen können. In diesen unglücklichen Fällen wird das allgemeine Mitgefühl leicht zu finanziellen und anderen Formen der Unterstützung motiviert, um für die Behinderung zu entschädigen oder Rehabilitationsbemühungen zu finanzieren. Jeder außer den radikalsten Egoisten wird freiwillig zum materiellen Wohlergehen der so behinderten Menschen beitragen – und beide Seiten werden sich damit besser fühlen. Solche karitativen Bemühungen tun der Sache der Freiheit in der Gemeinschaft eindeutig keinen Abbruch, und die Freiheit der von dieser Großzügigkeit Begünstigten wird in dem Maße gestärkt, in dem ihre Furcht vor Hilflosigkeit beseitigt wird.

Doch es ist gleichermaßen offensichtlich, dass auch bestimmte psychische Störungen die aufkommenden Fähigkeiten des Heranwachsenden zu Selbstbestimmung und Selbstverantwortung beeinträchtigen können. Drei Kategorien von Störungen, die die normale Entwicklung in dieser Zeit aus der Bahn werfen können, sind fast identisch mit denen, die wir bei Erwachsenen vorfinden. Die erste Kategorie, in der gewöhnlich die Gemüts- und Gefühlsstörungen zusammengefasst werden, kann intensive Angst, Depressionen, Aufregung, Reizbarkeit und Wut erzeugen. Die bipolare oder manisch-depressive Störung ist ein Paradebeispiel. Eine zweite Kategorie von Störungen, oft als Denkstörungen bezeichnet, verursacht große Verzerrungen der Wahrnehmung, der Argumentation und des Urteilsvermögens, die die Fähigkeit, die Realität zu verstehen und zu bewältigen, stark beeinträchtigen. Schizophrenie ist das Musterbeispiel in dieser Kategorie. Wenn sie schwer genug sind, können Krankheiten jeder Kategorie die Fähigkeit des Erkrankten, zu arbeiten und Beziehungen zu anderen zu knüpfen, ernsthaft behindern, so dass er infolgedessen nicht mehr in der Lage ist, die Segnungen der Freiheit zu genießen. Eine dritte Kategorie krankhafter Behinderungen, die organischen Hirnstörungen, resultiert aus physischen oder chemischen Hirnschäden, die gewöhnliche kognitive Funktionen beeinträchtigen, vor allem solche, die Aufmerksamkeit, Konzentration, Begreifen, Gedächtnis, logisches Denken, Urteil, Planung und Problemlösung umfassen. Diese Störungen betreffen oft auch die Emotionen und die Fähigkeit zu Beziehungen. Auch können sie eine schwere Berufsunfähigkeit verursachen und das Heranwachsen zur Kompetenz verhindern. Dazu gehören bestimmte Zustände nach Gehirnerschütterungen und in einigen Fällen auch Hirnschäden durch Alkohol- oder Drogenmissbrauch.

Wenn also ein junger Mensch unglücklicherweise eine ernsthafte Störung der Gemütsregulierung, des Gedankenprozesses oder der Kognition entwickelt, und wenn sein Zustand gegen eine Behandlung stark resistent ist, dann kann es sein, dass er unfähig ist, die berufliche und soziale Kompetenz zu erlangen, die für sein Selbstvertrauen erforderlich ist, und dass er stattdessen einen Betreuer zu seiner Fürsorge und seinem Schutz benötigt. Das Ergebnis hängt in einem bedeutenden Ausmaß davon ab, welche Art von Persönlichkeitsmerkmalen trotz seiner Krankheit bestehen bleiben. Die Fähigkeit einer Person, in Freiheit zu leben, obwohl sie durch eine wesentliche Störung des Gemüts, des Denkens oder der Erkenntnis behindert ist, hängt weitgehend davon ab, ob sie gewisse Fähigkeiten, Gewohnheiten und Werte erworben hat, die die Selbständigkeit stärken und sich der Abhängigkeit widersetzen. Mehr zu diesem Thema folgt weiter unten.

Persönlichkeitsstörungen und Freiheit

Zusätzlich zu den soeben beschriebenen schweren symptomatischen Störungen gibt es eine andere Kategorie psychischer Störungen, die die Fähigkeit eines jungen Menschen, in einer freien Gemeinschaft zu gedeihen, beeinträchtigen können. Persönlichkeitsstörungen, wie sie zuvor definiert wurden, sind jene beständigen Denk-, Gefühls-, Verhaltens- und Beziehungsmuster, die die Bemühungen des Einzelnen, die Herausforderungen des Erwachsenenlebens zu bewältigen, untergraben. Je nach ihrer Schwere können die mit diesen Störungen verbundenen Beeinträchtigungen die Aussichten auf ein freies Leben beim Eintritt in die Erwachsenenwelt schmälern. Eine kurze Beschreibung der Persönlichkeitspathologie hilft, diese Schwierigkeit zu verstehen. Dieser Übersicht folgen weitere Betrachtungen der Persönlichkeitsmerkmale, die für die Freiheit unerlässlich sind.

Cluster von Persönlichkeitsstörungen

Persönlichkeitsstörungen werden derzeit in drei eher lose definierten Clustern und zehn näher definierten Typen klassifiziert (DSM IV, 1994). Personen, die an Cluster-A-Störungen leiden, die schizoiden, schizotypen und paranoiden Persönlichkeitstypen, neigen dazu, ein merkwürdiges oder exzentrisches Verhalten zu zeigen. Personen mit Cluster-B-Störungen, die derzeit als Borderliner, narzisstische, histrionische oder antisoziale Persönlichkeitstypen angesehen werden, können durch ihre unberechenbaren, dramatischen und emotionalen Verhaltensmuster identifiziert werden, die dennoch konventioneller und viel weniger merkwürdig sind als die von Cluster-A-Störungen. Personen mit Cluster-C-Störungen, die gemeinhin als vermeidende, abhängige oder obsessiv-zwanghafte Typen bekannt sind, sind in ihren Bemühungen, mit dem Leben fertig zu werden, eher ängstlich und furchtsam. Eine zusätzliche Kategorie von Persönlichkeitsstörungen wird als „Persönlichkeitsstörung, nicht genauer benannt" bezeichnet. Es handelt sich im Wesentlichen um eine „Papierkorbkategorie", die es dem Kliniker ermöglicht, eine Person mit einer Mischung von Merkmalen aus zwei oder mehr Typen zu beschreiben.

Definitionsgemäß zeichnen sich alle diese Persönlichkeitsstörungen durch eine fehlangepasste Art der Beziehung zu sich selbst und der Welt aus, und alle haben potenziell negative Auswirkungen auf die Fähigkeit, das eigene Leben zu steuern, für sein Auskommen zu sorgen und mit anderen zusammenzuarbeiten. In vielen Fällen sind die fehlangepassten Muster schon durch beiläufige Beobachtung deutlich zu erkennen. Alle sind typischerweise durch eine Kombination wesentlicher Entwicklungsstörungen gekennzeichnet. Defizite im Grundvertrauen und im Fleiß sowie in der Autonomie, Initiative, Identität und Intimität sind, wenn auch subtil, immer vorhanden, und spätere Defizite bei der Entwicklung von Generativität und Integrität kann man selbstverständlich ebenfalls erwarten.

Cluster-A-Störungen

Unter den Menschen mit Cluster-A-Störungen zeigen *schizoide Persönlichkeiten* eine besonders zurückgezogene Lebensweise. Sie bevorzugen die Einsamkeit und sind in den wenigen Fällen, in denen sie Beziehungen zu anderen haben, emotional distanziert und isoliert. Häufiger werden wir Personen bemerken, die mit einer *schizotypen Persönlichkeit* behaftet sind. Sie sind in der Regel weniger zurückgezogen, aber offensichtlich seltsam, exzentrisch oder eigenartig in ihrem Verhalten, ihrer Sprache oder der Art ihrer Kleidung. Ihre offenkundigen Handlungen spiegeln eine ebenso ungewöhnliche innere Welt voller bizarrer Überzeugungen, mystischer oder magischer Gedanken und Phantasien oder Misstrauen bis hin zur Paranoia. Ein dritter Typ, *paranoide Persönlichkeits*störung genannt, zeichnet sich durch die offenkundige Überzeugung aus, verfolgt zu werden. Ein Mensch mit einer solchen Störung glaubt wahnhaft, dass böswillige andere Menschen ihn aktiv behindern oder sich gegen ihn verschwören, um ihm zu schaden. Alle diese Typen leiden unter Beeinträchtigungen des Grundvertrauens, der Autonomie, der Identität und der Intimität, und alle sind wahrscheinlich in erheblichem Ausmaß beruflich und sozial beeinträchtigt.

Dennoch können manche Personen mit paranoiden, schizoiden oder schizotypen Persönlichkeitsstörungen in einer freien Gesellschaft leben, wenn sie trotz ihrer Beeinträchtigungen noch eine gewisse Fähigkeit bewahrt haben, ihr Leben wenigstens zu einem Mindestmaß zu bestreiten, außerdem in der Lage sind, mit anderen hinreichend gut zusammenzuarbeiten, um diese Fähigkeit zu nutzen, und es immer noch von sich weisen, von der Regierung zu verlangen, dass andere sich um sie kümmern. Die Wahlmöglichkeiten, die solchen Personen zur Verfügung stehen, sind oft durch die Beeinträchtigungen infolge ihrer Persönlichkeitsstörung stark begrenzt, doch können sie ein beachtliches Maß an Selbstbestimmung behalten, wenn sie bestimmte Arbeiten annehmen, die mit sozialem Rückzug vereinbar sind und seltsame Ideen oder Gewohnheiten erlauben, wie z.B. Nachtwächter oder Hausmeister. Es stimmt, dass solche Personen nur am Rande ein soziales Leben führen, aber das ist eine unglückliche Folge ihrer Störung. Ihre eigenartigen und begrenzten Lebensstile werden nicht durch irgendeine Art gesellschaftlicher Arrangements verursacht und sind mit gesellschaftlichen oder politischen Mitteln nicht heilbar. In den meisten Fällen fordern Menschen mit Cluster-A-Störungen, wenn überhaupt, nur wenig von anderen, einschließlich finanzieller Unterstützung. Sie neigen dazu, an der Peripherie der sozialen Beziehungen zu bleiben und werden gewöhnlich nicht in die Freiräume anderer eindringen. Selbst ein offenkundig paranoider Mensch kann seinen Verfolgungswahn weitgehend für sich behalten und in der Lage sein, als Angestellter seinen Arbeitgeber nicht derart zu verstimmen, dass dieser ihn entlässt, oder dass er, wenn er selbständig ist, seinem eigenen Geschäft nicht selbst im Weg steht.

Wenn seine Krankheit jedoch eskaliert, kann der Paranoide zu einer echten Bedrohung für die Gemeinschaft werden, indem er aufgrund seiner wahnhaften Überzeugungen handelt. Er kann zum Beispiel missbräuchlich Rechtsstreitigkeiten anzetteln oder in gewisser Weise gewalttätig werden, um sich gegen die imaginäre Verfolgung zu verteidigen. Im Allgemeinen können Personen mit schweren Persönlichkeitsstörungen durch ihre Neigung, die zwischenmenschliche Realität zu verzerren, den Frieden und die Ordnung der Gemeinschaft sowie die Freiheit anderer, ihren Geschäften nachzugehen, durchaus stören. Das Ergebnis wird in jedem Einzelfall von der Art und Schwere der Störung bestimmt. Je nach seinen besonderen Fähigkeiten und Behinderungen kann sich ein Mensch mit schizoider, schizotyper oder paranoider Persönlichkeit in einer Gemeinschaft freier Menschen aufhalten. Sein Bestreben, dies zu tun, hängt in hohem Maße davon ab, ob seine Störung ihm die Fähigkeit lässt, zumindest ein randständiges Leben zu bestreiten, ob sie ihm gestattet, die Eigentumsrechte anderer zu respektieren, und ob sie ihm die moralische Überzeugung erlaubt, kein Adoptivkind des Staates werden zu wollen.

Cluster-B-Störungen

Eine zweite und komplexere Gruppe von Persönlichkeitsstörungen umfasst jene, die als narzisstische, soziopathische, histrionische und Borderline-Typen bezeichnet werden. Diese Typen zeichnen sich durch abnormale Ichbezogenheit, Anspruchshaltung und durch eine deutliche Beeinträchtigung der Gegenseitigkeit aus. Allen mangelt es an echter Empathie und an Anerkennung für andere. Personen mit offen soziopathischer Persönlichkeit sind im Grunde in ihren Motiven kriminell, immer irgendwie rücksichtslos, gefühlskalt und gleichgültig gegenüber den Rechten anderer auf Leben, Freiheit und Eigentum. Einige sind schlau und sehr geschickt dabei, ihre Opfer zu betrügen. Viele sind sadistisch. Einige sind brutal zerstörerisch und zählen zu den Massenmördern und Serienmördern der Geschichte. Als ein Mensch, der buchstäblich gewissenlos ist, ist der Soziopath offensichtlich eine direkte und ernsthafte Bedrohung für die Freiheit, den Frieden und die Ordnung einer Gemeinschaft, in der er seine Störung ausagiert.

Die anderen drei Störungen im Cluster B sind in der Regel nicht so bedrohlich wie die Soziopathen, doch können narzisstische Persönlichkeiten in politischen Machtpositionen enorme Konflikte verursachen, einschließlich Konflikte auf globaler Ebene. Mit ihrer Überschätzung der eigenen Bedeutung und ihrer

Beschäftigung mit grandiosen Zielen werden sie wahrscheinlich andere ausnutzen, um zu Bewunderung, politischer Macht, sozialem Status, geschäftlichem oder beruflichem Aufstieg zu gelangen oder Reichtum anzuhäufen. Im Mittelpunkt ihres Aufbaus steht eine auffallende Missachtung der legitimen Interessen anderer; ihre ungeheure Ichbezogenheit erlaubt ihnen, Menschen zu benutzen, ohne Scham oder Schuld dabei zu empfinden. Sie sind stark dazu prädisponiert, jede Regel zu beugen, die ihr Streben nach Selbstbefriedigung stören könnte. Der Wunsch nach Status und Kontrolle führt dazu, dass einige Narzissten nach gewählten Ämtern streben, in denen die Regierungsbefugnisse eine groß angelegte Ausbeutung ermöglichen. In solchen Stellungen sind die Einbildung, über außergewöhnliche politische Einsichten zu verfügen, und ein Gefühl der Berechtigung, das Leben anderer lenken zu dürfen, üblich. In jeder öffentlichen oder privaten Situation wird die Ichbezogenheit des Narzissten schließlich dann bedrückend, wenn seine ausgeprägte Gleichgültigkeit gegenüber den Empfindlichkeiten anderer zutage tritt.

Borderline-Persönlichkeiten hingegen neigen dazu, Probleme in enger gefassten Bereichen zu verursachen. Sie suchen in der Regel keine Positionen der Macht über die Massen, werden denen, die ihnen nahe sind, aber zwanghaft fordernd gegenübertreten, um intensive Abhängigkeitsbedürfnisse zu befriedigen und das Gefühl der Verlassenheit zu vermeiden. Da sie in intimen Beziehungen zu übertriebener Wut und strafendem Verhalten neigen, können sie andere auch leicht unter Druck setzen und sogar ihre Rechte verletzen. Die rücksichtslose Forderung nach Anschluss kann zum Stalking eskalieren. In manchen Fällen kann eine reale oder imaginierte Ablehnung zu gewaltsamer Rache motivieren – ein Ergebnis, das in der Welt häuslicher Konflikte gar nicht selten vorkommt. Diese und andere Handlungen verletzen eindeutig die Souveränität der Personen, deren Aufmerksamkeit sie suchen, und das Eindringen kann gelegentlich das Niveau einer Straftat erreichen. Personen mit einer verwandten Störung, die histrionischen Persönlichkeiten, sind in der Regel auf der Suche nach Aufmerksamkeit, dabei emotional flach und sogar theatralisch veranlagt. Anstatt die Freiheiten anderer zu bedrohen, sind sie gewöhnlich eher lästig oder auch amüsant.

Insgesamt ist häufig zu beobachten, dass Personen mit diagnostizierbarer Borderline-, narzisstischer und histrionischer Störung ernsthafte Schwierigkeiten in Beziehungen verursachen, vor allem, wenn Respekt anderen gegenüber erforderlich ist, um gemeinsame Bemühungen zu vollenden. Intime Beziehungen, insbesondere die Ehe, sind besonders anfällig für diese Störungen. Die Notwendigkeit der Zusammenarbeit bei der Erziehung von Kindern, der Verwaltung eines Haushaltes und der Koordinierung von Zeitplänen etwa wird den hochgradig egozentrischen oder schnell erzürnten Ehepartner, der einen Anspruch auf spezielle Behandlung zu haben glaubt, der verlangt, von den üblichen Kompromissanforderungen befreit zu werden, oder der seinem Partner irrationale Forderungen nach Aufmerksamkeit auferlegt, ernsthaft überlasten.

Cluster-C-Störungen

Bei Cluster-C-Störungen, die wir als vermeidende, abhängige und obsessiv zwanghafte Typen kennen, sind Angst, Unsicherheit und Abhängigkeit die herausragendsten Symptome. Typischerweise sind Schwierigkeiten entweder bei der Organisation des eigenen Lebens oder in Beziehungen zu anderen, oder in mehrfacher Hinsicht, vorhanden. Die abhängige Persönlichkeit fühlt sich besonders von der Einladung der liberalen Agenda, am Wohlfahrtsstaat teilzuhaben, angesprochen. Diesen Personen fehlt die Fähigkeit zur Selbstbestimmung; sie vermeiden die Verantwortung für sich selbst, fürchten hilflos zu werden und suchen ständig nach der Fürsorge anderer. Sie sind bereit, auf einen Großteil ihrer Freiheit zu verzichten, wenn ihnen echte oder illusorische Sicherheitsversprechungen gegeben werden.

Menschen, die an einer vermeidenden Persönlichkeitsstörung leiden – eine weitere Diagnose im Cluster C –, neigen stark dazu, sich als unzureichend oder minderwertig zu betrachten und Situationen zu vermeiden, in denen sie sich kritisiert, beschämt oder zurückgewiesen fühlen könnten. In dem Maße, wie solche Tendenzen die Fähigkeit oder Bereitschaft verringern, sich materiell zu versorgen, könnten auch Personen mit dieser Störung die Einladung der Kollektivisten zu staatlichen Wohlfahrtsprogrammen annehmen. Im Gegensatz dazu sind Personen mit obsessiv-zwanghafter Persönlichkeitsstörung – der dritten Diagnose im Cluster C – wahrscheinlich harte Arbeiter, produktiv und gewissenhaft im Umgang mit Geld. Die meisten dieser Menschen sind bereit und in der Lage, sich selbst zu unterhalten, und sie werden eher dazu beitragen, den materiellen

Reichtum der Gesamtgemeinschaft zu vermehren, als ihn zu vermindern. Darüber hinaus streben sie nach strenger Kontrolle über die meisten Aspekte ihres Lebens und neigen dazu, materiellen Besitz zu horten. Aus diesen und anderen Gründen neigen obsessiv-zwanghafte Personen zu Misstrauen gegenüber jeder Regierungsbehörde, die ihnen das, was sie haben, durch Besteuerung zu nehmen versucht oder durch die Gesetzgebung regelt, was sie tun dürfen oder nicht tun dürfen. Eine intensive Opposition gegen die Einmischung und Regulierung durch die Regierung ist bei solchen Personen nicht ungewöhnlich. In manchen Fällen kann jedoch ein obsessiv-zwanghafter Mensch entscheiden, sich der Regierung anzuschließen, anstatt sie zu bekämpfen. Wenn er dies tut, wird ihn seine angeborene Beschäftigung mit Ordnung, Details, Organisation, Regeln, Listen und Zeitplänen wahrscheinlich für eine gute Position in der Regierungsbürokratie qualifizieren. In der Tat sind die Büros der modernen Regierung so groß geworden, dass praktisch jeder Persönlichkeitstyp oder eine Kombination von Typen dort eine Beschäftigung finden kann, sofern die Störung nicht zu schwer ist. Eine schizoide Person kann zum Beispiel dafür angeworben werden, Regierungsgebäude zu reinigen. Eine paranoide Person kann einen Platz im Verteidigungsministerium oder in der Gegenspionage finden. Der Narzisst wird die Großartigkeit suchen, die mit dem öffentlichen Amt einhergeht, der Borderliner wird seine Intrigen spinnen, und der Soziopath wird die Hebel der Regierung benutzen, um andere unter dem Deckmantel, ihnen zu dienen, auszubeuten. In der Welt des modernen Liberalismus ist die Regierung zum Arbeitgeber für alle geworden.

34
Die Adoleszenz und die Sozialpathologie

In unserer Zeit blühen die Ideologien dort, wo die Religion sich zurückzieht, und präsentieren sich (neben anderen, eher praktischen Ansprüchen) als historische Perspektiven, unter denen der individuelle Glaube und das kollektive Vertrauen gefestigt werden sollen. Wie Religionen begegnen sie einem drohenden Gefühl der Entfremdung mit positiven Ritualen und bejahender Dogmatik sowie einem rigorosen und grausamen Verbot von Fremdheit in ihren eigenen Reihen oder in Bezug auf Fremde und Feinde.

Erik Erikson

Die persönlichen Anforderungen an die Freiheit

Was sind also die psychischen Anforderungen an die Freiheit? Welche besonderen geistigen und emotionalen Eigenschaften, wenn überhaupt, unterscheiden Personen, die für die Freiheit geeignet sind, von solchen, die es nicht sind? Offensichtlich ist angesichts der Betrachtungen des letzten Kapitels die Anwesenheit oder Abwesenheit einer diagnostizierbaren psychischen Störung nicht entscheidend. Es ist zumindest einigen Einzelpersonen möglich, in gewisser Hinsicht ziemlich gestört zu sein und doch in einer Gemeinschaft, in der Freiheit und Kooperation die wichtigsten politischen Güter sind, zu gedeihen. Und sowohl aus zufälligen wie auch aus klinischen Beobachtungen geht deutlich hervor, dass manche Menschen, die „normal" sind, d.h. keine der üblichen Anzeichen oder Symptome einer psychischen Störung aufweisen, nicht in der Lage sind, an einer solchen Gemeinschaft teilzunehmen. Diese Personen sind bereit, ihre persönliche Freiheit stark einzuschränken, indem sie der Regierungskontrolle mehr Einfluss auf ihr Leben erlauben. Anscheinend können die Charakterzüge, die ein freies Leben ermöglichen, sowohl bei normalen als auch bei gestörten Personen auftreten.

In der Tat scheint es anhand der bisherigen Diskussion so, dass der Schlüssel zu der Frage, ob ein Mensch selbst mit einer Geisteskrankheit in Freiheit gedeihen kann, damit zu tun hat, ob er mindestens eine berufliche Fertigkeit erworben hat, die ausreicht, um einen Lebensunterhalt zu verdienen, was mit der moralischen Überzeugung einhergeht, dass die Verantwortung für sein Leben ihm selbst obliegt und nicht die Pflicht anderer Personen ist. Allgemeine Beobachtungen sowie klinische Erfahrungen zeigen, dass selbst eine chronisch psychotische Person, die in ruhiger Weise wahnsinnig ist oder vor sich hin halluziniert, noch einen bescheidenen Job ausführen und ihre Rechnungen bezahlen kann, ohne sich in das Leben anderer einzumischen, wenn sie trotz ihres Handicaps durch einen starken Glauben daran, dass sie sich selbst materiell versorgen und Person sowie Eigentum anderer respektieren sollte, ermutigt wird. Auch wenn sie auf vielen Gebieten von verzerrten Wahrnehmungen belastet ist, wird eine solche Person weiterhin ihr Recht auf ein eigenes Leben in Anspruch nehmen; sie wird sich entscheiden, nur auf dem materiellen Niveau zu leben, das sie sich leisten kann, und sie wird keine Ansprüche stellen, dass andere sie materiell unterstützen oder besondere soziale oder politische Zugeständnisse für reale oder imaginäre Nachteile einfordern. Sie wird nicht durch Einsatz politischer Macht direkte oder indirekte Forderungen an andere stellen.

So können zumindest einige Menschen mit ernsten Gemüts- oder Denkstörungen und sogar manche mit einem begrenzten Hirnschaden oder schweren Persönlichkeitsstörungen ein wirtschaftlich unabhängiges und sozial selbstbestimmtes Leben führen. Diejenigen, die in der Lage sind, dies zu tun, veranschaulichen etwas, was schon weiter oben in dieser Arbeit festgestellt wurde: nämlich, dass die Fähigkeit, in einer freien Gesellschaft zu leben, nicht zum größten Teil von einem hohen Maß an Persönlichkeitsentwicklung oder außergewöhnlichen Fähigkeiten abhängt. Stattdessen ist dazu ein Mindestmaß an beruflicher und sozialer Kompetenz erforderlich, verbunden mit einem Glauben an Selbstverantwortung und einer stabilen Achtung der Rechte anderer zu wählen, mit wem sie Beziehungen eingehen oder nicht. Diese Kombination von instrumentaler Geschicklichkeit und moralischer Überzeugung kann es einem ansonsten behinderten Menschen ermöglichen, zumindest eine minimale Kompetenz zu erreichen, d.h. ein eigenes Leben zu führen. Wenn er in der Lage ist, sich effektiv genug am allgemeinen Markt der Waren, Dienstleistungen und Beziehungen zu beteiligen, wird er sich aus dem moralischen Grundsatz heraus weigern, die Macht der Regierung auszunutzen. Wenn er nicht wirklich behindert ist, wird er kein Kind des Staates werden oder für seinen Lebensunterhalt auf die Nächstenliebe anderer angewiesen sein. Darüber hinaus wird er in der Lage sein, einen – wenn auch bescheidenen – Beitrag zu den Waren und Diensten seiner Gemeinde zu leisten und so sein Selbstwertgefühl zu stärken, indem er für andere und sich selbst nützlich ist. Wenn er nicht zu sehr behindert ist, kann er auch in der Lage sein, andere in einer Weise zu beschäftigen, die sowohl er als auch sie befriedigend finden.

Die Gesellschaft und die Freiheit

Nachdem wir uns ausführlich der Frage gewidmet haben, ob die eine oder andere Form der *Psychopathologie* ein entscheidender Faktor dafür sein könnte, dass ein Heranwachsender sich von einem Leben in individueller Freiheit ab- und einem Leben unter kollektivistischer Agenda zuwendet, so können wir uns nun die Frage stellen, ob diese Präferenz der einen oder anderen Form von *Soziopathie* zuzuschreiben ist. Natürlich lautet die Antwort in dem oberflächlichen Fall, in dem eine strikte sozialistische Diktatur dem Bürger von seinen frühesten Jahren an die Überzeugung eintrichtert, dass der Kollektivismus die einzige Möglichkeit zu leben und diese „Wahl" die einzige ist, die unter Androhung von Gefängnisstrafe oder Schlimmerem erlaubt ist, „Ja". In solchen Fällen ist physischer Zwang der primäre, der ökonomischen und gesellschaftlichen Ordnung zugrundeliegende Mechanismus, und die autoritäre Regierung ist die notwendige Form der politischen Organisation. Die Diktaturen des Irak und Nordkoreas sind extreme Beispiele dieser Art.

Das andere Extrem ist eine ebenso oberflächliche, aber unendlich wünschenswertere Situation, in der die natürlichen Anlagen eines Kindes sowohl zu individueller Freiheit als auch zu freiwilligen Beziehungen im Laufe seines Hineinwachsens in das Erwachsenenalter von einer Gesellschaft gefördert werden, deren moralische Traditionen diese Ideale unterstützen. In diesen Fällen sind freie Wahl und freiwillige Zustimmung die primären Mechanismen, die der wirtschaftlichen und sozialen Ordnung zugrunde liegen, und die verfassungsrechtlich begrenzte Regierung ist die Grundform der politischen Organisation.

Die jeweiligen Resultate in jedem dieser Fälle sind in den vorangehenden Bedingungen angelegt: Das Kind, das vom Kollektivismus indoktriniert ist, wird dazu gebracht, eine Form von psychischer Entwicklungsstörung zu erwerben, die seine angeborene Sehnsucht nach Autonomie unterdrückt und damit einen fundamentalen Aspekt seiner menschlichen Natur verneint. Der Indoktrinationsprozess bestimmt seine Vorliebe für eine Zentralregierung, die die Dynamik der Gesellschaft kontrolliert, und konditioniert es dann dazu, damit zu leben. Es wird keine andere Wahl kennen. Anstatt sich nach persönlicher Souveränität zu sehnen, wird ihm beigebracht, sie abzulehnen. Wenn ihm erlaubt ist, etwas über Selbstbestimmung und Selbstverantwortung als theoretische Konzepte zu lernen, wird es daraus schließen, dass das Ideal, nach solchen Werten zu leben, entweder eine Fiktion oder illegitim und sogar unmoralisch für es selbst und für andere ist. Es wird zustimmen, dass solche Manifestationen des Individualismus, wenn nötig, durch Gesetze unterdrückt werden sollten. Die freiwillige Zusammenarbeit wird in stark begrenzten Bereichen erlaubt sein, sie wird jedoch kein organisatorisches Prinzip sein, das menschliches Handeln koordiniert.

Im Gegensatz dazu wird das Kind, dessen natürliche Sehnsucht nach Freiheit von den Eltern und von Traditionen gefördert wird, die Selbstbestimmung und Kooperation als Ideale verstehen, sich dafür entscheiden, in einer Gesellschaft zu leben, in der die individuelle Freiheit sowie diejenige, Beziehungen nach eigener Wahl zu knüpfen, verfassungsrechtlich garantiert sind und der Gebrauch von Zwang zu irgendeinem anderen Zweck als zum Schutz solcher Freiheiten als etwas Böses gilt. Ein unter diesen Bedingungen aufgewachsenes Kind wird feststellen, dass beide Aspekte seiner bipolaren Natur durch die Lebensbedingungen seiner Gesellschaft bestätigt werden. Es wird schließlich etwas über den Zwang im Kollektivismus lernen und darüber entsetzt sein. Es wird die Unterdrückung der individuellen Freiheit als zutiefst unmoralisch empfinden.

Gesellschaften, die weder stark kollektivistisch noch im idealen Sinne frei sind, bieten dem Heranwachsenden eine gemischte Speisekarte an, während er sich fragt, wie für sich selbst ein gutes Leben aufbauen könnte. Die gemischte Gesellschaft bietet in der Regel einige Bereiche individueller Freiheit, Verantwortung und Kooperation, doch sind diese durch eine kollektivistische Politik, die von einer autoritären Regierung erzwungen wird, eng begrenzt. Es wird allgemein so verstanden, dass zeitgenössische westliche Demokratien irgendwo zwischen den Polen des Kollektivismus auf der einen und des Individualismus auf der anderen Seite liegen. Doch ist auch offensichtlich, dass ihre modale Position nicht an oder nahe dem Mittelpunkt zwischen diesen Polen liegt. Stattdessen sind diese Gesellschaften, ob auf dem europäischen Kontinent oder in Nord- und Südamerika, stark sozialistisch geprägt; und dies seit vielen Jahrzehnten. Sie alle verkörpern Variationen kollektivistischer Ideale: Große wirtschaftliche, soziale und politische Prozesse sind stark reguliert, massiv bürokratisiert und in vielen Fällen vollständig im Besitz oder unter Kontrolle von Regierungsbehörden oder ähnlichen Institutionen. In Gesellschaften dieser Art wird dem neu konditionierten Erwachsenen ein impliziter moralischer Imperativ mitgegeben: Seine allererste Pflicht ist es, die Regierungsstellen und all ihre kollektiven Absichten durch verschiedene Steuer- und Regulierungssysteme zu unterstützen. Er soll nicht zu viel Energie darauf verwenden, sein eigenes Leben zu lenken – zum Beispiel nach Selbstverwirklichung zu streben –, weil das zu selbstsüchtig wäre. Aus einer politischen Perspektive betrachtet, ist seine primäre Identität nicht die eines souveränen Individuums unter einem Ideal individueller Freiheit. Das primäre politische Gut in einer solchen Gesellschaft ist nicht die persönliche Freiheit. Vielmehr liegt die Bedeutung des Individuums in seinem wirtschaftlichen und in geringerem Maße in seinem gesellschaftlichen Beitrag zum Wohlergehen des Kollektivs, wie auch immer dies von den staatlichen Herrschern definiert wird. Das angebliche primäre politische Gut ist in diesen Ordnungen das Wohlergehen aller Staatsbürger. In Wirklichkeit sind die primär Begünstigten in solchen Gesellschaften jedoch diejenigen, die an der Regierung sitzen.

35
Die Adoleszenz und die liberale Agenda

Die Adoleszenz ist also ein lebenswichtiger Erneuerer im Prozess der gesellschaftlichen Evolution, denn die Jugend bietet ihre Loyalität und Energie wahlweise der Erhaltung dessen, was sich für sie wahr anfühlt, und der Korrektur oder Zerstörung dessen, was nicht mehr als Erneuerung wahrgenommen wird.

Erik Erikson

Gutartiger Kollektivismus

Bevor wir mit dieser Analyse weiter voranschreiten, will ich mit einem kurzen Kommentar der Verwechslung zweier verschiedener Bedeutungen des Begriffs „Kollektivismus" zuvorkommen. So wie der Begriff in der vorliegenden Arbeit verwendet wird, verweist er auf die kollektivistischen wirtschaftlichen, sozialen und politischen Institutionen, deren Grundprinzipien den Einzelnen einer oder mehreren Gruppen von Personen unterordnen und dadurch seine individuelle Freiheit verringern und die persönliche Entwicklung beeinträchtigen. Abgesehen von dieser Bedeutung gibt es jedoch noch eine andere Interpretation, die kurz beleuchtet und dann weitgehend ignoriert werden soll. In Diskussionen über das Verhalten von Jugendlichen bezieht sich der Kollektivismus manchmal auf jene konformistischen Neigungen, die temporär im Entwicklungsstadium des Heranwachsenden auftauchen und dann typischerweise nachlassen. Diese Neigungen, die den frühen und mittleren Stadien der Adoleszenz nahezu angeboren zu sein scheinen, finden sich häufig in der zwanghaften Konformität des Teenagers mit modischen Vorlieben für Sprache, Benehmen und Kleidungsstil und in einer fast einstimmigen Überschätzung bestimmter, von der Gruppe anerkannter kultureller Ikonen – zum Beispiel Rockstars. Eine Zeitlang taucht der Jugendliche, der von diesem Prozess erfasst wird, seine Einzigartigkeit in jene gesellschaftlichen Klischees ein, die gerade vorherrschen, und gibt sein Bestes, um so auszusehen, zu handeln und zu sein wie die populären Figuren des Tages. Diese Art von Kollektivismus, eine Art homogenisierte Gruppenidentität, ist in der Regel gutartig. Solange sie nicht zu destruktivem Verhalten oder einer im Ergebnis „negativen Identität" eskaliert, wird sie mehr als wahrscheinlich einen positiven Beitrag zum langfristigen Individuationsprozess und einem gesunden Übergang zum Erwachsensein leisten. Wie bereits erwähnt, bietet die Gruppenzugehörigkeit eines Heranwachsenden, einschließlich seiner Stereotypen-Konformität, ihm einen Spiegel für sein werdendes Selbst, während er mit anderen Rollen experimentiert als jenen, die ihm von seiner Kernfamilie vorgelebt wurden. Normalerweise hilft der Prozess ihm, die Rollen höher zu schätzen, die gesellschaftlich zu seinem Wohlergehen beitragen, und diejenigen abzulehnen, die es nicht tun, und unterstützt ihn bei der allmählichen Festigung einer Identität, die er in das Erwachsenenleben weitertragen kann. Vor dem Erwachsenenalter löst sich dieses vorübergehende Eintauchen in die Hyperkonformität in der Regel spontan auf. Es beeinträchtigt nicht die spätere Fähigkeit des Jugendlichen, ein Leben der Freiheit zu leben.

Das Angebot der liberalen Agenda an die Jugend

Im Gegensatz zu diesem gutartigen Prozess in der Adoleszenz ist jedoch der Kollektivismus der liberalen Agenda etwas ganz anderes. Er ist weder ein gutartiges Phänomen noch eine vorübergehende Phase auf dem aufstrebenden Weg einer Kultur der Freiheit. Er besteht nicht in bloßen Eigenheiten, sondern ist stattdessen eine permanente, bestimmende gesellschaftliche Architektur, die für die geordnete Freiheit gerade deshalb eine Gefahr ist, weil ihre

Prinzipien in direktem Gegensatz zu ihr stehen. Angesichts der Dominanz des modernen Liberalismus auf der zeitgenössischen Weltbühne und seiner wachsenden Präsenz in der westlichen Kultur des vergangenen Jahrhunderts wird es sinnvoll sein, noch einmal zu fragen, was der Kollektivismus dem Jugendlichen zu bieten hat, dessen Weiterentwicklung eine Weltanschauung erfordert, die ihn sowohl zur Loyalität anregt als auch mit seiner werdenden Identität in Resonanz steht. In Begriffe im Stile Eriksons gefasst, lauten die Fragen folgendermaßen:

- Was bietet die kollektivistische Gesellschaft dem Jugendlichen, das ihn zur Treue anregen wird? Welche Werte werden seinen Idealismus, sein Vertrauen und seine Loyalität hervorlocken? Zu welchen gesellschaftlichen Werten kann er sich selbst verpflichten und welche Institutionen, wenn überhaupt, kann er verehren?
- In welchen Erwachsenenrollen, die in einer kollektivistischen Kultur verfügbar sind, kann er sich anhand dessen, was er in den ersten zwanzig Jahren seines Lebens geworden ist, weiter definieren?
- Werden die Werte und Ideale dieser Kultur ihm helfen oder ihn bei seinem lebenslangen Individuationsprozess behindern? In welche Koordinaten seiner Kultur kann er, wenn überhaupt, autonom und doch eingebunden sein?
- Bereitet die kollektivistische Gesellschaft den Heranwachsenden auf ein Leben in Freiheit und freiwilliger Zusammenarbeit vor?
- Wie können das Vertrauen, die Tatkraft, die Initiative, der Fleiß und die Absicht seiner ersten zwanzig Jahre dahin gelenkt werden, ein Leben aufzubauen, das seiner Selbstverwirklichung dienlich und zugleich nützlich und respektvoll gegenüber anderen ist? Welchen Zielen kann er seine Treue schwören? Bei der Verteidigung welcher Ideale könnte er sich selbst dazu ermahnen, zu kämpfen oder zu sterben?

Bei der Beantwortung dieser Fragen wird es sinnvoll sein, jene kollektivistischen Prinzipien aufzuführen, die in diesem Buch bereits erwähnt wurden. Aus dieser Übersicht werden die der Agenda zugrundeliegenden Ideale leicht erkennbar.

Das liberale Manifest: Die Hauptprinzipien

Die liberale Agenda bietet eine große Sammlung von Einstellungen, Überzeugungen, Werten und Philosophien, die Einzelpersonen und Gruppen bestimmte Denkweisen, Gefühle, Verhaltensweisen und Verhältnisse vorschreiben. Die Regierung spielt bei diesen Vorschriften eine machtvolle Rolle, und die Agenda bietet daher eine besondere Beziehung zwischen Regierung und Regierten an. Dem Heranwachsenden, der auf der Suche nach einem besseren Gefühl für das, was das Erwachsensein ausmacht, und nach einem klareren Verständnis der Welt ist, in die er eintreten will, bietet der moderne Liberalismus folgende Grundsätze für das Leben:

1. Die Bürger eines modernen Nationalstaates sind faktisch die Kinder einer elterlichen Regierung; sie sind die Mitglieder einer sehr großen Familie mit durchsetzbaren Verpflichtungen einander gegenüber. Diese Pflichten sind weder durch traditionelle, weitgehend individualistische, gesellschaftliche und religiöse Konventionen des Westens noch durch einen gegenseitigen, auf moralischen Imperativen beruhenden Konsens von Individuen definiert, sondern werden stattdessen von liberalen Intellektuellen und Politikern durch Gesetzgebung, gerichtliche Entscheidungen und den Kanon der politischen Korrektheit vorgegeben.

2. Die Beziehung des Einzelnen zur Regierung soll seiner ursprünglichen Beziehung zu seinen Eltern oder dem vormundschaftlichen Verhältnis zwischen Beschützer und Schutzbefohlenem oder einer Kombination von beidem ähneln. Der Staat ist eine geeignete Quelle, um die Sehnsüchte der Menschen nach verschiedenen Formen des Muttersatzes zu befriedigen. Diese Fürsorge soll die gesamte Lebensdauer von der Wiege bis zum Grabe umfassen. Sie soll aus verschiedenen Formen der wirtschaftlichen, sozialen und politischen Unterstützung, Schutz und Nachsicht in allen größeren Lebensbereichen bestehen. Selbstständigkeit und Eigenverantwortung sollen in dieser Gesellschaft zugunsten der kollektiven Betreuung durch den Staat abgebaut werden.

3. Diese Beziehung zwischen der Regierung und den Regierten verringert die Souveränität des Einzelnen zugunsten des Staates beachtlich. Als politische Einheit ist

der Staat dem Einzelnen überlegen und ihm vorgeordnet. Darüber hinaus kann der Einzelne ohne den Staat nicht existieren. Aus diesen Gründen muss der Einzelne dem Staat untergeordnet sein. Jedes Wetteifern zwischen dem Autoritätsanspruch eines Einzelnen über sich selbst und sein Eigentum einerseits und dem Autoritätsanspruch des Staates über ihn und sein Eigentum andererseits ist – außergewöhnliche Umstände ausgenommen – zugunsten des Letzteren zu entscheiden.

4. Die Menschen werden unter der Anleitung von Regierungsprogrammen besser dran sein, als wenn sie durch eigene Zusammenarbeit für sich selbst sorgen. Weil die meisten Bürger nicht fähig sind, ihr eigenes Leben effektiv zu führen, brauchen sie eine staatliche Anleitung, um das zu tun, was gut für sie ist. In den wichtigsten Lebensbereichen ist die Anleitung der Regierung durch einen elitären Kern von Sozialphilosophen und -Ingenieuren den Führungen überlegen, die die Menschen sich selbst wählen. Die vom Staat koordinierten kollektiven Heilmittel sind denjenigen, die von Personen auf freiwilliger Basis eingeführt werden, fast immer vorzuziehen.

5. Der Sozialismus und seine Varianten mit weitreichender Macht im Gewand einer Zentralregierung sind eine geeignete politische Grundlage für eine geordnete Gesellschaft. Der Kollektivismus ist die richtige politische Philosophie für die gesellschaftliche Ordnung. Ein Zwang durch die Regierung ist erforderlich, um sicherzustellen, dass die Aktivitäten der Menschen politisch gewünschten Zielen dienen. Eine ausgiebige Nutzung dieser Macht durch zentrale Planung und Regulierung wird der höchsten Anzahl von Bürgern das größte Glück ermöglichen. Traditionelle Eigentums- und Vertragsrechte und andere Schutzmaßnahmen der individuellen Freiheit gegen den Zugriff durch den Staat sind diesem kollektiven Prozess unterzuordnen. Wichtige wirtschaftliche, soziale und politische Aufgaben sollen durch Programme organisiert werden, die von Regierungsplanern konzipiert und von Regierungsstellen verwaltet werden.

6. Es ist nicht notwendig, sich ein gutes Leben durch sorgfältige individuelle Anstrengung, freiwillige Zusammenarbeit mit anderen oder durch ein Verhalten, das im Einklang mit traditionellen moralischen Werten steht, zu verdienen. Stattdessen ist ein gutes Leben ein Anrecht, das die Regierung jedem Bürger

unabhängig von der Art und Qualität seiner Handlungen und deren Nützlichkeit für andere schuldet. Wesentliche Vermögenswerte, die unter Kontrolle der Regierung stehen, sind an diejenigen zu verteilen, die für bedürftig befunden werden. Dafür werden – wenn überhaupt – nur wenige Qualifikationen verlangt, außer einer behaupteten oder wahrgenommenen Not, einer Ungleichheit oder einem Leiden; und die Leistungen, die vergeben werden, müssen nicht zurückgezahlt werden. Die von staatlichen Zuteilungen Begünstigten haben darauf ein Anrecht und schulden denjenigen, die sie finanzieren, keine Dankbarkeit. Sie sind jedoch den Regierungsbeamten für den Empfang dieser Leistungen verpflichtet und sollten ihre Amtstätigkeit unterstützen.

7. Die freiwillige Zusammenarbeit, die auf der Zustimmung der Parteien bei einem Geschäft beruht, ist als Ideal nicht sonderlich wichtig und kann durch den Zwangsapparat der Regierung außer Kraft gesetzt werden. Die Zustimmung aller Parteien ist moralisch oder gesetzlich nicht notwendig, um eine Übertragung materieller Vermögenswerte für Wohlfahrtszwecke durchzuführen oder die Umstände für einen Einzelnen oder eine Gruppe im Namen der sozialen Gerechtigkeit zu verändern. Tatsächlich verlangen kollektivistische Gerechtigkeitskonzepte, dass die Umverteilung von Macht und sozialem Status sowie materiellen Vermögenswerten unabhängig von den Einwänden derjenigen durchgeführt werden sollte, die diese Güter besessen haben, bevor sie an andere übergeben wurden. Im gesellschaftlichen Bereich sollte niemand, der die Mitgliedschaft in einer sozialen Gruppe wünscht, ausgeschlossen werden, und diejenigen, die für sozial benachteiligt befunden werden, sollten bevorzugt rechtliche oder politische Unterstützung erhalten, um ihre Not zu beheben. Im Hinblick sowohl auf wirtschaftliche als auch auf soziale Situationen können frühere verbindliche Verträge oder langjährige Vereinbarungen, die auf Tradition basieren, von der Regierungsbehörde ungültig gemacht werden. In diesen Fällen sollen kollektivistische Definitionen von Verteilungs- und sozialer Gerechtigkeit ältere Erwägungen über verdiente Leistungen, ehrliche Anrechte, Tauschfreiheit, ordnungsgemäße Prozesse, Koalitionsrecht und historische Präzedenzfälle aufheben.

8. Die natürlichen und erworbenen Neigungen moralischer Personen, im Rahmen der Gesetze, die Eigentumsrechte und Verträge regeln, miteinander zu

kooperieren, sind keine primäre Grundlage für eine wohlgeordnete Gesellschaft. Vielmehr ist ein großer staatlicher Regulierungsapparat, der analog zur Autorität der Eltern über eine Familie auftritt, erforderlich, um die Bürger zu kontrollieren und die soziale Gerechtigkeit sicherzustellen. Bestimmte wirtschaftliche, soziale und politische Ziele müssen von aufgeklärten Regierungsbeamten vorgegeben werden, da die Bürger nicht kompetent sind, über diese Angelegenheiten selbst zu entscheiden. Der richterliche Aktivismus ist ein geeigneter Mechanismus, der sicherstellt, dass Rechtsstreitigkeiten über wirtschaftliche, soziale und politische Fragen zugunsten politisch gewünschter Ergebnisse entschieden werden. Gerichtsentscheidungen sollten nicht an Präzedenzfälle, etablierte Grundsätze des Verfahrensrechts oder die strikte Auslegung der Verfassung gebunden werden. Wo Rechtsstreitigkeiten entstehen, sollten Gerichtsentscheidungen von kollektivistischen Idealen bestimmt werden. Die Ergebnisse in sozialen Fragen sollten unter anderem danach beurteilt werden, ob sie die materielle und soziale Gleichheit fördern oder nicht, ob sie die Benachteiligten unterstützen, die sogenannte Vielfalt stärken, den Neid reduzieren, das Selbstwertgefühl schützen und die Unterschiede des sozialen Status abschwächen.

9. Bei einigen Personen kann Altruismus auftreten, der sich in Fürsorgeinstinkten für andere, einer wohlwollenden Identifizierung mit anderen oder Mitgefühl und Empathie für andere zeigt. Doch lieber wird Altruismus als eine Tugend des Staates, eine vergesellschaftete Aufgabe oder ein kollektiver Ausdruck des Willens der Allgemeinheit verstanden, der sich in Regierungsprogrammen verkörpert. Freiwillige Handlungen des Mitgefühls und der Wohltätigkeit von Privatpersonen oder Gruppen sind immer schlechter als die Wohlfahrtsaktivitäten des Staates, können den staatlichen Wohlfahrtsapparat nicht ersetzen und den Bedürfnissen der Menschen nach Fürsorge nicht entsprechen. Massive Wohlfahrtsprogramme, die vom Staat auf Kosten der Steuerpflichtigen verwaltet werden, sind notwendig, um die Bedürfnisse der Benachteiligten zu erfüllen.

10. Die zerstörerischen Handlungen eines Einzelnen gegen sich selbst oder andere sind nicht in erster Linie Folgen seiner persönlichen Entscheidungen, Werte, Ziele oder anderer geistiger und emotionaler Prozesse in seinem eigenen Kopf, sondern werden stattdessen durch negative Einflüsse verursacht, die aus

seinem Umfeld auf ihn einwirken. Daher sollte er für sein falsches Handeln nicht zur Verantwortung gezogen werden. Vielmehr sollen er und andere dazu angeregt werden, seine Handlungen als kollektive Schuld einer Gesellschaft zu betrachten, die ihn in irgendeiner Weise unterdrückt, vernachlässigt, beraubt oder ausgenutzt hat.

11. Traditionelle Vorstellungen über die Selbständigkeit und Souveränität des Einzelnen sind ungültig. Obwohl er eine körperlich von anderen getrennte Einheit ist, leitet sich die politische Bedeutung eines Einzelnen aus seiner Mitgliedschaft in einem Kollektiv ab; das Kollektiv ist die primäre wirtschaftliche, gesellschaftliche und politische Einheit, nicht das Individuum. Rechte, die früher beim Einzelnen lagen, wie Eigentumsrechte an seiner Person und seinem Besitz, haben keinen Vorrang mehr, sondern sollen den Rechten des Elternstaates und seiner Familie von Bürgern untergeordnet werden. Der Wille des Volkes, bzw. das, was Regierungsbeamte darunter verstehen, hat Vorrang vor den Rechten des Einzelnen und kann die älteren Ideale von Freiheit und Verfahrensgerechtigkeit, wenn nötig, vollkommen verdrängen. Forderungen nach persönlicher Souveränität und dem Recht, sein eigenes Leben zu leben, sind egoistisch und daher moralisch falsch. Das persönliche Opfer für andere, das vom Staat angeordnet und durch seine kollektiven Institutionen geleitet wird, ist ein höheres Ideal als ältere individualistische Ideale von Selbstständigkeit und Nutzen für andere durch Zusammenarbeit oder das Streben nach persönlichen Zielen.

12. Materielle Subventionen, die auf Bedarf, Leiden oder Ungleichheit beruhen und nicht auf Verdienst oder Leistung, sind an Personen zu zahlen, die vom Staat bestimmt werden. „Wiedergutmachungszahlungen" an Personen, die vom Staat für ungerecht behandelt befunden werden, können durch erzwungene Übertragung von Eigentum von anderen Personen geleistet werden, die für Verletzungen oder Benachteiligungen verantwortlich gemacht werden, obwohl sie persönlich nichts Falsches getan haben. Im Allgemeinen sollen die Rechte auf Leben, Freiheit und Eigentum, die in der Unabhängigkeitserklärung der USA und der *Bill of Rights* der US-Verfassung verankert sind, zugunsten der von dem Staat geltend gemachten kollektiven Rechte aufgehoben werden.

13. Die Natur des Menschen kann in starkem Maße umgeformt werden: nicht nur, dass er kollektivistischen Idealen angepasst werden kann, ohne dass diese im Gegensatz zu seiner Natur stehen und keine nachteiligen Konsequenzen haben – vielmehr soll das Festhalten an kollektiven Idealen die menschliche Natur noch verbessern. Regierungsprogramme, die auf sozialwissenschaftlicher Forschung basieren, können und sollen das Verhalten im Hinblick auf politisch anerkannte Ziele verändern. Liberale Einsichten sind den traditionellen konservativen Überzeugungen überlegen – zum Teil, weil die liberalen politischen Entscheidungsträger den Konservativen und anderen Gegnern intellektuell überlegen sind.

14. Die Vorgaben, wie man handeln bzw. nicht handeln darf, sollten nicht auf der zusammengefassten ethischen und moralischen Weisheit der Jahrhunderte beruhen, sondern stattdessen von liberalen Intellektuellen bestimmt und durch den Kanon der politischen Korrektheit verkündet oder durch die Schaffung alternativer Lebensstile im Sinne kultureller Vielfalt entwickelt werden. Viele Verhaltensweisen, die traditionell als anstößig, unmoralisch oder illegal gelten, sollen nun als akzeptabel gelten, einschließlich verschiedener sexueller und aggressiver Verhaltensweisen, die nach konservativen Normen sehr anstößig sind. Verhaltensweisen dieser Art sind nicht im Hinblick auf ihre moralischen oder ethischen Auswirkungen oder durch ihre Tendenz, die soziale Ordnung zu stören, zu beurteilen, sondern sollen stattdessen durch die dahinterliegenden Motivationen erklärt werden und als Ausdruck menschlicher Freiheit, gesundem Fehlen von Hemmungen, einer fortschrittlichen Moral oder als defensive Reaktionen auf nachteilige soziale Einflüsse verstanden werden. Besonders die sexuelle Freiheit soll unter Jugendlichen und Erwachsenen einen weiten, einvernehmlichen Spielraum erhalten, auch wenn ihr Ausleben zu außerehelichen Schwangerschaften und vielen Alleinerziehenden führt, das Auftreten sexuell übertragbarer Krankheiten erhöht, traditionelle Ehegelübde verletzt, in stabile Beziehungen eingreift oder die Integrität der Familie zerstört.

15. Ähnliche Überlegungen gelten für die Hervorhebung sexueller und aggressiver Bilder in den Medien. Die Möglichkeit, dass solche Bilder die gesellschaftliche Ordnung beeinträchtigen oder eine Störung kultureller Werte anzeigen könnten,

wird bestritten und stattdessen behauptet, dass ihre Darstellung ein Ausdruck der Befreiung von übermäßigen Hemmungen ist. Pornografie ist für Kinder nicht schädlich; unter dem Schutz des 1. Zusatzartikels der amerikanischen Verfassung (Meinungsfreiheit) soll es keine Einschränkungen geben, sich ihr auszusetzen. Ebenso sind etablierte Traditionen von Anstand und Höflichkeit angesichts moderner liberaler Einsichten unangemessen restriktiv. Traditionelle Höflichkeitsformen dürfen auch deshalb zurückgewiesen werden, weil sie Klassenunterschiede verfestigen, die mit dem liberalen Ideal von sozialer Gleichheit nicht vereinbar sind.

16. Im Allgemeinen sind traditionelle soziale Ideale, ethische Standards und Gewissensverbote in ihrem Gegensatz zur Entwicklung fortschrittlicher gesellschaftlicher Kodizes als überholt und auf moderne Gesellschaftssysteme nicht anwendbar anzusehen. In der Tat gibt es keine objektiven Gründe dafür, eine Reihe gesellschaftlicher Vereinbarungen gegenüber einer anderen zu bevorzugen. Regeln, die das menschliche Zusammenleben lenken, die sich über Jahrtausende entwickelt haben und die aufgekommen sind, um zu definieren, was im menschlichen Umgang fair und gerecht ist, verdienen keinen besonderen Respekt. Traditionelle jüdisch-christliche moralische und ethische Kodizes wie die Goldene Regel können im Hinblick auf Erkenntnisse aus zeitgenössischen relativistischen und multikulturellen Konstrukten *ad libitum* umgeschrieben werden. Ebenso sollen traditionell edle Gefühle oder heroische Taten als archaisch und teilweise naiv angesehen werden, weil solche Handlungen weitgehend von kulturellen Einflüssen bestimmt werden.

17. Traditionelle moralische, ethische und rechtliche Kodizes wurden weder mit so vernünftigen Absichten verkündet wie der Sicherung der sozialen Ordnung, der Förderung des guten Willens oder des menschlichen Glücks, noch gründen sie auf einem vernünftigen Verständnis der menschlichen Natur und der Bedingungen der menschlichen Existenz. Stattdessen sind sie im Wesentlichen politische Konstrukte, die von Personen, die Macht über andere suchen, zu manipulativen Zwecken geschaffen wurden. Die Gleichheit vor dem Gesetz zum Beispiel ist selbst als Ideal eine Fiktion und stellt eine scheinbar ethische Tarnung für etwas dar, wohinter sich eigentlich die Ausbeutung bestimmter Gruppen wie der Frauen und ethnischer oder rassischer Minderheiten verbirgt.

18. Ein guter Charakter als Verkörperung bestimmter Tugenden ist kein wichtiges Ideal. Die individuelle Bereitschaft, sich ehrlich, rechtschaffen, verantwortungsvoll, selbstbestimmt, an Gegenseitigkeit orientiert und zuverlässig im Umgang mit anderen zu verhalten, ist nicht sonderlich schätzens- oder lobenswert. Allgemein gesagt, sollte man vermeiden, die Handlungen einer anderen Person anhand von Normen der Ethik, der Moral oder der Tugend zu bewerten. Das Verhalten eines anderen Menschen auf der Grundlage von Recht und Unrecht oder Gut und Böse zu verurteilen, ist hart, kleingeistig und wertend und kann das Selbstwertgefühl vermindern, doch solche – liberale – Kritik an anderen soll ihrerseits keiner Missbilligung unterworfen werden, weil sie nötig ist, um soziale Gerechtigkeit herzustellen. Für falsches Verhalten jedweder Definition sollte nach wirtschaftlicher, sozialer oder politischer Benachteiligung als Erklärung gesucht werden, und diese Erklärung ist als Entschuldigung für solches Verhalten zu verstehen. Ein Mensch, der eine schlechte Tat begeht, sollte für das, was er tut, nicht persönlich verantwortlich sein, auch wenn er es mit böswilliger Absicht tut. Böswillige Absicht, falls vorhanden, kann nicht allein dem Täter zugeschrieben werden. Ein offensichtlich kriminelles Motiv zum Beispiel sollte nicht als Schuld des Täters gesehen werden, sondern als unglückliche Folge der Härten, die ihm in der Vergangenheit zugefügt wurden, oder der Benachteiligungen, die er in der Gegenwart erlitten hat. Weil solche Härten und Benachteiligungen von anderen Personen und durch andere Faktoren verursacht werden, sollte der Einzelne, der die schlechte Tat begangen hat, Mitgefühl und keine Schuldzuweisungen erhalten. Die vorrangige Reaktion der Gesellschaft auf solche Handlungen sollte sein, den Täter zu therapieren und zu rehabilitieren, nicht ihn zu bestrafen oder Wiedergutmachung von ihm zu verlangen. Personen, die benachteiligt worden sind, sollen nicht dazu gezwungen werden, sich an die gewöhnlichen gesetzlichen Verpflichtungen oder Verbindlichkeiten zu halten, wenn diese Verantwortungen sie belasten würden.

19. Diese Erwägungen gelten auch für das angeblich gute und böse Verhalten zwischen Völkern und religiösen oder ethnischen Gruppen, einschließlich verschiedener Arten terroristischer Handlungen, die scheinbar unschuldigen Personen verheerende Verletzungen zufügen und den Tod bringen. Moralische und ethische Urteile darüber, was Einzelpersonen oder Gruppen auf internationaler

Ebene tun, sollten bis zur weiteren Analyse ihrer Motive und des wirtschaftlichen, sozialen und politischen Kontextes, in dem die Handlungen auftreten, zurückgehalten werden. Vergeltungsschläge, vor allem militärischer Art, sollten gegen Terroristen nicht eingeleitet werden, da sie das Problem nur verschlimmern und eine größere Zerstörung verursachen. Empathie, Verständnis, Verhandlungen, Kompromisse, Zugeständnisse und Beschwichtigungen sind bei der Lösung der kulturellen und anderen Konflikte, die die Ursachen des Problems sind, weitaus effektiver. Im Allgemeinen sollen US-Außenpolitiker davon ausgehen, dass der amerikanische Imperialismus und die kapitalistische Ausbeutung anderer Völker wichtige Faktoren dabei waren, aggressive Handlungen anderer Nationen oder religiöser oder ethnischer Gruppen zu provozieren.

20. Im Interesse der sozialen Gerechtigkeit ist es die Pflicht des Staates festzulegen, welche Gruppen oder Klassen von Menschen unter Defiziten der materiellen Sicherheit oder des sozialen und politischen Status leiden, und diese Defizite durch Regierungsinitiativen auszugleichen. Der Staat sollte diesen Personen Leistungen seiner Wahl auf der Grundlage des erkannten Bedürfnisses, bestimmter Arten von Ungleichheit oder vergangener, gegenwärtiger oder ererbter Härten gewähren. Außer Erwägungen über Notwendigkeit, Ungleichheit und Leiden gibt es keine gültigen Kriterien für die Entscheidung, welche Leistungen einem Empfänger zustehen. Weder er noch sein Handeln sollten nach einem traditionellen Maßstab der Leistung oder des Verdienstes beurteilt werden, weil der moralische und kulturelle Relativismus alle in diese Waagschale geworfenen Argumente zu Recht dekonstruiert, nicht aber solche Argumente, die auf der Wahrnehmung des Staates von Bedürfnissen, Ungleichheit und Leiden beruhen. Traditionelle Vorstellungen von Leistung und Verdienst sind ihrerseits ungerecht, betrügerisch und verletzend für das Empfinden derer, denen ungerechterweise falsches Handeln, Selbstvernachlässigung, Faulheit oder andere selbstzerstörerische Neigungen vorgeworfen werden. Wenn solche Neigungen vorhanden sind, dann sollten sie nicht als Schwäche, Unreife, Verantwortungslosigkeit oder moralische Verderbtheit verurteilt werden.

21. Im Allgemeinen sind die althergebrachten Gerechtigkeitsbegriffe, die sich im gesunden Menschenverstand, der philosophischen Ethik, der gerichtlichen Praxis

und der Geschichte des politischen Denkens widerspiegeln, ungültig (Kekes 1997). Es stimmt zum Beispiel nicht, dass ein Mensch je nachdem, ob er Gutes oder Böses verursacht, belohnt oder bestraft werden sollte. Es stimmt ebenso wenig, dass das Ergebnis eines Geschäfts gerecht ist, nur weil die Prozesse, die zu seinem Abschluss führen, gerecht sind und die Entscheidungen der beteiligten Parteien auf hinreichender Information, Freiwilligkeit und Kompetenz beruhen. Die Gerechtigkeit sollte nicht mehr von Begriffen wie Leistung, verdienter Belohnung oder Strafe, moralischem Verdienst oder richtigem Verfahren abhängig gemacht werden. Stattdessen muss Gerechtigkeit auf Betrachtungen im Hinblick auf Notwendigkeit, Ungleichheit, Benachteiligung und Leiden beruhen. Ein Ergebnis, das eine oder mehrere Parteien einer Transaktion in einem benachteiligten, ungleichen oder bedürftigen Zustand zurücklässt, ist *per definitionem* ungerecht. Um Bedürftigkeit zu befriedigen, Ungleichheit zu beseitigen und Leiden zu beseitigen und zu entschädigen, ist es zulässig, Wirtschaftsgüter den Personen, die sie nach älteren Normen des Rechtsanspruchs besitzen, wegzunehmen und sie Personen oder Gruppen zu geben, die jetzt von Regierungsbeamten als verdient angesehen werden. Es ist auch zulässig, den sozialen und/oder politischen Status bestimmter Personen zu senken und den sozialen und politischen Status bestimmter anderer Personen auf der Grundlage von Notwendigkeiten, Ungleichheit, Benachteiligung und Leiden anzuheben. Anpassungen dieser Art sind auch dann angebracht, wenn diejenigen, die in ihrem Status abgestiegen sind, kein soziales oder politisches Unrecht begangen haben. Das Ideal, Statusungleichheiten auszugleichen, rechtfertigt die Neuausrichtung.

22. Traditionelle Ideale von Selbstbestimmung, Selbstverantwortung und Selbstständigkeit sind ungültig. Diese Begriffe sind ohnehin illusorisch, denn die Art und Weise, wie ein Mensch sich verhält, kann nicht auf bestimmte Merkmale zurückgeführt werden, die ihn von anderen unterscheiden. Was z.B. wie tugendhaftes Streben oder moralische Integrität erscheint, ist nur ein komplexes Ergebnis gesellschaftlicher Einflüsse, die durch den Einzelnen zum Ausdruck gebracht werden. Seine eigene Anstrengung, Risikobereitschaft und Beharrlichkeit, sein Talent, Mut, Einfallsreichtum oder andere scheinbar persönliche Beiträge zu seinem Erfolg, einschließlich jener, die er auch im Notfall bewahrt, sind illusorisch oder sekundär. Darüber hinaus sollten die Früchte der Arbeit eines Einzelnen mit

anderen ohne Entschädigung geteilt werden, denn seine Talente, Tugenden und Fähigkeiten sind eigentlich kollektives Eigentum, das der Gesamtbevölkerung gehört, und seine Errungenschaften werden vernünftigerweise dem kollektiven Prozess zugeschrieben, von dem er profitiert.

23. Wirtschaftstätigkeiten sollen zu weiten Teilen von der Regierung gründlich kontrolliert werden. Wo die Produktionsmittel nicht im Besitz des Staates sind, sollen sie trotz belastender Verwaltungskosten, ungeachtet eventueller Eingriffe in frühere Eigentums- und Vertragsvereinbarungen oder negativer Auswirkungen auf die Vergabe von Mitteln und Anreizen für Wirtschaftstätigkeiten, genau geregelt werden. Nachteilige Auswirkungen auf die Freiheit von Einzelpersonen, ihr wirtschaftliches Leben zu führen, sind – auch wenn sie schwer wiegen – zulässige Konzessionen an die Ideale hinter den Regierungsverordnungen, vor allem bei der Umverteilung materiellen Vermögens. Ebenso sollte sowohl die Verteilung als auch die Art dessen, was produziert wird, stark von der Regierung beeinflusst werden, ebenso die Personen, die es produzieren, der Verkaufspreis, zu dem die Produkte angeboten werden und die Gewinnspannen, die in jedem Stadium zwischen Produktion und Verbrauch erzielt werden. Auch Konsumgüter sollten sorgfältig durch den Staat reguliert und die Gewohnheiten der Verbraucher durch die Steuerpolitik beeinflusst werden. Gewinne, die durch freie Marktmechanismen verdient erscheinen, sind wahrscheinlich das Ergebnis einer Manipulation des Verbrauchers, und hohe Gewinne sind als unanständig zu verurteilen. Was wie eine freiwillige Übereinkunft von Personen erscheint, die in der Produktion und anderen Branchen beschäftigt sind, ist oft illusorisch und verschleiert die Ausbeutung von Arbeitnehmern, Frauen, Armen, bestimmten Minderheiten und anderen benachteiligten Klassen. Der Wettbewerb ist auf allen Ebenen der Wirtschaftstätigkeit, einschließlich derjenigen, die durch Innovation entstehen, übermäßig hart, verlangt unnötig harte Arbeit und kann finanzielle und andere Schwierigkeiten durch Arbeitsplatzverlust, Firmenpleiten und Karrierewechsel mit sich bringen. Um diese Gefahren zu mildern, sind umfangreiche staatliche Schutzmaßnahmen erforderlich. Es ist bekannt, dass Kapitalisten und Reiche auf dem Rücken der Armen zu Reichtum und Macht aufsteigen. Die Politik, nach welcher der Reichtum an Erben eigener Wahl weitergegeben werden soll, entzieht anderen zu Unrecht die materiellen Güter, auf die sie nach kollektivistischen Grundsätzen Anspruch haben.

24. Jeder Einzelne ist mit einer rechtlich durchsetzbaren Verpflichtung auf die Welt gekommen, sich um eine unbestimmte Zahl von Personen zu kümmern, denen er niemals begegnen und mit denen er keine freiwillige Vereinigung gründen oder Vereinbarungen treffen wird. Er wird nur Anrecht auf einen Teil der Früchte seiner eigenen Arbeit haben, dessen Prozentsatz die Regierungspolitik festlegt. Die Staatsbürgerschaft in einer kollektivistischen Gesellschaft impliziert richtig, dass ein Heranwachsender, sobald er ins Erwachsenenalter eintritt, zu Recht dazu verpflichtet wird, einen wesentlichen Teil seiner Zeit, seiner Anstrengung und seines Könnens anderen Menschen zu widmen. Welchen Personen er verpflichtet ist, wird der Staat für ihn anhand ihrer Zugehörigkeit zu einer Gruppe oder Klasse genau bestimmen. Je produktiver jemand ökonomisch ist, desto größer ist seine Haftung gegenüber anderen. Dieses System wurde entworfen, um die Gier zu bekämpfen, die produktive Personen dazu antreibt, das, was sie verdienen, behalten zu wollen.

25. Der Hauptzweck der Politik ist die Schaffung einer idealen kollektiven Gesellschaft, die von einer liberalen Elite geführt wird, die sich einer gerechten Umverteilung von wirtschaftlichen, sozialen und politischen Gütern verpflichtet fühlt. Diese Umverteilung soll egalitärem Denken zufolge mit der Zwangsmacht des Staates durchgesetzt werden. Traditionell negative Rechte, die die individuelle Freiheit schützen, indem sie die Freiheit vor Eingriffen anderer garantieren, sollen das Handeln des Staates nicht einschränken und stattdessen positiven Rechten Vorrang geben, die die Freiheit von materieller Not und Nachteilen des sozialen Status und der politischen Macht garantieren. Staatlich erzwungene Ansprüche sind zu diesen Zwecken das primäre Mittel.

26. Die traditionellen gesellschaftlichen Institutionen von Ehe und Familie sind in der Dynamik des gesellschaftlichen Prozesses nicht sonderlich wichtig und sollten progressiven alternativen Lebensstilen weichen, die die Befriedigung sexueller Bedürfnisse und Beziehungswünsche betonen. Der traditionelle Ehebund ist zu restriktiv und erlaubt keine vielfältigere soziale und sexuelle Erfahrung, einschließlich der Selbstfindung, die aus Beziehungen zu einer Vielzahl von Partnern entsteht. Eine dauerhafte und exklusive sexuelle Beziehung zu einem anderen Menschen für ein ganzes Leben ist weder ein schlechthin gültiges Ideal,

noch dient sie dazu, die eigene Selbsterfahrung und die Erfahrung zu vertiefen, was es bedeutet, einen anderen Menschen zu lieben. Ebenso bedürfen Kinder keiner Eltern, die einander gegenseitig besonders verpflichtet sind, oder einer intakten, traditionellen Familie, die aus Mutter, Vater und Geschwistern besteht, noch sind Großeltern, Cousins und andere Familienangehörige für die Erziehung von Kindern besonders wichtig. Wenn ein Kind Aufmerksamkeit, Liebe, Zuneigung, Anleitung, Schutz, Ausbildung, Bildung, medizinische Versorgung, Sozialisation und kulturelle Anpassung braucht, können diese Bedürfnisse von Kindertagesstätten, Programmen der Gemeinde, Sommerlagern, Nachbarn, Kinderbetreuern, Lehrern, Sozialarbeitern und anderem Personal in öffentlichen Schulen erfüllt werden. Moralische und ethische Werte sowie die rassischen, ethnischen und kulturellen Traditionen der Familie können aus diesen und anderen Quellen erworben und müssen nicht von Eltern oder Großfamilien gelehrt werden. Schließlich vermittelt die traditionelle religiöse Erziehung eine enge, nachteilige und wertende Auffassung von Moral und Kultur und sollte durch aufgeklärte säkulare Philosophien ersetzt werden, vor allem durch solche, die die kulturelle Vielfalt fördern. Moral und Ethik sollten als sich entwickelnde Wertesysteme betrachtet werden, die progressiven Einsichten unterliegen. Es gibt weder absolute moralische Werte für menschliche Beziehungen noch universal gültige Argumente für die Überlegenheit des einen Moralkodex gegenüber einem anderen.

Kollektivismus zugunsten von Freiheit

Auf der Grundlage dieser Erwägungen muss die Frage, ob der moderne Liberalismus den angehenden Erwachsenen darauf vorbereitet, in Freiheit zu leben, verneint werden. Weit davon entfernt, Kinder auf ein wirklich freies Leben vorzubereiten, das auf persönlicher Autonomie, Selbstständigkeit und Mitwirkung durch Zustimmung beruht, fördert die liberale Agenda eine unkritische kindliche Zustimmung zu den Regeln, Vorschriften und Enteignungen, die zum Wesen des kollektivistischen Staates gehören, und eine ebenso kindliche Abhängigkeit von einer Gesellschaft, die sich mit einer allumfassenden Familie vergleicht. Reife Kompetenz wird – wenn überhaupt – unter diesen Bedingungen nur mit Schwierigkeiten erreicht. Durch die bloße Art seiner Abläufe geht jedes Regierungsprogramm mit einer Zunahme der Macht des Staates und einer Abnahme der individuellen Freiräume einher: Der Wille des einzelnen Bürgers wird durch den der Regierungsbeamten ersetzt, wann und wo immer ein Regierungsprogramm ihm sagt, was er tun darf oder auch nicht. *Mit ihren Richtlinien für fast jede denkbare Situation stören die Programme der modernen elterlichen Regierung ständig die unmittelbare Erfahrung persönlicher Freiheit: die Erfahrung, seine eigenen Entscheidungen an den unzähligen Wegkreuzungen des täglichen Lebens zu treffen. Diese Einmischungen untergraben sein Heranwachsen zur Kompetenz, indem sie die Abhängigkeit der Kindheit bis in das Erwachsenenalter und sogar für die Dauer seines Lebens ausdehnen. Genauer gesagt, verringert die kollektivistische Gesellschaft die Möglichkeiten des jungen Erwachsenen zur Weiterentwicklung von Autonomie, Initiative und Fleiß; sie unterwirft seine persönliche Souveränität der Autorität des Kollektivs und definiert ihn politisch durch seine Verpflichtungen gegenüber dem Staat.* Darüber hinaus schwächen die Richtlinien des modernen liberalen Staates drastisch die sozialen, ethischen, moralischen und rechtlichen Grundlagen, auf denen stabile Zivilgesellschaften beruhen, und fördern stattdessen Klassenkonflikte, ethischen Relativismus, moralische Laxheit und richterlichen Aktivismus. All diese Auswirkungen untergraben beide Pole der bipolaren Natur des Einzelnen und destabilisieren die sozialen Systeme, in denen zurechtzufinden er sich bemühen muss. Die Ideale der liberalen Agenda greifen nach seinem Recht, weitgehend so zu leben, wie er sich entscheidet; sie greifen mit Gewalt in Transaktionen ein, die sonst auf der Grundlage gegenseitiger Zustimmung erfolgen würden, und untergraben die für die soziale Zusammenarbeit entscheidenden Lebensregeln.

Illusorische Freiheit

Natürlich leugnen die Befürworter der liberalen Agenda üblicherweise diese Realitäten und ihre Bedeutung für das Leben der Menschen. Von besonderem Interesse ist bei dieser Leugnung die Behauptung der Liberalen, dass die Wohlfahrtsprogramme des Staates die Freiheit nicht nur nicht untergraben, sondern sie durch die Befreiung des Individuums von den drückenden Lasten seines eigenen

Wohlbefindens – dem Erwerb von ausreichend Nahrung, einer Wohnung, medizinischer Versorgung, Kinderbetreuung, Alterssicherung usw. – und von gewissen Ungerechtigkeiten politischer und sozialer Ungleichheit sogar noch steigern. Wenn dem Bürger der kollektivistischen Gesellschaft diese Lasten durch entsprechende Regierungsprogramme von den Schultern genommen werden, so argumentieren sie, dann habe er mehr Freiheit, ein gutes Leben selbst zu gestalten.

Doch kann dies keine authentische Freiheit sein. Der Mensch, der von den Lasten des Erwachsenseins befreit ist, wird auch der Möglichkeit enthoben, erwachsen zu werden. Nur, wenn man die Abhängigkeit der Kindheit hinter sich lässt, ist es möglich, die förderliche moralische Kompetenz zu erwerben, mit der man für materielle Sicherheit sorgen, eine erwachsene Identität aufbauen, das erwachsene Selbstwertgefühl festigen und aus der man die Kraft schöpfen kann, die zur Bewältigung der Herausforderungen des Lebens erforderlich ist. Stark kollektivistische Gesellschaften erlauben kein solches Wachstum. Weil er vom Staat unterstützt, betreut und überwacht wird, kann der kollektivierte Bürger nur die Pseudo-Freiheit eines Kindes auf dem Spielplatz genießen, dessen materielles Wohlbefinden, Identität und sozialer Status ihm von seinen Eltern zur Verfügung gestellt werden – egal, ob er verantwortungsvoll, sinnvoll und kooperativ handelt oder nicht. Der rundum verstaatlichte Mensch kann durch die begrenzten Entscheidungen, die er trifft, oder die begrenzten Konsequenzen, die er trägt, kein eigenes Leben oder eigenes Selbst aufbauen. Das, was er passiv von der Regierung empfängt, muss er nicht aktiv mit eigenem Fleiß und in Zusammenarbeit mit anderen anstreben. Diese Preisgabe von Autonomie, Initiative, Fleiß und Erwachsenenidentität bindet den sozialisierten Kind-Menschen letztlich an die Rockzipfel des mütterlichen Staates. Es wohnt dem Menschsein inne, dass echte Kompetenz nur durch den aktiven Kampf mit den Schwierigkeiten der realen Welt erlangt wird, nicht durch die passive Abhängigkeit von einem Nanny-Staat. Die „Autonomie", die dem Bürger im Kollektivismus durch staatliche Subventionen gegeben wird, ist nur eine Pseudo-Autonomie. Sie ist eine kindliche Existenz, die den Empfänger erniedrigt, während sie das Ansehen des Staates hebt. In einer so von der Regierung verwalteten Welt kann der Einzelne seine Lebensgeschichte nicht durch freie Entscheidungen und Konsequenzen selbst schreiben, weil die Herrscher des Staates die Haupthandlung für ihn schreiben. Eine zugewiesene Rolle zu spielen, heißt nicht, in Freiheit zu leben.

Diese Situation hat tiefgreifende Auswirkungen auf den jungen Menschen, der aus der Adoleszenz in eine Welt der Erwachsenen eintritt. Unter dem Glaubensbekenntnis des modernen Liberalismus wird er nicht zur Reife berufen, sondern stattdessen eingeladen, eine zweite Kindheit zu beginnen. Wie dem Kind im Spiel, wird ihm höchste wirtschaftliche, soziale und politische Sicherheit gegeben – oder zumindest versprochen –, ohne Verantwortung übernehmen zu müssen. Die liberale Agenda verlangt, dass er in einem künstlichen Umfeld bleibt – dem Kindertagesstättenprogramm des grandiosen Staates –, in dem er nicht erwachsen werden, Verantwortung für sein eigenes Wohlergehen übernehmen oder mit anderen zusammenarbeiten muss, um das zu erreichen, was der Staat ihm umsonst geben wird. Doch diese regressive Beziehung ist ein faustischer Handel zwischen Bürger und Regierung – einer, der das Recht des frischgebackenen Erwachsenen ungültig macht, so zu leben, wie er es sich aussucht, die Konsequenzen seines Handelns zu akzeptieren und aus ihnen zu lernen, die Art seiner Beziehungen in der Welt gemäß seinen Ambitionen und Fähigkeiten zu bestimmen, und die bewährten Regeln zu respektieren, die für die gesellschaftliche Ordnung lebenswichtig sind. Die rechtmäßige Pflicht des Staates, die politischen Voraussetzungen für die Freiheit zu schaffen, wird mit diesem Handel gebrochen. Eine wirklich verantwortungsvolle Freiheit wird in der Entschlossenheit des modernen Liberalismus, alle Personen in ein gewaltiges sozialistisches Kollektiv einzubeziehen, in ein großes Heer von einander verpflichteten Dienern, Untertanen und Ersatzeltern unter Herrschaft der liberalen Regierung, geopfert.

36
Junges und reifes Erwachsensein

Egal, wie er vorbereitet ist – es kommt die Zeit für den jungen Erwachsenen, seinen eigenen Weg in der Welt zu gehen; er kann zaudern und im Schutz seines Heims oder in den Hallen seiner Alma Mater verweilen, wo die Stürme der Welt gedämpft und gefiltert werden, doch kann er ohne Pflichten und ohne die Richtung, die ihm die Welt vorgibt, nicht allzu lange ausharren. Die Wahl eines Berufes und die Wahl eines Partners sind die Entscheidungen, die ihn auf seinen Weg bringen.

Theodore Lidz

Wesen und Aufgabe des Erwachsenseins

Dieses und das nächste Kapitel werden einige Angelegenheiten beleuchten, die für das frühe und mittlere Erwachsenenalter wichtig sind und deren Bedeutung für das Leben in einer wohlgeordneten freien Gesellschaft erkunden. Die Betrachtung wird hier relativ kurz sein, da wir in früheren Abschnitten bereits eine Reihe von Themen aus einer implizit erwachsenen Perspektive betrachtet haben. Bevor es weitergeht, wird es jedoch sinnvoll sein, noch einmal die allgemeine Aufgabe der menschlichen Entwicklung in den ersten zwanzig Lebensjahren in Erinnerung zu rufen. Diese Aufgabe folgt unweigerlich aus der biologischen Natur des Menschen: Die Veränderungen der Kindheit haben die Erlangung jener körperlichen und geistigen Fähigkeiten zum Ziel, die benötigt werden, um als erwachsenes Individuum zu überleben und sich als Spezies zu reproduzieren. Zumindest muss der körperlich tüchtige Erwachsene die für das tägliche Leben notwendigen instrumentellen Fertigkeiten und die elterlichen Kompetenzen erwerben, die für die Erziehung von Kindern erforderlich sind. Dieses Unterfangen erfordert in der Regel sowohl individuelle als auch kooperative Anstrengungen, die wie immer den bipolaren Charakter des Menschen widerspiegeln.

Angesichts dieser Feststellungen setzt eine vernünftige *Definition* des Erwachsenenalters erstens voraus, dass die normalen Prozesse der physischen Entwicklung von Größe, Gewicht, körperlicher Kraft, Geschlechtsreife usw. und der biologisch determinierten Intelligenz auf die Stufe des Erwachsenen im Wesentlichen abgeschlossen sind, und zweitens, dass die Fähigkeiten zu autonomem Handeln und sozialer Zusammenarbeit auf wirkungsvolle Weise erworben wurden. In diese Begriffe gefasst, beinhaltet das kompetente Erwachsenenalter eine Bereitschaft und Fähigkeit,

- kindliche Abhängigkeiten von den Eltern zu beenden und zu einer wirtschaftlichen und sozialen Selbstversorgung in der Erwachsenenwelt zu gelangen;
- ein Verhältnis zu den Eltern zu entwickeln, das auf Gegenseitigkeit und Gleichheit beruht;
- zu einer erwachsenen Vorstellung von sich selbst und anderen zu gelangen;
- sexuelle und emotionale Intimität in einer engagierten Beziehung zu erleben;
- Eltern zu werden (oder dazu beizutragen, die Kinder anderer aufzuziehen);
- stabile Freundschaften außerhalb der Geburtsfamilie zu finden oder weiter zu pflegen;
- in einer Weise spielen zu lernen, die mit den Verpflichtungen des Erwachsenseins im Einklang steht;
- eine lebensfähige und erfreuliche Identität in der ökonomischen Welt der Erwachsenen durch freie Wahl der Chancen auf einem freien Arbeitsmarkt zu entwickeln;
- wirtschaftliche und soziale Verflechtungen mit anderen durch gegenseitiges Einvernehmen auf einem freien Markt von Waren, Dienstleistungen und Beziehungen aufzubauen (Anmerkung: modifiziert von Lidz 1968 und Colarusso 2000).

Diese Fähigkeiten gelten für Männer und Frauen. Hausfrauen und/oder Mütter, die sich nicht direkt durch Erwerbstätigkeit selbst ernähren, aber anderweitig wesentlich zur Arbeitsteilung in einer engagierten Ehe, Familie oder Partnerschaft beitragen, würden sich nach diesen Kriterien ebenfalls als Erwachsene qualifizieren. Erwachsene, die allein leben, können (abzüglich der Intimität) durch verantwortungsvolle Selbsthilfe, gegenseitig befriedigende Freundschaften und durch Arbeit oder andere Beiträge zu den ökonomischen und reproduktiven Ressourcen ihrer Gemeinde den Status des Erwachsenseins erlangen – wie ein kinderloser Lehrer oder Kindergärtner es tut.

Beachten Sie, dass die letzten beiden Punkte dieser Liste sich auf wirtschaftliche und soziale Eigenständigkeit und Interdependenz mit anderen unter Ausübung der freien Wahl und gegenseitiger Zustimmung beziehen. Diese Errungenschaften heben wiederum eine Reihe von *Idealen* hervor, die sowohl die individuelle Freiheit als auch die gesellschaftliche Zusammenarbeit unterstützen. Wie in früheren Abschnitten erwähnt, können sie aufgelistet werden als Fähigkeiten,

- die Souveränität anderer Menschen und den Wert des individuellen Lebens zu respektieren;
- die Freiheit, zu wählen und zusammenzuarbeiten, als definierende Elemente des Menschseins zu werten;
- die Nicht-Relativität der zentralen ethischen und moralischen Werte als wesentlich für Sicherheit und Glück im Gemeinschaftsleben zu achten;
- das Recht, in Ruhe gelassen zu werden, als Fundament der individuellen Freiheit anzuerkennen;
- die Verpflichtung von Versprechungen, Verträgen, Eigentums- und Eigentumsrechten zu achten;
- Beziehungen zu anderen mit Ehrlichkeit und Integrität einzugehen;
- Beziehungen zu anderen mit Anstand, Höflichkeit, Verbindlichkeit und Besonnenheit zu pflegen;
- sich fürsorglich zu verhalten, was einschließt, liebevoll gegenüber Kindern zu sein und Mitgefühl für chronisch Kranke oder Benachteiligte zu zeigen.

Die erwachsene Gesellschaft

Dies sind natürlich *individuelle* Charaktertugenden. Ihre Bedeutung für eine freie und friedliche Gesellschaft wurde bereits angesprochen und wird unten weiter erörtert. Aber auch das Wesen der *Gesellschaft* spielt eine Rolle; es genügt nicht, wenn die Bürger versuchen, diese Erwachsenentugenden in einem Umfeld zu erreichen, das sie nicht anerkennen kann. Für kompetente Menschen, die ein Leben in geordneter Freiheit verwirklichen wollen, muss die Gesellschaft, in der sie leben, selbst gewissermaßen „erwachsen" geworden sein: ihre Hauptinstitutionen müssen auf einer rationalen Wertschätzung des Menschseins und der bipolaren Natur des Menschen beruhen. Die erwachsene Gesellschaft muss unter anderem Selbstvertrauen nähren, nicht Regierungsabhängigkeit; rechtmäßige Selbstbestimmung, nicht Regierungsvorschriften; moralischen Realismus, nicht moralische Schwäche; und kooperativen Individualismus, nicht Zwangskollektivismus. Um sich für den authentisch erwachsenen Einzelnen als bestätigendes Umfeld zu qualifizieren, wird ein „erwachsener Staat" die Entwicklung freier Märkte unterstützen, die gesetzlichen Schutzmaßnahmen zu ihrer Erhaltung installieren und eine Infrastruktur moralischer Werte und des gesetzlichen Schutzes etablieren, die wirtschaftlichen, gesellschaftlichen und politischen Prozessen gestattet, durch einen gültigen Konsens statt durch Gewalt durchgeführt zu werden. Die Fähigkeiten des erwachsenen Individuums zu einem Leben in geordneter Freiheit müssen die Institutionen, die die Voraussetzungen für diese Freiheit sichern, ergänzen und durch sie ergänzt werden.

Die Neudefinition des Selbst

Diese Ideale, Werte und Tugenden haben Auswirkungen auf die fortwährende Identitätsentwicklung. Im frühen Erwachsenenalter erweitert sich das Selbst rasch durch Bildungsanstrengungen und berufliche Bemühungen sowie durch tiefere und dauerhaftere sexuelle und emotionale Beziehungen. Diese Neudefinition verleiht dem im zweiten und dritten Lebensjahr begonnenen Individuationsprozess einen starken Antrieb und beschleunigt sich dramatisch in den

Wandlungsprozessen der Adoleszenz. Im frühen Erwachsenenalter verbindet die Ehe Sexualität und Sinnlichkeit mit emotionaler Intimität, erfüllt die Bedürfnisse nach Bindung, Aufgehobensein und Gefährtenschaft, vertieft die Erfahrung der Beziehung durch gegenseitige Selbsteinbringung und fordert die Fähigkeit zur Zusammenarbeit in engen ehelichen Verhältnissen heraus. Die Ehe erfordert eine spezifische Variation der menschlichen Fähigkeit zu lieben: die Fähigkeit, eine andere Person in einer dauerhaften sexuellen Vereinigung innig wertzuschätzen, während man sich ihrer Sicherheit, ihrem Wohlbefinden und ihrer persönlichen Erfüllung verpflichtet. Die Ehe ist ein klares Beispiel für die Gegenseitigkeit der gesellschaftlichen Kooperation, da man in ihr alltägliche Aufgaben, wie den Lebensunterhalt zu verdienen, den Haushalt zu führen und Beziehungen zu anderen zu knüpfen, freiwillig teilt und kombiniert.

Heiraten und Kinder zu haben, füllt eine emotionale und relationale Leere, die von der eigenen Trennung von der Herkunftsfamilie zurückgeblieben ist, doch gibt es einen Preis, der dafür zu zahlen ist: das Zusammensein in der Ehe fordert alle, die es versuchen, in der geistigen, emotionalen, physischen, sexuellen, intellektuellen und relationalen Dimension ihrer menschlichen Natur und in den wirtschaftlichen, sozialen, politischen und spirituellen Bereichen ihres Lebens heraus. Wenn die Fähigkeit zur Ehe ein hohes Maß an persönlicher Entwicklung darstellt, dann ist das nur deshalb so, weil die Ehe auch die anspruchsvollste aller gesellschaftlichen Institutionen ist.

Sowohl die Ehe als auch die Arbeit stellen frühere Errungenschaften des Vertrauens, der Hoffnung, der Handlungsfähigkeit, der Autonomie, des Willens, der Initiative, der Absicht, des Fleißes, der Kompetenz, der Identität und der Treue auf die Probe. Erhöhte Fähigkeiten zur Lösung von Konflikten aufgrund beruflicher Ziele und in Beziehungen, die Dämpfung aggressiver Impulse, die sich aus Streitigkeiten zuhause und am Arbeitsplatz ergeben, und die Koordination der Nutzung gemeinsam erworbener oder genutzter Immobilien sind für das Alltagsleben von wesentlicher Bedeutung. Das Aushandeln gegenseitig annehmbarer Aufteilungen und Kombinationen der Arbeit im Beruf, in der Ehe und im gesellschaftlichen Zusammenhang fordert die Fähigkeit des jungen Erwachsenen heraus, Kompromisse einzugehen. Die Annahme der finanziellen Verantwortung für sich selbst wird überhaupt zu einer großen Herausforderung, und zu einer noch grösseren, wenn ein Ehegatte und Kinder zu dieser Belastung hinzukommen. Mit Begriffen im Sinne Eriksons neu formuliert, reaktiviert das Erwachsensein frühere Entwicklungen des Selbst in Bezug auf

- grundlegendes Vertrauen, wie es sich in der Fähigkeit ausdrückt, in den Bereichen der Arbeit, der Ehe, der Kindererziehung und der Freundschaft Optimismus, Sicherheit und Zufriedenheit zu bewahren, im Gegensatz zu anhaltendem Misstrauen, Pessimismus, Neid und Depression;
- Autonomie, wie sie sich in der Fähigkeit ausdrückt, das Leben zu lenken, indem man freiwillig unter echten Alternativen auswählt, die übergreifende Verpflichtungen gegenüber einem Lebensgefährten, Kindern und der Arbeit umfassen; Verfolgung von Eigeninteressen durch rationale Selbstbehauptung und ohne unangemessene Sturheit, Trotz oder lähmende Scham oder Zweifel; vernünftige Kompromisse ohne Groll oder Demütigung;
- eine Haltung des guten Willens, die sich im Entgegenkommen, in Kooperation, Gegenseitigkeit und Koordinierung von Interessen widerspiegelt, im Gegensatz zu einer böswilligen Haltung, die sich in Forderungen, Manipulation, Ansprüchen oder Gleichgültigkeit widerspiegelt;
- Anerkennung und Achtung der Souveränität anderer im Gegensatz zu Ichbezogenheit, Ausbeutung und Dominanz gegenüber anderen;
- Initiative, die auf gute Absichten am Arbeitsplatz, zuhause und in der Gemeinschaft gerichtet ist: die Fähigkeit, mit Konkurrenz und Rivalität ohne unangemessene Feindseligkeit, Neid, Eifersucht oder Schuldgefühle umzugehen;
- fleißiges Streben mit Hilfe von sozialen und instrumentellen Fähigkeiten, die für Aufgaben bei der Arbeit, in der Ehe und der Gemeinschaft eingesetzt werden, gegenüber Apathie, Distanzierung, sozialem Rückzug oder Minderwertigkeitsgefühlen gegenüber dem eigenen Selbst oder den eigenen Fähigkeiten;
- ein Gefühl der Identität als ein im Grunde wertvoller und liebenswerter Mensch; als freier, legitimer, erfolgreicher, gegenseitiger, kooperativer und zielgerichteter Akteur, der lebensfroh und stolz auf sich selbst ist, im Gegensatz zu Verwirrung über das eigene Wesen, seinen Wert, seine Liebenswürdigkeit, seine Ziele, seine Fähigkeiten, sein Geschlecht und die sexuelle Lust oder Unklarheit hinsichtlich der Realität seines rassischen, ethnischen, wirtschaftlichen, sozialen und politischen Status;

- emotional intime und sexuelle Liebe zu einem ausschließlichen Partner, zunehmende Selbstständigkeit und eine berufliche Identität durch die Verpflichtung zu produktiver Arbeit; das Schließen erwachsener Freundschaften, die durch gemeinsame Erfahrungen die persönlichen Werte mit denen der Gesellschaft verbinden.

Identität und Verpflichtung

In der liebevollen Verpflichtung der Ehe tritt eine partielle Verschmelzung auf, die die psychischen Grenzen jedes Partners ändert, die Ichbezogenheit herausfordert und die Souveränität jedes einzelnen Individuums eindeutig verändert. Die Grenzen des Selbst werden um den Ehepartner und seine oder ihre Vermögenswerte, Verbindlichkeiten und Ambitionen erweitert. In der ehelichen Vereinigung wird mit der Person des anderen ein neues Teil-Selbst erworben. Das Selbst ist neu definiert in Bezug auf ein übergreifendes „Wir", zusätzlich zum vertrauten „Ich" und weit über dieses hinaus. Die Geburt von Kindern weitet diesen Prozess der Neudefinition noch mehr aus und verwandelt Ehegatten in Eltern und die Ehe in eine Familie (Lidz 1968). Das „Wir" ist vergrößert, um die Nachkommen in eine neue und komplexere Einheit zu verwandeln, und das „Was" und das „Wen", für das man zu leben und zu sterben bereit ist, wachsen ebenfalls. Doch diese Erweiterung des Selbst und seiner neuen Welt erfordert ergänzend auch eine Veränderung der Interessen des vorehelichen Selbst: Eine lebensfähige Ehe verlangt, dass zumindest einige der früheren Tätigkeiten eingeschränkt oder ganz aufgegeben werden, um Zeit und Energie für neue Interessen zu schaffen, die mit einem gemeinsamen Leben vereinbar sind. Einige dieser neuen Interessen beziehen die Gemeinde mit ein: Der neu angekommene Erwachsene ist jetzt ein erwachsener Nachbar, Bürger, Verbraucher, Steuerzahler und Wähler, und er wird automatisch zu einem Mitglied einer sozioökonomischen Klasse, so unklar diese Kategorie auch definiert sein mag. Er kann auch Mitglied einer religiösen Organisation sein, Zeit mit karitativen Aktivitäten verbringen oder in der kommunalen Verwaltung aktiv werden.

Der Erwachsene und die Regierung

Mit dem Eintritt in die Welt der Arbeit, Ehe und Gemeinschaft beginnt der frischgebackene Erwachsene, der Gesellschaft viel unmittelbarer zu begegnen, als er es früher getan hat. Nachdem er die Puffer hinter sich gelassen hat, die ihm von Eltern, Schule, Nachbarschaft und Heimatstadt zur Verfügung gestellt worden waren, wird er sich nun direkter, persönlicher und in einer Weise mit den ökonomischen, sozialen und politischen Realitäten des Lebens verbinden, die sich stärker auf seine Zukunft auswirkt, als das in früheren Jahren der Fall gewesen ist. Wenn er zum ersten Mal getrennt von seiner Familie lebt, dürfte das Erwachen eines jungen Menschen in der Welt der Erwachsenen aufregend sein, da er jetzt die Freiheit hat, neue Menschen und neue Werte kennenzulernen und neue Lebensstile ohne die übliche elterliche Kontrolle auszuprobieren. Zu studieren oder eine Arbeit anzunehmen, gehört zu diesen Möglichkeiten.

Doch eine Arbeit anzunehmen, oder genauer gesagt, ein Einkommen zu verdienen, ist noch in mindestens zwei anderen Punkten ein besonderes Ereignis im Leben eines jungen Menschen. Zunächst einmal wird das bisher unterhaltsberechtigte Kind durch die Erwerbstätigkeit zu einer eigenständigen Person, die sich selbst versorgt; diese Veränderung verfestigt seinen Status als Erwachsener stark. Zweitens rückt die bloße Tatsache des Einkommenserwerbs den bisher anonymen Bürger rasch in den Fokus der Regierung, deren Interesse an ihm eine neue, ausgeprägte und in einzigartiger Weise dauerhafte Beziehung in seinem Leben signalisiert, die auch große Auswirkungen auf seine Identität hat. In seinen früheren, meist arbeitsfreien Jahren, als Student zum Beispiel, begreift ein junger Mensch die Regierung wahrscheinlich nur vage als irgendetwas aus der Ferne – als etwas, worüber er im Unterricht etwas gelernt oder in den Nachrichten etwas gehört hat. Obwohl er das Recht hat, mit achtzehn Jahren zu wählen, nimmt der durchschnittliche Heranwachsende die Realität der Regierung nicht ernsthaft wahr und fühlt sich nicht sehr stark von ihr betroffen, es sei denn, dass er zum Militärdienst eingezogen wird. Darüber hinaus schreibt die kindliche Vorstellung von Autorität in der Regel Eltern, Lehrern oder der lokalen Polizei und den Gerichten zu und nicht den Behörden der Regierung *per se*.

Sobald er jedoch in einem Arbeitsverhältnis steht und ein Einkommen erwirtschaftet, wird ein junger Erwachsener jedoch direkt mit der Macht und Reichweite der Regierung auf allen Ebenen bekannt gemacht, vor allem ihrer Macht zu besteuern, zu regulieren und zu lizenzieren, und weniger direkt mit ihrer Macht zu verhaften und im In- und Ausland Gewalt anzuwenden. Der junge Bürger lernt, dass er bestimmte Dinge nur mit Genehmigung der Regierung tun darf, dass er nach Bundes- und Landesgesetzen bestimmte Sachen bei der Arbeit tun oder unterlassen muss, dass er verhaftet und verurteilt oder eingesperrt werden kann, wenn er sich nicht an Regierungsverordnungen hält, und dass ein wesentlicher Teil dessen, was er verdient oder ererbt hat, ihm dauerhaft weggenommen werden kann. Der nun beschäftigte Erwachsene ist also mit einer neuen Beziehung konfrontiert. Die neue Beziehung ist eine erzwungene, dauerhafte Ehe mit dem Staat. Und der neue Ehegatte ist fordernd, gebieterisch, meist unvernünftig und sehr teuer.

Das reife Erwachsenenalter

In der Summe definieren die Verpflichtungen des Erwachsenseins zu Arbeit, Ehe, Familie und Gemeinschaft das Individuum neu, da sie die vorangegangenen zwanzig Jahre der Vorbereitung auf die Reife auf die Probe stellen. Wenn die Vorbereitung angemessen gewesen ist, stellt diese Neudefinition eine dritte Individuation im Lebenszyklus dar: Der Übergang ins Erwachsenenalter verändert die Identität für immer, zuerst durch die Arbeit und den Ehepartner, dann durch die Kinder und schließlich noch einmal durch die lebenslange Zugehörigkeit zur menschlichen Gesellschaft. Wenn der Übergang gut verläuft, bieten diese Jahre auch Chancen zur Selbsttranszendenz – zur Verpflichtung gegenüber Personen, Grundsätzen oder Ursachen jenseits egozentrischer Sorgen – und zu einem weiteren Schritt auf dem Weg zur Reife. Ein Scheitern bei der Vollendung der grundlegendsten dieser Transformationen – jener, die Intimität und Arbeit betreffen – bedroht jedoch das Individuum mit einer langfristigen sozialen Trennung: den potenziell tragischen Ergebnissen von Isolation, Stagnation und Selbstbefangenheit, die Erikson so eindringlich beschrieb.

Diese unglücklichen Zustände schließen nicht nur das Erreichen von Intimität aus, sondern auch die Entwicklung des Fortpflanzungsstrebens in den mittleren Jahren, ein vorrangiges Engagement für das Wohl der Gemeinschaft und vor allem der gegenwärtigen Generation von Eltern und Kindern für die nächste Generation. Als evolutionäre Errungenschaft, die im menschlichen Instinkt zur Fürsorge gründet, ist Generativität ein Ausdruck des Altruismus im mittleren Alter – eine Form von sozialem Interesse, um Alfred Adlers Begriff zu verwenden – mit dem Bestreben, die Welt zu einem besseren Ort für gegenwärtige und zukünftige Generationen zu machen. Im Zentrum steht für Erikson eine entscheidende Tugend: eine Fähigkeit zur Betreuung, die den Einzelnen – jetzt als Mitglied der Gemeinschaft, in der er sowohl Wohltäter als auch Begünstigter ist – in einem weiteren Sinne umfasst. Gemäß dieser Arbeit vervollständigt die Erlangung von Generativität das Heranwachsen des Individuums zum reifen Erwachsenen, wenn es nicht durch eine frühere Störung blockiert wird.

Um den Herausforderungen dieser Phase gerecht zu werden, muss der junge Erwachsene sich an mehreren Fronten in der Welt engagieren. Wenn er wünscht, menschlich so vollkommen zu werden, wie es seine Natur erlaubt, wird er sich eine berufliche Identität aufbauen, die in produktiver Arbeit begründet ist, sich einem anderen Menschen in einer sexuell und emotional intimen Beziehung verpflichten, seine biologische Bestimmung durch die Erziehung von Kindern erfüllen und positiv zum Leben in seiner Gemeinde beitragen. Mit dem Erfolg dieser Bemühungen kommen mindestens vier neue individuelle Tugenden hinzu: die Fähigkeiten, sich selbst verantwortungsvoll zu behandeln, einen anderen Menschen innig zu lieben, sich den Kindern zu widmen und sich um die eigene Gemeinschaft zu kümmern und zu versuchen, diese zu verbessern – wie bescheiden dieses Bemühen auch sein mag. Mit diesen Bestrebungen wird das Selbst weiter individualisiert, in seiner Beziehung zu sich selbst und der Welt neu definiert und stärker auf gute Absichten ausgerichtet: das Leben, das bereits hier ist, zu bewahren und zu verbessern, neues Leben zu schaffen und bei seiner Schaffung zu helfen.

Die Relevanz jeder dieser Entwicklungen für die Freiheit und die Gesellschaftsordnung sollte klar sein. Die Aufgaben, durch die sich ein junger Erwachsener selbst definiert, sind auch diejenigen, die die wirtschaftliche, soziale und politische Welt, in der er lebt, bewahren. Die produktive Arbeit in einem gewählten Beruf trägt zum materiellen Wohlstand der Gesellschaft bei. Der Einsatz für eine andere Person eigener Wahl in der Ehe schafft die Grundlage für eine Familie, die wichtigste der sozialen Institutionen der Gesellschaft und die einzige, die sich bei der Erziehung von Kindern als erfolgreich bewährt hat. Die Hingabe an die Betreuung von Kindern erhöht die Wahrscheinlichkeit, dass sie zu kompetenten Erwachsenen heranwachsen werden. Generative Aktivitäten, die frei gewählt werden, stärken die Haltung des guten Willens, die Wohltätigkeit und die gesunde Sittlichkeit, die für die Freiheit unerlässlich sind. Doch die Errungenschaften, die die Reife des Individuums kennzeichnen und so entscheidend zur Gesundheit seiner Gemeinschaft beitragen, müssen durch den Gesamtcharakter der Gesellschaft, in der er lebt, verstärkt werden. Die langfristigen rationalen Interessen beider stimmen eindeutig überein, was wieder einmal daran zu beobachten ist, dass Bürger und Gesellschaft ständig miteinander interagieren und sich gegenseitig beeinflussen. Die Handlungen jeder Seite spiegeln die Werte wider, die sie leiten. Wenn der Bürger auf ein freies Leben in Eigenständigkeit und Kooperation besteht, wird er den Versuchungen durch den Staat, zu dessen „Kind" zu werden, widerstehen. Wenn er sich danach sehnt, in seine Angst vor der Freiheit und zu den illusorischen Versprechungen des Kollektivismus zurückzufallen, wird die liberale Agenda ihm beispringen. Am Ende spiegelt das Wesen der Regierung den Willen des Volkes – seine Vernunft oder seinen Wahnsinn – wider.

37
Freiheit und Familie

Die Familie ist eine in der Zahl begrenzte, aber dennoch echte Gesellschaft, die jedem Staat oder jeder Nation vorangeht, mit eigenen Rechten und Pflichten, ganz unabhängig vom Gemeinwesen.

Papst Leo XIII

Eine Definition der Familie

Über die alltägliche Bedeutung hinaus kann die Idee von der Familie als soziale Institution durch ihre Aufgaben definiert werden. Eine typische, entsprechend modifizierte Definition dieser Art aus einem Soziologie-Lexikon hält fest, dass von einer Kernfamilie, die aus Eltern und ihren biologischen oder adoptierten Kindern besteht, erwartet wird, dass sie:

- sich vermehrt und ihren Nachwuchs schützt und sozialisiert;
- sexuelles, aggressives, abhängiges und begieriges Verhalten kontrolliert;
- als Konzentrationspunkt produktiver Arbeit agiert;
- ihren Mitgliedern emotionalen Komfort, Unterstützung und Zuflucht gewährt;
- als Referenzquelle für bestimmte Arten von Status, wie Ethnizität, Kultur und Rasse dient.

Diese Aufgaben scheinen sich nahezu weltweit über alle Kulturen, Gesellschaften und historischen Zeitabschnitte zu erstrecken.

Ein wichtiger psychiatrischer Text über Kinder beschreibt die Familie aus einem etwas anderen Blickwinkel:

„Familien machen Menschen menschlich. Genetische Begabung und Reifungsfaktoren machen stark für die Beziehungen und Intimitäten empfänglich, die das Kind nach und nach tiefer in die Menschheit integrieren. Doch die Familie in all ihren Permutationen ist es, die letztlich das Reifungsversprechen des Kindes umsetzt und durch mächtige, wechselseitig interaktive Kräfte Gewebe, Synapse und Instinkt in menschliche Entwicklung verwandelt." (Pruett 2002)

Eine weitere Sicht auf familiäre Aufgaben findet sich in den gesetzlichen Bewertungsstandards bei Sorgerechtsverfahren. Die Kontrollnorm in diesen Fällen ist die Doktrin vom Kindeswohl. Die gesetzlichen Leitlinien für die Bewertung dieser Interessen gehen in der Regel davon aus, dass ein kompetenter Elternteil sein Kind in einer physisch sicheren und emotional stabilen häuslichen Umgebung mit Liebe, Zuneigung, Anleitung, Einfühlungsvermögen und moralischer wie religiöser Unterweisung versorgt und auch einen breiteren physischen Schutz, Bildung, materielles Wohlbefinden und Möglichkeiten für Beziehungen zu Gleichrangigen bietet. Die besondere Bedeutung der Bindung des Kindes an jede seiner Bezugspersonen wird auch in den Leitlinien hervorgehoben, die von jedem in einem Sorgerechtsstreit konkurrierenden Elternteil fordern, die Bindung des Kindes an den anderen Elternteil zu fördern, anstatt diese zu verschlechtern oder zu behindern.

Jede dieser Vorstellungen unterstreicht die unmittelbare Wirkung der Familie auf die persönliche Entwicklung des Kindes, deren gewünschtes Endergebnis der „voll funktionsfähige" Erwachsene ist. Wie bereits erwähnt, zeigt jedoch eine Untersuchung der Familie und ihrer Aufgaben in einem größeren Kontext ihre zentrale Bedeutung für die wirtschaftlichen, sozialen und politischen Institutionen der Gesellschaft, einschließlich ihrer Rolle bei der Vermittlung der Werte, die diese Institutionen erhalten. Allgemeine Beobachtungen bestätigen, dass es die Erfahrung des Kindes mit seinen Bezugspersonen ist, die es auf ein Leben als freier und verantwortungsvoller Erwachsener vorbereitet, der auf der einen

Seite seines bipolaren Selbst wahrhaft autonom und selbstständig und auf der anderen in der Lage ist, freiwillig und rechtschaffen mit anderen zusammenzuarbeiten. Ein derartiges Wachstum wird höchstwahrscheinlich in einer Familie stattfinden, die in mancherlei Hinsicht gut funktioniert. Einige dieser Funktionsbereiche wurden bereits festgestellt. Eine umfassendere Auflistung folgt in den folgenden Abschnitten. Jeder nummerierte Absatz beschreibt Aufgaben, die von einer äußerst fähigen Familie durchgeführt werden, die sich einer Erziehung verpflichtet, die Kinder sowohl selbstständig als auch gemeinschaftlich orientiert in das frühe Erwachsenenalter entlässt. Eine so geartete Familie führt mindestens die folgenden Aufgaben aus:

1. Sie beaufsichtigt die grundlegenden Antriebe des Kindes und anderer Familienmitglieder, um sicherzustellen, dass Verhaltensweisen, die von sexuellen und aggressiven Impulsen, Abhängigkeit und Sicherheitsbedürfnissen, narzisstischen Bestrebungen, Erwerbswünschen, fürsorglichen Instinkten und Bedürfnissen nach Beziehungen herrühren, sich innerhalb gesetzlich, moralisch und gesellschaftlich akzeptabler Grenzen bewegen.

2. Sie lehrt und gestaltet Normen für richtiges Verhalten und Gewissensschranken als Grundlage charakterlicher Tugenden wie Selbstständigkeit, Selbstbestimmung, Gegenseitigkeit und Zusammenarbeit.

3. Als primäre regenerative Einheit dient sie der Gesellschaft, indem sie kulturelle Werte überträgt, die für die wirtschaftliche, soziale und politische Stabilität entscheidend sind.

4. Sie erleichtert das Erlangen von Grundvertrauen, Hoffnung, Autonomie, Willen, Initiative, Absicht, Fleiß, Kompetenz, Zuverlässigkeit, Kooperation, Treue, Intimität, Anerkennung, Liebe, Fürsorge, Sympathie, Gegenseitigkeit, Freundschaft, Toleranz, Loyalität und Vergebung.

5. Sie macht das Kind mit dem Wesen wirtschaftlicher Prozesse in einer freien Gesellschaft und einer gesunden Einstellung zu Erstbesitz, Eigentum und Eigentumsübertragung vertraut sowie mit der Art und den Verpflichtungen von Ver-

trägen, den grundlegenden Mechanismen von Produktion und Austausch von Waren und Dienstleistungen, der Notwendigkeit von Rückgabe und Entschädigung und den elementaren Tatsachen von Knappheit, Angebot, Nachfrage und Preis.

6. Sie lehrt Ideale der Fairness (z.B. Ehrlichkeit, Unparteilichkeit) und Gerechtigkeit (die durch bestimmte Rechte definiert ist) in Beziehungen zu anderen und lebt sie vor, wie auch die Einhaltung von Vereinbarungen und die Umsetzung von Belohnungen und Strafen auf der Grundlage von Leistung oder Verdienst.

7. Sie lehrt Mechanismen zum besseren Umgang mit körperlichem und emotionalen Leiden wie Angst, Unsicherheit, Benachteiligung, Verlust, Einsamkeit, Vernachlässigung, Ungerechtigkeit, Ungleichheit, Konkurrenz, Neid, Eifersucht und Grausamkeit.

8. Sie lehrt und lebt vor, wie man in einer freien Gesellschaft lebt, während man die Verpflichtungen und Verantwortlichkeiten erfüllt, die zur Freiheit gehören, einschließlich der Vermeidung fahrlässiger Schädigung anderer; wie man mit Autoritäten wie Polizei und Regierungsbehörden umgehen kann, wie Konflikte innerhalb und außerhalb der Familie bewältigt werden, wie man verhandelt und Kompromisse schließt und wie man auf vernünftige und unvernünftige Forderungen anderer reagiert.

9. Sie lehrt und lebt vor, wie man rational denkt, wie man die objektive Realität versteht und das eigene Leben, seine Sicherheit und sein Wohlbefinden schützt; sie erleichtert das Erreichen vernünftiger Ziele, entspricht den Standards des guten Gewissens und vermeidet Konflikte mit den vernünftigen Lebensregeln der Gesellschaft (Maultsby).

10. Sie lehrt Respekt vor der Privatsphäre anderer, Vertraulichkeit und die Einhaltung von Vertraulichkeiten sowie das Recht, in Ruhe gelassen zu werden.

11. Sie etabliert eine dauerhaft intime und treue Ehe als Grundlage der Familie und fördert das Ideal der Familie als ein relativ autonomes und rationales wirt-

schaftliches, soziales und politisches Entscheidungssystem, das auf liebevollen Bindungen und Dynamiken der Autorität, der Rechte, der Macht und der Verpflichtung basiert und ganz für die Sicherheit und zum Wohl und Wachstum ihrer Mitglieder verwaltet wird.

12. Sie etabliert mit den Eltern eine klare Führung, klare Grenzen zwischen den Generationen innerhalb der Familie und zwischen Familie und Gemeinschaft, ein allgemein positives emotionales Klima zuhause, hinreichend kommunikative Sprache und entsprechendes Verhalten sowie einen Geist der Hingabe an die Sorge für die Kinder und deren Erziehung.[5]

13. Sie dient als Mikrokosmos der Gesellschaft insgesamt, in der die Familie eine kleine soziale Institution darstellt, die sich mit nützlichen wirtschaftlichen, sozialen und politischen Bestrebungen beschäftigt und von den ausführenden, gesetzgebenden und rechtsprechenden Entscheidungen in der Familie beeinflusst ist.

14. Sie etabliert sich selbst als primärer Bezugspunkt für die Identität, die Bedeutung und den Wert jedes Mitglieds durch die Zugehörigkeit zur Familie, zuerst in der ursprünglichen Bindung an die Mutter, sodann an den Vater, die Geschwister und andere in der Großfamilie, mit zusätzlichen Elementen der Identität, die sich aus Bindungen an das Zuhause, die Nachbarschaft, Schule, Gemeinschaft und die Nation sowie aus der rassischen, kulturellen, ethnischen und religiösen Zugehörigkeit ergeben.

15. Sie bietet eine Quelle der Liebe, Zuneigung, Sorge, Kameradschaft und Zuflucht vor dem Stress des Lebens und kümmert sich um alle Familienmitglieder, vor allem um diejenigen, die alt, krank oder behindert sind.

16. Sie lehrt die Pflege und Erhaltung der physischen Umgebung des Zuhauses und erweitert diese Einstellung auf die Umgebungen der Nachbarschaft, der Stadt, des Landes und des Planeten, mit der Anerkennung von „Mutter Erde“

5 Von Pruett in Lewis' Text modifiziert.

als ultimativer Quelle des menschlichen Lebens und einer generativen Haltung ihrem Wohlergehen gegenüber.

17. Sie sorgt für den Fortbestand des Familiennamens und vermittelt ein Gefühl persönlicher Unsterblichkeit durch das Bewahren von Familienerinnerungen und Blutlinien in nachfolgenden Generationen, und sie sorgt durch die Übertragung von Immobilien und anderen Vermögenswerten durch Erbschaft für die materielle Sicherheit der Mitglieder.

18. Sie bestätigt die angeborene Spiritualität und Neugier des Kindes auf die Geheimnisse des Lebens, des Todes und der Existenz, weist in die Rolle der Spiritualität bei der Bewältigung der Herausforderungen des Lebens und des Todes ein und bietet eine religiöse/spirituelle Erziehung, die die charakteristischen Tugenden stärkt, die für eine geordnete Freiheit wichtig sind.

Die kompetente Familie

Angesichts ihrer Wechselwirkung mit der Gesamtgesellschaft, in die sie eingebunden ist, definieren diese Aufgaben die Familie als eine komplexe soziale Institution, deren Hauptzweck es ist, Kinder zur Kompetenz zu erziehen. Auch wenn sie Forderungen an alle Familienangehörigen stellen, können diese Funktionen von Eltern erreicht werden, die frei von ernsten psychischen Störungen sind, die die Ideale der geordneten Freiheit hochhalten und in einer Kultur leben, die ihr Bestreben unterstützt. Solche Familien tragen positiv zur Gemeinschaft bei, indem sie in Übereinstimmung mit hohen Idealen handeln und Kinder aufziehen, die im gegenseitigen Einvernehmen Beziehungen zu anderen anknüpfen und für sich selbst und ihre Taten Verantwortung übernehmen.

Wenn diese Funktionsebene vorhanden ist und ein reifes Erwachsensein erreicht wurde, ist es angemessen, von einer *kompetenten Familie* als Kompliment an das Ideal eines kompetenten Erwachsenen zu sprechen. Wenn sie in eine Gesellschaft eingebettet ist, die sich der Freiheit und der Zusammenarbeit verpflichtet fühlt, funktioniert eine kompetente Familie zumindest annähernd auf jenen soeben aufgelisteten Ebenen, indem sie ihre Kinder zur Selbstbestimmung, Selbstverantwortung, Mitarbeit und zum Altruismus erzieht. Beachten Sie, dass zwischen dem kompetenten Erwachsenen und der kompetenten Familie eine offensichtliche Wechselseitigkeit besteht: Kompetente Familien sind am besten dazu ausgestattet, kompetente Erwachsene zu produzieren, während kompetente Erwachsene am besten geeignet sind, um eine weitere Generation kompetenter Familien zu schaffen. Doch dieses Argument geht noch einen logischen Schritt weiter: Bei früheren Beobachtungen der wechselseitigen Einflüsse zwischen Individuen und Familien einerseits und der Gesellschaft, in die sie eingebunden sind andererseits, ergibt es auch einen Sinn, von einer *kompetenten Gesellschaft* zu sprechen, die die Bemühungen kompetenter Familien unterstützt, kompetente Erwachsene aufzuziehen, und die die Tugenden beider bestätigt. In dieser Konzeption bleibt die kompetente Person die primäre wirtschaftliche, soziale und politische Einheit, die kompetente Familie ist weiterhin die primäre zivilisatorische und sozialisierende Institution, und die kompetente Gesellschaft bietet die übergeordnete Struktur der geordneten Freiheit. Die Tradition des westlichen Individualismus, so werden wir feststellen, ist in diesem Gedanken äußerst lebendig und wurzelt in seinem Innersten.

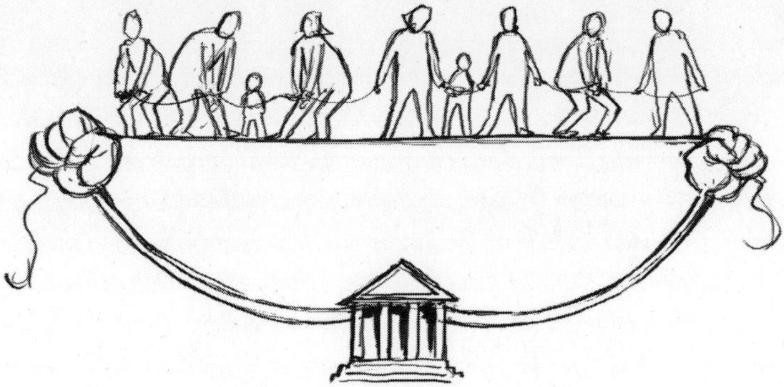

38
Familienaufgaben und die liberale Agenda

Die Familie ist der amerikanische Faschismus.
Paul Goodman

Der liberale Angriff auf die Familie

Die Philosophie des Kollektivismus im Kern der liberalen Agenda stuft nicht nur den Einzelnen als Hauptakteur in menschlichen Beziehungen herab, sondern auch die Kernfamilie als primäre sozialisierende Institution der Gesellschaft. Die folgenden Ausführungen beschreiben einen Teil des heutigen Angriffs der Agenda auf die Familie, wobei die Liste der reifen Familienfunktionen des vorangegangenen Kapitels als Grundlinie verwendet wird. Die nummerierten Absätze entsprechen den nummerierten Absätzen in dieser Liste. Jeder Absatz unten beginnt mit einem zusammenfassenden Satz im Standardtext; es folgen ausgewählte liberale Argumente in kursiver Schrift und in Klammern gesetzt. Rufen Sie sich ins Gedächtnis, dass die Liste des vorigen Kapitels behauptet, dass die hoch kompetente Familie

1. sicherstellt, dass das Verhalten des Kindes sich in moralisch und gesellschaftlich akzeptablen Grenzen bewegt, indem sie seine instinktiven Antriebe eindämmt.

[Richtlinien für moralisches und sozialverträgliches Verhalten sind willkürliche Konstrukte und sollen von der aufgeklärten Sozialwissenschaft überarbeitet werden. Jüdisch-christliche Traditionen etwa sind ein Produkt des historischen Zufalls und haben keine besondere Gültigkeit. Es gibt keine objektive Grundlage dafür zu entscheiden, welche Verhaltensregeln in einer Gesellschaft herrschen sollen, außer dass sie auf modernen liberalen Einsichten basieren und kulturelle Relativität und Vielfalt respektieren sollten. Leitlinien für zwischenmenschliche Beziehungen sollen in öffentlichen Schulen unterrichtet werden, die viele Erziehungsfunktionen, die früher der Familie zugeschrieben wurden, übernehmen müssen. Darüber hinaus war die traditionelle Drosselung instinktiver Antriebe – wie die sexuelle Repression – übertrieben und hatte schädliche Auswirkungen. Traditionelle Familien waren sexuell repressiv. Die sexuelle Revolution befreite die Menschen, vor allem die Frauen, von einer übertriebenen Hemmung ihrer sexuellen Artikulation. Darüber hinaus müssen Grundbedürfnisse nach Abhängigkeit und materieller Sicherheit, die in der Familie oft problematisch sind, kein Problem sein, wenn sie vom Staat verwaltet werden, weil der Staat menschliche Fürsorgeinstinkte nutzen und die materielle Sicherheit zum Wohle aller sicherstellen kann. Narzisstischen Neigungen freien Lauf zu lassen, ist ebenfalls gesund, da sie Selbstdarstellung, Selbstverwirklichung und Kreativität erlauben. Das Bedürfnis, sich zur Verfolgung konstruktiver Ziele mit anderen zusammenzutun, wird am besten durch staatliche Programme auf der Grundlage der universellen Bruder- und Schwesternschaft der Menschheit unterstützt, nicht auf Grundmustern, die in der Familie erlernt wurden.]

2. sicherstellt, dass ihre Kinder Normen des richtigen Verhaltens und des guten Gewissens als Grundlagen für Selbstvertrauen und Kooperation lernen. [*Selbstvertrauen zu lehren, fördert Selbstsucht, Gier, Engherzigkeit und Gleichgültigkeit gegenüber der Not der Armen, Unwissenden, Kranken und Unterdrückten. Die privaten gemeinnützigen Aktivitäten der traditionellen Familien und verwandter Institutionen wie der Kirche sind für die Bedürfnisse der Gesellschaft unzureichend. Die von Familien in kapitalistischen Gesellschaften gelehrte Kooperation beruht eher auf wirtschaftlichen Motiven wie Austausch oder Gewinn und nicht auf echter Sympathie für die Bedürftigen. Authentische Gegenseitigkeit kommt von einem Gefühl der Zugehörigkeit, nicht zur traditionellen Familie, sondern zur Bruderschaft aller Menschen, zum Kollektiv, dessen Hauptvertreter der Staat ist.*]

3. durch Übertragung kultureller Werte an ihre Kinder als wichtigste regenerative Einheit der Gesellschaft dient. [*Traditionelle kulturelle Werte, die von traditionsorientierten Eltern gelehrt werden, führen zur Ausbeutung der Massen durch die Reichen und Mächtigen und sollten nicht von Generation zu Generation durch die Familie weitervermittelt werden. Stattdessen muss die Kultur nach den Erkenntnissen zeitgenössischer Sozialwissenschaftler und anderer Mitglieder der liberalen intellektuellen Elite neu erfunden werden. Durch die Ablehnung individualistischer Vorstellungen vom Menschen, der Familie und der Gesellschaft sowie die Anwendung moderner Gesellschaftskonzepte können diese Denker Pläne schaffen, mit denen die Regierungspolitik die Unzufriedenheit der Gesellschaft zum Wohle aller überwinden kann.*]

4. dem Kind hilft, bestimmte Werte und Tugenden im Dienste der geordneten Freiheit zu verwirklichen. [*Die Familie soll das Kind zu Werten und Tugenden erziehen, die kollektivistischen Zielen dienen. Denn es ist gut, sympathisch, einfühlsam, mitfühlend, fürsorglich, mitleidig, milde, nicht wertend, tolerant gegenüber Abweichlern und dem Staat gegenüber treu zu sein, doch es ist nicht gut, moralisch streng zu sein, auf Integrität und Kompetenz zu beharren und sich zu verpflichten, Erwachsene für ihr Handeln verantwortlich zu machen. Initiative und Fleiß sind auch dann Tugenden, wenn sie kollektivistischen Zielen und nicht der Verfolgung von Eigeninteressen dienen.*]

5. das Kind mit dem Wesen ökonomischer Prozesse in einer freien Gesellschaft und einer gesunden Einstellung zu Eigentums- und Vertragsrechten sowie zu grundlegenden Mechanismen von Produktion, Austausch und Verbrauch vertraut macht. [*Die Familie sollte das Lehren dieser Angelegenheiten den Schulen und den Medien überlassen, die den Bürger bezüglich des Besitzes oder der Regulierung von Eigentum, Arbeit und Kapital durch die Regierung, staatlicher Verwaltung von Ressourcen, Produktion und Vertrieb, staatlicher Kontrolle über Angebot, Nachfrage und Preis und der Vergesellschaftung von Bildung, Verkehr, Kommunikation, Wohnungswesen und Gesundheitsversorgung unterweisen.*]

6. Fairness und Gerechtigkeit lehrt. [*Die traditionelle Familie vermittelt nicht die Prinzipien der sozialen Gerechtigkeit und Fairness, wie sie bei armen, kranken, unwissenden und unterdrückten Menschen in der Bevölkerung angewandt werden.*

Traditionelle Vorstellungen von Fairness ignorieren egalitäre Prinzipien, die eine Umverteilung von Wirtschaftsgütern, sozialem Status und politischer Macht fordern. Öffentliche Schulen und andere staatlich beeinflusste soziale Institutionen sollten anstelle von Familien die Hauptverantwortung übernehmen, Kinder in den Prinzipien von Fairness und Gerechtigkeit zu unterrichten.]

7. die Mechanismen lehrt, mit denen den unvermeidlichen Leiden des Lebens besser begegnet werden kann. [*Wie die meisten Aspekte des Lebens sollte die Bewältigung des individuellen Leidens so weit wie möglich sozialisiert werden und nicht davon abhängen, ob sie in der Familie gelehrt wird. Die Politik der Regierung kann und sollte bestimmte wirtschaftliche, soziale und politische Bedingungen, die die Ursachen des Leidens sind, in Ordnung bringen. Aufgeklärte liberale Politik kann Armut, Unwissenheit, Krankheit und andere Formen sozialer Ungerechtigkeit, die zu geistigen und körperlichen Schmerzen führen, ausmerzen. Politische Maßnahmen, die auf einer egalitären Verteilungsgerechtigkeit und einer Philosophie der Brüderlichkeit basieren, können zum Beispiel die Bedingungen beseitigen, die Angst, Unsicherheit, Neid, Eifersucht, Hoffnungslosigkeit, Unwissenheit und Isolation verursachen. Eine derart aufgeklärte Einstellung kann nicht von der Familie gelehrt werden.*]

8. Kindern vermittelt, dass die Freiheit gewisse Verantwortungen mit sich bringt, wie auch bestimmte Fähigkeiten, Beziehungen zu anderen zu knüpfen und die Schwierigkeiten des Lebens zu bewältigen. [*Kindern sollte in der Schule und durch andere öffentliche Institutionen gelehrt werden, dass das Wohlergehen aller Bürger bestimmte Verantwortungen mit sich bringt, die am besten durch Regierungsprogramme erfüllt werden. Die Hauptverantwortung des Bürgers gilt dem Staat und denjenigen, die als bedürftig ausgewiesen sind. Die meisten Schwierigkeiten sollen durch die Berufung auf kollektivistische Prinzipien gelöst werden, nicht auf Prinzipien, die auf individuellen Entscheidungen, Eigentumsrechten, Vertragsrechten oder Verfahrensgerechtigkeit beruhen. Die Bewältigung der Schwierigkeiten des Lebens ist eine kollektive Aufgabe.*]

9. Kinder lehrt, wie man rational und realistisch über objektive Realität nachdenkt. [*Was die meisten Menschen als objektive Realität bezeichnen, ist ein gesellschaftliches Konstrukt, das auf kapitalistischen Machthierarchien und einer*

Hegemonie dominanter Rassen basiert. Die persönliche Sicherheit und das Wohlbefinden sind weitgehend das Ergebnis gesellschaftlicher Bedingungen, die außerhalb des Individuums und der Familie liegen und über ihr Verständnis oder ihre Verantwortung hinausgehen. Das wahrhaftige rationale Denken erkennt die universale Brüderlichkeit der menschlichen Beziehungen an, wie etwa die Verpflichtung aller für alle und die Notwendigkeit einer umfassenden Regierungsaufsicht, um soziale Gerechtigkeit zu gewährleisten.]

10. Kindern Respekt vor Privatsphäre, Vertraulichkeit und dem Recht, in Ruhe gelassen zu werden, beibringt. [*Obwohl es Rechte auf eine Privatsphäre gibt, die z.B. die Abtreibung legal machen, sollten Familien verstehen, dass bestimmte Rechte auf Privatheit und Vertraulichkeit sich übermäßig mit dem Individuum befassen und daher zum Wohl des Kollektivs vom Staat für nichtig erklärt werden können. Ältere Ansprüche z.B. auf ein Recht, als Person und mit seinem Eigentum in Ruhe gelassen zu werden, sollten der Pflicht des Staates, für das Allgemeinwohl zu sorgen, Vorrang gewähren. Das Wohlergehen der Bevölkerung als Ganzes rechtfertigt auch das Eindringen des Staates in die Familie, wenn er beispielsweise einer Jugendlichen eine Abtreibung erlaubt, ohne dass ihre Eltern davon erfahren.*]

11. eine stabile Ehe als Grundlage der Familie und die Familie als ein relativ autonomes und rationales Entscheidungsfindungssystem etabliert, das dem Wohl ihrer Mitglieder gewidmet ist. [*Es gibt nichts Heiliges an der Ehe oder der traditionellen Familie, und für die Kindererziehung ist keine Organisationsform nötig. Etwa die Hälfte aller Ehen scheitern, und diejenigen, die nicht scheitern, bringen unglückliche Kinder und Familien hervor. Alternative Vereinbarungen des Zusammenlebens Erwachsener mit Kindern, einschließlich alleinerziehende Haushalte, sind bei der Erziehung von Kindern ebenso erfolgreich wie die traditionelle Familie, wenn nicht gar mehr. Die Erziehung und die Sozialisierung von Kindern werden, einschließlich der Unterweisung in die Moral, am besten den Lehrern des öffentlichen Schulwesens, den Kindertagesstätten und den gesellschaftlichen Multiplikatoren überlassen, die das liberale soziale Denken unterstützen. Darüber hinaus ist die traditionelle Familie als Entscheidungsfindungssystem – im Gegensatz zu den liberalen Prinzipien der Gleichheit aller Menschen – auf einer Autoritätshierarchie begründet.*]

12. eine klare Führung in Gestalt der Eltern einsetzt, klare Grenzen innerhalb der Familie und zwischen Familie und Gemeinschaft aufzeigt und einen Geist der Hingabe an die Erziehung von Kindern pflegt. [*Die elterliche Führung in den Familien ist wahrscheinlich eher autoritär als egalitär und daher für Kinder unterdrückend. Verglichen mit den traditionellen Verhaltensleitlinien sollten Kinder weniger Grenzen und mehr Diskretion bei ihren Aktivitäten einschließlich sexueller Aktivitäten, Hausaufgaben, Schlafenszeiten, der Art ihrer Kleidung, der Verwendung von Substanzen und ihrem Sprachgebrauch haben. Darüber hinaus dürfen die Belastungen der Kindererziehung die Eltern nicht in ihrem Streben nach persönlicher Erfüllung unterdrücken. Ein Großteil der Betreuung von Kindern kann ohne nachteilige Auswirkungen auf ihre Entwicklung Sittern, Nachbarn und Kindertagesstätten übergeben werden.*]

13. als Mikrokosmos der Gesellschaft im Ganzen dient. [*In ihrer gleichen Sorge für alle ihre Mitglieder sollte die Familie als Mikrokosmos der kollektiven Gesellschaft dienen, die wiederum der Familie nachempfunden werden sollte. Die Gesellschaft sollte die allgemeine Familienethik, nach der jedes Mitglied nach seinen Bedürfnissen mit den Mitteln für ein gutes Leben versorgt wird und jedes Mitglied seiner Fähigkeit entsprechend dazu beitragen wird, in ihren Gesetzen verkörpern. Kinder sollen von Familien und Schulen unterrichtet werden, um diese Ethik auf die globale menschliche Familie auszudehnen und eine größere kollektive Stimmung zu fördern. So wie alle Angehörigen der Geburtsfamilie gleichermaßen wichtig sind, sollten alle Menschen in der globalen Familie als ebenso wichtig angesehen werden, und alle haben daher das gleiche Anrecht auf das, was für ein gutes Leben erforderlich ist. Diese Notwendigkeiten, vor allem ein Mindesteinkommen und materielle Güter wie Nahrung, Kleidung und Obdach, werden am besten von einer elterlichen Regierung zur Verfügung gestellt, genauso wie echte Eltern, die ihren Haushalt führen, ihren Kindern das Nötige zur Verfügung stellen. Überlegungen von Leistung oder Verdienst sollten in diese Ethik nicht eindringen, da allein der Bedarf an solchen Gütern als Berechtigung dafür ausreicht. Ebenso sollte kontraproduktives Verhalten der Empfänger – einschließlich fehlender Anstrengungen, ihr Los zu verbessern – nicht darüber bestimmen, ob sie diese Güter erhalten. Schließlich ist es nicht die Pflicht einer Familie, die Individuation eines Kindes zu fördern, da dieser Prozess die Selbstsucht fördert, die dem Kollektivgefühl entgegensteht.*]

14. sich als primären Bezugspunkt für das persönliche Identitätsgefühl, die Bedeutung und den Wert jedes Familienmitglieds durch die Zugehörigkeit zur Familie und durch die Zugehörigkeit zu anderen gesellschaftlichen Gruppen darstellt. [*Die persönliche und die familiäre Identität des Einzelnen sind weniger wichtig als seine Identität als Mitglied der globalen menschlichen Familie, die er durch die Identifikation mit dem Kollektiv auf allen Ebenen erreicht. Die Mitgliedschaft in der Geburtsfamilie ist nur der Anfang seiner endgültigen Identität.*]

15. eine Quelle der Liebe, eine Zuflucht vor dem Stress des Lebens und Pflege für ältere, kranke und behinderte Familienmitglieder bietet. [*Familien sind allzu oft Quellen „akuter persönlicher Spannungen und Konflikte", die zu „schweren psychischen Erkrankungen und anderen Formen dysfunktionaler Identität" führen.*[6] *Es ist ein Mythos, dass die Familie eine Quelle der Liebe, Zuflucht und Pflege ist; tatsächlich sind Familien oft durch Scheidung, finanzielle Härten oder Krankheiten zerbrochen. Die Sorge um die Alten, Kranken und Behinderten kann nicht den unkalkulierbaren Bemühungen der Familien überlassen werden, sondern unterliegt der ordnungsgemäßen Verantwortung des vormundschaftlichen Wohlfahrtsstaates.*]

16. die Pflege und Erhaltung der physischen Umgebung des Zuhauses lehrt, diese Fürsorge auf die Umgebung darüber hinaus erweitert und eine generative Haltung gegenüber Mutter Erde als höchster Quelle des Lebens entwickelt. [*Bürger, deren politische Orientierung konservativ und/oder libertär ist, werden die Umwelt nicht vor den verheerenden Auswirkungen des Materialismus, Kapitalismus, Imperialismus und der Gier schützen. Die einzige Hoffnung für die Erhaltung der Umwelt liegt in Regierungsprogrammen, die die Wirtschaftstätigkeit drastisch einschränken und unseren exzessiven Lebensstandard senken. Überlässt man den Menschen ihre eigenen Entscheidungen, werden sie nicht freiwillig zusammenarbeiten, um die Umwelt zu erhalten, sondern sie werden sie stattdessen zerstören. Um die Erde zu retten, müssen die Prinzipien des aufgeklärten liberalen Umweltschutzes als Gesetze verordnet werden, die von einer Weltregierung zu erzwingen sind.*]

6 Norton Dictionary of Modern Thought, S. 308.

17. für den Fortbestand des Familiennamens und ein Gefühl persönlicher Unsterblichkeit durch nachfolgende Generationen und die Übertragung von Eigentum durch Erbschaft für die Sicherheit der Familienmitglieder sorgt. [*Unsterblichkeit ist bestenfalls eine zweifelhafte Vorstellung. Doch jegliches Unsterblichkeitsgefühl durch die Familie sollte einem größeren Sinn für die Identität als Teil des großen Kollektivs Vorrang gewähren, dessen Bedeutung weit über die Familie hinausgeht. Weiterhin sollten alle Eigentumsübertragungen durch Vererbung abgeschafft werden. Vermögenswerte, die jemand vor seinem Tod erworben hat, werden entweder aufgrund der gesellschaftlichen Bedingungen oder auf Kosten anderer Mitglieder der Gesellschaft erwirtschaftet oder durch beides zusammen. Dementsprechend gehören diese Vermögenswerte der Gesellschaft als ganzer, nicht den Erben. Vermögenswerte, die zum Zeitpunkt des Todes in Privatbesitz sind, sollten von der Regierung beschlagnahmt und Verwendungen zugeführt werden, die allen und nicht nur wenigen Bürgern zugutekommen.*]

18. die Spiritualität des Kindes anerkennt, während sie seine Rolle bei der Bewältigung der Herausforderungen des Lebens fördert und religiöse Werte anbietet, die mit der geordneten Freiheit im Einklang stehen. [*Wahre Spiritualität ist weltlich, nicht religiös, tritt in der Gemeinschaft des Kollektivs auf und stimmt mit den intellektuellen Einsichten des modernen Liberalismus überein. Traditionelle Religion ist Opium fürs Volk. Die wissenschaftliche Analyse des gesellschaftlichen Prozesses durch den modernen Liberalismus hat den Staat als angemessenes Objekt menschlicher Ehrfurcht nachgewiesen. Die historische Religion kann auf moralische Prinzipien, die dem Individualismus entgegenkommen, reduziert werden, ist ansonsten aber zu beseitigen.*]

Die Früchte des modernen Liberalismus

In Übereinstimmung mit den weitgehend destruktiven Auswirkungen seiner Gesellschaftsphilosophie hat der moderne Liberalismus, obwohl sein gesellschaftliches Konzept der Familie nachempfunden ist, bei der Unterhöhlung der Grundlagen der traditionellen Familie ganze Arbeit geleistet. Diese Auswirkungen folgen aus den gesetzgeberischen Initiativen seiner Agenda und ihren ständigen Herausforderungen, die Schranken des Gewissens zu lockern. In den mittleren und späteren Jahrzehnten des 20. Jahrhunderts zeigte sich insbesondere der Einsatz der Agenda für alternative Lebensstile, sexuelle Toleranz, Drogenmissbrauch, die Vereinfachung der Scheidung und die Auflösung der Familie, weiterhin die Förderung persönlicher Befriedigung auf Kosten persönlicher Verantwortung, ihre Verachtung der Religion und traditioneller Moralkodizes, ihre Unterstützung von Steuergesetzen, die Alleinerziehende begünstigen und die Ehe bestrafen, sowie die Einrichtung von Sozialhilfeprogrammen, die eine umfassende wirtschaftliche, soziale und politische Abhängigkeit fördern. Diese Maßnahmen haben die Grundlagen der amerikanischen Gesellschaft ernsthaft ausgehöhlt. Besonders verheerend haben sie sich auf die Familie, und vor allem auf schwarze Familien, ausgewirkt, die trotz fortdauernder Vorurteile während der ersten Hälfte des 20. Jahrhunderts weitgehend intakt geblieben waren. Diese Bemühungen, die Bedingungen menschlicher Beziehungen auf individueller, familiärer und gesellschaftlicher Ebene neu zu gestalten, setzten sich in den späten 1990er und frühen 2000er Jahren fort, obwohl liberale Politiker sich durch eine Reihe von Wahlniederlagen auf Bundes- und Staatenebene in diesen Jahren dazu veranlasst sahen, ihre übliche sozialistische Botschaft stumm zu schalten. Diese taktische Anpassung hat jedoch die grundlegende liberale Strategie nicht verändert, die Bevölkerung zu infantilisieren, die wesentlichen Aspekte des gesellschaftlichen Umgangs zu kollektivieren und diese unter eine immer stärkere Kontrolle des Staates zu zwingen.

39
Die kompetente Gesellschaft

Wo es kein Gesetz gibt, da gibt es keine Freiheit; und nur das verdient den Namen Gesetz, was für alle Mitglieder der Gemeinschaft gewiss und allgemeingültig ist.

Benjamin Rush

Einführung

Die Persönlichkeit und der Charakter eines *Individuums*, wie sie in dieser Arbeit behandelt wurden, spiegeln sich in dessen beständigen Denk-, Gefühls-, Verhaltens- und Beziehungsmustern wider. Vergleichbare Muster beschreiben die gesamte „Persönlichkeit" oder den Charakter einer bestimmten *Gesellschaft*: ihre vorherrschenden Regeln für das Leben und Beziehungsmodi, die sich in Gesetzen, Traditionen und Sitten ausdrücken; ihre politischen Grundsätze und Regierungsformen; ihre Moral, Ethik und Religionen. Der Charakter einer Gesellschaft spiegelt sich darin, ob ihre Mitglieder von einer auf individuellen Freiheitsrechten begründeten Gerechtigkeit und Rechtsstaatlichkeit regiert werden oder vom Anspruch eines sozialistischen Staates auf Leben und Arbeit seiner Bürger. Der Charakter einer Gesellschaft zeichnet sich durch Wissenschaft und Technik aus, durch ihren Forschungsgeist und ihren Respekt vor der Wahrheit. Er unterscheidet sich danach, ob die Gesellschaft Freiheit,

Sicherheit und Wohlstand für ihre Bürger vorsieht oder diese unter Androhung von Gewalt ausbeutet, ob ihre Regeln Möglichkeiten bieten, den Missbrauch von Eigentumsrechten und den Abbau von Ressourcen zu kontrollieren und auszugleichen, und wie ihre Gesetze mit persönlichen und lokalen Wissensproblemen, Interessen und Machtverhältnissen umgehen (Barnett 1998). Eine Gesellschaft zeichnet sich durch ihre Hochschätzung von Gerechtigkeit und Fairness aus, ihre Neigung zu Fürsorge, Rücksichtnahme, Großzügigkeit, gutem Willen und Höflichkeit, ihren Einsatz für das Wohl ihrer Kinder, ihre Bevorzugung der Kooperation gegenüber dem Zwang. In der Tat kann die *Kompetenz* einer Gesellschaft anhand der Gesamtheit ihrer Lebensgrundlagen definiert und besonders daran gemessen werden, ob sie ein *Regelwerk* vorsieht, das vernünftig, stabil und hinreichend berechenbar ist, so dass ihre Bürger in der Lage sind, nach einem guten Leben zu streben und die Gewissheit haben, dass die Regeln nicht mitten im Spiel geändert werden.

Die vorangegangenen Kapitel haben die Idee einer kompetenten Gesellschaft vorgestellt, die vorzugsweise die Ideale des Selbstvertrauens würdigt, die ein kompetentes Individuum kennzeichnen, und nicht die Regierungsabhängigkeit, eher die rechtmäßige Selbstverwaltung und nicht die Regulierung durch die Regierung, den moralischen Realismus und nicht den moralischen Relativismus, den Altruismus und nicht das Sozialstaatsdenken und kooperativen Individualismus statt Zwangskollektivismus. Im Streben nach dieser Idee werden die nächsten beiden Kapitel bestimmte Dispositionen unterstreichen, die den kompetenten Menschen auszeichnen, und dann fragen, welche *gesellschaftlichen* Regeln erforderlich sind, um seine Bemühungen zu unterstützen, ein Leben zu leben, das sowohl frei als auch kooperativ ist. Es sollte einleuchtend sein, dass ein solches Leben nicht realisiert werden kann, wenn die wesentlichen Institutionen einer Gesellschaft die geordnete Freiheit nicht tatsächlich schützen. Auf ihrer fundamentalsten Ebene muss die kompetente Gesellschaft die bipolare Natur des Menschen, der angemessene Fürsorge genossen hat, anerkennen: seine *individuelle* Natur, wie sie sich in der Bereitschaft zur Autonomie ausdrückt, und seine *relationale* Natur, wie sie sich in der Bereitschaft zu einvernehmlicher Zusammenarbeit artikuliert. In der folgenden Betrachtung wird die Vorstellung vom kompetenten Menschen, der in eine kompetente Gesellschaft eingebunden ist, weiter erörtert.

Kompetenz erneut betrachtet

Die wesentlichste Voraussetzung für die Entwicklung von Kompetenz beim Menschen ist mit Abstand die Drosselung angeborener sexueller, aggressiver und habgieriger Instinkte. Diese Instinkte sind in der menschlichen Biologie verankert. Sie können durch angemessene Fürsorge zivilisiert, aber nicht völlig eliminiert werden. Ihre Auswirkungen in Form zerstörerischer Handlungen werden nicht durch Armut, Unwissenheit, körperliche Krankheit, Diskriminierung oder kapitalistische Unterdrückung verursacht. Wie sie sich in einem bestimmten *Individuum* ausdrücken, hängt davon ab, inwieweit sie der Kontrolle der entsprechenden moralischen und ethischen, durch Gewissensschranken erzwungenen Normen unterstehen. *Wie sie sich in einer bestimmten Situation und Kultur artikulieren, hängt davon ab, wie der Akteur die Konsequenzen seines Handelns wahrnimmt, welche Anreize die Situation ihm bietet, welche Einschränkungen sie ihm auferlegt und welche übergreifenden Werte das Umfeld definieren, in dem seine Handlung stattfindet. Der menschliche Instinkt kann nur dort kontrolliert werden, wo die individuellen Gewissensschranken adäquat sind, die kulturelle Moral deren Kontrolle unterstützt und die Gesetze der Gesellschaft ihren kriminellen Ausdruck verhindern.*

Natürlich ist es eine banale Feststellung, dass hemmungslose Impulse, die aus *Aggression* heraus entstehen, zu Mord, Folter, Krieg und Völkermord, zu brutalen, gewalttätigen Revolutionen, zum Chaos durch Unruhen und zu Verstümmelungen durch Sadisten führen. Ungebremste Impulse aus *sexuellen* Instinkten heraus führen zu Unehelichkeit, Untreue und zur Zerrüttung von festen Partnerschaften und Familien. Wenn sie mit Aggression und pathologischem Narzissmus verbunden sind, führen hemmungslose sexuelle Impulse zu Vergewaltigung, Lustmord, Kindesmissbrauch, kriminellem Exhibitionismus und zwanghafter Ausbeutung des einen Geschlechts durch das andere um des erotischen Vergnügens, der Macht und des Egoismus willen. Ungebremste Impulse aus dem habgierigen Instinkt, *anderen Dinge wegzunehmen*, führen zu den unzähligen Verbrechen aus Habgier, die in allen Kulturen heimisch sind: Raub durch Einzelpersonen und Gruppen, Diebstahl, Betrug und Unterschlagung im Firmen-, Handels- wie auch im Privatbereich und den unvermeidlichen kriminellen Beschlagnahmungen durch die Regierung.

Doch zusätzliche Instinkte jenseits von Sexualität, Aggression und Habgier stören ebenfalls die soziale Ordnung, und müssen ebenso gebremst werden. Wenn er in seinem Ausdruck pathologisch ist, stört der Instinkt zu *narzisstischer Befriedigung* eine wirksame Zusammenarbeit auf allen Ebenen der Gesellschaft, indem er in seiner egoistischen Verfolgung großspuriger Ziele andere ausnutzt, anstatt deren Souveränität zu respektieren und vernünftige Eigeninteressen zu verfolgen. Der *Abhängigkeits*instinkt untergräbt, wenn er ungebremst ist, Eigenständigkeit, Autonomie und Gegenseitigkeit, indem er versucht, bestimmte Arten materieller und relationaler Sicherheit, die durch produktive Anstrengungen verdient und nicht als staatliche Sozialleistungen eingefordert oder durch betrügerische Wohltätigkeitspläne erbeten werden sollten, von anderen abzuziehen. Wenn sie hemmungslos und fehlgeleitet sind, führen Impulse, die sich aus dem *Fürsorge*instinkt ergeben, bei Individuen und Gruppen zu Infantilisierung und Schwäche und verzögern das Wachstum des Bürgers zur Kompetenz. Wie bereits erwähnt, werden die Fähigkeiten des kompetenten Erwachsenen zur Drosselung, Zurückhaltung und Verzögerung dieser grundlegenden instinktiven Impulse in ihrer Gesamtheit zur unentbehrlichen selbstregulierenden Infrastruktur einer wohlgeordneten Gemeinschaft.

Die Gemeinschaft muss wiederum ein System von Regeln annehmen, das die Fähigkeit des Einzelnen, sich selbst zu regulieren, fördert. Die anerkannten Ideale einer Gesellschaft – ihre Moral, ihre Ethik, ihre Gesetze und Konventionen und sogar ihre Regeln für Benimm, Manieren, Kleidung und Etikette – werden im Idealfall die innere Zurückhaltung ihrer Bürger gegenüber allen Formen antisozialen Verhaltens unterstützen. Wie Hart bemerkt hat, setzen alle stabilen Gesellschaften zumindest bestimmte primäre verpflichtende Regeln fest, die Gewalttaten, Diebstahl und Betrug verbieten. Unter Berufung auf einige „elementare Wahrheiten über die Menschen, ihre natürliche Umgebung und Ziele“ behauptet er, dass gewisse allgemein anerkannte Verhaltensregeln „den Mindestgehalt der Naturgesetze“ darstellen, der für den „Schutz von Personen, Eigentum und Versprechen“ erforderlich ist. Sowohl durch moralische Gebote als auch durch gesetzliche Statuten werden diese Regeln zum übergreifenden Verhaltenskodex der Gesellschaft. Ihre Absicht ist es, so weit wie möglich jeden kriminellen Ausdruck sexueller, aggressiver, habgieriger und anderer Instinkte in Gewalttaten, Diebstahl und Täuschung zu verbieten (Hart 1994).

Ein System von Regeln

Aufgrund dieser Erwägungen ist ein System von gegenseitigen Verpflichtungen und Aufgaben, die zum Ziel haben, zerstörerische Handlungen einzudämmen, für die geordnete Freiheit von entscheidender Bedeutung. Die wichtigsten Regeln in diesem System bestehen in Strafgesetzen, die vorsätzliche Vergehen und die Strafen definieren, mit welchen sie belegt sind. Weniger entscheidend, dennoch ebenfalls wichtig sind Haftpflichtgesetze, die fahrlässige Beschädigungen im Gegensatz zu vorsätzlichen definieren und festlegen, welche Arten von Entschädigungen den Opfern zur Verfügung stehen. Zusätzliche Verhaltensregeln, die nicht in Statuten formalisiert sind, sondern als Moral und für eine vernünftige Gesellschaft wesentliche Konventionen begriffen werden, dienen dazu, den gesellschaftlichen Verkehr auf allen Ebenen gängig zu machen. Dies sind die unzähligen moralischen, ethischen, sozialen und religiösen Prinzipien, die uns sagen, wie wir mit uns selbst und anderen umgehen und uns gegenüber unseren gesellschaftlichen Institutionen verhalten sollen. Die Regeln der Gesellschaft beschreiben, wie wir mit unseren Ehegatten oder anderen Beziehungspartnern, mit unseren Eltern, Geschwistern und weiterten Familienmitgliedern, mit unseren Nachbarn und Mitbürgern und mit unseren Regierungen und ihren Beamten umgehen sollen. Einige Regeln wie Rechtschaffenheit, Mäßigkeit, Geduld, Gewissenhaftigkeit und Tapferkeit werden als Tugenden angesehen. Diese Regeln beschreiben Spitzenstandards. Sie stammen aus dem, was Lon Fuller als eine *Moral des Strebens* bezeichnet hat: gewisse Verhaltensideale sagen uns, was wir anstreben sollten, um ein gutes Leben noch besser für uns selbst oder vorteilhafter für andere zu machen. Um die Regeln der Gesellschaft für eine zivilisierte Freiheit zu ergänzen, hält der kompetente Bürger sich an Regeln, die die menschliche Destruktivität mäßigen, von menschlicher Fahrlässigkeit abschrecken und menschliche Vortrefflichkeit anstreben. (Fuller 1969)

Diese Bemühungen seitens des Einzelnen unterstützen die breiteren Bemühungen der Gesellschaft, die menschliche Destruktivität zu begrenzen und die Struktur der Freiheit zu erhalten. Sie verlangen vom guten Bürger, die Auswirkungen seines Verhaltens auf andere zu bedenken: zu streben, wie er mag, und nach welchen Zielen er mag, um sein Leben zu verbessern – aber dies zu tun, ohne andere zu beleidigen oder ihre Rechte zu verletzen. Im Anbetracht der menschlichen Natur und dessen, was es für den Menschen bedarf, um mit anderen zu kooperieren, wird der vernünftige Bürger danach streben,

- Gesetze zu befolgen, die vor kriminellen und fahrlässigen Handlungen schützen;
- Verpflichtungen zu achten, die für Versprechen, Verträge, Eigentum und Eigentumsrechte unerlässlich sind;
- Beziehungen mit Ehrlichkeit und Rechtschaffenheit gegenüber anderen Personen zu pflegen, die ähnlich handeln;
- alle Möglichkeiten, andere zu dominieren, zu kontrollieren oder auszubeuten, von sich zu weisen;
- die Nicht-Relativität von ethischen und moralischen Kernwerten zu achten, die für Sicherheit, Glück und soziale Zusammenarbeit unerlässlich sind;
- das Recht, in Ruhe gelassen zu werden, als Grundlage der individuellen Freiheit anzuerkennen;
- eine erwachsene Vorstellung von sich selbst und anderen durch Respekt für die Souveränität, Handlungsfähigkeit, Autonomie und Freiheit aller Individuen anzunehmen;
- wirtschaftliche Selbstversorgung und eine lebensfähige befriedigende erwachsene Berufsidentität durch die Wahl der Möglichkeiten auf einem freien Arbeitsmarkt zu erreichen;
- ökonomische und soziale Verflechtungen mit anderen durch gegenseitiges Einvernehmen auf einem freien Markt von Waren, Dienstleistungen und Beziehungen aufzubauen;
- gesellschaftliche Probleme durch freiwillige Zusammenarbeit zu lösen;
- zu begreifen, dass man anderen gegenüber etwas leisten muss, um für sein Verhalten belohnt zu werden;
- andere mit Anstand, Höflichkeit, Verbindlichkeit und Rücksicht zu behandeln;
- dort, wo es angebracht ist, sympathischen Umgang mit anderen zu pflegen;
- zu heiraten und Kinder zu bekommen oder Kinder zu pflegen oder für chronisch Kranke oder Benachteiligte zu sorgen;
- Kindheitsabhängigkeiten von den Eltern beenden;
- die Versuche des Staates, altruistische Aufgaben zu übernehmen, abzulehnen;

- beständige Freundschaften außerhalb der Geburtsfamilie zu finden oder fortzusetzen;
- auf eine Weise spielen zu lernen, die mit den Verpflichtungen des Erwachsenseins übereinstimmt (Lidz 1968 und Colarusso 2000).

Alle diese Regeln sind wichtig für den Aufbau eines guten Lebens in einer freien und zivilisierten Gesellschaft. Manche sind Regeln für das Erstrebenswerte. Alle stehen im Einklang mit der bipolaren Natur des Menschen. Alle tragen zum Charakter und zur Kompetenz des Einzelnen und seiner Gesellschaft bei. Trotz ihrer bewährten Gültigkeit ist die Einhaltung dieser Regeln jedoch für große Teile der Bevölkerung nicht leicht umzusetzen. Das Wissen von der menschlichen Natur, das nötig ist, um diese Regeln wertzuschätzen, und der Charakter, dessen es bedarf, um sie zu erfüllen, wird in den prägenden Jahren leicht, aber in späteren Jahren nur unter Schwierigkeiten erworben. Das Kind zu lehren, wie man nach diesen Regeln lebt und Beziehungen eingeht, ist die zentrale Aufgabe der Sozialisierungs- und Zivilisierungsbemühungen der Kernfamilie. Doch der Charakter der Gesellschaft, in der all dies geschieht, ist ebenso entscheidend. Wie Black feststellt, sterben ganze Nationen, wenn die Grundregeln des gesellschaftlichen Lebens falschen Göttern geopfert oder ignoriert werden. (Black 1994). Der Bürger, der in ein Leben voller Beziehungen eingebunden ist, ist gleichermaßen eingebunden in die Regeln, die sie steuern.

Die Bedeutung des Charakters

Wie bereits an mehreren Punkten in dieser Arbeit erwähnt, überschneidet sich die Liste der Fähigkeiten, die den persönlichen *Charakter* beschreiben, der für ein Leben in einer freien Gesellschaft erforderlich ist, mit der Liste, die die Kompetenz definiert. Der Bürger von gutem Charakter ist in der Lage, in Übereinstimmung mit bestimmten Tugenden wie u.a. Ehrlichkeit, Integrität, Verantwortung, Selbstbestimmung und Zuverlässigkeit zu handeln. Der Bürger guten Charakters entscheidet, aus persönlichem Stolz und Zufriedenheit heraus so zu handeln, und weil er sich dafür verantwortlich fühlt, nicht weil er von der Regierungsbehörde dazu gezwungen wird. Der Bürger von gutem Charakter sorgt für seine eigenen Bedürfnisse und die Bedürfnisse derer, für die er eine freiwillige Verpflichtung übernommen hat. Er respektiert die althergebrachten Regeln, die für die soziale Ordnung wichtig sind. Bürger von gutem Charakter halten Versprechen und Verträge ein. Sie stellen keine rechtlich durchsetzbaren, aber ungerechten Ansprüche an die Zeit, die Mühe oder die materiellen Vermögenswerte anderer Personen. Sie fühlen sich nicht dazu berechtigt, von anderen unterstützt zu werden. Der Einzelne, der über einen für ein Leben in Freiheit geeigneten Charakter verfügt, glaubt, dass er das Recht hat, innerhalb der Grenzen von Gegenseitigkeit und sozialer Ordnung über Art und Weise seiner Beziehungen zur Welt zu entscheiden. Innerhalb dieser Grenzen verhält er sich verantwortlich; er übernimmt die Verantwortung für sein Handeln und akzeptiert die damit verbundenen Risiken und Konsequenzen.

Die kompetente Gesellschaft

Natürlich sind dies *individuelle* Fähigkeiten und Charaktertugenden. Ihre Bedeutung für eine freie und friedliche Gesellschaft ist unstrittig, doch auch der *Charakter der Gesellschaft selbst* ist von entscheidender Bedeutung. Für ein gutes Leben reicht es nicht aus, wenn die Bürger zwar eine lange Liste von Erwachsenentugenden erlangen, ihr Umfeld ihnen diese aber nicht bestätigen kann. Für kompetente Menschen muss die Gesellschaft, in der sie leben, selbst ein gewisses Maß an „Erwachsensein" erreicht haben, damit sie ein Leben in geordneter Freiheit verwirklichen können. Es muss eine Gesellschaft von gutem Charakter sein. Es muss eine kompetente Gesellschaft sein. Ihre Hauptinstitutionen müssen auf einer adäquaten Wertschätzung des Menschseins und der bipolaren Natur des Menschen begründet sein. Die Befähigungen des erwachsenen Individuums zu einem Leben in geordneter Freiheit müssen die Institutionen, die die Voraussetzungen für diese Freiheit sichern, bestätigen und von ihnen bestätigt werden. *Um sich als bestätigendes Umfeld für den erwachsenen, kompetenten Bürger zu qualifizieren, muss eine Gesellschaft ein grundlegendes Regelwerk festlegen, das Freiheit zulässt; sie muss eine Infrastruktur von moralischen Werten und gesetzlichem Schutz schaffen, die ermöglicht, dass wirtschaftliche, soziale und politische Prozesse im gegenseitigen Einvernehmen ablaufen.*

Der Familie kommt, wegen ihrer tiefgreifenden Auswirkungen auf die individuelle Entwicklung, eine zentrale Rolle in diesem System zu. In der Tat haben kompetente Familien das beste Rüstzeug dafür, kompetente Erwachsene zu produzieren, die wiederum das beste Rüstzeug dafür haben, eine weitere Generation kompetenter Familien hervorzubringen. Die zusätzliche Feststellung, dass die Familie in der Tat die primäre sozialisierende, zivilisatorische Institution der Gesellschaft ist, ergibt eine Triade von Instanzen – Individuum, Familie und Gesellschaft –, von denen jede einzelne die anderen tief beeinflusst. Natürlich behält jede Instanz nach dieser Auffassung ein gewisses Maß an Autonomie: Das kompetente Individuum bleibt die vorrangige ökonomische, soziale und politische Einheit der freien Gesellschaft, die kompetente Familie ist nach wie vor die primäre sozialisierende und zivilisatorische Institution, und die kompetente Gesellschaft selbst bietet die übergreifende Struktur geordneter Freiheit. Doch ist auch klar, dass jede soziale Einheit die andere in einer ständigen interaktiven Dynamik beeinflusst. Identität und Stabilität jeder Einheit sind abhängig von den anderen. Jede Einheit kann durch schwerwiegende Mängel der beiden anderen beschädigt und letztlich zerstört werden.

Angesichts dieser Perspektiven stellt sich dann die Frage, was eine wirklich zivilisierte Gesellschaft kennzeichnet, eine, die kompetent genug ist, um als übergreifende Struktur für Freiheit und Ordnung zu dienen. Aus dem, was bisher über den kompetenten Menschen festgestellt wurde, folgt, dass die Ideen, Werte, Regeln, Konventionen und Traditionen einer kompetenten Gesellschaft

- der bipolaren Natur des Menschen und des Menschseins Rechnung tragen;
- Ideale individueller Freiheit, des Selbstvertrauens, freiwilliger Zusammenarbeit, eines moralischen Realismus und eines informierten Altruismus hochhalten;
- die menschlichen Instinkte zu Selbsterhaltung, Sexualität, Aggression, Narzissmus, Gier, Abhängigkeit, Bindung und Fürsorge erhalten und regulieren;
- Eriksons Entwicklungserfolge und Tugenden bestätigen;
- wirtschaftliche, soziale, politische, moralische und rechtliche Institutionen sichern, die die Fähigkeiten kompetenter Personen bestätigen;
- wirtschaftliche, soziale, politische, moralische und rechtliche Institutionen sichern, die für die geordnete Freiheit notwendig sind, indem sie grundle-

gende Freiheitsrechte verteidigen und Probleme des Wissens, der Interessen und der Macht lösen;

- der Realität menschlicher Verwundbarkeit und menschlicher Beschränkungen hinsichtlich Wissen, Altruismus, Ressourcen, Willenskraft, Frustrationstoleranz und Moral Rechnung tragen (Hart 1994);
- Möglichkeiten schaffen, den Staat gegen eine fremde Invasion zu verteidigen;
- Kinder ermuntern, zu erfolgreichen, rechtstreuen, freien, wechselseitig orientierten und kooperativen Bürgern zu werden;
- den ökonomischen Gegebenheiten von Knappheit, Unsicherheit, Versorgung, Nachfrage, Preis und unvollkommenem Wissen, sowie der Nutzung von Land, Arbeit und Kapital Rechnung tragen;[7]
- die Abwägungen und Nebeneffekte von Gesetzen und Institutionen, wie Anreiz- und Verteilungseffekte, Verwaltungskosten und unbeabsichtigte Folgen menschlicher Gesetze und Institutionen thematisieren;
- die Moral des Strebens und die Tugenden der Zusammenarbeit lehren und belohnen und vermitteln, dass Zwang von Übel ist, es sei denn, er ist zur Verteidigung notwendig.

Welche Regeln werden diesen Zwecken dienen? Relevante Studien wurden in den letzten Jahren von Gelehrten durchgeführt, die sich für die Auswirkungen gesellschaftlicher Regeln auf menschliches Verhalten im wirtschaftlichen, sozialen und politischen Bereich interessieren. Beispiele hierfür sind die Schriften von Richard Epstein und Randy Barnett in der Rechtsphilosophie, Thomas Sowell in Ökonomie und Sozialphilosophie und John Kekes in der politischen Philosophie. Diese Gelehrten haben wichtige Beiträge zu Theorien der gesellschaftlichen Organisation geleistet. Ihre Beiträge verbindet eine besondere Tugend: Sie sind rigorose Denker, die ihre Schlussfolgerungen auf nachprüfbare Tatsachen und sorgfältige Argumentationen stützen. Alle sind Universitätsgelehrte, doch keiner von ihnen ist nur Theoretiker im Elfenbeinturm. Sie hängen keine deduktiven Übungen auf der Grundlage unbewiesener Vermutungen an. Sie

7 Die kompetente Gesellschaft umfasst die Dynamik der freien Märkte: z.B. die koordinierenden Funktionen der relativen Preise an freien Märkten, um [1] anzuzeigen, was knapp ist, [2] Angebot und Nachfrage zu spiegeln, [3] mitzuteilen, wie viel produziert werden soll, und [4] die Menge für den Konsum einzuteilen.

behaupten nicht, dass utopische Illusionen realisierbar sind. Ihre Lehren sind gut durch die Lektionen der Geschichte begründet, welche gesellschaftlichen Arrangements die zivilisierte Freiheit erschaffen bzw. sie zerstören. Alle haben die Dynamik des gesellschaftlichen Prozesses intensiv studiert. Und alle begründen ihre Schlussfolgerungen mit den moralischen und praktischen Konsequenzen einer bestimmten Sozialpolitik.

Insbesondere Epstein und Barnett haben eine Reihe von Regeln formuliert, die für eine Gesellschaft der geordneten Freiheit grundlegend sind. Weil eine systematische Stellungnahme zu ihren Ideen für die Zwecke dieses Buches viel zu lang wäre, werden hier nur begrenzte Elemente ihrer Arbeit in zusammengefasster Form erwähnt. Ihre Ideen mit einzubeziehen, dient den Bemühungen des Autors, eine Theorie der geordneten Freiheit mit überprüfbaren Tatsachen der menschlichen Natur und den realen Bedingungen, unter denen Menschen leben, zu begründen. Die nächsten Abschnitte werden bestimmte Regeln beschreiben, die für die Struktur der Freiheit wesentlich sind, kurz ihre Bedeutung erklären und sie dann auf die Fähigkeiten und Tugenden des kompetenten Menschen beziehen. Eine Erörterung der Gründe, durch die diese Regeln selbst gerechtfertigt sind, wird folgen.

Rechte, die die Freiheit strukturieren

Die für eine Gesellschaft in geordneter Freiheit wichtigsten Regeln sind solche, die – je nach Terminologie – als Natur- oder Freiheitsrechte, negative Rechte, Grund- oder Hintergrundrechte bezeichnet wurden.[8] Jedes Recht legt einen bestimmten Bereich oder Freiheitsradius fest, in dem der Rechtsinhaber, der gewöhnliche Staatsbürger, frei ist von der Einmischung durch andere, einschließlich des Staates (Epstein 1995, Barnett 1998). Eine Zusammenstellung von vier Grundrechten wurde das „libertäre Quartett" genannt:

8 Im modernen Gebrauch beschreibt der Begriff „Menschenrecht" fast jeden Anspruch, den eine Person gegen eine andere oder gegen die Gesellschaft als Ganzes vorzubringen beschließt. Die Verwendung dieses Begriffs in dieser Darstellung wird begrenzt sein.

- Das Recht auf Selbstbesitz oder Autonomie
- Das Recht des Erstbesitzes
- Das Recht auf Eigentum und Austausch oder Übertragung von Eigentum
- Das Recht auf Selbstverteidigung oder Schutz vor Aggression

Diese Zusammenstellung wird ergänzt durch zusätzliche Rechte:

- Das Recht auf gerechte Abfindung bei legitimer Enteignung;
- Das Recht auf beschränkten Zugang zum Eigentum eines anderen im Notfall;
- Das Recht auf Entschädigung für Verletzung oder Nutzung von Eigentum oder widerrechtliche Enteignung.

Ein paar offensichtliche Fragen kommen einem sofort in den Sinn: Warum sollen diese Rechte als grundlegend für Freiheit und soziale Ordnung angesehen werden? Warum sollen sie obligatorisch sein? Warum sollen sie nach bestem Wissen und Gewissen verbindlich sein? Unterstützen diese Regeln den gewöhnlichen Menschen darin, kompetent zu leben, inspirieren sie ihn gar dazu? Ein Appell an eine gesunde Moral und ein Blick auf die praktischen Konsequenzen eines jeden Rechts sind die ersten Schritte zur Beantwortung dieser Fragen.

Das Recht auf Selbstbesitz

Zuallererst und am deutlichsten spiegelt das *Recht auf Selbstbesitz oder Autonomie* einfach das *moralische* Verbot menschlicher Sklaverei wider. Wenn Freitag nicht berechtigt ist, sich ganz zu besitzen, wenn er nicht der *alleinige* Eigentümer seiner selbst ist, dann können eine oder mehrere andere Personen, Crusoe oder eine Bande von Fremden zum Beispiel, alles oder einen Teil von ihm besitzen. Wenn Freitag ganz im Besitz einer anderen Person oder Gruppe ist, dann ist er voll versklavt. Wenn nur ein Teil Freitags im Besitz einer anderen Person oder Gruppe ist, dann ist er teilweise versklavt, und seine Herrschaft über sich selbst beschränkt sich auf das, was seine anderen Besitzer erlauben. Allein aus dieser Argumentation heraus ist alles unterhalb des vollen Besitzes des eigenen Selbst moralisch widerwärtig und muss abgelehnt werden. Doch die *praktischen Konse-*

quenzen der Sklaverei sind sicherlich absurd, wenn nicht ebenso widerwärtig. Jede Gesellschaft, die Sklaverei gestattet, schafft nicht nur einen unmittelbar destabilisierenden Klassenkonflikt, sondern auch unlösbare Verwaltungsprobleme, wie z.B. die Entscheidung, wer Sklave sein wird und wer Eigentümer, wer wie viel von wem besitzen wird, wie die Vergabe von Sklaven entschieden wird, wie die Gerichtsbarkeit der Besitzer über die Sklaven überwacht wird, usw. So ist sowohl in moralischer Betrachtung als auch nach einer Analyse der Konsequenzen alles andere als der volle Selbstbesitz des Menschen ein gesellschaftlicher Wahnsinn. Die prägenden Eigenschaften des kompetenten Menschen – sein Instinkt zur Selbsterhaltung und seine Autonomie, die sich in den Fähigkeiten zu Selbstvertrauen, Selbstbestimmung, Wahl, Handlung, Initiative, Fleiß, Identität, Intimität und Souveränität offenbart – gehen alle von seinem Anspruch auf Selbstbesitz aus. Ein noch früher erreichtes Entwicklungsziel, das des Grundvertrauens, setzt ebenfalls die Regel des Selbstbesitzes voraus: Der Einzelne, der weiß, dass die grundlegendsten Werte seiner Gesellschaft die Herrschaft über sich selbst unterstützen, kann darauf vertrauen, dass sein Recht, ein eigenes Leben zu führen, vor Menschen geschützt wird, die versuchen, es für ihn zu führen oder ihn einfach zu beherrschen. Ohne Selbstbesitz ist grundlegendes *Misstrauen* die einzige Möglichkeit gesellschaftlicher Existenz.

Das Recht des Erstbesitzes

Vorausgesetzt, Freitag hat Anspruch auf das volle Eigentum an sich selbst, steht seine erste Verantwortung im Einklang mit dem menschlichen Instinkt zur Selbsterhaltung, die Mittel zum Überleben zu erwerben: Er muss unter anderem Nahrung und ein Dach über dem Kopf finden, nur um am Leben zu bleiben. Wenn er noch auf einer einsamen Insel mit wenigen oder keinen anderen Personen außer ihm selbst ist, wird er wahrscheinlich Land und andere physische Ressourcen vorfinden, die noch nicht von anderen beansprucht werden. Um ein gewisses Maß an Sicherheit und Komfort zu erreichen, wird er einer natürlichen Neigung nachgehen, alle Ressourcen zu nutzen, die auf seiner Insel verfügbar sind. Er wird essen, was er zu sammeln oder zu fangen in der Lage ist, und er wird sich irgendeine Art von Obdach aus dem bauen, was dafür zu gebrauchen ist. Das zweite von Freitags Grundrechten ist also das *Recht des Erstbesitzes*. Dieses Recht berechtigt ihn, die Kontrolle über bisher herrenlose oder aufgegebene Ressourcen zu übernehmen und sie zu benutzen, um zu überleben und zu gedeihen. Die *moralische* Grundlage dieser Berechtigung ist einfach das Recht auf Leben: Aufgrund der Tatsache, dass Freitag, wie jeder andere Mensch, sich irgendwie Nahrung, Obdach und andere Güter für sich selbst besorgen muss, um zu überleben, und angesichts der primären Geltung des Überlebens als moralisches Gut wird eine Methode zur Feststellung des ursprünglichen Eigentums an Ressourcen zum moralischen Imperativ. Wenn Freitag zum Beispiel eine unbewohnte Höhle findet, dann besteht eine gesunde Auffassung von Recht und Unrecht darauf, dass er dazu berechtigt ist, sie für seinen eigenen Gebrauch in Besitz zu nehmen. Das gleiche moralische Prinzip besteht weiter darauf, dass es für jemand anderen falsch wäre, ihn mit Gewalt oder Betrug aus der Höhle zu vertreiben. Freitags Erstanspruch auf bisher herrenloses Eigentum macht ihn zum ersten rechtmäßigen Besitzer. Darüber hinaus bekräftigt das Recht des Erstbesitzes – wie das Recht auf Selbstbesitz – die Autonomie des kompetenten Mannes, seine Fähigkeit, sein eigenes Leben zu lenken.

Das Recht auf Eigentum und Austausch

Doch das Recht Freitags auf Erstbesitz hat wenig Sinn, wenn sein ursprüngliches Eigentum an etwas über den bloßen Anspruch hinaus nicht fortwährend behauptet werden kann. Ein Recht auf *fortwährenden Besitz* entsteht natürlicherweise aus dem Recht auf Erstbesitz, das auf der gleichen moralischen Rechtfertigung beruht: Wenn Freitag berechtigt ist, eine Ressource zu benutzen, um zu überleben, wenn er sie zuerst in Besitz nimmt, dann sagt der gesunde Menschenverstand, dass er berechtigt ist, sie weiterhin uneingeschränkt zu nutzen. Und eine logische Erweiterung dieses Arguments verbietet es jedermann, ihm seine Ressource wegzunehmen. Wenn Freitag zum Beispiel herrenloses Holz sammelt und sich mit seiner eigenen Hände Arbeit eine Hütte daraus baut, dann sagt der gesunde Menschenverstand, dass es von Crusoe oder jemand anderem falsch wäre, ihn daraus zu vertreiben. Darüber hinaus erlaubt das moralische Argument, das es Freitag gestattet, seine Hütte zu besitzen, ihm auch, sie zu *verlassen*, wenn er befindet, dass er anderswo besser leben könnte. Das gleiche Argument gewährt ihm auch das Recht, die Hütte zu *verkaufen* oder sie gegen etwas *einzutauschen*, was er lieber haben möchte – ein Boot vielleicht, wenn Crusoe oder jemand anderes erreichbar ist und zufällig ein Boot anzubieten hat. Wie Adam Smith bemerkt hat, haben Menschen eine starke Neigung zu „verhandeln, tauschen und Handel zu treiben," und Personen, die durch einen Erstbesitz oder andere Mittel zu Eigentum kommen, entscheiden sich oft dafür, etwas, was sie bereits besitzen, gegen etwas einzutauschen, was sie gerne haben möchten. Die Tatsache, dass jeder Beteiligte fühlt, dass er sein Los durch den Austausch verbessert hat – oder er hätte es von vornherein nicht getan – macht daraus eine Win-Win-Transaktion. Das dritte Grundrecht ist also *das Recht, Eigentum zu besitzen und es durch Vereinbarung oder einen „Vertrag" zu tauschen*, d. h. einen physischen Gegenstand oder eine Ressource zu erwerben, zu kontrollieren und zu nutzen und durch Verkauf, Tausch oder Verschenken wegzugeben. Die Unterstützung dieses Rechts durch die kompetente Gesellschaft garantiert eine der fundamentalsten menschlichen Fähigkeiten: die Entscheidung, Dinge, die man rechtmäßig besitzt, nach eigenem Ermessen zu benutzen und zu veräußern, um die eigene Situation zu verbessern. Die Ausübung des Eigentumsrechts und der Austausch von Eigentum verstärken das Gefühl des Grundvertrauens in die Kontrolle über den eigenen materiellen Besitz, was wiederum die Tugenden der Selbstständigkeit und Selbstbestimmung fördert.

Ein *konsequentialistisches* Argument für das Recht auf Besitz und Austausch von Eigentum unterstützt das moralische Argument. Jede Gesellschaft, die keine rechtlich durchsetzbaren Eigentums- und Vertragsrechte hat, verfällt in einen Zustand des sozialen Chaos, in dem die Kontrolle über physisches Eigentum nur durch die Gewalt von Schlägern und nicht durch Recht und Gesetz erlangt wird. Wenn Gesetze zum Schutz des Eigentums und des Vertragsrechts fehlen oder nicht durchgesetzt werden, entscheiden Revierkämpfe zwischen städtischen Banden und die Herrschaft selbsternannter Machthaber über gesetzlose Gebiete, wer über die physischen Ressourcen und in der Regel auch über die örtliche Bevölkerung herrscht. In der Tat hat die Geschichte uns ständig Lektionen über die Beziehung zwischen Eigentum und Freiheit erteilt: *Das einklagbare Recht des einzelnen Bürgers, physisches Eigentum zu besitzen, ist der größte einzelne Beschützer der individuellen Freiheit. Die historische Bilanz politischer Experimente dokumen-*

tiert die Tatsache, dass der staatliche Besitz von Eigentum im Namen des „Volkes", wie unter den kommunistischen Regimen zu sehen war, seit jeher eine Verordnung der Tyrannei war und nicht, wie verkündet, zur Befreiung der Massen geführt hat. Ähnlich tauscht die staatliche Kontrolle über das, was mit dem Privateigentum unter sozialistischen Regimen geschieht, die individuellen Freiheiten gegen die Illusionen des Kollektivismus ein.

Vielmehr erlauben Eigentumsrechte die Kontrolle über materielle Gegenstände und Ressourcen, die zur Erlangung persönlicher Autonomie, Initiative und persönlichen Fleißes erforderlich sind. Die gleichen Rechte erlauben das Eigentum an einem sicheren und materiell bequemen Zuhause, in dem Intimität hergestellt und Kinder aufgezogen werden können. Der *gewöhnliche* Mensch kann sich nicht normal entwickeln oder sein Leben gut gestalten, wenn er nicht in der Lage ist, das was er braucht und sich wünscht, zu erwerben und zu kontrollieren. Der *kreative* Mensch hat nicht die Freiheit, etwas zu verbessern oder zu ersetzen, was jemand anderem gehört. Produkte, die den Lebensstandard einer gesamten Gesellschaft verbessern, werden ohne das Recht auf Privatbesitz weder erfunden noch geschaffen, produziert oder erworben. Schumpeters Dynamik der „kreativen Zerstörung" im Kern einer kapitalistischen Innovation erfordert, dass Einzelpersonen, die allein oder gemeinsam arbeiten, Eigentum besitzen. Der Zusammenbruch der Sowjetunion verdeutlicht die Tatsache, dass ohne individuelle Besitz- und Austauschrechte nur der zweite Begriff in Schumpeters Formulierung vorherrscht: Keine nennenswerte Kreativität ist möglich, nur die letztendliche Zerstörung einer ganzen Gesellschaft. Ebenso bedroht die allmähliche Aushöhlung der Eigentumsrechte durch die liberale Agenda zugunsten der behördlichen Kontrolle über den Bürger und seine materiellen Vermögenswerte die Lebensfähigkeit moderner Volkswirtschaften. Die gegenwärtige wirtschaftliche Stagnation Europas ist ein Beispiel dafür.

Das Recht auf Selbstverteidigung

Mit dem Eigentumsrecht, dem Recht des Erstbesitzes und dem Grundbesitz hat Freitag drei wesentliche Rechte zur Unterstützung des Lebens, der Freiheit und des Strebens nach Glück erworben. Doch diese Rechte sind nur dann sinnvoll, wenn er und die Dinge, die er besitzt, vor Angriffen geschützt werden können. Ein viertes entscheidendes Recht, das *Recht auf Selbstverteidigung*, berechtigt Freitag dazu, alles Erforderliche zu tun, um sich und sein Eigentum vor Raub durch seine Gefährten und vor allem vor den Klauen des Staates zu schützen. Seine moralische Rechtfertigung liegt in den grundlegendsten Instinkten zur Selbsterhaltung und Sicherheit und in den Eigentums- und Besitzrechten, die für diese Zwecke wesentlich sind. Ebenso ist ihre Begründung in Bezug auf Konsequenzen offensichtlich, denn ohne das Recht auf Selbstverteidigung sind sowohl Leben wie auch Eigentum leichte Beute für Gesetzlose. Ein Grundvertrauen wird dann unmöglich. Ohne ein Recht auf Selbstverteidigung kann die persönliche Souveränität jederzeit verletzt werden, und die Besitztümer sind ständig gefährdet.

Das Recht auf Selbstverteidigung vervollständigt mit den ersten drei Rechten das libertäre Quartett der einfachen Regeln für eine komplexe Welt (Epstein, Barnett). Zusammengenommen beschreiten sie einen langen Weg, um die Fundamente für eine Gesellschaft zu schaffen, die, wie Epstein hervorhebt, frei und geordnet ist. Sie schaffen die ersten Barrikaden gegen einen Hobbes'schen Krieg aller gegen alle, einen Krieg, der unvermeidlich ist in einer Welt, in der es überhaupt keine Regeln gibt und in der das Leben nur „einsam, arm, böse, brutal und kurz“ ist. So nötig sie jedoch sind, so wenig reichen sie doch für eine gesunde Gesellschaft aus. Drei weitere Regeln, die bereits oben aufgelistet sind, helfen bei einigen Fragen, die bisher noch nicht angesprochen wurden, weiter. Zwei dieser Regeln verdeutlichen die Tatsache, dass das individuelle Eigentum an Grundbesitz vernünftigerweise nicht absolut sein kann; über manches Grundeigentum müssen zeitweise Kompromisse für das Gemeinwohl geschlossen werden, wenn auch nur aus eng begrenzten Gründen.

Das Recht auf gerechte Abfindung bei Enteignungen

Die erste der drei zusätzlichen Regeln beinhaltet das Recht eines Eigentümers auf Abfindung, wenn ihm sein Eigentum vom Staat genommen wird. Die Macht der Regierung zur Enteignung, ihre Befugnis, Eigentum für einen fest umrissenen *öffentlichen* Nutzen an sich zu nehmen, ist nur dann sinnvoll, wenn die Wegnahme einem wichtigen öffentlichen Wohl dient, und dies auch nur, wenn die Privatperson oder Gruppe, der das Eigentum genommen wird, eine angemessene Entschädigung für den Verlust erhält. Wenn Freitag seine Hütte unabsichtlich über einen Wasserbrunnen gebaut hat und das Leben aller anderen auf der Insel vom Zugang zu diesem Brunnen abhängig ist, dann kann die Inselregierung (vorausgesetzt, es gibt eine) die Hütte und den Brunnen für das übergeordnete öffentliche Wohl „beschlagnahmen". Freitag muss dann seine Hütte verlagern oder abbauen; dies jedoch nicht ohne Entschädigung. Sowohl die moralischen als auch die konsequentialistischen Gründe für diese Regelung werden mit etwas Reflexion erkennbar.

Das Recht auf beschränkten Zugang

Eine zweite Ausnahme vom absoluten Eigentum ist die Regel des beschränkten Zugangs zum Eigentum einer anderen Person im Notfall. Unter dieser Regel hat Crusoe ein Recht, in Freitags Hütte Zuflucht vor einem lebensbedrohlichen Sturm zu suchen, auch wenn Freitag ihm nicht die Erlaubnis gegeben hat, dies zu tun. Natürlich hat Crusoe kein Recht, in der Hütte zu bleiben, nachdem der Sturm vorüber ist, doch aus einer moralischen Perspektive hat sein Recht, im Notfall einen lebensrettenden Schutz zu suchen, Vorrang vor Freitags Eigentumsrecht auf alleinige Nutzung der Hütte. Jenseits dieser moralischen Perspektive gibt es jedoch ein gutes, auf Konsequenzen begründetes Argument: Die Regel, die Crusoes Handeln bei einem Sturm erlaubt, erlaubt auch Freitag und jedem anderen Bürger, unter vergleichbaren Umständen Schutz zu suchen. Das Ergebnis der Regel ist, dass viele Leben gerettet werden, die sonst verloren sein könnten, auch wenn Grundstückseigentümer kurzzeitig Unannehmlichkeiten hinnehmen müssen.

Das Recht auf Entschädigung

Eng verwandt mit diesem Argument ist eine dritte Regel, die es jedem Bürger ermöglicht, sich um Schadensersatz zu bemühen. Wenn Crusoe aus Sicherheitsgründen in Freitags Hütte ein Fenster zerbrechen muss oder wenn er es einfach durch Zufall zerbricht, dann hat Crusoe eine moralische Verpflichtung, den Schaden entweder selbst zu reparieren oder eine Reparatur zu bezahlen oder Freitag eine finanzielle oder andere Entschädigung für den Schaden anzubieten. Dieses Argument stellt eine moralische Säule für Freitags Recht auf Rückerstattung (oder Entschädigung) bei Verletzungen dar. Doch erfüllt diese Regel, wie die anderen, auch die Anforderungen der konsequentialistischen Analyse, weil die Nettoauswirkungen für die Gesamtbevölkerung günstig sind: Die Zahlung von Schadensersatz an ein Opfer trägt dazu bei, die Verletzung zu mildern, vermittelt einen konkreten Ausdruck der Erkenntlichkeit oder des Bedauerns der Verletzung und schafft zumindest eine maßvolle Abschreckung vor einer Haltung sorgloser Missachtung des Eigentums anderer Menschen.

Überlegungen zu Rechten und Regeln

Die sieben Rechte, die gerade skizziert wurden, sind Grundregeln für das Leben, die Freiheit und das Streben nach Glück. Sie bieten eine relativ einfache, aber solide Grundlage für eine friedliche und geordnete Gesellschaft von Bürgern, die bereit und in der Lage sind, sich daran zu halten. Sie verhängen Pflichten, was Menschen für sich selbst tun und anderen nicht antun sollen, wenn sie hoffen, ihr Leben schön zu gestalten. Sie gelten grundsätzlich für alle Menschen gleichermaßen und ohne Ausnahmen oder Vorurteile. Trotz ihrer Bedeutung sind diese Regeln aber nicht alles. Ohne das Thema erschöpfen zu wollen, sind an dieser Stelle einige zusätzliche Überlegungen zu den Rechten und Freiheitsregeln angebracht.[9]

Als erste Beobachtung ist klar, dass die Grundrechte die Grundlage und eigentlich die Notwendigkeit für einen minimalen Staat liefern, der ihre Verletzung verhindert. Keine Rechte, besonders die sieben eben beschriebenen, können ohne eine Form von organisierter Autorität, die sie durchsetzt, eine Bedeutung haben. Um diese Autorität in einer Regierung zu verkörpern, müssen die Grundrechte

9 Deutlich stärker systematisierte Ausführungen zu diesen Regeln und ihren Auswirkungen auf die Freiheit finden sich in den Werken von Epstein, Barnett und Hayek. Siehe auch H.L.A. Hart, *The Concept of Law*, und Lon Fuller, *The Morality of Law*.

der Freiheit und die Maßstäbe der Gerechtigkeit, die sie implizieren, in einer *Verfassung* verankert sein, die von den Menschen, die sie regiert, unterstützt wird. Wenn diese Autorität etabliert ist, muss eine *Legislative* gebildet und ermächtigt werden, die *materiellen Rechte und Verfahrensregeln*, die die *Rechtsstaatlichkeit* darstellen, zu erlassen, zu revidieren oder aufzuheben, wobei darauf zu achten ist, dass alle Statuten mit den verfassungsrechtlichen Grundsätzen vereinbar sind. Um die Einhaltung der Gesetze zu gewährleisten, müssen *Strafverfolgungsbehörden* entwickelt werden. Ein System von *Gerichten* und eine *Judikative* muss aufgebaut werden, die entscheidet, ob ein Statut als Gesetz anerkannt ist, bestehende Gesetze auslegt, ordnungsgemäße Verfahren sicherstellt und Streitigkeiten, die nicht durch gütliche Einigung der Parteien beigelegt werden können, gerichtlich entscheidet. Auf einer konkreteren Ebene müssen Regierungsbehörden geschaffen werden, die Titel auf Eigentum, Pfandrechte an Eigentum und Adressen von Eigentümern festhalten, um Eigentum zu legitimieren und die Richtigkeit von Verträgen zu schützen. In der Geschäftswelt müssen Gesetze entwickelt werden, die von Monopolstellungen durch geheime Absprachen abschrecken, und auch für natürliche Monopole kann eine Regulierung erforderlich sein. Eine *Armee* muss zur nationalen Verteidigung geschaffen werden. Möglichkeiten, mit denen die Bürger Vertreter in ein öffentliches Amt *wählen* und wieder aus dem Amt entfernen können, müssen erdacht werden. Der umfassende Schutz der Umwelt, die Überwachung der Wasserstraßen, der Bau von Straßen und die Regulierung der Transaktionen zwischen den Zuständigkeitsbereichen, werden, nebst anderen Funktionen, in der Regel besser von staatlichen Stellen als von privaten Parteien koordiniert. Ob wir wollen oder nicht, müssen Finanzierungsmechanismen, Steuerbehörden, Bestimmungen für die Erhebung von Steuern und unzählige andere Verwaltungs- und Koordinierungsfunktionen von den Regierungen gehandhabt werden, damit die Bürger die komplizierten Angelegenheiten des modernen Lebens durchführen können.

Obwohl diese Liste keineswegs vollständig ist, schlägt sie zumindest die *Arten* von Institutionen vor, die für die soziale Ordnung benötigt werden, und gibt einen gewissen Hinweis auf ihre Zahl. Doch Regierungsaktivitäten dieser oder anderer Art kann nicht gestattet werden, sich unbegrenzt zu vervielfältigen. Experimente mit Art und Umfang der Regierung in der realen Welt und vor allem das ursprüngliche amerikanische Experiment einer begrenzten Regierung sprechen dafür, dass die Institutionen, die für die geordnete Freiheit nötig sind, einen starken, aber stets begrenzten Staat erfordern, mit begrenzter Kontrolle über begrenzte Ressourcen, die dem Schutz relativ weniger Grundrechte gewidmet sind. Was sich nicht entwickeln darf, ist ein Monsterstaat, der das Leben seiner Bürger bis ins kleinste Detail verwaltet und kontrolliert. Beachten Sie jedoch, dass der *begrenzte* Staat, der hier als Ergänzung zum kompetenten Menschen beschrieben wird, nicht der vom libertären Radikalismus idealisierte *Minimal*staat ist und erst recht nicht das anarchokapitalistische Ideal, das von Rothbard favorisiert wird.[10]

Letzteres Ideal hat keinen historischen Präzedenzfall, um den Erfahrungstest zu bestehen, und selbst in der Theorie überlässt diese Vorstellung von der menschlichen Gesellschaft dem Einzelnen mehr, als er durch private Vereinbarungen bewerkstelligen kann. Der libertäre Minimalstaat ist, wie Epstein bemerkt, einfach nicht dazu ausgerüstet, die komplizierten Koordinationsprobleme des modernen Lebens zu lösen.

Am entgegengesetzten Ende des Regierungsspektrums liegt der moderne sozialistische Staat: ein aufgeblähter und immer bankrotter Leviathan, der aus seinen Bürgern abhängige Kinder und Sklaven macht, und zu dem es den historischen Präzedenzfall gibt, der dies beweist. Zwischen den Mängeln des Minimalstaates und den Exzessen des sozialistischen Staates steht das Ideal einer Gesellschaftsordnung, das in den Werken von Barnett, Epstein, Hayek, Sowell und anderen angedeutet wird. Diese Gelehrten verstehen die menschlichen Bedürfnisse nach Autonomie und Gegenseitigkeit. Eine Gesellschaft, die auf den Regeln gründet, die sie artikulieren, gestattet dem Einzelnen die weitestmögliche Freiheit bei menschlichen Unternehmungen, während sie einem Staat genügend Macht zugesteht, jene entscheidenden Aufgaben zu bewältigen, die das private Umfeld nicht bewältigen kann oder wird.

Die Entwicklungsgeschichte von Regeln

Diese Diskussion führt zu einer zweiten Betrachtung von Regeln. Diejenigen, die sich für eine freie Gesellschaft als wesentlich erwiesen haben, sind nicht einfach,

---

10 Siehe Murray Rothbard: *The Ethics of Liberty.*

wie die vorangegangenen Bemerkungen andeuten könnten, aus methodischen Überlegungen über moralische Prinzipien und praktische Konsequenzen hervorgegangen. Stattdessen hat, wie Hayek, Barnett und andere feststellen, die allmähliche *Entwicklungsgeschichte* des Gemeinrechts über Jahrhunderte hinweg eine entscheidende Rolle bei der Entscheidung gespielt, was im menschlichen Zusammenleben funktionieren wird und was nicht. Tatsächlich haben sich die Prinzipien der Freiheit über lange Zeiträume hinweg entwickelt, da bürgerrechtliche Verfahren in unzähligen Fällen konkurrierende Ansprüche auf sowohl materielle als auch Verfahrensrechte ausgesondert haben. Natürlich geht es bei diesem Verfahren zunächst darum zu bestimmen, wie bereits geltende Gesetze auf die betreffenden Streitigkeiten anwendbar sind. Doch letztlich rücken die Gesetze selbst, nicht nur die vorliegenden Fälle, wahrscheinlich in den Fokus solcher Fragen wie dieser: Was ist moralisch richtig, und was ist falsch an diesem oder jenem Gesetz? Welche Konsequenzen wird die Anwendung eines bestimmten Gesetzes in diesem oder einem ähnlichen Fall haben? Was waren die Konsequenzen, wenn wir es in der Vergangenheit auf bestimmte Weise angewandt haben? Lon Fuller untersucht bestimmte Faktoren, die ein gutes Gesetz ausmachen: ob es tatsächlich eine Regel aufstellt, die verständlich ist und an die man sich halten kann; ob es den Menschen, für die es gelten oder denen es rückwirkend auferlegt werden soll, öffentlich bekanntgegeben wurde; ob es mit anderen Gesetzen im Einklang steht; und ob es vernünftig durchgesetzt werden kann. Im Endeffekt hängt die Frage, ob ein bestimmtes Gesetz auch ein gutes Gesetz ist, davon ab, ob es anerkannte moralische Prinzipien einschließt oder dagegen verstößt, ob es die Grundrechte der geordneten Freiheit respektiert, und ob seine Anwendung auf die Probleme, die es lösen soll, zu vernünftigen oder zu unzumutbaren gesellschaftlichen Auswirkungen führt. An irgendeinem Punkt wird oder sollte jedes Gesetz im Fokus solcher Fragen stehen wie derjenigen, ob seine Auswirkungen auf das Verhalten zulässig und miteinander kompatibel sind, ob sie zu nützlichen Anreizen und Verhaltensbeschränkungen führen, ob die Verwaltungs- und Steuerungskosten des Gesetzes akzeptabel und ob eventuelle unbeabsichtigte Nebenwirkungen tolerabel sind. Unter anderem funktioniert das sich entwickelnde bürgerliche Recht wie ein natürliches Labor, in dem die moralischen Implikationen und praktischen Konsequenzen bestimmter Gesetze und Gerichtsentscheidungen und ihre Auswirkungen auf reale Menschen, die Antworten auf Konflikte in der realen Welt suchen, betrachtet und neu überprüft werden. Bei der Arbeit dieses Labors wirken moralische Prinzipien, praktische Konsequenzen und die empirisch feststellbaren Ergebnisse der Versuche und Irrtümer des bürgerlichen Rechts bei der Entwicklung der Rechtsgrundsätze zusammen.

Eine dritte Betrachtung ist gut: Auch wenn die Hemmung, die Beschränkung und die Verzögerung der primitiven Instinkte fest in die Psyche des Individuums eingepflanzt sind, und selbst wenn die Fähigkeiten zu Selbstständigkeit und Gegenseitigkeit durch angemessene Fürsorge gut entwickelt sind, ist es immer noch so, dass Menschen bestimmte Grundregeln – darunter auch viele rechtlich durchsetzbare – brauchen, um in Frieden und Freiheit zusammenzuleben. Diese Grundregeln sind erforderlich, um die angeborenen Begrenzungen der menschlichen Natur zu kompensieren. Über die Probleme durch unsere Instinkte hinaus sind wir, wie Hart festgestellt hat, in unserer Sorge um andere, unserem Verständnis von Situationen, den Mitteln, die uns zur Verfügung stehen und in unserer Willenskraft zwangsläufig eingeschränkt. Selbst in unserer Bestform sind wir vor allem von Eigeninteressen motiviert; wir werden leicht egoistisch oder Schlimmeres. Egal wie reif wir sind, tolerieren wir nur ein gewisses Maß an Frustration und haben nur begrenzte Energie. Das Wichtigste ist, dass wir alle in unserer Anfälligkeit für räuberisches Verhalten und schädliche Fahrlässigkeit gegenüber anderen ungefähr gleich sind; daher braucht jeder – nicht nur einige – Bürger den Schutz der Regeln. Angesichts dieser Realitäten ist eine Form von Regierung unerlässlich. Um Menschen, Eigentum und Vereinbarungen zu schützen, sind diese Grundregeln erforderlich: Gewalt zu begrenzen, Eigentum zu bilden und zu bewahren, Verträge durchzusetzen, Entschädigungen zu leisten und Abfindungen für Enteignungen anzubieten.

40
Die Kraft der Regeln

Männer können es vielleicht, aber Frauen können nicht erkennen, dass die Moral im Wesentlichen eine Frage der Beibehaltung von minimalen moralischen Verkehrsregeln ist, die entworfen wurden, um enge Begegnungen zwischen autonomen Personen auf diejenigen zu beschränken, die man selbst auswählt.

Annette Baier

Der hypothetische Imperativ

Das letzte Kapitel betonte die moralischen und praktischen Konsequenzen bestimmter Grundregeln für das Leben, die in der Natur des Menschen und im Menschsein begründet sind. Die Erfahrung in der Entwicklungsgeschichte des bürgerlichen Rechts wurde wegen der Rolle zitiert, die ihr bei der Trennung der funktionierenden Regeln für das menschliche Verhalten von den nicht funktionierenden zukommt. Die Frage, warum eine Regel befolgt oder ein bestimmtes Recht beachtet werden sollte, wurde mit einem Appell an dessen moralische Inhalte und Auswirkungen auf das Verhalten beantwortet: Eine bestimmte Regel sollte befolgt oder ein besonderes Recht beachtet werden, weil es einen gesunden moralischen Sinn ergibt, dies zu tun, und weil das Ergebnis, wenn Menschen der Regel gehorchen oder das Recht beachten, für die Gesellschaft mehr gute

Konsequenzen hervorbringt als schlechte. Wenn darüber hinaus die Regel in der Vergangenheit erprobt wurde und sich erwiesen hat, dass sie die Freiheit und die soziale Ordnung unterstützt, umso besser.

Noch ein weiterer Blickwinkel, warum eine Regel befolgt werden sollte, schließt das ein, was Randy Barnett eine Naturrechtsanalyse nennt. Diese Betrachtungsweise besagt, dass eine Regel befolgt werden sollte, wenn das Verhalten, das sie befiehlt oder verbietet, logisch aus bestimmten angenommenen Tatsachen gefolgert werden kann. Das Argument folgt einem bestimmten Muster. Ein paar Beispiele illustrieren die Idee:

- Angesichts der biologischen Beschaffenheit der menschlichen Natur muss ein Mensch, wenn er vermeiden will zu verhungern, Nahrung zu sich nehmen;
- Angesichts der psychischen Beschaffenheit der menschlichen Natur muss ein kleines Kind, wenn es mit sich zufrieden sein will, seinen Eltern gefallen;
- Angesichts der sozialen/relationalen Beschaffenheit der menschlichen Natur darf ein Kind, wenn es in Frieden mit anderen spielen will, ihre Spielzeuge nicht stehlen.

Jeder dieser Sätze behauptet eine praktische Notwendigkeit. Jeder ist in die Form eines hypothetischen Imperativs gegossen. Sätze dieser Art erklären eine Wahrheit darüber, wie die Dinge unter bestimmten Voraussetzungen funktionieren: *Angesichts* bestimmter Bedingungen in der realen Welt menschlicher und natürlicher Ereignisse *muss* man, *wenn* man ein bestimmtes Ziel erreichen will, etwas Bestimmtes tun oder nicht tun. Ein hypothetischer Imperativ behauptet nicht, dass jeder die Pflicht hat, ein bestimmtes Ziel zu verfolgen, das auf einem moralischen oder religiösen Gebot oder einem Regierungserlass beruht. Er besagt nur, dass *unter Voraussetzung bestimmter Tatsachen* in der Welt menschlichen Handelns (die erste hypothetische Tatsache), ein Individuum, *wenn* es ein bestimmtes Ziel erreichen will, sei es ein moralisches oder ein praktisches (eine zweite hypothetische Tatsache), wegen der Natur dieses Ziels an sich bestimmte Handlungen ausführen *muss*, die für die Verwirklichung des Ziels wesentlich sind (der Imperativ, der aus den angenommenen Tatsachen folgt). Das Wort „hypothetisch" bezieht sich auf Bedingungen, die von der Welt als wahr angenommen werden. Das Wort „Imperativ" impliziert eine notwendige Beziehung zwischen den gegebenen Bedingungen und die Voraussetzungen, die erfüllt werden müssen, um das gewünschte Ziel zu erreichen. Wenn die Bedingungen nicht vorhanden sind und die Voraussetzungen nicht erfüllt werden, kann das Ziel nicht realisiert werden.

Diese Argumentationslinie war implizit in einer früheren Diskussion darüber, wie Crusoe und Freitag zu Regeln finden könnten, die ihren Umgang miteinander regeln. Im Wesentlichen würden sie, wenn sie klug wären, dem folgenden hypothetischen Imperativ zustimmen: *Angesichts* der Tatsache, dass ihre menschliche Natur jeden von ihnen anfällig für körperliche Verletzungen durch die Hand des anderen macht, *dürfen* sie, *wenn* sie kooperativ und ohne körperliche Schmerzen oder Verletzungen durch die Hand des anderen leben wollen, den jeweils anderen *nicht* körperlich angreifen. Hier wird, wegen der Natur des Ziels, das Verbot eines solchen Angriffs zu einer Regel oder einem Recht, dessen *moralische* Kraft logisch aus den angenommenen Gegebenheiten folgt. Der hypothetische Imperativ überbrückt die Kluft zwischen der Art und Weise, wie die Dinge in der Welt sind, und der Art und Weise, wie sich die Menschen verhalten sollen, wenn sie bestimmte Ziele erreichen wollen.

Eine ähnliche Verwendung dieses Arguments verleiht den sieben Grundrechten der geordneten Freiheit moralische und praktische Kraft und führt auch Gründe dafür an, dass es einer Regierung bedarf, um sie zu durchsetzen. Im letzten Kapitel wurden die moralischen und konsequentialistischen Argumente für diese Rechte dargelegt. Die Gültigkeit dieser Argumente vorausgesetzt, sind hier die sieben Rechte als hypothetische Imperative angegeben:

1. Angesichts der Unmoral und der negativen gesellschaftlichen Folgen der *Sklaverei* muss jeder Mensch, wenn die Menschen nach Glück und Wohlstand streben und dabei in Frieden und Freiheit zusammenleben wollen, das *Recht auf Selbstbesitz* haben.

2. Angesichts der Unmoral und der negativen gesellschaftlichen Folgen, die eintreten, wenn ein Mensch des *Eigentum*s beraubt wird, *das er durch Erstbesitz erworben hat*, muss jeder, wenn die Menschen insgesamt nach Glück und Wohlstand streben und dabei in Frieden und Freiheit zusammenleben wollen, das *Recht auf Erstbesitz* haben.

3. Angesichts der Unmoral und der negativen gesellschaftlichen Folgen, wenn ein Mensch des Eigentums beraubt wird, das durch Erstbesitz, gegenseitige Übereinkunft oder als Geschenk erworben und angesichts der zusätzlich entstehenden Unmoral und der zusätzlichen negativen gesellschaftlichen Folgen, wenn er der *Fähigkeit* beraubt wird, *solches Eigentum zu verkaufen, zu tauschen oder es zu verschenken*, muss jeder Mensch, wenn die Menschen nach Glück und Wohlstand streben und dabei in Frieden und Freiheit zusammenleben wollen, *das Recht auf Eigentum* und die *Freiheit* haben, *dieses im gegenseitigen Einverständnis einzutauschen.*

4. Angesichts der Unmoral und der negativen gesellschaftlichen Folgen, wenn ein Mensch der Fähigkeit beraubt wird, *sich selbst und sein Eigentum gegen Angriffe zu verteidigen*, muss jeder Mensch, wenn die Menschen nach Glück und Wohlstand streben und dabei in Frieden und Freiheit zusammenleben wollen, das *Recht auf Selbstverteidigung* haben.

5. Angesichts der Unmoral und der negativen gesellschaftlichen Folgen, wenn einem Menschen *eine Abfindung für ihm durch den Staat zur öffentlichen Nutzung enteigneten Besitz* verwehrt wird, muss jeder Mensch, wenn die Menschen nach Glück und Wohlstand streben und dabei in Frieden und Freiheit zusammenleben wollen, das *Recht auf eine gerechte Abfindung bei Enteignungen* haben.

6. Angesichts der Unmoral und der negativen gesellschaftlichen Folgen, wenn einem Menschen *die Entschädigung für die Verletzung seiner selbst oder seines Eigentums* verwehrt wird, muss jeder Mensch, wenn die Menschen nach Glück und Wohlstand streben und dabei in Frieden und Freiheit zusammenleben wollen, das *Recht auf Entschädigung* für eine solche Verletzung haben.

7. Angesichts der Unmoral und der negativen gesellschaftlichen Folgen, wenn einem Menschen der *beschränkte Zugang zum Eigentum eines anderen in Notfällen* verwehrt wird, muss jeder Mensch, wenn die Menschen nach Glück und Wohlstand streben und dabei in Frieden und Freiheit zusammenleben wollen, das Recht auf einen *beschränkten Zugang zum Eigentum eines anderen in Notfällen* haben.

Die zusätzliche Klausel für eine Regierung, von der diese Rechte abhängig sind, kann ebenfalls als hypothetischer Imperativ bezeichnet werden:

8. Angesichts der Tatsache, dass die ersten sieben Rechte, um wirksam sein zu können, die Verwaltungs-, Gesetzgebungs-, Justiz- und Vollzugsfähigkeiten der Regierungen erfordern, müssen die Menschen, wenn sie nach Glück und Wohlstand streben und dabei in Frieden und Freiheit zusammenleben wollen, eine Regierung mit der Autorität, den Behörden und der Macht, diese Rechte zu schützen, schaffen. Ein begleitender Satz macht geltend, dass eine solche Regierung angesichts der Gefahren der Regierungsgewalt nur eine begrenzte Kontrolle über ein begrenztes gemeinsames Eigentum haben darf.

Die Verpflichtung und der hypothetische Imperativ

Das Wort „Imperativ" wird abgeleitet vom lateinischen Verb *imperare*, was „befehlen" bedeutet. Die Befehlsgewalt eines hypothetischen Imperativs liegt in der impliziten Bedeutung von Ursache und Wirkung. Die zwingende Kraft des Satzes „Angesichts der Biologie der menschlichen Natur *muss* ein Mensch, wenn er vermeiden will, dass er verhungert, Nahrung zu sich nehmen" entsteht aus dem offensichtlichen Ursache-Wirkungs-Verhältnis zwischen dem Mangel an Nahrung und dem Tod durch Verhungern. Die Tatsache der menschlichen Natur, dass der Mangel an Nahrung zum Tod durch Verhungern führt, garantiert die Wahrheit des Gebotes, Nahrung zu sich zu nehmen, wenn das Ziel ist, zu überleben. Doch eine ähnliche Gewissheit haftet dem Satz an, der ein Recht auf Selbstbesitz verkündet: Angesichts der Unmoral und der negativen gesellschaftlichen Folgen der Sklaverei muss jeder Mensch, wenn die Menschen nach Glück und Wohlstand streben und dabei in Frieden und Freiheit zusammenleben wollen, das Recht auf Selbstbesitz haben. Die Beziehung von Ursache und Wirkung wird hier ebenso deutlich: Die biologische, psychische und soziale Natur der Menschen hindert sie daran, nach Glück und Wohlstand streben und dabei in Frieden und Freiheit zu leben, wenn sie versklavt sind. Nehmen wir menschliches Glück, Wohlstand, Frieden und Freiheit als primäre moralische Güter an, kann es keinen Zweifel daran geben, dass Sklaverei unmoralisch ist oder schlechte gesellschaftliche Konsequenzen zeitigt. Sobald dieser Zweifel beseitigt ist, folgt der Imperativ des Selbstbesitzes logisch und mit moralischer Kraft. Darüber hinaus sind die Wahrheit und die verbindliche Kraft dieses Satzes durch die Erfahrung in der realen Welt politischer Abmachungen bestätigt worden: Jede Erfahrung mit der Sklaverei bezeugt die Tatsache, dass sie in Bezug auf die menschliche Natur und das Menschsein von Übel ist, während der Selbstbesitz stets positiv zum Streben nach einem guten Leben beiträgt.

Die Logik des hypothetischen Imperativs kann weiter verstanden werden, wenn das Ergebnis des Imperativs als falsch angenommen wird. Wenn ein Bildhauer Lehm aus zuvor besitzerlosem Boden gräbt, eine Statue daraus fertigt und er *nicht* das Recht hat, die Statue zu behalten, dann hat er keinen Grund, auf den er sich berufen kann, wenn ein Dieb sie ihm stiehlt. Doch das moralische Unrecht eines solchen Diebstahls ist ebenso offensichtlich wie die gesellschaftlichen Konsequenzen: eine Kultur des Diebstahls, in der niemand ein Anrecht auf sein rechtmäßig erworbenes Eigentum hat. Die Gegebenheit materieller Gegenstände und die Tatsache, dass es gesellschaftliches Chaos verursacht, Gegenstände ihren ersten Besitzern häufig wegzunehmen, stehen für die Wahrheit dessen, was durchsetzbares Gebot sein soll: Du sollst nicht nehmen, was einem anderem gehört. Historische Versuche im Kommunismus, diese Wahrheit mit dem kollektiven „Besitz" des Eigentums durch „das Volk" zu untergraben, sind gescheitert, weil sie gegen die Ursache-Wirkungs-Beziehungen verstoßen, die das individuelle Eigentum an materiellen Gegenständen unerlässlich machen.

So kraftvoll diese Argumentationslinie auch sein mag, so anfällig ist sie, wie Barnett hervorhebt, auch für Streitigkeiten über das, was „gegeben" ist. Wenn zum Beispiel das, was als eine gegebene Tatsache der menschlichen Natur angenommen wird, gut etabliert und das, was gewünscht wird, in Anbetracht dieser Tatsachen vernünftig ist, dann folgt der Imperativ ganz sicher. Wie bereits erwähnt, kann es keinen Zweifel an der Beziehung zwischen dem Essen und dem Tod durch Verhungern geben: Jeder Versuch, diesen Satz zu bestreiten, ist angesichts der biologischen Tatsachen absurd. Es ist auch schwierig, entweder die angenommenen Tatsachen oder die imperative Schlussfolgerung in der früher erwähnten Aussage zu bestreiten: Angesichts der psychischen Beschaffenheit der menschlichen Natur muss ein kleines Kind, wenn es mit sich zufrieden sein will, seinen Eltern gefallen. Sowohl die gegebenen Tatsachen als auch das daraus resultierende Gebot sind gut etabliert und ursächlich miteinander verbunden.

In der Welt des intellektuellen Diskurses noch nicht etabliert, nach Meinung des Autors nichtsdestotrotz zutreffend, ist die Hauptthese dieses Buches: *Angesichts* der biologischen, psychischen und sozialen Eigenschaften der menschlichen Natur und ihrer Auswirkungen auf wirtschaftliche, gesellschaftliche und politische Prozesse *müssen* Menschen, *wenn* sie nach Glück und Wohlstand streben und dabei in Frieden und Freiheit zusammenleben wollen, bestimmte Regeln – die sieben bereits erwähnten Grundrechte eingeschlossen – befolgen, die für die geordnete Freiheit entscheidend sind. Natürlich wurde und wird über die biologischen, psychischen und sozialen „Gegebenheiten" der menschlichen Natur von Verfechtern des modernen liberalen Geistes heftig gestritten. Die Liberalen leugnen zum Beispiel, dass die Fähigkeiten zu Autonomie und Gegenseitigkeit für die menschliche Natur von grundlegender Bedeutung sind, dass die meisten Bürger kompetent genug sind, ihr eigenes Leben zu führen, und dass freiwillige Zusammenarbeit die meisten Probleme besser lösen kann als staatlicher Zwang. Die Liberalen leugnen auch die Realität gewisser ökonomischer Gegebenheiten (wie das Gesetz von Angebot und Nachfrage), die wesentliche Rolle des Eigeninteresses bei Produktion und Austausch und die aus kollektivistischen Vorschriften folgende Hemmung einer gesunden Wirtschaft. Selbst wenn sie diese Gegebenheiten einräumen, werden die Liberalen deren entscheidende Rolle beim Streben nach Glück, Wohlstand, Frieden und Freiheit leugnen. Die weit verbreitete Verleugnung der Wirklichkeit gehört zu den kennzeichnenden Eigenschaften des liberalen Geistes.

Daher ist der Grundgedanke dieses Buches, die Leugnungen des Liberalismus zu überwinden, bzw. durch Beobachtung und Argumentation festzustellen, dass gewisse Verhaltensdispositionen das Wesen des Menschen tatsächlich kennzeichnen und tatsächlich auf den ökonomischen, sozialen und politischen Bedingungen beruhen, die für die geordnete Freiheit erforderlich sind. Genauer gesagt, behaupte ich, dass bestimmte Regeln und Rechte nur innerhalb der Auffassung von einer bipolaren menschlichen Natur in der Lage sind, eine rechtliche und moralische Grundlage für die Struktur der geordneten Freiheit zu bieten. Diese Regeln können dieses Ziel nur erreichen, wenn sie dem Wesen des Menschen gerecht werden: Die Eigentumsrechte des libertären Quartetts stehen zum Beispiel im Einklang mit der Natur des Menschen, während die „positiven Rechte" des modernen Kollektivismus die Natur des Menschen missachten. Die gesellschaftliche Architektur, die die zivilisierte Freiheit erlaubt, muss auf bestimmten Verhaltensweisen gründen, die für das menschliche Verhalten tatsächlich kennzeichnend sind.

Auf der Grundlage der bisher beschriebenen Verhaltensdispositionen behauptet ein auf der Struktur des hypothetischen Imperativs beruhendes Argument, dass eine Gesellschaft, wenn ihre Lebensregeln mit der in diesem Buch dargelegten Analyse der erwachsenen Kompetenz übereinstimmen, unter anderem die Entwicklung selbstbestimmter, selbstverantwortlicher und kooperativer Bürger fördern muss, die eine geordnete Freiheit hochhalten und sich bestimmten Maßstäben der Moral und Ethik verpflichtet haben. Ihre führenden Ideale müssen Eigenständigkeit und rechtmäßige Selbstbestimmung sein, nicht Abhängigkeit von der Regierung und staatliche Regulierung; moralische Rechtschaffenheit statt eines moralischen Freibriefes; informierter Altruismus statt Sozialstaatsdenken und kooperativer Individualismus statt Zwangskollektivismus. *Angesichts* der Natur des Menschen und der menschlichen Verfassung *dürfen*, *wenn* die Bürger einer Gesellschaft nach Glück und Wohlstand streben und dabei in Frieden und Freiheit zusammenleben wollen, die Regeln, die ihr Verhalten bestimmen, *keine* Bevölkerung von abhängigen, fordernden, manipulativen und neidischen Bürgern fördern, die die Prinzipien leugnen, von denen Frieden und Freiheit abhängig sind. Die menschliche Natur legt den Regeln, die die geordnete Freiheit unterstützen, gewisse unmissverständliche Einschränkungen auf. Sie bestimmen, welche Arten von Sozialpolitik vernünftig und welche unvernünftig sind. Gesellschaften, die diesen Unterschied ignorieren, genießen weder Ordnung noch Freiheit.

Die Wichtigkeit von Regeln

Die Grundrechte üben ihre Funktion des Schutzes von Personen, Eigentum und Vereinbarungen aus, indem sie kompetenten Bürgern bestimmte *Pflichten* auferlegen. Der Zusammenhang zwischen Rechten und Pflichten wurde bisher nur beiläufig erwähnt. Hier folgt nun, Schritt für Schritt gedacht, eine genauere Aussage zu den in den Grundrechten implizierten Pflichten:

- Wenn das Recht auf *Selbstbesitz* durchgesetzt wird, haben alle Menschen die Pflicht, davon abzusehen, ohne Einwilligung des rechtmäßigen Eigentümers etwas mit dessen Körper zu tun;
- Wenn die Rechte auf *Erstbesitz* und auf Eigentum an rechtmäßig erworbenen Vermögensgegenständen durchgesetzt werden, haben alle anderen Personen die Pflicht, dieses Eigentum nicht zu beschädigen und es seinem rechtmäßigen Eigentümer nicht wegzunehmen;
- Wenn das Recht kompetenter Personen durchgesetzt wird, freiwillig und durch informierte Übereinkunft *Eigentum zu tauschen oder zu übertragen*, haben alle anderen eine Pflicht, diese Transaktion nicht zu beeinträchtigen oder einen anderen Ausgang zu erzwingen;
- Wenn das Recht auf *Selbstverteidigung* vollstreckt wird, haben alle anderen die Pflicht, es zu unterlassen, in die Freiheit des Einzelnen oder der Gruppe einzugreifen, sich selbst und ihr Eigentum vor Angriffen oder Diebstahl zu schützen;
- Die Rechte auf gerechte Abfindung für rechtmäßige Enteignungen, begrenzten Zugang im Notfall und Ausgleich für Schäden schaffen jeweils analoge Pflichten.

Die durch diese Pflichten dem menschlichen Verhalten auferlegten Einschränkungen ermöglichen Freiheit und Kooperation; ohne diese Einschränkungen sind Freiheit und Kooperation nicht möglich. *Sowohl aus moralischer als auch aus konsequentialistischer Perspektive beständig und durch historische Versuche geprüft, bestätigen die Grundregeln der Freiheit, wenn sie als Rechte ausgedrückt werden, die Natur des Menschen, anstatt sie zu bestreiten. Und weil diese Regeln moralisch, richtig und gerecht sind, begründen sie auch die Grundlagen der gesetzlichen Gerechtigkeit und der Rechtsstaatlichkeit. Handlungen, die nach den Grundregeln ausgerichtet sind, sind gerechte Handlungen. Handlungen, die gegen die Grundregeln verstoßen, sind ungerechte Handlungen. Die Grundregeln bilden die fundamentalen Prinzipien, auf denen jede Gesellschaft kooperativer Freiheit aufgebaut werden muss. Sie bilden den Mindestinhalt des Naturrechts. Sie sind, wie Hart es ausdrückt, eine natürliche Notwendigkeit.*

Auf der Ebene des alltäglichen Umgangs bieten die Regeln Schutz vor Gewalt, Diebstahl und Betrug, die gegen Einzelpersonen, Gruppen und Familien verübt werden. Die Regeln helfen, eine geordnete Umgebung zu schaffen, in der Menschen tun können, wozu sie geschaffen wurden: Ideen hervorbringen, Ziele setzen, Pläne erstellen, Strategien entwickeln, Alternativen erkunden, Mittel beschaffen, Beziehungen eingehen und ihr Leben verbessern. Diese und praktisch alle anderen menschlichen Handlungen erfordern stabile, vorhersagbare und freie Bedingungen, unter welchen der Umgang weitgehend auf gegenseitiger Zustimmung basiert und erzwungene Interaktionen selten sind. Doch die Regeln haben auch noch weitergehende Konsequenzen. *Weil sie einen weiten Bereich des Eigentums von Individuen und kleinen Gruppen vorsehen und dies nur eine begrenzte Kontrolle über begrenztes Eigentum durch eine begrenzte Regierung bedeutet, schaffen diese Regeln den Sozialismus, den Kommunismus, den Faschismus und die Theokratien als politische Systeme für eine Gesellschaft von kompetenten Bürgern ab. Aus denselben Gründen erlauben die Regeln den Kapitalismus nicht nur, sondern implizieren ihn, da sie, neben anderen wirtschaftlichen Bedingungen, die den Kapitalismus definieren, den Selbstbesitz, das Privateigentum an Grund und Boden und die Vertragsfreiheit institutionalisieren.* Die Regeln verlangen beispielsweise, dass alle oder fast alle wirtschaftlichen Transaktionen durch Zustimmung und nicht durch Zwang erfolgen müssen. Käufer kaufen nur das, was sie nach ihren Bedürfnissen und Wünschen ausgewählt haben. Produzenten entscheiden sich, nur das zu produzieren, und Verkäufer entscheiden sich, nur das zu verkaufen, von dem sie glauben, dass es einen Gewinn erzielen wird, wenn Käufer sich entscheiden, es zu kaufen. Unter dem Kapitalismus, nicht jedoch unter irgendeiner Form des Kollektivismus, ist die individuelle Wahlfreiheit und nicht eine Regierungsvorschrift der dominierende Modus in menschlichen Beziehungen. Durch ihren Beitrag zu Smiths „unsichtbarer Hand" helfen die Grundregeln, normale Eigeninteressen und sogar ungezügelte Selbstsucht in Kanäle zu lenken, die anderen sowohl in wirtschaftlichen als auch in sozialen Bereichen zugutekommen. Darüber hinaus fördert die Tatsache, dass die Regeln gleichermaßen und allgemein für alle geschäftsfähigen Bürger gelten, die soziale Ordnung. Keiner wird wegen seiner Rasse, seiner Hautfarbe, seines Geschlechts oder anderer willkürlicher Kriterien besonders behandelt. Die Grundregeln behandeln Crusoe und Freitag wie auch Smith und Jones gleich.

Die Regeln und die menschliche Entwicklung

Tatsächlich liefern aber die Grundregeln und die damit verbundenen Rechte und Pflichten mehr als die moralischen und rechtlichen Grundlagen der geordneten Freiheit. Sie schaffen auch die gesellschaftlichen Bedingungen, unter denen die individuelle Entwicklung zur reifen Kompetenz führen kann. Ohne die Invasion Fremder oder Naturkatastrophen schafft eine Gesellschaft, die auf der Grundlage individueller Freiheit und Eigentumsrechte organisiert ist, ein Umfeld von Frieden, Freiheit und materieller Sicherheit, in dem Familien ihre Kinder ohne Angst vor plötzlichen und traumatischen sozialen Umwälzungen großziehen können. Von vernünftigen, praktisch orientierten Eltern, die zuversichtlich in die Zukunft blicken und die Ideale der Freiheit und Zusammenarbeit hochhalten, und durch eine Gemeinschaft, in der Recht und Ordnung gelten und die gegen Gewalt, Diebstahl und Betrug Gesetze durchsetzt, können die Kinder ein Gefühl von Grundvertrauen nicht nur in jene guten Dinge erwerben, die üblicherweise in der Familie vorkommen, sondern auch in solche, die üblicherweise in der ganzen Kultur auftreten. Natürlich bleiben die Grundlagen des Urvertrauens in der frühesten und intimsten Erfahrung des Kindes mit seinen Bezugspersonen begründet, und dieses Vertrauen wird hoffentlich in späteren Beziehungen innerhalb der Nachbarschaft und an Schulen verstärkt. Doch das Vertrauen, das zu Hause begann, wird auch durch den Charakter der größeren Kultur, in der das Kind aufwächst, bestätigt oder nicht. Grundsätzliches Vertrauen, das früh im Leben erworben wurde, wird während des ganzen Lebens am besten von einer gut organisierten Gesellschaft bestätigt, deren Regeln die persönliche Sicherheit sicherstellen und deren wirtschaftliche, gesellschaftliche und politische Prozesse durch Übereinkunft und nicht durch Gewalt oder Betrug vollzogen werden.

Neben den positiven Auswirkungen auf die Erlangung des Vertrauens maximieren die Grundregeln auch die Chancen für die Entwicklung von Autonomie, Initiative und Fleiß. Die Regeln, die die Eigentumsrechte und das Recht auf Besitz und Austausch von Eigentum garantieren, bestätigen die wachsende Fähigkeit des Kindes, sich zu entscheiden, zu initiieren, zum Guten zu handeln und produktive Leistungsfähigkeit zu bewahren. In einer Gesellschaft, die von den Grundregeln bestimmt wird, lernt das Kind, dass es behalten kann, was es mit seinen Händen fertigt, oder dieses gegen etwas anderes eintauschen kann. Es kann Geld mit Hausarbeiten verdienen, oder indem es als Jugendlicher nach der Schule Arbeiten annimmt. Es lernt, dass es sich von dem Geld, das es verdient, kaufen kann, was es will, und dass es ein Recht hat, das, was es verdient oder gekauft hat, zu behalten, zu verschenken oder zu tauschen. Es lernt, dass es sich und anderen umso mehr nützt, je produktiver es durch eigene Initiative und Fleiß tätig wird. Es lernt darüber hinaus, dass es mit anderen verhandeln muss, um zu bekommen, was es von ihnen will, da die Regeln ihm verbieten, sich das, was andere ihm nicht freiwillig geben wollen, einfach zu nehmen.

Alle diese relationalen Prinzipien sind durch die Grundregeln und die von ihnen abgeleiteten Rechte gesichert, und alle helfen, das Kind darauf vorzubereiten, als Erwachsener kooperativ zu sein. Durch die Schaffung überzeugender Anreize, zum eigenen Nutzen produktiv zu werden, und durch das Verbot, sich von andern ohne deren Einverständnis abhängig zu machen, unterstützen die Regeln die Selbstbestimmung nicht nur, sondern erfordern sie. Durch das Verbot, einer anderen Person mit Gewalt oder durch Betrug das wegzunehmen, was man selbst haben will, unterstützen die Regeln die freiwillige Zusammenarbeit nicht nur, sondern erfordern sie. Darüber hinaus lernt das Kind aus der Tatsache, dass die Regeln des Austauschs die Zustimmung beider beteiligter Seiten verlangen, dass es, um sein eigenes Leben zu verbessern, anderen etwas anbieten muss, von dem sie glauben, dass es ihr Leben besser macht. Die Gegenseitigkeit, die aus dieser Art von Beziehung hervorgeht, erweitert die in der Ursprungsfamilie erlernte Gegenseitigkeit; die Regeln helfen also, das individuelle Eigeninteresse mit dem Gemeinwohl zu verbinden. In der Tat bieten die Regeln nicht nur ein System von Verboten bestimmter Schädigungen, sondern sie fördern auch jene Eigenschaften, die die gegenseitige Zustimmung begünstigen.

Aus den Grundregeln ergeben sich weitere Vorteile. Wie Hart bemerkt, nennen die Regeln jene persönlichen Interessen und Neigungen, die aufgegeben werden müssen, um eine soziale Ordnung zu erreichen. Durch die machtvolle Androhung von Verhaftung, Verfolgung, Verurteilung und Strafe üben die Regeln, wenn sie als Gesetze erlassen werden, einen zwingenden Druck auf alle Bürger aus, auf bestimmte Freiheiten zu verzichten, um andere sicherzustellen. Auch über diesen Nutzen durch Androhung hinaus bieten die Regeln dennoch eine positive Verstärkung der persönlichen Identität. Durch die Einhaltung klarer gesetzlicher Leitlinien über das, was man tun muss, und das, was man nicht tun darf, um ein guter Bürger zu sein, wird der motivierte Einzelne ein erhöhtes Selbstwertgefühl empfinden, wenn er sich zu Recht als einen guten Menschen bezeichnen kann, der mit den guten Regeln einer guten Gesellschaft in Einklang steht: Die Regeln zu befolgen, identifiziert den gesetzestreuen Einzelnen positiv mit seiner dem Gesetz entsprechenden Kultur – zur Verbesserung von beiden. Die Nichtbefolgung der Regeln hingegen führt gewöhnlich zur Schmach öffentlicher Verachtung, zu sozialer Ausgrenzung und dort, wo sie anwendbar sind, zu gesetzlichen Strafen. *In einem weiteren Sinne sind die Regeln implizite Erklärungen dessen, was moralisch, nicht nur rechtlich, richtig und falsch ist. Weil sie vorschreiben, wie man andere zu behandeln hat, und wie man sie nicht behandeln darf, klingen in den formalen Gesetzen der Gesellschaft die moralischen Lehren nach, die dem heranwachsenden Kind in seinen frühen Jahren beigebracht und dadurch zu beständigen moralischen Lehren für die erwachsene Bevölkerung gemacht werden. In einer rationalen Gesellschaft sorgen die Regeln und Rechte, die unsere wichtigsten wirtschaftlichen, sozialen und politischen Transaktionen regulieren dafür, dass das, was Eltern ihre Kinder über Recht und Unrecht lehren, von Institutionen auf allen Ebenen der Gesellschaft unterstützt wird: unsere Straf- und Haftpflichtgesetze, unsere religiösen und weltlichen Gebote, unsere Traditionen, Tabus und ethischen Normen. Wenn die Regeln auf allen Ebenen der Gesellschaft untereinander stimmig sind, wie sie sein sollten, kennzeichnet eine verordnende Integrität das komplexe Gefüge der Gesellschaft.*

Die Regeln und die Freiheit

Ein stimmiges Konzept der modernen westlichen Gesellschaft erfordert also eine Reihe von Regeln, die sowohl die Freiheit als auch die Ordnung im wirtschaftlichen, sozialen und politischen Leben des Menschen garantieren. Diese Vorstellung beginnt mit der bipolaren Natur des Menschen und des menschlichen Befindens, erkennt die Macht der menschlichen Instinkte und Bindungen an, geht von der Gegebenheit menschlicher Verwundbarkeit und materieller Knappheit aus und beachtet besonders die angeborenen Grenzen von menschlicher Güte, Geduld, Altruismus, Empathie und Wissen, die vor allem die Regeln erforderlich machen. Die Regeln, die erforderlich sind, um Freiheit und Ordnung zu gewährleisten, sind die moralischen Imperative des westlichen Individualismus – vor allem diejenigen, die Gewalt, Diebstahl und Betrug verbieten. *Aus diesen Regeln wird eine Reihe von Rechten erzeugt, die bestimmte Bereiche der Freiheit und bestimmte, mit ihnen einhergehende Pflichten definieren, die begrenzen, was die Menschen einander antun können. Institutionen, die geschaffen wurden, um diese Rechte zu schützen und diese Pflichten durchzusetzen, führen zu einem organisierten Rechtssystem, das der Rechtsstaatlichkeit untersteht. Dann – und nur dann – kann der menschliche Antrieb zur Selbstverwirklichung mit dem menschlichen Bedürfnis nach Kooperation koordiniert werden. Eine so konzipierte Gesellschaft ermöglicht es, die angeborene Veranlagung zur Autonomie mit der angeborenen Veranlagung zur Gegenseitigkeit zu versöhnen.* Durch die historische Aufzeichnung von Experimenten in gesellschaftlichen Ordnungen bestätigt, stellt diese Vorstellung der menschlichen Gesellschaft das Genie des ursprünglichen amerikanischen Experiments bei der libertären Regierung fest. Es beschreibt unter anderem genau, dass die Menschen bestimmte Freiheitsrechte und mit diesen Rechten bestimmte Pflichten haben, dass alle diese Rechte und Rechtsvorschriften, die sich aus ihnen ergeben, gleichermaßen und allgemein gelten müssen, dass alle Gesetze, wie alle Regeln, Kompromisse beinhalten, die Anreizeffekte, Verwaltungs- und Verteilungskosten sowie die unvermeidlichen, unbeabsichtigten, aber hinnehmbaren Konsequenzen beinhalten, und dass jedes Rechtssystem für Grenzfälle immer unvollkommen ist.

Teil III

Einleitung zu Teil III

In Teil II wurde – nach Eriksons ersten sieben Entwicklungsphasen gegliedert – das Heranwachsen des Individuums zu reifer Kompetenz ausführlich behandelt; sodann wurden bestimmte Institutionen untersucht, die für eine geordnete Freiheit von wesentlicher Bedeutung sind. Teil III wendet sich einer psychodynamischen Analyse des liberalen Denkens an sich zu. Das irrtümliche Streben eines *wohlwollenden* Liberalismus nach einem Sozialstaat wird als Reflexion menschlicher Fürsorgeinstinkte und natürlicher Neigungen zum Altruismus betrachtet, die aus Menschen soziale Wesen machen. Diese Form des Liberalismus nimmt naiv an, dass die individuellen Freiheiten bewahrt werden können, wenn die Gesellschaft, auch unter der starken Hand der Regierung, „fürsorglicher" wird.

Der *radikale* Liberalismus dagegen beabsichtigt weit mehr: einen autoritären Staat, der nach sozialistischen Prinzipien organisiert und von liberalen Eliten beherrscht wird. Dieses utopische Ideal opfert die greifbaren Segnungen der geordneten Freiheit den illusorischen Vorteilen des Sozialstaates. Die Psychodynamik, die den liberalen Geist zu seinen irrationalen Zielen antreibt, wird dann in einem Bekenntnis in der 1. Person Singular dargelegt: Mit eigenen Worten ausgedrückt, bieten sozusagen entwicklungsbezogene Einsichten, die in früheren Kapiteln formuliert wurden, einen klaren, tiefgehenden Einblick in den Wahnsinn des liberalen Geistes.

Teil III fährt mit einer Überprüfung der letzten Entwicklungsphasen Eriksons fort und erinnert den Leser dann noch einmal an die Missbräuche, mit denen der moderne Liberalismus gegen die Prinzipien der geordneten Freiheit verstößt. Eine Beschreibung der liberalen Neurose beleuchtet die Zeichen und Symptome, die sie als Persönlichkeitsstörung qualifizieren. Das Buch schließt mit kurzen Betrachtungen darüber, wie der moderne Liberalismus zuerst im betroffenen Individuum, dann in der Gesellschaft eliminiert werden kann.

41
Der wohlwollende liberale Geist

Du sollst deinen Nächsten lieben wie dich selbst.
Levitikus 19,18

Der Angriff des modernen Liberalismus

In diesem Buch wurde argumentiert, dass die natürliche Tendenz der menschlichen Entwicklung, unterstützt von einer guten Kindererziehung in einer Kultur, die der geordneten Freiheit verpflichtet ist, einen Menschen hervorbringt, der autonom und zugleich auf Gegenseitigkeit hin orientiert ist; eine selbstständige Quelle der Initiative und der freiwilligen Zusammenarbeit bei Aktivitäten des Alltags. Ebenso wurde in diesem Buch argumentiert, dass die kollektiven Ursachen der modernen liberalen Agenda die Rechte des Einzelnen und sein Heranwachsen zu einer reifen Kompetenz untergraben sowie die Integrität der Familie, als primäre zivilisatorische und sozialisierende Einheit der Gesellschaft, und die ordnungsgemäße Funktion einer modernen Gesellschaft, eine übergreifende soziale Struktur für das Leben in Frieden und Freiheit zu bieten, unterhöhlt haben. Der moderne Liberalismus hat diese zerstörerischen Ergebnisse durch rücksichtslose rhetorische, gesetzgeberische und gerichtliche Angriffe auf Autonomie und Souveränität des Individuums, auf die natürlichen menschlichen Neigungen zu Zusammenarbeit, Gegenseitigkeit und Altruismus und auf die Prinzipien des moralischen Realismus erzielt, die sich in der westlichen Zivilisation in Jahrhunderten herausgebildet haben. Die liberale Agenda hat Regierungsabhängigkeit statt Selbstständigkeit gefördert, Lenkung durch die Regierung statt Selbstbestimmung, moralische Schwäche und Relativismus statt moralischer Rechtschaffenheit, Zwangskollektivismus statt kooperativem Individualismus, abhängige Knechtschaft statt echtem Altruismus. Zugunsten diverser kollektiver Faktoren ist es dem modernen Liberalismus gelungen, den Einzelnen aus seiner rechtmäßigen Stellung als primäre wirtschaftliche, soziale und politische Einheit der Gesellschaft zu vertreiben. Er hat die Heiligkeit der Ehe und den Zusammenhalt der Familie untergraben. Es hat die natürliche Harmonie unterhöhlt, die zwischen dem Einzelnen, der Familie und der Gemeinschaft besteht. Er hat die bindende Wirkung von Versprechen, Verträgen, Eigentums- und Besitzrechten geschwächt. Er hat das Belohnungsprinzip von Verdienst und Leistung getrennt. Er hat die moralische und ethische Grundlage für ein zivilisiertes Leben verfälscht. Er hat die Bevölkerung mit falschen Behauptungen von Betrug und Gemeinheiten und mit konstruierten Bedürfnissen nach politischer Rettung in gegnerische Klassen polarisiert. Mit einer enormen Wucherung über die Definition der Regierung und ihrer Funktionen hinaus, wie sie in der US-Verfassung dargelegt wurden, hat der moderne amerikanische Liberalismus den idealisierten „elterlichen" und administrativen Staat hervorgebracht und ihn mit umfangreichen Verwaltungs-, Betreuungs- und Regulierungsbefugnissen ausgestattet. Die Geschichte berichtet genug von dem unvermeidlichen Ergebnis solcher Überdehnungen der Regierungsgewalt: Individuelle Freiheit und friedliches Zusammenwirken menschlichen Handelns wurden stark beeinträchtigt oder sind verloren gegangen.

Die Anziehungskraft Amerikas

In diesem Buch wurde unter anderem behauptet, dass gewisse Merkmale des menschlichen Wesens für die Art und Weise, in der Individuen im gemeinschaftlichen Leben Beziehungen miteinander eingehen, von entscheidender Relevanz sind, und dass bestimmte Bedingungen, insbesondere die grundsätzlichen Regeln für das menschliche Verhalten, eingehalten werden müssen, wenn die Menschen in Frieden und Freiheit nach Selbstverwirklichung und Sicherheit streben möchten. Diese Bedingungen und vor allem gewisse Rechte und Pflichten, die in den letzten beiden Kapiteln aufgeführt wurden, sind, wie Epstein, Barnett und andere ausführen, nicht fakultativ, sondern für die Gestaltung eines guten Lebens von wesentlicher Bedeutung. Die Schlussfolgerung, dass diese Bedingungen wesentlich sind, ist keine reine Theorie, sondern das Ergebnis sorgfältiger Beobachtungen menschlichen Handelns sowohl in der Geschichte als auch in der Gegenwart. Viele solcher Beobachtungen wurden in diesem Buch zusammengefasst.

Eine der wichtigsten unter ihnen ist die anhaltende Migration einer großen Zahl von Menschen in die Vereinigten Staaten seit ihrer Gründung. Es gab nie ein Geheimnis darum, warum Millionen so viel riskiert haben, hierher zu kommen; alle haben ihre Gründe dargelegt. Die Aussicht, ein Leben in wirtschaftlicher, gesellschaftlicher und religiöser Freiheit in einem vernünftig überschaubaren Umfeld von Recht und Ordnung zu leben, übt eine überwältigende Anziehungskraft auf den menschlichen Geist aus. Diese Anziehungskraft ist eine Funktion der dem Menschen angeborenen bipolaren Natur; einer Natur, die ein individuelles Leben nach eigenen Entscheidungen anstrebt, nicht nach den Entscheidungen eines anderen, und die mit anderen auf der Grundlage gegenseitigen Einvernehmens, und nicht aus Angst vor Gefangenschaft, zusammenarbeiten möchten. Die Geschichte hat natürlich die Entscheidung des Einwanderers bestätigt. Menschen, die in die Vereinigten Staaten gekommen sind, sind in der Regel hier geblieben, weil sie glauben, dass die Lebensqualität, die sie hier anstreben, alles übertrifft, was sie anderswo erreichen könnten, auch wenn dies bedeutet, die volle Verantwortung für sich selbst und die eigenen Angehörigen zu übernehmen. Tatsächlich werden Eigenverantwortung und Risiken von allen gerne angenommen, die verstanden haben, dass die Freiheit, die von kompetenten Erwachsenen gelebt wird, nicht die Pseudofreiheit des Wohlfahrtsempfängers ist. Es stimmt allerdings, dass der zunehmende Kollektivismus der amerikanischen Sozialpolitik begonnen hat, eine neue Art von Migranten anzuziehen, die statt von Selbstbestimmung und Kooperation von den Chancen auf Anrechte und Abhängigkeit fasziniert ist. Die Verschlechterung der amerikanischen Sozialpolitik hat sich auf die Absichten, mit denen Einwanderer hier Zuflucht suchen, ausgewirkt. Die edle Struktur der Freiheit, die die ersten zweihundert Jahre Amerikas definierte, zog Menschen mit Mut und Entschlossenheit an. Die zunehmend unedlen Verführungen des Wohlfahrtsstaates ziehen nun Einwanderer mit anderen Absichten an. Das Virus des Kollektivismus hat sich nun fest verankert.

Diese Reflexionen regen jedoch zur offensichtlichen Frage an: Warum ist das Virus eigentlich hier? Wenn die liberale Agenda tatsächlich das Leben des Bürgers untergräbt, der die individuelle Freiheit hochhält, die Souveränität des anderen anerkennt, die volle Verantwortung für sein eigenes Leben übernimmt, die mit der Freiheit verbundenen Risiken auf sich nimmt und sich verpflichtet, mit anderen zum gegenseitigen Wohl zusammenzuarbeiten – warum verpflichtet sich dann überhaupt jemand den Prinzipien des modernen Liberalismus und propagiert dessen Überlegenheit bei der Koordinierung des menschlichen Verhaltens? Was veranlasst Menschen dazu, die historisch bestätigten Segnungen der größten politischen Errungenschaften der Geschichte für die regressiven Versprechungen der liberalen Agenda über Bord zu werfen? Warum tauschen sie die Freiheit, verantwortungsbewusst nach eigener Wahl zu leben, gegen die Schwäche und Unterdrückung des Verwaltungs-, Regulierungs-, Wohlfahrts- und Bevormundungsstaates ein? Was erscheint den Liberalen so wertvoll an dieser Art von Arrangement, dass es dazu rechtfertigt, die persönliche Souveränität der Adoption durch die Regierung zu opfern?

Fürsorgliche Gefühle

Die kurze und unzureichende Antwort auf diese Fragen ist, dass Liberale, wie viele andere auch, Mitgefühl für das Leiden der Benachteiligten empfinden, es zu lindern wünschen, und denken, dass Regierungen dabei helfen können. Elihu Root beobachtete, dass die Menschen „sehen, wie viel Elend es in der Welt gibt und instinktiv dagegen aufschreien." Mitgefühl mit anderen tritt bei Menschen aufgrund von Hege-, Pflege-, Fürsorge- und Rettungsinstinkten auf. Erikson betrachtete den reifen Ausdruck dieser Triebe als Entwicklungserrungenschaft von Erwachsenen: Er benutzte den Begriff *Generativität,* um damit nicht nur die Erziehung von Kindern zu bezeichnen, sondern auch ein Fürsorgeverhalten, das der Gemeinschaft als ganzer zugutekommt. Natürlich sind offensichtliche Ausdrucksformen solcher Instinkte schon lange vor dem Erwachsenenalter zu finden.

Sie treten in der frühen Kindheit auf und sind in allen späteren Jahren leicht zu beobachten. Wenn es unter ausreichend guten Bedingungen aufgewachsen ist, wird das durchschnittliche Kind auf Eltern und Geschwister, die traurig, verletzt oder krank sind, mit zärtlicher Sorge reagieren. Ein Kleinkind wird, selbst wenn es nicht viel Liebe erfahren hat, oft Mitleid mit verletzten oder verkrüppelten Tieren, kranken Freunden und schwachen und gebrechlichen Alten empfinden. Vorschulkinder werden offenkundig fürsorgliche Rollen übernehmen, wenn sie Familie spielen. Schulkinder und Jugendliche übernehmen fürsorgliche Aufgaben gegenüber kranken oder verletzten Geschwistern oder Eltern. Der jugendliche oder heranwachsende Babysitter bereitet sich auf die spätere Kindererziehung vor. Zum Teil, weil sie sich kümmern, können Kinder aller Altersstufen eine unnötige Last von Schuldgefühlen gegenüber einem leidenden Familienmitglied auf sich nehmen. Das Kind im Schulalter und der Jugendliche werden wahrscheinlich Sympathie für die Armen, Versklavten, Unterdrückten, Hilflosen oder für jeden Menschen empfinden, der leidet. Eine typische Reaktion wird den Wunsch beinhalten, zu helfen oder zu retten, zu trösten, zu heilen oder Schmerzen zu lindern. Größtenteils und trotz unserer allgegenwärtigen Neigung zur Ichbezogenheit brennt der mitfühlende Wunsch, anderen zu helfen, noch immer ewig im Geist des Menschen.

Die Arbeit einer freien Gesellschaft bestätigt diesen Punkt. Zahlreiche Berufszweige, darunter Medizin, Pflegedienste, Psychologie, Sozialarbeit, Geistlichkeit, Lehramt, Rechtswesen und Strafvollzug, Feuerwehr, Pflegeelternschaft und Kinderbetreuung beinhalten die Betreuung oder den Schutz anderer. Pflegeinstinkte treten deutlich in der Landwirtschaft, Weidewirtschaft, Viehzucht und im Natur- und Umweltschutz zutage. Das politische Amt und andere Formen des öffentlichen Dienstes entstammen ebenfalls, zusammen mit religiösen und weiteren Arten gemeinnütziger und philanthropischer Arbeit, offenkundig dem fürsorglichen Verhalten, wie auch Militär, Küstenwache und verschiedene Rettungsdienste wie das Rote Kreuz.

In einem weiteren Sinne umfassen zahlreiche gewöhnliche wirtschaftliche und soziale Tätigkeiten in der Tat Beweggründe, die direkt oder indirekt von dem Wunsch motiviert werden, anderen zu helfen, für sie zu sorgen oder ihnen zu gefallen. Das „Sich-Kümmern" eines Kaufmanns um sein Geschäft beinhaltet in der Regel nicht nur sein Streben nach Gewinn, sondern auch seine persönliche Zufriedenheit bei der Erfüllung der Bedürfnisse und Wünsche seiner Kunden. Wenn kein pathologischer Narzissmus vorliegt, wollen die meisten Menschen ihren Mitmenschen helfen, auch wenn die Bemühungen bescheiden sind. Denken Sie außerdem daran, dass ein normaler Entwicklungsverlauf bis zum Erwachsenenalter den Erwerb von Fähigkeiten zu Empathie, Identifikation und Anerkennung mit sich bringt. Diese Fähigkeiten tragen eindeutig zu einer altruistischen Einstellung bei und werden durch Gefühle von Zärtlichkeit, Sympathie und Mitleid verstärkt. Eine instinktive Neigung, anderen behilflich sein zu wollen, ist Teil des allgemeinen menschlichen Dranges, zu gegenseitigem Nutzen zusammenzuarbeiten. Dieser Drang überschneidet sich mit angeborenen Neigungen zu wechselseitigem Altruismus, einer weiteren Disposition mit Überlebenswert, die den Wunsch nach Fürsorge über die relativ engen Grenzen von Familie und Verwandtschaft hinaus erweitert. All diese Einstellungen sind Teil der biologischen, psychischen und sozialen Ausstattung der menschlichen Natur. Alle motivieren mächtige Antriebe, anderen zu helfen, sich um andere zu kümmern und sogar für andere zu leiden und zu sterben. „Es geht uns gut, wenn wir Gutes tun", ist kein leeres Klischee. In der genialen Einrichtung gesellschaftlicher Kooperation werden, wie Hazlitt so deutlich bestätigt, die langfristigen Eigeninteressen des Einzelnen mit dem Gemeinwohl in Einklang gebracht.

Möglichkeiten zu helfen

Sobald der Drang zu helfen sich durchsetzt, stellt sich jedoch die Frage, wie man ihn umsetzt. Es gibt nur zwei grundlegende Methoden, wie Menschen sich gegenseitig unterstützen können: entweder freiwillig durch individuelle und gemeinsame Bemühungen, manchmal im großen und sogar internationalen Maßstab (ein Beispiel ist das Rote Kreuz), oder zwangsweise durch die Macht der Regierung. Weil sie nur durch die Zustimmung derer funktionieren, die sie organisieren, bewahren freiwillige Methoden alle Grundrechte, die die individuelle Freiheit und die soziale Ordnung sicherstellen. Und weil eine Unternehmung dieser Art unter privater Kontrolle bleibt, werden dabei durch Personen, die für ihr Handeln verantwortlich gemacht werden können, auch gemeinnützige Motive auf alle Ebenen der Gesellschaft gelenkt, von der lokalen bis zur internationalen. Die Gesetze, die die Tätigkeiten gemeinnütziger Gruppen ordnungsgemäß regeln – solche, die Vermögensfragen, Verbindlichkeiten und Übertragungen betreffen – werden regelmäßig auf Finanztransaktionen aller Art angewandt, so dass auf Rechtsmittel zurückgegriffen werden kann, wenn das, was anfangs wie ein wohltätiges Programm erscheint, sich als etwas anderes entpuppen sollte. Darüber hinaus können Unterstützer gemeinnütziger Organisationen – wenn sie dies wünschen – verlangen, dass ihre Spenden für Rehabilitationsprogramme der Empfänger verwendet werden, die dazu dienen, deren Eigenständigkeit wiederherzustellen, soweit das möglich ist.

Die zweite Methode, das staatliche Wohlfahrtsprogramm, greift alle grundlegenden Rechte an, die die individuelle Freiheit und die gesellschaftliche Ordnung schützen, während sie die karitativen Motive des Bürgers von den Arten der Verteilung, die das Programm bestimmt, und von der Identität seiner Begünstigten abtrennt. Die staatlichen Sozialämter können für verschwenderische Entscheidungen, dienstliche Vergehen, Zweckentfremdung von Leistungen oder ganz gewöhnliche Inkompetenz in ihren Entscheidungen nicht verantwortlich gemacht werden, außer durch gelegentliche journalistische Recherchen oder indirekt durch die Wahlurne; und keine dieser Methoden erlaubt es, ihre Tätigkeit insgesamt zu beenden. Zusätzliche Nachteile bei staatlichen Wohlfahrtsprogrammen sind zerstörerische Auswirkungen auf Einzelpersonen, Familien und die Kultur insgesamt, zwangsläufige Verzerrungen von Anreizen und Kapitalverteilung sowie endlose Bürokratie, Patronage und Korruption, die ihr Wirken unweigerlich infizieren.

Der wohlwollende liberale Geist und seine Illusionen

Angesichts der Bilanz der fehlgeschlagenen „Kriege" des modernen Liberalismus gegen Armut und Drogen, der Unwirksamkeit bzw. des Bankrotts seiner kollektivierten Bildungs-, Gesundheits-, Renten-, Verkehrs- und Wohnungsprogramme, um nur einige zu nennen, und aufgrund der korrumpierenden Auswirkungen seiner Sozialprogramme auf den Charakter der Menschen können wir noch einmal fragen: Warum hat die westliche Gesellschaft den idealisierten Bevormundungs- und Verwaltungsstaat geschaffen und ihn mit umfangreichen Lenkungs-, Betreuungs- und Regulierungsbefugnissen über die Menschen ausgestattet? Die Antwort auf diese Frage findet sich im Inhalt der Frage selbst und in ihren impliziten Zielen. Glaubenssätze des modernen liberalen Denkens sind:

- Ein idealisierter liberaler Staat – oder eine enge Annäherung an diesen – kann in der realen Welt tatsächlich geschaffen werden;
- Der idealisierte *Bevormundungsstaat* kann und wird wie ein wohlwollender und liebevoller Elternteil handeln;
- Der idealisierte *Verwaltungsstaat* kann und wird das Leben der Menschen zu ihrem großen Nutzen lenken, genauso wie liebende Eltern das Leben ihrer Kinder lenken;
- Der idealisierte *Betreuungsstaat* kann und wird die Gesundheit, die wirtschaftliche Sicherheit und den sozialen Status der Menschen sicherstellen;
- Der idealisierte *Regulierungsstaat* kann und wird das Leben der Menschen kontrollieren, um wirtschaftliche Schwierigkeiten, sozialen Unfrieden und politische Konflikte zu beseitigen;
- Der idealisierte liberale Staat kann und wird alle oder fast alle Bedürfnisse und Wünsche der Menschen einschließlich ihres Wunsches, verwöhnt zu werden, erfüllen.

Dieses Buch ist jedoch bestrebt zu beweisen, dass die Versprechungen dieser Sätze aufgrund der Gegebenheiten der menschlichen Natur nicht in die Realität umgesetzt werden *können*. Darüber hinaus *sollten* sie auch nicht verwirklicht werden, weil sie gegen grundlegende Menschenrechte verstoßen, die für die geordnete Freiheit wesentlich sind. Trotzdem entscheidet sich der naive liberale Bürger aus vielen Gründen dafür, an sie zu glauben. Hier sind einige davon:

- Diese Versprechungen repräsentieren ihn und seine besten Absichten zum Wohle aller, und sie erklären seine Unterstützung für die Bedürftigsten;
- Diese Versprechungen geben ihm das Gefühl, etwas Gutes für andere zu tun, und erlauben ihm damit, sich altruistisch und großzügig zu fühlen und Schuldgefühlen aus dem Weg zu gehen;
- Diese Versprechen weisen den Regierungsbehörden karitative Aufgaben zu, damit der Bürger selbst nicht die eigentliche Wohltätigkeitsarbeit verrichten oder mit schwierigen Adressaten fertig werden muss;

- Diese Versprechen beruhigen die eigenen Ängste des Bürgers vor Hilflosigkeit, Bedürftigkeit, Unzulänglichkeit und Neid;
- Diese Versprechen beruhigen die Ängste des Bürgers vor wirtschaftlicher Not, politischer Ohnmacht und gesellschaftlichen Konflikten;
- Der naive Liberale kann seine Unwissenheit beibehalten und die Erfolglosigkeit der Programme hinsichtlich ihrer primären Ziele leugnen;
- Der naive Liberale kann seine Unwissenheit beibehalten und die unbeabsichtigten Zerstörungseffekte der Programme leugnen;
- Der naive Liberale kann seine Unwissenheit beibehalten und die finanzielle und politische Ausbeutung der Programme durch Regierungsbeamte leugnen.

Im Gegensatz zum radikalen liberalen Geist, der in späteren Kapiteln erörtert werden soll, ist dieser wohlmeinende, aber naive Bürger der *wohlwollende* liberale Geist. Er fühlt Mitleid mit denen, die arm, bedürftig, krank, verzweifelt, niedergeschlagen, unwissend, hoffnungslos und hilflos sind. Er sucht eine Macht, die größer ist als er selbst und seine Mitmenschen und größer als religiöse und freiwillige Organisationen, um Menschen in ernsten Notlagen zu helfen. Er vertritt einige konservative Werte, ist gegenüber konservativen Institutionen, vor allem Wirtschaftsinstitutionen, aber ambivalent eingestellt. Er vermutet, dass Konservative grundsätzlich egoistisch sind, und er weiß nicht, dass dieser Glaube zum Teil eine Projektion seines eigenen unbewussten Egoismus ist. Er glaubt in erheblichem Maße an die Idee der individuellen Freiheit im Rahmen der Rechtsstaatlichkeit, ist aber nicht sicher, wie viel Eigenverantwortung jemand – er selbst eingeschlossen – auf sich nehmen sollte. Er glaubt an marktwirtschaftliche Volkswirtschaften, denkt aber, dass sie von Regierungsbeamten genau reglementiert werden müssen und nicht allein durch Gesetze zum Schutz von Eigentums- und Vertragsrechten. Er glaubt an das Prinzip des Selbstbesitzes, das Recht auf Eigentum, das Recht, Eigentum im gegenseitigen Einvernehmen zu tauschen, und an das Recht auf Selbstverteidigung, aber er ist oft bereit, diese Rechte für eine kollektive Sache herzugeben, und ihm ist auffallend wenig bewusst, inwieweit sie bereits von der liberalen Agenda beeinträchtigt wurden. Er wünscht stark erweiterte Rechte auf Entschädigung und ist ambivalent gegenüber Abfindungen für Enteignungen. Er glaubt an ein Recht auf Zugang zu privatem Eigentum in Notfällen. Im Hinblick auf die meisten Interaktionen unter Erwachsenen glaubt er, dass es besser ist, ehrlich zu sein, als unehrlich, besser höflich als unhöflich, besser selbstständig als abhängig, besser gegenseitig orientiert als egoistisch, besser großzügig als geizig. Mit dieser mehr oder weniger positiven, aber ambivalenten Unterstützung für die Ideale und Bestrebungen der Freiheit kommt es dem wohlwollenden liberalen Denker nicht in den Sinn, dass die Auswirkungen der staatlichen Wohlfahrtsprogramme die Grundlagen seiner Freiheit bereits ernsthaft untergraben haben und sie schließlich zerstören werden. Im Gegenteil, er glaubt, dass die von Amerikas Gründern etablierte freie und geordnete Gesellschaft bereits verbessert und nicht verschlechtert worden ist, indem ihr die unbestreitbare Tugend des Wohlfahrtsstaates aufgepfropft wurde, und dass sie mit noch mehr von dieser weiter verbessert werden kann. Er glaubt dies, weil er keine Ahnung davon hat, wie die Dynamik staatlicher Wohlfahrtspolitik die Grundlagen der geordneten Freiheit angreift und das Volk verdirbt. Einzelheiten zu diesem Angriff wurden in Kapitel 35 und an anderen Stellen in diesem Buch ausführlich aufgelistet.

42
Die Irrtümer positiver Rechte

Die Leidenschaft für die Gleichheit dringt von jeder Seite in die Herzen der Menschen ein, dehnt sich aus und füllt sie ganz aus. Sagen Sie ihnen nicht, dass sie durch diese blinde Hingabe ihrer selbst an eine exklusive Leidenschaft ihre liebsten Interessen riskieren; sie sind taub. Zeigen Sie ihnen nicht, dass die Freiheit ihrem Griff entkommt, während sie in eine andere Richtung sehen; sie sind blind, oder vielmehr können sie nur ein ersehntes Objekt im Universum erkennen.

Alexis de Tocqueville

Positive Rechte und die Ungerechtigkeit des Leidens

Direkte Wahrnehmungen und indirekte Berichte über Leiden, Härten und Not sind mächtige Botschaften im Bestreben der liberalen Agenda, eine an Sozialleistungen orientierte kollektivistische Gesellschaft zu schaffen. Doch eine ebenso mächtige Kraft leitet sich aus dem Erfolg der Agenda ab, das meiste menschliche Leid, nicht nur einen kleinen Teil davon, als ungerecht darzustellen, anstatt es als einen unvermeidlichen Teil menschlicher Erfahrung zu sehen. In der Tat ist die Ansicht, dass alles oder fast alles Leiden ungerecht ist, die Kehrseite des liberalen Arguments für positive Rechte oder Ansprüche: *Wenn Menschen positive Rechte auf Nahrung, Kleidung, Häuser, Arbeitsplätze, Bildung, medizinische Versorgung,*

Kinderbetreuung, Abtreibung, eine saubere und sichere Umgebung, einen angemessenen sozialen Status, Freizeit oder andere Güter, Dienstleistungen oder Bedingungen haben, und wenn diese Ansprüche als rechtlich durchsetzbar gelten, dann werden Menschen, die das alles nicht haben, vernachlässigt und sozial benachteiligt und sind daher Opfer von Ungerechtigkeit. Auf der Grundlage dieser Auffassung vom Menschsein betrachtet der liberale Geist den minimalistischen libertären Staat als zutiefst ungerecht, weil er nur die Grundrechte schützt, die für das Leben, die Freiheit und das Streben nach Glück in einer friedlichen und geordneten Umgebung maßgeblich sind, und sich ausdrücklich weigert, allen jene Güter und Dienstleistungen zu garantieren, die nur Einzelpersonen und Gruppen durch eigene Initiative schaffen können. Tatsächlich aber ist der kollektivistische Staat der liberalen Agenda zutiefst ungerecht, gerade weil jeder Versuch, ein Konzept positiver Rechte durchzusetzen, unmittelbar gegen die negativen Rechte verstößt, die für die geordnete Freiheit unerlässlich sind. Beispiele für diese Art von Ungerechtigkeit werden weiter unten genannt.

Arten und Ursachen menschlichen Leidens

Die biologische, psychische und soziale Natur des Menschen macht ihn empfindlich für Entbehrungen und Härten aller Art. Zuallererst sorgen die Gesetze der Natur dafür, dass er Tod, Krankheit, Verletzung, Schmerz und Verlust erleidet, wenn sie zu Erdbeben, Tornados, Überschwemmungen, Dürren, Vulkanausbrüchen und anderen Naturkatastrophen führen, bei denen er zufällig anwesend ist. Weil sie großes Leid verursachen, können diese Ereignisse zu Recht *Übel* genannt werden. Doch gleichzeitig gehören sie fest zu der natürlichen Welt, in der wir leben, und aus diesem Grund können wir sie nicht *Ungerechtigkeiten* heißen. Es gibt kein *kosmisches* Gesetz, das besagt, dass solch natürlich verursachtes Leid nicht auftreten soll und darf. Im Gegenteil, es gibt zahlreiche Gesetze der Physik, Chemie und Biologie, die *garantieren*, dass solches Leid geschehen muss und auftreten wird, wenn die Voraussetzungen dafür erfüllt sind. Folglich kann keine Behauptung des liberalen Geistes, das Leid der Opfer von Naturkatastrophen sei ungerecht, vernünftig sein. Natürlich gibt es keine Grundlage für die Behauptung, dass die Opfer solcher Katastrophen *verdienen*, was ihnen widerfährt, und in diesem Sinne sind ihre Verletzungen unfair. Doch ändert diese Einsicht nichts am Argument. Die Auswirkungen von Naturereignissen auf den Menschen unterliegen keinen Betrachtungen von Gerechtigkeit, Verdienst oder Leistung: Ein Erdbeben kann dem unschuldigsten Kind schmerzlichstes Leid zufügen, während der schlimmste Schurke völlig schadlos davonkommt. Obwohl Gesetze, die von *Menschen* gemacht werden, regelmäßig Fairness, Verdienst und Leistung mit menschlichem Handeln und seinen Konsequenzen verbinden, gibt es kein Gesetz des Universums, das selektiv die Guten vor Überschwemmungen schützt oder die Schurken mit Erdbeben bestraft. Bei Naturkatastrophen gibt es keinen Bösewicht, der wegen ungerechter Verletzungen beschuldigt oder verklagt werden kann.

Wie Naturkatastrophen verursachen auch unabwendbare Unfälle, menschliches Versagen und Unglücksfälle Tod, Verletzung, Schmerzen und Verlust. Die besten Absichten und die gewissenhaftesten Bemühungen können Unglück manchmal nicht verhindern. Doch da es keine kosmische Gerechtigkeit gibt, die solche Ereignisse ausschließt, können sie vernünftigerweise nicht „ungerecht“ genannt werden, egal wie schrecklich das Leid auch ist. Unabwendbare Unfälle und Unglücksfälle können Unschuldige töten und zu Krüppeln machen, während der Teufel verschont bleibt; auch in der Welt des Zufalls schützen keine Naturgesetze die Unschuldigen oder bestrafen die Schuldigen. Darum ist das Leiden, das dem Unglück folgt, nicht ungerecht, auch wenn es unverdient ist. Es ist stattdessen ein unglücklicher und oft tragischer, aber unvermeidlicher Bestandteil des Menschseins, und es gibt niemanden, dem vernünftigerweise die Schuld gegeben oder der für eine Entschädigung haftbar gemacht werden kann.

Darüber hinaus gibt es jenseits des Leidens durch Naturkatastrophen und unabwendbare Unfälle Tod, Krankheit, Verletzung, Schmerz und Verlust durch Selbstvernachlässigung, Selbstmisshandlung oder rücksichtslose, impulsive und sonstige unverantwortliche Handlungen. Sind hierbei die Konsequenzen ungerecht? Wenn ja: Wer hat welche Ungerechtigkeit wem gegenüber begangen? Es könnte wohl argumentiert werden, dass der Mensch, der durch sein eigenes rücksichtsloses Verhalten oder durch Selbstvernachlässigung verletzt wurde, in seiner Pflicht sich selbst gegenüber versagt hat und *sich* deshalb *selbst* eine Ungerechtigkeit angetan hat. Auf der anderen Seite könnte man behaupten, dass der

Schaden, den er erleidet, gewissermaßen eine gerechte Strafe für seine Unachtsamkeit ist. Unabhängig davon, welche Position man bei diesem Argument einnimmt, weiß jeder reife Erwachsene, dass Handlungen Konsequenzen haben und dass einige Handlungen schädliche Konsequenzen haben. *Für den kompetenten Menschen heißt, frei zu handeln, das Risiko dafür zu tragen und Verantwortung zu übernehmen; nur kleine Kinder oder Erwachsene mit kindlichen Vorstellungen erwarten ein anderes Verhalten. In der Tat beschuldigt der kompetente Mensch schon aus Stolz niemanden außer sich selbst für seinen sich selbst zugefügten Schaden und macht niemanden außer sich selbst für seine Wiederherstellung verantwortlich.* Falls er durch seine Verletzung zu stark behindert ist, um sich selbst zu helfen, muss er auf wohltätige Hilfe hoffen. Natürlich kann jeder, der es wünscht, ihm helfen, und viele werden glauben, dass es eine moralische Pflicht ist, ihm zu Hilfe zu kommen. In einer freien Gesellschaft können jedoch selbstverursachte Schäden keinen rechtlich durchsetzbaren Anspruch gegen andere Personen rechtfertigen, die nicht Eltern oder Erziehungsberechtigte sind. Genauer gesagt hat das selbstverschuldete Opfer kein gesetzliches Anrecht auf die Zeit, die Anstrengung, das Geld oder das Leben eines anderen Menschen, der ihm kein Unrecht getan hat. Jedes sinnvolle Konzept von Freiheit verlangt von allen kompetenten Bürgern Verantwortung und eine Annahme des Risikos anstatt eines kindlichen Beharrens darauf, dass beliebige andere für einen sorgen. Wenn die Freiheit tatsächlich von der Verantwortung getrennt ist, wie es in der liberalen Agenda der Fall ist, dann haben wir eine Gesellschaft buchstäblich sorgloser Personen, von denen jeder fälschlicherweise für alle anderen und niemand – wie es richtig wäre – für sich selbst verantwortlich ist. Durch die genaue Definition des selbstverschuldeten Schadens kann der kompetente Mensch, der sich durch Unachtsamkeit oder Selbstvernachlässigung schädigt, weder behaupten, er sei das Opfer der Ungerechtigkeit eines anderen, noch hat er das Recht zu verlangen, dass die „Gesellschaft" ihn entschädigt. Wenn also der moderne Liberale seine Vorstellung von Ungerechtigkeit auf Leid aller Art erweitert, setzt er bestenfalls auf eine Fantasiewelt, die frei von Risiken und unerfüllten Bedürfnissen ist. Im Zuge dieser Bemühungen werden die Anwälte der Agenda die kollektive Belastung des Einzelnen erhöhen, seine Freiheit vermindern, über seine Zeit, Arbeitskraft und materiellen Vermögenswerte bestimmen und seine Souveränität ignorieren. Diese Art von Belastung an sich ist schon schlimm genug und ungerecht. Aber das Agenda-Ideal einer Welt, die von positiven Rechten regiert wird, ist nicht nur belastend. Das ganze Konzept ist hoffnungslos größenwahnsinnig: Die Aussicht darauf, dass irgendeine Macht auf Erden, sei es von Regierungs- oder anderer Seite, Millionen, wenn nicht gar Milliarden von Menschen mit Nahrung, Kleidung, Wohnraum, medizinischer Betreuung, Rentensicherheit und allen übrigen Versprechungen des Liberalismus versorgt, ist absurd utopisch und buchstäblich fantastisch.

Echte Ungerechtigkeit

Obwohl die Idee der Gerechtigkeit auf Naturkatastrophen, unabwendbare Unfälle, Unglücksfälle und selbstverschuldeten Schaden nicht anwendbar ist, gilt sie doch für die Regeln, die Menschen machen, um ihr eigenes Verhalten zu steuern. In dieser Welt wird die Idee der Gerechtigkeit unmittelbar relevant und zum integralen Bestandteil der Struktur der Freiheit. Unter anderem schafft das gesetzliche Recht, das auf *negativen Rechten* beruht, Ansprüche und Pflichten, die Gerechtigkeit begründen. Wenn diese verletzt werden, nennt man die Schäden, die daraus entstehen, richtigerweise ungerecht. Einige Beispiele dafür:

- Das Brechen eines *Strafgesetzes* ist ungerecht, weil die Eigentumsrechte des Opfers verletzt werden;
- Eine Verletzung des *Vertragsrechts* ist ungerecht, weil sie gegen das Recht des Opfers verstößt, Eigentum zu besitzen und zu tauschen;
- Die Verletzung eines *Zivilgesetzes* ist ungerecht, weil das Recht des Opfers gegen fahrlässige Schädigung verletzt wird;
- Analoge Ansprüche auf Ungerechtigkeit ergeben sich aus Verstößen gegen *Verfahrensgesetze*, die einen ordnungsgemäßen Prozess gewährleisten, insbesondere gegen solche, die die Bedingungen der Festnahme, der Haft, der Vernehmung, der Verhandlung, der Vertretung und der Verurteilung regeln sowie Vorschriften über Verteidigung, Bezeugung, Bekanntmachung und Beweise;
- Ähnliche Ansprüche auf Ungerechtigkeit ergeben sich zu Recht aus Verstößen gegen Gesetze, die Rechte auf Rückerstattung, gerechte Entschädigung für Enteignungen und Zugang im Notfall schützen.

Die Frage stellt sich: Sind diese Zivil-, Straf- und Verfahrensgesetze selbst gerecht? Wie in dieser Analyse und anderen argumentiert wird, lautet die Antwort: Ja, wenn sie die Grundrechte und Pflichten achten, die einer geordneten Freiheit zugrunde liegen, wie es in der modernen *libertären* Vorstellung vom Staat der Fall ist. Die Antwort im Falle der modernen *liberalen* Vorstellung vom Staat ist dagegen: Nein, denn jedes *positive Recht* auf eine Ware oder Dienstleistung verletzt mindestens ein *negatives Recht*, das für die geordnete Freiheit maßgeblich ist. Smiths positives Recht auf ein Haus kann zum Beispiel nur dann realisiert werden, wenn eine liberale Regierung es ihm gibt. Aber die Regierung muss zuerst ein Haus kaufen oder bauen, bevor es jemandem gegeben werden kann. Um diese beiden Ziele zu erreichen, muss die Regierung gewaltsam Arbeit und/oder Material und/oder Geld von anderen Bürgern beziehen als Smith. Doch jemandem irgendetwas mit Gewalt wegzunehmen, verletzt die negativen Rechte, die die grundlegendsten Freiheiten eines jeden Bürgers schützen sollen: seine Rechte an sich selbst und seiner Arbeit, seine Rechte auf Erwerb von eigenem Geld und Eigentum sowie sein Recht, das, was er besitzt, zu verkaufen, zu tauschen, zu behalten oder zu verschenken. Daher muss die Verwirklichung von Smiths positivem Recht auf ein Haus die Freiheitsrechte seiner Mitbürger verletzen, und die Berechtigungsagenda des liberalen Geistes offenbart sich als das, was sie ist: eine vollkommene Ungerechtigkeit an sich. Dieses Argument gilt unabhängig davon, ob das positive Recht, das erzwungen wird, Obdach, Nahrung, medizinische Versorgung, Rentensicherheit oder was auch immer für Smith oder jemand anderen bietet. *Die Durchsetzung eines positiven Rechts bedeutet, dass jemandes Zeit, Energie, Geld, Intelligenz, Arbeit und Eigentum dabei beschlagnahmt werden muss, und das ist eine klare Verletzung freiheitlicher Grundrechte und damit ein klarer Fall von Ungerechtigkeit.*

Der gerechte Staat

Wie in früheren Kapiteln ausführlich erwähnt, ergibt sich die libertäre Rechtsstaatlichkeit aus folgendem Grundargument: *Angesichts* der Natur des Menschen als autonom Handelndem und freiwilligem Kooperator *müssen* Menschen, *wenn* sie in Frieden und Freiheit nach Glück und Wohlstand streben wollen, nach gewissen Grundregeln leben, die Eigentum und Verträge schützen, und müssen nur eine begrenzte Kontrolle einer begrenzten Regierung über begrenzte gemeinsame Güter zulassen. Der historisch beispiellose Erfolg für die menschliche Freiheit, das Glück, die Ordnung, die Sicherheit und das Wohlbefinden, die aus dem ursprünglichen amerikanischen Experiment der Regierung entstanden sind, hat die Tatsache bestätigt, dass dieses Regierungssystem gerecht ist. Das System ist gerecht, weil die Regeln, die es begründen, mit der Natur des Menschen im Einklang stehen und sein bipolares Bedürfnis nach Freiheit, selbstständigem Handeln und einvernehmlicher Zusammenarbeit schützen.

Wie in einem früheren Kapitel erwähnt, basiert eine vernünftige gerechte Gesellschaftsordnung nach der libertären Vorstellung vom Staat auf folgenden Prinzipien:

- Die gerechte Ordnung achtet die Souveränität des Einzelnen, indem sie sein Recht anerkennt, sein eigenes Leben zu führen, da sie würdigt, dass alle Individuen durch eine Ethik der freiwilligen Zusammenarbeit in die Gemeinschaft eingebunden sind;
- Die gerechte Gesellschaftsordnung respektiert die Freiheit des Einzelnen, da sie ihn verpflichtet, Verantwortung für sich selbst zu übernehmen und die Risiken seines Handelns zu tragen; sie greift nicht in seine natürlichen Freiheiten ein und versucht weder, ihn vor sich selbst zu schützen, noch ihn für seine eigenen Fehler zu entschädigen, indem ihm etwas gegeben wird, was anderen weggenommen wurde;
- Die gerechte Gesellschaftsordnung respektiert das Recht auf rechtmäßig erworbenes Eigentum und die Integrität rechtmäßiger Verträge; sie verletzt keine Eigentumsrechte und setzt ordnungsgemäße verbindliche Vereinbarungen nicht außer Kraft;
- Die gerechte Gesellschaftsordnung respektiert die Rechte des Individuums auf Wiederherstellung, gerechte Entschädigung und den Zugang zu fremdem Eigentum im Notfall;
- Die gerechte Gesellschaftsordnung respektiert den Grundsatz der Gleichheit vor dem Gesetz als Hindernis für politische Manipulation; sie nimmt nicht einige von den gesetzlichen Bestimmungen aus und gewährt anderen keine politischen Gefälligkeiten;

- Die gerechte Gesellschaftsordnung verlangt verfassungsrechtliche Grenzen auf allen Regierungsebenen, um zu verhindern, dass sie die natürlichen Rechte des Menschen verletzen; sie entzieht keinem Menschen das Eigentum an seinem Leben, seiner Freiheit oder seinem Besitz durch eine Politik der Zwänge.

Aus all diesen und anderen Gründen – und weil die liberale Agenda auch den Charakter der Menschen verdirbt, die sie beherrscht – lehnt die gerechte libertäre Gesellschaftsordnung die liberale Phantasie ab, dass eine auf positiven Rechten begründete Gesellschaft ohne Risiken und unerfüllte Bedürfnisse von jeder Regierung, auch einer sehr großen, mächtigen oder sogar weltweiten Regierung, geschaffen werden kann.

Die Unklarheit der liberalen Prinzipien

Eine der auffälligsten Eigenschaften des modernen Liberalismus, ob wohlwollend oder radikal, ist die charakteristische Unbestimmtheit seiner Sozialpolitik trotz ihrer scheinbar edlen Absichten. Ein typisches „progressives" liberales Parteiprogramm wird zum Beispiel verkünden, dass seine Ziele die Beseitigung von Hunger, Armut, Unwissenheit, Krankheit, mangelhafter Kinderbetreuung, materieller Ungleichheit und politischer Unterdrückung sind. Das Programm widme sich der Bereitstellung von passenden Arbeitsplätzen, Wohnungen, Nahrung, Bildung, sozialer Harmonie und medizinischer Versorgung. Doch in der realen Welt ist der Versuch, auch nur eines dieser Ziele zu erreichen, ein kolossales Unterfangen, dessen Schwierigkeiten die liberale Agenda niemals klar darlegt, damit sie überprüft werden können. Betrachten wir zum Beispiel die Ankündigung eines Programms, dessen Ziel es ist, den Hunger in einem Land der Dritten Welt zu beenden. Fragen folgender Art müssen, wenn das Programm erfolgreich sein soll, mit nachvollziehbaren Tatsachen und nachgewiesenen oder zumindest plausiblen Strategien beantwortet werden:

- Was ist die Vorgeschichte des Problems? Wann und aus welchen Gründen begann der Hunger?
- War das Land jemals in der Lage, sich selbst zu ernähren? Wie?
- Wie beeinflussen Wetterfaktoren das Problem?

- Was hat dazu geführt, dass das Problem besser oder schlimmer wurde?
- Welche wirtschaftlichen, sozialen, politischen, religiösen, rechtlichen und ethnischen Faktoren wirken sich auf das Problem aus, und gibt es irgendwelche realistischen Versuche, es zu lösen?
- Welche logistischen Probleme treten bei der Bereitstellung von Nahrung für die Bevölkerung auf?
- Wer liefert das Essen? Wer wird es anbauen, ernten, lagern, seine Art und Menge erfassen und es verteilen?
- Wer wird sicherstellen, dass das Essen haltbar gemacht wird und genießbar ist, wenn es zum Verzehr eintrifft?
- Wie, von wem und zu welchen Kosten wird es entgegengenommen und an die Bedürftigen verteilt?
- Wer wird das Programm verwalten? Wie werden Korruption und Bestechung verhindert?
- Wie und von wem werden alle Phasen des Programms finanziert, und was wird es kosten?
- Wie wird die Nahrungslieferung die Zielbevölkerung gesellschaftlich, psychisch, politisch beeinflussen?
- Wie stehen die Menschen zu dem Programm?
- Wird jemand, vor allem unter politisch positionierten Personen, dem Programm widersprechen?
- Wird jemand versuchen, es zu vereiteln? Dabei helfen?
- Wer profitiert finanziell und politisch von dem Programm? Wie stark?
- Wer wird durch das Programm geschädigt?
- Wie lange soll das Programm weiterlaufen?
- Enthält das Programm einen Plan, um die Bevölkerung autark zu machen? Wie lautet er?
- Welche gesundheitlichen Folgen hatte der Hunger bisher?
- Was sind die Entwicklungsfolgen des Hungers?
- Welchen Ansporn und welche abschreckenden Auswirkungen gibt es bei dem Programm?
- Welcher besseren Verwendung könnten, wenn überhaupt, die Gelder, die Anstrengungen und die Ressourcen für das Programm zugeführt werden?
- Welche Ausstiegsstrategie wird das Programm beenden?

Nachprüfbare Tatsachen und bewährte oder plausible Strategien, die die meisten dieser Fragen beantworten, werden von niemandem angeboten, der ein Programm dieser Art vorschlägt; daher ist ein solcher Vorschlag praktisch bedeutungslos. Wenn das Programm nur eines unter vielen vergleichbaren Programmen ist, die andere positive Rechte garantieren sollen, dann ist der gesamte Forderungskatalog noch bedeutungsloser, da auch noch so viel Planung nicht darauf hoffen lässt, ein solch großartiges Vorhaben umzusetzen. In diesem Fall dient die Ankündigung der Ziele nur rhetorischen Zwecken – etwa zur Selbstbestätigung aufgrund eines guten Gefühls gegenüber den eigenen Absichten oder zur Sammlung von Unterstützung gegen einen politischen Gegner.

Diese Liste von Fragen veranschaulicht die Art der wichtigen Nachforschungen, die bei den Kampagnen jedes liberalen Politikers üblicherweise außer Acht gelassen werden, um mit guten Absichten und vor allem mit Gründen, warum ihm mehr Macht und Geld gegeben werden sollte, die Wähler zu beeindrucken. In stillschweigendem Einvernehmen wird der liberale Wähler den liberalen Politiker nicht mit diesen Fragen herausfordern, und der Politiker wird, wenn die Fragen gestellt werden, keine Antworten darauf haben. Beide werden sich mit einem impliziten Kompromiss begnügen: Der Wähler wird das Gefühl haben, dass er ein guter Menschenfreund ist, der anderen in Not etwas Gutes tut; der Politiker wird mehr Macht und Geld erhalten, und die liberale Agenda wird in ihren edlen Absichten (trotz einer fehlerhaften Substanz) bestätigt. Ebenso wichtig: Versucht man, das Programm umzusetzen, wird es aus praktischen Gründen in seinen primären Zielen scheitern, unter massiven Kostenüberschreitungen und Verlusten durch Betrug leiden und schwere unbeabsichtigte Konsequenzen nach sich ziehen. Für diesen Ausgang wird niemand verantwortlich gemacht werden, doch die Schuld wird irrelevanten Personen, Organisationen und Ereignissen zugeschrieben werden.

Der engagierte Liberale wird argumentieren, dass diese und andere Einwände nur eine zynische Tarnung von Personen darstellt, die im Wesentlichen egoistisch sind und denen egal ist, ob der Hunger fortdauert. Aber die Geschichte hat die gescheiterten Ziele und die zerstörerischen Konsequenzen fast aller Programme dieser Art dokumentiert. Afrikanische Diktatoren zum Beispiel haben sich an Programmen, die die Armut ihres Landes beenden sollten, sehr bereichert, während die Menschen weiterhin verhungern und im Elend leben oder sterben. In

Chicago hatte das Bemühen, ein Recht auf angemessenen Wohnraum für die Armen zu erzwingen, so katastrophale wirtschaftliche und soziale Auswirkungen, dass die Projekte abgebrochen werden mussten. Trotz der dokumentierten negativen Erfahrung mit Programmen dieser Art in der Vergangenheit prescht der wahrhaft gläubige Anhänger der liberalen Agenda dennoch mit „progressiven" Programmen voran und ignoriert ihre wiederholten Misserfolge. Mittlerweile ist der Charakter aller Menschen, denen der Staat gibt, wie jener, von denen er nimmt, zutiefst erniedrigt. Die Würde und die Souveränität des Individuums sind in der perversen Fürsorge des Staates für eine kollektive Gesellschaftsmasse verlorengegangen.

43
Der radikal-liberale Geist

Von unsichtbaren Stolperdrähten emotionalen, rassischen, sexuellen und psychischen Kummers gekreuzt, ist das amerikanische Leben zunehmend geprägt durch das klagende Beharren darauf, ein Opfer zu sein.

Charles Sykes

Die Realitätswahrnehmung des liberalen Geistes

Frühere Kapitel haben wiederholt auf das Offensichtliche hingewiesen: dass ein Mensch sowohl ein aus eigener Kraft *selbstständig Handelnder* als auch ein *wechselseitig Mitwirkender* an gemeinsamen Bemühungen ist. In diesem Fall hat das Offensichtliche eine große Bedeutung für Führungsangelegenheiten: Jedes System, das behauptet, menschliches Verhalten erfolgreich zu regulieren, muss bestimmte Regeln durchsetzen, die die Freiheit des Einzelnen schützen, allein und gemeinsam mit anderen seiner Wahl zu handeln. Die allgemeine Einhaltung dieser Regeln ist für den Erfolg bei menschlichen Unternehmungen ausschlaggebend; werden sie in großem Maße verletzt, führt das zu einem gesellschaftlichen Zusammenbruch. Die enthaltenen Prinzipien sind wichtig genug, um in einem hypothetischen Imperativ wiedergegeben zu werden: *Angesichts der biologischen, psychischen und sozialen Natur des Menschen müssen Menschen, wenn sie in Frieden und Freiheit nach Glück und Wohlstand streben wollen, gewisse Eigentums- und Vertragsrechte anerkennen, die die Befähigung des Einzelnen schützen, auf eigene Faust oder gemeinschaftlich zu handeln.* Eine logische Folge dieses Imperativs erklärt, dass diese Rechte durch eine begrenzte Regierung mit eingeschränkter Kontrolle über begrenzte gemeinsame Güter geschützt werden müssen. Die Tatsache, dass diese Sätze fundamentale Wahrheiten über die menschliche Verfassung bestätigen, rechtfertigt eine libertäre politische Ordnung. Ganz allgemein betrachtet, stellen sie auch die Eignung eines politischen Systems für die Regulierung menschlicher Angelegenheiten auf die Probe.

Die liberale Agenda scheitert an dieser Prüfung, weil ihre zutiefst fehlerhaften Vorstellungen und die von ihnen implizierten Regeln die für die Gesamtstruktur der Freiheit unerlässlichen Rechte nicht schützen. Der moderne Liberalismus missachtet die Natur des Menschen, das Wesen menschlicher Beziehungen, die Natur der menschlichen Entwicklung, die Bedingungen, in denen Beziehungen und Entwicklung stattfinden müssen, und die Ideale und Institutionen, die zur Förderung und zum Schutz der geordneten Freiheit benötigt werden. Diese Fehlvorstellungen fördern die wirtschaftliche Verantwortungslosigkeit, den gesellschaftlichen Konflikt und die politische Inkohärenz. Indem sie die Fähigkeiten zu Selbstständigkeit, freiwilliger Zusammenarbeit, moralischem Realismus und wohlinformiertem Altruismus untergraben, zersetzen sie den Charakter des Volkes. Wenn sie in der Sozialpolitik umgesetzt werden, stören sie die Erreichung wesentlicher Entwicklungsziele, einschließlich des Grundvertrauens, der Autonomie, der Initiative, des Fleißes, der Identität und der Kompetenz. Die liberale Agenda stört das Gleichgewicht der gegenseitigen Einflüsse zwischen Individuum, Familie, Gemeinschaft und Regierung. Der moderne liberale Geist erzeugt diese Missverständnisse, weil er unter systematischen Verzerrungen seiner Wahrnehmung von der Welt leidet. Er ist ein Geist, der vom Wahnsinn geplagt ist.

Die Werte des radikal-liberalen Geistes

Wie alle anderen Menschen offenbart der moderne Liberale seinen wahren Charakter – einschließlich seines Wahnsinns – in dem, was er schätzt und abwertet, in dem, was er mit Leidenschaft artikuliert. Besonders aufschlussreich sind jedoch die vielen Werte, die der moderne liberale Geist *nicht* leidenschaftlich vertritt: Seine Agenda besteht *nicht* darauf, dass das Individuum die letztgültige wirtschaftliche, soziale und politische Einheit ist; sie idealisiert nicht die individuelle Freiheit sowie die Struktur von Recht und Ordnung, die für diese entscheidend ist; sie verteidigt nicht die Grundrechte auf Eigentum und Vertrag; sie strebt nicht nach den Idealen echter Autonomie und Gegenseitigkeit; sie predigt keine Ethik der Selbstständigkeit und Selbstbestimmung; sie lobt nicht Mut, Duldsamkeit oder Belastbarkeit; sie feiert keine Ethik der Zustimmung und keine Segnungen freiwilliger Zusammenarbeit. Sie befürwortet moralische Rechtschaffenheit nicht und versteht nicht die entscheidende Rolle der Moral in menschlichen Beziehungen. Die liberale Agenda begreift das Wesen von Kompetenz nicht, schätzt ihre Bedeutung nicht und analysiert nicht die Entwicklungsbedingungen und sozialen Institutionen, die deren Leistungen fördern. Die liberale Agenda versteht oder erkennt keine persönliche Souveränität und legt dem Staat keine strengen Einschränkungen seiner Zwangsmaßnahmen auf. Sie feiert nicht den echten Altruismus privater Wohltätigkeit. Sie zieht aus der Geschichte keine Lehren in Bezug auf das Übel des Kollektivismus.

Leidenschaft empfindet der liberale Geist für eine Welt, die von Mitleid, Leid, Bedürftigkeit, Unglück, Armut, Misstrauen, Argwohn, Zorn, Ausbeutung, Diskriminierung, Schikanen, Entfremdung und Ungerechtigkeit erfüllt ist. Diejenigen, die diese Welt bevölkern, sind „Arbeiter“, „Minderheiten“, der „kleine Mann“, „Frauen“ und „Arbeitslose“. Sie sind arm, schwach, krank, werden ungerecht behandelt, betrogen, unterdrückt, entrechtet, ausgebeutet und schikaniert. Sie tragen keine Verantwortung für ihre Probleme. Keines ihrer Leiden ist auf ihre eigenen Fehler oder eigenes Versagen zurückzuführen: nicht auf falsche Entscheidungen, schlechte Gewohnheiten, fehlerhafte Urteile, Wunschdenken, Mangel an Ehrgeiz, geringe Frustrationstoleranz, Geisteskrankheit oder charakterliche Defizite. Nie wird die Not der Opfer durch eine Unfähigkeit verursacht, für die Zukunft zu planen oder aus Erfahrung zu lernen. Stattdessen liegen die „Ursachen“ all dieser Leiden in fehlerhaften gesellschaftlichen Bedingungen: in Armut, Krankheit, Krieg, Unwissenheit, Arbeitslosigkeit, Rassenvorurteilen, ethnischer und geschlechtsspezifischer Diskriminierung, moderner Technik, Kapitalismus, Globalisierung und Imperialismus. Nach radikal-liberalem Verständnis wird dieses Leiden den Unschuldigen durch verschiedene Beutejäger und Verfolger zugefügt: das „Big Business", die „Großkonzerne", „gierige Kapitalisten", „US-Imperialisten", die „Unterdrücker", die „Reichen", die „Bessergestellten", die „Mächtigen" und „Egoisten".

Das liberale Heilmittel für dieses endlose Unwohlsein ist eine sehr große autoritäre Regierung, die die Gesellschaft von der Wiege bis zur Bahre durch eine Agenda der Fürsorge durch Umverteilung reguliert und verwaltet. Es ist eine Regierung, die überall alles für jeden tut. Das liberale Motto lautet: „Wir vertrauen auf die Regierung." Um die Menschen vor ihrem unruhigen Leben zu retten, empfiehlt die Agenda die Verweigerung von Eigenverantwortung, ermuntert zu Selbstmitleid und Mitleid, fördert die Abhängigkeit von der Regierung, fördert sexuellen Genuss, rationalisiert Gewalt, entschuldigt finanzielle Verpflichtungen, rechtfertigt Diebstahl, ignoriert Unhöflichkeit, verordnet Beschwerden und Schuldzuweisungen, verurteilt Ehe und Familie, legalisiert alle Abtreibungen, widersetzt sich religiösen und gesellschaftlichen Traditionen, erklärt Ungleichheit für ungerecht und rebelliert gegen die Bürgerpflichten. Durch mehrfache Anrechte auf unverdiente Güter, Dienstleistungen und sozialen Status verspricht der liberale Politiker, das materielle Wohlergehen aller Menschen zu sichern, für die Gesundheitsversorgung aller zu sorgen, das Selbstbewusstsein aller Menschen zu schützen, jede soziale und politische Benachteiligung zu korrigieren, jeden Bürger auszubilden und alle Klassenunterschiede zu beseitigen. Zusammen mit liberalen Intellektuellen, die seinen Ruhm teilen, ist der liberale Politiker der Held in diesem Melodrama. Er rechnet sich als Verdienst an, seine Wähler mit allem zu versorgen, was sie wollen oder brauchen, obwohl er all diese Waren, Dienstleistungen oder den Status, den er ihnen übertragen hat, nicht durch eigene Anstrengung geschaffen, sondern sie stattdessen anderen mit Gewalt weggenommen hat.

Jetzt sollte offensichtlich sein, dass diese Sozialpolitik und die Leidenschaften, die sie antreiben, allem widersprechen, was in menschlichen Beziehungen vernünftig ist, und dass sie daher in sich selbst irrational sind. *Doch die falschen Vorstellungen, die diesen Leidenschaften zugrunde liegen, können nicht als bloße kognitive Ausrutscher betrachtet werden. Das Ausmaß der Irrationalität des modernen Liberalismus übersteigt bei Weitem jedes Missverständnis, das auf fehlerhafte Tatsachenerfassung oder logische Fehler zurückzuführen wäre. In der*

Tat können die liberalen Verzerrungen der normalen Denkfähigkeit bei sorgfältiger Prüfung nur als Produkte einer psychischen Störung verstanden werden. So extravagant sind die Denk-, Gefühls-, Verhaltens- und Beziehungsmuster, die den liberalen Geist kennzeichnen, dass seine unerbittlichen Proteste und Forderungen nur als Störungen der Psyche verständlich werden. Der moderne liberale Geist, seine verzerrten Wahrnehmungen und seine zerstörerische Agenda sind das Produkt gestörter Persönlichkeiten.

Wie bei allen Persönlichkeitsstörungen weisen Defekte dieser Art auf schwerwiegende Fehler in Entwicklungsprozessen hin. Die Art dieser Störungen wird unten detailliert beschrieben. Zu ihren Konsequenzen gehören die unermüdlichen Anstrengungen des liberalen Geistes, die menschliche Natur falsch darzustellen und bestimmte unerlässliche Anforderungen an menschliche Beziehungen zu leugnen. In seinem Bestreben, eine großartige kollektivistische Utopie zu schaffen – das zu leben, was Jacques Barzun das „bedingungslose Leben" genannt hat, in dem sich „jeder auf hundertfache Weise sicher und wohl fühlen sollte" – versucht der Radikal-Liberale, in der realen Welt eine idealisierte Fiktion zu verwirklichen, die alle Härten abmildern und alle Wunden heilen wird (Barzun 2000). Er lebt diese Fiktion, im Wesentlichen ein marxistisches Moralspiel, auf verschiedenen Bühnen menschlicher Beziehungen aus, meist auf den wirtschaftlichen, sozialen und politischen Schauplätzen der Welt. Doch das Spiel fällt immer wieder in sich zusammen. Im Laufe des 20. Jahrhunderts sind die radikal-liberalen Versuche, eine schöne neue sozialistische Welt zu schaffen, ausnahmslos gescheitert. In der Morgendämmerung des einundzwanzigsten Jahrhunderts scheitern diese Versuche weiterhin, wie wir an stagnierenden Volkswirtschaften, moralischem Verfall und dem gesellschaftlichen Aufruhr heute überall in Europa sehen können. Eine zunehmend bankrotte Wohlfahrtsgesellschaft führt die USA auf einen Weg zum gleichen Schicksal, wenn der Liberalismus dort nicht geheilt wird. Weil die Prinzipien der liberalen Agenda gegen die Regeln der geordneten Freiheit verstoßen, müssen auch die entschlossensten Bemühungen, ihre visionären Phantasien zu verwirklichen, zwangsläufig zu kurz greifen. Dennoch hält der moderne Liberale seine Agenda aller Gegenbeweise zum Trotz für gute Sozialwissenschaft. In Wirklichkeit ist sie schlechte Science-Fiction. Trotz ihres Wahnsinns hält der Liberale an dieser Agenda fest.

Die Psychodynamik des radikal-liberalen Geistes

Der erste Schritt zu einem eingehenden Verständnis des Verhaltens Erwachsener ist, seine Ursprünge in der Kindheit zu begreifen. Ob sie richtig oder falsch angepasst sind – die beständigen Denk-, Gefühls-, Verhaltens- und Beziehungsmuster, die die erwachsene Persönlichkeit bestimmen, entstehen in den frühen Lebensjahren. In der Tat prägen unsere frühesten – ererbten Temperamentsfaktoren folgenden – Erfahrungen u.a. mit Betreuungspersonen unsere späteren Persönlichkeitsmerkmale, einschließlich derjenigen, die sich in politischen Werten und Überzeugungen ausdrücken. Die Dispositionen des liberalen Denkers sind keine Ausnahme: seine Hoffnungen und Ängste, Überzeugungen und Leidenschaften, Werte und Moral sind in hohem Maße das Erbe seiner Kindheit von Geburt an bis zur Adoleszenz. Die Charakterzüge, die definieren, wer er ist, sind dieselben Züge, die ihn veranlassen, bestimmte *Ziele* im politischen Bereich zu verfolgen und bestimmte *Methoden* zu nutzen, um sie zu erreichen.

Die Ziele des radikal-liberalen Geistes sind natürlich bekannt, doch wird eine weitere kurze Zusammenfassung sich als nützlich erweisen, um ihre im Wesentlichen kindliche Natur hervorzuheben. Gerade wurden die großspurigen Ziele erwähnt, materielles Wohlergehen und Gesundheitsversorgung für jedermann zu bieten und das Selbstbewusstsein aller zu fördern, indem sämtliche sozialen und politischen Nachteile korrigiert, alle Bürger ausgebildet und alle Klassenunterschiede beseitigt werden. In seinem Streben nach diesen Zielen beabsichtigt er, eine weltumfassende menschliche Familie zu konstruieren, die durch Bindungen von gegenseitiger Liebe, Sorge, Fürsorge und Toleranz vereint ist. Durch drastisches staatliches Handeln strebt der radikale Liberale folgendes an:

- Eine mächtige elterliche Regierung, die jedem ein gutes Leben bietet und fürsorglich auftritt;
- Eine Elitetruppe von Ersatzeltern, die durch annähernd gleichmäßige Verteilung von Waren und Dienstleistungen das Leben der Menschen lenken werden, so wie echte Eltern gleichermaßen für die Bedürfnisse ihrer Kinder sorgen;
- Eine staatliche Garantie materieller Sicherheit, ähnlich der, die ein Kind von seinen Eltern erwartet;

- Eine Form elterlicher sozialer Gerechtigkeit, die alle Zustände von Entbehrung, Ungleichheit, Leiden und Benachteiligung heilt oder lindert;
- Eine Garantie dafür, dass negative Rechte zum Schutz der individuellen Freiheit positiven Rechten weichen, die Ungleichheiten bezüglich Wohlstand, sozialem Status und Macht reduzieren oder beseitigen, genauso wie gute Eltern ihren Kindern Vorteile verschaffen würden;
- Regierungsgesetze, die die „Wohlhabenden" für ihre Exzesse bestrafen und die „Armen" für den Neid entschädigen, genauso wie gute Eltern es für ihre Kinder tun würden;
- Regierungsrichtlinien von klugen und fürsorglichen Beamten, die die Initiative und den Fleiß der Bürger durch soziale Programme und steuerliche Anreize kanalisieren, ebenso wie kluge Eltern die Grundlinie der Zusammenarbeit in der Familie bestimmen;
- Eine Regierungspolitik, die die Menschen instruiert, wie man politisch miteinander umgeht, gerade so gut wie Eltern ihre Kinder zu richtigem Verhalten anweisen;
- Großzügige Gesetze, die von verständnisvollen Gesetzgebern verabschiedet wurden, die die Verpflichtungen von Verträgen senken, die Verhaltensnormen lockern und die Belastungen etablierter Institutionen wie der Ehe und Adoptionsverfahren verringern, wie es auch nachsichtige Eltern tun würden;
- Sozialhilfeprogramme der Regierung, die – wie Eltern – das Bürger-Kind von den Pflichten der Nächstenliebe entbinden;
- Eine internationale fürsorgliche Agenda, die die Völkerfamilie durch Verständnis für die Härten aller vergrößert, sowie durch die Duldung destruktiver Handlungen durch einige und durch Mitgefühl mit Aggressoren, um sie an den Verhandlungstisch zu bringen, wie Eltern es tun, um Familienstreitigkeiten beizulegen.

Es ist bemerkenswert, wie diese und andere Ziele, die das moderne liberale Herz begeistern, Kindheitsbedürfnisse ansprechen und die Bedürfnisse Erwachsener ignorieren. Wie unten ausführlicher dargelegt wird, ist das, wonach sich der radikale liberale Geist wirklich sehnt, wie es in seinen politischen Zielen offenbar wird, die Beziehung eines Kindes zu einer liebenden Familie, deren Fürsorge ihn für die Verletzungen entschädigt, die er in seinen frühen Jahren erlitten hat. Dies alles sucht er auf der politischen Bühne der Gegenwart. Das Hauptproblem, dem er gegenübersteht, ist, dass ein wesentlicher Teil der Bevölkerung immer noch lebenstüchtig ist: Es sind Menschen, die individuelle Freiheit hochachten, ihre Verantwortung annehmen und sich ihrer Vernichtung leidenschaftlich entgegenstellen. Es geht nicht darum, dem wahnsinnigen Traum des Liberalen nachzugeben. *Weil kompetente Menschen wissen, dass sie ihr eigenes Leben lenken und durch freiwillige Zusammenarbeit für ihre eigene Sicherheit sorgen können, und weil sie eine Welt der Freiheit lieben, in der sie so leben können, wie sie sich entscheiden, haben sie keinen Bedarf an der bedrückenden Einmischung der liberalen Regierung; ja, sie weisen diese in der Tat heftig zurück. Im Gegensatz zum modernen Liberalen will der kompetente Bürger eine in sich stimmige und zuverlässige Struktur für die geordnete Freiheit, die von einer in ihren Befugnissen eingeschränkten Regierung gesichert wird, die die Autonomie und Souveränität des Einzelnen respektiert und seine Eigentumsrechte gegen die ständigen Zugriffe des Kollektivismus schützt.*

Der liberale Geist lehnt dieses Rezept grundsätzlich ab und versucht, es durch Regierungspolitik umzustürzen. Um sich sicher zu fühlen, sucht der Liberale den modernen Wohlfahrtsstaat mit seinen endlosen Garantien und unendlichen Vorschriften. Dieses *Ziel* ist an sich schon buchstäblich fantastisch. Doch ebenso irrational ist die *Methode*, mit der er es zu erreichen versucht. Er ist bereit, jede Art von Regierungsmacht zu nutzen, einschließlich der Macht, die die Grundlagen der zivilisierten Freiheit zerstört, um zu bekommen, was er verlangt: staatlich garantierte Sicherheit und die lebenslange Gewissheit, dass seine neurotischen Forderungen Zustimmung erhalten. Durch den Staat strebt er das Ausmaß an Zwang an, das zur Überwindung des Traumas, der Ungerechtigkeit, der Hilflosigkeit und Demütigung nötig ist, die er in den Händen seiner ursprünglichen Bezugspersonen erlebt hat. Er hofft dies zu tun, indem er Gesetze beschließt, die seinen Impulsen nachgeben und ihn von den berechtigten Verpflichtungen des reifen Erwachsenenalters entbinden. Im Ganzen betrachtet, bilden das Ziel des Liberalen, den Staat zu einem idealen Elternteil zu machen, und seine Methode, es zu erreichen, indem er kompetente Menschen dazu zwingt, nach seiner Pfeife zu tanzen, die radikal-liberale Agenda. Vor allem ist die Agenda eine Blaupause für den Einsatz unwiderstehlicher Regierungsmacht. Angespornt durch seine irrationalen Bedürfnisse und Wünsche ist der radikale liberale Geist mehr als bereit, die edle Struktur der Freiheit, die ursprünglich Amerika ausmachte, dem schäbigen Asyl des modernen Wohlfahrtsstaates zu opfern.

Radikal-liberale Themen

Bestimmte neurotische Themen dominieren die Wahrnehmung der Welt durch den radikalen liberalen Geist. Sie alle stellen den Bürger als leidendes Kind dar, das schikaniert wird, hilflos ist und gerettet werden muss. In den verschiedenen liberalen Programmen sind sie alle offenkundig zu erkennen. Sie repräsentieren die Übertragung der kindlichen Dynamik auf die Beziehungswelt der Erwachsenen. Wie in seinen leidenschaftlichsten politischen Verkündungen zum Ausdruck kommt, glaubt der radikale liberale Geist, dass:

- ein sehr großer Teil der Bevölkerung leidet, weil die Menschen sozial benachteiligt, vernachlässigt, ausgebeutet oder missbraucht werden;
- sie aufgrund gewisser Ungerechtigkeiten leiden;
- sie zu hilflos sind, ihr Leiden zu beenden;
- schlechte Menschen, wie Kapitalisten und Reiche, die Opfer leiden lassen, indem sie sie benachteiligen, vernachlässigen, ausbeuten und missbrauchen;
- diese bösen Menschen Schurken sind, die davon abgehalten werden müssen, ihre Opfer auszunutzen;
- die Schurken rücksichtslos, mächtig, egoistisch, grausam und niederträchtig sind;
- die Schurken schlechte Institutionen wirtschaftlicher, gesellschaftlicher und politischer Art unterstützen; dazu gehören der freie Marktkapitalismus, grundlegende Eigentumsrechte, strenge moralische und ethische Rechenschaftspflicht, eine vernünftige gesellschaftliche Etikette, persönliche und finanzielle Verantwortung, individuelle Souveränität und Gerechtigkeit auf der Grundlage von Leistung und Verdienst;
- diese schlechten Institutionen unter anderem wirtschaftliche Versklavung, soziale Diskriminierung, politische Entrechtung, die Ausbeutung von Minderheiten, erzwungene Schwangerschaften und Zwangspropaganda fördern;
- die Menschen unschuldige Opfer sind und bei der Verursachung ihres Leidens keine maßgebliche Rolle spielen;
- moderne Liberale Helden sind, deren Aufgabe es ist, die Opfer vor den Schurken zu retten;
- moderne Liberale mitleidig, klug, einfühlsam und fürsorglich sind;

- moderne Liberale sich der Rettung der Opfer vor den Schurken widmen, ebenso wie Eltern ihre Kinder mit ihrer Fürsorge vor Schaden durch andere schützen;
- die meisten Bürger wie Kinder ihr eigenes Leben nicht angemessen führen oder verwalten können,
- die meisten Bürger eine mächtige liberale Regierung brauchen, die ihr Leben lenkt und verwaltet;
- die Menschen, weil die Schurken und ihre Institutionen rücksichtslos und mächtig sind, eine mächtige liberale Regierung brauchen: den modernen Elternstaat, der sie vor den Schurken und den von ihnen unterstützten Institutionen schützt;
- der moderne Elternstaat die Antwort auf die durch die Schurken entstandenen Probleme ist;
- der moderne Elternstaat die Menschen retten und sie vor Schurken und Unglücksfällen schützen wird;
- der moderne Elternstaat für die Menschen sorgen wird, indem er alle ihre Bedürfnisse und Wünsche erfüllt;
- der moderne Elternstaat die Schurken für die Benachteiligung und Vernachlässigung, den Missbrauch und die Ausbeutung der Opfer anklagen und bestrafen wird;
- ein Großteil des Leidens der Opfer von zu großer Freiheit auf den ökonomischen Märkten herrührt, die es den Schurken ermöglichen, die Opfer auszubeuten, um unrechtmäßigen Gewinn zu erzielen;
- genaue Kontrollen zur Regulierung der Märkte durch den modernen Elternstaat verhindern werden, dass die Schurken die Opfer wirtschaftlich ausnutzen;
- der moderne Elternstaat die Benachteiligung, Vernachlässigung, Ausbeutung und den Missbrauch der Opfer heilen wird, indem er den Schurken Reichtum, Macht und Status entzieht und an die Opfer verteilt;
- ein Teil des Leidens der Opfer aus zu geringer gesellschaftlicher Freiheit bzw. zu vielen Verhaltensmaßregeln für gesellschaftliche Situationen resultiert;
- der moderne Elternstaat die gesellschaftlichen Verhaltensnormen senken wird, um den schikanierten Bürger von Schuldgefühlen und nachteiligen rechtlichen Konsequenzen zu befreien, wenn er kriminell, unverantwortlich oder anstößig handelt;

- der moderne Elternstaat durch Erneuerung der gesellschaftlichen Institutionen die Opfer der Ausbeutung und Unterdrückung durch die Schurken befreien wird;
- die libertäre Struktur der geordneten Freiheit, die in grundlegenden Eigentums- und Vertragsrechten begründet ist, es den Schurken ermöglicht, die Opfer auszunutzen;
- der moderne Elternstaat diese individuellen Rechte beseitigen und eine neue politische Architektur für eine sichere Gesellschaft nach dem Vorbild der liebevollen, fürsorglichen Familie schaffen wird.

Diese und verwandte Themen von Benachteiligung und Vernachlässigung, Ausbeutung und Missbrauch, Herrschaft und Kontrolle, Schuld und Bestrafung, Pflege und Fürsorge, Schutz und Sicherheit, Rettung und Versorgung sind allesamt unbewusste Projektionen des radikal-liberalen Geistes, der die frühe Kindheitsdynamik auf die politischen Arenen der Erwachsenen überträgt. Diese Projektionen definieren die Übertragungsneurose des radikalen liberalen Geistes:

- Sie sind Projektionen einer schmerzhaften neurotischen Störung des Liberalen; sie sind das Erbe seiner Kindheit;
- Sie stellen sein verzweifeltes Verlangen nach Bindung, Aufmerksamkeit, Zuneigung, Empathie, Wichtigkeit, Wertschätzung, Bewunderung, Anerkennung, Genuss, Beziehung, Führung, Anleitung, Zugehörigkeit und Liebe dar;
- Sie repräsentieren seine verzweifelten Bemühungen, echte emotionale Wunden zu heilen, die er erlitten hat, als er tatsächlich erheblich benachteiligt, vernachlässigt, ausgebeutet oder missbraucht wurde;
- Sie sind sein Bemühen, sich gegen sein Leid zu wehren, indem sie eine idealisierte Welt der liebevollen Fürsorge und Befreiung von Verantwortung aufbauen; er sucht eine Welt, die ihn für die Traumata seiner Kindheit entschädigen, seine Bedürftigkeit mildern, seinen Impulsen nachgeben und die bleibenden Wunden seiner Seele heilen wird;
- Sie sind verzerrte Wahrnehmungen der realen Welt wirtschaftlicher, sozialer und politischer Prozesse; die liberale Agenda basiert auf diesen Übertragungswahrnehmungen.

Leider sind alle Bemühungen des radikalen Liberalen, die auf diesen Wahrnehmungen beruhen, stark fehlgeleitet. Weil er den Ursprung seines Schmerzes in der Kindheit nicht versteht, projiziert er seine Neurose auf eine gegenwärtige Welt voller imaginärer Schurken, Opfer und Helden. Sobald er sich in dieser Welt befindet, hofft er, in den Diensten des modernen Elternstaates zu finden, was ihm als Kind gefehlt hat. Er darf sich selbst oder anderen nicht eingestehen, dass er tatsächlich an frühen Wunden leidet. Wenn er diese Tatsache zugibt, wird er nicht erkennen, dass seine politischen Ansichten durch seine Verletzungen motiviert sind. Und selbst wenn er diesen ursächlichen Zusammenhang erkennt, wird er dies anderen gegenüber nicht zugeben.

Zusätzliche Dynamiken des radikal-liberalen Denkens

Der Wahnsinn des liberalen Geistes ist das Ergebnis eines frühen Traumas. Die Unterströmungen des Misstrauens, Zornes, Zweifels, Ekels und Neides, der Angst, Furcht, Depression, Leere, Wut, Scham und Schuld, die ihn quälen, resultieren aus der persönlichen Geschichte des radikalen Liberalen von Vernachlässigung, Entbehrung und Missbrauch, sowie früher Defizite an Bindung, Aufmerksamkeit, Zuneigung, Empathie, Wertschätzung, Anleitung und Disziplin. Diese und verwandte Traumata führen dazu, dass er die Freiheit selbst fürchtet: Die Aussicht auf echte Autonomie weckt in ihm primitive Ängste vor Einsamkeit und Gefahr. Die Herausforderung der Selbstständigkeit reaktiviert primitive Ängste vor Unzulänglichkeit. Die Herausforderung der Selbstverantwortung reaktiviert primitive Ängste vor Versagen und Strafe. Die Herausforderung der Zusammenarbeit reaktiviert primitive Ängste vor Betrug und Ausbeutung. Und die Herausforderung, andere um der Gegenseitigkeit willen zufriedenzustellen, weckt primitiven Zorn und Neid.

Aus diesen frühen Traumata entstehen zusätzliche Symptome. Eine Anspruchshaltung versucht, die Ängste vor Hilflosigkeit, Verlassenheit und Isolation zu kompensieren, verschlimmert die Probleme des Liberalen jedoch weiter, weil es ihn daran hindert, die Souveränität anderer zu erkennen. Um sich gegen seinen Schmerz zu wehren, projiziert der radikale Liberale seine Selbstsucht auf imaginäre Schurken und wütet dann gegen ihre rücksichtslose Vernachlässigung und

Ausbeutung der Opfer. In seiner Angst vor Autonomie und seinem Unglauben an Gegenseitigkeit denkt der radikale Liberale, dass menschliche Beziehungen nur dann funktionieren, wenn sie kontrolliert und manipuliert werden. Freie und produktive Menschen, die ihn an seine eigenen Defizite erinnern, müssen beherrscht werden: Sie müssen durch die Macht des Staates besteuert, regiert und bestraft werden. In seiner Furcht, Neid und Wut sowie in seiner Verbitterung über alte Ungerechtigkeiten mangelt es dem radikalen Liberalen an gutem Willen und guter Absicht. Er sehnt sich nach Mitteln, mit denen er alte Ungerechtigkeiten rächen und vergangene wie gegenwärtige, reale wie eingebildete Schurken bestrafen kann. In seiner paranoiden Besessenheit von Ungerechtigkeiten sieht er ganze Gemeinschaften freier und kooperativer Menschen als Opfer und Schurken gegeneinander kämpfen.

Weil er selbst keine Kompetenz erlangt hat, kann der radikale Liberale den autonomen, souveränen und an Gegenseitigkeit orientierten Erwachsenen, der die Freiheit mit all ihren Risiken und Verantwortlichkeiten freudig annimmt, nicht begreifen, geschweige denn sich in ihn hineinversetzen. Der radikale Liberale versetzt sich stattdessen in eine aus seinem eigenen Unbewussten projizierte Person: ein vernachlässigtes, benachteiligtes, neidisches, krampfhaft bedürftiges, intensiv abhängiges und ohnmächtig wütendes Kind. Die Gefühle, die dieser Pseudo-Empathie Auftrieb geben, sind Angst, Hass, Sehnsucht, Larmoyanz und Mitleid. Die Lösung des radikalen Liberalen gegen seine inneren Dämonen ist, durch die Macht der Elternregierung gerettet zu werden. Als eigenständige Person am Spiel des Lebens teilzunehmen und um alles zu spielen, was den Einsatz wert ist, gehört nicht zu seinem Repertoire von Antworten. Er würde sich eher hinter dem Rock des mütterlichen Staates verstecken. Er ist viel zu sehr traumatisiert worden, um Zugang zum heldenhaften Element der menschlichen Natur zu haben; er findet in sich selbst nicht diesen Kern menschlichen Mutes, der Beharrlichkeit und der Entschlossenheit, der eine schwere Widrigkeit überwindet oder stolz darauf ist, auch noch in der Niederlage alles zu geben. Die Lösung des radikalen Liberalen für Lebenskrisen – sowie sein Rezept zur Behandlung des menschlichen Wesenskerns – ist es, die Welt durch die Macht des Staates zu kontrollieren und zu manipulieren, nicht durch individuelle Initiative und kooperative Anstrengungen die Herausforderungen des Lebens anzunehmen.

Übertragung

Der Begriff der Übertragung ist wichtig, wenn man die Neurose des radikalen Liberalen verstehen will. Seine Verzerrungen der Gegenwart durch Traumatisierungen in der Vergangenheit zeigen sich in der kindlichen Art seiner Forderungen. Er sucht nach einer Welt, in der Liebe, Status, Wertschätzung und Bequemlichkeit bedingungslos sind. Er möchte seinen Impulsen frönen, von Risiken verschont und frei von Verantwortung sein. Er sucht die materielle Sicherheit des reifen Erwachsenen, ohne die Initiative und den Fleiß aufbringen zu müssen, die dafür wichtig sind. Weil sie seine infantilen Forderungen ablehnen, werden Amerikas freiheitliche Institutionen zum Gegenstand primitiver Emotionen, die immer von unverarbeiteten Wunden der Kindheit herrühren. Die Regeln, die die Freiheit schützen, strafen falsches Urteil, Unachtsamkeit und schlechtes Benehmen mit der Qual der Ablehnung, des Scheiterns, der öffentlichen Schande oder der Gefangenschaft. Mit diesen strengen Konsequenzen repräsentieren die Institutionen der Freiheit für den radikalen Liberalen die grausamen, ihm etwas vorenthaltenden und gleichgültigen Eltern seiner Kindheit. Er wütet jetzt gegen sie und gegen das, was er als ihre unnachgiebige Selbstsucht, die Befriedigung ihrer Begierden auf Kosten seiner eigenen Bedürfnisse und ihre kaltblütige Gleichgültigkeit gegenüber seinem Schmerz wahrnimmt. Er wirft all dies einer Struktur der Freiheit vor, die sich weigert, ihn zu adoptieren, zu entschädigen und zu verwöhnen. Wie ein Kind wütet er gegen eine Nation, die sich weigert, für ihn das zu tun, was er nur für sich selbst tun kann; also schwört er, die geltenden Regeln zu ändern. In diesem Bestreben verlangt er Wirkungen ohne Ursachen, Nutzen ohne Kosten und Handlungen ohne nachteilige Konsequenzen.

So ist die radikale Agenda das Produkt einer massiven Übertragungsneurose, die auf den wirtschaftlichen, sozialen und politischen Bühnen der Welt ausagiert wird. Im Drama von all dem protestiert der radikale Liberale gegen sein ursprüngliches wirtschaftliches, soziales und politisches System, seine Herkunftsfamilie, weil sie ihn benachteiligt, missbraucht oder vernachlässigt hat. In seiner verbitterten Ablehnung geordneter Freiheit hofft er, mit einer idealisierten Welt, die durch den modernen liberalen Intellekt geschaffen wurde, die Wunden seiner Kindheit zu heilen. Leider ist die utopische Welt, nach der er sucht, angesichts der Realitäten des menschlichen Wesens, menschlicher Beziehungen und des Menschseins völlig unmöglich.

Bei einigen radikalen Liberalen wird diese Übertragung offen paranoid: Misstrauen geht in Verdacht über, dann in eine Überzeugung, dass jemand zum Opfer wird, und spitzt sich schließlich zu festen Wahnvorstellungen einer Verfolgung zu. Bei anderen radikalen Liberalen ist die Übertragung vor allem größenwahnsinnig und von dem Vertrauen angeregt, dass das liberale Genie eine bessere Welt konstruieren kann als die Gründerväter Amerikas. Es ist eine ausgesprochen liberale Arroganz, dass der liberale Sozialwissenschaftler durch die Ablehnung älterer Konventionen, älterer Moralvorstellungen und der bewährten Grundlagen der zivilisierten Freiheit eine neue Welt erschaffen kann, die alle Beschwerden des Bürgers beseitigt und all seine Ängste lindert, vor allem jene vor Not, Risiken, Konflikten und dem Bösen. Unter Missachtung der Gesetze menschlicher Entwicklung sowie der Regeln der Ökonomie, der sozialen Beziehungen, der rationalen Politik und der Logik der Entscheidung hält der moderne Liberale an einer vergeblichen Hoffnung fest, dass seine neue Welt alle Vorteile der geordneten Freiheit haben wird und keine der Härten, Belastungen, Kosten, Risiken und Verantwortlichkeiten, die schon immer dazugehört haben. Zum tragischen Kern dieses Bestrebens kommt noch hinzu, dass der radikale Liberale weiterhin bestreiten wird, dass sein Bemühen der Sache der Freiheit schreckliche Zerstörung bringen wird.

44
Die radikalen Defizite der Kindheit

Es scheint unbestreitbar, dass ein Verständnis der Natur, des Ursprungs und der Verwandtschaft von Liebe und Hass nicht nur der Schlüssel zur Interpretation der Psychopathie und des individuellen Charakters, sondern auch zum Verständnis der Kultur ist.

Ian Suttie

Die Entwicklungsdefizite des radikalen Liberalen

Welche spezifischen psychodynamischen Faktoren treiben den radikal-liberalen Geist an, eine Welt zu schaffen, die die Wahlfreiheit einschränkt, auf Eigenständigkeit verzichtet, die persönliche Souveränität aufgibt, zur Massenabhängigkeit einlädt und die Grundlagen der Freiheit zerstört? Wenn ihn Leid, Bedürftigkeit oder andere Kümmernisse so sehr beschäftigen, warum schafft er dann nicht freiwillige gemeinnützige Organisationen zu diesen Zwecken und ermahnt die Menschen zur Wohltätigkeit? Warum sucht er die invasive Macht des Staates, der diese Aufgaben für ihn erledigen soll? Warum versucht er zudem nicht, den Bedarf an Fürsorge in erster Linie durch die Schaffung privater Stiftungen zu reduzieren, deren Zweck es ist, Eigenständigkeit zu fördern und Behinderungen zu lindern? Antworten auf diese und ähnliche Fragen erfordern eine Motivationsanalyse des liberalen Geistes. Die folgenden Abschnitte analysieren die Motive des radikalen liberalen Geistes aus einer Perspektive im Sinne Eriksons, ergänzt durch moderne Erkenntnisse aus der Psychologie der Individuation und des Narzissmus.

Grundvertrauen

Die in früheren Kapiteln beschriebenen Entwicklungsprozesse bilden einen Rahmen, die Defekte zu analysieren, die den radikalen liberalen Geist beeinträchtigen. Die Analyse beginnt mit seinem frühesten Entwicklungsversagen: seinem grundlegenden Misstrauen gegenüber Beziehungen zwischen Personen, die im gegenseitigen Einverständnis handeln. Vereinfacht gesagt, ist der moderne Liberale nicht in der Lage zu glauben, dass Menschen durch individuelle Initiative und freiwillige Zusammenarbeit ein gutes Leben für sich selbst schaffen können. Er glaubt, dass gewöhnliche Bürger ohne eine weitgehende Regulierung durch den Staat keine effektiven Beziehungen zueinander aufbauen können. Auch wenn die Mitglieder einer Gemeinschaft mit dem Anknüpfen von Beziehungen auf der Basis gegenseitiger Zustimmung zufrieden *scheinen*, „weiß" der radikale Liberale, dass dieser Anschein weitgehend eine Illusion ist. Er „weiß", dass hinter der Fassade der Zufriedenheit eigentlich Bedürftigkeit, Leiden und Ausbeutung liegen. Darüber hinaus ist er sicher, dass diese Qualen nicht durch guten Willen, Gewissensschranken oder die Durchsetzung von Gesetzen, die auf Eigentumsrechten beruhen, geheilt oder verhindert werden können. Er „weiß" vielmehr, dass man den Menschen einfach nicht zutrauen kann, ihr eigenes Leben effektiv zu führen; sie wissen nicht, *was* wirklich gut für sie ist, sie wissen nicht, *wie* sie das tun sollen, was wirklich gut für sie ist, und sie haben nicht den *Willen,* das zu tun, was wirklich gut für sie ist. Aufgrund seiner Überzeugung, dass die Menschen inkompetent sind, ist es für den modernen Liberalen offensichtlich, dass jemand ihre Angelegenheiten lenken muss. Der von einem elitären Kern von Eltern/Führern geleitete moderne Elternstaat ist es, der benötigt wird, um das Problem zu lösen. Von liberalen Erkenntnissen geleitet, werden diese klugen und fürsorglichen Führer die Bürger darüber informieren, was für sie wirklich gut ist und ihnen sagen, wie sie ihr Leben führen sollen. Und weil die meisten

Menschen dazu gebracht werden müssen, das zu tun, was gut für sie ist, sind die neuen Führer bereit, alle Kraft aufzuwenden, die für diesen Zweck benötigt wird. Auf diesem Wege kann die Welt für den radikalen Liberalen so abgesichert werden, dass er ihr vertrauen kann.

Diese Vorstellungen von menschlichen Beziehungen, vor allem sein ängstliches Misstrauen, Beziehungen in gegenseitigem Einvernehmen zu schließen, sind Projektionen der Entwicklungsdefizite des radikalen Liberalen in die gegenwärtige Welt der wirtschaftlichen, gesellschaftlichen und politischen Ereignisse. Die Defizite sind an sich schmerzhaft, weil sie die Reste von Traumata sind, die er als Kind erlitten hat. Sie auf die Außenwelt zu projizieren, anstatt sie innerlich zu fühlen, vermindert gewissermaßen den Schmerz, den er sonst erleiden würde: Er kann sich beruhigen, dass die Probleme, die ihn quälen, außerhalb seiner selbst liegen, nicht in ihm. Doch seine radikale Sicht auf das Menschsein verursacht ihm immer noch Schmerzen; in ihr konstruiert er eine Welt der Entbehrung, Vernachlässigung, Ausbeutung und Schikane, und diese Wahrnehmungen tragen dazu bei, dass er die Welt als einen Ort des Elends erlebt. In der Tat fühlt sich der radikale Liberale nun getrieben, eine neue Welt zu erschaffen, in der das Elend aller Menschen beseitigt ist. In dieser neuen Welt werden die Menschen dazu gezwungen, das Leben zu leben, das gut für sie ist.

Einzelheiten zum Grund-Misstrauen

Unabhängig davon, wo er das Problem ausfindig macht, leidet der moderne Liberale. Seine Entwicklungsdefizite erzeugen unbewusste Überzeugungen und Emotionen, die ihn fortwährend quälen. Sie erklären, warum er glaubt, dass Menschen, die glücklich zu sein *scheinen*, wenn sie auf gegenseitiger Basis miteinander umgehen, eigentlich *unglücklich* sein müssen, weil sie bedürftig sind, benachteiligt und ausgebeutet werden. Seine Überzeugung von ihrem Leiden ist eine Projektion seiner eigenen Qualen. In den Tiefen seiner Seele glaubt der radikale Liberale, dass, als er ein kleines Kind war,

- er von seinen Bezugspersonen vernachlässigt, benachteiligt oder missbraucht wurde;

- er ungerechte und schmerzhafte Trennungen und Verluste erleiden musste;
- er nie genug Liebe oder Aufmerksamkeit von seinen Bezugspersonen bekommen hat;
- Anderen mehr Liebe und Aufmerksamkeit zuteil wurde als ihm;
- seine ursprünglichen Bezugspersonen ihn ungerechterweise zurückgewiesen oder verlassen haben;
- er von seinen Bezugspersonen dominiert, kontrolliert und ausgebeutet wurde;
- er ungerechte und übertriebene Frustrationen erdulden musste;
- er von seinen ursprünglichen Bezugspersonen beschämt und gedemütigt wurde;
- seine ursprünglichen Bezugspersonen ihm Schuldgefühle eingeredet haben;
- seine ursprünglichen Bezugspersonen ihm das Gefühl gegeben haben, unzulänglich zu sein;
- er und seine ursprünglichen Bezugspersonen zusammen nicht glücklich sein konnten;
- seine Konflikte mit seinen ursprünglichen Bezugspersonen nicht gelöst werden konnten.

Infolge dieser frühen Traumata

- fühlt er sich traurig, bedürftig, leer, wütend, neidisch und eifersüchtig;
- hat er wiederkehrende Gefühle von Unzulänglichkeit, Minderwertigkeit und Misserfolg;
- zweifelt er ängstlich daran, liebenswert oder akzeptabel zu sein;
- verspürt er ein Grundgefühl von Groll, Bitterkeit und Gehässigkeit;
- verspürt er ein Grundgefühl von Pessimismus und Zynismus;
- verspürt er ein Grundgefühl von Depressionen und Hoffnungslosigkeit;
- zweifelt er ängstlich an anderen;
- zweifelt er ängstlich an der Zusammenarbeit mit anderen;
- ist er unfähig, sich zu beruhigen oder zu trösten, ohne andere zu beschuldigen;
- hat er die Anspruchshaltung, dass andere seine Bedürfnisse befriedigen;
- hat er das Gefühl, dass er ohne Gewalt oder Manipulation niemals zufriedengestellt sein wird.

Wie weiter unten zu sehen ist, ergeben sich viele dieser schmerzhaften Geisteszustände aus Fehlern, die in späteren Entwicklungsphasen entstehen, nicht nur in der Phase des Grundvertrauens. Im Wesentlichen beginnt das Misstrauen des liberalen Geistes gegenüber Freiheit und Gegenseitigkeit aber mit seiner Überzeugung, dass er und andere nicht in der Lage sein werden, sich durch freiwillige Zusammenarbeit selbst ein gutes Leben zu schaffen, sondern dass ihre Beziehungen stattdessen vom Staat betreut werden müssen. Die unbewusste Phantasie hinter dieser Überzeugung ist, dass der moderne Elternstaat es ihm und anderen Menschen wie ihm ermöglichen wird, ihre frühen Traumata endlich zu besiegen: Sie werden dann für die Vernachlässigung, die Entbehrungen und den Missbrauch entschädigt, die sie in den Händen liebloser, harter, geiziger und grausamer Menschen erlitten haben.

Das Versagen des Grundvertrauens

Wie bereits zuvor festgestellt, entstehen die Grundlagen des Urvertrauens im ersten Lebensjahr durch eine adäquate physische Umgebung und eine gute Temperamentsanpassung zwischen Mutter und Kind. Sie entwickeln sich weiter, wenn die Mutter körperlich und geistig in ausreichend guter Verfassung ist, sich um ihr hilfloses Kind zu kümmern, wenn sie sich emotional ausreichend aufeinander einstimmen können, um ihre Bindung zu verfestigen, wenn sie sich gut genug in die körperlichen und geistigen Bedürfnisse des Kindes einfühlen kann, und wenn sie bereit und fähig ist, es zu schützen und zu trösten, bevor es traumatisiert ist. Grundvertrauen entsteht, wenn die Fähigkeit der Mutter, sich liebevoll und schützend ihrem Kind gegenüber zu verhalten, nicht durch Krankheit oder Verletzung, quälende Geisteszustände, die nicht zu beherrschen sind, durch die verwirrenden Auswirkungen eines Drogenmissbrauchs, die Qualen ehelicher und familiärer Konflikte oder durch chaotische wirtschaftliche, gesellschaftliche und politische Bedingungen beeinträchtigt wird. Wenn in dieser Zweiergruppe alles gut verläuft, kann die wiederholte intuitive Erfahrung des Kindes, dass seine Bedürfnisse erfüllt und unerträgliche Notlagen vermieden werden können, in ihm die Erwartung erzeugen, dass in seiner Welt alles gut sein wird. Und weil die Emotionen, die es bei diesen Interaktionen empfindet, im Allgemeinen positiv sind, freut es sich auf sie, erwartet sie eifrig, sucht sie aktiv und begegnet ihnen freiwillig. Eine Bindung, die aus seiner instinktiven Tendenz besteht, sich an seine Mutter zu hängen, wird durch die Freude verfestigt, die jede Seite an der Beziehung zum anderen empfindet.

So führen die emotional positiven Interaktionen des Kindes mit seiner Mutter es in eine Welt der Beziehungen ein, die sicher, angenehm und gegenseitig befriedigend ist und in die beide Parteien „eingewilligt" haben. Wenn die Beziehung zur Mutter und zu anderen in seinen prägenden Jahren gut verläuft, wird aus dem, was einmal das bloße Potenzial für Win-Win-Ergebnisse war, allmählich eine gesicherte Realität. Wenn sich diese frühe Erfahrung der Gegenseitigkeit über einen längeren Zeitraum oft genug wiederholt, wird sie zu einer begehrten Norm. Erste positive Beziehungen dieser Art, die zu Beginn des Lebens des Kindes auftreten, geben ihm die Grundlage für ein späteres gegenseitiges Verhältnis zu anderen. Sie bereiten auch den Weg für die Anfänge der Selbstständigkeit im zweiten und dritten Lebensjahr vor.

Die Mutter-Kind-Zweiheit hingegen, die es nicht schafft, diesen frühen Meilenstein zu erreichen, führt auf einen anderen Weg. Verschiedene Formen von Vernachlässigung, Benachteiligung oder Missbrauch in den ersten fünfzehn Lebensmonaten beeinträchtigen den Erwerb von Grundvertrauen tiefgreifend. Am offensichtlichsten sind die tatsächliche körperliche Vernachlässigung und der Missbrauch des Kindes, die Gewohnheit, das Kind anzuschreien und ständig mit ihm zu schimpfen, oder eine dauerhafte Haltung des Ekels oder Hasses ihm gegenüber. Doch die Zuschreibung falscher Motive und Charakterzüge, wiederholte Schande und Spott, häufige Androhungen von Leid, das Versagen, sich mit dem Kind zu beschäftigen und eine Beziehung zu ihm aufzubauen, ein Verhalten, das im Widerspruch zu seinen genauen Wahrnehmungen von der Welt steht, die Vorenthaltung von Zuneigung und anderen körperlichen Kontakten und die Entmutigung bei seinen ersten Schritten zur Unabhängigkeit, um nur einiges zu nennen, können die Grundlagen der gesunden Persönlichkeitsentwicklung in den frühen Jahren des Kindes ebenfalls durcheinanderbringen. *Unabhängig von ihrer Form ist es wahrscheinlich, dass frühzeitige ernsthafte Störungen bei der Betreuung des Kleinkindes ihm eine tiefsitzende Erwartung vermitteln, dass Angst, Frustration und Hilflosigkeit die Norm sind; Sicherheit und Zufriedenheit sind trotz der intensivsten Bedürfnisse danach nicht zu haben. Defizite dieser Art prädisponieren zu einem zunehmend stärker verankerten Glauben, dass freiwillige Zusammenarbeit nicht funktioniert oder nicht existiert.* Angesichts der häufigen Frustration und der desorientierenden Auswirkungen früher Wirren kehrt das Kind zur einzigen Macht zurück, die es hat, um das Gleichgewicht wiederherzustellen: Es schreit und wütet in der Hoffnung, dass eine gute Mutter erscheinen und seinen Alptraum vertreiben wird. Das wütende Schreien des kleinen Kindes verkündet seine Angst und Wut in einer Welt, die seine Bedürfnisse nicht erfüllen kann oder wird. Wenn diese Situation im ersten Lebensjahr besteht und sich in das zweite hinein erstreckt, wird ein grundlegendes *Misstrauen* in die Güte des Lebens seine konditionierte Antwort darauf sein. Wenn sie schwer und langlebig ist, führt diese Art von Erfahrung schließlich dazu, dass das Kind Gewalt oder Manipulation anwendet, um das zu erhalten, was es mit anderen Mitteln nicht bekommen zu können glaubt.

Der Zynismus des radikal-liberalen Geistes

Aufgrund seiner frühen Defizite im Vertrauen ist die Skepsis des radikalen Liberalen gegenüber dem Leben tiefsitzend und zynisch. Sie untergräbt seine Fähigkeit, hoffnungsvoll zu sein, und lässt ihn zumindest pessimistisch und oft depressiv in seiner Lebensanschauung werden. In der Tat ist der radikale Liberale nicht optimistisch gegenüber sich selbst und der Welt: Es mangelt ihm an tiefem Vertrauen in seine eigenen Fähigkeiten und die anderer, die Probleme des Lebens zu bewältigen, Sicherheit zu erlangen und sich im Rahmen individueller Freiheit zufrieden zu fühlen. Nicht nur, dass er kein Vertrauen darauf hat, dass andere Personen mit ihm zu seinem und ihrem gegenseitigen Nutzen zusammenarbeiten werden; er glaubt auch, dass sie ihn bewusst ignorieren, vernachlässigen, benachteiligen oder ausbeuten werden. Der radikale Liberale glaubt, dass er sich gegen diese grundlegende Tatsache des Menschseins zur Wehr setzen muss, indem er Macht über andere erhält. Er muss andere Menschen dazu zwingen, seine Bedürfnisse zu erfüllen, oder er wird unterprivilegiert, frustriert und benachteiligt bleiben. Wenn sein frühes Trauma besonders schwer war, schwillt seine Überzeugung, dass er benachteiligt und missbraucht wird, auf das Niveau einer Paranoia an. Dann ist er überzeugt, dass sein Leiden nicht nur schmerzhaft, sondern beabsichtigt ist. Er glaubt, dass andere sich verschwören, um ihm zu schaden und ihn am

Boden zu halten. Im Leben des Erwachsenen findet diese paranoide Entwicklung in einer Politik der Viktimisierung ihr Zuhause.

All das und noch mehr wird vom radikalen Liberalen, der seine Defizite verteidigen muss, durch die Projektion auf die Außenwelt natürlich entschieden abgestritten. Er wird nicht erkennen, dass er die Gegenwart aufgrund von Wahrnehmungen aus der Vergangenheit falsch interpretiert. Er wird nicht verstehen, dass sein Zynismus von den Traumata seiner Kindheit herrührt. Er wird stattdessen daran festhalten, dass er und viele andere Menschen in einer freien, rechtsstaatlichen Gesellschaft von Schurken benachteiligt, vernachlässigt und missbraucht werden, die ihre Freiheit dazu nutzen, ihre Opfer auszubeuten. Er wird nicht verstehen, dass er, indem er seine misstrauischen Wahrnehmungen auf die Welt um sich herum projiziert, die Realitäten menschlicher Beziehungen verzerrt. Doch dieses Abstreiten wird einer Prüfung nicht standhalten. Die Neurose des radikalen Liberalen zeigt sich in seinen Verzerrungen der menschlichen Natur und menschlicher Beziehungen. Sie ist zu erkennen in dem, was er sucht und was er fürchtet, in dem, was er lobt und was er verdammt, in dem, was seine Sympathie und sein Mitleid hervorruft, und in dem, was seine Wut und Empörung erregt. Sie wird offensichtlich in den Werten, die er preist, und in denen, die er verachtet, in der Politik, die er fördert, und in den Prinzipien, gegen die er aufbegehrt, in den Verantwortlichkeiten, die er von sich weist, und den Verpflichtungen, denen er ausweicht, in dem, was ihn neidisch und eifersüchtig macht, in dem, was ihn erregt oder beruhigt, in dem, was ihn demütigt, und in dem, was ihn stolz macht. Seine Neurose zeigt sich in seinen Idealen und Phantasien, in seiner Selbstgerechtigkeit, Arroganz und Großspurigkeit, in seinem Selbstmitleid, seinen Forderungen nach Genuss und Befreiung von der Rechenschaftspflicht, seinen Ansprüchen auf Berechtigungen, in dem, was er gibt bzw. zurückhält, und in seinen Protesten, so dass nichts, was freiwillig getan wird, ausreicht, um ihn zufriedenzustellen. Besonders zeigt sich die Neurose des radikalen Liberalen in seinen extravaganten politischen Forderungen, seinen wütenden Protesten gegen wirtschaftliche Freiheit, seiner arroganten Verachtung der Moral, seinem wütenden Trotz gegen den Anstand, seinen erbitterten Attacken auf die Freiheit, sich zusammenzuschließen, und seinen aggressiven Angriffen auf die individuelle Freiheit überhaupt. Und schließlich ist die Irrationalität des radikalen Liberalen am deutlichsten in seinem rücksichtslosen Einsatz von Macht zu erkennen, um das Leben anderer zu kontrollieren. Wie weiter unten näher erläutert wird, ist die Machtbesessenheit des radikalen Liberalen gegenüber anderen die Lösung des Kindes für Entwicklungsstörungen in den ersten sechs Lebensjahren.

Radikale Projektion

Weil er nicht zugeben kann, dass seine Angst und sein Misstrauen auf seine eigenen verzerrten Wahrnehmungen der Welt zurückzuführen sind, kommt der radikale Liberale zu dem Schluss, dass seine Qualen durch Ereignisse in der Welt außerhalb seiner selbst verursacht werden müssen. Seine Neurose sagt ihm laut, dass er und viele andere von den Schurken und ihren Institutionen der Gegenwart benachteiligt, vernachlässigt, ausgebeutet und missbraucht werden. Doch ihre scharfe Stimme lässt eine wesentliche Erkenntnis aus: Diese Überzeugungen sind das Erbe des Traumas, das er in der Obhut seiner Eltern und anderer Bezugspersonen erlitten hat, als er klein und hilflos war. Er entscheidet, dass er – um heutige Ungerechtigkeit zu beheben und den Menschen zu erlauben, dass sie ein gutes Leben haben – die Schurken, die ihm so viel Schmerzen bereiten, stürzen und die Institutionen, die sie unterstützen, zerstören muss. Er beschließt, dass es einer neuen Regierung bedarf, die auf fürsorglichen Institutionen gegründet und mit zuständigen Führungspersonen besetzt ist. Er glaubt, dass diese neuen Führer und Institutionen für ihn sorgen und ihn und andere Opfer beschützen wie ein liebender Elternteil. Bei der Verfolgung dieses Ziels hält er daran fest, dass der moderne Elternstaat ihm nicht nur geben wird, was er braucht, sondern anderen auch Güter und Dienstleistungen wegnimmt, die sie unberechtigt erworben haben, und dann an ihn und andere bedürftige Personen verteilt. Der neue Staat wird seine sozialen Kümmernisse beseitigen und seine politischen Feinde bestrafen, die Ideale der Gesellschaft neu strukturieren, um sie fürsorglicher zu machen, ihre Ethik in einem kollektivistischen Modus neu zu gestalten und die Hemmungen der Gesellschaft zu lösen, um das Leben angenehmer zu machen.

Die Mängel dieses Plans sind für jede rationale Gesellschaftsordnung tödlich. Die Institutionen, die der radikale Liberale stürzen würde, sind genau diejenigen, die die geordnete Freiheit schützen. Insbesondere sind sie die Institutionen, die ihn daran hindern, die Kontrolle über das Leben anderer zu gewinnen und ihnen ohne ihre

Zustimmung einfach wegzunehmen, was er will. Der radikale Liberale würde die Regeln umstürzen, die das Eigentum an sich selbst und die Eigentumsrechte schützen und den Bürger davor bewahren, zu kollektivistischen Programmen verpflichtet zu werden. Der radikale Liberale würde die Integrität von Verträgen verletzen und gleichartige Schutzgesetze im Namen der sozialen Gerechtigkeit umstürzen. Der radikale Liberale würde durch Gesetze, die dazu einladen, Ungerechtigkeit dort wahrzunehmen, wo es keine gibt, zu Rechtsstreitigkeiten anspornen. Der radikale Liberale würde eine Gesellschaft von erwachsenen Kindern schaffen, die nicht imstande sind, ihr eigenes Leben zu regeln und die von den Wohlfahrtsprogrammen des Staates abhängig und seiner herrschenden Elite gegenüber unterwürfig sind. Diese und andere Mängel, die den radikal-liberalen Zielen innewohnen, weihen ihre Agenda dem Untergang an den harten Realitäten des Menschseins.

Natürlich erscheinen jemandem, der auf alles, was er braucht, einen Anspruch zu haben glaubt, die Regeln, die die geordnete Freiheit strukturieren, ungerecht und daher böse. In seinem Unbewussten vertreten die Personen und Institutionen, die ihn in der Gegenwart einschränken, die grausamen Eltern und die Familie, die ihn in der Vergangenheit benachteiligt, vernachlässigt und missbraucht haben. Die Schurken der Gegenwart enthalten ihm das vor, was er jetzt braucht, so wie seine Bezugspersonen es ihm vorenthalten haben, als er ein Kind war. Auf einer unbewussten Ebene fühlt er sich besonders der Liebe, der Aufmerksamkeit, der Zuneigung und des Mitgefühls beraubt, dass er bräuchte, um sich sicher, vertrauensvoll und hoffnungsvoll im Einklang mit sich selbst und der Welt zu fühlen und auf die Macht der einvernehmlichen Zusammenarbeit vertrauen zu können. Durch die Brille seiner infantilen Übertragungen sieht er die Institutionen der individuellen Freiheit als egoistisch, hart, grausam zurückhaltend und sogar sadistisch an. In der Tat ist er von der Freiheit am meisten bedroht: von der Gleichgültigkeit der Bürger, die so frei sind, ihr eigenes Leben zu leben, während sie ihn völlig ignorieren. Ihre Gleichgültigkeit kränkt ihn heftig und beleidigt sein Gefühl für die eigene Wichtigkeit zutiefst. Die Freiheit anderer, ihn zu ignorieren, lässt ihn sich so fühlen, wie er sich als Kind bei seinen gleichgültigen Eltern gefühlt hat: unbedeutend, minderwertig, marginal, irrelevant; ja, gar nicht vorhanden. Wenn seine Neurose schwer genug ist, sieht der radikale Liberale die Zurückweisung durch andere nicht nur als herzlose Gleichgültigkeit, sondern als eine aktive Verfolgung, um ihn zu quälen.

45
Radikale Defizite in der Kindheit

Auf der anderen Seite ignorieren Geschichtsstudenten die einfache Tatsache, dass alle Individuen von Müttern geboren werden, dass jeder einmal ein Kind war, dass Menschen und Völker in ihren Kinderzimmern anfangen, und dass diese Gesellschaft aus Individuen besteht, die sich von Kindern zu Eltern entwickeln.

Erik Erikson

Radikale Defizite; Autonomie, Initiative, Fleiß

Zum Ende des Säuglingsalters mit etwa fünfzehn Monaten beginnt die Autonomiephase, die zweite von Eriksons' Entwicklungsphasen. Die Grundlagen der Selbstverwaltung – der wörtlichen Bedeutung von Autonomie – werden in dieser Zeit zusammen mit dem Fundament der Gegenseitigkeit festgelegt, die eine ebenso wichtige Errungenschaft auf dem Weg zur Kompetenz des Erwachsenen darstellt. Die Fähigkeiten zu Autonomie und Gegenseitigkeit bilden die Zwillingssäulen für die Teilhabe des Erwachsenen an einer freien Gesellschaft: Selbstständigkeit, Selbstverwaltung und Selbstregulierung sind in der Idee der Autonomie inbegriffen; Fähigkeiten zu freiwilligem Austausch, zum Teilen und zum Altruismus sind in der Idee der Gegenseitigkeit enthalten. Beide Konzepte spiegeln die bipolare Natur des Menschen als unabhängig Handelndem und gemeinschaftlichem Mitarbeiter wider. Die frühen Interaktionen des Kleinkindes mit seinen Bezugspersonen bestimmen, ob diese entscheidenden Errungenschaften in seinen prägenden Jahren ihre richtigen Anfänge nehmen.

Ähnliches gilt für die dritte und vierte von Eriksons' acht Stufen, die Phasen der Initiative und des Fleißes. Im Gegensatz zu Handlungen in der Autonomiephase, die weitgehend durch Impulse getrieben werden, ist die Fähigkeit des Kindes in der Initiativphase, auf seine Umgebung zu reagieren, absichtlicher und zielgerichtet. Zunehmend werden ihm Forderungen auferlegt, sich nach den gesellschaftlichen Normen zu richten und die Auswirkungen seiner Handlungen auf andere zu bedenken. In dieser Phase werden frühe sexuelle, aggressive, narzisstische, begierige, Abhängigkeits- und Bindungsantriebe durch Denkprozesse und die aufkommenden Schranken des Gewissens besser geregelt. Aus den in der Autonomiephase erworbenen Fähigkeiten zu gutem Willen und Bereitschaft werden in der Initiativphase Fähigkeiten zu guten Absichten und fokussierten Anstrengungen, anderen zu gefallen. Angst vor Trennung und Verlust werden in dieser Phase verringert, da innere Bilder von liebevollen und schützenden Bezugspersonen fester verwurzelt sind. Eifersucht erreicht während dieser Phase ihren Höhepunkt, beruhigt sich aber in der Regel im Grundschulalter wieder. Konkurrenzimpulse werden gemildert, da der Wille zu verhandeln Vorrang vor dem Drang zu dominieren hat. Eine zunehmende Kooperationsfähigkeit ersetzt frühere Neigungen, sich zu widersetzen. Gegenseitigkeit tritt stärker hervor, während infantile Tendenzen zu Trotz und Anspruch zurücktreten. Gegen Ende der Initiativphase verringern Gefühle der Sicherheit, geliebt und geschätzt zu werden, die Qual des primitiven Neides. Mit Erreichen dieser Tugenden setzt sich die wachsende Fähigkeit des Kindes fort, den anderen als einen separat Handelnden zu erkennen – einen Menschen, der zu respektieren und keine Sache, die zu benutzen ist.

So hat das Kind, wenn es in die Grundschule eintritt, eine beträchtliche Kontrolle über primitive Antriebe erworben und frühere Familiendramen weitgehend abgeschlossen. Es kann sich selbst effektiver steuern, mit größerer Leichtigkeit mit anderen zusammenarbeiten und sein Verhalten besser anpassen. Von Quellen innerhalb und außerhalb seines Zuhauses beginnt es in dieser Phase des Schulalters, die unzähligen instrumentalen und sozialen Fähigkeiten und Fakten über das Leben zu lernen, die schließlich zu erwachsener Kompetenz führen. Es lernt, wie grundlegende wirtschaftliche, soziale und politische Prozesse in modernen technologie- und kommunikationsbasierten Gesellschaften funktionieren. In dieser Zeit werden die frühen Grundlagen der Autonomie und der Gegenseitigkeit zu stärkeren Fähigkeiten zu Selbständigkeit, Verantwortung und Kooperation weiterentwickelt. Wenn sie in einer liebevollen Familie gepflegt werden, werden frühe Neigungen, zu geben und sich zu kümmern, zu einer breit angelegten Ethik des wohltätigen Dienstes an anderen erweitert. Von besonderer Bedeutung in dieser Phase ist die zunehmende Wertschätzung des Kindes für das, was in menschlichen Beziehungen fair und gerecht ist. Dieser Fortschritt im Verständnis führt es, zusammen mit größeren Fähigkeiten zu verhandeln und Kompromisse einzugehen, dazu, den Einsatz von Gewalt bei der Bewältigung sozialer Konflikte als eine Frage der moralischen Grundsätze abzulehnen.

Das Bekenntnis des radikalen Liberalen

Der Einzelne, der Grundvertrauen, Hoffnung, Autonomie, einen guten Willen, Gegenseitigkeit, Initiative, gute Absichten, Anerkennung, Fleiß und instrumentelle Kompetenz erlangt hat, strebt natürlich ein Leben an, das diese Tugenden verkörpert: ein Leben in individueller Freiheit und freiwilliger Zusammenarbeit. Zum Ende der Adoleszenz ist seine Identität die eines kompetenten Erwachsenen, der für sich selbst sorgen kann, während er mit anderen zusammenarbeitet. Er ist stolz darauf, ein eigenständiger Mensch zu sein, während er nach den Regeln spielt und die Rechte anderer respektiert. Er ist auch stolz auf seine Wohltätigkeit für gute Zwecke. *Für solch einen Menschen ist ein Leben in geordneter Freiheit die logische Kulmination all dessen, was er in der Kindheit gelernt hat. Es ist ein Leben, das die in einer kompetenten Familie gelernten Tugenden verkörpert. Bei einer kompetenten Regierung ersucht der kompetente Erwachsene dann um die Schutzmaßnahmen, die seine Freiheit gewährleisten, nach eigenen Entscheidungen zu leben und sich mit anderen im gegenseitigen Einvernehmen zu organisieren.*

Wie in diesem Buch jedoch dargelegt wurde, ist diese Art von Leben ebenso wie diese Art von Regierung nicht das, wonach der radikale Liberale strebt. Er sucht stattdessen nach einer garantierten Absicherung, nach Sicherheit und Abhängigkeit von einer dominanten Regierung während der gesamten Dauer seines Lebens, sowie nach ständiger Bedienung seiner neurotischen Forderungen. Er beabsichtigt, das Trauma, die Ungerechtigkeit, die Hilflosigkeit und die Demütigung, die er in den Händen seiner ursprünglichen Bezugspersonen erlebt hat, mit der Macht des Staates zu beseitigen. Er hofft, diese Ziele zu erreichen, indem er Gesetze verabschiedet, die seinen Impulsen gegenüber nachgiebig sind und ihn von den angemessenen Verpflichtungen eines reifen Erwachsenen befreien. Er sucht nach einer Gesellschaft, die stark vom modernen Elternstaat reguliert, geformt und verwaltet wird. Das Ziel des radikalen Liberalen, den Staat zu einem idealen Elternteil/einer idealen Familie zu machen, und seine Methode, dies zu erreichen, indem er dessen Bürger zwingt, nach seiner Pfeife zu tanzen, ist die radikale liberale Agenda. Diese Agenda kann aus einer erwachsenen Perspektive in einer Kombination einfacher Worte verkündet werden. Zusammen mit einem Einblick in ihre Entwicklungsursachen ergibt sich daraus das Bekenntnis des radikalen Liberalen. Wenn er es offen und selbstkritisch vortragen könnte, würde es sich etwa wie folgt lesen:

Das radikale Bekenntnis vom grundlegenden Misstrauen aus

In entscheidenden Phasen meiner Kindheit wurden mir Liebe, Empathie, Aufmerksamkeit und Fürsorge schmerzlich entzogen. Diese Entbehrungen sorgten dafür, dass ich mich verletzt, bedürftig, leer, neidisch und wütend fühlte, aber ich muss so tun, als hätte ich diese Gefühle nicht. Als ich klein war, habe ich gebettelt, gefordert und geweint, um zu bekommen, was ich wollte. Eigentlich möchte ich das immer noch tun, aber ich riskiere das Gefühl, gedemütigt zu werden, wenn ich das mache. Was ich auch immer tue, nie habe ich das Gefühl, genug von dem zu bekommen, was ich brauche. Das ist eine schreckliche Ungerechtigkeit, und darum glaube ich, dass ich ein Opfer bin. Indem ich das glaube, bin ich dennoch nicht paranoid; mein grundlegendes Misstrauen ist realistisch. Doch das Gefühl bedürftig, neidisch und benachteiligt zu sein, deprimiert mich auch und macht mich hoffnungslos. Manchmal fühle ich mich auch panisch und hasserfüllt. Ich weiß, dass bestimmte Leute mich misshandeln werden, da ich als Kind misshandelt wurde. Ich bin sehr verletzt und wütend über die schlechte Behandlung, die ich früher und in heutiger Zeit in den Händen von Schurken erdulden musste.

Um mich gegen diese Zustände zu wehren, muss ich bestimmten Menschen und Gruppen die Schuld an meinen Problemen zuweisen und versuchen, sie dazu zu nötigen, mir all das zu geben, was ich will. *Indem ich sie hasse, weil sie hart, grausam und egoistisch sind, und indem ich ihnen das wegnehme, was sie haben, kann ich meinem Zorn Luft machen und mich sicher, selbstgerecht und mächtig fühlen. Andere zu beschuldigen und zu hassen, hilft mir, mich als Opfer zu bestätigen und in anderen Schurken zu sehen, die ich bestrafen kann, während ich zu bekommen versuche, was sie besitzen. Was sie haben, sind bestimmte Güter, Dienstleistungen und ein gesellschaftliches Ansehen, auf die ich einen Anspruch geltend mache, die ich aber noch nicht erhalten habe. Um diese Ungerechtigkeit zu beenden, werde ich die Macht des Staates benutzen, um zu bekommen, was ich will. Dann werde ich aufhören, bedürftig, neidisch und wütend zu sein. Ich werde nicht mehr betteln, verlangen, manipulieren oder einschüchtern müssen, weil der Staat das alles für mich tun wird.*

Die Tatsache, dass der Staat anderen Dinge wegnehmen und sie mir geben kann, ist erfreulich. Ich muss diese Macht über andere haben, damit ich mich nicht hilflos fühle wie damals, als ich ein Kind war. Die Macht, anderen Dinge wegzunehmen, ermöglicht mir auch, Rache für das Unrecht zu erlangen, das ich erdulden musste, und aufzuhören zu leiden. Außerdem befriedigt es meine Gier, wenn mir Dinge gegeben werden. Ich bin tatsächlich gierig und neidisch wegen der Entbehrungen, die ich als Kind erlitten habe, doch ich gestehe es mir oder anderen nicht ein. Stattdessen behaupte ich, dass ich nicht neidisch bin, und ich bestreite auch energisch, gierig zu sein. Ich tarne meine gierigen Forderungen, indem ich sie „Berechtigungen" nenne. Berechtigungen sind Dinge, die mir jemand zur Verfügung stellen sollte, weil sie mir zustehen; man sollte mich nicht für gierig und habsüchtig halten, auch wenn ich das bin. Meine Entschlossenheit, das zu bekommen, was andere haben, ist mein legitimes Bedürfnis. Ihr Bestreben, das zu behalten, was sie haben, ist ihre egoistische Gier (Joe Sobran). Also sind sie die Gierigen, nicht ich. Außerdem verdienen sie es zu verlieren, was sie haben, weil sie es anderen weggenommen haben. Diese Überzeugungen helfen mir, so zu tun, als wäre ich nicht neidisch, gierig oder rachsüchtig.

Ich und andere wie ich, die bedürftig, wütend und neidisch sind, lehnen alle Regeln ab, die von uns verlangen, uns das, was wir bekommen, selbst zu erarbeiten. Wir sollten nicht mehr tun müssen, als wir bereits getan haben, um das zu bekommen, was ein gutes Leben ausmacht. Wir haben alle genug gelitten.

Wir verdienen es, ohne zusätzliche Belastungen entschädigt zu werden. Für die Entbehrungen, die wir in der Vergangenheit erdulden mussten, haben wir in der Gegenwart und in der Zukunft Entschädigung verdient. Die bloße Tatsache, dass wir am Leben sind und eine solche Härte erduldet haben, reicht für unseren Anspruch auf kostenlose Unterstützungsleistungen aus. Eigentlich haben wir viel mehr verdient als die bloßen Grundlagen eines guten Lebens, um vergangene Härten auszugleichen. Aus diesen Gründen dürfen traditionelle Eigentumsrechte die Befriedigung unserer Ansprüche nicht blockieren. Wir Opfer sollten ungehinderten Zugang zu Reichtum, Macht und Status der anderen haben. Wir akzeptieren weder das Primat der Eigentumsrechte beim Schutz der geordneten Freiheit, noch ist die individuelle Freiheit ein richtiges Ideal. Unsere positiven Rechte auf Befriedigung unserer Bedürfnisse und Entschädigung für unsere Verletzungen sind viel wichtiger als grundlegende Eigentumsrechte oder individuelle Freiheit. Darüber hinaus erkennen wir die Souveränität des anderen Menschen nicht an. Wir akzeptieren sein Recht nicht, in Ruhe gelassen zu werden. *Unsere Ansprüche sind wichtiger als das behauptete Recht anderer, ihr eigenes Leben zu leben. Weil wir als Kinder gewisse Ungerechtigkeiten erlitten haben, stellen wir an andere Personen legitime Ansprüche auf Wiedergutmachung. Die Tatsache, dass die Menschen, an die wir diese Forderungen stellen, jede kausale Rolle bei den Ungerechtigkeiten, die wir in der Vergangenheit oder Gegenwart erlitten haben, abstreiten, ist nicht relevant. Wir sind berechtigt, das zu bekommen, was uns jedermann schuldet, der die Mittel dazu hat, um uns damit zu versorgen. Dementsprechend haben wir, die Habenichtse, Anspruch auf die Zeit, die Anstrengung, die Fähigkeiten und das Geld derer, die mehr haben als wir.*

Mich selbst als unschuldiges Opfer von Ungerechtigkeit zu sehen und andere als grausame Schurken, die mir gierig etwas vorenthalten wollen, gibt mir die Möglichkeit, eine Beziehung zur Welt aufzubauen. Ich kann mich mit anderen verbinden, die so fühlen wie ich, und diese Art von Verbundenheit füllt ein bisschen die Leere und beruhigt etwas meine Unsicherheit, die aus meiner Kindheit zurückgeblieben ist. Es ist besonders wichtig, dass ich mich in dieser Beziehung mit etwas und jemandem verbunden fühlen kann. Auf diese Weise verbunden zu sein, gibt mir ein Gefühl von Sicherheit und Geborgenheit und verringert meine Ängste vor Verwundbarkeit, Hilflosigkeit, Trennung und Verlassenheit, die aus meiner Kindheit erhalten geblieben sind. Ich kann auch Sympathie und

Mitleid mit meinem Leiden erlangen; das hilft, den Mangel an Zärtlichkeit, den ich als Kind erlebt habe, auszugleichen. In der Tat schafft meine Verbundenheit mit anderen Opfern gegen die Schurken eine Familie von Leidenden, ein Bündnis der Opfer, mit dem ich mich identifizieren kann. *Wir alle sehen uns als edle Märtyrer, die in unserem Leid, in unserem Neid und in unserem Mitleid für uns selbst und füreinander vereint sind. Wir sind auch in unserem Zorn und Hass auf die Schurken vereint, die uns damals wie heute das Leben schwermachen. Dies erlaubt mir, es als gerechtfertigt zu empfinden, wenn ich wütend und zerstörerisch gegen Schurken vorgehe. Außerdem kann ich, wenn ich sehe, dass meine Probleme von anderen verursacht werden, gehässig und rachsüchtig ihnen gegenüber sein und damit vermeiden, mich selbst zu hassen und zu bestrafen.*

Mein Weltbild von Opfern und Schurken zeigt mir einen Weg, das Menschsein zu verstehen. Die Welt besteht aus unschuldigen Menschen, die leiden, und grausamen Menschen, die sie leiden lassen. Wir, die leiden, sind in keiner Weise für unser Leiden verantwortlich. Unser Schmerz wird nie durch unsere eigenen Fehler der Tat oder Unterlassung verursacht. Unser Leid wird durch selbstsüchtige und niederträchtige Menschen und durch böse Institutionen wie den Kapitalismus bewirkt, die es reichen und mächtigen Menschen ermöglichen, arme und schwache Minderheiten auszunutzen. Mit dieser Weltanschauung kann ich mich davon überzeugen, dass mein grundlegendes Misstrauen gegenüber der Welt weder ein neurotisches Erbe meiner Kindheit noch eine paranoide Wirklichkeitsverzerrung ist. Es ist eine vollkommen natürliche und genaue Wahrnehmung des schlimmen Zustandes menschlicher Beziehungen. Die einzigen Fackelträger in dieser unglücklichen Welt sind die modernen radikalen Liberalen. Wenn es ihnen ermöglicht wird, können diese heldenhaften Männer und Frauen die Schurken in unserem Leben besiegen, uns allen Sicherheit und Geborgenheit verschaffen, uns in liebender Sorge füreinander vereinen und unsere Bedürfnisse nach Abhängigkeit von mächtigen Führern befriedigen.

Wenn sie nur genug politische Macht bekommen können, werden unsere radikalen liberalen Führer eine große utopische Gesellschaft schaffen. Genau genommen ist der moderne Elternstaat der idealisierte Elternteil meiner Träume, ein allmächtiger Wohltäter, der mit magischen Kräften das menschliche Leid beendet. Ich sehe dieses Wesen so, wie ein Säugling seine liebende Mutter verehrt, wie ein Teenager einen Rockstar anschmachtet, wie ein Gläubiger eine Gottheit anbetet. Unter dem modernen Elternstaat fürchte ich kein Übel, denn der Staat beseitigt alle Entbehrungen, erfüllt alle Bedürfnisse, heilt alle Ungerechtigkeit. Das ist der hegelsche Weltgeist. Es schafft nicht nur den Kontext für menschliche Beziehungen, sondern die ultimative Wirklichkeit menschlicher Beziehungen. In einer mystischen Vereinigung mit diesem Geist werde ich die Einheit von Bürger und Gesellschaft, die Verbindung von allen mit allen, die Abschaffung der Trennung und das Ende der Entfremdung bei allen Menschen erleben. Ich fühle mich nicht mehr allein oder verlassen; meine existenzielle Angst wird sich in einer Gemeinschaft mit dem Kollektiv auflösen. Ich werde jedem gehören und jeder wird mir gehören. Ich werde endlich sicher sein, endlich frei von Not, endlich frei von Misstrauen. In meiner Verschmelzung mit dem grandiosen Staat werde ich nicht nur die Sicherheit des Grundvertrauens erreichen; ich werde mich mit der Seele der Menschheit verbunden fühlen. Darüber hinaus werde ich durch meine kollektive Kampagne gegen den Individualismus Bestätigung, Rechtfertigung und Bedeutsamkeit erreichen. Meine Leidenschaften werden endlich mit einem edlen Krieg gegen den Egoismus begründet. Mein Leben wird in einer epochalen Kampagne gegen das Böse Bedeutung und Wichtigkeit bekommen.

Das radikale Bekenntnis aus der Perspektive fehlgeschlagener Autonomie

Als ich ein Kleinkind war, fühlte ich mich nicht sicher, geborgen, geliebt und wichtig, denn die Leute, die sich um mich kümmern sollten, vernachlässigten, benachteiligten oder missbrauchten mich. Sie hatten so gut wie kein Einfühlungsvermögen in mein geistiges Befinden und wenig Verständnis für meine Bedürfnisse. Ich fühlte mich in diesen Jahren oft überwältigt, ängstlich, ungeschützt, verlassen, ignoriert und zornig, und ich war völlig unfähig, meine Qualen durch mein eigenes Bemühen zu lindern. Ich wollte versuchen, das zu bekommen, was ich wollte oder brauchte, indem ich weinte und jammerte oder wütend schrie und ausflippte. Wenn es mir mit diesem Benehmen gelang, etwas zu bekommen, was ich wollte, fühlte ich mich etwas weniger hilflos. Oft wollte ich versuchen, die Leute zu bestrafen, die mich zurückgewiesen hatten, indem ich hartnäckig, widerborstig, gehässig und trotzig war. Manchmal fühlte ich mich zerstörerisch und sogar sadistisch: Ich wollte Menschen schlagen und treten, Dinge zerbrechen und beschmutzen. Manchmal sollte dieses Verhalten sie dazu bringen, meinen Forderungen nachzugeben, und dann würde ich mich wiederum weniger hilflos fühlen, doch als sie mir gestatteten, meinen Willen durchzusetzen, indem ich Wutanfälle bekam, beraubten sie mich der Disziplin, die nötig war, mich davon abzuhalten, ein verwöhntes Gör zu sein. *Als ich älter wurde, kam ich zu dem Glauben, dass das Leben ein Spiel um Macht, Kontrolle, Manipulation und Einschüchterung ist. Jetzt als Erwachsener versuche ich, wenn ich nicht bekomme, was ich will, Macht und Kontrolle über andere zu erlangen oder einen Weg zu finden, sie zu manipulieren oder einzuschüchtern, damit ich meinen Willen durchsetze.* Wenn ich mit diesem Bemühen keinen Erfolg habe, werde ich ängstlich, wütend und deprimiert. Manchmal weine ich noch, schreie oder bin wütend darüber, wie ungerecht das Leben zu mir ist, genau wie ich es als Kleinkind war, weil ich mich immer noch vernachlässigt, benachteiligt und missbraucht fühle. Ich beneide Leute, die reich und mächtig sind, aber ich habe auch Angst vor ihnen, weil ich glaube, dass sie mich irgendwie ausbeuten. Besonders hasse ich Leute, denen mein Wohlergehen egal ist und die handeln, als ob ich nicht existiere. Sie sollten dazu gebracht werden, sich mir gegenüber anständig zu verhalten, denn wenn sie es nicht tun, fühle ich mich sowohl unbedeutend und wertlos als auch ausgebeutet und wütend. Ich spüre ihre Verachtung für mich, und ich möchte es ihnen heimzahlen, indem ich sie herabwürdige. Dann wird mein Benehmen hochmütig und arrogant, ich zeige meinen Ekel und meine Verachtung für sie, und meine Forderungen werden gebieterisch.

Um das schreckliche Unrecht wiedergutzumachen, das ich erlitten habe, muss ich die Kontrolle über andere Leute und ihre Ressourcen erlangen. Das ist die einzige Möglichkeit, wie ich mich glücklich und sicher fühlen und den schmerzlichen Emotionen aus dem Weg gehen kann, die mich plagen. Wenn ich die Kontrolle über die Hebel der Macht erlangen kann, dann werde ich mich sicher und zufrieden fühlen statt furchtsam und frustriert. Ich werde mich mächtig fühlen statt hilflos. Die Macht, die ich brauche, ist die Macht der Regierung. Der moderne Elternstaat wird andere dazu zwingen, das zu tun, worauf ich für mein eigenes und das Wohlergehen anderer von meiner Art dränge. Die Macht des Staates ist nötig, um andere Menschen dahin zu bringen, für diejenigen von uns zu sorgen, denen so viel Unrecht getan wurde.

Leider kann ich diese Art von Macht in einer freien Gesellschaft nicht bekommen. Menschen in einer freien Gesellschaft können weitgehend so leben, wie sie wollen. Obwohl *ich* in der Lage sein möchte zu tun, was ich will, möchte ich nicht, dass *andere* tun, was sie wollen, denn dann können sie meine Forderungen nach Wirtschaftsgütern, sozialem Status und politischem Einfluss zurückweisen. Ich kann zwar von privaten Wohltätigkeitsorganisationen profitieren, die von freien Leuten finanziert werden, aber sie bieten keine Garantie, dass ich die Art oder Menge an Wohltätigkeiten bekomme, die ich brauche, um mich gut zu fühlen. Zu weinen und darüber zu jammern, wie ich leide, kann mir in einer freien Gesellschaft einige Erfolge verschaffen, aber nicht genug, um die Art von Leben hervorzubringen, das ich führen will. Wenn ich wütend werde und mich tadelnswert verhalte, oder wenn mein Benehmen widerborstig, gehässig, trotzig oder hasserfüllt ist, verlieren freie Menschen das Interesse an mir, was ich als beleidigend und bedrohlich empfinde. *Dementsprechend lehne ich die Art von Freiheit ab, die anderen erlaubt, meine Forderungen zu ignorieren. Ich muss wissen, dass man sie zwingen kann, für mich zu sorgen, auch wenn sie sich dagegen sträuben. Es ist eine Tatsache, dass ich gewisse positive Rechte habe, und ich fordere, dass sie beachtet werden. Ich habe einen Anspruch darauf, zu bekommen, was ich will und was ich brauche. Meine Ansprüche stehen über allen Eigentumsrechten, die die individuelle Freiheit schützen. Unablässig widerspreche ich jeglicher Vereinbarung, die andere nicht gesetzlich dazu verpflichtet, für mein Wohlergehen zu sorgen. Ich widerspreche daher allen Vereinbarungen, nach denen Beziehungen durch gegenseitige Zustimmung zustande kommen.*

Aus diesen Gründen weigere ich mich auch, die Souveränität anderer Personen anzuerkennen, denn dann kann ich sie nicht kontrollieren. Bestimmte Menschen, die egoistisch und gierig sind, müssen dazu gebracht werden, ihren gerechten Anteil zu leisten, was bedeutet, dass sie dazu gebracht werden müssen, ihre Macht, ihren Reichtum und ihren Status für diejenigen von uns, die in Not sind, aufzugeben. Andernfalls werden sie uns ignorieren und einfach ihr eigenes Leben führen. Ihre Freiheit zu leben, ohne gesetzlich meinem Wohlergehen verpflichtet zu sein, bedeutet, dass ich für mein eigenes Leben verantwortlich sein muss – und das ist ungerecht. Ich akzeptiere die Vorstellung nicht, dass ich mein eigenes Leben führen und das, was ich brauche, selbst herstellen oder verdienen muss, oder freiwillig dafür mit anderen zusammenarbeiten oder Dinge im gegenseitigen Einvernehmen verkaufen oder tauschen oder andere davon überzeugen muss, dass sie meine Bedürfnisse erfüllen, während ich ihre erfülle. Tatsächlich habe ich nicht nur Angst, mein eigenes Leben zu leben, es ärgert mich auch, dass ich überhaupt gegenseitig handeln soll. Ich brauche die Garantie und die Sicherheit zu wissen, dass andere gesetzlich verpflichtet sind, sich um mich zu kümmern, mich wichtig zu nehmen, damit ich weiß, dass ich ihnen genug bedeute, dass sie mir Dinge geben, ohne dass ich ihnen etwas geben muss. Weil ich als Kind benachteiligt, missbraucht und vernachlässigt worden bin, gibt es gewisse Güter, Dienstleistungen und Beziehungen, die mir als Entschädigung geschuldet werden, und ich habe ein Anrecht auf alle diese Leistungen, ohne etwas im Gegenzug anzubieten. Ich muss geliebt und umsorgt werden allein aufgrund dessen, was ich bin, und nicht wegen etwas, das ich für andere tue. Außerdem möchte ich das Gefühl von Macht und Überlegenheit gegenüber anderen spüren, das der moderne Elternstaat mir gibt. Ich möchte das Allmachtsgefühl des Kleinkindes, die Illusion der Dominanz, die ein kleines Kind gegenüber seine Mutter und anderen Bezugspersonen hat, wiedererlangen. Ich möchte „Seine Majestät, das Baby" in meinem Leben wiedererwecken, um die Schande und die Zweifel zu ersticken, die ich fühle, weil ich nicht geliebt, nicht umsorgt, nicht beschützt und nicht wertgeschätzt wurde.

Mich interessieren auch guter Wille oder Bereitschaft nicht. Stattdessen möchte ich, dass meinem Willen nachgekommen wird. Ich will die Kontrolle über andere, damit sie mich nicht ablehnen, zurückweisen oder ignorieren können. Wenn ich diese Kontrolle habe, dann habe ich ein Selbst, das sich gut für mich anfühlt: „Ich kontrolliere, also bin ich." *Wenn ich keine Kontrolle habe, fühle ich mich schwach und unzulänglich. Ich empfinde es als demütigend und sogar erniedrigend, mit anderen verhandeln zu müssen, um eine Transaktion für uns beide annehmbar zu machen. Ich sehe das Leben als konfliktreichen, nicht als kooperativen Prozess. Es ist ein Kampf des Willens, und mein Wille muss dominieren. „Mein Wille geschehe, wie ich verlange," und nicht „unser Wille geschehe im gegenseitigen Einvernehmen." Ich glaube nicht an einvernehmliche Zusammenarbeit, und ich habe kein Vertrauen darin. Tatsächlich bin ich so verärgert darüber, dass ich in der Vergangenheit benachteiligt, vernachlässigt und missbraucht wurde, dass ich mich in der Gegenwart weigere, einvernehmlich mit anderen zusammenzuarbeiten. Ich will Dinge nicht zur Zufriedenheit aller Parteien ausarbeiten müssen. Ich bin wütend, dass ich nicht bekommen habe, was ich will, also fühlt es sich für mich gut an, andere auszubremsen und die Kontrolle über sie zu bekommen. Die andere Person dazu zu bringen, gegen ihren Willen das zu tun, was ich will, befriedigt meine wütende Entschlossenheit, die Welt zu bestrafen, weil sie nicht gerecht zu mir ist. Es gibt mir ein gutes Gefühl, rachsüchtig zu sein, andere für ihre Ungerechtigkeiten gegen mich zu bestrafen, vor allem wegen ihres Versagens darin, meinen Forderungen nachzugeben.*

Um meine Ziele zu erreichen, andere Menschen zu beherrschen und zu bestrafen, brauche ich die Macht des Staates. Die Macht des Staates erlaubt mir, anderen das anzutun, was moralisch falsch und illegal wäre, würde ich es auf eigene Faust tun: sie zu zwingen, ihnen ihren Wohlstand zu nehmen und sie zu regulieren. Daher liebe ich die Philosophie des Kollektivismus; er ist seinem Wesen nach zwingend. Er steht der individuellen Freiheit von Natur aus feindlich gegenüber. Ich hasse die individuelle Freiheit, denn wenn andere autonom und souverän sind und sich nur durch Vereinbarung zusammentun können, dann müssen sie nicht tun, was ich will. Ich kann betteln und manipulieren und versuchen sie einzuschüchtern, um zu bekommen, was ich will, aber sie können mich immer noch zurückweisen. Ich weiß, dass ich ihnen etwas anbieten kann, was sie möchten, damit sie kooperativ werden, aber das will ich nicht. Ich bin verärgert über die Tatsache, dass sie mir nicht gegeben haben, was ich will. Ich bin auch überaus neidisch auf das, was sie haben. Aus diesen Gründen weigere ich mich, ihnen etwas zu bieten, das sie noch zufriedener machen wird. Stattdessen möchte ich sie frustrieren und möchte, dass sie sich auch benachteiligt fühlen. Das kann der moderne Elternstaat mit selbstsüchtigen Menschen machen, vor allem mit den Reichen und Mächtigen.

Das radikale Bekenntnis aus der Sicht gescheiterter Initiative

In meinem vierten, fünften und sechsten Lebensjahr war ich manchmal kühn, frech und hartnäckig, manchmal ein Angeber, manchmal vermessen, hochmütig und aufdringlich. Ich stellte mir vor, so groß und mächtig zu sein, aber ich fühlte mich oft schwach, ängstlich und klein. Manchmal fühlte ich mich schuldig und gehemmt und hatte Angst, bestraft zu werden, doch ich wollte mich auch selbst behaupten, indem ich Dinge tat, die ich nicht tun sollte. Ich war nicht diszipliniert genug, ein normales Gewissen zu entwickeln, also erwarb ich eine starke Tendenz, in Gier und Bosheit zu schwelgen. Manchmal war ich sehr fordernd und wetteiferte darum, wer oder was zu mir gehörte. Ich konnte eifersüchtig, besitzergreifend und sogar kämpferisch sein, wenn es darum ging, meine Eltern oder eines meiner Geschwister für mich allein zu haben. Ich hatte oft Angst, andere würden mehr Liebe und Aufmerksamkeit bekommen als ich. Ich wollte dominant sein, aber andere, die viel größer und stärker waren als ich, wollten mich dominieren und machten mich hilflos und unterwürfig. Als das passierte, fühlte ich mich gedemütigt und wütend. Manchmal fühlte ich Hass gegen die, die ich als Konkurrenten sah; ich stellte mir vor, einen Kampf gegen sie zu gewinnen, indem ich sie verletzte oder tötete. Doch habe ich auch befürchtet, beim Spielen oder beim Sport gedemütigt zu werden, wenn ich Leistung bringen musste. Ich wollte im Zentrum der Aufmerksamkeit meiner Eltern stehen und mehr bewundert werden als andere Kinder, doch die anderen Kinder waren oft älter, schlauer und stärker, und sie erbrachten bessere Leistungen, als ich es konnte. In solchen Situationen fühlte ich mich unzulänglich und minderwertig. Manchmal haben mich diese Gefühle dazu veranlasst, jegliche Initiative aufzugeben und passiv und zurückhaltend zu werden. Aber dann habe ich mich entschlossen zu konkurrieren und zu gewinnen. Ich habe beschlossen, die Regeln zu brechen, um andere zu besiegen. Ich lehnte gute Absichten ab und wurde auf meine kindliche Art rücksichtslos und rachsüchtig. Ich musste gewinnen, weil es für mein kleines Ego zu erdrückend war, in einer Konkurrenzsituation zu verlieren. Ich habe auch gelernt zu manipulieren, um meinen Willen zu bekommen. Ich wollte alles tun, was nötig war – Charme, Niedlichkeit, Verführung, Versprechen, Lügen, alles anwenden –, um Menschen dazu zu nötigen, dass sie machten, was ich wollte, und um zu vermeiden, einen Wettbewerb zu verlieren. Doch Betrug und Manipulation stellten mich vor ein Problem, weil ich gutes Verhalten erlernen sollte. Ich sollte ein Gewissen erwerben, das zu gutem Verhalten ermahnt, und ich wollte nicht durch Regeln begrenzt werden. Ich musste noch heimlicher vorgehen, um meinen Betrug und meine Manipulationen zu vertuschen und zu vermeiden, für verzogen gehalten zu werden.

Als Erwachsener fühle ich mich immer noch so. Ich möchte nicht nach den Regeln spielen. Ich bin bereit zu manipulieren, zu betrügen und zu lügen, ohne mich schuldig zu fühlen, um die Schlachten des Lebens zu gewinnen und zu bekommen, was ich will. Ohne eine elterliche Regierung, die mich beschützt, fühle ich mich angreifbar für reiche und mächtige Raubtiere, die bereit sind, mich zu überwältigen, zu beherrschen und zu unterwerfen. In einer Welt geordneter Freiheit, in der Konkurrenz und Leistung zum Alltag gehören, fühle ich mich unsicher und unzulänglich, wenn ich eine Niederlage und den Verlust von Reichtum oder Status erleiden muss. Das Gefühl von Unzulänglichkeit und die Realität des Scheiterns bedrohen mich in einer Welt, die oft echte Kompetenz erfordert. Ich schäme mich, schwach zu sein; also verstecke ich meine Schwäche hinter einem überlegenen – vor allem intellektuell überlegenen – Auftreten. Um einen Vorteil gegenüber Konkurrenten zu bekommen, versuche ich, andere zu beeindrucken, indem ich mich hartgesotten, klug oder mächtig aufführe. Ich versuche, mich ins Zeug zu legen, zu bluffen und zu betrügen, um zu sehen, ob es irgendwelche Mitspieler gibt, die wissen, dass ich dies nur vortäuschen kann. Ich stelle jede Stärke zur Schau, von der ich glaube, dass andere sie mir abkaufen. Ich manipuliere die Politik zuhause und im Büro, um mich selbst zu überzeugen, dass ich stark bin. Das verschafft mir einen Vorteil gegenüber Menschen, die nach den Regeln spielen.

Doch der größte Vorteil, den ich erlangen kann, ist die Macht der Regierung. Mit dem modernen Elternstaat an meiner Seite kann ich die erdrückenden Regeln des Establishments außer Kraft setzen. Ich muss mich nicht mehr unterdrückt, schwach oder minderwertig fühlen. Der Staat wird mir ermöglichen, um Macht und Einfluss zu kämpfen und meine Konkurrenten zu besiegen. Natürlich sind die offensichtlichsten Konkurrenten gegen mich und andere radikale Liberale die Schurken des Establishments: die Reichen und Mächtigen, die Kapitalisten und Imperialisten. Das sind die Leute, die mich bedrohen. Sie sind es, die ich besiegen muss. Ich rebelliere gegen sie, weil sie mich zurückweisen, mich einschränken, meine Schwäche bloßstellen, meinen Betrug aufdecken, mich zur Rechenschaft ziehen und mich schelten, wenn ich die Regeln breche und Grenzen überschreite. Ich lehne mich gegen sie auf, weil ich weiß, dass sie Gewalt einsetzen, um die Armen, Schwachen und Unterdrückten auszunützen, und dass sie Kriege gegen die Unschuldigen führen. Weniger offensichtliche Konkurrenten sind die Menschen, die einfach kompetent sind und nach den Regeln spielen, Menschen mit Charakter und Integrität. Ich schäme mich heimlich und fühle mich schuldig im Vergleich mit diesen Leuten, weil ich betrüge und manipuliere und sie nicht. Sie erreichen ihre Ziele mit echten Fähigkeiten durch faires Handeln. Manchmal möchte ich nicht glauben, dass diese Leute ehrlich sind. Ich vermute, dass sie auch betrügen, weil man es auf ehrlichem Wege einfach nicht schaffen kann.

Doch sie werden sich nicht durchsetzen, unabhängig davon, wie sie ihr Spiel spielen. Mit der Macht der Gesetze, die von der Legislative des modernen Elternstaates verabschiedet werden, werden ich und meine liberalen Genossen die großen Geschäfte, die Großkonzerne, die Militärführung und all die großen Männer überwältigen, die an den Hebeln der Macht sitzen. Wir – einstmals die kleinen Jungs – werden diese gewaltigen Erwachsenen unterwerfen und allen anderen unsere Regeln aufzwingen. Mit der Macht des Staates werden andere radikale Liberale und ich im klassischen Ödipus-Drama die Siegreichen sein: Wenn wir den uns unterdrückenden, gefährlichen Vater/König besiegen, werden wir uns und andere befreien, um die Befriedigung jeglicher sexuellen, aggressiven und begierigen Triebe zu genießen. Die strengen Regeln des traditionellen Gewissens werden uns nicht mehr wie Fesseln binden. Es wird legitim, zu handeln wie verwöhnte, rotznasige Gören. Statt eines autoritären und strafenden Vaters wird der neue Staat eine nachgiebige und nachsichtige Mutter sein, die uns ermutigt, alles zu tun, was uns gefällt. Eine neue erfreuliche Moral – die der radikalen liberalen Agenda – wird die alte restriktive Moral ersetzen: Durch die Schaffung positiver Rechtsansprüche wird der Staat das materielle Wohlergehen aller Menschen sicherstellen, für die medizinische Versorgung aller sorgen, jedermanns Selbstwertgefühl schützen, jedermanns Neid und Eifersucht zerstreuen, das schlechte Verhalten aller entschuldigen, die Risiken und Verantwortungen des Lebens beseitigen, alle sozialen und politischen Benachteiligungen korrigieren, jeden Bürger ausbilden, alle Klassenunterschiede beseitigen und eine Gesellschaft der allumfassenden Liebe schaffen. Eine moderne elterliche Justiz wird Gesetze durchsetzen, die sich aus dieser neuen Moral der Verpflichtung ergeben. Indem wir uns mit dieser großartigen kollektiven Architektur identifizieren, werden ich und meine Kollegen uns so edel, überlegen und mächtig fühlen wie der Staat. In dieser Zugehörigkeit werden wir unsere wahre Identität finden.

46
Radikale Defizite in Schulalter und Adoleszenz

Der junge Mensch mit all seinem idealistischen Empfinden wird leicht von den Versprechen verfälschter Jahrtausende betrogen, auf die er durch die Verheißung einer neuen und anmaßend exklusiven Identität schnell hereinfällt.

Erik Erikson

Das radikales Bekenntnis aus der Fleißphase

In meinen Grundschuljahren lernte ich mehr über das Leben innerhalb und außerhalb meiner Familie zu Hause. Ich habe beobachtet, wie Menschen sich zusammentun und gegenseitig beeinflussen. Ich sah Leute Dinge kaufen, verkaufen, tauschen und leihen. Ich habe etwas über das Geldverdienen gelernt und darüber, wie man Geld besitzt, spart, ausgibt und schuldet. Ich habe gelernt, dass ich die Rechte der Menschen respektieren und die meisten Dinge im gegenseitigen Einvernehmen tun soll, damit beide an einer Transaktion beteiligten Seiten zufrieden sind. Ich habe gelernt, dass ich bestimmte Fähigkeiten erwerben soll, damit ich selbstständig sein und erfolgreich mit anderen zusammenarbeiten kann. Ich habe gelernt, dass ich fleißig, verantwortungsbewusst und zuverlässig sein und dass ich bei Bedarf verhandeln und Kompromisse machen soll. Ich habe erfahren, dass harte Arbeit eine Tugend ist und dass ich an meinen Bemühungen festhalten und Frustrationen in Kauf nehmen muss, um erfolgreich zu sein. Ich habe mitbekommen, dass ich anderen gegenüber rücksichtsvoll sein und darauf achten sollte, dass ich ihnen nicht versehentlich Schaden zufüge. Ich habe bemerkt, dass ich ehrlich und unkompliziert sein, gewissen Regeln folgen und bestimmten Behörden und Institutionen gegenüber respektvoll sein sollte. Ich habe gelernt, was als richtig und was als falsch gilt, was fair ist und was ungerecht, was rechtmäßig und was kriminell ist. Ich habe verstanden, dass ich gegenüber Menschen, die benachteiligt sind, wohltätig sein sollte. Ich habe etwas über Religion gelernt und über ihre Rolle dabei, dass wir Gutes anstatt Schlechtem tun.

Bis aus mir ein Jugendlicher wurde, hatte ich all dies gelernt, aber angesichts der Mängel in meiner Entwicklung konnte ich diese Prinzipien nicht selbst umsetzen. Ich entschied stattdessen, dass die Kontrolle über andere ein noch besserer Weg war, um zu bekommen, was ich wollte, als in gegenseitigem Einvernehmen zu kommunizieren, freiwillig zu kooperieren, tugendhaft zu handeln und die Rechte anderer zu respektieren. Natürlich konnte ich fair sein und das Richtige tun, solange mir dieses Handeln half, von anderen zu bekommen, was ich wollte. Ich würde mit Menschen zusammenarbeiten und ihre Rechte respektieren und sogar sehr großzügig sein, wenn es meinen Zwecken entspricht. Ich würde hart arbeiten, ehrlich sein und verantwortungsvoll handeln, wenn mir dies letztendlich ermöglicht, Menschen zu manipulieren.

Aus diesem Grund habe ich mich entschieden, das Leben auf diese Weise anzugehen. Als ich in die Grundschule eintrat, litt ich schon unter den schmerzhaften Ereignissen meiner ersten sechs Jahre. Innerlich fühlte ich mich misstrauisch, ängstlich und traurig. Ich fühlte mich bedürftig und sehnte mich sogar verzweifelt nach etwas oder jemandem, das oder der mich tröstete. Trotz einiger Fähigkeiten fühlte ich mich erfolglos, beschämt, wütend, schuldig und minderwertig. Ich wollte versuchen, diese Gefühle vor mir und anderen zu verbergen. Aber sie waren trotzdem da, weil ich nie eine sichere Bindung zu meiner Mutter oder anderen Bezugspersonen erworben hatte. Ich hatte nie die Liebe, Aufmerksamkeit, Zuneigung, den Schutz, das Mitgefühl und die Disziplin bekommen, die ich für meine Seele so nötig hatte wie Essen und Trinken für meinen Körper. Ich war verärgert über diese Entbehrungen, weil sie mein Recht verletzten, als kostbares Kind von liebenden Eltern aufgezogen zu werden. Aber ich habe mich auch schuldig gefühlt, weil ich so verärgert war. Ich schämte mich und fühlte mich minderwertig wegen der Benachteiligungen, die ich erlitten hatte, weil das nur bedeuten konnte, dass mit mir etwas nicht stimmte. Ich fühlte mich ohnmächtig, weil es nichts gab, was ich tun konnte, um meine Qualen zu beruhigen.

Ich musste einen Weg finden, mich gegen diesen Schmerz zu verteidigen, aber ich konnte über die Gefühle selbst nicht ehrlich sprechen, denn dann würde ich weinerlich, selbstmitleidig, wütend und fordernd erscheinen, und andere würden mich missbilligen und ablehnen. Irgendwann während meiner Grundschuljahre erkannte ich, dass die Kontrolle über andere Menschen meine Angst und Bedürftigkeit beruhigte und meine Traurigkeit verringerte. *Ich wusste, dass ich mich im gegenseitigen Einvernehmen mit anderen zusammentun sollte, aber ich traute dieser Art von Beziehung nicht, und ich wollte solche Beziehungen sowieso nicht. Ich war wütend darüber, wie es in meinem Leben lief. Ich wollte nicht gegenseitig orientiert sein. In meiner Grundschulzeit erkannte ich immer klarer, dass ich mich, wenn ich irgendwie die Kontrolle über die Menschen gewinnen und sie sogar einschüchtern und beherrschen konnte, erfolgreich, zuversichtlich und überlegen fühlte und nicht erfolglos, verzweifelt und hilflos. Die Kontrolle zu erlangen, wurde mein ehrgeiziges Ziel, und andere zu manipulieren war das Mittel zu diesem Zweck. In der Regel war es einfacher, Gleichaltrige zu manipulieren, aber schließlich habe ich gelernt, auch Erwachsene zu manipulieren.*

Meine Grundschuljahre waren, wie bei allen, von kindlichen Rivalitäten und Wettkämpfen geprägt, wer am sympathischsten, beliebtesten, süßesten, klügsten, lustigsten oder athletischsten war. Ich habe mit diesen Wettkämpfen viel Zeit verbracht. Ich wollte mich in einer belanglosen Rivalität mit ein oder zwei Freunden gegen andere verbünden oder mich einer Clique zugesellen. Ich wollte die Leute in gute Jungs und Bösewichte teilen, Leute, die ich mochte, und Leute, die ich hasste, und ich wollte die, die ich hasste, verächtlich behandeln. Ich wollte mich aufspielen und Überlegenheit vortäuschen, um andere zu beeindrucken und mich gut zu fühlen. Ich war oft neidisch und eifersüchtig und hatte Angst vor Demütigung, aber ich wollte diese Gefühle verbergen, indem ich vorgab, dass es mir egal wäre, oder behauptete, ich hätte mehr Vorzüge und Freunde, als ich wirklich hatte. Um mit Neid und Minderwertigkeitsgefühlen umgehen zu können, wollte ich andere verunglimpfen und das, was sie hatten, lächerlich machen. Manchmal wollte ich versuchen, ein Bild der Perfektion zu projizieren, aber ich wusste, dass es falsch war. Ich fand, dass Lügen sehr nützlich waren, weil sie mir halfen, mit Dingen davonzukommen, die ich nicht tun sollte, und die Leute dahin zu manövrieren, dass sie das taten, was ich wollte. Lügen konnten mich gut und andere schlecht erscheinen lassen. Ich würde also lügen, um akzeptiert zu werden. Ich würde lügen, um von den Pflichten befreit zu werden. Ich entdeckte, dass Freundschaften flüchtig und Loyalitäten vorübergehend sein können, und ich würde Freunde und Loyalitäten wechseln, um soziale Vorteile zu erlangen. Ich wollte wütend werden, wenn ich dachte, dass ich niedergeworfen oder brüskiert wurde. Wenn ich davon überzeugt war, dass das Unrecht gegen mich schwerwiegend war, würde ich mich rächen, indem ich schlechte Dinge über die Leute sagte oder schrieb, die mir Unrecht getan hatten, damit ich ihnen Schaden zufügen konnte. Im Laufe dieses Kampfes kam ich zu dem Glauben, dass ich tat, was ich tun musste, um mich gut zu fühlen. Ich habe sogar meine eigene Moral geschaffen, um dieses Streben zu unterstützen: Ich habe beschlossen, dass alles, was mir verschaffte, was ich wollte, richtig und fair war, und alles, was andere taten, um sich mir zu widersetzen, falsch und unfair. Ich sah die Welt als einen feindlichen Ort, an dem du kämpfst, um zu bekommen, was du willst, um Status und Positionen konkurrierst und gegen andere kämpfst, die dich zu Boden werfen und sich selbst erhöhen wollen.

Indem ich meine eigenen Komplexe auf diese Welt projizierte, schuf ich ein Theater, in welchem ich die Dramen meiner frühen Kindheit aufführen konnte: Ich konnte mich, diesmal auf einer größeren Bühne, immer wieder von Neuem zurückgewiesen, vernachlässigt, benachteiligt, betrogen, missbraucht, ängstlich, hasserfüllt, rachsüchtig und siegreich fühlen. Um diese Dramen um Spieler zu erweitern, fügte ich Gleichaltrige, Lehrer und Nachbarn zu meiner alten Besetzung aus Eltern und Geschwistern hinzu. Ich wollte die Welt in Opfer und Schurken aufteilen und manchmal einen Helden zu der Mischung hinzufügen. Ich erkannte mich gewöhnlich als Opfer und vermied um jeden Preis, wie ein Schurke auszusehen. Wann immer etwas schiefgegangen ist, war stets jemand anderes schuld. Manchmal stellte ich mir vor, ich sei ein Held, der andere rettete, die ich als Opfer ansah. Ich konnte mich verletzt und traurig und wütend angesichts der echten oder eingebildeten Schandtaten und Ungerechtigkeiten fühlen, die ich aufdeckte, und dann fühlte ich mich gut, wenn ich Rache bekam.

Ich wollte einen Weg finden, Menschen zu bestrafen, die ich hasste, weil sie mich ablehnten, ignorierten oder bessergestellt waren als ich. Manchmal wollte ich sie schlagen, ihnen etwas wegnehmen oder versuchen, ihre Beziehungen zu anderen zu verderben. Ich wollte diese Sachen auch tun, um den Ausgleich zu erzielen, den ich mir als Opfer in den Kopf gesetzt hatte.

Andere als Opfer und Schurken zu sehen, half mir, mich gegen den Schmerz zu verteidigen, der mich immer noch von meinen frühen Jahren her geplagt hat. Opfer zu bemitleiden, mit denen ich mich identifizierte, befriedigte meinen Wunsch, mich für all die Entbehrungen, die ich erlitten hatte, selbst zu bedauern. Ich würde nach bemitleidenswerten Menschen Ausschau halten, damit ich stellvertretend das Mitleid, das sie für ihr Leiden bekamen, genießen konnte. Weil ich in meinem eigenen Herzen egoistisch, gierig und hasserfüllt war, suchte ich nach Schurken, auf die ich diese Züge projizieren und dann so tun konnte, als hätte ich sie nicht. Ich konnte mich durch die Selbstsucht der anderen beleidigt fühlen und meine eigene verleugnen. Mit dieser Täuschung wollte ich mich überzeugen, dass andere die Bösen waren – nicht ich –, und dann würde ich mich edel und gut fühlen. Andere zu verdammen, verminderte die Scham, die Schuldgefühle und den Selbsthass, die mich immer noch seit meiner frühen Kindheit verfolgten. Anstelle meiner selbst konnte ich sie für ihre Bosheit und Gleichgültigkeit hassen und verurteilen. Ich konnte anderen die Schuld geben, dass sie sich der Verantwortung entzogen und nicht für ihre Taten geradestanden. Ich wollte die Handlungen und Absichten anderer missverstehen oder missdeuten, damit ich Ungerechtigkeiten sammeln und mich verletzt und als Opfer fühlen konnte. Indem ich Schurken für die Ausbeutung von Menschen verdammte, konnte ich leugnen, dass ich selbst Menschen manipulierte. Ich habe gelernt, rücksichtslos zu sein und dabei unschuldig zu erscheinen, hinterhältig zu sein und dabei aufrichtig zu wirken, andere zu behindern, während es aussah, als würde ich helfen. Wenn mir Opfer wirklich leidtaten, konnte ich mich selbst als fürsorglich, verständnisvoll und großzügig ansehen. Wenn ich Sympathie für Opfer empfand, fühlte ich auch Sympathie für mich.

Am Ende meiner Schulzeit war ich zu dem Schluss gekommen, dass das Leben eine recht unerbittliche Angelegenheit ist. Ich traf für mich die Entscheidung, dass die Welt ein harter Ort ist, wo die Schurken Opfer jagen, und die Opfer auf einen Helden hoffen, der sich ihrer annimmt und die Schurken besiegt. In meiner Wahrnehmung dieser Welt entschied ich, dass es für mich das Beste wäre, wenn ich Macht und Kontrolle über andere erlangte. Mit Macht konnte ich den Spieß umdrehen und die Schurken davon abhalten, mich auszunutzen und zu benachteiligen. Stattdessen könnte ich sie manipulieren und ausbeuten, mir von ihnen nehmen, was ich will, und mich an ihnen rächen. Im Nachhinein sehe ich, dass diese Dramen der Jugend die Proben für die politischen Kämpfe des Erwachsenseins waren. Sie waren frühe Versionen von größeren Kriegen, die noch kommen sollten.

Das radikale Bekenntnis aus der Identitätsphase

Niemand hat den Schmerz meiner ersten zwölf Jahre oder meine Bemühungen, mich dagegen zu verteidigen, wirklich verstanden. Meine Eltern haben nicht gemerkt, wie sehr ich kämpfte und dass ich Hilfe brauchte. Aufgrund meiner Tarnung und ihrer Gleichgültigkeit hat mir niemand geholfen, mein grundlegendes Misstrauen dem Leben und Beziehungen gegenüber zu überwinden. Niemand half mir, die Angst, Wut und Unsicherheit zu überwinden, die aus diesen frühen Jahren übriggeblieben sind. Als ich zum Teenager heranwuchs, fühlte ich mich in einer Welt voller Opfer und Schurken immer noch wie ein Opfer, so wie ich es in meinen Grundschuljahren gewesen bin. Niemand hat mir geholfen, die Dinge anders zu sehen, so dass es weiterhin so aussah, als sei das Beste, was ich für mich tun konnte, zu lernen, wie man Menschen manipuliert.

Diese Entscheidung hat mir Probleme verursacht, weil die traditionelle amerikanische Kultur andere Werte hat. Ich war jetzt ein Jugendlicher, und das bedeutete, dass mehr von mir erwartet wurde. Weil ich älter, schlauer und stärker war, wurde von mir erwartet, dass ich mich reifer verhielte, als ich es als Schulkind getan hatte. Von mir wurde erwartet, dass ich bei dem, was ich tat, selbstständiger und effektiver handelte. Es wurde erwartet, dass ich verantwortungsvoller und kooperativer wäre und auf meine kindliche Abhängigkeit verzichtete. Ich sollte nicht jammern und mich nicht beklagen. Ich sollte mehr Respekt für andere zeigen und Beziehungen im gegenseitigen Einvernehmen und nicht aufgrund von Forderungen aufbauen. Ich sollte mir das, was ich hatte, verdienen und nicht glauben, dass ich ein Anrecht darauf hätte. Ich sollte traditionellen Regeln folgen. Es wurde erwartet, dass ich optimistisch und hilfsbereit wäre und im Umgang mit anderen durch guten Willen und gute Absichten motiviert. Jeder nahm an, dass ich, wenn ich zuverlässiger würde, mehr Freiheit erhielte. Es wurde davon ausgegangen, dass ich ein Gleichgewicht fände zwischen der Freiheit, das zu tun, was ich für mich selbst wollte, und den Verpflichtungen, das zu tun, was ich für andere tun sollte.

All dieses gute Verhalten sollte mir in dieser Phase meines Lebens eine gewisse Identität verschaffen, die zu einem historischen Ideal der amerikanischen Kultur passte. Ich sollte eine individuierte Person werden: ein selbstbestimmter Initiator von Handlungen, ein angehender Erwachsener, der sich um sich selbst kümmert und mit anderen zusammenarbeitet. Es wurde davon ausgegangen, dass ich ein erfolgreicher, verantwortungsvoller und kompetenter Bürger werden würde. Aber das hatte ich nicht vor. Ich war zu unsicher, um autonom zu werden und gegenseitige Orientierung zu erlangen. Ich wollte mich nicht auf mich selbst verlassen oder freiwillig mit anderen zusammenarbeiten. Ich wollte nicht sachlich über die Welt denken; ich wollte lieber darüber nachdenken, wie die Dinge sein *könnten.* Ich wollte mich nicht vor Schaden schützen; ich wollte unbekümmert sein. Ich wollte mich verwöhnen und die Konsequenzen leugnen. Ich wollte mich nicht an Regeln halten; ich wollte die Regeln brechen, die ich nicht mochte. Ich wollte nicht auf die Stimme des Gewissens hören; ich hatte mir selbst genug Entschuldigungen zurechtgelegt. Ich habe gelogen, um zu bekommen, was ich wollte. Ich wollte mir mein Glück nicht durch Stolz auf gutes Verhalten und solide Leistung verdienen; es war einfacher, vernünftig klingende Erklärungen für meine Misserfolge zu finden. Um mich glücklich zu fühlen, tat ich alles, was mir im Moment befriedigend erschien. Ich missbrauchte Drogen, betrank mich, hielt mich nicht an Ausgehverbote, schummelte bei Prüfungen, schwänzte die Schule, bekam Anerkennung für etwas, an dem ich nicht teilgenommen hatte, wurde bezahlt für etwas, das ich nicht getan hatte, und behielt Geld und Gegenstände, die ich mir geliehen hatte. Wenn ich etwas dringend benötigte und es nicht bezahlen konnte, wollte ich es stehlen. Wenn ich jemanden schwängerte – so ein Pech! –, dann wäre das nicht mein Problem. Wenn ich schwanger würde, dann würde ich abtreiben. Während meiner Teenagerzeit habe ich gelernt, wie man andere besser beschuldigt und vermeidet, beschuldigt zu werden. Ich konnte mich immer als Opfer und den anderen als Schurken sehen. Wenn ich mich umsah, fand ich andere Opfer so wie mich, die ich bemitleiden konnte, und ich habe immer Schurken gefunden, denen ich die Schuld geben konnte.

Die Offenbarung der Politik

In meinen mittleren und späten Teenagerjahren erfuhr ich eine Erweckung: Ich entdeckte die Welt der Politik. In der Grundschule hatte ich schon von Demokraten und Republikanern gehört, aber ich hatte dem nicht viel Aufmerksamkeit geschenkt. Dann wurde das Thema durch die Politik an der High School und die Dramen der nationalen Wahlen alle paar Jahre relevant. Während der Wahlkampagnen beschuldigten sich die Kandidaten gegenseitig, klagten einander an und beschwerten sich, dass die Menschen zu Unrecht litten. Sie stritten darüber, wer wen zum Opfer machte. Es wurde heftig über Fragen der Macht, Kontrolle und Manipulation debattiert. Als dieser Wettstreit mich zu faszinieren begann, fing ich an, meine eigenen Gefühle, zum Opfer gemacht zu werden, in politische Begriffe zu übertragen. Als ich zwanzig Jahre alt war, hatte ich eine feste Meinung zu politischen Fragen. Die Diskriminierungspolitik hatte auf mich eine besondere Anziehungskraft, und ich fand schnell Begeisterung für liberale Positionen. Ich sah, dass der Individualismus die Philosophie der reichen und egoistischen Leute und der Kollektivismus die Philosophie der sozialen Gerechtigkeit ist. Aus politischen Kampagnen hatte ich gelernt, dass die Konservativen um des Profits willen die Umwelt vergewaltigen und die Großkonzerne und das amerikanische Militär sich gegen unschuldige Nationen verschwören, um deren Regierungen zu beherrschen, deren Reichtum zu konfiszieren und die Menschen in Lumpen verhungern lassen, während sie in kapitalistischen Fabriken für Hungerlöhne arbeiten müssen. Ich habe von meinen Klassenkameraden und Hochschulprofessoren gelernt, dass eine mitfühlende liberale Regierung, die den Armen, den Unterdrückten und Geknechteten verpflichtet wäre, solche bösen Taten verhindern würde.

Diese Botschaften standen in tiefem Einklang mit den emotionalen Unterströmungen meines Lebens. Ich fand, dass meine frühen Traumata in der politischen Rhetorik widerhallten. Ich habe gelernt, dass noch Millionen anderer Opfer vernachlässigt, benachteiligt und missbraucht worden sind. Ich habe gelernt, dass die Benachteiligten in einer gleichgültigen Welt voller Angst und Hoffnungslosigkeit im Interesse der Mächtigen ausgebeutet wurden. Herzlose Geschäftsleute versklaven hilflose Arbeiter in Ausbeuterbetrieben. Überall wird die Bevölkerung arm und politisch ohnmächtig unter dem Joch profitgieriger Raubtiere gehalten. Doch in all diesem Elend lebte noch Hoffnung. Moderne liberale Intellektuelle, die sich der Rettung der Opfer der Welt verschrieben hatten, arbeiteten seit Jahrzehnten daran, diese Übel zu überwinden und der Welt Wahrheit und Gerechtigkeit zu bringen. Sie hatten begriffen, dass die Krankheiten der Menschheit auf fehlerhafte wirtschaftliche, soziale und politische Bedingungen zurückzuführen sind. Wenn man ihnen die Gelegenheit gäbe, würden diese brillanten Männer und Frauen eine neue, auf liberalen Prinzipien basierende Gesellschaft schaffen. In dieser Gesellschaft würden die Ursachen des menschlichen Leidens verschwinden.

Diese und andere Ideen waren Teil einer neuen Welt und einer neuen Weltanschauung, die ich in meinen späten Jugendjahren kennengelernt habe. Es waren Ideen, mit denen ich mich gut identifizieren konnte. Politische Kriege waren Teil dieser Welt. Jeder Wettstreit war ein Drama zwischen Gut und Böse, in dem edle Helden im Namen unschuldiger Opfer gegen üble Schurken kämpften. In dieser Welt fand ich für meine eigenen Dramen eine neue Heimat. Ich habe eine Welt gefunden, die für meine Projektionen wie vorgefertigt war. In dieser Welt konnte ich leicht Opfer oder Held sein; meine Eltern und andere frühe Bezugspersonen waren die kalten und gefühllosen Kapitalisten oder räuberischen Imperialisten. Die Benachteiligung und Ausbeutung der Opfer in der Welt erinnerte mich an das, was ich als Kind erlitten hatte. Moderne Liberale waren in diesem Drama die Ritter in glänzender Rüstung. Sie waren die neuen Messiasse, deren überlegene intellektuelle Macht die Raubtiere besiegen und den Massen die Erlösung bringen würde. Ich und andere wie ich waren von den Aussichten auf eine liberale Revolution begeistert: ein politisches Jüngstes Gericht würde die Welt von den Verfolgern erlösen und eine echte Utopie errichten.

In diesem kosmischen Drama hatte ich ein Ideal gefunden, das mich inspirierte, ihm ein Leben lang anzuhängen. Ich sah sofort, dass diese neue Weltanschauung über Substanz, Stimmigkeit und Integrität verfügte. Die Welt hatte endlich einen Sinn für mich. Die Zukunft lag klar vor mir. Eine Zeit der politischen Abrechnung würde bald kommen. Der moderne Kollektivismus sollte sich als Antwort auf die Frage des Menschen nach Gerechtigkeit erweisen. Noch mehr: Mein Eintauchen in diese Welt müsste meiner Neurose Linderung verschaffen: Ich konnte meine persönlichen Qualen auf ein allgemeines moralisches Spiel projizieren. Ich konnte glauben, dass ich deshalb ängstlich und deprimiert war, weil ich mich in das Leid anderer einfühlte, und nicht wegen meiner eigenen Mängel oder Misserfolge oder der Entbehrungen, die ich in den ersten Jahren meines Lebens erlitten habe. Ich konnte die Bitterkeit und den Hass in meinem Herzen auf die schrecklichen Ungerechtigkeiten zurückführen, die Schurken den Opfern zufügten. Ich konnte meine Leidenschaften fühlen, ohne ihre neurotische Natur oder ihren Ursprung in meiner eigenen Geschichte einzugestehen. In meiner neu entdeckten politischen Welt gab es böse Männer, die zu beschuldigen und zu verachten, schreckliches Unrecht, das zu rächen und verabscheuungswürdige Konkurrenten, die zu bekämpfen und zu besiegen waren. In der Leidenschaft des Hasses konnte ich mich selbstgerecht fühlen. In meiner Verachtung für die Tradition konnte ich mich überlegen wähnen. Angesichts der Herrlichkeit liberaler Erkenntnisse konnte ich meine Eitelkeit auskosten. Diese Haltungen belebten meine Seele und beseitigten meine Unzulänglichkeitsgefühle. Indem ich meine Feindseligkeit von mir weg und gegen andere richtete, schützte mich der radikale Liberalismus vor Selbsthass. Gegen die Schurken der Gegenwart zu wettern, erlaubte mir sogar, die nachlässigen Bezugspersonen meiner Vergangenheit zu verschonen.

Das waren nicht die einzigen Vorteile. Mich als Opfer zu fühlen, rechtfertigte meine Anspruchshaltung; ich konnte meine Impulse ausleben, ohne mich schuldig zu fühlen. Promiskuitiv zu sein hieß, dass ich gegen die sexuelle Repression des Establishments aufbegehrte. Eine Abtreibung zu haben, bekräftigte mein Recht auf Privatsphäre. Auf politischen Kundgebungen gewalttätig zu sein hieß, dass ich zu Recht über die rücksichtslosen Kapitalisten erbost war, die die Welt beherrschten. Die Zerstörung fremden Eigentums und unflätiges Gebrüll in der Öffentlichkeit waren keine irrationalen Anfälle – es waren Handlungen zivilen Ungehorsams und Ausbrüche revolutionärer Inbrunst. Ich und diejenigen, die mir bei solchen Orgien zur Seite standen, sollten nicht verurteilt oder wegen Körperverletzung, unerlaubten Betretens, Sachbeschädigung oder ungebührlichen Verhaltens verhaftet werden. Stattdessen sollten wir dafür gelobt werden, denn unsere Wutausbrüche waren Ausdruck unseres Mitgefühls mit den Opfern der Welt: Wir haben ihren Schmerz gefühlt.

Die Verbundenheit mit anderen im Geiste des modernen Liberalismus beruhigte alte Ängste vor Isolation und Einsamkeit. Zu einer neuen politischen Familie zu gehören, hob meine Stimmung und beruhigte meine Angst. Ich fühlte mich nicht mehr verlassen. Ich tat mich mit anderen zusammen, mit denen mich die Sympathie für die Unterdrückten und die Wut auf das Establishment verband. Wir schworen Rachegelübde gegen politische Unterdrücker, die die

Freiheit erstickten, die brutalen Armeen, die die Bevölkerung beherrschten, und die räuberischen Konzerne, die die Märkte manipulierten und die Preise diktierten. Wir berauschten uns an der Herrlichkeit unserer Vision. In der politischen Welt aggressiv zu werden, war an sich schon berauschend. Unsere edlen Ziele erweiterten unser Ego. Wir waren nicht mehr unbedeutend; wir waren die neuen liberalen Eliten, die die Zukunft der Welt erschufen. Da wir uns ständig mit der intellektuellen und moralischen Überlegenheit unserer Überzeugungen beschäftigten, fühlten wir unsere Arroganz gerechtfertigt. Wir schämten uns nicht; Demütigung war ein Schmerz, der der Vergangenheit angehörte. Wir wurden zu politischen Snobs. Unsere Ziele waren nicht nur grandios; sie waren wirklich großartig. In unseren vielen weinseligen Momenten sahen wir eine neue und wohlwollende Weltregierung, deren Ehrfurcht gebietende Macht Frieden und Gerechtigkeit für alle bringen würde. Um die Welt vom Bösen zu befreien, würden wir die kapitalistischen Raubtiere niederwerfen. Um die Welt glücklich zu machen, würden wir die Massen darüber informieren, was gut für sie war, und ihr Leben zu ihrem Besten regeln. Natürlich wussten wir, dass sich viele unseren Plänen widersetzen würden, aber wir wussten auch, dass die Macht der Regierung unsere Gegner dazu bewegen würde, mit uns zusammenzuarbeiten. Wir würden diese Gewalt absichtlich und ohne Schuldgefühle einsetzen, weil unser edles Ziel, die Gesellschaft zu erneuern, die Verwendung aller verfügbaren Mittel rechtfertigte. Schließlich kämpften wir einen heroischen Krieg gegen das Böse in der Welt. Unter dem Vorwand des Wahlkampf-Eifers wollten wir die Kundgebungen unserer Gegner stören, über ihre Ziele lügen und ihren Ruf besudeln. Wenn wir uns besonders bösartig fühlten, wollten wir ihre Reifen aufschlitzen, ihre Büros demolieren, ihre Familien schikanieren und Wählerstimmen fälschen. Diese Bemühungen allein waren ermächtigend. Wir fühlten uns stark, edel, liebenswert, gerechtfertigt. Wir waren Kinder des Schicksals – und des Sieges sicher.

Moderner Liberalismus als persönliche Rettung

Meine Entdeckung des modernen Kollektivismus war nicht nur eine Offenbarung; es war eine persönliche Erlösung. Als ich den Liberalismus entdeckte, erwarb ich eine Identität, ja sogar ein Leben: Ich war nicht mehr darüber verwirrt, wer ich war, wie ich mich um mich selbst kümmern oder was das Leben für mich bedeuten sollte. Das alles wurde gelöst. Ich gehörte jetzt zu einer Elitegruppe erleuchteter Denker, die sich der Freiheit und Gerechtigkeit verschrieben hatten. Der Aufstieg des modernen Elternstaates würde jedem, einschließlich mir, wirtschaftliche Sicherheit, gesellschaftlichen Status und politische Bedeutung bringen. Ich konnte mich persönlich mit der Macht des Staates über die selbstsüchtigen Schurken identifizieren, deren Gier und grausame Gleichgültigkeit mich und andere Opfer dieser Welt so sehr verletzt hatten. Gemeinsam würden wir, die radikal-liberalen Köpfe, uns den Schurken in den Weg stellen, ihre Ziele vereiteln und ihnen das wegnehmen, was sie uns weggenommen hatten. Wir, die neuen Helden der Welt, würden herrschen, nicht die Schurken. Wir würden ihnen ihre Autorität wegnehmen und sie machtlos machen, sie dann für ihre schlechten Taten bestrafen und ihre falsche Souveränität zerstören. Wir stürzen die strengen sozialen Tabus, die die Selbstverwirklichung hemmen. Durch die Toleranz der sexuellen Befreiung und des moralischen Relativismus würden wir uns ohne Schuld oder Scham befriedigen. Als neu adoptierte Kinder des modernen Elternstaates müssten wir uns nicht den Belastungen der Eigenverantwortung oder den Risiken der Selbstständigkeit aussetzen. Die Notwendigkeit, altes Unrecht durch gewalttätigen Protest wiedergutzumachen, würde unsere Aggressionen gegen ein böses Establishment rechtfertigen. Wir würden die Umwelt vor der räuberischen Industrie beschützen. Verteilungsgerechtigkeit würde unsere Erwerbsimpulse befriedigen. Gleicher sozialer Status und politische Autorität würden eine klassenlose, multikulturelle Gesellschaft schaffen. Gleichheit für alle würde den Neid beseitigen. Als Retter der Gesellschaft würde der moderne Elternstaat endlich die Sicherheit garantieren, nach der ich und andere wie ich uns immer gesehnt hatten. Das Wohlwollen des neuen Staates, das auf die edelsten Ziele gerichtet wäre, würde die Qualen abschaffen, die uns immer noch verfolgten. Wenn wir alles, was an uns schlecht und unvollkommen ist, auf Schurken projizierten, würden wir unsere Mängel verleugnen: nur was gut, richtig und stark ist, würde in uns bleiben. Die Schurken wären die Schlechten und Unvollkommenen.

Alle diese Ideen des radikalen Liberalismus standen mit meiner persönlichen Geschichte in Einklang und stärkten mein Verständnis des Menschseins: Es war jetzt offensichtlicher als je zuvor, dass die Welt aus Opfern, Schurken und Helden besteht und dass das Überleben in dieser Welt von der Ergreifung der Hebel der Macht abhängt. Für dieses Verständnis fand ich eine Heimat im modernen Elternstaat. Ich war mit meinem Kampf nicht allein. Auch andere hatten nach Macht gestrebt, um zu manipulieren und zu kontrollieren, um Unterdrückung zu bekämpfen, Aggressionen abzubauen und Entbehrungen zu überwinden. Indem ich das Hauptthema von Opfer-Sein, Selbstmitleid, Bitterkeit und Schuld aus meiner frühesten Kindheit fortführte, erwarb ich allmählich die Weltanschauung eines radikalen Liberalen. An der Schwelle zum Erwachsenenalter hatte meine persönliche Entwicklung endlich eine Richtung gefunden.

47
Ideal und Wirklichkeit im radikalen Liberalismus

Die Bildung einer Weltgemeinschaft unter einer Weltregierung ist notwendig, um die ungerechte Verteilung von Ressourcen und Reichtum zu beseitigen, die es den reichen Nationen ermöglicht hat, die armen Nationen zu beherrschen und auszunutzen.

Mortimer Adler

Die Verfestigung radikaler Überzeugungen

Auf den letzten Seiten haben wir die Prinzipien des radikalen Liberalismus, zuerst als eine Reihe von Aussagen und sodann als ausführliches Bekenntnis in der Ich-Form überprüft. Letzteres ist natürlich eine zusammengesetzte Erklärung, deren Teile für alle radikalen Liberalen im Wesentlichen typisch sind, deren Gesamtheit aber niemanden im Besonderen charakterisiert. Einzeln genommen, spiegeln die Sätze fast wörtliche Zitate aus verschiedenen liberalen Texten, Umschreibungen liberaler Wahlkampfrhetorik, persönliche Aussprüche erklärter Liberaler und Schlussfolgerungen auf der Grundlage des Wissens, was ein radikaler Liberaler – angesichts seines Verhaltens in der Gegenwart – in der Vergangenheit erlebt haben muss. Wenn dieser Schuh oder ein Teil davon einem bestimmten radikalen Denker passt, dann ist er eingeladen, ihn anzuziehen, obwohl sicher davon ausgegangen werden kann, dass fast alle die Einladung ablehnen werden. Wohlwollende Liberale finden sich im radikalen Bekenntnis nur schwach vertreten. Die meisten Liberalen sind an verschiedenen Punkten auf dem Kontinuum zwischen wohlwollenden und radikalen Positionen angesiedelt.

Der radikale Liberale hat typischerweise seine politischen Überzeugungen bis Mitte seiner zwanziger Jahre verfestigt. Bis zum frühen Erwachsenenalter hat er die Neurose seiner Kindheit zu einer persönlichen und politischen Identität erweitert. Er ist ein radikaler Liberaler geworden, indem er ein gegenwärtiges Universum von Opfern und Schurken entdeckt hat, das seine eigenen frühen Traumata widerspiegelt. Die Projektion seiner Entwicklungsdefizite auf einen politischen Schauplatz lenkt ihn von seinen Qualen ab und schafft ein Ventil für seinen Zorn, aber seine fortwährenden Sympathien für die Armen und Unterdrückten und seine Identifizierung mit diesen sind die Vermächtnisse seiner eigenen Kindheitsverletzungen. Seine Leidenschaft für politische Reformen repräsentiert sein fortgesetztes Bemühen, Wunden zu heilen, die ihm erstmals in sehr jungem Alter zugefügt wurden und sich dann während seiner restlichen Kindheit verschlimmerten. *Die meiste Zeit kann er die wahre Natur und die Ursprünge dieser Wunden ignorieren. Versunken in die radikalen Ziele der Gegenwart, kann er die wirklichen Ursachen seines Zorns leugnen und glauben, dass er im Namen der Opfer einen Kreuzzug für die Gerechtigkeit führt und nicht ein aufgewühlter Mensch ist, der sich gegen seine eigene Geschichte verteidigt.* Tatsächlich kann er sich davon überzeugen, dass er auch ein Opfer wirtschaftlicher, sozialer und politischer Ungerechtigkeit ist, genau wie die Opfer, die er zu schützen beabsichtigt. Mit dieser Vorstellung kann er sich besonders dankbar für die Lösung fühlen, die der radikale Liberalismus für alle Leiden bietet: das bevorstehende Kommen einer Gesellschaft, die die Sicherheit von der Wiege bis zum Grabe garantiert, indem sie ihre Bürger von der Wiege bis ins Grab reguliert und besteuert. Als wahrer Gläubiger ist der radikale Liberale davon überzeugt, dass liberale Genies durch Verdammung kapitalistischer Schurken, Ergreifung der politischen Macht und Steuerung des Lebens der Menschen ein Denkmal für menschliches Mitgefühl schaffen werden: Der moderne Elternstaat wird die Gerechtigkeit in der Welt wiederherstellen und allen ein gutes Leben bringen.

Die liberale Agenda als ein Übel

Leider ist die Geschichte der Versuche des radikalen Liberalismus, dieses Versprechen zu erfüllen, eine der heftigen Fehlschläge. Die radikale Agenda hat, unter ihren vielen anderen Namen – Kommunismus, Sozialismus, Kollektivismus, Progressivismus, Sozialstaat – unweigerlich zu einem großen gesellschaftlichen Verfall geführt. Die Gründe dafür sind nicht schwer zu finden. Der radikale Liberalismus gerät, einmal in der Sozialpolitik umgesetzt, sofort in Konflikt mit den wesentlichen Merkmalen der menschlichen Natur: seinen Fähigkeiten, rational zu wählen, zu wollen und zu handeln, sowie mit seinen Fähigkeiten zu Autonomie, Initiative, Absicht, Erkenntnis, Moral, Fleiß, Identität und Kompetenz. Dann fährt er damit fort, die wesentlichen Tugenden der zivilisierten Freiheit zu untergraben: guten Willen, gute Absicht, Selbstvertrauen, Kooperation, Gegenseitigkeit und Verantwortlichkeit. Darüber hinaus verletzt die radikale Agenda alle zentralen Rechte einer geordneten Freiheit, setzt voraus, die Gesetze der Ökonomie aufzuheben, verurteilt die für die Zivilgesellschaft notwendigen Traditionen und beklatscht die Banalität, da sie das Exzellente zurückweist. Unverdiente Belohnungen und ungestrafte Verbrechen, die von der radikalen Agenda befürwortet wurden, korrumpieren das Gerechtigkeitsgefühl der Menschen. Den Säkularismus unterstützend, greift die Agenda die religiösen Grundlagen der Moral und des Altruismus an und ersetzt den Glauben an Gott durch den Götzendienst der Regierung.

Der radikale Liberalismus attackiert also die Grundlagen der zivilisierten Freiheit, und aus diesem Grunde ist er ein echtes Übel. In Anbetracht ihrer irrationalen Ziele, ihrer Zwangsmethoden, ihrer historischen Misserfolge und angesichts ihrer perversen Auswirkungen auf die menschliche Entwicklung kann man den Wahnsinn der radikalen Agenda nicht in Frage stellen. Nur eine irrationale Agenda kann eine systematische Zerstörung der Fundamente, auf denen die geordnete Freiheit beruht, befürworten. Nur ein irrationaler Mensch würde wollen, dass der Staat sein Leben für ihn lenkt, anstatt sichere Bedingungen zu schaffen, in denen er sein eigenes Leben führen kann. Nur eine irrationale Agenda würde das Reifen des Bürgers zur Kompetenz bewusst untergraben und wünschen, dass der Staat ihn adoptiert. Nur irrationales Denken möchte individuelle Freiheit gegen staatlichen Zwang eintauschen und dann den Stolz auf

Eigenständigkeit der Abhängigkeit von Sozialleistungen opfern. Nur ein irrationaler Mensch würde in einer Gemeinschaft freier, einvernehmlich zusammenarbeitender Menschen eine Gesellschaft von Opfern sehen, die von Schurken ausgebeutet werden.

Ideal und Wirklichkeit im radikalen Liberalismus

In einer kompetenten Gesellschaft leiten die Prinzipien der geordneten Freiheit den Bürger während des gesamten Lebenszyklus. Sie zeigen ihm, seinen Kindern und der Gemeinschaft die Regeln auf, unter denen die Menschen sich ein gutes Leben schaffen. *Weil die Rechte, Gesetze und Pflichten der kompetenten Gesellschaft alle aus einem Guss sind und die bipolare Natur des Menschen widerspiegeln, bildet die Gesamtheit von einzelnem Bürger, Familie, Gemeinschaft, Gesellschaft und Institutionen ein zusammenhängendes Ganzes zur Unterstützung des Lebens, der Freiheit, der gesellschaftlichen Zusammenarbeit und des Strebens nach Glück.* Unter den Grundsätzen, die die geordnete Freiheit regeln, stehen der menschliche Organismus und sein physisches und soziales Umfeld in einer Harmonie zueinander, die im Hinblick auf die turbulente Natur des Menschen größtmöglich ist.

Im Gegensatz dazu gerät eine unter radikalem Liberalismus organisierte Gesellschaft in unmittelbaren Konflikt mit der bipolaren Natur des Menschen sowie mit den Rechten, Pflichten und Gesetzen, die für den Menschen notwendig sind, um in Frieden und Freiheit zu leben. Anstatt das Leben des einzelnen Bürgers mit den Institutionen seiner Gesellschaft zu koordinieren, versetzt der radikale Liberalismus Einzelne und Institutionen durch seine Rhetorik des Klassenkampfes und der Viktimisierung, seine Verletzung der persönlichen Freiheit durch enteignende Besteuerung, seine invasive Regulierung, seine Angriffe auf die Integrität der Familie und die endlose Stümperei der Regierungsbürokratie in einen immerwährenden Konflikt.

Um diesen Wahnsinn zu beseitigen, bedarf es zweier Einsichten und einer Bildungskampagne. Die erste Einsicht besteht in der Erkenntnis, dass der radikale Liberalismus tatsächlich eine Form des Wahnsinns ist. Diese Aussage wurde in der gesamten vorliegenden Arbeit erörtert. Die zweite Einsicht besteht in einer Darstellung der unzähligen Wege, in denen sich der liberale Wahnsinn manifestiert. Auch diese Erkenntnis wurde in diesem Buch mit zahlreichen Beispielen illustriert. Die pädagogische Kampagne würde – wenn man sie umsetzte – versuchen, diese Einsichten zu verbreiten und den Wahnsinn der liberalen Politik zurückweisen. Zu diesem Zweck ist es wichtig zu bemerken, inwieweit die erklärten Ziele des radikalen Liberalismus von ihren Auswirkungen in der realen Welt abweichen. In den folgenden Absätzen werden die erklärten oder impliziten Ziele der liberalen Agenda und ihre behaupteten Tugenden ihren tatsächlichen Konsequenzen kurz gegenübergestellt.

Rechte

Die radikale Agenda argumentiert, dass positive Rechte an wesentlichen Gütern und Dienstleistungen für alle Bürger erforderlich sind, um die wirtschaftlichen, sozialen und politischen Ungerechtigkeiten zu korrigieren, die die Benachteiligten quälen. Der radikale Liberalismus behauptet, dass Anrechte auf bestimmte Wohlfahrtsleistungen zusammen mit Rechten gegen verschiedene Formen der Diskriminierung erforderlich sind, um „strukturelle Armut" und die sozialen Widrigkeiten rassischer und anderer Minderheiten zu beseitigen. Ein häufig vorgeschlagenes liberales Heilmittel für das Problem der Armut ist das Recht aller Bürger auf eine staatlich finanzierte Gesundheitsversorgung. Die Notwendigkeit einer medizinischen Behandlung soll für ein gutes Leben so wichtig sein, dass der Zugang dazu nicht wegen begrenzter Vermögenswerte verweigert werden sollte; der Staat sollte allen die medizinische Versorgung bieten, die sie brauchen. Doch ein ähnliches Argument impliziert, dass der Staat auch Nahrung, Kleidung, Häuser und Kraftfahrzeuge allen zur Verfügung stellt, die diese brauchen, denn diese Güter sind für ein gutes Leben mindestens ebenso wichtig wie die medizinische Versorgung. Die einfache Wiederholung dieses Arguments führt zu der weiteren Schlussfolgerung, dass *alle* wesentlichen Güter und Dienstleistungen vom Staat bereitgestellt werden sollten. Doch die Geschichte hat sich bereits von solchen Regelungen verabschiedet: Das ökonomische und soziale Wohlergehen in sozialistischen und kommunistischen Volkswirtschaften mit positiven Rechten ist dem in kapitalistischen Volkswirtschaften mit negativen Rechten ausnahmslos unterlegen. Nur garantierte *individuelle Freiheitsrechte*, nicht kollektive Anspruchsrechte, waren es, die Millionen benachteiligter Personen ermöglicht haben, materielle Härten zu überwinden, das zu erwerben, was sie brauchten, und ihren sozialen Status zu verbessern. Die Zeugnisse belegen auch eindeutig, dass die liberalen Anspruchsrechte den Armen schadeten, indem sie sie wie hilflose Kinder behandelt, ihre Abhängigkeit belohnt und ihre Armut fortgesetzt haben. Die verheerende Wirkung von Wohlfahrtsprogrammen auf die schwarze Familie in Amerika verdeutlicht den Punkt. Das Gesamtergebnis dieser Politik war ein drastischer Eingriff in die Struktur der Freiheit, der die soziale Ordnung destabilisiert, den materiellen Reichtum verringert, das Volk infantilisiert, aus Produzenten Staatsdiener gemacht und die Klassen der Bürger gegeneinander ausgespielt hat.

Freiheit und Autonomie

Der radikale Liberalismus argumentiert, dass verschiedene Ungerechtigkeiten wie Unwissenheit, Armut, Diskriminierung, politische Unterdrückung und wirtschaftliche Ausbeutung die Wahrnehmung individueller Freiheit und Autonomie auch in einer scheinbar freien Gesellschaft verhindern. Die radikale Agenda empfiehlt umfassende Regierungsprogramme, um diese Ungerechtigkeiten zu beseitigen:

- Ausbildung durch die Regierung, um die Unwissenheit zu beenden;
- Wohnungs-, Nahrungsmittel- und Gesundheitsprogramme zusammen mit Arbeitslosigkeits-, Invaliditäts- und Ruhestandsprogrammen zur Armutsbekämpfung;
- Antidiskriminierungs- und Bürgerrechtsgesetze zum Schutz vor Diskriminierung wegen des Alters, der Rasse, des Geschlechts und des Berufes;
- Fortschrittliche politische Bewegungen und Organisationen der Arbeiter gegen politische und unternehmerische Unterdrückung;
- Staatliche Besteuerungs-, Regulierungs-, Lohn-, Beschäftigungs- und Förderprogramme zur Beseitigung wirtschaftlicher Ausbeutung rassischer Minderheiten und Armer;
- Regierungsgesetze, die Abtreibungen erlauben, um die Diskriminierung der Entscheidungsfreiheit von Frauen zu beenden.

Veränderungen der gesellschaftlichen Einstellung zu verschiedenen Themen ergänzen diese offiziellen Programme: Das liberale Autonomiekonzept fördert die zunehmende sexuelle Freiheit als Erweiterung der „sexuellen Revolution". Traditionelle Auffassungen von Ehe und Familie werden ausgeweitet und von ihrer religiösen und ethnischen Untermauerung getrennt. All diese Positionen haben behauptet, dass größere Freiheit und Autonomie zu ihren großen Vorteilen gehören.

Bei der Umsetzung in praktische Konsequenzen haben sich die Auswirkungen einer auf diesen Konzepten beruhenden Politik jedoch als sehr schädlich erwiesen: Wenn sie gesetzlich umgesetzt werden, bieten alle liberalen Programme gegen Unwissenheit, Armut, Diskriminierung, politische Unterdrückung und wirtschaftliche Ausbeutung bestenfalls nur Pseudofreiheit und Scheinautonomie und kompromittieren schlimmstenfalls ernsthaft die echte Freiheit und Autonomie. Staatliche Schulen zum Beispiel sind dafür berüchtigt, dass sie die Schüler nicht erziehen können, weil sie die Leistungsstandards „herunterschrauben", wie auch für staatliche Barrieren, die den Zugang der Bürger zu alternativen Programmen, vor allem zu privaten Schulen, erschweren. Abgesehen von ihren katastrophalen wirtschaftlichen und gesellschaftlichen Auswirkungen haben staatliche Anti-Armuts-Initiativen, einschließlich der Hilfe für bedürftige Kinder, der staatlichen Wohnungsbauprojekte und der Sozialreformprogramme im Rahmen der Great Society unter Präsident Lyndon B. Johnson, eine lähmende Abhängigkeit geschaffen und die Autonomie der Empfänger drastisch untergraben. Insbesondere die Antidiskriminierungsgesetze haben eine ganze Industrie der Sammlung von Ungerechtigkeiten hervorgebracht, die den Klassenkrieg verschärft, fadenscheinige Rechtsstreitigkeiten begünstigt, den Geschäftsmann mit Vorschriften zuschüttet, die Kosten für die Herstellung von Gütern und Dienstleistungen in die Höhe treibt und das Opfer-Schurke-Paradigma des Liberalismus verstärkt. Hilfsprogramme der Regierung, die Nahrungsmittel-, Wohnungs- und Gesundheitsfürsorge subventionieren, erhöhen die Belastungen von Steuern und Regulierungen, da sie die Macht der Bürokraten über die Menschen erhöhen. Eine fortschrittliche politische Propaganda preist die endlosen Ansprüche und schwindenden Verantwortlichkeiten der kollektivierten Bürger. Sexuelle Permissivität höhlt die öffentliche Sittlichkeit aus. Simplifizierende Pro-Abtreibungs-Rhetorik verwischt alle gültigen Unterscheidungen zwischen den Rechten der Mutter und denen des Fötus in verschiedenen Stadien der Schwangerschaft und den unterschiedlichen Risikostufen für jeden. Die liberale Politik der „Mitteilung an die Eltern" mindert die Autorität der Eltern über schwangere Töchter und setzt den Staat als erste Anlaufadresse für Minderjährige in Abtreibungsfragen an ihre Stelle. Die liberalen Angriffe auf die Familie als wichtigste sozialisierende und zivilisatorische Institution der Gesellschaft haben deren Struktur ausgehöhlt und die Häufigkeit psychischer Störungen in der gesamten Bevölkerung erhöht, da immer mehr Kindern die frühe Fürsorge versagt bleibt, die nötig ist, um zu kompetenten Erwachsenen heranzuwachsen.

Natürlich fördert keine dieser Auswirkungen in der realen Welt irgendetwas, was man mit Fug und Recht als Freiheit oder Autonomie bezeichnen kann. Tatsächlich greift die liberale Agenda zunächst die Grundlagen der geordneten Freiheit und ihre Anforderungen nach Selbstständigkeit und gegenseitiger Zustimmung an und ersetzt sie dann durch die Pseudofreiheit des Wohlfahrtsstaates. Der Bürger, der von geordneter Freiheit inspiriert ist, diszipliniert sich selbst, verlässt sich auf sich selbst und arbeitet im gegenseitigen Einvernehmen mit anderen zusammen. Der Bürger, der vom radikalen Liberalismus beeinflusst ist, verwöhnt sich selbst, ist vom Staat abhängig und fordert, dass ihm gegeben wird, was auch immer der Staat meint, ihm schuldig zu sein. Die authentische Autonomie, die von der geordneten Freiheit gefordert wird, ist die prinzipielle Selbstbestimmung. Die Pseudo-Autonomie des radikalen Liberalismus ist die Sorglosigkeit des Kindes auf dem Spielplatz. Die Gesellschaft der geordneten Freiheit zieht alle ihre Bürger für Verhaltensweisen, die gegen Gesetze und traditionelle moralische Normen verstoßen, zur Verantwortung. Die Gesellschaft des radikalen Liberalismus zieht aus Angst, wertend und verurteilend aufzutreten, niemanden zur Verantwortung. Die wenigen Ausnahmen von dieser Regel sind „die Reichen", „die Mächtigen", „die Kapitalisten" und alle, die sich dem liberalen Dogma widersetzen.

Ökonomische Gleichheit

Der radikale Liberalismus verspricht ökonomische Gleichheit – oder eine bestmögliche Annäherung daran – für die gesamte Bevölkerung. Das erklärte Ziel ist es, Ungleichheiten im Wohlstand durch erzwungene Übertragungen materieller Güter und Dienstleistungen von Bürgern, die mehr davon haben, an jene, die weniger haben, zu beseitigen; Transfers dieser Art haben jedoch noch nie langfristig das wirtschaftliche Wohlbefinden der Empfänger verbessert oder die wirtschaftliche Ungleichheit in der Gesellschaft aufgehoben. Stattdessen sind die herausragendsten Wirkungen solcher Bemühungen grobe Verletzungen der Freiheitsrechte und eine weit verbreitete Abhängigkeit von der Regierung. In einer *freien* Gesellschaft mit energisch durchgesetzten Eigentumsrechten sind Ungleichheiten des Wohlstands sowohl zu erwarten als auch tatsächlich groß, weil die Bürgerinnen und Bürger sehr unterschiedlich sind in ihrer Motivation, nach Wohlstand zu streben, ihrer Fähigkeit, ihn zu produzieren, und ihrer Bereitschaft, ihn zu bewahren. Diese Unterschiede stellen normale Variationen des menschlichen Ehrgeizes und der Fähigkeiten dar. Ungeachtet dieser natürlichen Tendenzen aber und trotz der Tatsache, dass Ungleichheiten dieser Art im gegenseitigen Einvernehmen entstehen, betrachtet der radikale Liberalismus sie als ungerecht und sucht sie zu „korrigieren", indem er materielle Güter der „Reichen" beschlagnahmt und sie den „Armen" gibt. Doch diese Übertragungen sind gleichbedeutend mit Raub; sie verletzen die verfassungsmäßigen Eigentumsrechte und Rechte auf Gleichbehandlung durch das Gesetz. Solche Ungerechtigkeiten sind die unvermeidlichen Auswirkungen einer Wirtschaftspolitik unter dem modernen Liberalismus. Die Grundrechte werden in seinen Programmen immer verletzt, und ebenso ist es mit den traditionellen moralischen Normen und dem gerechten Verdienst, auf denen diese Rechte beruhen. Um der Verletzung noch die Beleidigung hinzuzufügen, verderben diese Verstöße auch den Charakter der Menschen, indem sie zu Mündeln des Staates erniedrigt werden.

Eine ebenso wichtige Quelle des Wahnsinns in der Politik der Gleichheit ist die Vorstellung, dass Ungleichheit an sich irgendwie falsch ist. Wie Kekes bemerkt, ist es *Unzulänglichkeit*, nicht Ungleichheit, die Leiden verursacht und daher ein Übel ist, das behoben werden muss (Kekes 1997). Wenn Jones eine Million Dollar pro Jahr verdient und Smith nur ein Zehntel dessen, sind ihre Einkommen äußerst ungleich, aber kein vernünftiger Mensch würde behaupten, dass Smiths Einkommen unzureichend sei, um ein gutes Leben zu führen, noch dass seine wirtschaftliche Unterlegenheit ihm einen Anspruch auf irgendetwas verschafft, das Jones besitzt. Ungleichheit an sich ist also keine Ungerechtigkeit, doch der pathologische Neid des liberalen Geistes lässt ihn denken, es sei so.

Ohne diesen Neid weicht das Gefühl der Ungerechtigkeit dem der Ungleichheit. Wenn der Neid jedoch so intensiv ist, dass er Entschädigungen von der Regierung verlangt, kann er großen Schaden anrichten. Dann ist er ein Symptom, das entweder durch eine Behandlung geheilt oder in seinen perversen Auswirkungen durch das Gesetz eingeschränkt werden muss, und kein Übel, das man angeht, indem man einigen den Reichtum wegnimmt und ihn an andere verteilt. Umverteilungen dieser Art sind in der Tat eine Form des legalisierten Diebstahls, und sie geben der Gesamtbevölkerung ein kriminelles Beispiel. Sie schaffen ein Übel, wo vorher keines existiert hat.

Ironischerweise vergrößern *wirtschaftliche* Wohlfahrtsprogramme, wenn sie verabschiedet werden, mit ihren Subventionen für die Armen tatsächlich die *gesellschaftlichen* Statusunterschiede zwischen selbstständigen Bürgern, die echten Wohlstand produzieren, und Empfängern von Transferleistungen, die der Staat wie hilflose Kinder behandelt. In der realen Welt, in der der soziale Status errechnet wird, erniedrigen diese Programme beiderlei Arten von Bürgern: Der produktive Arbeiter wird zu einem verpflichteten Diener degradiert, während der Wohlfahrtsempfänger zu einem vom Staat ernährten, abhängigen Kind herabgestuft wird. Die Diener können sich mit ihrer Aufopferung wenigstens edel fühlen, während die Begünstigten als faule Schmarotzer betrachtet werden. Die gesellschaftlichen Statusunterschiede zwischen beiden Gruppen weiten sich aus, während das Selbstwertgefühl der Mitglieder beider Gruppen sinkt.

Der radikale Liberalismus geht davon aus, dass der Mensch, dessen Wohlstand tatsächlich für ein gutes Leben nicht ausreicht, sich in dieser Situation befindet, weil er sozial benachteiligt wurde. Das kann natürlich der Fall sein, wenn jemand ihn bestohlen oder absichtlich derart verletzt hat, dass er nicht mehr arbeiten kann. Doch die Unzulänglichkeit hat viele und vielfältige Ursachen, von denen die meisten nichts mit sozialer Benachteiligung im radikalen liberalen Sinne zu tun haben. Die wirtschaftliche Unzulänglichkeit im Leben eines *Individuums* ist am häufigsten auf sein eigenes schlechtes Urteilsvermögen, mangelnden Fleiß oder in manchen Fällen auf Pech zurückzuführen, doch die wirtschaftliche Unzulänglichkeit in einer *Gesellschaft* mündiger Bürger geht immer auf staatliche Eingriffe in ihre Freiheit zurück, soviel zu produzieren, wie sie brauchen. Eingriffe der Regierung in diesen Prozess nehmen viele Formen an – übermäßige Besteuerung und Regulierung sind die wichtigsten Beispiele –, und das Ziel der wirtschaftlichen Gleichheit steht ganz weit oben auf der Liste der Begründungen für die Besteuerung. In der Tat führt staatlicher Entzug von Wohlstand, mit welcher Begründung auch immer, zur Verringerung von Produktions- und Investitionsanreizen. Die unvermeidliche Konsequenz einer solchen Politik ist ein allgemeiner Rückgang des Wohlstandes der Nation: Die Einmischung der radikalen Agenda im Interesse wirtschaftlicher Gleichheit führt zur Unzulänglichkeit in einem nationalen, nicht nur persönlichen Maßstab.

Verteilungsgerechtigkeit

Eng verwandt mit dem Ideal der ökonomischen Gleichheit ist das radikal-liberale Ideal der Verteilungsgerechtigkeit. Dieses insistiert darauf, dass materielle und gesellschaftliche Ungleichheiten an sich böse sind und ausgerottet oder drastisch vermindert werden sollten. Dieses im Wesentlichen kommunistische Ziel sieht eine klassenlose Gesellschaft von Menschen vor, die über ungefähr gleiche Mengen an materiellem Wohlstand verfügen. Die Irrtümer dieser Ideale sind seit Jahrzehnten historisch bewiesen und dargelegt. Von größter Wichtigkeit ist die Tatsache, dass jeglicher Versuch, ökonomische, soziale oder politische Güter nach Regierungsquoten zu verteilen, die Androhung körperlicher Gewalt oder deren Anwendung erfordert und dass diese Forderung prinzipiell gegen die moralischen Grundsätze und Rechtsgrundlagen der geordneten Freiheit verstößt. Solche Versuche verletzen auch die Gesetze der Ökonomie: Die zwangsweise Umverteilung von Wohlstand hat drastische Auswirkungen auf die Dynamik von Angebot und Nachfrage; sie reduziert Arbeitsanreize, verzerrt die Ressourcenzuteilung und schließt die Produktions- und Verbrauchssignale kurz, die durch freie Marktpreise zur Verfügung gestellt werden. Das unvermeidliche Ergebnis ist materieller Mangel, nicht der versprochene Wohlstand für alle. Die Geschichte bestätigt die ökonomische Tatsache, dass Wohlstand für alle Bürger sich nur auf freien Märkten unter streng durchgesetzten Eigentumsrechten entwickeln kann. Wie bereits erwähnt, sind jedoch Verletzungen der Rechte sowie der Gesetze der Ökonomie nicht das einzige Übel der Umverteilung. Der Einsatz der Staatsmacht zu diesem Zweck treibt die Menschen in einen Krieg gegeneinander, in dem es darum geht, wer was und wieviel von wem bekommt. Verteilungs- oder soziale Gerechtigkeit anzustreben, heißt, einer autoritären Regierung Tür und Tor zu öffnen, die die wirtschaftliche Freiheit abschafft und soziale Konflikte schürt.

Soziale Gleichheit

Der radikale Liberalismus verspricht die Angleichung des sozialen Status innerhalb der Gesamtbevölkerung – ein ebenso absurdes Ziel wie das Versprechen wirtschaftlicher Gleichheit. Der soziale Status wird von Reputation, Klatsch, Familienstand, gesellschaftlichem Umgang, persönlichem Verhalten, Medienberichten, Zugehörigkeit zu angesehenen Berufsgruppen und einer beliebigen Anzahl anderer Faktoren beeinflusst, ganz zu schweigen von den persönlichen Vorlieben des Betrachters. Weil die Regierung wenig Kontrolle darüber hat, wie Individuen wahrgenommen oder behandelt werden, verletzen Bemühungen, den sozialen Status irgendwie gleichzuschalten, einschließlich der erzwungenen Mitgliedschaft in ansonsten exklusiven Gruppen, immer die Rechte der freien Vereinigung. Unvermeidlich werden manche Menschen gesellschaftlich als anderen überlegen angesehen und dementsprechend behandelt. Versuche, sich über diese natürlichen sozialen Ranking-Prozesse hinwegzusetzen, führen zu noch mehr Unrecht durch die Regierung.

Darüber hinaus erlauben die Tatsachen menschlicher Reifung, die *Kompetenz* von Menschen zu bewerten, indem sie messen, inwieweit sie bestimmte Entwicklungsstufen erreicht haben. Daran gemessen, zeigt die Bevölkerung eine breite Vielfalt – d. h. *Ungleichheit* – an beruflicher und sozialer Kompetenz, Selbstständigkeit, Kooperation, moralischer Integrität, relevantem Wissen, Fähigkeit zur Bewältigung von etwas und eine unendliche Fülle anderer Merkmale zusätzlich zu der Fähigkeit, Wohlstand zu erwerben. In Bezug auf diese Merkmale sind einige Menschen anderen eindeutig überlegen und ihnen keineswegs gleich. Ungleichheiten dieser Art sind jedoch einfach unvermeidliche Schwankungen, die charakteristisch für das Menschsein sind, und keine Ungerechtigkeiten, die durch den Staat behoben werden müssen. Eigentlich sind die einzigen Ungleichheiten, die von der Regierung verboten werden *sollten*, politische und rechtliche Ungleichheiten; sie sind die einzigen, die mit der geordneten Freiheit unvereinbar sind. Gesetzliche Gleichheit bedeutet, dass niemand über dem Gesetz steht, von seinen Regeln ausgenommen ist oder gesetzlichen Anspruch auf besondere Vergünstigungen hat. Politische Gleichheit impliziert, dass die Regel „ein Bürger – eine Stimme“ für alle Bürger gilt und dass niemand einen *Rechtsanspruch* auf mehr politischen Einfluss hat als seine Mitmenschen. Die liberale Agenda *verursacht* mit ihren Ansprüchen auf unverdienten Wohlstand, mit der Verweigerung von Mitgliedschaften und Fördermaßnahmen zugunsten von Minderheiten – unter anderem – sogar politische und rechtliche Ungleichheiten.

Vielfalt

Mit ihrem Engagement für den Pluralismus fordern die modernen Liberalen ein Ideal der Inklusion: Die Sozialpolitik soll vielfältigen Rassen, ethnischen Gruppen und Kulturen gerecht werden und deren alternative Moralvorstellungen, Lebensstile und politische Visionen akzeptieren. Zur Unterstützung dieses Ideals wird gerne die Geschichte der Assimilation von Immigranten in Amerika zitiert, und jeder Widerspruch dagegen wird sofort als Bigotterie verurteilt. Tatsächlich treten jedoch mit der liberalen Version der Inklusion ernsthafte Probleme auf, wenn ihre Toleranz für die Vielfalt mit der Entbindung der Neubürger von den Pflichten der Freiheit endet. Amerikas Erfolg bei der Integration verschiedener Rassen, Kulturen und Religionen in sein gesellschaftliches Gefüge ist gerade auf sein Beharren auf den Respekt des neuen Bürgers vor den Prinzipien zivilisierter Freiheit zurückzuführen. *Amerika hat Immigranten jeder Couleur nur deshalb assimiliert, weil sie bereit und in der Lage waren, sich der Moral, den Rechten, Gesetzen und Traditionen zu verpflichten, die im Zentrum der amerikanischen Freiheiten liegen. Alle Rassen der Erde und fast alle ihre derzeit bestehenden Kulturen, ethnischen Gruppen und Traditionen wurden in den Grenzen Amerikas begrüßt, aber nur unter der Bedingung, dass diese neue Vielfalt den Grundprinzipien der Freiheit hinzugefügt wird und sie nicht ersetzt.*

Am entscheidendsten sind die Freiheitsrechte, die Menschen, Eigentum und Verträge schützen, doch die Tugenden der Selbstständigkeit, des gegenseitigen Einvernehmens und der moralischen Integrität sind in diese Rechte eingeschlossen und ebenso wichtig. Ein *vernünftiger* Pluralismus verlangt, dass alle Einwanderer in Amerika sich an die Rechte und Pflichten halten, die für die zivilisierte Freiheit unerlässlich sind, indem er an den Prinzipien festhält, auf welchen geordnete Freiheit basiert. Im Gegensatz dazu ignoriert der *irrationale* Pluralismus des modernen Liberalismus diese Prinzipien passiv oder lehnt sie aktiv ab. In ihrem fehlgeleiteten Eifer, alle Lebensstile und jedermanns Lebensregeln zu „respektieren", leugnen radikale Liberale, dass die Ideale, auf denen Freiheit beruht, tatsächlich grundlegend sind. Infolgedessen unterstützt der radikale Liberalismus Prinzipien, die mit der Freiheit unvereinbar sind, und lehnt Grundsätze ab, die für sie wesentlich sind.

Dieser Fehler ist besonders in zwei wichtigen Bereichen zu erkennen: an den Hochschulen und bei den Religionen. Trotz ihrer Behauptung, gegenüber verschiedenen Ideen offen zu sein, haben sich die modernen liberalen Intellektuellen im Disput zwischen Individualismus und Kollektivismus als auffallend intolerant erwiesen. Fakultätsmitglieder an den meisten Hochschulen und Universitäten zum Beispiel sind offen feindselig gegenüber Studenten, die sozialistische Ideale ablehnen, und können sie sogar von der Akademie verweisen. In ähnlicher Weise haben liberale Historiker Standardlehrbücher umgeschrieben, um Prinzipien des modernen Liberalismus ungeachtet widersprüchlicher Ansichten zu preisen. Im religiösen Bereich ist es nicht besser. Ein paar radikale Liberale vertiefen sich in quasi-religiöse Lehren von einer kosmischen Einheit, doch die meisten radikalen Liberalen sind dezidierte Säkularisten, wenn nicht gar Atheisten, die der Religion und ihrem Beitrag zur gesellschaftlichen Ordnung offen feindselig gegenüberstehen. Wie Marx behaupten moderne Liberale, dass die Religion Opium für die Massen sei. Es überrascht jedoch nicht, dass dieser Antagonismus sie auch den Ursprüngen Amerikas gegenüber feindselig macht. Es ist kein Zufall, dass das größte politische System der Menschheitsgeschichte von frommen Christen auf der Annahme begründet wurde, dass seine Bürger nach jüdisch-christlichen Idealen leben würden. Das Ideal des Dienstes an den Mitmenschen ist zum Beispiel nicht nur zur Verstärkung traditioneller moralischer Gebote, sondern auch für seinen altruistischen Charakter ausschlaggebend. Der christliche Aufruf zum Dienst ist die angeborene menschliche Veranlagung zu gutem Willen und guter Absicht, die sich in guten Werken zum Wohle anderer offenbart. Tatsächlich hat ein starkes Gemeinschaftsdenken den amerikanischen Geist der individuellen Freiheit immer gefördert und reflektiert damit, wie jede gute Sozialpolitik, die bipolare Natur des Menschen: das Ideal der Freiheit achtet die individuelle Autonomie, während das Ideal des Dienstes die Tugend der Zusammenarbeit ehrt.

Allumfassende Liebe und Mitgefühl

In engem Zusammenhang mit dem Inklusionsprinzip des modernen Liberalismus stehen seine Ideale der allumfassenden Liebe, des Mitgefühls, des Friedens und der Brüderlichkeit. Da er eine Ethik der Akzeptanz, Toleranz, Empathie und des Altruismus für alle Menschen predigt, stellt der moderne Liberalismus sich eine internationale Familie von Bürgern vor, die in brüderlicher Zuneigung unter einer Eine-Welt-Regierung vereint sind. Mit dieser Vision wird der Weltstaat Frieden und Wohlstand für alle garantieren und alle bisher grundverschiedenen Nationen zu einer globalen Union verschmelzen. Im Kern dieses Ideals steht die Annahme, dass die Menschen von Natur aus wohlwollend sind und böse Taten nur dann begehen, wenn schädliche wirtschaftliche, soziale und politische Faktoren wie Armut, Diskriminierung, Unwissenheit, politische Unterdrückung und wirtschaftliche Ausbeutung sie dazu verleiten. Die Abschaffung dieser Faktoren durch die Eine-Welt-Regierung wird eine weltweite Familie von wohlwollenden Geschwistern schaffen, die alle aufeinander aufpassen.

Die Realität hinter dieser Vision von Liebe, Mitgefühl, Frieden und Brüderlichkeit sieht auffallend anders aus. Trotz seiner tiefen Sympathie für die Benachteiligten lehrt das moderne Liberalismus-Paradigma von Schurken und Opfern die Welt zu jammern und zu klagen, stärkt Neid und Schuldgefühle, fördert Wut und Empörung und unternimmt große Anstrengungen, damit ausgewiesene Übeltäter sich schuldig fühlen und sich schämen. Die bösartige Rhetorik der radikalen Liberalen gegen angebliche Schurken, ihre Aufstachelung zum Klassenkampf und ihr Einsatz von Macht, um ihre kollektivistische Politik durchzusetzen, sind alles andere als liebevoll, mitleidsvoll oder friedlich, und ihre Anwendung von Zwang, um ihre Ziele zu erreichen, widerspricht der Definition des Altruismus.

Die liberale Haltung ist trotz ihrer Behauptungen auch nicht empathisch. Wie bereits erwähnt, ist die Pseudo-Empathie des modernen Liberalismus eigentlich eine Perversion der tiefen und weitreichenden Einsicht, die authentische Empathie definiert. Das meiste dessen, was der liberale Geist Empathie nennt, ist ein rührseliges Mitleid, das für reife Erwachsene völlig unangemessen ist, gerade weil es dabei entmutigt, die Initiative zu ergreifen, zu Rückschritten einlädt und Hilflosigkeit fördert. Die authentische Empathie dagegen versteht nicht nur das Leiden des anderen, sondern auch die besonderen Entwicklungsdefizite, die ihn behindern, die Handlungen, die er ergreifen muss, um seine Not zu überwinden, und die Reife, das er erreichen muss, um Kompetenz zu erlangen. Die Pseudo-Empathie des Liberalismus ist in der Tat ein passiver Ersatz für aktive Fürsorge; man kann leicht aus der Ferne zusehen, während Regierungsbürokraten unterschiedslos Überweisungen an die Empfänger tätigen. In dieser und vielerlei anderer Hinsicht ist der Kollektivismus das Opium der modernen Liberalen.

Anti-Kriegs- und Anti-Gewalt-Haltungen

Mit seinem erklärten Engagement für Liebe, Frieden, Mitgefühl und Brüderlichkeit und seinem Glauben, dass alle Probleme letztlich durch Verständnis, Akzeptanz, Toleranz und Empathie gelöst werden können, leugnet der radikale Liberale die Notwendigkeit von Gewalt zur Verteidigung und damit die Notwendigkeit von Kriegen. Es ist eine unglückliche Tatsache der menschlichen Natur, dass zu allen Zeiten in der Geschichte und an allen Orten eine beträchtliche Zahl von Individuen in fast allen Völkern von stark kriminellen Motiven angetrieben wird.[11] Diese Motive bringen Vergewaltiger, Mörder, Diebe, Kinderschänder, Terroristen, Diktatoren und andere Verbrecher hervor. Ob sie nun einzeln oder gemeinsam handeln: Es ist unmöglich, sich gegen solche Personen ohne Gewaltanwendung – einschließlich militärischer Gewalt – zu verteidigen, wann und wo es notwendig ist. Der radikale Liberalismus leugnet diese Realität aus verschiedenen Gründen; der wichtigste ist die Leugnung der eigenen Neigung zu Hass und Gewalt. Der liberale Geist ist ein wütender Geist, der entschlossen ist, die Menschen in seine stereotypen Kategorien zu zwingen, aber nicht in der Lage zu erkennen, dass sein eigener politischer Zwang eine Form von krimineller Gewalt ist.

11 Bei einigen sehr religiösen und relativ kleinen Völkern ist die Kriminalitätsrate gering.

Ein ähnlicher Mechanismus wirkt im liberalen Denken, um das Ausmaß und die Natur des Bösen zu verleugnen. Die soeben erwähnten kriminellen Motive bilden eine Unterkategorie der menschlichen Destruktivität und liefern, wenn nötig, schon einen Beweis für die weitverbreitete Existenz des Bösen. Tatsächlich bestätigen sowohl die Wissenschaft als auch der gesunde Menschenverstand die Tatsache, dass das Potenzial für das Böse nicht nur allgegenwärtig, sondern der menschlichen Biologie angeboren ist.[12] Zusätzliche Beobachtungen belegen, dass das Böse nicht durch gesellschaftliche Faktoren verursacht wird. Kinder, die in ihren frühen Jahren genügend Zuneigung, Empathie, Liebe und moralische Erziehung bekommen haben, können auch unter Bedingungen weit verbreiteter Armut, Unwissenheit, gesellschaftlichen Aufruhrs, politischer Unterdrückung und rassischer/ethnischer Diskriminierung einen guten Willen und wohlwollende Absichten entwickeln. Umgekehrt werden Kinder, die früh unter emotionaler Vernachlässigung, Entbehrungen und Missbrauch leiden, wahrscheinlich auf schlimmste Weise destruktiv geprägt sein, ungeachtet unter welchen günstigen wirtschaftlichen, gesellschaftlichen und politischen Umständen sie aufgezogen werden.

Daher ist die liberale Standardtheorie von den gesellschaftlichen Ursprüngen des Bösen einfach falsch und widerspricht den Befunden. In der Tat ist die wichtigste Variable bei der Kontrolle des menschlichen Bösen das Vorhandensein positiver Beziehungen in entscheidenden Phasen im Leben des Kindes. Selbst mit frühen Traumata in der Entwicklung und unter heftigen gesellschaftlichen Wirren können aus manchen Kindern immer noch anständige und sogar wohlwollende Erwachsene werden, die die Rechte und Souveränität anderer respektieren. Diese Einzelpersonen berichten normalerweise, dass sie irgendwann in ihrer Kindheit von der Liebe, Zuneigung, Anleitung und dem Schutz eines Verwandten, Freundes, Lehrers oder Geistlichen profitiert haben. Eine Beziehung dieser Art kann eine Fürsorge und Vorbildfunktion bieten, durch die ein zuvor vernachlässigtes, benachteiligtes oder missbrauchtes Kind

12 Zum Bösen: systematische Beobachtungen von Primaten-Anthropologen haben bestätigt, dass Schimpansen brutale Einzel- und Gruppengewalt gegen andere Schimpansen und sonstige Primatenarten in der Wildnis verüben. Diese Beobachtungen sind auffällige Belege für die biologische Veranlagung zur Gewalt bei höheren Primaten, aber sie sind nur ein Teil der Beweise für ein angeborenes biologisches Böses bei Menschen.

pathologische Aggressionen neutralisieren und gesunde Bilder von erwachsener Kompetenz, Selbstständigkeit und Gegenseitigkeit verinnerlichen kann. Diese günstigen Ergebnisse können die starken negativen Auswirkungen des frühen Traumas überwinden. In einigen Fällen kann auch die Religion eine entscheidende Rolle bei der Rettung junger Seelen aus einem antisozialen Leben spielen, und sie kann eine ebenso ausschlaggebende Funktion bei der emotionalen Rettung schwer traumatisierter Erwachsener haben. Die Verinnerlichung jüdisch-christlicher oder anderer gutartiger religiöser Ideale kann in jedem Alter, geleitet von einer leidenschaftlichen Identifizierung mit einer wohlwollenden Gottheit oder einer Loyalität zu dieser – nicht jedoch zu einer Zwangsregierung – eine ansonsten entgleiste Entwicklung in eine Reifung zu einem moralisch kompetenten Bürger mit einem guten Willen anderen gegenüber verwandeln. Auf jeden Fall ist es eine einfache empirische Tatsache, dass wirtschaftliche, gesellschaftliche und politische Bedingungen das Böse zwar verschlimmern können, aber es nicht direkt ohne die Auswirkungen eines frühen emotionalen Traumas hervorbringen werden.

Ein auffallendes Beispiel für diesen Prozess zeigt sich im Hass und der Gewalt der radikalen Liberalen gegenüber Amerika. Als Kinder wurden die meisten dieser Menschen unter günstigen wirtschaftlichen, sozialen und politischen Bedingungen im Überfluss der amerikanischen Mittel- und Oberschicht aufgezogen. Doch in der späten Adoleszenz sind sie berüchtigt für bösartige Reden, vorsätzliche Sachbeschädigungen am Eigentum anderer und sogar kriminelle Körperverletzungen bei unschuldigen Bürgern. Ihre Wut gegen angebliche kapitalistische Unterdrückung, US-Imperialismus, Rassendiskriminierung, wirtschaftliche Ausbeutung und andere liberale Hasstiraden werden benutzt, um die Übertragung ihres Hasses auf frühere Bezugspersonen zu rechtfertigen, der sich nun gegen gegenwärtige politische Symbole richtet. Weder die historischen Leistungen Amerikas bei der Befreiung von Ländern aus den Händen von Diktatoren noch seine Achtung der Souveränität der von ihm im Kampf besiegten Länder haben Auswirkungen auf die moderne liberale Propaganda von Imperialismus und Ausbeutung. Im radikalen liberalen Denken ist das Opfer-Bösewicht-Paradigma allmächtig gegen die Realität.

Umweltschutz

Wegen unserer letztendlichen Abhängigkeit von den Ökosystemen der Erde zum Überleben ist die einzig vernünftige Haltung des Menschen gegenüber der Umwelt eine Kombination aus Liebe und Respekt. Diese Gefühle sollten denen ähnlich sein, die ein Kind während seiner prägenden Jahre zu seiner Mutter entwickelt. Wenn ihre Fürsorge gut genug ist, verbietet seine wachsende Anerkennung ihrer persönlichen Souveränität ihm, sie rücksichtslos zu missachten und zu versuchen, sie auszunutzen. Ein vergleichbarer Respekt gegenüber Mutter Erde und der Fürsorge, die sie bietet, scheint schon aus eigenem Interesse geboten; die Erhaltung des Lebensraumes, auf den wir angewiesen sind, um zu überleben, liegt eindeutig im langfristigen rationalen Interesse aller. Daher sieht uns der radikale Liberalismus mit gutem Grund zur Erhaltung der physischen Umwelt der Erde verpflichtet. Die liberale Agenda macht sich stark gegen jegliche Aktivitäten, die ihre lebenswichtigen Systeme ernsthaft verschmutzen, beschädigen oder zerstören würden. Doch diese Beobachtung ist nicht die einzige, die zählt.

Die Umweltpolitik der liberalen Agenda wird schädlich – nicht durch ihre Ziele, sondern durch ihre Bemühungen, Probleme der Umweltverschmutzung zu lösen –, indem sie sich auf die Regierungsbürokratien stützt. In dieser Hinsicht sind einige Betrachtungen sinnvoll. Erstens hängt ein wesentlicher Teil des Umweltschutzes von der rechtlichen Durchsetzung ordentlicher Eigentumsrechte ab. Wenn Smiths Fabrik Abfälle auf Jones' Grundstücken entsorgt oder Schadstoffe ausstößt, die die von Jones geatmete Luft verunreinigen, dann wird Jones' Recht auf Benutzung und Freude an seinem Eigentum verletzt. Abhilfemaßnahmen, die mit diesem Recht verknüpft sind, berechtigen Jones, Zivil- oder Strafgesetze anzuwenden, um die Verschmutzung durch Smith zu beenden. Ähnlich berechtigen Uferrechte die gemeinsamen Eigentümer, Smith davon abzuhalten, das Wasser zu verschmutzen, wenn dessen Fabrik Abfälle in einen Fluss leitet. Wenn Smiths Fabrik Schadstoffe in die Luft über dem Eigentum anderer Bürger oder über öffentlichem Eigentum ausstößt, dann kann auch die Regierung gegen Smith vorgehen, um die Verschmutzung zu verhindern. So kann durch die Anwendung von Eigentumsrechten einschließlich solcher, die öffentliches Eigentum schützen, ein erheblicher Schutz vor Umweltschäden erreicht werden. Im Prinzip und in der Praxis bedürfen diese Schutzmaßnahmen keiner großen Regierungsstellen. Stattdessen erfordern sie eine strikte Umsetzung bestimmter Rechte in den zuständigen Bundes-, Landes- und kommunalen Gerichtsbarkeiten.

Auf Grundlage dieser Erwägungen argumentieren einige Libertäre, dass sowohl aus ökologischen als auch aus ökonomischen Gründen alle oder fast alle Immobilien Privateigentum und nicht Besitz der Regierung sein sollten. Sie behaupten, dass der private Besitzer wahrscheinlich die Erde beschützen wird, in der er Minen anlegt, die er bewirtschaftet und auf der er lebt, weil es in seinem langfristigen persönlichen und wirtschaftlichen Interesse ist, dies zu tun. Der vernünftige Geschäftsmann, so wird argumentiert, wird die Umwelt erstens deshalb bewahren, weil er auch darin lebt, und zweitens, weil die Erschöpfung seiner Ressourcen seinen Gewinnen schnell ein Ende setzen wird. Die Liberalen dagegen stellen dieses Argument auf den Kopf. Sie behaupten, dass herzlose Eigeninteressen und kurzfristige wirtschaftliche Interessen die Umwelt nicht nur nicht bewahren, sondern sie oft sogar verwüsten können. Sie behaupten, dass Kapitalisten in ihrer Gier nach Geld und Macht die Umwelt rücksichtslos oder sorglos ausbeuten, schädigen oder zerstören. Aus diesem Grund glauben die Liberalen, dass viel, wenn nicht das meiste Eigentum staatlich sein sollte, weil nur Regierungen es für das Gemeinwohl schützen werden.

Probleme ergeben sich bei dieser Debatte für beide Seiten, weil auch rücksichtslose Regierungsbeamte, nicht nur rücksichtslose Kapitalisten, die Umwelt oftmals ausbeuten, schädigen oder zerstören können. Es steht außer Frage, dass die private Geschäftswelt einen beträchtlichen Anteil von Menschen mit Persönlichkeits- und Charakterstörungen, insbesondere Narzissten und Soziopathen, aufweist, die ein gefühlloses und gleichgültiges oder offen ausbeuterisches Verhältnis zur Umwelt wie zu anderen Menschen haben. Die schlimmsten Vertreter der Privatwirtschaft sind durchaus kriminelle Charaktere, die kostbare Ökosysteme in gleicher Weise ausbeuten, plündern und schänden, wie sie andere Menschen ausbeuten, plündern und schänden: Sie schänden Menschen und Dinge, weil es sie befriedigt, destruktiv zu sein. Der Mann, der wütend seine Frau und seine Kinder krankenhausreif prügelt oder totschlägt, hat seine Gegenstücke in Geschäftsleuten, die die Erde verwüsten, um hasserfüllte Impulse zu befriedigen und die Lust an ihrer Macht über physische Systeme zu spüren. Leider sieht es bei den Regierungen nicht besser aus. Tatsächlich wirkt der Appell des modernen

Liberalismus an die Regierungen, die Umwelt zu schützen ein wenig so, als würde man von einem Löwen verlangen, ein Lamm zu schützen. Regierungsbeamte, die nach Macht und Geld streben, sind nicht motiviert, die Erde zu schützen, die sie versorgt. In der Tat führt die Verlockung eines Regierungsamtes dazu, aus der allgemeinen Bevölkerung diejenigen Personen zu selektieren, die von der Ausübung der Macht am meisten fasziniert und am geschicktesten darin sind, sie zu ihrem eigenen Vorteil zu manipulieren. Die Tatsache, dass Regierungspolitik in erster Linie durch die Eigeninteressen solcher Beamten entschieden wird, sollte Zweifel daran aufkommen lassen, wie gut sie die Ökosysteme der Erde schützen werden. *In der Tat zeigt die Geschichte, dass Regierungen die schlimmsten Umweltverschmutzer und Zerstörer des Planeten sind. Es sind Regierungen, nicht private Parteien, die die Umwelt direkt mit ausrangierten Militärwaffen und den Abfällen verunreinigen, die bei ihrer Herstellung entstehen. Es sind Regierungsbeamte, die aus Geschäftsinteressen bestochen werden um wegzusehen, wenn die private Industrie gegen Eigentums- und Umweltgesetze verstößt, die zum Schutz des privaten und gemeinsamen Eigentums der Nation dienen sollten.* Um ihrer eigenen Geld- und Machtgewinne willen sind Regierungsbeamte schon lange Komplizen bei der Verwüstung der Umwelt. Darüber hinaus ist eine rationale Umweltpolitik stark abhängig von der Ökologie als Wissenschaft, die für politische Zwecke leicht manipuliert werden kann.

So haben die Überschätzung der langfristigen ökonomischen Vernunft des privaten Eigentümers durch die Libertären und die Überschätzung des wohlwollenden Wesens der Regierung durch die heutigen Liberalen etwas gemeinsam: Narzissten, Soziopathen und andere charakterlich Gestörte, ob im öffentlichen oder privaten Sektor, werden die Macht des Privateigentums oder die Regierungsgewalt gebrauchen und missbrauchen, um die Umwelt auszubeuten und sie sogar zu zerstören. Beachten Sie, dass das letztendliche Problem in beiden Fällen das Versagen der Strafverfolgungsbehörden und Regierungsbeamten ist, Gesetze durchzusetzen, die alle Arten von Eigentum schützen.

Eine abschließende Betrachtung der Umweltpolitik bezieht sich auf ein allgemeineres Merkmal des modernen Liberalismus, vor allem seiner radikalen Variante. Mit seinen kindlichen Forderungen erstrebt der liberale Geist eine Welt der kostenfreien Vorteile. Der radikale Liberale leugnet die Tatsache, dass eine Alternative zu wählen in der realen Welt heißt, auf eine andere zu verzichten, bzw.

dass alle Entscheidungen in der realen Welt durch Kompromisse zustande kommen. In der Welt der umweltpolitischen Entscheidungen ist das nicht anders. Radikale Liberale begehren gegen Bohrungen an Land und vor der eigenen Küste auf, protestieren aber gegen die Kraftstoffpreise, die sich aus der Abhängigkeit von ausländischem Öl ergeben. Sie widersetzen sich neuen Ölraffinerien, wollen aber höhere Mengen an saubereren Brennstoffmischungen. Sie wollen auf Erdöl basierende Treibstoffe beseitigen, sind aber gegen die Kernenergie. Sie begünstigen Windkraft, haben aber Einwände gegen die ästhetischen Auswirkungen von Windparks auf die Landschaft. Sie wollen billigere und sauberere Energie, lehnen aber die Umweltauswirkungen von geothermischen Bohrungen ab. Diese Beispiele illustrieren die Unreife des liberalen Geistes. Sie spiegeln seine Unreife auf anderen Gebieten wider: seine notorische Nachsicht gegenüber sich selbst, die moralische Permissivität, das Streben nach leichter Befriedigung, den Protest gegen Verantwortung und Rechenschaftspflicht und den Glauben, dass der moderne Elternstaat alles, was benötigt wird, einschließlich ausreichender Energie, ohne nennenswerte Kosten oder Kompromisse zur Verfügung stellen kann und wird. Letztlich wird die Bereitstellung von ausreichender Energie in der modernen Welt mit einem Kompromiss bezüglich der Umwelt einhergehen – unabhängig davon, wer sie produziert. Hoffentlich werden die dazu Auserwählten die langfristige Integrität der Ökosysteme nicht gefährden.

Bildung

Im Einklang mit der Rolle des modernen Elternstaates als oberstem Betreuer sind die öffentlichen Schulen der primäre Kanal, durch den die Kinder auf das Leben in der heutigen Gesellschaft vorbereitet werden sollen. Die dem modernen Liberalismus zugrundeliegende kollektivistische Philosophie zeigt sich am Inhalt seines schulischen Sozialkundeunterrichts, in der Stoßrichtung seiner Sexualerziehung, in seiner Beurteilung von Werten, in Beratungsprogrammen sowie in der Dominanz seiner Lehrergewerkschaften bei Einstellungen, Entlassungen und Tarifverhandlungen. Die enorme Menge an Steuergeldern, die zur Finanzierung öffentlicher Schulen aufgewendet wird, preist man als Maßstab der Wichtigkeit von Bildung für die Nation und der Kosten einer effektiven

Bildung an, doch diese Ansprüche spiegeln sich nicht in den realen Ergebnissen wider. Offen gesagt, ist die amerikanische öffentliche Bildung, mit seltenen Ausnahmen, einfach mittelmäßig, ebenso wie die Lehrer, die hinter ihr stehen. Nicht nur, dass die öffentliche Bildung einen großen Teil der Schüler auf das Leben im weiteren Sinne nicht vorbereitet, sie lehrt nicht einmal die minimalen Fähigkeiten, die erforderlich sind, um ein eigenes Leben zu führen oder nach höherer Bildung zu streben. Lokale und nationale Tests an der Primar- und der Sekundarstufe spiegeln die Unwissenheit der Schüler an öffentlichen Schulen und die Inkompetenz ihrer Lehrer wider. Die Schulen selbst sind schlecht diszipliniert und oft gefährlich. Unqualifizierte Lehrer sind nur unter großen Schwierigkeiten zu entfernen. Die Gehaltsstufen stehen in keinem Verhältnis zur Arbeitsleistung, ebenso die Beschäftigungsdauer. Die Kosten der öffentlichen Bildung sind entweder nicht an die Ergebnisse geknüpft oder umgekehrt proportional zu den Ergebnissen und übersteigen die Kosten für vergleichbare oder bessere Privatschulen stets erheblich. In der Tat ist die grundlegendste Funktion der öffentlichen Schulen, die Grundlagen des Wissens zu lehren, anderen Zielen untergeordnet. Anstatt sich dem intellektuellen Wachstum der Schüler zu verpflichten, betonen liberale Lehrer heute den Schutz des Selbstwertgefühls. In einigen Schulen wird es aufgrund dieser Leitlinie als zu hart angesehen, die Fehler eines Schülers mit rotem Stift zu markieren; es ist Pflicht, eine andere Farbe zu benutzen, damit der Schüler sich weniger kritisiert fühlt. Hier wird die Neurose der modernen Liberalen auf den gewöhnlichen Schüler projiziert und in einer absurden Sozialpolitik umgesetzt.

Abtreibung

Auf der Grundlage eines behaupteten Anspruchs auf Privatsphäre oder Entscheidungsfreiheit verteidigt der radikale Liberale das Recht, einen Fötus in jedem Stadium seiner Entwicklung im Mutterleib abzutreiben, auch kurz vor der Geburt. Ein Recht auf Abbruch wird auch mit dem Argument der Verfügungsgewalt über den eigenen Körper begründet. Nach diesen Argumenten hat eine schwangere Frau das Recht, ihre eigenen Wünsche, was ihren Körper und ihr Wohlbefinden betrifft, über alle anderen konkurrierenden Interessen zu stellen, einschließlich aller Interessen oder Rechte, die im Namen des Fötus geltend gemacht werden. In einer seltenen Übereinstimmung mit den Liberalen sehen einige Libertäre den Fötus als Fremdkörper oder Parasiten im Mutterleib, nicht als menschliches oder proto-menschliches Wesen, auf das schützende Freiheitsrechte anwendbar und für das man beschützende Gefühle empfinden kann. Nach dieser Auffassung kann der Fötus als Eindringling angesehen werden, der aus dem Körper einer Frau entfernt werden sollte (Rothbard 1998). Die Position, dass ein Fötus ein zu beseitigender Fremdkörper ist, anstelle eines sich entwickelnden, schützenswerten Menschen, lässt sich in den frühen Wochen der Schwangerschaft deutlich leichter einnehmen. Sie ist nicht mehr so leicht zu behaupten, wenn bildgebende Verfahren eine zunehmende Ähnlichkeit des Fötus mit einem neugeborenen Baby offenbaren.

Hier noch ein paar Betrachtungen dazu: Erstens ist klar, dass Schwangerschaft und Geburt aus biologischer Sicht wichtige Ereignisse sind. Nach dem Geschlechtsverkehr, der Empfängnis und der vollendeten Schwangerschaft ist die Geburt eines lebensfähigen Babys der nächste entscheidende Schritt bei der Erfüllung der wichtigsten biologischen Funktion: der Reproduktion der Spezies. Diese Tatsache macht die Geburt eines Babys zu einer der „Standardeinstellungen“ der Biologie. Schließlich sind die Menschen physisch und psychisch dazu geschaffen, Babys zu haben und Kinder aufzuziehen; wenn sie keine mehr hätten und aufzögen, dann würde menschliches Leben aufhören zu existieren. Eine zweite Betrachtung erinnert uns daran, dass die Moral letztlich auf dem Wert menschlichen Lebens und den Bedingungen gründet, die ein gutes Leben bewahren und fördern. Angesichts der Tatsache, dass die Geburt der notwendige Anfang eines guten Lebens ist, glauben die meisten Erwachsenen, dass es ein moralisches Gebot ist, alles zu tun, was möglich ist, um eine Schwangerschaft zur Vollendung zu bringen, und dass es unmoralisch ist, sie ohne einen zwingenden Grund abzubrechen. Dies gilt insbesondere für Abtreibungen bei weit fortgeschrittener Schwangerschaft. Für die überwiegende Mehrheit der Erwachsenen und vor allem für solche, die kompetent sind, ist der Gedanke an eine Abtreibung am Ende der Schwangerschaft, auch bekannt als Teilgeburtsabtreibung, schrecklich und entspricht moralisch einem Mord. Diese Reaktion folgt aus der angeborenen menschlichen Disposition, zu umsorgen und zu beschützen, doch sie erkennt auch den Fötus als Menschen oder werdenden Menschen an, dem gewisse Rechte zukommen, die auch für alle anderen Bürger gelten.

Diese Fähigkeiten zu Fürsorge, Schutz und Anerkennung sind ein integraler Bestandteil der menschlichen Fortpflanzungsinstinkte. Wenn sie sich normal entwickelt haben, sind sie grundlegend und mächtig. Doch beim radikalen Liberalen, der unaufhörlich nach einer Spätabtreibung verlangt, sind diese Grundkapazitäten nicht normal entwickelt. In seinem Kopf ist der Fötus ein unpersönlicher Gegenstand, ein Stück Abfall oder vielleicht ein Parasit, der aus dem Körper eliminiert und in den Abwasserkanal oder auf den Müll geworfen wird. Das Fehlen fürsorglicher Gefühle bei solchen Menschen, besonders der starken beschützenden Gefühle mütterlicher oder elterlicher Zärtlichkeit, ist äußerst auffallend und für den gereiften Verstand entsetzlich.

Gleichwohl stellt sich dann aber die Frage, wann, wenn überhaupt, eine absichtliche Beendigung einer Schwangerschaft auf der einen oder anderen Stufe moralisch gerechtfertigt ist. Es kann keine allgemeine Antwort auf diese Frage gegeben werden. Wie bereits erwähnt, steht der allgemeinen Aussage, dass *alle* Abtreibungen akzeptabel seien, die verständliche Abscheu entgegen, mit der die meisten Menschen sogar eine mittelfristige Abtreibung ansehen, ganz zu schweigen von einer Abtreibung bei vollendeter Schwangerschaft. Die entgegengesetzte Aussage, dass *keine* Abtreibung akzeptabel sei, ist ebenfalls nicht haltbar: Für den Fall, dass die Schwangerschaft das Leben der Mutter ernsthaft bedroht, gibt es zum Beispiel keine Gründe, auf die man die Behauptung stützen kann, das Lebensrecht des Fötus habe Vorrang vor dem der Mutter. Auf der Basis vergleichbarer Zwangslagen im realen Leben ist es einfach, zu beiden Verallgemeinerungen – dass Abtreibungen völlig oder gar nicht akzeptabel sind – Ausnahmen zu konstruieren. Dementsprechend sind die Forderungen des radikalen Liberalismus nach uneingeschränkten Abtreibungsrechten schlechthin irrational.

Feminismus

Mit ihren Ursprüngen in der Aufklärung und ihrer Weiterentwicklung in den vergangenen zweihundert Jahren hat die feministische Bewegung versucht, die gleichen Segnungen der Freiheit, die üblicherweise von freien Männern genossen werden, auf Frauen auszudehnen. Mit einfachen Worten ausgedrückt, war es das erklärte Ziel, die männliche Dominanz zu beenden und die gleichen Freiheiten für Frauen im wirtschaftlichen, sozialen, sexuellen, pädagogischen, rechtlichen und politischen Bereich zu erreichen. Am Ende des zwanzigsten Jahrhunderts waren diese Ziele in Amerika und anderswo in der westlichen Welt mit wenigen Ausnahmen erreicht. Im politischen Bereich ist das Wahlrecht der Frau in den westlichen Demokratien jetzt allgemein gültig, und viele hohe politische Ämter sind von Frauen besetzt. In sozialen Bereichen sind zahlreiche Frauen prominent, hochgeschätzt und wegen ihrer Verdienste sehr einflussreich geworden. Am Arbeitsplatz genießen Frauen stark erweiterte Möglichkeiten der Einstellung, Lohnerhöhungen und Förderungen. In praktisch allen Berufen sind Frauen heute erfolgreich, begehrt und bei männlichen Kollegen willkommen. Im pädagogischen Bereich treten Frauen auf allen Ebenen als angesehene Verwalterinnen, fähige Studentinnen und engagierte Fakultätsmitglieder hervor. In den letzten Jahrzehnten haben Gesetze gegen geschlechtsspezifische Diskriminierung und sexuelle Belästigung am Arbeitsplatz das Ausgeliefertsein von Frauen an unfaire Ausgrenzung und unerwünschte Aufmerksamkeit von Männern verringert. Alle diese Fortschritte spiegeln eine stärkere Anerkennung der Würde und Souveränität von Frauen wider.

Die deutlichsten Ausnahmen von diesem positiven Bild beinhalten in erster Linie den direkten körperlichen Missbrauch von Frauen. Weit verbreitete Gewalt von Männern gegen Frauen, oft mit tragischen Ergebnissen, trotzt vor allem in häuslichen Beziehungen weiterhin der Strafverfolgung und gerichtlich angeordneten Schutzmaßnahmen. Der Kampf gegen die Vergewaltigung sowohl im häuslichen als auch im nichthäuslichen Umfeld ist ein Schwerpunkt feministischer Bemühungen, aber *jede* nicht der Verteidigung dienende Gewaltanwendung gegen Frauen, ob sexuell oder anderweitig, verdient die uneingeschränkte Missbilligung aller. In dieser Hinsicht stimmen die Gefühle der Mainstream-Feministinnen und ihrer Verbündeten mit denen aller Personen überein, die der Freiheit verpflichtet sind und das Grundlegendste aller Rechte respektieren: das Recht auf die Unversehrtheit der eigenen Person.

Tatsächlich resultieren im Amerika der Gegenwart alle zu Recht beklagten Missbrauchsfälle von Frauen im Wesentlichen durch das Versagen der Gesellschaft, die gewöhnlichen Strafgesetze, die Person und Eigentum schützen, durchzusetzen. Dieses Unvermögen ist zum Teil auf inhärente Einschränkungen des Strafverfolgungssystems bei den Möglichkeiten zurückzuführen, Verbrechen zu verhindern, insbesondere solche, die an privaten Orten begangen werden. Doch ein Teil dieses Scheiterns leitet sich aus den Defiziten unserer Kultur bei der Anerkennung der Souveränität von Frauen ab. Ironischerweise ist dieses Defizit auch unter Frauen selbst verbreitet: Ebenso oft wie Männern gelingt es Frauen nicht, die Herrschaft, die sie mit Recht über ihre eigene Person und ihr Leben haben, zu behaupten; sie schaffen es nicht, die Freiheit von Gewalt und Einschüchterung einzufordern, auf die sie gesetzlich und nach dem elementarsten moralischen Grundsatz ein Anrecht haben. Die Persönlichkeitsmerkmale, die mit diesem Defizit verbunden sind, sind Unterwürfigkeit, Selbstverleugnung, übermäßige Abhängigkeit und Überschätzung der Männer, um nur einige zu nennen. Unter den schlimmsten Chauvinisten sind in der Tat verschämte Frauen, die zu dem Glauben erzogen wurden, dass ihr Selbstwert, und zwar ihre Identität, davon abhänge, „einen Mann zu haben", und dass Demütigung, Armut, Missbrauch und sogar Körperverletzung durch Männer der Preis seien, den sie für Intimität zu zahlen haben. Eine weitere Ironie ist, dass diese Frauen solche Überzeugungen oft durch ihre Mütter, nicht nur durch ihre Väter oder andere Männer, und auch nicht – wie von liberalen Experten behauptet wird – durch ungünstige soziale Verhältnisse erlangt haben.

Radikaler Feminismus

Während klassische Feministinnen sich der Ausweitung der grundlegenden Freiheitsrechte der Frauen verschrieben haben, kennzeichnete die radikalen Feministinnen des späten zwanzigsten Jahrhunderts eine ganz andere Dynamik. In den Köpfen dieser Frauen ist das feministische Ziel nicht die Erreichung der Gleichberechtigung mit den Männern in Fragen, die für die Freiheit entscheidend sind. Stattdessen hat die Bewegung sich einem bösartigen Propaganda-Angriff auf alles verschrieben, was Männer definiert, inklusive eines aggressiven politischen Angriffes auf vieles, was Freiheit ausmacht. Diese auffallend hasserfüllte, im wesentlichen paranoide Haltung gibt den Männern die Schuld an allen Schandtaten in der Welt im Allgemeinen und an allen Leiden der Frauen im Besonderen. Wütend leugnet sie das Ideal einer dauerhaften Bindung, in der die sich ergänzenden Qualitäten eines Mannes und einer Frau eine harmonische Teilung der Lebensaufgaben miteinander ermöglichen. Der primitive Abwehrmechanismus hinter dieser Haltung projiziert auf die Männlichkeit alles, was an der menschlichen Natur schlecht ist, und spaltet dann die Welt in männliche Schurken und weibliche Opfer. Nach dieser Ansicht sind alle Probleme der Frauen auf die Bosheit der Männer zurückzuführen. Jeder Gedanke, dass eine Frau selbst die Verantwortung für ihre eigenen Probleme tragen könnte, wird mit wütender Verachtung zurückgewiesen. Tatsächlich ist Wut für den radikalen Feminismus mindestens ebenso kennzeichnend wie für den radikalen Liberalismus. Die imaginären Lösungen für die Probleme der Welt sind ebenfalls ähnlich: Mit ihren politischen Werten, die im Wesentlichen kollektivistisch sind, befürworten radikale Feministinnen eine fast totalitäre Neuordnung der Gesellschaft durch massive staatliche Intervention. Ehe, Familie, Religion, Freiheitsrechte, freie Märkte und Kapitalismus, die, neben anderen, angeblich männlich dominierte Institutionen sind, müssen vom radikal-feministischen Staat abgeschafft werden, weil sie Frauen unerträgliche Qualen zufügen. Die Realität spielt bei diesem Argument keine Rolle: Radikale Feministinnen ignorieren üblicherweise die Tatsache, dass eine große Anzahl von Frauen mit sehr unterschiedlichen rassischen, ethnischen, sozialen, kulturellen und wirtschaftlichen Hintergründen in der Lage ist, ihre eigenen Entscheidungen zu treffen, ihre eigenen Träume zu verwirklichen und im angeblich männlich dominierten Amerika ein erfülltes Leben zu leben. Diese Tatsache könnte darauf hindeuten, dass Frauen, die unglücklich sind, nicht leiden, weil Männer sie unterdrücken, sondern weil bestimmte persönliche Einschränkungen sie selbst davon abhalten: Einschränkungen durch emotionale Konflikte sowie Defizite in der Initiative, in Fleiß, Fähigkeit und Motivation können zum Beispiel auch unter sonst idealen Umständen leicht den Aufbau eines guten Lebens verhindern. Doch diese Art von Analyse ist, da sie auf „männliche Logik“ zurückgeht, für radikale Feministinnen nicht akzeptabel.

Scheinbar fördert der radikale Feminismus das Reifen jeder Frau zu einer robusten Unabhängigkeit, vor allem zu einer von Männern. Doch was er tatsächlich fördert, ist die Abhängigkeit von einem Schurken-Opfer-Paradigma, das die Hälfte der Bevölkerung als Teufel und die andere Hälfte als Sklaven darstellt.

Authentische Unabhängigkeit kann nicht auf der Überzeugung beruhen, dass Frauen Puppen sind, die von männlichen Puppenspielern dominiert werden. Selbstständigkeit und Selbstverantwortung sind nicht zu erreichen, wenn die wesentliche Weltanschauung darin besteht, den Männern die Schuld zu geben. In einer Subkultur, die keine edlen Ziele hat, sondern sich in hasserfüllten Wahnvorstellungen von Verfolgung vereint weiß, wird keine reife Kompetenz aufkommen. Der radikale Feminismus feiert eine Frau, deren grundsätzliche Gefühle gegenüber Männern sich um Angst, Wut, Knechtschaft, Selbstmitleid, Forderung, Vulgarität und Verachtung drehen. Die Standardeinstellung für Frauen gegenüber Männern ist Hilflosigkeit. Die radikale Heilung für diesen Zustand ist die Herrschaft über die Männer oder sogar ihre Beseitigung. Trotz seiner angeblichen Verehrung der weiblichen Persönlichkeit gelingt es dem radikalen Feminismus, Frauen zu entmenschlichen, indem er sie als hilflose Marionetten darstellt, die von männlichen Institutionen kontrolliert werden. In dieser Vorstellung fehlt es den Frauen an der Macht zur Entscheidung, zum Handeln, zur Initiative und Autonomie, die es ihnen ermöglichen, ihr eigenes Leben zu führen. Von Interesse in dieser Hinsicht ist der Hinweis, dass eine Hauptdynamik, die radikale Feministinnen antreibt, eine tief sitzende Angst vor der Freiheit ist. In der realen westlichen Welt hat eine Frau heute sowohl die Autorität als auch die Verpflichtung, ihr eigenes Leben so entschieden zu führen wie ein Mann. Vor allem im heutigen Amerika haben Frauen die Möglichkeit, ihre Ausbildung und ihre Karriere zu wählen, zu entscheiden, wie und mit wem sie leben und Sex haben, zu entscheiden, ob und wen sie heiraten und zu entscheiden, ob sie Kinder haben oder nicht.

Besonders kurios ist die Tatsache, dass der radikale Feminismus mit seiner verächtlichen Ablehnung der Männer als geeignete Liebesobjekte einer Frau sich in einer Zeit entwickelt hat, in der Frauen von ihrer sexuellen Attraktivität für Männer immer besessener sind. Während der radikale Feminismus jeden Geschlechtsverkehr mit Männern als Vergewaltigung verurteilt, erklärt der radikale Liberalismus dagegen, dass die Verführung von Männern der Weg zu Selbstwertgefühl ist und der Sinn des Lebens darin besteht, die Lust eines Mannes zu genießen. Diese widersprüchlichen Werte sind jedoch nur ein Teil der Geschichte: Von den kombinierten Einflüssen des modernen Liberalismus, des radikalen Feminismus und des Mainstream-Konservatismus erhalten die

Frauen nun gemischte Botschaften über jeden Aspekt ihres Lebens: Sexualität und sexuellen Ausdruck, die Wichtigkeit oder Unwichtigkeit der Männer, die Tugenden und das Böse der Männer, die Wichtigkeit oder Unwichtigkeit einer Karriere, die Freuden und die Qualen der Ehe und die Herrlichkeit oder Last, Kinder zu haben. Doch alle diese Botschaften bezeugen die enorme Freiheit, mit der Frauen jetzt ihr Leben führen können. Trotz der Proteste radikaler Feministinnen waren die Wahlmöglichkeiten, mit denen alle Frauen konfrontiert werden, niemals zahlreicher oder attraktiver.

Die negativen Auswirkungen des radikalen Feminismus erstrecken sich jedoch über den Bereich der persönlichen Entscheidungen hinaus. Die Ablehnung der Mutterschaft als eine tragfähige weibliche Rolle bedroht die Qualität der Erziehung in der Gesellschaft, und die Ablehnung von Ehe, Familie und Religion bedroht Institutionen, die für die Sozialisierung und Zivilisierung von Kindern sowie für die Stabilisierung nachbarschaftlicher Beziehungen entscheidend sind. Die klinische Beobachtung deutet darauf hin, dass frühe Defizite in der mütterlichen Fürsorge bei Kindern und der Rückgang an Respekt vor Bescheidenheit innerhalb der Kultur zu einer zunehmenden Verbreitung der narzisstischen Persönlichkeitspathologie bei beiden Geschlechtern beigetragen haben – ein Trend, den Kohut schon vor mehr als dreißig Jahren beobachtet hat (Kohut 1971). Der Aufstieg des weiblichen Narzissmus als Element der „Ich-Generation" verläuft parallel zu einem Rückgang der fürsorglichen Funktionen der Familie. In der Tat scheinen radikale Feministinnen, was die Frage der Fürsorge angeht, im Konflikt mit sich selbst zu stehen. Auf der einen Seite glauben Feministinnen, dass traditionelle weibliche Werte wie Pflege, Fürsorge, Sympathie, Einbeziehung, Verbindlichkeit, Mitgefühl und Gemeinschaft für die öffentliche Ordnung von zentraler Bedeutung sein und die kollektivistischen Programme des Staates inspirieren sollten. Doch dieselben Werte werden auf der anderen Seite als bedrückend und erniedrigend angesehen, wenn sie in einer konventionellen Ehe und Kindererziehung verkörpert werden – ein merkwürdiges Vorurteil angesichts der historischen Assoziation dieser Werte mit der Weiblichkeit.

48
Integrität und Behandlung

Wo Es ist, soll Ich werden.

Siegmund Freud

Der Patient, der also seinen Konflikt in all seiner verzweifelten Unmittelbarkeit überträgt, wird, indem er dessen Bedeutung formuliert, zugleich resistent gegen alle Versuchungen, die Situation in einer losgelösten Weise zu sehen.

Erik Erikson

Integrität und Lebenszyklus

In Eriksons Schema kündigt der Beginn des Alters die achte und letzte Phase des menschlichen Lebenszyklus an.[13] Die Entwicklungsherausforderung in dieser Zeit ist es, ein Gefühl *psychischer Integrität* zu erreichen und Verzweiflung und Ekel als vorherrschende Gefühle zu vermeiden. Obwohl er von Integrität keine genaue Definition anbot, beschrieb er eine Reihe ihrer Eigenschaften. Seiner Ansicht nach verleiht die Erlangung von Integrität einem älteren Menschen bestimmte Fähigkeiten zur *Akzeptanz*:

13 Siehe Erikson & Erikson 1997 über die neunte Phase im Lebenszyklus.

- Akzeptanz seiner selbst als der Mensch, der er ist und war, nicht der idealisierte Mensch seiner Träume;
- Akzeptanz seiner tatsächlichen Geschichte von Erfolgen, Misserfolgen und Verlusten, nicht nur einer fiktiven Erfolgsgeschichte;
- Akzeptanz der Menschen und Beziehungen, die ihm wirklich wichtig geworden sind;
- Akzeptanz seiner Eltern als die Menschen, die sie waren;
- Akzeptanz der Verantwortung für seine Entscheidungen, die sein Leben geprägt haben;
- Akzeptanz des Verfalls im Alter und der Unausweichlichkeit des Todes;
- Akzeptanz des einzigen Lebens, das er leben kann.

Diese Ideen erweitern die Vorstellung von Integrität weit über ihren Alltagsgebrauch hinaus. Integrität bedeutet in der Regel Ganzheit, Vollständigkeit, Solidität oder das Fehlen von Beeinträchtigung, und Erikson wendet diese Bedeutungen klar auf sein Konzept von der letzten Phase des Lebens an. Integrität kann auch stärker spezialisierte Bedeutungen haben. Ein Mensch mit moralischer Integrität z.B. hält sich in seinem persönlichen Verhalten an hohe Standards der Tugend. In der intellektuellen Untersuchung sucht Integrität die Wahrheit auf der Grundlage nachvollziehbarer Tatsachen und vernünftiger Logik. Konzeptionelle Integrität erfordert von einer Idee, in sich stimmig und kein Selbstwiderspruch zu sein. Ein Einzelmensch zeigt Integrität, wenn er ehrlich auftritt, guten Gewissens handelt und gerechte Verpflichtungen achtet. Eine Familie zeigt Integrität, wenn ihre Mitglieder durch gemeinsame Ideale und Bindungen die elterliche Ehe wertschätzen, die Kinder zu kompetenten Erwachsenen erziehen, einen Zufluchtsort der Liebe und der Fürsorge füreinander schaffen und die für die Familien angemessenen wirtschaftlichen, sozialen und politischen Aufgaben erfüllen. Eine wirtschaftliche, soziale, politische oder juristische Einrichtung weist Integrität auf, wenn sie die Kompetenz der Erwachsenen belohnt und die Rechte, Gesetze und Pflichten stärkt, die die Freiheit innerhalb der für die soziale Ordnung notwendigen Zwänge maximieren. Die Gesellschaft selbst zeigt Integrität, wenn ihre Mitglieder, Familien, Institutionen und Traditionen die Natur des Menschen erkennen und mit den Idealen der zivilisierten Freiheit in Einklang bringen. Diese Beobachtungen implizieren die Notwendigkeit der Integrität auf allen Ebenen eines stimmigen sozialen Systems: beim Einzelnen, in der Familie und in den Institutionen, die die übergreifende Struktur der Gesellschaft aufrechterhalten. In Analogie zu einem lebenden Organismus, dessen Überleben und Funktion von seinen konstituierenden Organen abhängt, kann eine Gesellschaft als dynamische Einheit gesehen werden, deren Gesamtintegrität von der Integrität jedes ihrer interagierenden Teile abhängt. Um eine *systemische* Integrität zu erreichen – um einen buchstäblichen Zerfall des Ganzen zu vermeiden –, muss eine Gesellschaft die freie, aber geordnete Einbeziehung der biologischen, psychischen und sozialen Natur des Menschen in sein ökonomisches, soziales und politisches Gefüge gestatten.

An seine Theorie des in den gesellschaftlichen Prozess eingebundenen Menschen anknüpfend, glaubte Erikson, dass die Identität des Individuums in allen Phasen des Lebenszyklus, einschließlich des Alters, durch mehrere Einflüsse bestimmt wird: die ererbten Züge, die dem Individuum seine biologische Einzigartigkeit verleihen; die Auswirkungen der frühen Fürsorge und Familiendynamik; die unzähligen rassischen, ethnischen, kulturellen, wirtschaftlichen, gesellschaftlichen und politischen Faktoren, die das menschliche Leben prägen und die persönlichen Entscheidungen, die dem Leben seine einzigartige Richtung geben. Diese Einflüsse funktionieren über die gesamte Lebensdauer. Die wichtigste Frage ist hier, ob die erwachsene Identität, die aus diesem komplexen Prozess hervorgeht, integriert ist oder nicht: das heißt, ob sie in sich selbst stabil oder stimmig ist oder im Konflikt mit sich selbst steht, und ob sie in Harmonie oder im Konflikt mit anderen Personen und den gesellschaftlichen Institutionen steht, mit denen sie ständig interagiert. Die These des vorliegenden Buches ist, dass die bipolare Natur des Menschen mit seinen wesentlichen Veranlagungen zu Autonomie und Gegenseitigkeit von einer für die geordnete Freiheit strukturierten Gesellschaft abhängt und umgekehrt. Wegen ihrer bipolaren Natur können Menschen ohne geordnete Freiheit nicht gedeihen; umgekehrt wird eine Gesellschaft, die in geordneter Freiheit konzipiert ist, in ungeordnete Tyrannei zerfallen, wenn ihre Bürger und Institutionen Autonomie und Gegenseitigkeit nicht unterstützen.

Die drohende Verzweiflung

Die letzte Phase des Lebenszyklus übernimmt eine besondere Aufgabe: die chronische Demoralisierung sowie den Ekel und die Bitterkeit zu vermeiden, die mit den Gegebenheiten des Alters – der Abnahme der körperlichen und geistigen Kräfte, den sich häufenden Todesfällen, den Behinderungen durch Krankheit und der zunehmenden Nähe des Todes – aufkommen. Erikson verwendete das Wort „Verzweiflung", um dieses depressive Syndrom zu bezeichnen. Er verstand sein ständiges Vorkommen im Leben des älteren Menschen als Integrationsversagen in diesem Lebenszyklus, das unter anderem durch das Gefühl angezeigt wird, „fertig" zu sein, nicht mehr beachtet zu werden, nicht mehr lebensfähig zu sein. Besonders schmerzhaft in späteren Jahren ist die Erkenntnis, dass das Leben zu kurz geworden ist, um einen neuen Weg zur Integrität zu beschreiten; es ist keine Zeit mehr, eine neue Identität aufzubauen, keine Zeit, ein Leben, das nicht gut genug gelebt wurde, noch einmal zu leben. Hoffnungslosigkeit ist eine ständige Bedrohung in dieser Phase, in der man sich wahrscheinlich an das grundlegende Misstrauen der Kindheit erinnern kann, zusammen mit der Scham, den Zweifeln, den Schuld- und Minderwertigkeitsgefühlen der nachfolgenden Entwicklungsstörungen.

Wird hingegen Integrität erreicht und besteht eine ausreichende körperliche Gesundheit, ist das Leben im Alter eher eine Phase der Zufriedenheit, ein Anlass zu philosophischer Reflexion, wenn man dazu neigt, und eine Gelegenheit, das zu entwickeln, was Erikson „Groß-Generativität" nannte: ein fortdauerndes Gefühl der Selbsterfüllung durch einen Beitrag zum Gemeinwohl. Eine Integration im späten Lebensabschnitt, die das Selbst des älteren Menschen mit den Rollen, Unternehmungen und Beziehungen der Vergangenheit, den historischen und kulturellen Einflüssen eines ganzen Lebens und mit beruhigenden Verbindungen zur Gegenwart in Einklang bringt, verheißt Gutes für ein Alter mit angenehmen Beziehungen – ja sogar Gelassenheit, statt Isolation, Verzweiflung und Hilflosigkeit.

Die Integrität von Selbst und Gesellschaft

So ist die Erreichung der psychischen Integrität im Alter ein Sonderfall im lebenslangen Integrationsprozess. Wie in allen anderen Lebensphasen auch versucht der integrative Prozess in der letzten Phase, den älteren Menschen mit seiner persönlichen Geschichte und der Gemeinschaft, in der er lebt, in Verbindung zu halten. Der Erfolg oder Misserfolg dieses Prozesses hängt zum Teil von der Art und Stimmigkeit der Institutionen der Gesellschaft ab. Im späten Leben wird Integrität eher dann erreicht, wenn das, was bei der älteren Person integriert wird, die wirtschaftlichen, sozialen und politischen Institutionen einer gut integrierten Gesellschaft ergänzt und von ihnen ergänzt wird. Diese Idee wurde in früheren Kapiteln anlässlich der Erörterung von Kompetenz betrachtet. Das Heranwachsen des Einzelnen zur Integrität im Alter beinhaltet – wie sein Heranwachsen zur Kompetenz in der Jugend – die Koordination seiner Fähigkeiten zu Autonomie und Gegenseitigkeit mit dem Umfeld, das ihn umgibt. Dieses Wachstum tritt nicht in einem Vakuum auf. Wie andere Tugenden werden Autonomie und Gegenseitigkeit am besten von einem Umfeld bestätigt, das ihre prägenden Rollen für die geordnete Freiheit anerkennt. Sie finden keine Bestätigung in einer Gesellschaft, die auf dem Zusammenwirken von Zuckerbrot und Peitsche einer liberalen Regierung organisiert ist.

Evaluation und Diagnose des modernen Liberalismus

Ähnlich dem Kompetenzbegriff bietet der Begriff der Integrität einen Maßstab, um die Pathologie des modernen Liberalismus zu bewerten. Wie bei jeder Bewertung ist eine sorgfältige Untersuchung der auftretenden Zeichen und Symptome der Störung für eine angemessene Diagnose unerlässlich. Zu diesem Zweck werfen wir in den folgenden Absätzen einen erneuten Blick auf die Manifestationen der liberalen Neurose, ihre destruktiven Auswirkungen auf den gesellschaftlichen Prozess und die Art und Weise, wie sie die Integrität der Beziehung des Individuums zur Gesellschaft auf allen Ebenen untergräbt. Diese Auswirkungen können dann als Symptome einer *gesellschaftlichen* Neurose verstanden werden, die nicht nur das liberale Denken selbst, sondern die Struktur und die Funktionen der geordneten Freiheit betrifft. Erkenntnisse, die auf diesen Beobachtungen beruhen, bilden die Grundlage für eine Bildungskampagne, die die Neurose des Liberalismus sowohl auf individueller als auch auf gesellschaftlicher Ebene neutralisieren soll, bevor sie die geordnete Freiheit irreparabel zerstört.

Die letzten Kapitel haben die Fehlvorstellungen des modernen Liberalismus, seine irrationalen Vorschriften für die Sozialpolitik, seine katastrophalen wirtschaftlichen, gesellschaftlichen und politischen Konsequenzen und ihre zerstörerischen Auswirkungen auf die Entwicklung einer reifen Kompetenz im Detail dargestellt. Besonderes Augenmerk wurde auf die Konflikte des Liberalismus mit den prägenden Merkmalen der menschlichen Natur und den Bedingungen der menschlichen Existenz gelegt. Während dieser Erläuterung ist der Wahnsinn einer Agenda mit ihrer Missachtung der Ideale und Werte, die für eine zivilisierte Freiheit unerlässlich sind, am deutlichsten geworden. Eine zusammenfassende Liste dieser Ideale und Werte, verbunden mit den zerstörerischen Wirkungen des modernen Liberalismus, ist unten angeführt. In einer kompetenten Gesellschaft ist eine kompetente Person in der Lage:

- den Wert des individuellen Lebens anzuerkennen. [*Der moderne Liberalismus entwertet das individuelle Leben, indem er die individuellen Rechte verletzt und die Bürger als austauschbare Bestandteile wirtschaftlicher, gesellschaftlicher oder politischer Klassen behandelt.*]
- die Souveränität, die Handlungsfähigkeit, die Autonomie und die Freiheit der Menschen zu achten. [*Der moderne Liberalismus beschränkt die individuelle Freiheit der Wahl und des Handelns, ersetzt Autonomie und Freiheit durch Regulierung und die Abhängigkeit und setzt die persönliche Souveränität außer Kraft.*]
- die Freiheit zur Zustimmung oder Nichtzustimmung anzuerkennen, die die gesellschaftliche Zusammenarbeit bestimmt. [*Der moderne Liberalismus wertet die freiwillige Zusammenarbeit zugunsten des staatlichen Zwangs ab und macht frei vereinbarte vertragliche Übereinkünfte ungültig.*]
- das Recht, in Ruhe gelassen zu werden, als Grundrecht individueller Freiheit zu begreifen. [*Durch ihr Eindringen in alle Aspekte seines Lebens missachten die endlosen Steuern und Vorschriften des modernen Liberalismus das Recht des Bürgers, in Ruhe gelassen zu werden.*]
- seinen Lebensunterhalt durch Eigenverantwortung und freiwilligen Austausch mit anderen zu verdienen. [*Die Philosophie der Abhängigkeit des modernen Liberalismus, gekoppelt mit Geschäftsvorschriften, Lizenzpflichten, Lohngesetzen und Gewerkschaftsregeln, demotiviert Eigenverantwortung und freiwilligen Austausch, ja schließt sie sogar aus.*]

- die Freiheitsrechte und Pflichten zu achten, die Menschen, Eigentum und Vereinbarungen schützen. [*Die Politik des modernen Liberalismus macht Vereinbarungen ungültig, verletzt die Eigentumsrechte, bindet die Arbeitskraft des Bürgers und hebt Verträge aufgrund neuester Erklärungen des Staates zur sozialen Gerechtigkeit auf.*]
- ehrlich und aufrichtig mit anderen Menschen umzugehen, die ähnlich handeln können. [*Die sozialen Gerechtigkeitsprogramme des modernen Liberalismus institutionalisieren den Diebstahl und laden zur Manipulation ein. Seine Ideale von Nachgiebigkeit und Permissivität untergraben die moralische Integrität des Volkes.*]
- andere mit Anstand, Höflichkeit, Rücksicht und Aufmerksamkeit zu behandeln. [*Der moderne Liberalismus fördert Feindseligkeit, Vulgarität, Unhöflichkeit und Trotz als gerechtfertigte Rebellion gegen imaginäre Unterdrückung, Diskriminierung und Ausbeutung.*]
- für Kinder, ältere Menschen und chronisch Kranke oder Benachteiligte zu sorgen. [*Der moderne Liberalismus untergräbt die Familie als Institution, die am besten in der Lage ist, Kinder aufzuziehen und sich um ältere Menschen zu kümmern. Er verhindert gemeinnützige Aktivitäten und gemeinschaftlichen Altruismus durch staatliche Wohlfahrtsprogramme.*]
- nach dem westlichen Ideal des individuierten Menschen zu streben: dem selbstständigen, selbstbestimmten und frei wählenden, aber auch ethischen, moralischen und karitativen Individuum, das mit anderen im gegenseitigen Einvernehmen in einer durch Gesetze geregelten Gesellschaft zusammenarbeitet. [*Der moderne Liberalismus fördert den kollektivierten Menschen: egoistisch, regierungsabhängig und von der Regierung beaufsichtigt. Er strebt nach einem von der Regierung verwalteten Wohlfahrtsstaat, der von herrschenden Eliten reguliert und von abhängigen Arbeitern unterstützt wird. Die Moral dieser Utopie ist an die Gelüste des Augenblicks angepasst. Die Befriedigung von Bedürfnissen, nicht die Rechtsstaatlichkeit, ist das herrschende Ideal.*]
- wirksam und legitim im Rahmen der Gesetze zu handeln, bzw. frei zu handeln, weil Zwang verboten ist, kooperativ zu handeln, weil Zustimmung freiwillig ist, und gegenseitig unter Beachtung der Rechte anderer zu handeln. [*Die Politik des modernen Liberalismus macht das Handeln des Einzelnen weniger wirksam, weil er vom Staat entmachtet wird; sie macht es illegitim, weil es vom*

Staat verurteilt wird; unfreier, weil es vom Staat unterdrückt wird; weniger kooperativ, weil es vom Staat erzwungen wird und weniger gegenseitig, weil es vom Staat entpersönlicht wird.]

- sich den Gegebenheiten der menschlichen Natur und des Menschseins, der Moral der Verpflichtung und des Strebens, den negativen Rechten, die Freiheit und Gerechtigkeit bestimmen, und den gegenseitigen Interaktionen kompetenter Personen, der kompetenten Familie und der kompetenten Gesellschaft anzupassen. [*Der moderne Liberalismus ignoriert die Gegebenheiten der menschlichen Natur und des Menschseins, verschlechtert die Moral der Verpflichtung und des Strebens, untergräbt die Kompetenz des Einzelnen, der Familie und der Gesellschaft und lädt zur kindlichen Unterwerfung unter den Staat ein.*]

Die liberale Agenda ist die Manifestation der liberalen Neurose. Sie ist kein rationales Programm zur Organisation menschlichen Handelns. Sie ist stattdessen ein irrationales Konglomerat neurotischer Abwehrmaßnahmen, das der moderne Liberale für sein geistiges und emotionales Gleichgewicht nutzt. Mit ihren Angriffen auf die Souveränität des Individuums und auf die Institutionen, die für die geordnete Freiheit maßgeblich sind, greift die Agenda die Grundlagen einer freien Gesellschaft an. Tatsächlich strebt der moderne Liberalismus, trotz seiner historischen Verbindung mit diesem Ideal weder nach authentischer Freiheit, noch fördert er das Wachstum des Individuums zur Kompetenz. Er fördert nicht die Tugenden der individuellen Freiheit: nicht Selbstständigkeit, Verantwortung, Zuverlässigkeit oder Verantwortlichkeit; keine Zusammenarbeit durch Zustimmung, Initiative oder Fleiß; keine hohen moralischen Standards, Fürsorglichkeit oder Altruismus. Er erstrebt keine Gesellschaft souveräner Bürger, sondern fördert stattdessen eine Gesellschaft angeblicher Opfer unter Vormundschaft des Staates. Entsprechend ihren Ursprüngen in der frühen Kindheit unterstützt die liberale Agenda Hemmungslosigkeit durch kurzfristigen Hedonismus und primitive Triebbefriedigung. Im Einklang mit ihrer Ethik des Sammelns von Ungerechtigkeiten strebt die Agenda nach immer mehr Vorschriften durch die Regierung, um angebliche Schurken zu besiegen, und nach immer höheren Stufen unverdienter Zahlungen, Wiedergutmachungen und Rückerstattungen, um angebliche Opfer zu entschädigen. Aufgrund seiner weltlichen Tradition greift der moderne Liberalismus die Legitimität der formalen Religion an, blendet ihre historische Bedeutung aus und leugnet ihre entscheidende Rolle bei der Aufrechterhaltung der moralischen Integrität der Nation.

Die ganze Agenda ist ein Produkt des Wunschdenkens: Sie versucht, die reale Welt erwachsener Beziehungen in eine Phantasiewelt umzuwandeln, deren Fiktionen das neurotische Elend des Liberalen lindern werden. Sie ist eine utopische Welt, wie sie sich kindliche Erwachsene vorstellen, die sich nach allumfassendem Wohlwollen, Brüderlichkeit, Großzügigkeit und Liebe sehnen; jedoch die rhetorischen Proklamationen und das Wirken der Agenda in der realen Welt sind bösartig und feindselig. Das liberale Ideal der Einbeziehung verspricht, dass niemandem das, was er braucht, entzogen wird, aber der Plan, nach welchem alle Bürger der Erde einander in einem allumfassenden Wohlfahrtsstaat adoptieren werden, wird niemals erklärt. In den Phantasien des Liberalen wird die Welt vor allem friedlich sein, jedoch nicht wegen der Achtung vor dem Gesetz, noch weil die Strafandrohung vor Aggressionen abschreckt. Die idealisierte Welt des Liberalen wird friedlich sein, weil Empathie, Sympathie, Verständnis, Identifizierung, Verhandlung, Nächstenliebe und Beschwichtigung angeblich die zerstörerischen Motive jedes Gegners auflösen werden. Leider dokumentiert die Geschichte jedoch die Vergeblichkeit dieses Wunschdenkens. Vergangene Versuche des Liberalismus, diese Phantasien zu verwirklichen, haben Millionen Menschen katastrophal geschadet, indem sie Regierungen die Macht gaben, ihre Bürger zu beherrschen. Aus all den genannten Gründen ist die liberale Agenda, ob wohlwollend oder radikal, mit einer rationalen Gesellschaftsordnung völlig unvereinbar.

Symptome des neurotischen Liberalismus

Aus frühen Entwicklungstraumata im Zusammenwirken mit ererbtem Temperament entstanden, ist die Neurose des liberalen Geistes ein dauerhaftes, falsch angepasstes und schädliches Denk-, Gefühls-, Verhaltens- und Beziehungsmuster und ähnelt daher stark einer Persönlichkeitsstörung. Die Anzeichen und Symptome der Erkrankung resultieren aus den kombinierten Auswirkungen von Benachteiligung, Vernachlässigung und Missbrauch und den gegen geistige und emotionale Schmerzen errichteten Abwehrmechanismen. Die Neurose manifestiert sich in verschiedenen Überzeugungen, Emotionen, Verhaltensweisen und Beziehungsmodi, die auf der politischen Bühne ausagiert werden oder sich darauf konzentrieren. Eine typische Übertragungs-Psychodynamik umfasst mindestens einige der folgenden Punkte:

- Misstrauen gegenüber gegenseitig einvernehmlichen Beziehungen;
- Angst vor Hilflosigkeit;
- Falsche Wahrnehmung von Hilflosigkeit bei anderen;
- Falsche Wahrnehmung von Ausbeutung, Ungerechtigkeit und Missbrauch durch andere;
- Übermäßige Angst vor Trennung oder Einsamkeit;
- Ein übermäßiger Bedarf an Fürsorge und Unterstützung;
- Ein übermäßiger Drang, die Fürsorge anderer zu verlangen;
- Das Bedürfnis, dass andere Verantwortung übernehmen sollen;
- Ein Gefühl des Anrechts auf die Dienste anderer;
- Ein Unberechtigter Verdacht, dass andere beabsichtigen, einem zu schaden;
- Übermäßige Feindseligkeit und Schuldzuweisungen gegen andere;
- Übertriebene Selbstgefälligkeit;
- Eine Haltung der Überlegenheit ohne entsprechende Leistung;
- Der Glaube, dass man etwas Besonderes ist oder zu einer Elite gehört;
- Überschätzung der eigenen Talente, Fähigkeiten oder Attraktivität;
- Ein übermäßiges Bedürfnis, bewundert zu werden;
- Hervorstechende Arroganz;
- Neid als beherrschender Gedanke;
- Das Beharren darauf, von ordentlichen Verpflichtungen, Aufgaben und Verantwortlichkeiten ausgenommen zu sein.

Neben dieser Dynamik prädisponiert die liberale Neurose zu Angst, Unsicherheit, Hoffnungslosigkeit, Depression, Verzweiflung, Zynismus, Scham, Ekel, Trotz, Wut, Zorn, Bitterkeit, Eifersucht, Hass, Schuldgefühlen, Schuldzuweisungen, Missgunst, übertriebenem Konkurrenzdenken, Gefühlen der Unzulänglichkeit und Zweifeln an der Liebenswürdigkeit. Die Verwendung primitiver Abwehrmechanismen wie Externalisierung, Projektion, Spaltung,

Verleugnung und projektiver Identifikation ist markant, ebenso die Anwendung von Manipulation und Zwang. Die Neurose des radikalen Liberalen verzerrt die Realität des Menschen, indem er die erfahrenen Traumata seiner prägenden Jahre auf die gegenwärtigen Schauplätze wirtschaftlicher, sozialer und politischer Prozesse überträgt. Die neurotischen Übertragungen des liberalen Geistes bestimmen stark, wie er in diesen Bereichen denkt, fühlt, sich verhält und Beziehungen eingeht.

Spontanes Nachlassen

Wie andere Bedingungen, die sich aus dem frühen Entwicklungstrauma ergeben, neigt die liberale Neurose dazu, über die Zeit hinweg bestehen zu bleiben. Sie dauert aus vielen bereits erwähnten Gründen fort: Sie wehrt psychische Schmerzen kraftvoll ab, befriedigt primitive Bedürfnisse nach Hoffnung und Bindung, verspricht, die Sehnsucht nach Abhängigkeit zu befriedigen, bestätigt Egoismus und Hemmungslosigkeit, wendet Schamgefühle ab, entlädt Aggression, rächt den Neid, lindert Minderwertigkeitsgefühle und bietet Identität, Zugehörigkeit und Selbstwertgefühl, um einige Vorteile zu nennen. Trotzdem sind einige Liberale, auch solche mit radikaler Neigung, in der Lage, sich schließlich vom Wahnsinn des Liberalismus loszusagen und zu kompetenten Erwachsenen zu werden. Diese Wandlungen werden gewöhnlich durch die wiederkehrenden Kollisionen der liberalen Agenda mit den Realitäten des Erwachsenenlebens ausgelöst – insbesondere mit jenen, die die irrationale Natur und die destruktiven Konsequenzen der Agenda erkennbar machen. In diesen Fällen wird das Dogma der Illusion von den Tatsachen des Lebens überwunden: Eine Kombination von schmerzlicher Erfahrung mit liberaler Sozialpolitik, verbunden mit einem gesunden Wachstum, das frühe Traumata abschwächt, erlaubt dem reflektierenden Liberalen, die Trugschlüsse des Liberalismus zugunsten der Wahrheiten der geordneten Freiheit zurückzuweisen. In diesen günstigen Fällen ist das Individuum in der Lage, seine Neurose von seinen Projektionen auf die politische Welt zu trennen. Das Ergebnis ist, dass beide Arten von Wahnsinn, der neurotische wie auch der politische, als das angesehen werden, was sie sind.

Die Behandlung des modernen Liberalismus

Sobald die liberale Neurose nicht mehr im Gewand einer rationalen politischen Philosophie daherkommt, kann sie analysiert und auf die Weise behandelt werden, die nötig ist, um symptomatische Qualen und funktionelle Beeinträchtigungen zu überwinden. Die Behandlung der zugrundeliegenden Persönlichkeits- und Charakterstörungen durch eine Kombination psychoanalytischer, kognitiv-verhaltensbezogener und erzieherischer Methoden hat die besten Aussichten, die primitive Dynamik, die die Neurose antreibt, aufzulösen. Die größten seelischen Defekte bei Autonomie und Gegenseitigkeit müssen angesprochen werden. Besonders auffällig unter ihnen sind ein grundlegendes Misstrauen in Bezug auf Zusammenarbeit, eine falsche Wahrnehmung von Viktimisierung, bohrender Neid und ihm zugrunde liegende Scham, ein Bedürfnis, andere zu verleumden und zu beschuldigen, Defizite bei der Selbstverantwortung und Selbstbestimmung, eine ausgeprägte Angst vor Verantwortung und der Drang, diese zu vermeiden, infantiles Forderungsverhalten, eine intensive und oft paranoide Feindseligkeit, ein Bedürfnis, andere zu manipulieren, zu kontrollieren und von ihnen abhängig zu sein; ein Mangel an Mut, Belastbarkeit und Frustrationstoleranz und verschiedene Mängel bei den Ich-Idealen, dem Gewissen und der Triebkontrolle. Die Therapie muss auch die Selbstpathologie des Liberalen ansprechen, vor allem seine Unreife, seine Ichbezogenheit und seine Großspurigkeit, seinen Mangel an Einfühlungsvermögen und Anerkennung für andere, seine ausgeprägte Anspruchshaltung und seine beeinträchtigten Selbstwert- und Identitätsgefühle. Bildungsprogramme zur Heilung des Liberalen von seiner Unwissenheit bezüglich der freien Marktwirtschaft, des freien politischen Prozesses, des demokratischen Rechtsstaates und der Psychologie der Kooperation stehen ganz oben auf der therapeutischen Prioritätenliste. Theorie und Methoden für eine Behandlung dieser Art sind ausführlich in psychiatrischen Standardtexten beschrieben; eine weitere Erörterung dieser Themen würde den Rahmen dieses Buches sprengen.

Die Behandlung einer vom neurotischen Liberalismus betroffenen *Gesellschaft* hängt von der Einsicht ihrer Bürger in die destruktiven Auswirkungen der Agenda auf menschliche Beziehungen und die irrationalen Überzeugungen und Werte in ihrem Kern ab. Nur weit verbreitete Erkenntnisse über Art und

Ursachen der Erkrankung werden es einer Gesellschaft ermöglichen, sich von ihrem liberalen Wahnsinn zu erholen und wieder zu wirtschaftlicher, sozialer und politischer Gesundheit zu gelangen. Diese Erkenntnisse müssen in einem umfassenden Verständnis der menschlichen Natur, des Menschseins und der wechselseitigen Beziehung des Einzelnen zu seiner Gesellschaft begründet sein. Eine breit angelegte öffentliche Diskussion über die biologische, psychische und soziale Natur des Menschen, vor allem über seine wesentlichen Veranlagungen zu Autonomie und Gegenseitigkeit und seine Einbindung in wirtschaftliche, gesellschaftliche und politische Prozesse, bildet den Ausgangspunkt für ein Programm, das der Unvernunft des modernen Liberalismus entgegenwirkt. Ein klares Verständnis der geordneten Freiheit und der unerlässlichen Rechte und Pflichten, die sie strukturieren, ist ein entscheidender Teil der Debatte. Der vernünftige Bürger muss erkennen, dass die Natur des Menschen, seine Beziehungen zu anderen, das Ideal der geordneten Freiheit und die für diese Ordnung notwendigen Bedingungen keine bloßen Hypothesen sind; sie sind nicht einfach optionale Alternativen zu gleichermaßen gültigen konkurrierenden Theorien darüber, wie eine lebensfähige Gesellschaft organisiert werden kann. Die Realitäten der menschlichen Natur erzeugen bestimmte nachvollziehbare und nicht verhandelbare Regeln für die Steuerung menschlicher Angelegenheiten. Eine umfassende Schulung der Bürger in diesen Grundsätzen ist zwingend erforderlich. Die Zukunft der zivilisierten Freiheit hängt davon ab.

Literaturverzeichnis

Barnett, Randy E.: *The Structure of Liberty: Justice and the Rule of Law.* Oxford University Press, Oxford 1998.

Balint, Michael: *The Basic Fault: Therapeutic Aspects of Regression.* Northwestern University Press, Evanston, IL 1979.

Barzun, Jacques: *From Dawn to Decadence: 1500 to the Present: 500 Years of Western Cultural Life.* Harper Collins, New York 2000.

Benjamin, Jessica: *Like Subjects, Love Objects: Essays on Recognition and Sexual Difference.* Yale University, New Haven 1995.

Berkowitz, Peter, Hrsg.: *Varieties of Conservatism in America.* Hoover Institution Press, Stanford, CA 2004.

Berkowitz, Peter, Hrsg.: *Varieties of Progressivism in America.* Hoover Institution Press, Stanford, CA 2004.

Black, Jim Nelson: *When Nations Die: America on the Brink: Ten Warning Signs of a Culture in Crisis.* Tyndale House Publishers, Wheaton, IL 1994.

Blankenhorn, David: *Fatherless America: Confronting Our Most Urgent Social Problem.* Basic Books, New York 1995.

Blos, Peter: „The Second Individuation Process of Adolescence," *The Psychoanalytic Study of the Child.* International Universities Press, New York 1967.

Branden, Nathaniel: *Taking Responsibility. Self-Reliance and the Accountable Life,* Fireside, New York 1997.

Bullock, Alan und Trombley, Stephen: The Norton Dictionary of Modern Thought, W. W. Norton & Company, New York 1999.

Burnham, James: *Suicide of the West.* Arlington House, New Rochelle, NY 1975.

Butler, Eamonn: *Hayek: His Contribution to the Political and Economic Thought of Our Time.* Universe Books, New York 1985.

Cloninger, Robert C., und Svrakic, Dragen M.: „Personality Disorders," in *The Comprehensive Textbook of Psychiatry,* 7. Auflage, Saddock, Benjamin J., und Saddock, Virginia A. (Hrsg.). Lippincott, Williams & Wilkins, Philadelphia 2000.

Colarusso, Calvin A.: „Adulthood," in *The Comprehensive Textbook of Psychiatry,* 7. Auflage, Saddock, Benjamin J., und Saddock, Virginia A. (Hrsg.). Lippincott, Williams & Wilkins, Philadelphia 2000.

Coles, Robert: *The Erik Erikson Reader.* W. W. Norton & Company, New York 2000.

Cook, James R. (a): „Behavioral Genocide“ in Gloom and Doom Reports. Investment Rarities, Inc., Minneapolis, Juli 1995.

Cook, James R. (b): „Age of Excess“ in Gloom and Doom Reports.Investment Rarities, Inc., Minneapolis, September 1995.

Cotton, Nancy S.: „Normal Adolescence“ in *The Comprehensive Textbook of Psychiatry*, 7. Auflage, Saddock, Benjamin J., und Saddock, Virginia A. (Hrsg.). Lippincott, Williams & Wilkins, Philadelphia 2000.

Diagnostic and Statistical Manual of Mental Disorders, 4. Auflage. American Psychiatric Association, Washington, D.C 1994.

Epstein, Richard: *Simple Rules for a Complex World.* Harvard University Press, Cambridge, MA 1995.

Epstein, Richard: *Principles for a Free Society; Reconciling Individual Liberty with the Common Good.* Reading, MA: Perseus Books.

Epstein, Richard: 2003, *Skepticism and Freedom; A Modern Case for Classical Liberalism.* University of Chicago Press, Chicago, IL 1998.

Erikson, Erik H.: *Childhood and Society,* 2. Auflage 1963. W. W. Norton & Company, New York 1950.

Erikson, Erik H.: „Identity and the Life Cycle,“ *Psychological Issues.* 1959; 1:1, S. 18-164.

Erikson, Erik H.: *Insight and Responsibility.* W. W. Norton & Company, New York 1964.

Erikson, Erik H.: *Identity, Youth, and Crisis.* W. W. Norton & Company, New York 1968.

Erikson, Erik H., und Erikson, Joan M.: *The Life Cycle Completed,* (erweiterte Ausgabe). W. W. Norton & Company, New York 1997.

Finnis, John: *Natural Law and Natural Rights.* Clarendon Press, Oxford 1980.

Fraiberg, Selma H.: *The Magic Years: Understanding and Handling the Problems of Early Childhood* Charles Scribner's Sons, New York 1959.

Fuller, Lon L.: *The Morality of Law.* Yale University Press, New Haven 1969.

Gabbard, Glen G.: „Theories of Personality and Psychopathology,“ in *The Comprehensive Textbook of Psychiatry*, 7. Auflage, Saddock, Benjamin J., und Saddock, Virginia A. (Hrsg.). Lippincott, Williams & Wilkins, Philadelphia 2000.

Greenspan, Stanley I.: *The Growth of the Mind: The Endangered Origins of Intelligence*. Addison-Wesley, Reading, MA 1997.

Hart, H. L. A.: *The Concept of Law.* Oxford University Press, New York 1994.

Hazlitt, Henry: *Man Versus the Welfare State.* Arlington House, New Rochelle, NY 1969.

Hazlitt, Henry: *The Foundations of Morality.* University Press of America, Lanham, MD 1988.

Hughes, Robert: *Culture of Complaint: The Fraying of America.* Oxford University Press, New York 1993.

Huizinga, Johan: *Homo Ludens: A Study of the Play Element in Culture.* Beacon Press, Boston 1955.

Johnson, Allan G.: *The Blackwell Dictionary of Sociology: A User's Guide to Sociological Language.* Blackwell, Malden, Massachusetts 1995.

Kekes, John: *Moral Wisdom and Good Lives.* Cornell University Press, Ithaca, NY 1995.

Kekes, John: *A Case of Conservitism.* Cornell University Press, Ithaca, NY 1998.

Kekes, John: *Against Liberalism.* Cornell University Press, Ithaca, NY 1997.

Kelley, David: *A Life of One's Own: Individual Rights and the Welfare State.* Cato Institute, Washington, D.C. 1998.

Keyes, Alan L.: Masters of the Dream: The Strength and Betrayal of Black America. William Morrow & Company, New York 1995.

Kiplinger Letter, 2. Juni 1995, The Kiplinger Washington Editors, Washington D.C..

Kohut, Heinz: *The Analysis of the Self: A Systematic Approach to the Treatment of Narcissistic Personality Disorders.* International Universities Press, New York 1971.

Lakoff, George, und Johnson, Mark: *Philosophy in the Flesh: The Embodied Mind and its Challenge to Western Thought.* Basic Books, New York 1999.

Lidz, Theodore: *The Person: His Development Throughout the Life Cycle.* Basic Books, New York 1968.

Loevinger, Jane: *Ego Development.* Jossey-Bass, San Francisco 1976.

Maultsby, Maxie C. Jr.: *Rational Behavior Therapy.* Prentice-Hall, Englewood Cliffs, NJ 1984.

Moynihan, Daniel P.: *The Negro Family: The Case for National Action.* Department of Labor, Washington, D.C. 1965.

Murray, Charles: *Losing Ground: American Social Policy 1950-1980.* Basic Books, New York 1984.

Nozick, Robert: *Anarchy, State, and Utopia.* Basic Books, New York 1974.

Pearce, Jane, und Newton, Saul: *The Conditions of Human Growth.* The Citadel Press, New York 1969.

Pfeffer, Cynthia R.: „Psychiatric Treatment of Adolescents" in *The Comprehensive Textbook of Psychiatry*, 7. Auflage, Saddock, Benjamin J., und Saddock, Virginia A. (Hrsg.). Lippincott, Williams & Wilkins, Philadelphia 2000.

Pruett, Kyle: „Family Development and the Roles of Mothers and Fathers in Child Rearing," in Lewis, Melvin (Hrsg.) *Child and Adolescent Psychiatry,* 3. Auflage, Lippincott, Williams & Wilkins, Philadelphia 2002.

Roazen, Paul: *Erik H. Erikson: The Power and Limits of a Vision.* Jason Aronson, Northvale, NJ 1997.

Rothbard, Murray N.: *The Ethics of Liberty.* New York University Press, New York 1998.

Sowell, Thomas: *Knowledge and Decisions.* Basic Books, New York 1980.

Sowell, Thomas: *A Conflict of Visions: Ideological Origins of Political Struggles.* William Morrow & Company, New York 1987.

Sowell, Thomas: *The Vision of the Anointed: Self-Congratulation as a Basis for Social Policy.* Basic Books, New York 1995.

Sowell, Thomas: *The Quest for Cosmic Justice,* Simon & Schuster, New York 1999.

Stolorow, Robert D., Atwood, George E., und Brandchaft, Bernard: *The Intersubjective Perspective.* Jason Aronson, Northvale, NJ 1994.

Suttie, Ian D.: *The Origins of Love and Hate.* Free Association Books, London 1988.

Sykes, Charles J.: *A Nation of Victims: The Decay of the American Character.* St. Martin's Press, New York 1992.

Theodorson, George A., und Theodorson, Achilles G.: *A Modern Dictionary of Sociology.* Thomas Y. Crowell, New York 1969.

Wallerstein, Robert S., und Goldberger, Leo: *Ideas and Identities: The Life and Work of Erik Erikson*, International Universities Press, Madison, CT 1998.

Wiggins, Osborne P., und Schwartz, Michael A.: 1999, „The Crisis of Present-Day Psychiatry: Regaining the Personal." *Psychiatric Times*, Teil I & II, CME Inc., Irvine, CA, August/September 1999.

Wilson, James Q.: Marriage Woes: How Our Culture Has Weakened Families. HarperCollins, New York 2002.
Yates, Timothy: „Theories of Cognitive Development“ in Lewis, Melvin (Hrsg.) *Child and Adolescent Psychiatry,* 3. Auflage, Lippincott, Williams & Wilkins, Philadelphia 2000.

Über den Autor

Lyle H. Rossiter jr., MD, erhielt seine medizinische und psychiatrische Ausbildung an der University of Chicago und arbeitete zwei Jahre als Psychiater bei der U.S. Army. Derzeit ist er in einer privaten Praxis in Chicago tätig.

Dr. Rossiter ist sowohl in der allgemeinen als auch in der forensischen Psychiatrie behördlich zertifiziert. Über 40 Jahre lang hat er psychische Störungen, mit besonderem Schwerpunkt auf Persönlichkeitsstörungen und deren Entwicklung, diagnostiziert und behandelt.

Er wurde von zahlreichen öffentlichen Ämtern, Gerichten und privaten Anwälten als forensischer Psychiater beauftragt und in mehr als 2.700 zivil- und strafrechtlichen Fällen sowohl unter staatlicher als auch bundesstaatlicher Zuständigkeit konsultiert. Dr. Rossiter hat vor verschiedenen Gruppen über Themen von der Psychotherapie bis hin zur Suizidprävention als Dozent gelehrt.

Thomas P. M. Barnett

Der Weg in die Weltdiktatur

Krieg und Frieden im 21. Jahrhundert

€ 24,95

Festeinband, 472 S.

ISBN 978-3-941956-51-3

Zu bestellen bei:

J. K. Fischer-Verlag

Im Mannsgraben 33
63571 Gelnhausen/Hailer

Tel.: 06051 474740
Fax: 06051 474741

info@j-k-fischer-verlag.de

Mit einem Vorwort des Verlages, einer Einleitung durch Prof. Dr. Michael Friedrich Vogt und einem Nachwort, der im östrreichischen Verteidigungsministerium sitzenden Juristin, Monika Donner.

Seit dem Ende des Kalten Krieges sucht Amerika nach einer neuen Theorie, um das scheinbare Chaos in der heutigen Welt zu beschreiben. Der Konflikt der Supermächte ist Geschichte – aber wodurch wurde er ersetzt?

In „Der Weg in die Weltdiktatur“ (Originaltitel: The Pentagon's New Map) liefert Thomas Barnett eine wegweisende Annäherung an die Globalisierung, verbindet dabei militärische, ökonomische, politische und kulturelle Aspekte und bietet nicht weniger als eine umfassende Deutung des Wesens von Krieg und Frieden im einundzwanzigsten Jahrhundert. Anknüpfend an die Werke von Thomas Friedman und Francis Fukuyama, macht Barnett einen entscheidenden Schritt nach vorne und präsentiert grundlegende Klärungen in unserer unübersichtlichen, gefahrvollen Zeit.

„Sein Buch ist in einer leicht verständlichen Umgangssprache verfasst; er belehrt uns, ohne uns von oben herab zu schulmeistern … Barnetts Aufruf zum Handeln geht weit über bloße Parteipolitik hinaus, weil er uns als Menschen – nicht als Liberale oder Konservative, Anhänger des freien Handels oder einer restriktiven Wirtschaftsordnung – angeht. Er lobt oder kritisiert republikanische wie demokratische Regierungen gleichermaßen. Angesichts publizistischer Feuerstürme, die von einseitigen, aber die ganze Welt erklärenden selbsternannten Regierungsinsidern entfacht wurden, ist sein Werk besonders willkommen.“
Fort Worth Star-Telegram

„Er gibt uns eine Perspektive, um Sinn hinter all jenen zufälligen, chaotischen, überraschenden und schnell veränderlichen Ereignissen zu erkennen, und er skizziert einen Wegweiser in eine friedlichere, hoffungsvolle und blühende Zukunft.“
Mac Thornberry, The Washington Times

„Er wird sich als einer der bedeutendsten strategischen Denker unserer Zeit erweisen.“
Michael Barone, USNews.com

„Äußerst provokant … Barnett hält den Rekord als weitsichtiger Prognostiker.“
Business Week

www.j-k-fischer-verlag.de

J.K.Fischer-Verlag
Habe Mut, dich deines eigenen Verstandes zu bedienen
(Immanuel Kant)
Frühjahr / Sommer 2018
Unglaubliche Funde,
geheim gehaltene Technologien,
ein anderer Blick auf unsere
Existenz und vieles mehr
in unserer Neuerscheinung!
Peter Denk
DAS MARS-GEHEIMNIS
und weitere Enthüllungen
Leben
ist einzigartig,
aber nicht einmalig
im Universum.